电子商务运营实操新篇

王晓明　编著

北　京
冶 金 工 业 出 版 社
2022

内容简介

本书是作者在教学过程中积累总结编撰而成的，本书理论结合实践，选取具有代表性的电子商务操作实例，讲解电子商务产业的内涵及发展，共分为基础篇、实操篇及总结篇三部分。基础篇包括电子商务概念、发展历程、发展现状及基本运营策略。实操篇包括天猫平台、淘宝网、移动网站、抖音、快手等短视频营销、直播营销、农产品电商、亚马逊平台、速卖通平台等电商运营实操案例，内容覆盖国内外主流电商模式和最新的直播电商模式。总结篇是本书对电子商务产业的发展建议与展望。

本书是电子商务产业新业态、新模式下的运营操作辅导手册，可作为高等院校电子商务及相关专业的教材或教学辅导用书，也可作为企业电子商务人员的培训用书。

图书在版编目(CIP)数据

电子商务运营实操新篇／王晓明编著．—北京：冶金工业出版社，2021.10（2022.10重印）

ISBN 978-7-5024-8789-8

Ⅰ.①电… Ⅱ.①王… Ⅲ.①电子商务—运营管理 Ⅳ.①F713.365.1

中国版本图书馆CIP数据核字(2021)第061783号

电子商务运营实操新篇

出版发行	冶金工业出版社	**电　　话**	(010)64027926
地　　址	北京市东城区嵩祝院北巷39号	**邮　　编**	100009
网　　址	www.mip1953.com	**电子信箱**	service@mip1953.com

责任编辑　姜晓辉　美术编辑　吕欣童　版式设计　郑小利

责任校对　窦　唯　责任印制　李玉山

北京建宏印刷有限公司印刷

2021年10月第1版，2022年10月第2次印刷

710mm×1000mm　1/16；11印张；270千字；167页

定价72.00元

投稿电话　(010)64027932　投稿信箱　tougao@cnmip.com.cn

营销中心电话　(010)64044283

冶金工业出版社天猫旗舰店　yjgycbs.tmall.com

（本书如有印装质量问题，本社营销中心负责退换）

前　言

随着互联网技术的快速发展及其基础设施的日趋完善，我国电子商务成功迈入了新形态、新模式的发展阶段。电子商务产业不断壮大，电子商务企业的规模也大幅提升，所创造的经济产值相当可观。中国电子商务研究中心统计数据表明，2016 年中国网络购物的交易额占社会消费品零售总额的 35%，2018 年提升至 43%，2019 年达到 48%。

高校作为专业人才培养的核心机构，为我国电子商务发展输送了大量人才。但电子商务转型较快，尤其是网络技术快速发展，新形态电子商务模式应运而生，各高校很难做到将教学内容与电子商务实践相同步。另外，作为一门实践性较强的学科，电子商务有着更新升级快、平台各项规则转换快等特点，尤其是新型电子商务的平台越来越多样化，这些都困扰着电子商务的教学工作者们。

本书理论结合实践，采用模块化教学体例，共分为基础篇、实操篇及总结篇三部分，采用大量电子商务实际操作及运营过程来讲解电子商务的发展及内涵。其中，基础篇包括电子商务基础、发展历程、发展现状及其基本运营策略；实操篇包括天猫平台、淘宝网、移动网站、抖音、快手等短视频营销、直播营销、农产品电商、亚马逊平台、速卖通平台等运营实操，内容覆盖国内外主流电商模式，同时也包括最新的直播电商；总结篇是对未来电子商务发展的展望与建议。

本书是电子商务新业态、新模式下的运营操作辅导手册，可作为高等院校电子商务及相关专业的教材或辅导用书，也可作为企业电子商务人员培训用书。

义乌工商职业技术学院电子商务专业是“十三五”国家骨干专业、浙江省“十三五”优势建设专业，学校以育人为目标，培养了义乌最早的一批电商创业者，带动和引领义乌市电子商务产业蓬勃发展，先后荣获“全国创新创业典型经验高校”“全国高校实践育人创新创业基地”“全国跨境电商专业人才培养示范校”，组建了全国高校首个“直播电商学院”。

在写作过程中，众多行业内专家学者对书稿进行了审读。在此，对各位专家学者表示衷心的感谢！由于写作时间较紧，电子商务产业又处在不断发展变化中，书中若有不妥之处恳请读者批评指正。

作　者

2020 年 10 月

目　　录

基　础　篇

实　操　篇

总　结　篇

基础篇

1 电子商务概述

1.1 什么是电子商务

1.1.1 电子商务的含义

电子商务，包含两方面内容，一是电子方式，二是商务活动。简单地说：电子商务就是借助电子手段来实现商务活动的全过程，也可以认为是交易活动电子化，即交易活动中所涉及的各方当事人，利用电子技术、数据库技术、互联网技术和现代通信技术实现交易过程的电子化。

目前，关于电子商务的含义（定义）有很多种，可分为广义电子商务（Electronic Business，EB）和狭义电子商务（Electronic Commerce，EC）。也有学者将电子商务定义为：电子商务是商务劳动新的生产力，它是在掌握电子商务技能的复合型人才控制下，运用系列化、系统化的电子工具从事的商务活动。

人们从不同的角度，对电子商务的理解是不一样的。从通信的角度看，电子商务可以在互联网上传递信息、产品、服务或进行支付；从服务的角度看，电子商务可以同时满足企业、消费者、购买者的需求，既能提高产品质量，加快产品交付速度，也能降低服务成本，消费者也能快速、及时地购买到想要购买的产品。电子商务通过电子技术和互联网技术等来支持供应企业的产品、交易、服务等活动，也支持企业经营的产、供、销、人事、财务等全部活动的自动化管理。

电子商务具有以下三个特点：

（1）电子商务都是借助于互联网执行，并且围绕互联网展开工作。

（2）电子与信息技术给予电子商务有力的支持。

(3) 电子商务的本质是电子，是手段；商务是活动的核心目的。

因此，电子商务从宏观上讲，就是通过电子手段建立起一种新的经济交易方式，它不仅涉及商务活动本身，也涉及各种具有商业性质的诸如金融、法律、教育、税务和政务等其他社会层面的活动，它可以包括通过电子方式进行的各项社会活动。电子政务、电子教务、电子医务、电子税务等概念，都属于宏观电子商务的范畴，是电子商务在不同领域应用而衍生出来的；电子商务还包括各种具有商业活动能力的实体，如公司、国家行政机构、个人消费者等。是利用互联网所进行的各项商业活动的总称。

电子商务（EC）的组成，见图 1-1。

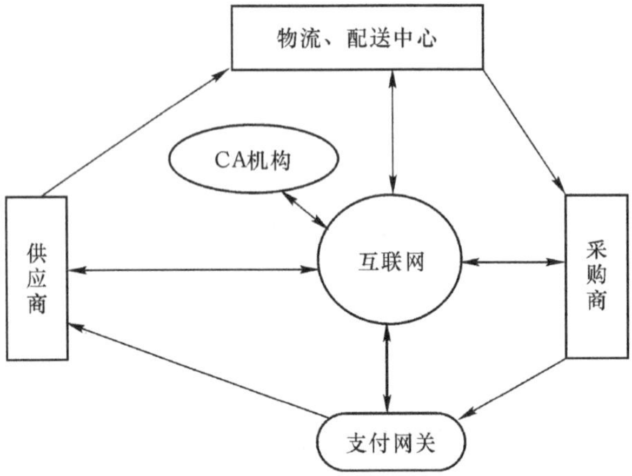

图 1-1　电子商务（EC）的组成

目前电子商务已经成为人类一切商务活动的主流，尤其在新冠肺炎疫情这样的特殊时期，为我国社会经济发展构筑起新的经济贸易框架。电子商务已经成为计算机、网络技术、物联网技术、物流技术等应用的发展方向，具有无可限量的发展前景。大力发展电子商务，对于国家以信息化带动工业化的战略，实现跨越式发展，增强国家竞争力，具有十分重要的意义。

互联网技术和信息技术日新月异，电子商务涵盖的领域也在不断扩大和加深。为了更健康、规范地进行电子商务的交易、营销，各国根据各自的国情及电子商务在全球的发展情况，制定并逐步完善了参与交易的企业资信认证标准、产品认证标准、标准电子合同、电子签名标准、电子支付等。目前，世界范围内已经建立了一系列电子商务交易活动的标准，有效地保证电子商务交易活动安全、高效率地进行。我国于 2004 年 8 月 28 日颁布了《中华人民共和国电子签名法》，这是我国第一部真正意义上的关于电子商务交易活动的法律。《中华人民共和国电子签名法》共 5 章 36 条，包括总则、数据电文、电子签名与认证、法律责任、附则。这部法律已于2005年4月1日起开始实施。

1.1.2 电子商务运营的含义

1.1.2.1 什么是电子商务运营

电子商务运营是一个较为宽泛的概念，目前业界和学界对电子商务运营尚未形成统一的定义。学界提出了广义电子商务运营和狭义电子商务运营两个不同的概念，崔立标在《电子商务运营实务》一书中指出：“从狭义上讲，电子商务运营是指在线销售网站的运营，应包括网站需求分析和整理、频道内容建设、网站策划、产品维护和改进、效果数据分析、部门沟通协调6个方面的内容。”而广义电子商务运营和狭义电子商务运营的主要区别在于运营对象的不同。其中，广义电子商务运营把企业的一切电子商务经营活动作为运营的对象。

1.1.2.2 电子商务运营和互联网运营、传统企业运营的区别与联系

电子商务是一个实践性非常强的专业。因此，学习和理解该领域的知识必须紧密追踪电子商务行业、企业的最新发展。业界通常把电子商务运营放在整个互联网运营的框架下进行分析，并把电子商务运营与传统企业运营结合起来进行理解。

A 电子商务运营与互联网运营的区别与联系

内容运营、用户运营、活动运营、产品运营是互联网运营的四大运营模块。互联网运营专家黄有璨指出，以上运营模块的划分并没有统一的标准，且不同模块之间没有明确的界限，可能会相互交叉。因此，黄有璨提出了互联网运营的新定义：“互联网运营是指一项围绕着某项业务，借由通过各类互联网手段来建立与用户间的联系，最终实现用户增长、用户活跃度提升或是获得收入等各种特定目的的职能。”上述定义强调了两点：一是运营工作要为产品的核心业务逻辑服务，核心业务不同，其运营工作涵盖的运营职能模块也不同；二是运营的职能是借由互联网使产品与用户建立连接，最终达到某种特定的目的。

本书认为，如果把电子商务理解为互联网的一个应用，那么电子商务运营就是一种特殊的互联网运营，上述互联网运营的定义对于电子商务运营同样适用，只是电子商务运营与其他互联网运营在目的、渠道、方法等方面各有不同。

B 电子商务运营与传统企业运营的区别与联系

随着互联网技术的不断发展，传统企业开展电子商务活动的广度和深度也在不断扩大和深化。传统企业运营和电子商务运营之间的关系越来越紧密。原天猫资深行业运营经理袁野在他的专著《电商有道，运营有法》中提出：“电子商务运营=互联网运营+传统企业运营。”他认为，电子商务运营与传统零售企业运营的本质是一样的，都在于“供应链管理”和“购物体验规划”，不同的是，电子

商务运营采用了电子化手段，使整个商务环节链路变得更短，效率更高。两者最大的不同在于对互联网的依赖程度。传统企业运营常常把互联网作为"媒体"，即广告渠道，而电子商务运营不仅将互联网作为一个广告渠道，更是作为用户购物体验的核心，大部分投入用来改善用户购买产品的便捷性。

传统企业电子商务不断发展，传统企业运营与电子商务运营不断融合，线上到线下（On line To Off line，O2O）广泛流行且热度有增无减，这是我国"十三五"规划的经济发展趋势之一。

1.2 电子商务的应用模式

1.2.1 网上商城模式（B2C）

B2C 电子商务，包含了以下组成部分：（1）为顾客提供在线购物场所的网上商场；（2）支付结算的银行及 CA 认证系统；（3）负责为客户提供所购商品；（4）进行商品的配送；（5）物流配送系统。B2C 网上商城模式模型，见图 1-2。

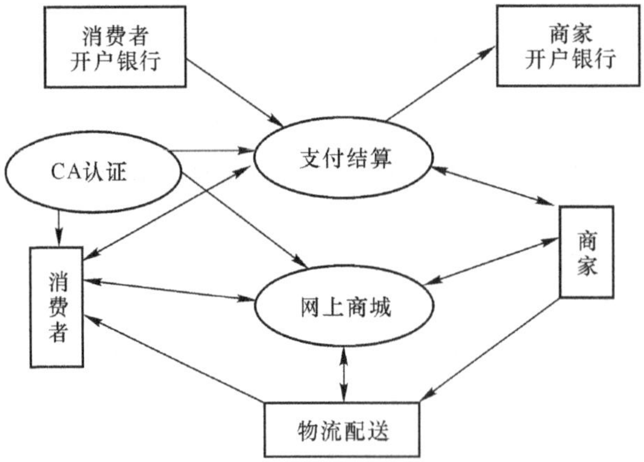

图 1-2 B2C 网上商城模式模型

（1）网上商城。

人们经常把网上商城称为虚拟商城。经营者在网上商城中以图片（视频）形式向浏览者展示各种各样的商品。消费者通过观看图片、视频等确定是否进行购买，全部的交易活动都在网上商城进行。每样商品都会有各自的展示网页，网页上会有文字、图片、视频等形式将产品的型号、品牌、功能等一一介绍清楚。但是和实体店购物不同，网上商品只能靠视觉来评判，不能触摸或是试用（试穿）等。很多商家也别出心裁，通过二维、三维等技术将图片变得立体可感，使消费者有如亲自触摸到商品的感觉。

（2）支付结算。

支付方式决定了资金的流动过程。随着电子支付技术的不断完善，B2C 电子商务方式中主要的支付方式有：货到付款、电子支付等多种途径。

1）货到付款，是最原始的电子商务交易活动的付款方式。商家将商品交给消费者，消费者查验商品后，以现金或是银行卡刷卡（转账）、微信、支付宝转账的方式向商家进行付款，如不满意货品，也可以不付款，直接退回。如京东网、当当网等网站都曾经支持该支付方式，目前很少电子商务商家还采用此付款方式。

2）电子支付，是指通过银行卡、信用卡或是其他的第三方金融（例如，蚂蚁花呗、京东白条等）进行支付。使用电子支付方式进行线上和线下的付款，已经是为电子商务支付的主要手段，弱化了现金支付。

（3）安全认证。

安全认证是电子商务中必不可少的，可以帮助消费者保护自己的身份信息及支付安全。目前，随着人脸识别技术的普遍应用，支付者身份的认证多用手机号码、人脸识别、指纹识别、电子邮件等验证，因为有采取免密支付的形式。随着互联网安全技术的发展，目前已经十分普及，很多人多选择使用安全、快捷的电子支付方式。

（4）物流配送。

物流配送为电子商务的发展提供了强力的支持。无论是大都市，还是小乡村，都遍布快递配送点。商家根据自己的需求和产品的配送需求等选择不同的配送方式和不同的第三方物流公司。

1.2.2 企业对消费者的电子商务形式（B2C）

B2C 的 B 是 Business，意思是企业，2 则是 to 的谐音，C 是 Customer，意思是消费者，是电子商务按交易对象分类中的一种，即表示企业对消费者的电子商务形式。这种形式的电子商务一般以网络零售业为主，主要借助于 Internet 和独立网店系统软件开展在线销售活动，同时也是企业或品牌推广的一种新形式。B2C 模式是我国最早产生的电子商务模式。

商品的制造商、生产商等（如种植红薯的农民自己开直播进行销售，或是 NIKE 等品牌生产商开设直营网店，进行商品销售）自己通过直播、网店等途径来销售自己出产的商品。对于消费者来说厂家直销意味着价格会更加实惠，对于生产者来说，降低了库存、增加了营销途径、带动了销售量。

京东网上商城将在收到顾客的订单后的 1~2 个工作日之内安排发货。京东的网上支付业务越来越丰富，例如，京东白条、京东金条、京东金融、网上银行（网上银行也不受限制，任何一家均可）等。

京东是消费者已知的最早开始货到付款的网上商家，当时，此业务迅速拓展到全国范围，不管消费者是在城市还是在乡村，京东网上商城都可以送货上门，而且有效地保证配送的时效性。

1.2.3 企业对企业之间的营销关系（B2B）

淘宝网、阿里巴巴网、京东网、唯品会等都属于B2B电子商务模式。B2B是把消费者和经营者（销售者）集中到同一电子商务平台内进行交易活动等。不论销售者是什么行业、销售什么类型商品，都可以在一个综合性的电子商务平台上进行销售、宣传、交易等。B2B交易模式见图1-3。

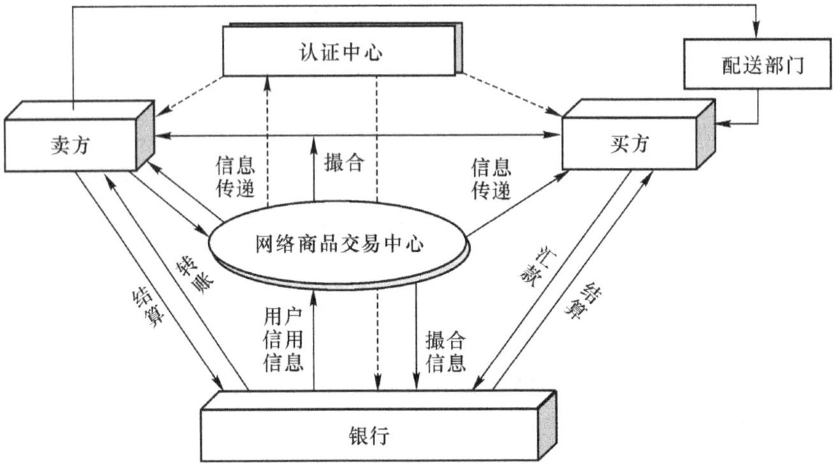

图1-3 B2B交易模式示意图

进行电子商务活动的销售和购买双方，都要在电子商务标准规定范围内开展合法的电子商务活动。

面向中间交易市场的B2B模式是水平B2B，它是将各个行业中相近的交易过程集中到一个场所，为企业的采购方和供应方提供了一个交易的机会。

1.2.4 垂直电子商务模式（B2B）

20世纪90年代，管理者开始意识到上游和下游活动的管理和控制——主要是企业与外部技术伙伴的关系，与企业内部的产品生产活动同样重要。

原有的许多供应链过程，特别是上游和下游活动，是通过纸上交易（如购买通知单和订单、发票等）来管理的，管理效率并不高。B2B电子商务使得真正意义上的供应链成为现实，并为各供应链企业提供了不同的竞争优势。

在互联网上，近年来一些公司的网站通过与客户之间相辅相成的协作，专门为企业提供管理解决方案。例如，仪器仪表交易网（www. restart. cn）属于中关村的北京搜宝网络技术有限公司，是国内首家提供 B2B 模式进行仪器仪表交易的网络平台，其行业客户逾千家，遍布全国各省市自治区。致力于为仪器仪表生产、应用、销售企业拓展网络渠道，为市场提供专业服务，为网上经销商、仪器仪表生产厂家和仪器仪表集团采购客户提供快捷、高效、持久设备的商务平台。在它的首页上链接了中国分析仪器网（www. 54pc. com)、中国衡器网（www. pigment. com)、中国仪器仪表国际网站（www. china-meter. com)、上海君达仪器网（www. 8871. net）等行业网站。其中，中国分析仪器网（www. 54pc. com）面向一些特殊行业，全面及时地提供各种实验室专业分析仪器产品和分析技术信息，为广大实验室分析工作者的生产、教学和科研活动提供便利，还提供为海内外企业刊登广告、制作并发布网页服务。随着网站建设的逐步完善，中国分析仪器网将可作为国内外供应厂商和客户、客户与客户以及各厂商之间进行信息交流与合作、网上交易的中间媒介。

垂直电子商务发展迅速，国内的垂直电子商务呈现井喷之势，且盈利势头良好。B2B 的成熟度对电子商务发展有决定性作用。

基于不同的平台开展电子商务运营具有不同的特征和要求。对于希望通过电子商务平台开展网络零售的企业而言，主要使用的是 B2B 平台。

1.3 电子商务的支付模式

电子商务的支付过程和物流配送过程是非常重要的两个内容。在电子商务交易过程中，电子支付是必不可少的组成部分。电子支付必然涉及金融领域相关的银行、证券、保险、邮电、医疗、文体娱乐和教育等众多行业，市场份额是极其巨大的。

随着电子商务的发展，互联网技术已经构造了安全、快捷、灵活、成熟的电子支付系统，提供安全的中介服务，支付者的认证和金融卡加密等都已经是非常成熟的技术。电子支付过程如图 1-4 所示。因而可以相信，在日新月异的互联网时代、物联网时代、个性化时代，电子支付已然被广泛接受并使用。

现在，电子支付的途径多种多样，可以分为 3 类，如图 1-5 所示：

（1）使用“信任的第三方”（trusted third party）。

1）对消费者的好处。安全放心的网上购物：收到商品后满意才会在网上在线支付给卖家，非常方便简单。即时到账：网上支付后即时到账，不需要审核等，到账时效性得到保障，卖家发货及时，这就体现了电子商务及时性的特点。免费转账：线上支付无须支付任何手续费。

2）对销售者的好处。省心省力省时：支付宝即时确认付款，可以立刻发货，

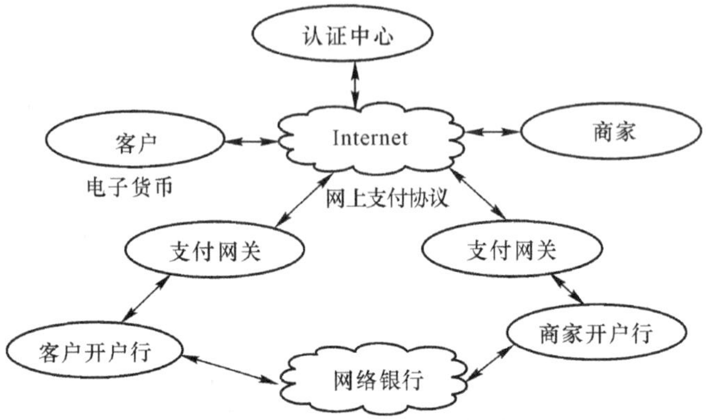

图 1-4　电子支付过程示意图

缩短资金流动的时间。账目分明：交易管理可以清晰地记录每一笔交易的交易状态，获得更多的信用评价，并用高信誉吸引更多买家从而提升交易额。

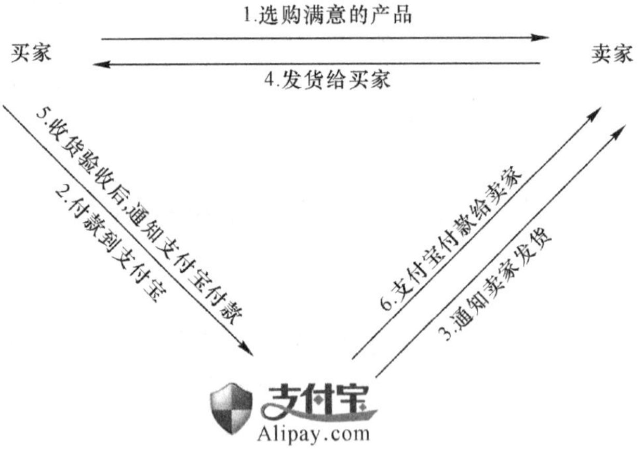

图 1-5　支付宝支付流程示意图

（2）传统银行转账结算的扩充。

当消费者想要从商家购买商品时，客户可以通过绑定银行卡支付等形式，或是手机接收短信并输入验证码信息等。B2C 在线交易是主流，因为现在大部分人都已经习惯了电子商务的购物模式和支付模式。

（3）数字现金（ Digital Cash）和电子货币（ Electronic Money and Electronic Coins)。这与之前的两类支付方式不同，目前采用的也不多，存在不安全性、不可靠性等隐患。

1.4　电子商务的商业模式

电子商务产生了许许多多新的商业模式，改变了传统的商务流程，越来越深刻地影响到经济社会生活的方方面面。电子商务除了经典的B2B、B2C、C2C、C2B等商业模式外，还出现了像中国红娘网、博客网、中香化学、五金网、黄页网、我爱我家、MSN、QQ、YAHOO、新浪、抖音、快手、火山视频等成功的商业运作模式。红娘网，2005年成交额达到了9000万元；抖音网注册人数突破450万，而且正在以每天1万~2万人的速度增长，尤其是新冠肺炎疫情特殊时期，限制了人们的出行，网络购物和网络短视频平台成为人们新兴的娱乐方式和购物方式。

随着电子商务的快速发展以及用户深层次需求的拉动，电子商务应用也变得越来越多样化，创新的电子商务应用不断涌现。但是，一种电子商务的商业模式能否长久地存在并发展下去，关键的一个因素是其是否能够实现盈利，并且持续、长久地盈利，这是电子商务的商业模式所要探究的。管理学者尹传高先生对商业模式的定义用了这样一个等式来说明："商业模式=理念+方式"，即一个好的商业模式是一个好的适应市场的理念和一个与之相适应的方法相结合的产物，同时，它还是不断优化和整合的结果。人们将电子商务的商业模式用公式概括为"电子商务商业模式= Internet+理念+方式"。

研究者将电子商务的主要商业模式分为：B2B商业模式（分为垂直与水平电子商务两种）、B2C商业模式、C2C商业模式、连锁电子商务模式和其他电子商务模式等，见图1-6。

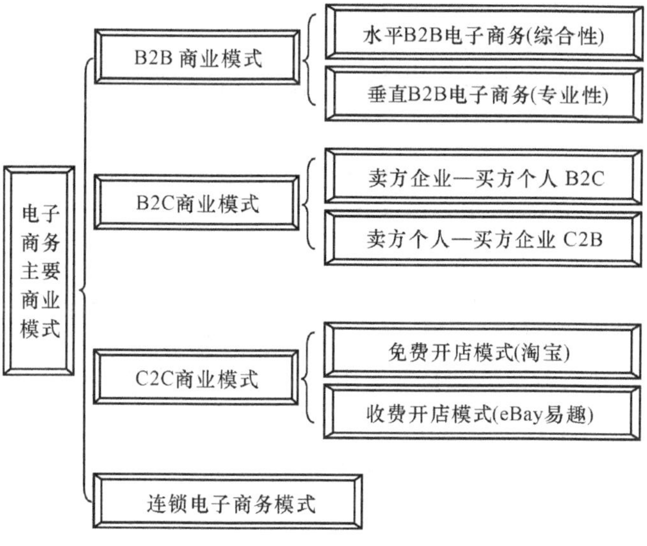

图1-6　电子商务的主要商业模式

1.5 电子商务营销分析的内容

电子商务营销分析的基本内容从营销前的媒体规划与效果预测、营销中的异常检测与及时反馈、营销后的结果总结与项目分析入手，服务于广告、搜索引擎营销（SEM）、商务合作营销（BD）、返点型营销（CPS）、新媒体、电子邮件营销（EDM）、搜索引擎优化营销（SEO）等。

（1）广告。广告的形式包括 Banner、通栏广告、对联、Button、下拉、背投、弹窗、Text Link、游标、画中画、全屏收缩、全屏、视频等。

普遍特点：更新换代频率高，也体现了网站的特点。除品牌性广告主以外，大多数广告主以效果类广告为主，如流量、转化等。

网络广告营销效果数据分析指标包括：广告展示量、广告点击量、广告到达率、广告二跳率、广告转化率：

1）广告展示量：统计周期通常有小时、天、周和月等，也可以按需设定，通常反映广告所在媒体的访问热度。

2）广告点击量：统计周期通常有小时、天、周和月等，也可以按需设定。

3）广告到达率：统计周期通常有小时、天、周和月等，也可以按需设定。

4）广告二跳率：统计周期通常有小时、天、周和月等，也可以按需设定。

5）广告转化率：统计周期通常有小时、天、周和月等，也可以按需设定，反映广告的直接收益。

（2）搜索引擎营销（SEM），根据使用者使用搜索引擎的途径，通过使用者进行信息检索，强势地将广告、营销信息等展示给搜索相关词条的用户。SEM 是基于搜索引擎平台的网络营销，利用人们对搜索引擎的使用进行引流、营销。

（3）商务合作营销（BD），即商务合作。通过资源互换、商务合作等获得的广告资源。

（4）返点型营销（CPS），即通过转化（如订单）结算后的返点进行合作。

（5）新媒体（互动或社交类媒体）主要包括：微信、微博、社区、论坛、博客等。

（6）电子邮件营销（EDM），简称为邮件营销。是利用电子邮件（E-mail）与受众客户进行商业交流的一种直销方式。同时也广泛的应用于网络营销领域。电子邮件营销是网络营销手法中最古老的一种，可以说电子邮件营销比绝大部分网站推广和网络营销手法都要老。

（7）搜索引擎优化营销（SEO），是一种利用搜索引擎的搜索规则来提高目前网站在有关搜索引擎内的自然排名的方式。例如，搜索“小米”，其中不带“推广”字样，或者包含“百度快照”字样的链接。

2 电子商务发展概述

2.1 我国电子商务发展概况

2.1.1 我国电子商务发展历程

在我国，计算机的应用已经有 50 多年了；互联网的发展与应用也有 20 年。1987 年 9 月 20 日，中国向全世界发出了第一封电子邮件，标志着中国已经进入了互联网时代。可以把我国的电子商务从起源到如今分为三阶段：

第一阶段（1990~1993 年），起步阶段。根据 1993 年年中公布的统计数据，中国网民仅 100 万。这个阶段，网民数量非常少而且网络生活方式还仅仅停留于电子邮件和新闻浏览的阶段。

第二阶段（1993~1997 年），奠基阶段。标志性事件是“三金工程”。1997 年 4 月之后，中国商品订货系统（CGOS）开始运行。

第三阶段（1998 年至今），发展阶段。

1998 年 3 月，我国第一笔互联网网上交易成功，拉开了我国电子商务交易活动的序幕。

1999 年，网上购物进入实际应用阶段。

2000 年，电子商务在我国进入了高速发展阶段。

2002 年，电子政务的全面实施有力地促进了电子商务的发展。

电子支付逐渐为大众所接受。中国工商银行 2001 年网上交易额达 60007 亿元，2002 年突破 5 万亿元。根据中国工商银行的最新统计，到 2005 年个人银行客户达到 1485 万多户，企业网上银行客户达到 32 万多户，交易额达到了 42 万亿元。目前，我国北京、上海、杭州、南京等十大城市的网民中，已经有 60%的个人用户和超过 80%的企业用户正在使用网上银行服务。

2004 年 8 月 28 日，全国人大第十一次会议表决通过了《中华人民共和国电子签名法》。

根据北京水清木华科技有限公司提供的《2005 年中国电子商务盈利模式研究报告》，到 2018 年，中国电子商务的年增长率平均为 73.7%，营业额达到 4800 亿人民币并且在逐年增加。

2.1.2 中国互联网络信息中心互联网发展报告

随着 2005 年中国电子商务法律《中华人民共和国电子签名法》的正式实施，《电子支付指引》的颁布为电子商务宏观环境的完善提供了法律基础和政策依据，中小企业电子商务应用热情点燃了 B2B 市场竞争的战火。中国互联网络信息中心（CNNC）提供的我国历次调查上网用户总数，1996 年中国互联网用户为 10 万户，1999 年为 400 万户，2000 年达到 1690 万户，2001 年为 2650 万户，2009 年底，我国上网用户总数为 3.84 亿户，宽带用户数量超过半数；到 2019 年底，我国上网用户总数为 6 亿多户，宽带用户数量超过 65%，两者都居世界第一。2019 年较 2018 年增长 5000 万人。

截至 2018 年底，我国的智能手机使用量一年内增加了 1.2 亿部，尤其是在 2019 年，5G 网络业务和 5G 智能手机的陆续上市，使用智能手机进行收看视频、购物等成为我国互联网发展的新方式。

据权威调查：2019 年，我国消费者通过网络平台进行购物的，交易额达到 5 万亿元，2020 年，中国网络购物市场也得到了更大规模的发展。数据显示，中国互联网应用正呈现网络消费快速增长的显著趋势，但是与其他欧美等发达国家相比，网络消费增长还有很大的空间。

电子商务的发展如日中天，巨大的网民数量为电子商务的开展提供了无限广阔的空间，同时，还不断被赋予新的含义，开拓出更广阔的应用空间。电子商务将成为 21 世纪人类信息世界的核心，也是网络应用的发展方向，具有无法预测的增长前景。电子商务还将构筑 21 世纪新型的经济贸易框架。

中国国际出口宽带继续发展，2019 年底达到 1005000Mbps，年增长率达到 52.1%。

截至 2019 年 12 月底，一些短视频平台，如快手、抖音等在网民中的用户规模达到 4 亿人，使用率为 80%，较 2018 年底增长 5000 万人，使用率提升了 5%。活跃的规模进一步扩大，在半年内，更新过抖音、快手的用户规模达到 3 亿人之多，年增长率高达 55%。很多社会普通民众变成了流量主播，很多明星或是名人等也变成了网络段子手。

2019 年，我国参与电子商务交易的多为 5.5 亿人，年增长率高达 45%。将（电子商务）网络购物当成主要购物方式的人高达全国总人口的 58%。同年，网络支付的用户规模 4.5 亿人，年增幅高达 92%，是使用者增长最多、最快的网络应用。

2.2 跨境电子商务发展概况

2.2.1 跨境电商的发展历程

1999 年阿里巴巴首次将电子商务平台分为国内版和海外版，这也标志着我国正式将对外国的进出口贸易搬到了网络上。经过不断的发展和互联网技术的优化，跨境电商产业发展越来越好。很大程度上满足了个人和企业对于外国商品的采购需求，并降低了采购价格，简化了通关手续等，见图 2-1。

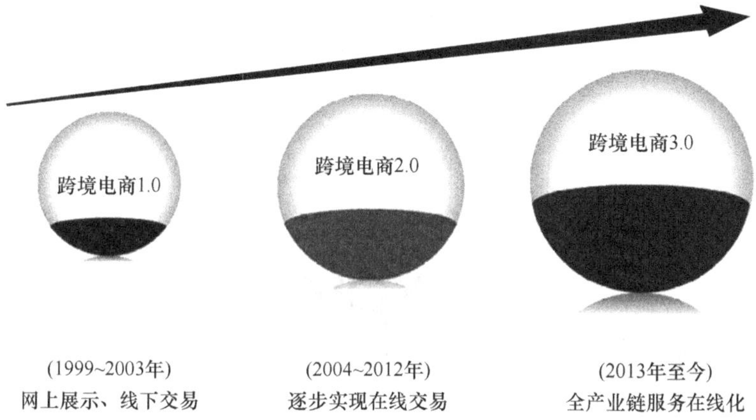

图 2-1 跨境电商发展历程

跨境电商大致历经了三个发展阶段：

（1）跨境电商 1.0 阶段（1999~2003 年）。

初期，跨境电商活动只是通过网上进行商品的展示，但是真正的交易行为却是在线下进行的。跨境电子商务平台，仅仅起到了展示商品的作用，能够缩短商品选购的初期工作量，但不是真正意义上的电子商务活动。跨境电子商务平台是靠收取销售企业的会员费或是服务费等盈利，使得这些企业也有了向外国客户展示商品的平台，但并没有实际促进销售量的提升。

阿里巴巴国际站、环球资源网为这个发展阶段的代表平台之一。

1）阿里巴巴国际网站，1999 年成立，是中国当时最大的外贸信息黄页平台之一。

2）环球资源网，1971 年成立，前身为 Asian Source，是亚洲较早的提供贸易市场资讯者。

（2）跨境电商 2.0 阶段（2004~2012 年）。

敦煌网在 2004 年的时候正式上线使用，也标志着我国的跨境电商进入了 2.0

阶段。这时期，跨境电商发展越来越完善，电子商务平台不仅是一个展示商品的网站，而且趋于向真正的电子商务活动发展。不仅可以展示商品，同时可以进行购买、预定、交易、洽谈、发货、支付等。和第一个阶段相比，此时的跨境电商更能体现电子商务的本质。

2011 年以后，“跨境电商”一词风靡全国。国家开始重视跨境电商，随着各类法规的颁布出台，各个地区政府的扶持力度加强，越来越多的卖家涌入阿里系跨境电商平台。有传统的行业转型进入，线下供应商、物流商、服务商的加入，跨境电商行业竞争也越来越激烈。

（3）跨境电商 3.0 阶段（2013 年至今）。

2013 年，被看作是跨境电商发展的重要转折点，跨境电商全产业链都出现了商业模式的变化。跨境电商进入了高速发展的新时代，如图 2-2 所示。

图 2-2　跨境电商企业

2.2.2　跨境电商的发展现状

2.2.2.1　国内跨境电商市场现状

根据咨询资料显示，2016 年中国进出口跨境电商（含零售及 B2B）整体交易规模达到 6.3 万亿元。至 2018 年，中国进出口跨境电商整体交易规模达到 8.8 万亿元。近年来，中国进出口零售跨境电商平台相继成立，在激烈竞争中不断提升用户体验。

2016 年，中国海淘用户规模达到 0.41 亿人，至 2020 年，中国海淘用户预计将达到 1.5 亿人。2016 年，中国海淘用户规模增速达到 78.3%，此后，中国海淘用户规模增速将逐渐放缓。中国跨境电商用户规模将进一步扩大，平台应抓住用户红利期谋求快速发展。

2016年，中国跨境电商零售进口销售额占比分布中，网易考拉海购以21.6%市场占比居于首位，天猫国际销售份额占比为18.5%，居于第二位，唯品国际紧随其后，占比为16.3%。占比较高平台或将抓住机会，在激烈的市场竞争中，进一步扩大优势。

据资料显示，46.2%的中国海淘用户选择手机移动端作为主要海淘设备。其中48.2%的手机海淘用户安装有2~3个海淘软件，27.3%的手机海淘用户安装有4个及以上海淘软件。随着中国跨境电商购物进一步发展，移动端购物体验进一步优化，手机移动端占比将继续提升。中国海淘市场竞争激烈，尚未有海淘平台占据绝对优势地位。

2.2.2.2 国家对跨境电商的政策支持

跨境电商进出口已经成为我国外贸发展新的增长点。而政策支持是跨境电商高速发展的重要因素之一，跨境电商进出口的政策不断出台，刺激跨境电商实现更快发展。

（1）跨境电商零售进口过渡期后监管总体安排。我国跨境电商零售进口过渡期政策到期后，于2018年1月1日起采取新的监管模式。经国务院批准，保持跨境电商零售进口监管模式总体稳定，对跨境电商零售进口商品暂时按照个人物品监管。跨境电商零售进口的监管模式和措施还将继续完善，对质量的监管和把控也会加强。政府已在反思外贸监管政策，在跨境电商所引发的全球贸易新趋势下要进行监管创新，仍需要时间继续推行试点，以总结经验，研究出一套更符合全球贸易发展趋势的跨境电商监管制度。

（2）跨境电商零售进出口检验检疫信息化管理系统数据接入。政策对跨境电商零售进出口检验检疫信息化管理系统涉及的经营主体（企业）、第三方平台的相关事宜进行说明，要求跨境电商经营主体、第三方平台向出入境检验检疫局申报及传输电子数据。有了数据的接入，就会有更多的数据样本，就能对跨境电商大数据进行分析，有助于全面掌握行业发展概况，更好地对跨境电商健康发展作出指导。

（3）进一步扩大和升级信息消费，持续释放内需潜力。部署进一步扩大和升级信息消费，充分释放内需潜力，壮大经济发展内生动力。意见提出，培育基于社交电子商务、移动电子商务及新技术驱动的新一代电子商务平台，建立完善新型平台生态体系，积极稳妥推进跨境电子商务发展。消费升级的市场环境下，越来越多的消费者选择在跨境进口电商平台上购买产品。

（4）扩容跨境电商综合试验区，监管过渡期再延一年。国务院召开的常务会议决定，再选择一批基础条件好、发展潜力大的城市，建设新的综合试验区，推动跨境电商在更大范围发展，将跨境电商监管过渡期政策延长一年至2018年底。

（5）调整部分消费品进口关税。自 2017 年 12 月 1 日起，以暂定税率方式降低部分消费品进口关税。本次降低的消费品进口关税，范围涵盖食品、保健品、药品、日化用品、衣着鞋帽、家用设备、文化娱乐、日杂百货等各类消费品，共涉及 187 个 8 位税号，平均税率由 17.3%降至 7.7%。随着关税的下降，势必将有更多的国外商品进入国内，这对国内的企业来说是个不小的挑战。在国外商品价格上更加趋于或者接近中国商品的前提下，国内商品要想获得消费者的青睐，就必须提供给消费者更有价格优势、质量优势的商品。

（6）复制推广跨境电子商务综合试验区。跨境电商的线上综合服务和线下产业园区“两平台”及信息共享、金融服务、智能物流、风险防控等监管和服务“六体系”等做法已经成熟，并且可以面向全国复制推广，供各地借鉴参考。各地结合实际情况，深化“放管服”改革，加强制度、管理和服务创新，积极探索新经验，推动跨境电商健康快速发展，为制定跨境电商国际标准发挥更大作用。

（7）2018 年起新增 5 座城市适用跨境电商过渡政策。自 2018 年 1 月 1 日起，我国将跨境电商过渡期政策适用的范围扩大至合肥、成都、大连、青岛、苏州 5 个城市。

2.2.3 跨境电商的发展趋势

跨境电商在经历了 2016 年、2017 年的飞速蓬勃发展，到 2018 年将进入空前繁荣而又硝烟弥漫的阶段。资本的不断涌入，人工智能、AR 等新技术的应用，以及各平台、品牌在概念和运营上的推陈出新，都让这个行业既历经激烈的竞争，同时又蕴育无限生机可能。

（1）技术人性化。AI（人工智能）和 AR/VR（虚拟现实）等新技术在 2017 年已经被多方面尝试和初步使用。在购物体验上，传统购物模式更多的是消费者通过图片，或者产品视频了解商品信息，但在一些新的消费场景下，AI 和 VR 等技术的应用，使得消费者能通过设备让自己如临其境，置身于自己想购买产品的体验环境下，获得更加人性化的购物体验。

eBay 网站推出的人工智能应用 Shop Bot，可以直接和消费者对话，让消费者的网上购物过程也同样具有互动性。天猫、京东等推出的虚拟试衣功能，让顾客只需站在屏幕前就能轻松查看试衣效果，同样是 AR 技术的尝试。跨境海淘可能不再只是单调的图片和文字信息筛选，购物体验将更加丰富、人性化。

（2）品牌全球化。2017 年“双 11”购物节中，我国的多个优秀的国货品牌远销 200 多个国家和地区，购买者不仅有海外华侨，同时，也包括很多的国外消费者。传统的产品和贸易更加集中地针对某一特定的市场，随着互联网的发展和电子商务的大趋势，跨境电商平台不再是仅需要满足一两个市场，而是需要满足全球需求，“地球村”的概念在跨境平台中更加明显。国内的消费者可以更加便利、充分地享受海外的品牌和服务，而国内的品牌也有更多渠道输出到世界各地。对于跨境电商来说，走在消费者需求前列、更加全球化，才能享受这种趋势带来的利益和好处。

（3）用户年轻化。根据京东发布的《2017年跨境电商消费趋势报告》，在跨境海淘用户中，80后、90后成为消费主力军。在职业上，公司白领和在校人群占3/5以上。“高学历、女性、年轻”这是跨境电商平台用户画像最典型的三个特征。

此外，随着95后逐渐成长、进入社会，他们也成为不容忽视的消费力量。从小被电子产品、智能电子、网络渗透影响的95后，生活就是联网的数字化高度集中，他们有着和过去任何一代都完全不同的生活体验。在消费上，年轻一代的消费者，比起性价比，也更加关注商品品质和独特性。

只有抓住年轻的消费者，也就是“数字原生代”这群新而庞大的消费群体，电商平台才可能获得持续性的成功。

（4）营销社交化。一切营销的结果都依赖于传播，而在互联网时代，当传播结合社交互动、让用户自发性地在社群环境下进行二次传播，营销就会产生意想不到的巨大效果。数据显示，UGC（用户原创）内容对消费者购物决策的影响，比其他类型的媒体内容高20%。当用户的观点产生影响力、并逐渐累积，形成“意见领袖”，话语权和影响力可能比一支专业团队打造的营销方案更大。

目前国内已有多家跨境电商平台开启并运用社交化营销策略，可以预见，随着越来越多喜欢发声和乐于分享的年轻消费者进入消费大军，社交化营销将继续成为跨境电商平台营销策略的重点。

（5）物流极速化。跨境电商面向的是全球，对于消费者来说，无论在地球的哪个区域，电商的货品也可以极速的送达消费者手上。这种极速的物流体验在国内的电商环境下非常正常，且多数时间可以实现。

跨境电商在面对不同国家政策、法律、环境上的差异时，要保证商品质量和物流速率，将会是很大的考验。我国是第一个推出跨境电商保税区这种特殊政策的，在一定程度上，这种政策很大地缓解了物流速度的难题。

3 电子商务发展现状及运营策略

3.1 移动电商发展现状及运营策略

移动电子商务（Mobile Business，MB）或移动电商（Mobile Commerce，MC），也称无线电子商务（Wireless Business，WB），是指在无线平台上开展的电子商务。移动电商是电子商务的一个新分支，同时也是电子商务的整合与扩展。

在移动电商时代，原有电子商务的技术支撑、业务流程和商业应用都会实现有线向无线的扩展与完善，从这方面来说，移动电商是电子商务发展的高级形式。

3.1.1 移动电商的概念和特点

移动电商由电子商务衍生而来。传统的电子商务主要终端是个人计算机，是“有线的电子商务”；而移动电商的主要终端是手机、个人数字助理（PDA）这些可以装在口袋里的可移动终端。

目前，较普遍的移动电商的定义是：移动电商就是利用手机、个人数字助理和掌上电脑等无线终端开展的电子商务活动。狭义上的电子商务活动指的是商务交易类活动，而广义上的电子商务活动则泛指一切与商务交易有关的活动，如营销、推广、支付及物流等。移动电商将互联网、移动通信技术、短距离通信技术、应用程序开发技术及其他技术完美地结合，使人们可以在任何时间、任何地点进行各种商贸活动，实现了随时随地、线上线下的购物交易和在线电子支付。

与传统电子商务相比，移动电商具有很多优点。移动电商由于不受时间和地点的限制，交易时间灵活，大大提高了交易效率，见表 3-1。

表 3-1 移动电商的优点

特点	说明
交易灵活性	移动电商不受时间和地点的限制。移动互联网终端设备主要有手机和个人数字助理，这些设备体积小巧，可随身携带。同时，移动电商交易的付费方式多种多样，如手机银行支付、电话支付、短信支付、微信支付、支付宝支付等，支付具有灵活性

续表 3-1

特点	说　明
安全性	移动电商实现了移动通信与互联网技术的结合。一方面，互联网的诸多技术可以保障交易的安全；另一方面，无线网络不受地理环境和通信电缆的限制，具有广泛的开放性，也带来了诸多安全隐患
便利性	传统电子商务可以使用户免受时间和地理位置的限制，移动电商则完全可以实现随时、随地的交易，移动电商的便利性可以使消费者享受方便快捷的服务，并提高其生活质量
广泛性	电子商务的目标用户为互联网群体，而移动电商的目标用户则是巨大的移动电话用户群体。相比之下，移动电商具有更广泛的用户基础
内容丰富性	互联网上的信息是丰富的，以互联网信息为主要信息来源的移动电商具有传统商务无法想象的丰富资源

3.1.2 移动电商的相关技术

3.1.2.1 移动网络技术

A 无线应用协议

无线应用协议（Wireless Application Protocol，WAP）是一个全球性的开放协议。无线应用协议定义可通用的平台，把目前互联网上 HTML 语言的信息转换成用无线标记语言（Wireless Markup Language，WML）描述的信息，显示在移动电话或其他手持设备的显示屏上。无线应用协议不依赖某种网络而存在，在 4G、5G 时代到来后仍可继续存在，不过传输速率更快，协议标准也会随之升级。

B 蓝牙技术（Bluetooth）

使用蓝牙时，只能是短距离的双方进行数据的传输和交换，也有人把蓝牙适配器统称为蓝牙。蓝牙能让我们不受有线连接的束缚，并且传输速度也非常快，现在市面上的大多数手机和笔记本电脑都带有蓝牙功能。

C 3G 技术、4G 技术和 5G 技术

“3G”（the 3rd Generation Communication System，3rd-generation）是第三代移动通信技术的简称，是指支持高速数据传输的蜂窝移动通信技术。3G 技术能够同时传送声音（通话）及数据信息（电子邮件、即时通信等）。它的应用已由最初的无线宽带上网拓展到了视频通话、手机电视、无线搜索、手机音乐等领域。

“4G”（the 4th Generation Communication System，4th-generation）即第四代通信系统。4G 集 3G 与无线局域网（WLAN）于一体，能够传输高质量视频图像，功能比 3G 更先进，频带利用率更高，传输速度更快。

“5G”（the 5th Generation Communication System，5th-generation）即第五代通

信系统。互联网的快速发展，对网络速度产生了更高的要求，这无疑成为推动5G网络发展的重要因素。5G技术相比4G技术，其峰值速率将增长数十倍，从100Mbit/s提高到数十Gbit/s。2018年4月23日，重庆首个5G试验网正式开通，标志着重庆5G网络商用化的正式起步。这意味着各基础电信运营企业开展5G系统试验所必须使用的频率资源已获得到批准，中国移动、中国联通、中国电信均计划到2020年实现5G网络的正式商用。

3.1.2.2 移动应用开发技术

目前主流的APP开发方式有Native APP（原生APP）、Web APP（网页APP）和Hybird APP（混合原生和Web技术开发的APP）3种。

A 原生APP

原生APP是一种基于智能手机本地操作系统，如安卓、iOS和Windows Phone，并且使用原生程序编写运行的第三方移动应用程序。开发原生APP软件需要针对不同智能手机的操作系统来选择不同的APP开发语言，如安卓APP使用的是Java开发语言，iOS APP使用的是Objective-C语言，Windows Phone的APP使用的是C#编程语言。

如今，市面上多数的APP软件开发都是使用原生程序编写的应用程序。原生APP应用UI元素、数据内容、逻辑框架均安装在手机终端上，人们就可以通过手机进行信息的获取。

原生APP具有以下优势：（1）针对不同的平台为用户提供不同的体验；（2）可以访问本地资源，如通讯录、相册等，打开的速度更快，能节约宽带成本；（3）能够设计出色的动效，为用户提供最佳的体验和优质的用户界面。

原生APP开发成本高，不同平台需要开发不同程序，还需要经过提交、审核，才能上线发布。

B 网页APP

网页APP开发是一种框架型APP开发模式，该模式具有跨平台的优势，通常由“Html5云网站+APP应用客户端”两部分构成，APP应用客户端只需安装应用的框架部分，而应用的数据则是每次打开APP的时候，去云端取数据呈现给手机用户。

网页APP最大的优势就是可以跨平台运行，开发一次就可以在不同的平台上运行，而且更新成本低。但是，网页APP是通过APP向云网站调取相关数据的，这会导致在没有网络的情况下APP将不能运行，而且网页APP无法调用手机终端的硬件设备（语音、摄像头、短信、GPS、蓝牙、重力感应等）。

C 混合型APP

混合开发是结合原生APP和Html5开发的技术，取长补短的一种开发模式。

混合开发的APP内嵌一个轻量级的浏览器，一部分原生的功能改为用Html5来开发，这部分功能不仅能够在不升级的情况下动态更新，而且可以在安卓或iOS上同时运行，让用户的体验更好，同时又可以节省开发资源。

3.1.2.3 二维码技术

二维码是用特定的几何图形按一定规律在平面（二维方向上）分布的黑白相间的矩形方阵，以记录数据符号信息的新一代条码技术。其具有信息量大、纠错能力强、识读速度快、全方位识读等特点。将手机需要访问、使用的信息编码应用到二维码中，利用手机的摄像头识读，这就是手机二维码。

A 二维码的用途

二维码是移动互联网最强大的入口。以前，消费者看到某种商品后，要查询详细信息或者获取优惠券，需要通过手机搜索进行。而现在，消费者只需要扫描该商品的二维码，就可以直接导入条码中隐藏的产品网页或者其他一些商家希望消费者看到的内容。二维码还可用于显示产品的相关信息。在交易过程中的每一个人，只要通过使用具有二维码扫描功能的手机或是电子产品等，就能获取到商品的相关信息，如生产者信息、运输者信息等，在一定程度上可以帮助用户识别产品的真假。

B 二维码的特点

二维码具有储存量大、保密性强、追踪性强、抗损性强、备援性强、成本低等特性，所以特别适用于手机购物、安全保密、追踪、存货盘点和资料备援等方面。互联网上有不少免费二维码生成软件，只要输入相关的文本、网址、名片、图片、多媒体和微信账号等即可直接生成二维码。常见的二维码生成器有草料二维码（cli）、联图网（liantu）、微微在线（wwei）等。

3.1.3 移动电商的应用

移动电商的应用是指电子商务的主体通过各种无线技术和移动终端，在“动态”中进行商务活动。移动电商的应用领域非常广泛，在传统商务活动的各个层面、各个领域都起到了举足轻重的作用，如移动支付、移动营销、移动购物、移动旅游及移动娱乐等，以下简单介绍其中的几种应用。

3.1.3.1 移动营销

移动营销能够帮助传统品牌企业快速、有效地抢占移动互联网营销阵地，将大量的线下消费者数据引导至线上，从而可促进营销活动线上部分和线下部分的有效整合。随着用户行为全面向移动端转移，移动营销将成为企业推广的重要渠道。移动营销的途径主要包括即时通信、移动电商平台、短视频及直播等APP平台，移动营销逐渐与社交进行融合。在各种移动营销方式中，微信营销最受企业欢迎。

目前，微信营销主要有微信朋友圈广告、微信公众平台推广 2 种方式。

A 微信朋友圈广告

2015 年 8 月，微信朋友圈广告官方网站正式上线。微信朋友圈内的广告是基于微信公众号生态体系，以类似朋友的原创内容形式在朋友圈中展示的原生广告。用户可以通过点赞、评论等方式进行互动，并依托社交关系链进行转发，为品牌推广带来加成效应，按曝光次数计费。

B 微信公众平台推广

微信公众平台简称公众号，是为个人、企业和其他组织提供业务服务与用户管理服务的服务平台。微信公众号有订阅号、服务号、小程序和企业微信 4 种类型，以下简要介绍前 3 种。

a 订阅号

订阅号主要传达给用户信息（类似报纸、杂志），每天只可以群发一条消息。如果想简单地发送消息，达到宣传效果，建议选择订阅号，个人、企业和其他组织均可注册订阅号。

b 服务号

服务号主要用于交互式服务（类似于银行客服电话、114 查号台，提供查询服务），用户认证前后都是每个月可群发 4 条消息。如果想进行商品销售，建议申请服务号，企业或其他组织都可以注册服务号。

c 小程序

小程序是一种不需要下载安装即可通过微信使用的应用程序，用户使用微信扫一扫或搜一下即可使用。全面开放微信小程序申请后，企业、政府、媒体、其他组织或个人，均可申请注册小程序。

微信小程序与 APP 相比有以下不同之处：

APP 是随着智能手机的产生而发展起来的。APP 让用户在移动端就能实现很多专门的应用，微信就是一个典型的 APP。而小程序则是腾讯公司推出的基于微信 APP 的程序应用。

从使用方式上来看，微信小程序通过微信扫一扫或者搜索后即可使用，无须下载，无须安装，和微信共用内存使用；APP 则需要从网上下载并且安装后才能使用，需占用手机的内存空间；

从开发角度来看，微信小程序一次开发，多终端适配，开发成本低，并且只需向微信公众平台提交审核；APP 则需适配各种主流手机，开发成本高，而且需要向十几个应用商店提交审核；

从功能上来看，微信对小程序的功能是有约束的，只能实现微信平台提供的部分功能；APP 则完全由运营者开发，可以实现更多功能；

从推广角度来看，微信小程序仅面向微信用户，受众单一；APP 则面向所有智能手机用户，面向更广的用户群，所有智能手机用户都可以使用。

可以说，微信公众平台是企业与用户之间的一个载体，通过不断的信息互动和服务来使企业获得品牌影响力。同时，它还是一个移动的客户关系管理系统，可以与用户进行一对一的沟通。这种管理客户和营销方式的成本比传统营销方式更低，效果更好。

3.1.3.2 移动金融

移动金融用户能随时随地在网上安全地进行个人理财，也可以使用其移动终端核查账户、支付账单、进行转账及接收付款通知等。移动金融的即时性非常适用于股票等在线交易活动。

3.1.3.3 无线医疗

无线医疗是在紧急情况下，借助无线技术，救护车可以在行驶中同医疗中心和病人家属进行快速、动态、实时的信息沟通。在无线医疗的商业模式中，病人和医院都可以从中获益，因此也都愿意为这项服务付费。

3.1.3.4 移动旅游

移动旅游是指用户利用移动终端设备，通过无线网络，采用某种支付手段来完成和旅游产品提供者之间的交易活动。移动旅游电子商务可提供的服务主要有：旅游信息服务，各种旅游服务的查询和预订，旅游电商网站的个性化服务，为旅游爱好者提供自主交流的平台等。

相对于传统的旅游电子商务，移动旅游电子商务使用的终端可随用户移动，并支持地理定位，从而使游客可以随时随地获取基于位置的服务，如导航、定位、餐饮、住宿、景点介绍等。

3.1.3.5 移动出行

手机打车是指利用智能手机内安装的应用软件发出打车请求的。打车软件通常分为司机端和乘客端两种版本，分别安装在司机和乘客的手机上，双方匹配使用。

乘客打开乘客端打车软件后，可以发出招车请求，系统会自动进行派单或者由司机选择接单。使用打车软件不仅提高了乘客打车服务的品质和效率，缓解了乘客打车难的问题，还满足了乘客个性化的服务需求。

近年来，美团进入打车市场之后，高德地图也推出顺风车服务。

高德地图此前发布的一份报告显示，以北京五环范围内为例，有 16.4%的出行需求高度重合。若充分发展顺风拼车，预计每年可减少驾车里程约 1.11 亿千米，相当于减少 3 万吨的碳排放量。

此外，高德地图方面还强调，除了不抽取车主的佣金，目前由第三方收取的服务费也由高德来补贴。作为阿里巴巴生态的一部分，目前高德顺风车司乘双方是通过支付宝完成支付的。

3.1.3.6 移动娱乐

移动电子娱乐的内容丰富多彩，涵盖了以移动沟通服务为主、以移动信息服务为主以及纯娱乐服务等多种形式：（1）移动沟通服务的典型应用如移动 QQ、微信等。（2）移动信息服务的典型应用如天气预报 APP、手机广播等。（3）纯娱乐服务是目前移动电子娱乐的主要发展方向，也是移动产业的主要收入来源之一，其中的移动游戏、移动音乐、移动阅读、移动视频等因其能为移动运营商、服务商和内容提供商带来附加业务收入，而成为移动业务的利润增长点。截至 2018 年 12 月，手机网络游戏用户规模已达 4.5879 亿，手机音乐用户规模已达 5.5296 亿，手机网络文学用户规模已达 4.1017 亿，手机网络视频用户规模已达 5.8958 亿。

3.2 抖音、快手等短视频创业机遇

我国短视频行业是在 2014 年进入快速崛起期。多种短视频内容生态崛起，美拍等短视频平台上线，以字节跳动、腾讯为代表的互联网巨头加速布局短视频行业，由原来的单 UCG 主导模式演变为 UGC、PGC、PUGC 同步发展的精品化模式。与此同时，随着以抖音、西瓜视频为代表的新兴短视频平台强势崛起，内容创作生态和商业模式不断趋于成熟，大量精品内容不断涌现各平台用户数及其使用黏性不断提升，深度漫入人们生活。目前市场上主流的短视频平台，如图 3-1 所示。

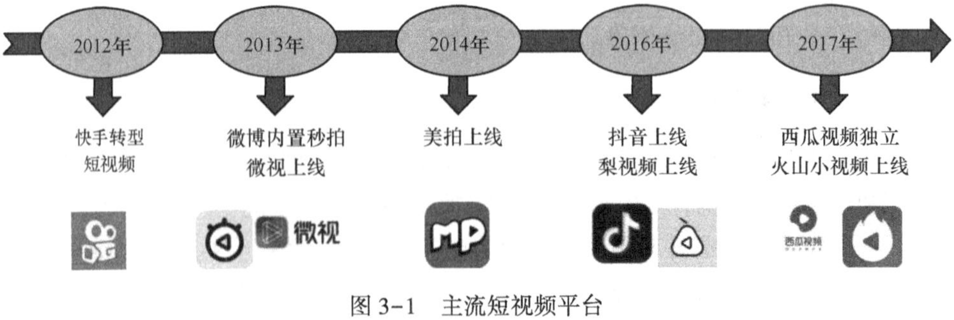

图 3-1 主流短视频平台

（1）短视频持续切分移动互联网用户时长。随着移动技术的发展和智能手机的普及，2018~2019 年移动互联网人均单日使用时长逐年攀升，至 2019 年 9 月已近 6 小时。从使用时长结构来看，2019 年 9 月移动互联网主要细分行业中时

长占比提升的仅有移动视频和移动购物，其中移动视频受短视频驱动时长占比提升幅度最大，同比提升 2.1~2.3 个百分点，短视频贡献了互联网时长的主要增量，持续切分用户使用时长。

（2）短视频月活跃用户数呈持续增长趋势。一项调查显示，截至 2019 年 6 月短视频月活跃用户数已达 8.2 亿，超同期移动互联网月活跃用户总量的 70%，2019 年上半年实现 0.7 亿用户数增长。其中，原本就位列短视频 MAU 前两位的抖音与快手增长最多，2019 年上半年分别实现同比增长 133%、47.8%，MAU 分别达到 4.86 亿和 3.41 亿，与其他短视频应用拉开差距。

（3）抖音、快手领跑，行业竞争加剧。短视频行业发展红利引竞争加剧，短视频以碎片化、信息量高的特点打破内容行业传统思路，培育新的用户消费习惯，释放出强大的商业潜能，也因此吸引愈来愈多的资本进入短视频行业。据调查显示，2019 年 6 月短视频行业人均打开 APP 个数增长至 1.75 个。

（4）“两超多强”格局逐步形成。据调查显示：2019 年 6 月抖音短视频、快手整体月活用户分别达 4.86 亿、3.41 亿，换算移动互联网用户渗透率已过 50%，位于第一梯队；西瓜视频、火山小视频和微视位于第二梯队，月活均过亿；土豆视频、波波视频、好看视频、美拍、秒拍、快视频等应用位于第三梯队。由此可知，目前短视频行业形成“两超多强”的激烈竞争格局，字节跳动三款短视频产品（抖音短视频、西瓜视频及火山小视频）月活跃用户接近 5.9 亿，快手月活跃用户超 3.4 亿。同时腾讯微视 2019 年也跻身亿级俱乐部，腾讯系及百度系短视频产品皆呈上涨趋势。四大短视频网站调查数据见图 3-2。

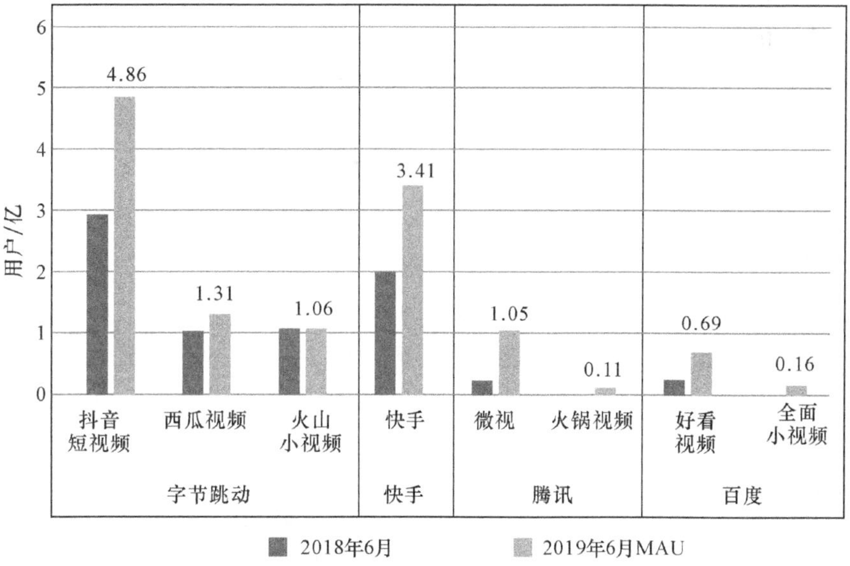

图 3-2　四大短视频网站调查数据

3.3 社交电商发展现状及运营策略

随着“社交+”应用模式的不断创新，移动社交平台也开始顺应市场趋势，在广告、短视频、电商、游戏、教育等领域进行渗透，利用社交关系吸引用户使用，获得商业变现，赋予社交平台新的活力。移动社交营销是指通过移动社交平台实现营销活动的过程，主要有社交电商、短视频营销和直播营销等类型。短视频营销和直播营销在第 7 章已做过介绍，这里只简单介绍社交电商。社交电商主要包括社交拼团和社交零售。

3.3.1 社交拼团

在电商领域，企业通过打造高性价比的产品，吸引用户通过社交平台分享、拼团，降低电商引流成本，提升线上购物信任度。而社交平台则可获取流量变现，实现商业模式多元化。

拼多多的商业模式是一种网上团购模式，以团购价来销售某种商品。拼多多成立于 2015 年，用了不到三年的时间（截至 2018 年 2 月），就做到了月流水 400 亿元的销售规模。朋友圈、微信群拼团模式是移动电商与社交媒体相结合的商业模式的创新，在几乎没做任何广告的情况下，很好地利用了社交媒体渠道，以用户去发展用户的模式迅速打开了市场。

3.3.2 社交新零售

社交新零售是指借助微信、微博、QQ、直播、短视频等社交工具，以社交化关系建构零售模式、以集中运营降低成本的新型零售业态。

3.4 农村电商发展现状及运营策略

3.4.1 农村电子商务的定义

农村电子商务是指通过网络平台嫁接各种服务于农村的资源，拓展农村信息服务业务、服务领域，使之兼而成为遍布县、镇、村的三农信息服务站。作为农村电子商务平台的实体终端直接扎根于农村、服务于三农，真正使三农服务落地，使农民成为平台的最大受益者。

农村电子商务，即配合密集的乡村连锁网点，以数字化、信息化的手段，通过集约化管理、市场化运作、成体系的跨区域跨行业联合，构筑紧凑而有序的商业联合体，降低农村商业成本、扩大农村商业领域、使农民成为平台的最大获利者，使商家获得新的利润增长。

3.4.2 电子商务对农村发展的推动

3.4.2.1 农村电子商务发展现状

城市经济一直被认为是国家经济发展的核心，农村经济一直被各国所忽略。随着互联网技术的不断发展，互联网也覆盖了农村的各个角落，农村的电子商务也加入了电子商务发展的大家庭，并且占据了越来越重的地位，农村电子商务人群在总的电子商务消费人群比重保持上升趋势。

我国的农村县级行政区划约有 2900 个，县域人口约 9.6 亿，占全国总人口的 70%。从经济总量角度看，全国县域经济的 GDP 总和约占全国 GDP 的 56%，农村县域经济的社会消费总额大概占全国的 50%，可以看出，县域具有巨大的发展潜力。近些年来，县域经济正逐渐成为我国经济增长的推动力量，并在吸纳农村剩余劳动力、优化经济结构、承接产业转移、推进工业化和城镇化发展等方面发挥着重要作用。

3.4.2.2 电子商务对农村经济的推动作用

农村人口收入增长缓慢涉及广大农民的切身利益，也关乎中国经济能否稳定发展。怎样才能使农民快速增加收入，让农民富起来，是当前急需解决的问题。提高农民收入的途径就是指导农民大力发展第二、第三产业，发展农村电子商务对农民致富起到了积极的作用。据艾瑞咨询预测，2016 年农村地区的网购市场总量将突破 4600 亿元。目前，全国共有涉农网站 30000 多家，其中电子商务网站已经有 3000 多家，2015 年农村地区网购交易额达到 3530 亿元，同比增长 96%，农产品网络零售额 1505 亿元，发展农村网民 5659 万人，新增网店 118 万家。电子商务对农村经济有以下 4 个促进作用：

（1）有利于加快农村市场转型，促进农业产业化发展。农村电子商务化，是“互联网+”在农村的一种模式转型，能够整合现有资源。从源头上把农产品汇聚在一起，可供来自世界各地的人员购买，屏蔽了农民信息的不对称性，有效降低农产品交易风险，为农村生产经营方式的转变提供了一条捷径。

（2）有利于拓宽农产品交易渠道和范围，丰富市场经济体系。发展农村电子商务，可以突破时间和空间的限制，使交易主体多元化。同时农民也可以通过电子商务系统，整合与共享农业信息，减少不对称信息的比重，快速找到合适的贸易伙伴，加快农产品流通，从而帮助农民科学地决策、指导生产，尽量减少经济损失。

（3）有利于统筹城乡发展，提高农民的物质文明和精神文明建设。通过发展农村电子商务，可以统筹城乡发展，城市有什么需求，农村就配套生产什么样的产品，甚至部分农民联合起来成立农产品公司，进一步纵向发展，创造更多的物质财富。同时，农民还可以通过电子商务系统，了解和学习最前沿的技术和市场动态，引进先进的种植经验，创造相应的精神财富。

（4）有利于促进农村物流的快速发展，加快农村剩余劳动力的转移，增加农民收入。农民一方面需要销售农产品，另一方面也有购物的需求，所以发展农村电子商务既要走出去也要引进来，这个桥梁就是物流。目前部分互联网公司通过建立服务站、发展代购员等方式来推动农村传统的流通方式转变，促进了农村经济结构优化。发展农村电子商务，必将对生产、运输等各个环节进行整合，从而改变、促进农村新的社会分工，吸纳更多的农村劳动力再就业，不仅满足更多的农民购物需要，同时也增加了农民收入。

推动农村地区网购快速增长的因素主要有以下 6 项，见图 3-3。

图 3-3　农村网络消费增长的 6 大动力

（1）亲情消费。在阿里零售平台上，存在大量从异地下单、包裹发往农村地区的订单，这些订单的商品中相当一部分为老年人用品，这种“亲情消费”是农村网购的拉动力之一。根据阿里研究院与美国新泽西理工大学联合发布的《中国 TOP100 城市“游子亲情指数”》报告，在淘宝网（含天猫）平台上，在典型为老人购买的商品中，2013 年异地购买比例相比 2012 年增长了 19.8%，有 20%的城市同比增长在 30%以上，在亲情指数城市排名第一的莆田同期异地购买比例增长 13.96%，排名第二的张家口市增长率高达 71.25%。

（2）电商巨头下乡。以阿里巴巴、京东、苏宁为代表的电商企业，纷纷启动了电商下乡的步伐。2014 年 10 月，完成美国上市的阿里巴巴集团推出了以

"千县万村"计划为主体的农村战略，宣布将在未来3~5年，投资100亿元，建立一个覆盖1000个县、10万个行政村的农村电子商务服务体系。在阿里巴巴的带动下，包括京东、苏宁等电商平台也推出了各自的农村电子商务计划，"电商巨头下乡"已成潮流。

（3）互联网向农村加速渗透。根据工信部的统计数据，截止到2015年3月，我国93.5%的行政村已经开通宽带。互联网加速向农村地区渗透，是农村网购快速发展的重要基础。

（4）农民收入逐步增加。国家统计局数据显示，2014年，城镇居民人均可支配收入28844元，比上年实际增长6.8%；农村居民人均可支配收入10489元，比上年实际增长9.2%，增速比城镇居民高2.4个百分点。农村居民收入的增长，有利于推动农村地区网购的发展。

（5）国家政策推动。中央政府将三农作为核心工作，不断出台各种推动农村互联网发展的政策措施，成为农村网购发展的政策保证。2014年，国家农业部开展了"信息进村入户"工程，计划在北京、辽宁、吉林等10个试点省、市建成一批村级信息服务站；国家商务部则推出了"电子商务进农村"的示范计划。

（6）落后的线下商业体系。相比欧美发达国家，我国的线下传统商业体系发展不够完善，区域差异大，尤其是在中小城市和农村地区，线下商业渠道不仅分布密度较低，更在价格、商品数量、品质方面存在巨大差距。农村传统购物渠道的普遍特征是：价格偏高、可选择范围小、产品质量不能得到保证。而电子商务的优势恰好能够解决这些弊端。

3.4.2.3 农村电子商务的制约因素

由于我国农村基础设施建设仍比较落后，农民受教育的程度较低，农村电子商务的发展存在以下制约因素：

（1）农村电子商务基础设施薄弱。农村电子商务平台是一个涉及多部门、多领域的系统性工程，需要投入大量的人力和物力。目前，我国农村电子商务基础设施的建设资金来源比较单一，主要依靠政府的财政投入，乡镇一级网络传输线路不畅，出现信息传播断层现象，农业信息传播"最后一公里"现象突出，这在一定程度上阻碍了我国农村电子商务的发展。

（2）农民电子商务运用意识不强。目前，农民对电子商务的运用意识并不强。近年来，虽然各地区都相应地建立了农村电子商务服务点，并开通了宽带，配备了电脑，但是不少农民由于不懂得如何使用网络，在对农村电子商务的认识上存在局限性和习惯性偏差，对农村电子商务的概念和内容模糊不清，从而最终降低了农民对农村电子商务建设的主观能动性。

(3) 农村电子商务服务体系不健全。近年来，虽然各地区在农村电子商务服务模式和服务主体上积极创新，但总的来说还不健全，具体表现为以下几个方面：一是各地区农村电子商务服务质量参差不齐，信息处理、收集、传播的软硬件设备不足，信息的分析、汇总多采取传统方式，电子化程度偏低；二是信息管理缺位现象严重，各地区涉农部门之间信息共享能力差，重复建设严重，甚至对所收集、传播的农业信息的真实性无法保障。

(4) 新型农村电子商务服务人才缺乏。农村电子商务是一个涉及多部门、多领域的系统性工程，一支质量高、结构合理、优秀的农村电子商务人才队伍是农村电子商务发展的基础。目前，我国农业信息收集、分析人员严重不足，大量的信息资源无法有效被开发，并且基层农村电子商务服务人员整体素质不高，对计算机网络等现代信息技术的把握能力不强。

3.4.3 农村电子商务的未来发展趋势

2015 年，财政部、商务部计划 20 亿专项资金将全力扶持中西部地区，特别是革命老区的农村电子商务发展，资金的使用重点向建设县、乡、村三级物流配送体系倾斜。希望通过财政资金的引领、鼓励，带动更多企业和社会资本进入农村电商发展，培育农村电商生态环境。这是财政择优支持中西部省份和革命老区的举措，探索县、村两级营运模式，走通了乡村物流样本，还在农村金融服务方面进行了积极的尝试。

3.4.3.1 农村电子商务发展趋势

(1) 农民对网购接受度超过八成，农村网购市场规模明年或达 4600 亿。据《2015 年度中国农村电子商务模式调查报告》显示：2014 年，全国农村电子商务消费市场规模已经达到 1800 亿元。当前，农村居民对网购接受程度达到了 84.41%，人均网购消费金额预计在 500~2000 元。换句话说，农民网购越来越普遍，在网上花的钱也越来越多。

陕西省委农工部部长魏延安说：“目前，我国农村电商市场展现出良好的迹象。据预测，到 2016 年，整个农村网购市场的规模能够达到 4600 亿。现在，大约有 60 多家互联网企业到农村去发展，很多电商企业也都提出了自己的‘农村电商战略’。”

(2) 农民消费开始升级换代，网购偏爱“买不到的”。调查显示，农民最看重的商品是那些“买不到的”，而不是“便宜的”；主要消费品是日用品、服装和家电品类商品。农民随着经济收入的增加，消费开始升级换代。比如，电脑、家电、汽车等开始大规模地进入农民的家庭。

另外，有一个重要需求往往被大家忽视，那就是“真”。在魏延安看来，农村市场长期饱受假冒伪劣产品的影响，通过电商这样一个便捷的载体，实现了农民可以在网上消费到真东西、好东西。

(3) 做农村电商，“政+商”属性越来越重要。在中国，农村电商不能仅仅看作是一种简单的商业行为，他们还和农村发展、扶贫事业等相挂钩，与政府的联系十分紧密。在政府关注“三农”发展的国有体制下，农村电商不仅是一个产品的销售渠道，更是工商企业与用户互动的社区平台、助农政策落地的“互联网+农业”的平台与抓手。除了要遵循市场规律，要做农村电商的朋友，亦可以多争取政府的支持，抓住各种可以申请到的政策和资源。

(4) 农村电商“三分天下”格局初现。当前，互联网的概念已经席卷到农村生产生活的方方面面，在发展方向上，已经分出了三大热门领域——农业生产上端的农资电商热潮、下端的农产品电商销售、串联上下游的农村金融互联网化。

在农资电商方面，传统农资生产企业、电商平台公司等主体纷纷入局。怎样在黄金时期实现突围，必须抓好种植大户、零售终端、专业合作社、农垦基地的心，培养用户习惯。

互联网金融进农村，可能起步较晚、稍显陌生，但却是对传统金融的有效补充。

(5) 智慧农业等现代技术将是未来的电商好戏。农村电商除了应该把握好“模式+服务”的特点，还必须将农村行业的特点融入电商形势中，加以优化，用创新的思维、技术，带来更加深刻的变革。终归一句话：“创新才能赢发展。”

目前，中国现代农业正向着智能化、精准化、定制化发展。电商在其中的应用，可谓“浑然天成”。比如，做规模化大棚，有了精准化生产，是否能介入电商平台，实现精准化购买，进而对农资进行个人定制、火速包邮、送货上门等。

3.4.3.2 农业 3.0 时代

从第一次工业革命蒸汽时代开始，工业从 1.0 走到现在即将步入 4.0 时代，每一次工业革命带来的都是翻天覆地的变化，但农业革命就低调得多，不过，农业其实也早已悄然步入了 3.0 时代。

1.0 时代，是以体力劳动为主的小农经济时代，生产过程依靠人力、畜力来完成，以使用手工工具、畜力农具为主。

2.0 时代，是机械化生产为主、适度经营的“种植大户”时代，在农业各部门中最大限度地使用各种机械代替手工工具进行生产。

3.0 时代，是以互联网和现代科学技术为主要特征的农业时代，微电子和软件在农业领域广泛应用，在农资流通、育种育苗、植物栽种管理、土壤及环境管理、农业技术服务等多个方面实施程序化和互联网的参与。

实操篇

4 天猫平台运营实操

4.1 天猫平台概述及常用运营工具

4.1.1 天猫平台 B2C 网店的搭建

天猫平台的入驻流程见图 4-1，申请入驻的商家都需要按照该流程依次提交信息并等待天猫审核。

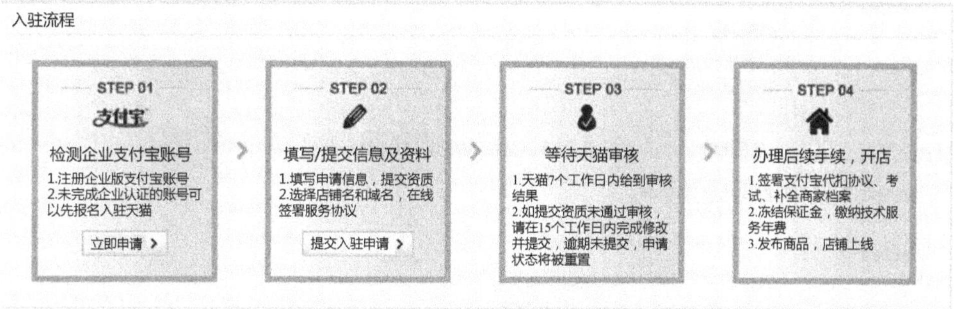

图 4-1 天猫平台的入驻流程

（1）申请企业支付宝账户。申请入驻天猫，首先要申请企业支付宝账户。企业支付宝账户验证的是公司营业执照，还有以公司名义在银行开的账户资料。

（2）填写基本资料并等待审核。企业支付宝账户注册完成之后，商家首先需要在天猫招商页面了解入驻标准，然后根据提示逐步填写企业资料并提交申请资料。

(3) 审核通过。审核通过之后，首先商家需要以天猫账号登录天猫服务专区，并同步完成支付宝相关操作。商家在报名时未完成企业认证的需要继续完成认证，完成后在线签署支付宝代扣协议，然后学习天猫规则并能通过考试，最后补全商家档案信息，主要为公司信息、店铺运营信息及人员信息。

接下来，天猫会冻结缴纳保证金/技术服务费年费，商家需要在收到天猫账户名和密码的 15 天内完成保证金/技术服务费年费的缴纳。如果逾期未操作，本次申请将会作废。

(4) 发布商品。根据审核结果完成信息补充，并使用天猫用户和密码登录后，商家需要在 30 天内发布满规定数量的商品。如果逾期未操作，本次申请同样会作废。

完成以上 4 个步骤之后，就成功入驻了天猫，但是在进行店铺运营之前，还需要完成店铺的基本设置。天猫店铺的基本设置主要包括“店铺名称”“店铺标志”“店铺简介”“店铺联系人”及“联系地址”等基本信息。

进入天猫“我的工作台”后，单击页面左侧“店铺管理”下的“店铺基本设置”，打开设置页面。

在“淘宝店铺”选项下可以分别设置“店铺名称”“店铺标志”“店铺简介”“经营地址”“主要货源”等信息，见图 4-2。填写完成之后，就完成了店铺基本设置。

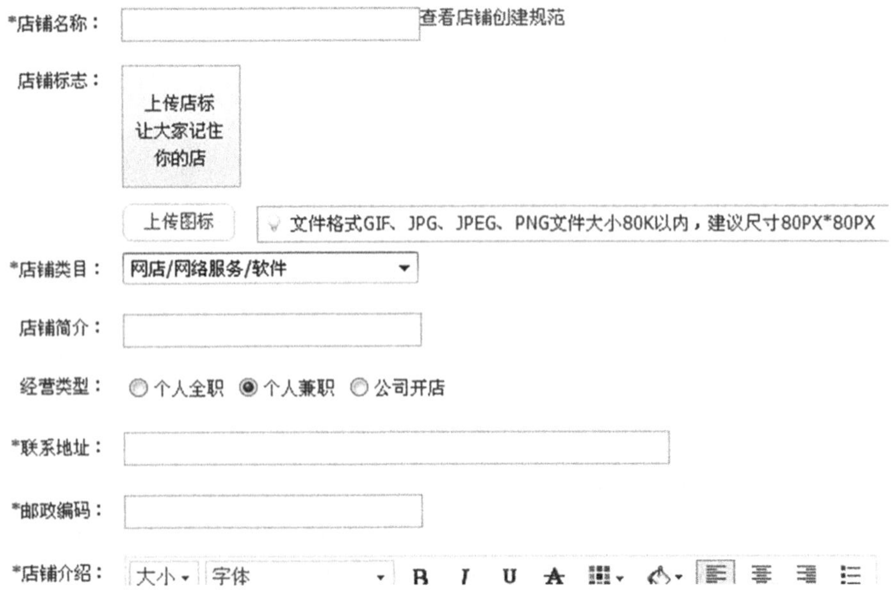

图 4-2 店铺基本设置

4.1.2 店铺的网络营销与推广

如今，互联网正在不断颠覆和改变人们的生活方式，想要了解、掌握互联网的相关工具，利用互联网进行网络营销与推广就是一个成功的网店必做的工作之一。

4.1.2.1 网络营销与推广的概念

营销推广其实是两个词，分别是“营销”和“推广”。简单来说，网络推广是网络营销的一种方式，但不是唯一的方式。网络营销包含的途径还有很多。

网络营销主要是强调“营销”，旨在强调通过网络营销手段后，给企业带来实实在在的经济收益。衡量营销工作做得好坏，往往就是看卖出了多少产品或服务。通常，网络营销投入的成本较大。

网络推广的核心是“推广”，是网络营销中的一个方法，一种手段，是营销人员实施的营销措施。推广的方式多种多样，但是，都是借助于网络平台展开的。

4.1.2.2 网络营销与推广的特点

与传统的营销与推广相比，网络营销与推广具有以下5个特点。

（1）跨越时空。营销与推广是为了使商品更大程度上让人们所了解和熟知，提高产品的知名度。网络推广打破了地域、时空的限制等，并迅速占有大量的市场份额。消费者也可以随时随地关注不同空间商家的营销与推广信息。

（2）个性化。电子商务是一对一的，以消费者为导向，强调个性化的经营方式。网络营销是一种高度目标化的循序渐进式的小群体营销，以满足顾客价值取向各异的多元化生活方式，从而真正实现了顾客的个性回归。因此，在营销与推广过程中也越来越强调个性化。

（3）双向性。传统的营销与推广常常采用在杂志、电视上投放广告的形式，人们被动地接受广告信息。而网络营销与推广不仅可以通过商品的视频、图片、文字叙述等展示，还可以通过商品信息资料库提供有关的查询来实现供需互动与双向沟通，消费者可以根据自己的喜好或者需要来选择、搜索相应的信息，这个过程体现了顾客的主观能动性。

（4）高效性。从查询商品信息至收款、售后服务一气呵成，因此能及时有效了解并满足顾客的需求。此外，商家还可以进行在线产品测试和消费者满意度调查等活动获取顾客的资料，对顾客进行针对性的营销与推广。

（5）经济性。网络营销与推广通常采用在网上发布信息的方式进行信息交换，不仅可以缩短分销环节，拓宽销售范围，还可以节省由传统营销所带来的印刷、邮递等成本。此外，网络营销与推广可以对所依靠的市场信息变化做出快速反应。

4.2 引流技巧及实操

4.2.1 网络营销与推广的策略

网络营销与推广的策略是指通过每个推广渠道对潜在的顾客进行宣传，从而引导顾客购买相关的产品或者服务；通过多种多样的网络推广途径，把商品的品牌、服务及文化理念等展现给目标消费者，让更多的顾客通过推广渠道找到被推广的网店，进而成为有效顾客。网络营销与推广策略的制订包含以下几方面的内容。

（1）定位网店的目标人群。不同的网店定位的目标人群不同，因此，在营销与推广的过程中要根据网店的目标人群进行推广，不能在做销售策略的时候将商品定位为卖给所有人。根据对目标人群的定位，找出其中潜在顾客的需求点，再进行营销与推广。

（2）制订有效的推广方案。推广方案是根据营销需求制订出一套适合宣传和推广商品、服务至人的方案。被推广对象可以是企业、产品、政府以及个人等，推广的工具可以多种多样。制订推广方案是商家进行推广活动之前制订的计划，它是推广活动的指南。销售者、网店如果想要达到良好的推广效果及带来可观的经济效益，好的营销推广方案是非常重要的。

在制订推广方案时，需要根据网店的情况从商品出发，发挥商品的特色，分析目标人群，选择合适的推广方法，制订推广计划，预估和控制推广的成本，完善网店的推广方法。

（3）发挥商品的特色。推广要有针对性，针对目标客户群，通过推广途径，将他们吸引到所销售的商品面前，而最终决定顾客的购买意向，售后评价，回购率等都建立在商品的功能、质量、顾客体验等方面。

（4）选择合适的推广方法。推广方法的选择需要结合目标人群的分析结果进行，只有对目标人群分析有了明确的结果，才能选择科学的推广方法。不管哪种营销推广方式都会带来最直接的效果。网店需要根据自己店铺的实际情况，制定科学合理，并可实施的网络推广方法，但并不是所有的推广途径全部采用，最终选择最适合网店的 2~3 种营销与推广的方法。

（5）预估与控制。首先，针对自己店铺制定的营销推广法案，要可以预估收益或是带来的影响等。做到可预估，可控制。其次，什么时候实施推广，何时结束，是限制数量，还是限制时间等，都要有所控制。最后，必须要对推广的成本进行预估，不必要的花费坚决不花。

（6）完善推广方案。任何的方案都不是一次成形的，要不断完善，或是进行短期的营销推广试验，进行总结，并不断完善和改进推广方案。

（7）分析网店的数据。顾客浏览网店、搜索商品、单击商品、收藏商品等行为都会在网店的后台留下数据，商家可以分析数据，找出顾客相关行为的原因，并有目标地在网店上进行营销与推广。例如，某段时间检索最多的相关词是“蝙蝠袖”，那么网店的运营者就要意识到这是营销与推广的一个机会，应当考虑做出关于“蝙蝠袖”衣服的推广活动，促进销量。

来自纽约大学奢侈品研究室的研究总监 Maureen Mullen 表示，数据的使用将在未来 5~10 年内成为一个网站生意成功的关键，她列举亚马逊就是很好地掌控数据信息的成功网店代表。亚马逊非常注重数据分析的功能和作用，并且提供独有的客户服务体验，不同于一般的客户服务模式，亚马逊能够根据顾客喜好提供针对性的服务，并且在二天时间内完成所有的交易过程，这无疑是非常成功的运营模式。

Rebecca Minkoff 品牌聘请了兼职的电子网站建设人员严格分析数据，并且提出应对的想法，及时印证有效与否，网站上的评论和喜爱标签也会及时进行分析，为顾客提供更为全面、完整的购物体验。

（8）竞争对手分析。知己知彼，百战不殆。通过分析竞争对手的营销与推广方式，可以获得启发，借鉴其营销与推广方式应用在商品的营销与推广中也会产生非常好的效果。同时，当竞争对手在营销与推广过程中失败了，也要对其失败的原因进行分析，汲取教训，避免在以后的营销与推广中遇到相似的问题。此外，分析竞争对手的营销与推广方式并不是一味地模仿对象的营销方式，最主要的是学习其营销与推广的方法。由于与竞争对手产品的相似性，在进行营销与推广时要避免出现冲突。

网店的营销与推广是一个动态的过程。随着网店的经营情况、时间和商品的情况不断发生改变，不可能一直保持一种或者几种营销的方式，因此，资深网店运营者会不断审视网店的内部和外部环境的变化，根据营销与推广策略进行网店的营销与推广。

4.2.2　搜索引擎营销

网店建立之后需要在后期的运营中对它进行优化，以便被搜索引擎抓取。当潜在顾客搜索相应的关键词时，优化后的页面可以显示在搜索引擎的首页，进入潜在顾客的视线。

4.2.2.1　搜索引擎营销的作用

（1）搜索引擎营销（Search Engine Marketing，SEM），是指网站的信息通过

搜索引擎优化、竞价排名及研究关键词的流行程度和相关性，在搜索引擎的结果页面取得较高排名的营销手段。网站的信息可以显示在站内，也可以显示在站外。

(2) 搜索引擎优化（Search Engine Optimization，SEO），是指在了解搜索引擎自然排名机制的基础之上，对网站进行内部及外部的调整优化，改进网站在搜索引擎中关键词的自然排名，获得更多的展现量，吸引更多目标顾客单击访问网站，从而达到网络营销及品牌建设的目的。

通过定义可以看出，搜索引擎营销是网络营销的一种方式，而搜索引擎优化是进行搜索引擎营销的一种手段。SEO 是 SEM 的手段之一，是包含在 SEM 中的。

搜索引擎营销可以根据人们的搜索给出相应的搜索结果，进行针对性的营销。因此，对于商家来说，利用搜索引擎优化使自己的信息排列在搜索结果前 3 页，就可以大大提升营销效果。搜索引擎营销同样具有很强的针对性，顾客在搜索引擎中键入关键词，关键词越长，表明顾客寻找的信息越精确，能够打出关键词的人都可能是潜在的顾客，这些顾客也是商家广告宣传的对象。

4.2.2.2 搜索引擎推广方式

由于搜索引擎推广方式具有高效性、针对性等特点，因此，搜索引擎推广发展得非常迅速，最常见的搜索引擎推广方式多达 15 种。下面将分别对提交搜索网站到各大搜索引擎、友情链接、论坛发帖、第三方 B2C 平台搜索引擎营销的应用以及独立 B2C 网店的搜索引擎优化实践等几种方式进行简要的介绍。

A 提交网店的网址到各大搜索引擎

为了让搜索引擎能够收录网店的网址，最好的方式就是在各大搜索引擎的链接提交页面提交网店的网址。日常中使用到的搜索引擎有百度、谷歌、搜狗等。要想将网店的网址提交到搜索引擎，可以在搜索引擎中键入关键字“×××搜索引擎提交入口”，搜索搜索引擎提交入口的网页。以百度搜索引擎提交入口为例，演示如何将网址提交到百度搜索引擎。键入关键词“百度搜索引擎提交入口”。在百度搜索引擎提交入口页面填写网店的网址，填写完成后，单击“提交”按钮。弹出窗口，说明网店的网址提交成功。单击窗口中的“确定”按钮，结束网址的提交。

B 友情链接

友情链接也称为网站交换链接、互惠链接等。顾客通过单击 Logo 图片或者文字可以跳转到相应的网站，这样本网站与链接网站可以互相帮助，有助于流量的最大化转换，达到互相推广的目的。如果商家在多个平台上都设有网店，可以在网店的友情链接栏下设置其余网店的链接。

友情链接的交换步骤如下：

寻找链接网站。在寻找可以交换链接的网站时，可以通过站长论坛发帖、发邮件、友情链接交换平台等方式联系到可以进行网站交换的负责人。

交换链接。交换的基础是被交换的网站内容具有较高质量，否则请求链接不容易成功。

分析链接质量。获得网站链接后，分析网站的链接是否具有很好的质量。这里的网站质量是指网站的流量 ALEXA 排名（ALEXA 排名指网站的世界排名，ALEXA 公司提供包括综合排名、到访量排名、页面访问量排名等多个评价指标信息）、网页级别（Page Rank，PR）值高低、此网站的友情链接、导出链接数、链接网站的质量等都是考察的基本条件。

进行网站友情链接具有以下作用与意义：

提升网站流量。友情链接的优点在于可以通过互相推荐，从而提升网站的权重，提高排名，增加流量。但是，需要注意的是，过多的友情链接也会成为网站的负担。

完善用户体验。友情链接交换是在同行之间进行，这利于用户直接通过网站访问另一个同行的站点，以便更直接、简单地了解全面的信息。

增加网站外链。增加一些有利的网站链接，可以极大地增加消费者的浏览数量，进而转化为销售量。对于搜索引擎优化（SEO）考量外部链接有友好作用。

提升 PR 值。网页级别值（Page Rank，PR）是用来表现网页等级的一个标准，分为 0~10 级，是 Google 用于评测一个网页“重要性”的一种方法。PR 值低的网站，则证明这个网站排名最低，而 PR 值越高的，则表明这个网站排名较高，使用人数较多，口碑相对好。提升 PR 值其实也就是进行友情链接的最终目的。

提高知名度。对于一些特定的网站和特定的情况，通过友情链接可以提高网站的知名度。如果某个网店的网址能与新浪、网易、腾讯等大的网站进行链接，对其知名度及品牌形象是一个极大的提升。

吸引“蜘蛛”爬行。“网络蜘蛛”（crawlers）或者“网络机器人”（spider）是一种软件，搜索引擎利用这种软件，在网络上的各种链接中自动获取大量网络的网页信息内容。因此，如果友情链接做得好，能吸引“蜘蛛”从高质量的网站爬到自己的网站，形成爬行循环，让引擎给自己的网站较高的评价，对网站流量及快照更新有较大帮助。

C 论坛发帖

论坛是一种交互性强、内容丰富而及时的网络电子信息服务系统，我们可以将它简单理解为发帖回帖讨论的平台。用户可以获得各种信息服务、发布信息、进行讨论、聊天等。

利用论坛进行推广时，通常会选择相关性高、人气高的论坛，每天要有一定的发帖量，在发帖的内容中留下网店的网址，只有这样才能被搜索引擎认为是有效的链接。同样，也可以在回复相关的帖子时留下网店的链接。

D 第三方 B2C 平台搜索引擎营销的应用

在 B2C 网店营销与推广的众多渠道中，搜索引擎营销是非常重要的一个。一旦优化了搜索引擎营销，就能很大程度上提高营销与推广的效率。因此，网店的运营者在经营过程中必会对其进行优化。

其中，大型的第三方 B2C 平台——当当网，在利用搜索引擎推广 B2C 网站的业务上积累了非常丰富的成功经验，而它每年在该领域投入的费用就占据国内前十。

目前，搜索引擎营销中最常用的是品牌专区模式——它的适用群体是有规模的大品牌客户。品牌专区模式通过品牌传播和发展电子商务业务这两个形式进行操作。而这个模式源于我国搜索引擎的媒体化发展，以及在为大品牌广告主服务的过程。

E 独立 B2C 网店的搜索引擎优化实践

以 ECstore 网店为例，讲解 B2C 独立网店的搜索引擎优化。

在 ECstore 中预先设计了 7 项优化设置，利用这些设置可以使网店的运营人员快速实现搜索引擎优化。

a 设置 SEO 关键词

在 ECstore 的网店中有 7 大类的网页可以动态设置 SEO 关键词，分别是商品列表页、商品详细页、品牌详细页、品牌列表页、赠品列表页、赠品详情页、组合促销信息页。

登录 ECstore 后台，单击“站点”，选择“SEO 优化”，单击“商品列表页”标签旁的倒三角标签，显示商品列表页设置的详细信息。在 TITLE（页面标题）文本框中输入“_”，然后单击需要显示的页面标题。如果需要选择多个标题，重复在标题框中输入“_”，然后选择标题。操作完成后单击“保存”按钮，完成标题的设置。

用同样的方式设置 META_KEYWORDS（关键词），需要注意的是，对关键词进行设置时，关键词之间用一个空格进行间隔。在键盘上输入一个空格键，然后单击选择关键词。接着对页面描述进行设置，设置内容，设置完成后单击“保存”按钮，保存设置内容。

b 设置 SITEMAP

SITEMAP 即站点地图，它是指 B2C 网店上各个网页的列表。通过设置 SITEMAP 可方便搜索引擎抓取网店上的网页。

ECstore 可以自动生成网店站点地图的网址，运营者只需要找到自动生成的网店的网址并提交到百度、谷歌等搜索引擎中即可。

单击“站点”，选择“SITEMAP”标签，可以看到右侧生成的 SITEMAP 网址，复制 SITEMAP 网址，并将网址提交到搜索引擎中，提交的方式与提交网店网址的方式相同。

c 设置异常页面

在网店中搜索商品的时候有可能会遇到无法找到页面等情况，往往伴随出现“404 页面”的提示信息。网店默认的异常页面通常不太美观，因此需要通过以下步骤对网店的异常页面进行优化，改善用户的体验。

单击“站点”，选择“异常页面管理”标签，在右侧的页面中单击“404 页面”文字下方的“修改”按钮。

这里可以在可视化编辑框中输入文字信息、插入图片等。单击可视化编辑的插入图形标识，在弹出的页面中选择图片，单击“确认”按钮，确定选中的图片。最后单击“保存”按钮，保存 404 页面的设置。

预览当前的网店模板，在网店模板中单击并添加了链接，但是没有链接内容的图片。

用同样的方式可以为网站设置“搜索为空页”和“系统错误”页面。

d 设置商城的高级站点

静态的页面比较容易被搜索引擎收藏，但是网店的页面一般是 php、asp、jsp 等动态程序页面，因此，为了提高搜索的效果，需要一个转换的设置将网店的动态页面转化为静态页面。这种设置技术被称为“动态链接静态化”。

在 ECstore 网站的后台，这项技术是默认开启的。单击“站点”，选择“站点配置”标签，在右侧的页面中就可以看到商城的高级设置。

在操作界面中，可以根据商城的实际情况设置全页缓存、页面分隔符、页面扩展名等参数。对这些内容进行设置，会对搜索引擎的收录有极大的帮助。在优化商城的过程中，可以进行较多地尝试，搜集、收录情况，从而找到最适合商城的设置。

e 设置商品信息的 SEO

单击“商品”，选择“商品列表”标签，在页面的右侧可以看到目前网店上所有的商品，单击第一个商品的“编辑”按钮，对商品的 SEO 信息进行设置。

单击“编辑”按钮之后，在页面中分别对 Page Title、Mate Keyword、Mate Description 进行编辑。

对 Page Title 进行编辑，输入“商店名称”“商品分类”“商品类型”，并用下划线连接，对 Meta Keyword 进行编辑，输入“商店名称”和“商品分类”，并用空格分隔。编辑 Meta Description，填入信息：“本页面提供 {ENV_shop_name} 的 {ENV_goods_cat} 的全部信息”。

编辑完成之后单击“保存并关闭窗口”按钮，保存编辑内容并关闭窗口。

f 设置文章的 SEO

单击“站点”，选择“文章栏目”标签，单击“编辑”按钮，进入编辑页面。

编辑文章类目信息 SEO title、SEO keywords、SEO description 中的内容。

对 SEO title 进行编辑，填写“{ENV_shop_name}_{ENV_goods_cat}_{ENV_goods_type}”，并用下划线连接。

对 SEO keywords 进行编辑，填写“{ENV_shop_name} {ENV_goods_cat}”，并用空格分隔。

编辑 SEO description，填写“本页面提供 {ENV_shop_name} 的 {ENV_goods_cat} 的全部信息”。

编辑完成之后单击“保存”按钮，保存编辑的内容。

g 设置友情链接

如果商家已经在天猫上有一个网店，那么就可以在 ECstore 搭建的商城的友情链接中添加天猫店的链接，顾客可以在 ECstore 商城和天猫之间进行切换访问。在 ECstore 中添加友情链接的步骤如下：

登录 ECstore 网站的后台，单击“站点”，选择“友情链接”标签，单击“添加友情链接”按钮。

完成对话框中链接名称和地址的填写，上传链接图片，最后单击“保存”按钮，保存填写内容，完成友情链接的添加。

预览网站当前使用的模板，可以在友情链接区域找到刚刚添加的网站链接。

接着单击“优惠条件”标签，需要根据网店制订的商品促销计划设置商品促销的优惠条件。

最后设置商品的优惠方案，优惠方案共分为 8 种，根据商品促销的计划设置优惠方案。设置完成之后单击页面下方的“保存并关闭窗口”按钮，保存设置并关闭页面。这时网页回到 B2C 网站的后台页面，选择刚刚添加的商品促销规则，单击“应用所有选中”按钮，在网站中应用商品促销规则。

应用规则还可以进行编辑、删除和取消操作，在此不再赘述。

4.2.3 网店促销方式

4.2.3.1 积分促销

积分促销是指根据顾客的购物情况在顾客账户中给予一定的积分，积分可以兑换网店的礼物，或者可以抵消顾客购物的部分金额。

登录 ECstore 的后台，单击页面右上角的“控制面板”标签，选择“网店设置”标签，然后单击“积分设置”标签，在积分设置页面设置网店的积分促销规则，设置完成后单击“确定”按钮，保存设置。

4.2.3.2 赠品促销

赠品促销是指顾客在购买商品时根据其消费情况赠送使用的、不需要付费的商品，这种情况在化妆品行业居多，一般采用赠送给顾客化妆品小样的方式，让顾客试用某系列的商品，也起到一定的推广作用。

在 ECstore 的后台选择“营销”，在页面的左侧选择“赠品分类”标签，单击“添加分类”按钮。

在弹出的页面中设置赠品的分类名称和排序，设置完成后单击“保存并关闭窗口”按钮，保存设置并关闭页面。

设置完成之后，选择“赠品”标签，单击“添加赠品”按钮。

在弹出的页面中设置赠品名称、编号、需要兑换的积分数量等信息，设置完成之后，单击“保存并关闭窗口”按钮，保存设置并关闭页面。

单击赠品信息列表上的“预览”按钮，可以预览赠品信息。

4.2.3.3 会员促销

会员促销是一种长久的促销方式，它能够快速地使顾客与网站建立起联系，根据会员的等级给予顾客不同的优惠和积分，增加顾客对网店的黏度，营造一种归属感。在进行会员促销时，需要先进行会员等级设定，根据会员的不同等级设定不同的促销方案。

下面以 ECstore 为例介绍会员等级的设置。

在 ECstore 网站的后台，单击“会员”，选择页面左侧的“会员等级”标签，单击“添加会员等级”按钮。

在弹出的页面中设置会员等级信息，设置完成后单击“保存”按钮，保存设置。

在页面中选择“会员列表”标签，然后单击“添加会员”按钮，在弹出的页面中设置会员的信息，选择会员的等级，设置完成之后单击“保存”按钮，保存会员信息。

设置完成之后，会员就可以在购物时享受 VIP 的折扣了。此外，系统还可以对会员进行检索、群发站内信息、群发短信等操作，这些操作极大地方便了运营者对会员的管理。

4.2.3.4 商品折扣促销

商品折扣销售是目前最常用的较为有效的一种阶段性网络营销促销方式。由于网上销售商品不能给人全面、直观的印象，也不可试用、触摸等，导致买家在网上购物的热情不如传统购物场所高，另外配送成本和付款方式的复杂性，也是造成网上购物和订货的积极性下降的原因之一。所以各位卖家可以定期将商品打折销售，像在重要的节日，如春节、情人节、中秋节、母亲节、圣诞节等都可进行商品打折优惠，让客户非常直接地感受到实惠。既符合节日需求，又会吸引更多的人前来购买。薄利多销的同时还增加了店铺的人气，拥有了更多的客户，对以后的网络营销也会起到良好的带动作用。

4.2.3.5 订单促销

订单促销即对已经确认购物的订单采取抽奖、免单、订单金额满减等形式吸引购买者早购物、多购物等。这种促销方式也是近年来电商商家所多采用的方式之一，且形式比较多样性。

以上介绍了 5 种网店促销的方式。这些方式中有的是一直使用的，例如积分促销、会员促销；有的是在一段时间内使用的，例如订单促销、商品折扣促销；而有的是分商品进行的，例如赠品促销。运营者在决定制订某种促销计划时，要充分考虑当前网站是否存在会员促销等一直存在的促销方式、商品的利润等方面，不能因为促销而让网店承受太多利润上的损失。

4.2.4 第三方企业对消费者的电子商务平台的营销与推广

第三方电子商务平台的特性是独立性，作为独立的交易平台；依托网络，是随着电子商务的发展而出现的，必须依托于网络才能发挥其作用；专业化，作为服务平台，第三方电子商务平台需要更加专业的技术，包括对订单管理、支付安全、物流管理等能够为买卖双方提供安全便捷的服务。

天猫直通车是为专为天猫的商家提供的营销工具，是按照点击次数进行付费的，能够有效地实现商品的精准营销。最早，直通车的概念是由雅虎中国和淘宝网进行资源整合而推出的竞价模式。可以在天猫网页上展示。具体的操作是商家可为每件商品设置 200 个竞价词，针对每个竞价词自由定价，并按实际被点击次数付费。

在“已买到的宝贝”页面。在这个页面可以看到直通车广告位，这里是直通车定向推广的广告位。定向推广是直通车的一种，它是利用天猫后台庞大的数据库，通过分析网页内容走向、人群行为习惯定向、人群基本属性定向等多维度人群定向技术，分析不同买家在购物中对商品表现出的兴趣，帮助商家锁定潜在的目标顾客，并将商家的推广信息展示在目标顾客浏览的网页上。

使用直通车进行推广时，第一次开户需要预存 500 元推广费用，称为预付款。预付款可以作为未来可使用的推广费用。直通车按点击计费，只有潜在的顾客点击推广信息时才付费，并且单次点击扣费不会超过所设置的出价。直通车有强大的防止无效点击系统，可以很完美地防止潜在顾客之外的人进行恶意点击。几乎所有正常运营的网店都会使用直通车的付费推广工具，所以，各个行业关键词竞争激烈，商家在利用直通车做推广时要考虑关键词的设置和出价技巧，否则直通车的作用将很难实现。

4.2.5 社会化新媒体营销与推广

社会化新媒体营销与推广是利用社会化网络、在线工具、百科或者其他网上平台及媒体传播和发布资讯，从而形成营销、公共关系处理和客户关系服务维护。社会化的媒体营销工具包括论坛、微博、微信、博客，以及通过自媒体平台或者组织媒体平台。这里简单介绍微信营销、微博营销、论坛营销、贴吧营销等社会化媒体营销方式。

4.2.5.1 微信营销

微信营销，是网络技术发展的新型产物。微信原本是大家用于交流，互动的一个社交软件。先有人通过公众号、朋友圈等进行分享式营销。可以看到营销信息的多为发布者的朋友、家人等有相关的人。那么“熟人”分享的“好物”更得到消费者的认可和跟风。久而久之，微信成为新型网络营销的一个新阵地。

微信营销，以微信软件作为营销工具，具有以下4个特点：

（1）精准营销。微信拥有庞大的用户群，借助移动终端、天然的社交和位置定位等优势，每个信息都是可以推送的，能够让每个个体都有机会接收到商家推送的信息，实现点对点的精准化营销。

（2）形式灵活多样。微信营销有多种具体的表现形式，常见的有通过公众号营销、通过个性签名营销、通过发布朋友圈营销、漂流瓶营销、二维码营销、个性签名营销等，由此可见微信营销是多么的丰富和多样。

（3）整合营销。整合营销是企业微信营销的一大特点，它是指将处理过的信息通过恰当的传播途径传播给特定的客户群体，并且保证传播信息的统一性和准确性。企业在微信营销中，通过公众号或服务号明确自己的潜在客户群体，在明确之后，企业可以选择有针对性地在自己的公众号中发布企业的相关信息。这些信息通常都是客户想要了解的或企业想要向客户展示的，保证企业信息传播的统一性和准确性，这些由企业统一发出的信息不易受到其他网络信息的干扰。

（4）关系营销。微信朋友圈是由彼此认识的朋友构成的，人们在此通过互动交流及多样的沟通形式，会越来越信任彼此，通过信任就可以产生更大的商业价值。同时，企业公众账号也可以通过朋友圈的推荐扩大用户数量，通过互动的形式与用户建立联系，进而通过丰富的互动形式，将线上与线下紧密结合，扩大营销范围。

4.2.5.2 微博营销

微博作为营销工具的一种具有以下 4 个特点：

（1）操作简单。发布微博信息时，只需要在微博发送框中输入想要发送的文字信息，然后单击“发送”按钮，就完成了微博消息的发送，但是发送的文字最多为 140 个字。其操作相比于博客要方便简单。当然，如果想让发出去的文字信息能够最大限度地吸引微博用户，那么，在发送文字之前需要对文字的内容进行构思。

（2）成本低。普通的微博营销只需要利用相关的信息免费开通微博，如需进行精准人群营销，则还需另外交费。

（3）传播速度快。对于单条微博消息来说，从看到消息到转发消息，关注者用时不到 3 秒。如果微博消息是社会热点，那么消息将会不断被转发，该微博号也会获得大量的关注。

（4）互动性强。商家在更新完一条微博之后，关注者可以即时在该条微博的下面进行评论，商家即时回复，与关注者进行互动。

4.2.5.3 论坛营销

论坛营销具有以下 4 个特点：

（1）利用论坛人气为企业提供营销传播服务。由于论坛的高人气，几乎商家所有的营销诉求都可以通过论坛传播得到有效的实现。

（2）传播广、可信度高。论坛营销一般是商家以自己的身份或者是伪身份发布的信息，其发布的信息要比单纯的网络广告更加可信。迎合网络的需求，不同类型的站点都架构了论坛系统操作者发布，论坛的广度也很明显。

（3）互动交流信息精准度高。商家做营销的时候一般都会提出关于论坛营销的需求，其中会有特别的主题和版块内容的要求，操作者多从相关性的角度思考问题，所操作的内容就更有针对性，用户在搜索所需要的内容时，精准度就更高。

（4）针对性强。论坛营销的针对性非常强，商家可以针对产品特点在相应的论坛中发帖，也可以为了引起更大的反响而无差别地在各大门户网站的论坛中广泛发帖。论坛营销还可以通过这个平台与网友进行互动，引发更大的回响。

4.2.5.4 贴吧营销

这里的贴吧是指百度贴吧，是百度旗下独立品牌，它是一种基于关键词的主题交流社区，与搜索紧密结合，准确把握用户需求，不论是大众话题还是小众话题，都能精准地聚集大批同好网友，搭建别具特色的“兴趣主题”互动平台。利用贴吧营销也正是因为贴吧聚集了很多具有相同需求的人，有需求也就产生了营销的必要性。

贴吧营销具有以下3个特点：

（1）精准有效。对于那些基于信息搜索的需求而找到贴吧的人来说，获得某个主题的信息往往是他们的一个基本目标。贴吧上聚集的人都是具有很明确需求目标的人，因此在贴吧上进行营销是非常准确的，并且具有一击即中的效果。

（2）强互动。贴吧的互动性为营销带来了方便，用户在帖子下提出问题，商家可以进行回复，进一步推广商家的产品。

（3）低成本、大影响。相比于网络广告、视频广告，利用百度贴吧进行营销的成本比较低。此外，由于粉丝的关注，贴吧的影响也比较大。

4.3 产品发布与视觉设计的优化

4.3.1 商品发布

在天猫平台发布商品需要遵循天猫平台的要求，商品发布的具体流程见图4-3。

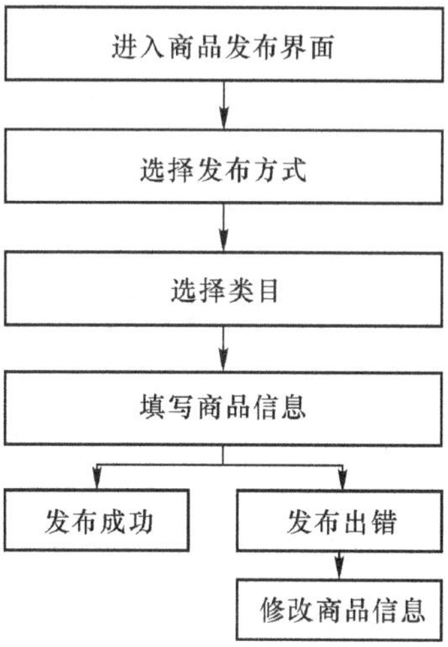

图4-3 商品发布流程

进入天猫“我的工作台”后，单击页面左侧“宝贝管理”下的“发布宝贝”，打开商品发布页面。选择商品类目，然后填写商品的相关信息后发布即可。

4.3.2 网店的视觉设计及优化原则

视觉营销是做好营销的必不可少的手段之一，利用它能够吸引顾客，刺激顾客的消费欲望。网店的视觉营销有以下 4 个基本原则：

(1) 统一性。网店视觉营销的统一性涉及两个方面：布局的统一性和风格的统一性。

1) 布局的统一性。布局的统一主要是指网店的页面布局是否与一般的网店布局具有统一性。例如，一般的网店首页分为 5 个区域，分别是形象引导区、橱窗区+促销区、促销区、导航区和陈列区，为了保证网店布局的统一性，这些区域都要在网店的首页呈现。由于这种方式被大部分网站所采用，顾客已经习惯了这种访问网站的方式。因此，网站在布局上就要迎合顾客的需求，避免与顾客的访问习惯不符而导致流量上的损失。

2) 风格的统一性。网店的风格往往是由公司的理念和商品定位决定的。风格的统一性主要体现在色彩和细节元素上。要做到风格统一，就要做到网站的所有页面在色彩和细节元素上相同或相似。

(2) 个性化。个性化是指网店在视觉营销上要体现出网店的特色，它能够使该网店在众多的网店中脱颖而出，进入顾客的视线。个性化并非不讲求网店的布局、盲目的个性化，而是在网店整体布局和风格统一的基础上体现出网店的特色。

(3) 目的性。网站做视觉营销要有相应的目的。网站视觉营销的目的在于让顾客进入并浏览了网店之后，能够对该网店产生深刻的印象，从而决定继续浏览网店。在视觉营销的过程中，对图片的设计、文字描述的运用都是不可或缺的。

(4) 审美性。所谓“一千个人眼中，有一千个哈姆雷特”，每个人对美的感觉是不一样的，但在网店视觉营销设计时，能够将网店设计成为大众能够普遍接受的风格还是不难做到的。人的眼睛对颜色有特别的敏感度，因此，在视觉设计时需要进行色彩的搭配。对于色彩的种类要有适度的把握，色彩的种类不能过多，否则不但不能对顾客产生视觉冲击，还会让顾客产生眼花缭乱的感觉。

4.3.3 网店视觉营销的设计要点

网店在进行视觉营销设计时需要考虑以下要点：

(1) 顾客。网店的视觉营销一定要考虑顾客的定位，顾客的喜好往往是视觉传达的指引方向和判断标准。如果一家女装网店的顾客年龄层定位在 18～28 岁，这个年龄层的顾客多是大学在校生和刚刚步入社会工作不久的青年，那么，在网店的视觉营销上应体现出来的是青春靓丽、时尚前卫、优雅浪漫、追求梦想浪漫与幸福时光。该网店在装修的配色上应该以明快的颜色为主，装修要具有时尚感和浪漫气息，符合这个年龄阶段女性的心理。

（2）标语。作为一个自有品牌，在有了品牌定位之后，最好能提炼出品牌的标语，以更好地诠释品牌。提炼出的标语要放在网店首页的醒目位置，使进入网店的顾客能够第一时间看到标语。优秀的标语不仅能清晰地表述产品的属性，更能拉近品牌与消费者之间的距离，快速形成共鸣，强化品牌识别。网店的标语要简洁易记，这样，即使顾客这次没有购买任何商品，之后在想购买此类商品时也会想起这家网店。

（3）结构与布局。网店的结构与布局主要涉及 3 个方面，分别是网店的首页、列表页、详情页：

1）网店首页的设计。首页是一家网店的门面，它能在第一时间决定顾客的去与留。因此，网店首页的布局首先要重点突出。精美的网店首页可以吸引并留住顾客。其次网站的首页要流畅贯通。流畅贯通主要是指顾客的视觉体验。影响顾客流畅贯通的视觉体验的因素主要有两个，一是整体性，二是便捷性。其中，整体性是指网站的整体风格一致，在颜色上不要出现跳跃。便捷性指的是能够通过首页的导航让顾客快速地找到想要的商品。

在网站首页中，需要特别指出的是网站的首焦图。首焦图是首页上处于最显眼位置的那张图，一般位于网店的顶端，例如，首页上的新品、推荐品或是红包信息等。

2）列表页的设计。列表页的主要功能是展示多件商品，在列表页上呈现的是商品的缩略图。当然，仅仅展示商品是不够的，为了方便顾客在列表页检索商品，商品列表的上方会设置检索的条件，以提升顾客检索商品的效率，使顾客快速检索到想要的商品。在商品的缩略图中要对商品进行清晰和简洁的描述，包括商品的名称、价格等，将顾客关心的信息简要地显示出来。此外，为了提升顾客的浏览体验，顾客在选中某件商品时，可以在当前商品上显示移入和移出的效果，以区别未选中的商品。

3）详情页的设计。商品的详情页作为很多流量的入口以及顾客浏览商品的细节信息，是确定最终购买的页面，需要进行详细的构思设计。在设计商品详情页时，需要做到商品信息表述逻辑清晰，能够准确描述商品的特点、优势，注意对商品细节的描述。

4.4 网店视觉设计的规范

对于网店而言，视觉设计是买家进入网店时最直接的品牌体验。商家需要考虑多平台视觉体系的规范和统一，本节主要以标准色彩和网店标志为设计要素，讲解视觉设计的基本规范和操作方法。

4.4.1 设定色彩

色彩运用是视觉设计里最直接、最容易影响买家的一种工具，从影响买家的心理到影响他们的消费行为。当人们观看显示屏时，往往看到的不是具体的文字，而是美丽的图片、舒服的色彩。在我们科学又合理地为平台设定标准色彩之前，需要掌握一些基本的色彩知识。

（1）色相。色相指的是色彩的特征，它是由不同的波长所决定的。其中，红色、蓝色、黄色是色彩中的原色。假设人们看到一件蓝色的衣服，它的原理是光线照射在衣服上，只有蓝色反射入人眼，而不是指衣服本身就是蓝色的。

（2）饱和度。饱和度指的是原色在色彩中的纯净程度。原色百分比越高，饱和度越高，色彩也就越鲜明；反之，色彩是非常暗淡的。

（3）明度。明度指的是色彩的明暗和深浅程度。白色是明度最高的色彩，反之，黑色是明度最低的色彩。

了解了以上基本的色彩属性，接下来开始设定色彩。网店的视觉设计需要先确定一个贯穿网店的主色调。主色指的是能够彰显和突出网店定位的色彩，而不是页面面积占比最大的颜色。往往每种特定的行业都有匹配的色彩，所以在选择主色时，色彩所代表的象征意义对商品特色起到至关重要的影响。下面介绍几种常用色彩所适用的行业和商品。

（1）红色。红色象征着热情和活力，极具刺激性，非常适合女装、化妆品等。在我国，红色是非常喜气的颜色，在节假日的促销活动中运用极其广泛。

（2）蓝色。蓝色象征着冷静，容易给人安全感，适合销售男装、科技产品等。

（3）黑色。黑色象征着成熟、稳重，适合销售高档箱包。

4.4.2 设计店标

店标是上至国际品牌下至零售网店都需要具备的专属标志，它主要起到识别和推广的作用。设计店标时需考虑 3 个基本原则：

（1）审美性。店标需要符合大众的审美，准确传达商家想要表达的寓意，避免不必要的歧义。

（2）识别性。每个店标需要和其他同类网店有明显的区别。具有创新性和独特性的店标更容易给买家留下深刻的印象。

（3）简洁性。店标是一种直接的表达语言，需要激发买家的瞬间反应，所以店标需要简洁、干练，避免不必要的过度花哨。

店标的表现形式多样，主要有文字类店标、图形类店标和组合类店标：

（1）文字类店标。文字类店标最受国内外知名品牌的青睐，其表达方式直截了当，且识别度高。该类店标通常分为3种形式：1）由汉字或英文单独构成的店标。2）中英文混合。3）对文字或字母进行变形处理。

（2）图形类店标。图形类店标指的是由图形构成的店标，这种店标的特色是形象生动，容易给买家留下深刻的记忆。但也因为没有文字名称，所以在寓意的表现上不如文字类店标明确。该类店标分为3种形式：1）使用具体的形象。2）使用简化的象形图形。3）使用自我创造的抽象图形。

（3）组合类店标。组合类店标是应用最广泛并结合了文字和图形的综合型店标。

4.4.3　装修网店首页

一般情况下，网店首页的布局包括5个区域，分别是形象引导区、橱窗区+促销区、促销区、导航区及陈列区。当然，有的网店会根据需要对首页区域进行删改。

（1）形象引导区。形象引导区由店招和导航两个部分构成。店招部分一般包括网站的Logo、收藏网店等内容。在美观的基础上，也可以添加优惠券、热销商品等内容。

在店招中，最重要的就是网店Logo。网店Logo代表了一个网店的形象，因此要符合网店的定位，并注意中文和英文的结合。此外，在店招中Logo的旁边应该有网店的Slogan（标语），使顾客能够通过网店标语了解网店。

那么网店Logo的尺寸标准是什么呢？一般来说，对网店Logo的尺寸没有固定的要求。但是，由于网店Logo置于店招上，而店招的尺寸一般在1920像素×150像素（宽×高）左右，因此，网店Logo的尺寸应该小于店招的尺寸。

（2）橱窗区+促销区。“形象引导区”的下面是“橱窗区+促销区”。它的地位相当于实体店中的橱窗。在“橱窗区+促销区”区域内放置的是网店的首焦广告，利用打折等信息吸引顾客的注意力。根据网店的实际需求，首焦广告可以设置为多张图片，采用轮番播放的形式；首焦广告的尺寸为1920像素×n像素（n建议不超过600）。

（3）促销区。首页的促销区罗列了网站的促销信息和优惠券，方便顾客选择。在店铺首页的促销区列出了网站的优惠券，这些优惠券在首页的形象引导区也有，这里出现优惠券可以方便顾客领取，避免顾客再回到网店的顶部。

（4）导航区。在导航区，商品被分类列出，方便顾客检索。在网站的“形象引导区”也有导航，导航出现在这里也是为了避免顾客再回到顶端。此外，这里为导航加上对应的图片，对顾客来说更为形象。

（5）陈列区。最后是商品的陈列区。网店的陈列区以商品主图的形式列出商品，配上商品的价格，顾客可以在浏览时选择自己喜欢的商品。

一般情况下，陈列区的商品均是以上下左右对齐的方式陈列，简洁明了。有时有些网站为了凸显个性，也会采用一些独特的设计方式。例如在 EP 网店的陈列区，商品的陈列采用了错落的形式，相对于上下左右对齐的陈列方式，这种方式使网站更具有设计感，凸显商品的品质。

商品陈列区中展示的商品采用的是商品的主图（主图指的是买家在淘宝主搜列表中看到的商品图片）。商品主图的尺寸有 3 种，分别是 750 像素×750 像素，800 像素×800 像素，960 像素×960 像素。当然，商品主图的尺寸并非硬性要求，要根据网站实际的需求进行修改。由于主图的效果能够直接影响点击率和转化率，因此，在主图的设计上需要注意以下 3 点：1）突出主体。主体图在通常情况下难以体现商品的过多细节，因此，主体图要能够体现商品的整体特点。在拍摄主图时，要避免画面的杂乱、阴暗，应当使商品的主体突出。2）剪裁规范。在主图的剪裁上要能把握图片的比例，避免因为剪裁使图片的比例失衡。3）图片品质。很多初级运营者认为主图的图片品质越高越好，其实不然。每天访问天猫的顾客有很多，如果图片的品质很高，那么顾客打开网店页面的速度相对就会变慢，导致顾客体验性变差。因此，需要在图片质量和网速之间做出取舍。一般情况下会选择主图 80%的品质，这样一方面在一定程度上保证了图片的质量，另一方面也能保证顾客的购物体验。

在网店的设计中要注意图文的结合，文字的设计也非常重要。首页上有的是标识价格，有的是商品的简介，有的是单纯的信息。对于文字的字号，导航上的文字大小一般在 15 号左右，图片上的文字可根据实际需求设定大小。常用到的文字颜色有黑色、白色。文字不能使用过于明亮的颜色，否则会影响顾客的阅读。文字如果要出现在图片上，那么最好放在图片主体的旁边。如果文字的数量很多，为了不影响图片的美观，常常会在图片上加上一层蒙版。文字的排版则根据图片的实际情况而定，以美观、易阅读为标准。

4.5 产品详情页设计的技巧

网店的首页设计是网店视觉设计的第一步。优秀的网店首页是吸引消费者目光的前提，但是要想提高网店的转化率，详情页才是关键。本节将着重讲解商品详情页的重要性、商品详情页的构成、商品详情页设计所遵循的原则和商品详情页的排版设计。

4.5.1 商品详情页的重要性

商品详情页在一般情况下是由文字、图片、视频构成的，主要功能是向顾客介绍商品的属性、使用方法等详细情况。顾客进入商品的详情页面，浏览商品的详情页，将商品添加至购物车中。在这个过程中，商品详情页的重要性主要体现在展示商品、促使顾客下单和组建销售联盟3个方面。

（1）展示商品的详细信息。商品详情页的主要功能就是对商品的详情进行介绍。网购和实体店购物最大的不同之处是，客户不能真实地接触商品，只能依靠卖家展示的商品图片和已购买过的买家评论来评估商品的质量，然后决定是否购买。商品详情的介绍方式包括文字、图片和视频等。

不同的商品需要顾客了解的内容有所不同。如果是电子电器类商品，需要在详情页面标注产品的注意事项及简单的使用说明；而如果是服装鞋类等产品，则需要具体的尺码。由于中国尺码和欧美尺码是不同的，因此商家在上传尺码的时候要注意两者的区分。

（2）促使顾客下单。商品详情页的设置目的是促使顾客下单，因此除了在商品详情的介绍上利用文字外，图片、视频、买家评价更能让顾客对商品有充分的了解，促使顾客下单，提升转化效果。

（3）组建销售联盟。对于销售商品的性质相同、价位区间相同、网店的目标顾客也相同的网店可以采取竞争品协同营销的策略，即销售联盟。也就是让许多的争网店联合成为集群，同时通过网店内友情链接将这些竞争网店链接起来，友情链接可以促进网店之间的商品信息交流，无形中给加入销售联盟的网店带来一部分“转移顾客”。这样一来就形成了一个“销售圈”，可以提高网店知名度与成交率，还能更好地与顾客建立关系。

4.5.2 商品详情页的构成

一个好的详情页就类似于一位优秀的销售导购人员，因此其设计制作需要从顾客的需求出发，使顾客产生购买的兴趣和欲望，完成销售转化。一个详情页中包括商品参数、商品整体展示图片、商品细节展示图片、规格尺码、买家评价等内容。

（1）商品参数。商品参数是介绍商品的最基本的内容。它主要是对商品的品牌名称、货号、尺码、颜色等信息进行介绍。这个部分主要是利用文字进行描述，描述的风格简洁易懂即可。无论哪种类型的商品，商品参数都是不可缺少的部分。

（2）整体展示。整体展示是为了让顾客感受商品的整体效果。服装类的商品一般由模特穿在身上进行展示，电子类的商品可以创建电子类的使用情景，让顾客结合自己的需求来判断是否需要这种商品。不同类型的商品，整体展示的方式不同，但是起到的作用是相同的：让顾客感受商品的整体效果，促使顾客产生需求和购买行为。

（3）细节展示。商品整体展示的目的是展示商品的整体效果，那么，商品的细节部分怎样展示呢？细节部分的展示目的在于，首先可以让顾客对商品的细节有视觉上的认识，例如，对一件羊毛的毛衣，文字的描述是单薄的，如果展示羊毛毛衣的细节，顾客会对商品有一个质量上的预期；其次，让顾客看到商品的细节，避免顾客拿到商品之后因与预期的不同而造成不必要的误会。

（4）规格尺码。商品的规格尺码是对商品的尺寸进行介绍，一般需要对尺码进行介绍的商品有衣服、鞋等，方便顾客根据自身的情况选择合适的商品。一般商品的规格介绍比较短，但是，电子类商品的规格介绍比较长，经常需要另外开启一页。

（5）买家评价。买家评价是已经购买当前商品的顾客对商品的品质进行的评价。买家评价部分非常重要，是商品详情页上不可缺少的部分，它能在很大程度上影响顾客的购买行为。

4.5.3 商品详情页设计的原则

商品详情页设计的目的在于让顾客快速地了解商品。好的商品详情页可以让顾客在不询问客服的情况下快速下单。设计网店的首页时有遵循的原则，在设计商品详情页时也有相应的原则，以下是根据日常商品详情页的设计总结的 7 个原则：

（1）展示商品的优点。展示商品的优点包括当前商品相比同类商品的优点，例如，商品曾经获得的奖项、商品的品牌、商品的代言人等。这些信息能够反映商品的质量，获得顾客的信任。

（2）注重 SEO 的友好性。

（3）引导顾客。优秀的实体店导购人员会采用一定的语言方式改变你刚进店里时心中预设的目标商品与预算。商品详情页的文案设计也一样，要为顾客购买的商品加上配件，或者引导顾客买某种颜色或规格的商品等，让顾客接受文案的引导。

（4）图文并茂。再攻心的文案，也不如一张有说服力的照片，在图片的作用下，可以获得事半功倍的效果。

（5）注重页面的变化。商品在线销售的过程中会有销量等不同的变化，要随时关注，并更新设计。

（6）避免过度修图。详情页在展示商品的整体效果时，为了让整体效果更好，会对图片进行修饰。适当的修图可以提升商品的气质，给顾客留下良好的感觉。但是如果过度修饰，造成图片与实际商品相差较大，会增加售后客服的压力，导致不必要的纠纷。尤其是在商品详情页中的商品细节展示环节，本身展示的是商品的细节，过度的修饰在很大程度上会让商品的细节消失。

（7）顾客评论。另外，评论对正在浏览商品的顾客影响是很大的，好的评价能够促使顾客即刻下单，差评过多则会直接影响顾客的购买欲望。因此，商家应该合理控制差评率，对于有些过激的评论，商家应该与评论者协商删除，以免产生不必要的影响。

4.5.4 商品详情页的设计

在对商品的详情页进行设计时，需要从设计的角度做出适合顾客浏览的页面。这里简单讲解 3 种商品详情页的设计方法。

（1）设计购物引导线。购物引导线的作用在于引导顾客的视线。通常，在竖排段落中阅读顺序为从右上到左下，而在横排段落中则是从左上到右下。图片和文字都应该尽量按照这样的顺序来编排，从而保证顾客浏览页面的舒适度。需要注意的是，采用购物引导线的方式进行设计时，不能将页面设计得过于拥挤，要有适当的留白。留白并非只有单纯的空白，而是要利用它创造出版面节奏与停顿空间的重要视觉元素。留白不仅能突显大小标题，还能控制视线的顺序。有的时候，为了加深视觉引导的效果，会在页面上添加箭头。

（2）运用黄金分割点。黄金分割点是指把一条线段分割为两部分。由于按此比例设计的造型十分美丽，因此称为“黄金分割”。利用黄金分割法将重要的内容放在黄金分割点上，能够快速地吸引顾客的注意力。

（3）混排图文。将文字和图片配在一起展示商品，无疑是一种好的方式。进行图文混排时需要注意图片的尺寸、文字的字号及文字的字体。排版设计如下：1）单排设计。这种单张的大图用于商品特色的介绍。图片的宽度为 300 像素，高度不限。标题最多 20 个字（1 行），使用微软雅黑字体，加粗，字号 20。描述文字最多 500 个字，宋体，字号 14，行距为 10 像素。2）双排设计。这种双排图片设计也用于商品特色的介绍。单图的宽度为 360 像素，高度不限，左右两张图片的尺寸要保持一致。标题最多 15 个字（1 行），加粗，字号 20。描述文字最多 90 个字（4 行），宋体，字号 14，行距为 10 像素。3）三排设计。这种三排的图片也用于商品特色的介绍。单图的宽度为 230 像素，高度不限，图片的尺寸要保持一致。描述文字最多 90 个字（4 行），宋体，字号 14，行距为 10 像素。

4.5.5 网店中文章的添加

网店内文章主要是为了让顾客快速地了解网店公示的相关信息，如购物方式、支付条款等。有些顾客更关心网店的促销信息，通过网店的文章可以快速了解网店的所有促销信息，有针对性地购物。添加网店文章在“页面管理”中进行。登录 ECstore 后台之后，单击导航中的“站点”按钮，在左侧的导航中找到“页面管理”标签，选择“文章栏目”标签，在右侧可以看到有关文章栏目的分类。文章栏目分类是网店运营者根据网店运营过程中的需要进行的分类。经常用到的分类标签有“帮助中心”“公司简介”“促销活动”“新闻公告”等。

单击文章分类栏目中的“添加文章类目”按钮可以添加文章的分类，在弹出的页面中完成需要填写的信息，单击“保存”按钮，保存填写完成的信息。

文章分类添加完成之后，为网站添加文章。选择左侧导航的“文章列表”，单击“添加文章”按钮，在弹出的页面中完成信息内容的设置，设置完成之后，单击“保存并关闭窗口”按钮，保存设置信息并关闭窗口。

在填写“文章内容”的时候，需要在“文章内容”中对文章的内容进行排版。这里需要注意的是，如果文章中含有需要进行超链接的文字，需要对文字设置超链接。

选中文章中需要超链接的文字，单击“超链接”按钮，在弹出的对话框中设置有关超链接的信息，设置完成后单击“确定”按钮，完成超链接的设置。

设置完文章中文字的超链接之后，需要打开“扩展属性”中的“启用热点链接”，否则链接无法正常使用。

以上就是以 ECstore 为例，目的是让顾客更快速、更便利地了解商店的基本信息和使用操作，通过系统自带的页面管理功能，及时编辑文章并设置超链接，使其能在前端页面中呈现。

4.6 数据分析与优化

4.6.1 网店数据分析的意义

有一句话“得数据者，得天下；知数据者，知天下；用数据者，赢天下”。这句话非常直观地表达了数据在现今的企业运营中占据的重要地位。在多平台企业店铺的运营过程中，卖家每天都在产生数据，也在使用数据。可以说，电子商务运营中，几乎每一个环节都和数据具有密切的关系，而企业店铺的成败就在于运营者是否能及时获取企业店铺的运营数据，并且对运营数据进行有效分析，最终辅助企业电子商务运营人员做出正确的决策。收益管理是起源于 20 世纪 80 年代的一种谋求收入最大化的新经营管理技术，并一直通过完善，沿用至今，具有强烈的时代性。

4.6.2 网店经营数据分析

4.6.2.1 行业产品分布

(1) 找到什么样的产品，做到什么样的销量（新店开张，主要通过上下架时间安排、橱窗推荐等方式，优化店铺网页，获取自然基础流量，提高销量）。

（2）产品的特性和卖点的分析（如现在主推夏装、太阳帽、太阳镜、防晒霜等，分析其特点和优势）。

（3）寻找合适的推广方式。这一点很重要，特别是店铺新开张，没有人气，浏览量、曝光率、销量自然很低，想参加淘宝活动肯定也很难，因为信誉等级不够。这时候选择优质的第三方推广平台，可以快速地帮你走出每天销量为零的局面。现在做得好的试用营销平台有淘宝试用中心、试客联盟、碟翼网、爱美网、免费试用网，利用这些推广平台，可以快速地提高店铺的曝光率。

4.6.2.2 天猫销售分布

（1）产品关键词搜索量（日搜索量、优化、提升）的分析。

（2）天猫销售分布：1）一级类目：价格分布（如销量集中区间价格、单品平均热销价格区间）；2）二级类目：销售分布（如销售集中区间），选择人气排名。

（3）主要目标：寻找淘宝热销产品和价格区间，分析热销产品特点，以产品销售基准数字作为参考，选择主推关键词或主推类目，为产品主推方向提供依据。

4.6.2.3 客户分析

（1）主要目标：为店铺装修、市场营销活动等提供参考。从主要目标客户的体验出发，去考虑店铺主色调，设计商品页面描述的顾客访问路径，将客户关心和关注的产品问题设计在最前面，告诉客户为什么要买这个产品，以快速打消客户的疑虑，达到让客户马上成交的目的。

（2）分析因素：性别、年龄、地域、职业、消费习惯、兴趣。要比客户更加了解他们自己需要购买什么产品，从而更好地挖掘有效客户和潜力客户。

4.6.2.4 产品分析

（1）主要目标：通过数据分析得出，什么样的顾客购买什么样的产品，以此来确定主推产品是否有机会热销。

（2）预测热销产品：从顾客喜好、产品创新、价位、品牌、卖点、客单价等方面，通过与同类产品对比，分析为什么有的产品会热销、热销时间会持续多久、怎么寻找热销替代产品。

4.6.2.5 店铺/页面分析

（1）主要目标：通过量子恒道的点击热力图来分析店铺装修的效果，设计更符合客户体验和购买行为的页面。

（2）用数据说话：通过修改前和修改后的数据对比，可以知道修改以后，哪些数据上升了，哪些数据下降了，从而更好地指导页面的设计。数据参考指标为：点击指标、用户行为指标、用户浏览行为指标、业绩指标、转化率、流量指标、UV。

（3）要分析的内容：1）店铺首页。主要目标：尽可能留住访客，有效分流。第一屏、导航、分类、搜索页、首页焦点图。2）产品页面。主要目标：提升转化率，提高客单价。营销为导向：产品介绍、卖点、关联销售、售后承诺。产品页面的数据要重点关注，因为淘宝客户行为路径是通过商品页面进入店铺页面，与实体店先进店再看商品的路径刚好相反。

5 淘宝网运营实操

5.1 淘宝网的发展及新的规则、特点

5.1.1 淘宝网的新规则

淘宝平台作为电商领域里的领头羊，积极响应国家相关政策。2019 年，国家已发布了新电商法，2020 年淘宝平台将微商、淘宝直播销售等列入电商范畴。

随着电子商务的快速发展，国民的购物方式已发生天翻地覆的变化，各种销售不仅仅存在淘宝、京东等电子商务平台上，利用朋友圈、直播等方式的销售层出不穷。

淘宝新规则中规定淘宝商家是指通过互联网等信息网络从事销售商品或者提供服务的经营活动的自然人、法人和非法人组织，包括电子商务平台经营者、平台内经营者以及通过自建网站、其他网络服务销售商品或者提供服务的电子商务经营者。

(1) 淘宝个体等需进行市场主体登记。目前，个人开网店不需要进行工商登记，很多“微商”的进驻几乎是零门槛。今后，电子商务经营者应依法办理市场主体登记。淘宝商家们在开店以后，需要去办理登记，如果是个人销售自己家的农副产品、家庭手工业产品，个人利用自己的技能从事依法无须取得许可的便民劳务活动和零星小额交易活动，以及依照法律、行政法规不需要进行登记的除外。

(2) 淘宝“刷好评行为”将被禁止。“亲，给个五星好评返多少钱红包”的网购中，部分卖家在评论上做起文章，一方面利用小恩小惠诱导消费者给好评，一方面购买“水军”刷淘宝好评，这样的举动将被禁止。一般来说，淘宝新规则都是根据法律法规的变动来改变的，此次新电商法中规定了无论是个人还是公司都需要相关的经营执照。

5.1.2 淘宝网的特点

(1) 淘宝网由阿里巴巴集团于 2003 年 5 月 10 日投资创办，占据中国网购市场 70%以上市场份额，C2C 市场占据 80%以上市场份额。淘宝网的优势主要集中在成熟的市场及较大的知名度，是目前大多数网络购物者的首选。

(2) 淘宝网是亚洲最大的购物网站，截止到2019年6月，淘宝网的注册会员已经超过了750万，在线商品数超过800万件，网页日浏览量超过9000，今年二季度成交额更是达到了16.5亿元人民币。

(3) 据报告显示，2007年我国网上购物发展迅速，以京沪穗深为代表的中心城市网上购物消费者在网民中的渗透率已经达到42.5%，而大部分网民都是选择C2C的网络购物方式。从交易额上看，淘宝作为C2C网络购物领域的领头羊，2007年销售额就高达433亿元，已超过家乐福的248亿元，跃居中国第二大综合卖场。可见网络购物市场已经成为一个相当庞大的“超级航母”，这组数据让我们看到了淘宝的前景。

5.2 网店客服技巧与常用运营工具

电子商务模式和移动互联网技术，使网店的客户服务在定义、范畴、职能、方法及技巧上发生了巨大的变化。网店的客服不仅仅是围绕着商品销售提供服务，更是以客户为导向的客户关系营销、客户关系管理来获取客户资源，赢得客户的忠诚。本章阐述了客户关系服务的理论知识，商品销售服务的工作流程，主流平台的网店客服及独立网店的客服实践。

在移动互联网技术和电子商务应用的时代，以商品为导向的模式正在向以客户为导向的模式转变。电子商务平台客户服务的概念和功能也有了转变和延伸。

电子商务网店的客户服务的职能可分为两部分：一是客户关系服务；二是商品销售服务。在如今以客户为导向的经济模式中，客服工作人员的工作需要以客户为服务的出发点和终止点，以销售为服务的价值实现过程。

(1) 客户的概念。对企业而言，客户（Customer）是对本企业产品和服务有特定需求的群体。客户是企业生产经营活动得以维持的根本保证。

(2) 客户服务的概念。客户服务（Customer Service）就是为客户提供服务，是指一种以客户为导向的价值观，整合及管理在预先设定的最优成本——服务组合中的客户界面的所有要素，是企业在适当的时间和地点，以适当的方式和价格，为目标客户提供适当的产品或服务，满足客户的适当需求，使企业和客户的价值都得到提升的活动过程。

(3) 电子商务客服的特点。电子商务客服作为一种新的客服模式，与传统客服的区别在于互动性、智能性、沟通方式多样性、成本低4个方面：1) 互动性。传统的客服中心是一种单向的求助式的服务，当顾客在购买或者使用产品的过程中出现问题，通过电话、传真等方式获得客服的解答。电子商务客服与顾客之间则体现一种互动的关系，他们利用网络的通信工具及时联系有购买意向的顾客。2) 智能性。传统客服通过电话、传真等方式为顾客解答遇到的问题。大多数情况下顾客遇到的问题是相同的，但是对于客服来说依然要耐心地为顾客解答。而电子商务客服针对顾客经常咨询的问题，利用智能化的方式集中起来，当顾客在对话框中输入关键词时，就可以出现相关问题的解决方法。3）沟通方式多样性。传统的客服与顾客沟通的方式有电子邮件、电话、传真等，沟通的方式比较单一，客服与顾客之间仅仅通过语音、文字联系，即时性也比较差。随着时代的发展，社交化软件逐步兴起，例如，QQ、微信、易信、阿里旺旺、千牛等即时通信软件。4）成本低。传统的客服使用的沟通方式成本相对比较高，尤其是传真的方式。电子商务客服使用的沟通软件是免费注册使用，几乎没有成本。因此，电子商务客服使用的沟通工具成本更低。

5.2.1 客户关系服务

客户关系服务主要有两方面的内容：一是客户关系的营销，二是客户关系的管理。

客户关系服务里有以下基本的概念和定义。

（1）客户满意的概念。客户满意（Customer Satisfaction）是客户对某种产品或服务可感知的实际体验与他们对产品或服务的期望之间的比较。满意度是客户满意程度的度量。客户满意是一种客户心理反应，而不是一种客户行为。客户满意指标（Customer Satisfaction Index，CSI）是由设在美国密歇根大学商学院的国家质量研究中心和美国质量协会共同发起并研究的一个经济类指数。

（2）客户忠诚的概念。客户忠诚（Customer Loyalty）是指客户对某一特定产品或服务产生了好感，形成了偏爱，进而重复购买的一种行为趋向。客户忠诚度是指客户忠诚于企业的程度。

（3）客户价值的概念。客户价值（Customer Value）是客户对产品属性、属性效能及使用结果的感知偏好和评价。客户关系价值（Customer Relation Value）是指企业维持与客户的关系，能够为企业带来的价值。客户价值是企业为客户创造的价值，客户关系价值是客户为企业创造的价值。两者是一对既矛盾又统一的概念。短期来看，两者呈负相关关系，但长期来看，两者又存在统一性。

5.2.2 客户关系营销

（1）关系营销。客户关系营销是指企业与客户之间建立一种长期的联系，目的在于建立客户的忠诚。客户付款之后，客服人员要尽力让客户收藏店铺，加入店铺的好友群等引导，为下一次的购买做好准备。利用电商平台或者大众平台的群功能，添加客户到好友群来维护关系，如添加微信群、QQ 群、微博等。

超值服务的开展可以通过客户关怀和创造惊喜来提高客户的忠诚度，主要包括提供客户关怀和特权体验。“服务的开始才是销售的开始”。客服人员赠送客户礼品或优惠券等服务，下一次的成交关联就会开始建立。增强与客户黏度是增加老客户数量的直通车。作为一个销售客服，基本目标就是促成本次交易成功，终极目标是让客户可以多次购买甚至循环购买，好的赠送服务会让这个终极目标的实现事半功倍。

（2）主流营销方式。客户关系营销中主流的方式有社交媒体营销和移动社交营销。社交媒体营销是指利用社交媒体互联网上那些消费者发表的产品评论、博客、论坛、社交网络里的个人档案以及用户创作的视频文件等做营销与推广的营销方式。移动社交营销就是将移动终端用户与互联网社交圈结合在一起的新型营销模式，在移动终端上直接向分众目标受众定向和精确地传递个性化的即时信息，通过与消费者的信息互动达到市场营销目标的行为。

5.2.3 客户关系管理

（1）客户资料。对于客服的销售而言，客户的资料是最为宝贵的财富。客服掌握了客户的信息资料越多，客服可销售的渠道也越多。

通过客户关系管理（Customer Relationship Management，CRM）平台对顾客资料的维护是相当重要的。CRM 的核心理念是以顾客为中心。客服常用的 CRM 平台有“千牛工作台”“QQ 群”“微信平台”“微博平台”等。

（2）客户管理。经营网店的卖家一定要深谙一个道理：网店利润的 80%来源于 20%的顾客。这就是著名的“二八定律”。

（3）客户分类。客户可以分为优质客户和劣质客户。

（4）客户等级。客户等级模式分为 RFM 共 3 种，其中 R（Recency）表示最后一次消费，F（Frequency）表示消费频率，M（Monetary）表示消费金额。

5.2.4 商品销售服务

从网店整体来看，客服与销售密不可分。按照销售的整体流程，在商业实践中，客服工作一般会分为 3 个过程，即售前服务、售中服务、售后服务。

售前服务一般是指企业在销售产品之前为客户提供的一系列活动，如市场调查、产品咨询、订单付款等。售中服务是指订单付款到客户签收之间企业为客户提供的活动，如产品包装、安排物流、跟踪订单等。售后服务是指客户签收商品后企业为客户提供的活动，如退货换货、投诉评价等。

5.2.4.1 上岗准备工作

客服人员在开始工作之前需要具备相应的素质、知识与技能。

A 熟悉应用

客服工作人员要熟悉网店软件平台及相应的即时通信工具，例如，天猫淘宝平台的阿里旺旺、千牛，京东平台的咚咚、JIMI（JD Instant Messaging Intelligence）机器人等。网店客服人员要熟悉客服通信工具的语句设置，表情符号的运用等，事先要熟悉客户的欢迎、咨询、拒绝、催付等常用语句。

阿里旺旺和千牛是阿里巴巴公司开发的客户端软件产品，是帮助在淘宝第三方平台上的买家、卖家沟通及店铺运营的工具。阿里旺旺是买家（顾客端）的沟通软件，买家可以在计算机端、手机端安装该软件，与淘宝、天猫卖家进行随时随地的沟通。千牛是卖家的工作平台，将阿里旺旺的沟通功能集成到千牛平台，淘宝、天猫的商家可以使用该软件进行客服沟通，并且能够随时随地查看店铺运营情况。

B 熟悉商品

客服对商品知识的熟悉是与顾客交流谈判的基础，大部分的客户对话是围绕着产品本身进行的。客服学会基本的网络沟通语句之后，必须要掌握上岗服务的重要知识点——商品知识。商品的性能特点主要是指商品的材质、特性特点等商品的内在品质。商品的材质是指组成商品的内在物质的属性，即组成的材料。商品的尺码是消费者选择商品规格的依据。由于电子商务涉及的商品种类繁多，对尺码的标准有较大的差异，客服人员需要对商品的尺码有详细的认识。

电子商务的快速发展使得市场的同质化现象越来越严重。客服人员不仅要了解自家店铺的商品，也需要与其他店铺的同类商品进行比较，了解自家商品的优势和劣势，才能客观公正地解答顾客的疑问。商品的比较内容有质量的比较、货源的比较等。

商品的关联销售是提升客单价的必备法宝，这就要求客服人员对商品的了解从过去对单一商品的认识转变为对某一系列商品的认识。客服工作人员要有能力为客户进行合理的商品搭配，例如，色彩搭配、风格搭配、功效搭配等。

C 熟悉规则

中国有句古语叫“没有规矩不成方圆”，电子商务的世界中同样需要秩序与规则来维护商家的正常经营，维护顾客的合法权益。客服需要详细了解各网点平台的规则，对违规行为的界定与处理进行了解。

例如，淘宝网制定了一系列的规章制度，涉及产品、交易、营销、准入等方面，并针对天猫商城、淘宝店铺、聚划算等制定了专门的规则。卖家在出售商品的过程中违背淘宝相应规则的行为成为违规行为，发生在客服岗位的违规行为一般有滥发信息、虚假交易、违背承诺、恶意骚扰等。

D 熟悉流程

客服需要对顾客下单、支付等流程有详细的了解，能够引导顾客提交订单并完成支付。客服人员要详细了解常用的支付方式，如支付宝、微信支付、银行卡支付、货到付款等。

5.2.4.2 售前服务流程

售前服务通常发生在顾客未深入接触商品，但对商品产生了一定的购买欲时，即商品选购阶段。售前客服需要开展一系列的活动，引导刺激顾客选购网店的商品或服务的意愿。

不同岗位的客服人员的工作流程也有所不同，通过对顾客购物流程进行分析，可以看出售前客服工作的岗位职责、工作要点。

A 建立客户信赖

进店第一问、第一次回应快慢以及客服热情与否，都是客服跟客户之间建立信赖的主要基础。当顾客主动与客服打招呼之后，客服就要想方设法留住顾客。但如何在虚拟的网络平台让顾客感受到客服的热情与友好呢?

a 设置自动回复欢迎语

客服的话术与回复速度是电子商务环境下让不曾谋面的顾客感受到客服热情的重要途径。客服在顾客来咨询的第一时间快速表示欢迎，不仅可以让顾客感觉自己受到重视，也能在一定程度上避免顾客的流失。例如，阿里旺旺里欢迎语的自动回复设置。

b 使用亲切而不过度的语言

禁忌：忌一个字回答，忌长时间无响应，忌过度热情做作。客服在与顾客沟通的过程中需要有礼有节，多掌握使用尊称、推荐用语、委婉用语等语言沟通技巧。

B 了解顾客需求

为了能够精准地向顾客推荐产品，客服需要先了解顾客的需求。

a 耐心倾听顾客描述

倾听是一种艺术，也是一种技巧。客服要有耐心；不能随意打断顾客；适时反馈，表示理解与支持。

b 准确分析顾客需求

客服要善于从顾客模糊的需求中抓住关键点，将这些关键点整理、分析，准确把握顾客的真实需求。

C 介绍商品活动

客服工作的重要性还体现在有针对性地向顾客推荐商品。客服可以根据顾客的购买需求、顾客的个性特征，并结合客服的销售惯性，向顾客推荐真正适合他们的商品。

a 商品推荐的要点

每一位顾客对于商品的需求是各不相同的，客服需要在了解顾客需求的基础上，因人而异地推荐商品。要从商品的使用对象和顾客的自身特点来推荐合适的商品。

诚信是商家经营的第一准则，只有以诚信为经营标准的商家才能获得顾客的信赖。因此，客服在服务顾客咨询的过程中切忌夸大商品的品质，要实事求是地向顾客说明商品的品质和售后服务情况。

顺利接待了顾客并且解决了基本的产品答疑之后，售前客服将进入到新的工作流程——商品、促销活动的推荐。因为通过之前的沟通交流，客服已经掌握了顾客的需求所在，那么通过商品推荐可以帮助顾客快速地选择商品提升效率，并且利用销售关联商品，提高客单价。

b 关联商品的推荐

关联商品是指与主力商品有一定联系的、可以搭配在一起销售的商品。关联商品的推荐又称关联销售，是网店的一种常规营销手段。它既能突出主力商品的特点，又能帮助提升主力商品的销量和店铺的客单价，还能满足顾客追求便利的消费心理。

关联搭配的类别有必需品的搭配、省邮费的搭配、互补性的搭配等。不管是在顾客拍下商品还是付款后，客服都不要放弃任何有可能关联营销的机会。成交关联不仅仅是关联本次的成交，也可以是关联下一次的成交。

D 确认订单价格

在客服和顾客的交流中，一个重要的话题便是议价。面对顾客的议价，客服人员着实有些尴尬，拒绝议价可能会失去这位顾客，而同意顾客的议价则会使商品的利润得不到保证。

顾客的议价行为蕴含着成交的商机，客服人员需要正确把握顾客的议价心理。顾客的议价心理类别有爱占便宜的习惯性议价、寻求心理平衡的议价、比价型议价、诚心购买的议价等。常见的议价类型有允诺型、对比型、武断型、威逼利诱型、博取同情型、借口型等。

E 订单提交付款

顾客在选择商品之后，拍下和付款过程中可能会碰到一些问题。例如，不了解如何参加店铺活动、新手顾客不会操作、没有支付宝账户或者网银等，这时客服就可以针对此种情况进行解困排难，保证交易顺利进行。

a 订单催付

顾客提交订单之后，客服需要引导客户尽快支付。商家往往会忽略了订单催付的重要性，这些未付款订单的买家都具有非常明确的购物意向，但没有及时在限定时间内进行付款，订单因此被平台自动关闭了。2016 年，阿里数据研究院曾公布一个不完全的数据统计，未及时付款的订单占比高达 12%。如果能成功催付，那对于商家来说将是一笔非常可观的收入。未付款订单除了造成商家直接的经济损失外，也会影响电商客服的转化率。因此，客服催付是一个非常重要的工作。

(1) 买家提交订单而未付款的原因。买家提交订单而未付款的原因可分为两类：客观原因和主观原因。客观原因有买家操作不熟练而导致付款失败，或支付账户的余额不足而导致失败等。主观原因有货比三家、临时遗忘等。客服需要针对不同的情况，采用合适的方法引导顾客完成付款。

(2) 催付工具。客服在催付中可使用的工具有电话、聊天工具、短信等。电话催付时效性最强、有效性最高。

通过电话催付，客服可以及时与顾客联系、直接和顾客进行沟通，用语言、语气等因素去感染顾客，使顾客愿意进行支付。

通过聊天工具催付不会产生额外的费用，催付成本较低。因为聊天工具发送的信息只有在顾客登录时才能看到，这样往往会错过最佳的催付时间，所以聊天工具催付的时效性较低。大多数顾客往往不会对催付信息进行回复，使用聊天工具进行催付，互动性较低。

通过短信催付不会引起顾客的反感，能提升服务的质量并刺激支付，但有一定的通信成本。

b 催付技巧

(1) 从发货时间的角度暗示顾客尽快付款。网上购物有一条通用于各个店铺的规则，先付款的先发货。顾客越早付款，卖家越早发货。客服可以利用这一点催促顾客尽快付款。

(2) 从促销活动的时效性角度提醒顾客付款。促销活动是有期限的，顾客错过了促销活动期限就不能享受相应的优惠。客服可以利用促销活动的时效性为催付理由，引导顾客付款。

(3) 从商品本身的优势和热销程度的角度忠告顾客。商品的销售量和受欢迎的程度影响着商品的库存数量。当商品供不应求时，对商品数量紧缺的提醒可以加剧顾客的担忧而使其迅速付款。

(4) 从解决顾客付款疑惑的角度进行提醒。很多顾客由于在付款环节遇到了一些问题，而得不到及时的帮助，只能选择放弃付款。主动询问顾客是否需要付款指导也是客服催单的一个很好的理由。

F 核实顾客信息

顾客提交订单之后，向客户核实订单信息和收货信息，尽可能避免产生不必要的麻烦和纠纷。

在顾客下单之后，客服可以通过后台查看顾客的订单信息，并第一时间向顾客确认，如商品的颜色、数量以及订单的发货时间和发货途径等。

顾客的收货地址、姓名、电话也是核实信息的重中之重。如果有因顾客写错地址而需要修改收货地址的情况，客服需要做好备忘，以免在后续环节出错。除此之外，客服还需要关注顾客的个性化留言，以有效地避免错发、漏发等情况。

5.2.4.3 售中客服流程

售中客服的工作主要集中在顾客付款到订单签收的时间段，主要负责物流订单工作的处理。

（1）装配出库。根据订单内容，装配商品并打包。为不同的商品选择合适的打包方案，例如，易碎物品等的打包。

（2）物流发货。根据订单的内容，联系合适的物流服务，并填写完整的物流信息。

（3）查询物流。查询跟踪订单的物流信息，及时提供给顾客查询。

（4）客户签收。提示顾客物流配送的时间，让顾客准时收货并签署确认。

5.2.4.4 售后客服流程

网购的便利性，可以让人足不出户就能在互联网上选购自己喜欢的商品。由于顾客无法真实地接触到商品，可能导致消费前后的期望差异，如果差异很大，必然会产生不满。因此，售后服务很重要。

A 退货与换货

在网购时代，退换货是常见的现象，商家要重视售后服务，在处理退换货问题上要及时、正确地处理，可提高顾客的满意度。

a 退货的分类

退货依据时间点的不同，大致可以分为3类：（1）商家未发货，产生退款。（2）商家已经发货，卖家已经收货。（3）商家已经发货，但是买家未收到货。

b 退换货处理

顾客购买商品之后难免会发生一些意外，需要向商家提出退换货的要求。对于这类售后，需要根据商城的规定进行退换货处理。在顾客提出退换货处理之后，首先需要了解顾客购买的商品出现的问题和顾客的需求，然后根据商城的规定判断是否能够进行退换货处理，如果可以，让顾客根据商城的要求将商品寄回；如果不能，也要向顾客说明原因，避免不必要的误解。

换货也是比较常见的问题，在换货处理时，同样要与顾客交代清楚运费承担问题。在了解清楚顾客的基本情况后，需要先检查库存确认顾客要求更换的商品是否有货。将顾客的换货情况进行备注，记录时间和备注姓名。将顾客换货情况登记在售后问题处理表中，记录新的物流单号。

B 物流异常

物流配送是电子商务的重要组成部分，在业内盛传“得物流者得天下”的言论。

物流异常现象有以下几种情况：（1）没有物流信息或物流信息长时间没有更新。（2）快递派件超区域或者该地域不予配送。（3）物流显示已经签收，但顾客没有收到货。

C 差价与缺货

电子商务在运营过程中，商品的价格不是固定不变的。当顾客再次浏览商品时，可能发现刚买的商品降价了，而商品还没有收到，顾客可能要求补偿差价，要是不补偿就退款重新购买。当遇到这种情况时，将差价直接补偿给顾客是比较好的方案。需要注意的是，要等到顾客确认收货后，再进行差价补偿。

缺货对于中小卖家是常发生的事情，如果由于种种原因导致商品无法快速跟进，发货期限超过一定时间而导致顾客要求退款时，客服需要跟顾客沟通清楚并可考虑给予顾客一定的补偿。

D 投诉

商家遭到投诉的原因是多样的，客服要充分了解顾客投诉的原因及顾客的意愿，抱着帮助顾客解决问题的态度处理投诉问题。

总体上，投诉分为两类：善意投诉和恶意投诉。善意投诉是顾客对于产品、服务、使用、价格等方面的实际原因而引起的投诉；恶意投诉是以敲诈钱财、破坏声誉、打击销售等为目的的所谓“投诉”。

a 善意投诉的处理

针对善意的投诉，客服首先一定要及时关注。一旦解决问题的时间被拖延，不论结果如何，顾客都不会满意，而且拖得越久，处理的代价越高。其次，一定要换位思考。顾客投诉肯定是有原因的，要以平和的心态接受顾客的投诉。不管顾客因为什么问题投诉，都要站在顾客的角度看待问题，千万不要试图去制止顾客的火气，也不要指责顾客，要尊重顾客，让顾客的情绪得到发泄。在这个过程中不可推卸责任，不管是何种原因引起的投诉，首先要向顾客真诚道歉，承认自己的不足。接着，在顾客的情绪得到发泄之后询问顾客的意愿。顾客投诉无非是想要一个答复，客服不能依据自己的意愿解决问题，同时不同的顾客有不同的想法，因此，在处理问题之前要倾听顾客的意愿。有时顾客可能只想听到真诚的道歉和改进工作的保证，而不是经济方面的补偿，询问清楚顾客的意愿，才能真正做到让顾客满意，让其撤销投诉。最后，形成解决问题的方案。倾听顾客的意愿之后，如果顾客利益受到损失，那么就要根据商城的规定对顾客进行补偿；如果顾客仅仅需要的是真诚的道歉，有时可以对顾客进行物质和精神上的同时补偿，多一点补偿让顾客得到额外的收获，他们也会理解商家的诚意，从而撤销投诉。

b 恶意投诉的处理

针对恶意的投诉，客服在处理时首先要沉着冷静地对待。其次，要查明投诉者投诉的情况是否属实。遭到投诉也有可能是商家在某方面确实做得不好，有漏洞，违反了网店经营规则。所以要对投诉的问题，先查明情况，再找应对措施。例如，商城的商品可能会在包装、商标、商品描述、物流等方面有遗漏和不合适的地方，或者存在不完善的地方，投诉者一般会先购买商品，恶意下单，然后再进行高额索赔。最后，客服在分析现实情况之后，查阅平台的投诉规则，避免因为对经营规则不熟悉，担心害怕轻易满足投诉者的要求，助长恶劣的风气。如果商家确实存在某些方面的遗漏，可能要面临相应的处罚（扣分、降级、关店等）时，可以与投诉者进行协商，了解他们的具体要求，可以适当满足他们相对合理的要求，使其撤销投诉，然后再对店铺查漏补缺，规范经营。如果商家不存在问题，那么遇到恶意投诉要及时申诉，并向有关部门举报或者起诉，打击他们的违法行为，维护自己的正当权益。

c 处理投诉的注意点

在顾客投诉的过程中，售后客服需注意以下 2 点：

（1）理性沟通。顾客收到快递之后，可能会因为物流速度、产品质量、色差和包装等问题找到客服，面对这种情况，客服切勿焦躁，至少顾客选择和我们联系而不是直接给差评。通常这种顾客都是带有一定的情绪，因此，客服在做沟通工作的时候，应该小心翼翼，理性沟通，大事化小，小事化了。

（2）切忌争辩。客服在服务顾客的过程中切忌争辩，即便是客服有理，争辩赢了但是会丢了顾客。因此，在与顾客沟通的过程中不要与顾客争辩对错，客服的一切服务宗旨是解决顾客提出的问题。

E 评价

电子商务中，老顾客的评价对新客户的选购决策上起着越来越重要的作用。客服需要引导顾客对购买的商品做出评价来提高店铺的信誉和商品的信任度。客服可采用礼品或者优惠券等方法，鼓励顾客做出评价。如果顾客对店铺或者商品做出差评，客服需要及时与顾客联系并了解差评的原因。客服需要与顾客进行耐心的沟通，恳请顾客修改差评并重新评价服务和商品。

5.2.5 独立企业对消费者的电子商务网店的客服实践

以上海商派网络科技有限优势的 ECstore 平台为例，介绍售前客服、售中客服、售后客服的常见操作。

5.2.5.1 售前操作流程

有时候，顾客在下单后，需要客服人员对订单进行修改，例如，运费的修改、收货人信息的修改等，此时客服人员要掌握修改客户订单信息的方法，满足顾客要求。接下来，通过独立 B2C 平台 ECstore 系统进行下单后修改订单运费、发货前修改收货人信息等操作。

A 修改运费信息

当顾客提出修改运费要求时，客服人员需要通过以下 3 个步骤进行运费更改：

（1）根据订单号查找到需要修改的订单。

（2）单击需要更改运费的订单，选择“订单编辑”。

（3）可以在“配送费用”处将金额改为“0”，为顾客减免快递费用。

B 修改收货人信息

客户在发货前提出修改收货人信息的要求，那么作为售前客服，应该首先查看订单是否已发货，若未发货，则可以直接进行修改，若订单已经发货，则不能修改订单的收货地址。接下来介绍修改收货人信息的具体操作。

（1）客服人员需要在订单搜索处输入订单号，筛选到所需要修改的订单。

（2）单击需要修改收货人信息的订单，选择“订单编辑”。

（3）这里看到，原订单信息的地址为“桂林路 100 号”，客户需要更改为“桂林路 396 号”。客服人员需要在“收货地址”栏中将地址改为“桂林路 396 号”，最后单击“保存并关闭窗口”按钮。

5.2.5.2 售中操作流程

主要了解催付的流程和利用独立平台 ECstore 进行订单确认与发货的线上操作步骤。

在客户完成订单支付后，售中客服需要对客户订单进行确认。将通过独立 B2C 平台 ECstore 进行订单确认的流程，具体流程如下。

（1）进入“订单”。订单信息按照订单进度分为待发货、已发货、待支付、已支付到担保方、已支付、货到付款、活动、已作废、已完成这几项。

（2）打开“订单——待发货”单击“待发货”标签。

（3）订单处理。单击“处理订单——发货”。

（4）审核订单信息。审核客户信息和配送信息，并添加相应的备注。完成信息核对后，单击“发货”按钮，可以直接生成发货单，对商品进行发货。

通过以上 4 个步骤，客服人员便可以对多平台的订单进行处理。

5.2.5.3 售后操作流程

顾客在商城的前台发出退换货的申请，客服可以在商城的后台查看顾客的退换货申请，对申请进行处理。进入商城的后台，单击“订单”按钮，选择“售后单”，可以看到在审核中的退换货订单。

单击“查看”列的下三角按钮，可以看到目前订单的状态，如果接受顾客的退换货申请，在客服审核完毕后，单击“接受申请”按钮。

这时，在“接受申请”的栏目中将多出一条记录。

同样，当顾客有退货和退款的需求时，顾客会在前台发出退货或者退款的申请，客服可以在后台看到申请，并进行处理，其处理的操作与处理退换货的方式相似。

5.3 数据分析与优化

实践中，数据分析可以帮助人们做出判断，以便采取适当的行动。数据分析的意义在于：

（1）发现问题，并且找到问题的根源，最终通过切实可行的办法解决存在的问题。

（2）基于以往的数据分析，总结发展趋势，为网络营销决策提供支持。

电商数据分析的作用有：分享线上活动成效，考核相关人员绩效（KPI），监控推广的投入产出（ROI），发现客服、营销等方面的问题，预测市场未来趋势，帮助改进网站 UED。数据分析贯穿于产品的整个生命周期，包括从市场调研到售后服务的各个过程，都需要适当运用数据分析，以提升有效性。

案例：2011 年 5 月 25 日，阿里巴巴宣布推出数据门户，并正式启用新域名。新推出的数据门户根据 4500 万中小企业用户的搜索、询单、交易等电子商务行为进行数据分析和挖掘，为中小企业及电子商务从业人士等第三方提供综合数据服务。马云曾表示，“数据”将是阿里巴巴未来十年发展的战略核心。

如果问全球哪家公司从大数据中发掘出了最大价值？答案非亚马逊莫属。亚马逊 CTO Werner Vogels 在 CeBIT 上关于大数据的演讲，向与会者描述了亚马逊在大数据时代的商业蓝图。长期以来，亚马逊一直通过大数据分析尝试定位客户和获取客户反馈。“在此过程中，你会发现数据越大，结果越好。为什么有的企业在商业上不断犯错？那是因为它们没有足够的数据给运营和决策提供支持。”Vogels 说，“一旦进入大数据的世界，企业的手中将握有无限可能。”从支撑新兴技术企业的基础设施到消费内容的移动设备，亚马逊的触角已触及更为广阔的领域。

事实上，全球各大行业巨头都表示进驻“开放数据”蓝海。

（1）以沃尔玛为例，该公司已经拥有两千多万亿字节数据，相当于 200 多个美国国会图书馆的藏书总量。这其中很大一部分是客户信息和消费记录。通过数据分析，企业可以掌握客户的消费习惯、优化现金和库存，并扩大销量，数据已经成为各行各业商业决策的重要基础。

（2）世界工厂网，就设有排名榜的数据分析，通过分析用户在世界工厂网的搜索习惯及搜索记录，免费提供了产品排行榜、求购排行榜和企业排行榜。

从各方对待一个事物的态度与投资动向，我们能很轻易地了解到这一事物的重要程度。从以上的事例可以看出，数据分析对于各行各业都非常重要，尤其是对于电子商务行业。

5.3.1 电商数据分析的方法和流程

每个 B2C 电子商务网站的定位和客户不同，运营的情况也千差万别，考察用户访问、内容浏览和商业行为的关键数据，就能够判断网站运营的基本状况。

（1）独立用户访问量：就是常说到的 UV，即有多少台计算机在 24 小时内访问网站（UV 和 IP 并不等同）。

（2）积极访问者比率：如果你的网站针对正确的目标受众并且网站使用方便，你可以看到这个指标应该是不断上升的。

（3）忠实访问者比率：每个长时间访问者的平均访问页数，这是一个重要的指标，它结合了页数和时间。

（4）客户转化率：转化率指在一个统计周期内，完成转化行为的次数占推广信息总点击次数的比率。转化率是网站最终能否盈利的核心，提升网站转化率是网站综合运营实力的结果。

（5）客单价：每一个顾客平均购买商品的金额，即平均交易金额。

（6）客户满意度：客户期望值与客户体验的匹配程度。换言之，就是客户通过对一种产品可感知的效果与其期望值相比较后得出的指数。

（7）用户回访率：衡量网站内容对访问者的吸引程度和网站的实用性，网站是否有令人感兴趣的内容使访问者再次访问。

（8）投资回报率：用来衡量营销费用的投资回报，把钱分配给有最高回报率的营销方式。

5.3.2 收集数据

在做网站数据分析之前，首先需要收集和获取数据，尽量获得完整、真实、准确的数据，做好数据的预处理工作，以便于量化分析工作的开展。

（1）网站后台的数据。

1）网站用户数据（注册时间、用户性别、所属地域、来访次数、停留时间等）。

2）订单数据（下单时间、订单数量、商品品类、订单金额、订购频次等）。

3）反馈数据（客户评价、退货换货、客户投诉等）。

（2）搜索引擎的数据。

1）网站在各个搜索引擎的收录量（site）。

2）网站在搜索引擎的更新频率。

3）关键词在搜索引擎的竞价排名情况。

4）网站取得的搜索引擎信任的权重（谷歌有PR值、搜狗有SR）等。

（3）统计工具的数据。

网站统计工具很多，基本都会提供访客来自哪些地域、访客来自哪些网站、访客来自哪些搜索词、访客浏览了哪些页面等数据信息，并且会根据需要进行广告跟踪等。

（4）调查问卷收集的数据。

调查问卷是最常用的一种数据收集方法，以问题的形式收集用户的需求信息。设计问卷，是询问调查的关键。问卷要能将问题传达给被问者和使被问者乐于回答，因此，问卷设计时应当遵循一定的原则和程序，运用一定的技巧。

在网络时代，与传统的调查问卷相比，在设计、收集、统计上都发生了相应的改进，通常称为网络问卷调查，或网络调查法。

5.3.3 量化分析

分析不只是对数据的简单统计描述，而是在数据中发现问题的本质，然后针对确定的主题进行归纳和总结。常用的分析方法有以下几种：

（1）趋势分析：将实际达到的结果，与不同时期报表中同类指标的历史数据进行比较，从而确定变化趋势和变化规律的一种分析方法。具体的分析方法包括定比和环比两种方法。定比是以某一时期为基数，其他各期均与该期的基数进行比较；而环比是分别以上一时期为基数，下一时期与上一时期的基数进行比较。

（2）对比分析：把两个相互联系的指标数据进行比较，从数量上展示和说明研究对象规模的大小、水平的高低、速度的快慢，以及各种关系是否协调。在对比分析中，选择合适的对比标准是十分关键的步骤，选择合适，才能做出客观的评价，反之可能得出错误的结论。

（3）关联分析：如果两个或多个事物之间存在一定的关联，那么其中一个事物就能够通过其他事物进行预测；它的目的是挖掘隐藏在数据间的相互关系。

（4）因果分析：因果分析是为了确定引起某一现象变化原因的分析，主要解决“为什么”的问题；因果分析就是在研究对象的先行情况中，把作为它的原因的现象与其他非原因的现象区别开来，或者是在研究对象的后行情况中，把作为它的结果的现象与其他的现象区别开来。

5.3.4 提出方案

将数据量化分析的结果进行汇总、诊断，并提出最后的解决方案。

（1）评估描述：对评估情况进行客观描述，用数据支持自己的观点。

（2）编制统计图表：运用柱状图和条形图对基本情况进行更清晰的描述；运用散点图和折线图表现数据间的因果关系。

（3）提出观点：根据现实情况的数据分析，提出自己的观点，预判网站的发展趋势，给出具体的建议性的改进措施。

（4）演示文档：基于以上三点进行归纳总结，列出条目，制作一份详细的演示文档，能够演示和讲解给部门领导。

5.3.5 优化改进

根据改进措施的实施，及时了解运营数据相应的变化，不断优化和改进，不仅仅要治标，而且要治本，使同类的问题不再出现；持续的监控和反馈，不断寻找能从最根本上解决问题的最优方案。

数据分析是一项长期工作，同时也是一个循序渐进的过程，需要网络运营人员实时监测网站运行情况，及时发现问题、分析问题并解决问题，这样才能使电子商务网站健康、持续地发展。

5.4 常用淘宝推广数据分析

5.4.1 直通车推广数据指标及案例讲解

“淘宝量子店铺统计官方版”中的“推广效果”模块中，为您提供了“直通车数据”的功能，它以“推广计划”—“宝贝”—“关键词/类目”的层次为您提供直通车推广的详细数据报表，为您调整、优化推广方案提供参考。

5.4.1.1 实时访问数据

在“直通车”→“实时访问数据”中，可以查看店铺当前的被访情况，包括来访时间、关键词、竞价入口、访客位置等信息，让您时刻了解店内客户访问情况。

单击“顾客”，还可以使用“访客跟踪”功能，详细了解客户的访问轨迹。

5.4.1.2 直通车基础数据

A 账户平台报表

（1）账户平台数据简报。在“账户平台数据简报”中，可以看到直通车推广的全店汇总数据，包括花费、展现量、点击量和平均点击花费。您也可以自定义不同时段查看数据，还可以快速查看过去 7 天、最近 30 天等不同时段的数据。

（2）账户平台花费分布。在“账户平台花费分布”中，可以查看所选时段的总花费分别在“站内—关键词搜索”“站内—定向推广”“站内—类目搜索”“站外—淘宝联盟”的分布。

（3）账户平台详细报表。在“账户平台详细报表”中，可以查看所选时段的全部推广计划及单个推广计划在不同投放平台的推广数据，包括展现量、点击量、花费等，还可以选择“下载”详细报表。

B 宝贝报表

（1）宝贝数据简报。您可以在“宝贝数据简报”中根据选定的推广计划、推广类型和时间段，查看宝贝的展现量、点击量等汇总数据。

（2）TOP10 宝贝。“TOP10 宝贝”为用户提供不同数据指标排行 TOP10 的宝贝。您可以自定义选择查看不同的数据指标。

（3）TOP50 宝贝详细报表。在“TOP50 宝贝详细报表”中，可以看到按不同数据指标排行的 TOP50 宝贝的详细数据，包括点击量 TOP50 宝贝、展现量 TOP50 宝贝、点击量为 0 的宝贝等数据，还可以输入宝贝名称进行相应宝贝的数据查询。

单击“更多关键词”，还可以查看宝贝的全部关键词数据；更可以进行指标排序和下载详细报表。

C 关键词报表

（1）关键词数据简报。在“关键词数据简报”中，可以根据选定的推广计划和时间段，查看关键词的展现量、点击量等汇总数据。

（2）TOP10 关键词。“TOP10 关键词”提供了不同数据指标排行 TOP10 的关键词。您可以自定义选择查看不同的数据指标。

（3）TOP50 关键词详细报表。在“TOP50 关键词详细报表”中，可以看到以不同数据指标为标准排行的 TOP50 的关键词详细数据，包括点击量 TOP50 关键词、展现量 TOP50 关键词、点击量为 0 的关键词等数据，同时也可以输入关键词名称进行相应关键词的数据查询，还可以选择“下载”详细报表。

D 地域报表

可以根据选定的地区和时间段，查看直通车的推广数据。图表区以地图形式展现不同地区的花费、点击量、展现量等数据。“详细报表”更是提供了不同地区的详细推广数据。

单击“查看”→“趋势”，会显示相应的地域趋势页面；还可以下载和打印详细报表。

5.4.2 案例

淘宝网站中，用户的访问与购买活动的数据是一笔很大的财富，电商网站的数据分析要能够涵盖日常运营数据及活动数据，并横向分析。从日常运营数据中，能够知道哪些人会回访网站，哪些用户可以达成复购。但需要了解那些回访网站却没有复购的人群：为什么他们不愿意再次购买？这样的问题可以通过介于运营与活动的数据分析来找到答案。活动数据会告诉你那些没有购买行为的客户按照何种顺序浏览网站，注意到了什么，点击了什么，在离开网站前做了什么。跟踪这个线索，可以了解如何修改这种行为，来增加他们下次访问时购买的可能性。

对于用户的访问与购买行为的数据，可以参考以下 3 个建议：

（1）寻找一类合适的用户行为进行分析。

（2）通过测算多少比例的受众会有这一类的用户行为，来预测外部整体市场的情况。

（3）测试这一类用户行为是不是包含了重要的信息。

6 移动网站运营实操

随着移动互联网的快速发展，越来越多的买家开始使用手机等移动终端设备访问网店，进行在线购物。相关数据显示，通过移动端购物的买家在网络购物买家中所占的比例越来越高。

6.1 移动网店的主要形式

当前，移动网店的形式主要有传统企业自建的移动商城 APP、零售电商平台的移动端 APP 和第三方移动网店 APP 平台三种。其中，借助第三方移动网店 APP 平台搭建的微店是最常见的移动网店形式。

6.1.1 传统企业自建的移动商城应用程序

许多传统企业早已开始涉足电子商务领域，搭建电商平台。随着移动互联网的兴起，这些企业也以原有的电商平台为基础，推出各自的移动商城 APP，与原有的电商平台相互配合，实施全方位的市场战略。

苏宁易购是苏宁云商集团旗下新一代的 B2C 网上购物平台，现已覆盖传统家电、3C 电器、日用百货等品类。与此同时，苏宁易购也推出了手机 APP 应用。国美电器是苏宁电器强有力的竞争对手，国美电器网上商城名为“国美在线”。手机版“国美在线”是国美电器为配合当前 APP 逐渐渗透的趋势而推出的移动端购物 APP。

6.1.2 零售电商平台的移动端应用程序

国内最有代表性的零售电商企业有阿里系（淘宝和天猫）和京东系两大阵营，它们很早便开发出了各自的移动端 APP，以供买家在移动端浏览购物。但是这种方式只是传统 PC 端网店的延伸，依旧还是以原有的平台为中心，并没有完全发挥移动端 APP 的优势。以阿里系为例，阿里系的移动网络零售在国内市场一直都非常好。在传统电子商务时代，阿里系就已经推出淘宝 APP 和天猫 APP。

无论是京东手机端 APP 还是阿里系的手机端 APP，它们对 PC 端平台的依赖度都非常高，网店的运营和对买家的维护基本都是在 PC 端平台上进行的。

6.1.3 第三方移动网店应用程序平台

第三方移动网店APP平台是指为中小企业及个人卖家提供移动零售网店入驻、经营、商品管理、订单处理、物流管理和买家管理等服务的平台。微店（市场中有一款名为“微店”的第三方开店运营平台，本部分内容中“微店”则特指一种移动网店的模式）是微信兴起后的产物，是依据微信规则和机制而开展电子商务的。

微店对众多创业者来说极易入手，进驻微店的资金、人力等门槛较低，开店的成本也低，风险能得以有效控制。此外，有大量与微信界面相似的微店工具可以选择，使用简单。无论是买家对商品进行信息浏览和购买，还是卖家对商品、资金和货物等进行管理，都不需要太复杂的硬件设备和操作步骤，一部手机、一个微店APP再加上简单的点击和编辑即可。目前，市场中比较常见的第三方微店平台有微信公众平台的微信小店、有赞微店和口袋微店等。

6.2 部分移动网店平台简介和操作技巧

6.2.1 微信小店

2014年5月29日，微信公众平台宣布正式推出“微信小店”。微信小店是基于微信公众平台打造的原生电子商务模式，包括添加商品、商品管理、订单管理、货架管理、维权等功能，开发者可使用界面批量添加商品，快速开店。“微信小店”的上线，意味着微信公众平台真正实现了技术“零门槛”的电子商务接入模式。

（1）适合卖家范围。微信小店主要面向零售类企业、网店等卖家开放。入驻卖家必须提交企业营业执照等信息，才能注册微信服务号，开通微信小店。

（2）平台特点。

1）微信小店处于微信原生态环境。由于微店开设是基于微信构建的移动社交生态圈而开展的经营活动，微信小店恰好处于微信原生态环境当中，这是微信小店与其他第三方微店平台最显著的不同。

2）开通方便。目前，微信官方在微信公众平台开设了“微信小店”功能（即企业必须先申请微信公众号的服务号后，才能申请开设微信小店），卖家即使没有技术开发能力，也可以很容易接入微信公众平台开展电子商务，真正让卖家实现“零门槛”开店。

3）运营功能丰富。卖家可以多途径、多入口体验，例如自定义菜单、查看商品信息等。

4）再开发能力强。部分有开发能力的卖家可以通过API界面的方式，批量添加商品，自行添加商铺功能，通过相关的界面权限，更方便地管理商品数据等内容。

（3）入驻条件。

1）先申请微信公众平台服务号。

2）开通微信支付。

3）服务号和微信支付都需要进行企业认证。

（4）开店费用。入驻开设微信小店不需要向腾讯缴纳入驻费用，不过由于入驻开店的企业必须有微信服务号，服务号在认证的时候需要支付认证费用300元/次。在微信小店刚推出时，企业入驻需要缴纳2万元保证金，在2015年后，随着各个微店平台兴起，市场竞争力增大。腾讯便取消了微信小店的保证金要求，入驻企业门槛更低。在交易服务费收取上，腾讯收取每笔交易金额的0.6%作为交易佣金。

6.2.2 有赞微店

有赞原名“口袋通”，2012年11月27日在杭州贝塔咖啡馆孵化，2014年11月27日正式更名为“有赞”。有赞通过销售商品和服务，帮助互联网时代的生意人管店、管货、管客和管钱。有赞旗下有“有赞微商城”“有赞零售”“有赞餐饮”“有赞美业”“有赞收银”“有赞批发”等面向卖家的商品以及面向开发者的“有赞云”服务。有赞微商城的功能是提供面向全行业全场景的电子商务解决方案，为客户提供完整的在线开店、买家管理、营销推广和经营分析工具，帮助卖家快速搭建商城，在网上经营和管理买家数据。

（1）适合卖家范围。有赞适于各类批发、零售型卖家使用。

（2）平台特点。

1）有赞通过一系列分角色的微店APP建立起了“有赞生态圈”，它们自建厂家、分销商、个人、企业等平台，形成行业壁垒；有赞针对移动网络零售的不同参与方，分别设计开发出不同的APP端口，有利于他们更好地进行移动互联网营销。

2）市场份额大，覆盖范围广。截至2017年底，“有赞微商城”有接近300万的卖家在使用，综合服务的买家超过3亿人，有赞微商城无缝地结合了微信、微博等无线互联网社区，每秒订单处理能力达5万笔。

3）开店难度小。有赞卖家注册没有资质限制，注册速度快；个人卖家在“有赞微小店”可快速开店，且无须进货，只管销售赚钱，供应商负责发货和售后服务。

4）有赞微店具有基于微信公众号、微博等客户关系管理功能。

5）有赞可利用强大的营销工具（微信、微博、朋友圈等）进行二次营销。

有赞引流方式包括支持卖家通过微信公众号、微博、QQ 购物号和消息推送来进行营销推广。

6）有赞具有完备的订单处理体系。在有赞后台可以根据不同条件筛选出各种类型的订单，也可以实现批量处理订单，提高运营管理效率。

（3）入驻条件。有赞微商城和有赞微小店入驻无门槛，只要是国家法律认可的公司和个人都可入驻。但是卖家如果想进入分销市场，其开设的网店必须满足以下条件，才能开通有赞供应商功能。

1）微商城网店状态为使用有效期内。

2）关闭供货商功能的网店，如需开启，重新入驻即可。

3）微商城最近 30 天已结算交易额大于 1000 元。

4）微商城最近 30 天成功退款率小于 10%。

5）微商城最近 30 天完成订单数（不含测试订单）大于 5 笔。

6）微商城上架商品数（不含仓库中或已售罄的商品）大于 3 件。

7）近 7 天内累计登录微商城后台达 3 天及以上。

8）完整的基本信息（含联系人 QQ 和手机号，管理员不少于两人）。

9）网店通过企业认证或官字店认证后入驻（不支持个体工商户入驻）。

10）加入担保交易，同时须缴纳消费保障计划保证金（入驻后如果退保证金或者退出担保交易，会自动退出供货商市场）。

（4）开店费用。有赞在刚推出时入驻是纯免费的，很受小企业青睐。自 2016 年 7 月 8 日起，所有卖家使用“有赞微商城”均需订购服务后才能入驻使用。

6.2.3 口袋微店

口袋微店简称“微店”，是第三方微店平台 APP 之一，由北京口袋时尚科技有限公司开发。

（1）适用的卖家范围。口袋微店适于各类批发、零售型卖家等使用。

（2）平台特点。

1）具备完整的微店体系，可保证卖家和买家双方的利益，如担保交易、7 天无理由退货等。

2）商品货源易获取。微店的卖家一般可以从四个渠道获取货源：做别人的代理、特殊渠道资格、从周边批发市场进货或从微店分销市场进货。微店最大的优势是帮助品牌商（厂商）、分销商和买家搭建了相对健康和活跃的生态链，在此，品牌商会积极寻找分销商，分销商也会尽可能选择优秀的品牌商（厂商）。

3）推广引流方式多样。微店的卖家可以通过绑定微信公众号、加入 QQ 购物号、微店热卖官方导流平台以及服务市场中的第三方应用工具进行推广引流。

4）营销工具丰富。口袋微店可提供限时折扣、私密优惠和满包邮等营销工具。

5）市场规模大。口袋微店拥有国内最多的微店卖家，并且围绕卖家建立了一套完善的管理体系。截至 2018 年 2 月，口袋微店已经覆盖 211 个国家（或地区），吸引了近 7000 万家网店入驻。“口袋微店”起步比较早，先是获得了小米公司的投资，接着又收到由腾讯领投的共 3.5 亿美元的融资，是卖家数量和交易金额最高的微店分销平台。

（3）入驻条件。口袋微店开店无门槛，任何人使用手机号码即可开通自己的网店，并通过一键分享到 SNS 平台来宣传自己的网店并促成交易。

（4）开店费用。目前，口袋微店的开设不收手续费，如果不做引流推广则不产生任何费用。

6.3 微店店铺的开设及产品的发布流程

利用第三方平台开设微店的流程大同小异，通常可以通过电脑端或手机端开设，这里以口袋微店为例介绍微店注册的流程（注意：为避免混淆，下文提到的“微店”即指“口袋微店”）。

6.3.1 通过电脑端搭建微店

6.3.1.1 微店注册

（1）登录微店网站，单击“立即注册，免费开店”。

（2）填写注册所需的相关信息注册账号。

（3）选择主体类型，填写相关信息。一般有“个人微店”和“企业微店”两种主体类型，选择合适的类型，然后填写相关信息。这里选择“个人微店”开通网店。

完成上述内容的填写后即可开通微店，微店开通后登录微店电脑端（微店网页版）。微店网页版后台有网店装修、商品管理、订单管理和店铺设置等功能，见图 6-1。

6.3.1.2 微店设置

微店开通后，进行微店基本设置。单击微店网页版后台左侧的“店铺设置”，微店设置有行业模板、授权设置、可配送区域设置和运费设置 4 个模块，见图 6-2。

行业模板有“通用模板”和“超市模板”两个模板可供选择，卖家可以根据店铺情况选择合适的模板；“可配送区域设置”可以选择支持配送地区；“运费

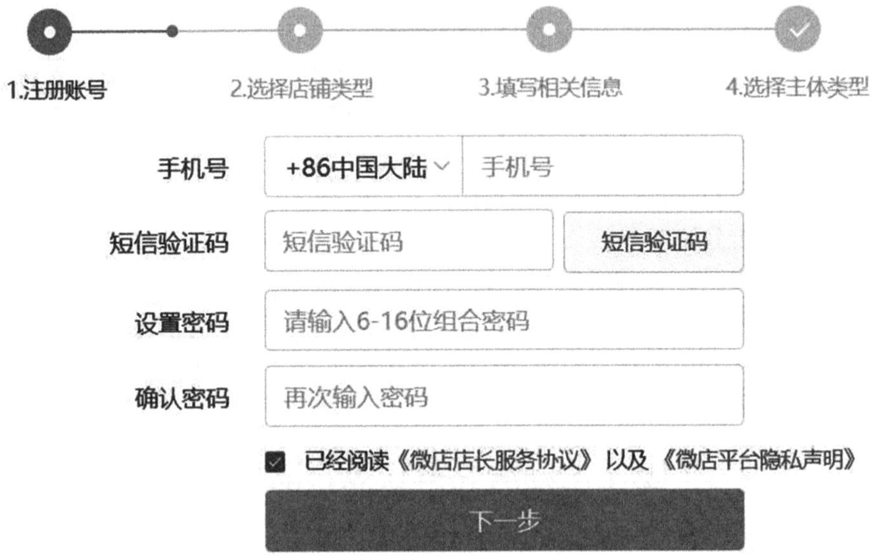

图 6-1 微店网页版注册页

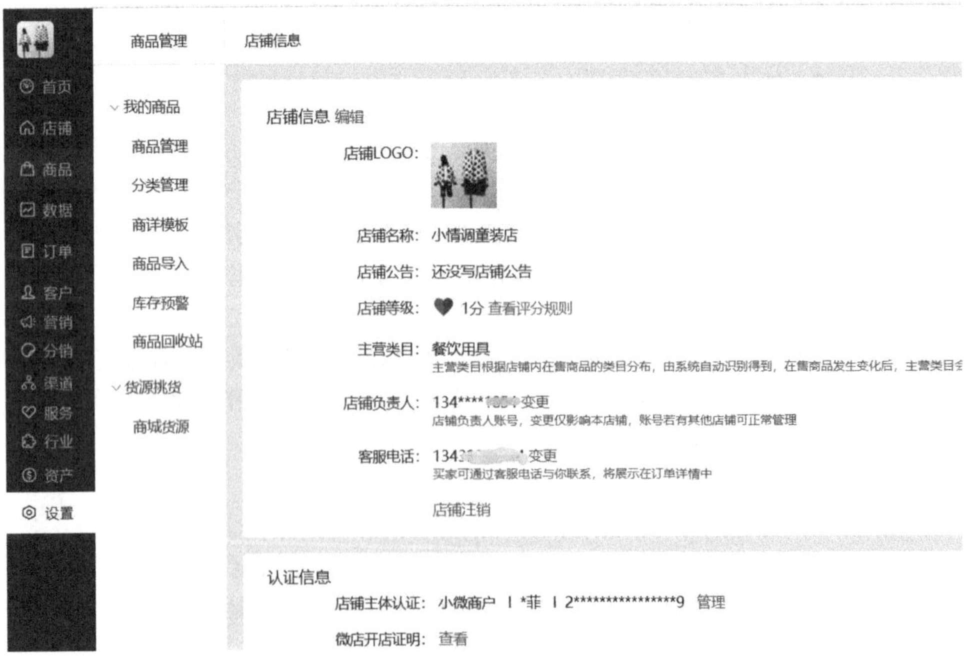

图 6-2 网店设置页面

设置”可以添加运费模板设置计价方式、默认运费等，从而为不同配送地区设置不同的运费，见图6-3。

图6-3 模板的设置

6.3.1.3 微店后台功能介绍

（1）商品管理。可轻松添加、编辑商品，并能一键分享至微信好友、微信朋友圈、新浪微博、QQ空间。

（2）微信收款。不用事先添加商品，和买家谈妥价钱后，即可快速向买家发起收款，促成交易。

（3）订单。支持新订单自动推送、免费短信通知，扫描条形码输入快递单号。支持查看30天的销售数据，包括每日订单统计、每日成交额统计、每日访客统计。

（4）买家管理。支持查看买家的收货信息、历史购买数据等，帮助卖家分析买家喜好，有针对性地进行营销。

(5) 收入。支持查看每一笔收入和提现记录，以使卖家的账目清清楚楚。

(6) 营销。支持设置私密优惠活动，吸引买家，使商品价格更加灵活。支持多种营销推广方式，能给微店带来更多的流量，提高销售额。

6.3.2 手机端注册与设置

6.3.2.1 微店注册

(1) 利用手机中的应用商店下载“微店”APP并安装。启动微店APP后点击“注册”，或用微信账号登录。

(2) 注册后登录微店，如图6-4所示为手机端微店后台界面。手机端微店主要具备客户、商品、订单收入、营销推广、选货市场及服务等方面的功能。

图6-4 手机端微店后台页面

6.3.2.2 微店装修与商品管理

微店的装修一般在微店电脑端（微店网页版）进行，商品管理在微店网页版和手机端都能进行，但是微店网页版更方便，实现的功能更多，如图6-5所示。

A 装修

a 微店装修

登录微店网页版后台，单击左侧的“店铺装修”，单击“编辑店铺”，在编辑页面可以设置店铺招牌、店长信息、店铺信息、商品、内容模块、导航、广告和店长笔记等栏目，每一个栏目可以展开获得可供选择的子栏目，用鼠标将栏目选中拖至微店页面内相应位置即可以进行相应的编辑。

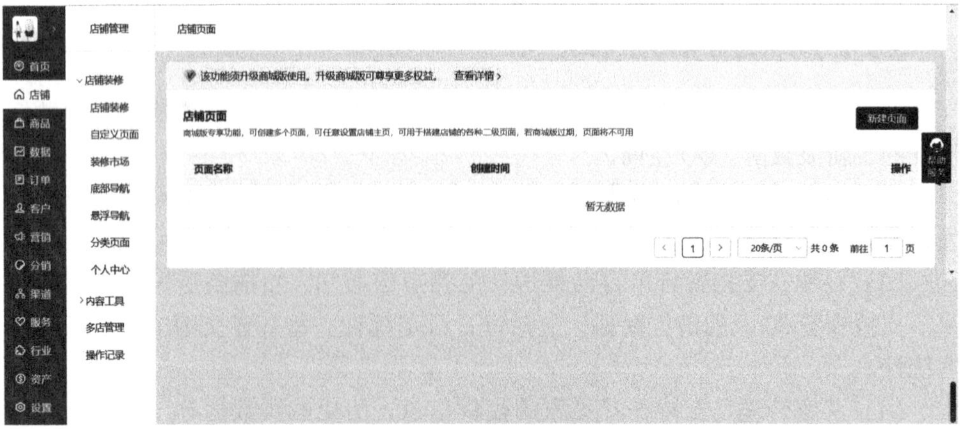

图6-5 店铺装修页面

b 自定义页面装修

（1）单击装修界面中左侧的“自定义页面”，有两种选择：新建自定义页面和模板市场，如图 6-6 所示。

（2）选择“新建自定义页面”，进入操作页面，选择左侧常用的组件，按照右侧的提示对页面进行装修。

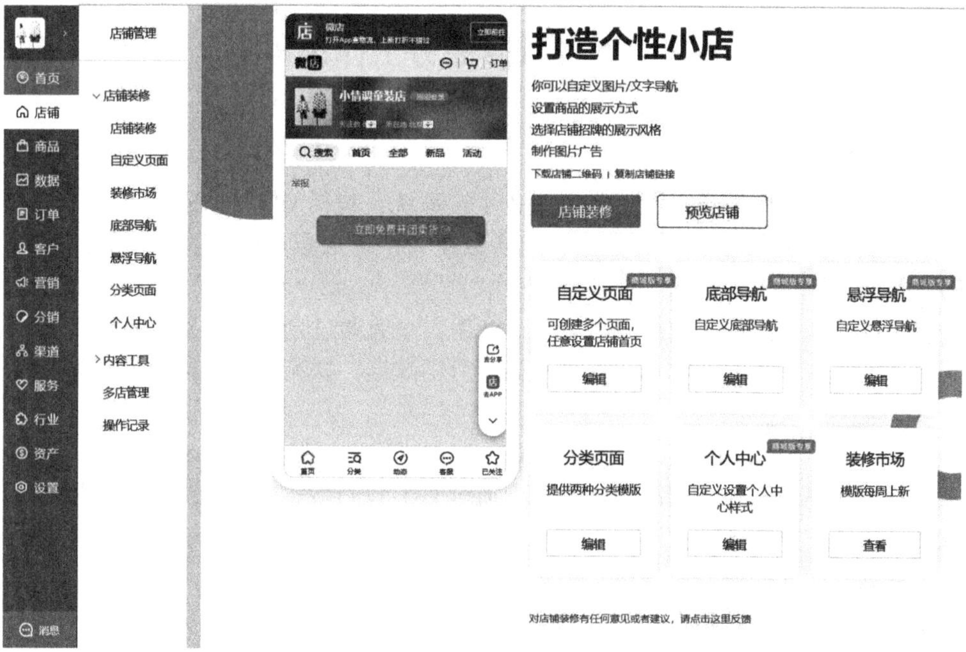

图 6-6 自定义装修页面

B 商品管理

（1）登录微店网页版后台，单击左侧的“商品管理”，进入操作的页面，商品分为出售中、已售完、已下架三种类型的商品。单击右上方的“批量导出商品”，可以把网店中的商品完整信息全部导出。

（2）单击“添加商品”可以增加新的商品销售，上传商品图片、填写商品标题、选择商品类目、填写商品价格、进行运费设置、填写商品详情等，然后选择“放入仓库”或“上架出售”。

6.3.2.3 微店的营销管理

微店营销推广常见的渠道有微信公众号营销、微博营销、消息推送、分享推广、微信朋友圈推广、论坛推广和自媒体平台推广等；微店店内活动主要有优惠券、限时折扣、满就送、秒杀和赠品等。在微店网页版后台左侧单击“营销”，就可以看到微店官方营销工具，包括限时折扣、公众号智能助手、公众号管理和微店秀秀等，这些营销方法与淘宝网店的营销有相似之处，此处不再赘述。

“微店秀秀”是对微店进行营销推广的工具，使用它可以添加活动海报图、商品宣传文案、商品链接、宣传视频和轮播图等，它还支持多人协作创建页面、实时数据分析等功能，完成设置后即可以分享到朋友圈、微博和 QQ 空间等宣传平台。

6.4 平台数据业务工作流程

6.4.1 数据采集

企业内部数据采集来源于各个业务生产系统，包括 CRM 数据、CC（呼叫中心）数据、财务数据、仓储数据、门店数据、销售数据、OA 数据、物流数据、网站数据。

企业外部数据是指数据由企业外部产生，企业通过合作、购买、采集等形式获得。企业外部数据通常包括竞争数据、营销数据、物流数据、行业数据等。

6.4.2 数据存储

数据存储层是在数据源的基础上，通过 ETL 进行数据整合，形成供上层计算或业务使用的数据仓库及数据集市。

数据仓库面向业务决策或上层数据应用，是一个面向主题的、集成的、相对稳定的、反映历史数据变化的数据集合。

6.4.3 数据计算

数据挖掘按照不同的实现结果方向可分为回归模型、聚类模型、关联模型、时间序列、分类模型和机器学习等。

数据计算按照计算结果输出的时间性可分为实时计算和离线计算，部分企业还会在实时计算和离线计算之间加入临时计算。

数据计算模块对于大多数中小企业来说没有必要单独拆分，原因是在较小的数据体量和应用需求下，完全可以通过数据实时计算获得结果。数据计算模块只对大中型企业或具备海量数据处理需求的企业有存在意义。

6.4.4 数据管理

数据管理层是介于数据和应用之间的介质和桥梁，通常上层自动应用或产品化的所需数据直接由数据计算层调用。对大多数企业而言，数据管理层的功能定位是用户和数据管理。

数据管理层通过数据管理平台（Data Manage Platform，DMP）实现，但现在大多数的 DMP 产品仍集中应用在底层数据整合和抽取等工作上，尚未上升到管理数据层面。

6.4.5 数据应用

辅助决策应用是目前数据发挥价值的主流方式，包括自动化营销、站内个性化推荐、数据产品化报表等。

数据驱动需要借助技术手段实现，通常是建立在数据事件触发或数据结果触发基础上的自动化运行机制。常见的数据驱动项目包括 RTB、个性化 EDM、站内个性化推荐、个性化着陆页、网站智能运营、基于用户事件或时间的维系触发等。

7　快手、抖音等短视频营销运营实操

7.1　短视频营销的兴起与发展现状

7.1.1　短视频是什么

短视频是一种视频长度以秒计算，主要依托移动智能终端实现快速拍摄和编辑，可在社交媒体平台上实时分享的新型视频形式。短视频不同于文字、音频等内容单一的模式，它结合了文字、语音和视频，使用户在接收内容时更加立体化。

短视频的出现是对社交媒体现有内容（文字、图片）的一种有益补充。同时，优质的短视频内容亦可借助社交媒体的渠道优势实现“病毒式”传播。当下，短视频是非常受互联网使用人群喜爱的内容形式。与纯文字文本相比，短视频更加生动形象，包含的信息量更大，收看短视频所消耗的注意力更少。

据不完全统计，截至目前，市场上的短视频 APP 多达上百个，如抖音短视频、火山小视频、快手、泡泡视频、逗拍等。

中国互联网络信息中心（China Internet Network Information Center，CINIC）的数据显示，截至 2018 年 12 月，我国短视频用户规模达 6.48 亿，网民使用率高达 78.2%，短视频用户规模和网民使用率均超过长视频的用户规模和网民使用率，在互联网娱乐应用中排名第一。

7.1.2　短视频营销的优势

短视频营销是企业和商家借助短视频这种媒介形式营销的一种方式。不少企业现在已经意识到借助短视频宣传是提升品牌知名度的有效方式之一。目前，已经有越来越多的企业使用短视频开展市场营销活动。

短视频营销有哪些优势呢?

（1）短视频是大脑更喜欢的“语言”。有研究数据表明，大脑处理视频的速度要比处理纯文字的速度快很多倍。从人体本能来说，比起图像和文字，短视频内容更具视觉冲击力。短视频结合声音、动作、表情，可以让用户更真切地感受到短视频创作者的情绪。同时，在生活节奏越来越快的当今时代，短视频这种碎片化的资讯获取方式和社交方式越来越受到人们的欢迎。

（2）品牌更强。短视频可以轻松植入品牌，或向用户传递品牌形象。在短视频中，产品形态是多样化的，产品维度可以是人，也可以是画面、场景、情节等，用户的接受程度会更高，用户会对广告本身进行二次传播。

（3）互动性强。短视频主播可以和用户产生互动，每个用户都可以对视频点赞、转发、评论。用户在评论区评论，主播一般都会做出回答，当用户看到自己的评论被回复，用户评论的积极性会更高。

随着各大互联网巨头纷纷涉足短视频领域、各类短视频 APP 涌入市场，短视频竞争已进入白热化阶段。短视频平台想要实现可持续化发展，就必须保证平台拥有大量优质的短视频，而短视频依靠音乐，所以音乐的版权以及数量也是短视频运营团队考虑的必要因素。

7.1.3 拍摄器材

对于视频拍摄新手来说，并不需要购买很高端的摄像机等专业的拍摄器材。现在手机的拍摄功能已经很强大了，特别是苹果、华为的高端机型，基本可以满足新手的拍摄需求。在初期资金紧张的情况下，可以使用手机来代替相机进行拍摄。当然对于专业的视频拍摄，还是需要一些专业器材的。

（1）拍摄器材。新手对于一些拍摄基本技巧或摄影知识并不是很了解，而且购买专业的拍摄器材要花费不少资金，所以可以从手机拍摄入手。例如，苹果、华为、OPPO 等手机的拍照功能都十分强大，目前市场上主流机型都可以用于拍摄。

如果想进行更专业的拍摄，也可以考虑使用单反相机。用户可以根据经济情况来选择机型，通常 8000 元左右的机型基本可以满足抖音短视频的拍摄需求。用户如果有特别专业的拍摄需求，可以考虑高端机型。

（2）音频器材。音频器材主要是麦克风。录音一般都需要麦克风和声卡，如果使用手机拍摄，只需要再购买一个专业的麦克风。一般的手机都配备了耳机和录音设备。

（3）灯光器材。灯光是整个画面质量中的关键因素之一。一般来说，新手刚开始拍摄短视频时，尽量把拍摄画面照亮，做到光线均匀就可以了。

一般情况下，为了保证更好的拍摄效果，需要配光源。普通用户可以选择柔灯箱，价格实惠，网购就可以买到。用户也可以考虑搭配几个 LED 灯，这样拍出来的视频效果与没有灯光器材拍摄出来的视频效果会有明显的区别。

（4）支架器材。拍摄的时候，往往需要固定镜头，单纯靠手臂来保持稳定是不行的，这时候就需要借助三脚架。三脚架也是拍摄时非常重要的器材。

7.1.4 短视频营销的趋势

基于互联网、云计算与智能手机的发展，用户对视频内容的获取变得越来越容易，随时随地掏出手机观看视频已成常态。短视频营销具有以下趋势。

(1) 短视频营销依然火爆。随着快手、火山小视频、好看视频、多闪、抖音、西瓜视频等 APP 的走红，短视频迎来了大爆发。内容丰富有趣的短视频更加受用户的欢迎。将产品巧妙地植入短视频中，既不尴尬也不生硬，还能为产品带来一定的曝光，甚至得到流量变现。

(2) 用户对内容的要求更高。无论是短视频、自媒体、公众号还是传统的网络广告，对营销内容质量的要求都越来越高，单一、枯燥、广告性较强的内容必将逐渐被淘汰。

(3) 短视频主攻年轻群体。内容年轻、有趣已然成为视频营销的必备因素，相较于单一讲述品牌故事的广告内容，结合声音、动作、表情于一体的短视频，更能够触动用户。

(4) 内生广告成风向标。视频广告已经从贴片模式时代进入内生广告时代。内生广告打破了传统广告模式的局限。相比用户体验差的贴片广告和用户感知度不高的植入广告，内生广告是基于内容而衍生的新型广告模式，用户对其接受度会更高。

(5) 高分享性和互动性。短视频广告的高分享性和互动性赋予了品牌“病毒式”营销效果，内容足够好玩就会带动其他用户自发分享，创造品牌与用户沟通的新方式，同时带来高点击率。

(6) 全网营销是必经之路。当前网络营销竞争激烈，单一的网络营销方式已经不能满足企业的需要，视频营销、整合营销成为企业全新的营销方式。全网营销是将一系列的营销方式整合，有条不紊地进行营销，从而获得流量最大化的一种营销方式。

7.2 抖音与短视频营销的关联

随着网络的迅速普及，人们的生活方式发生了翻天覆地的变化。如今各种 APP 层出不穷，不断丰富人们的闲暇时光。抖音虽然是后起之秀，却拥有庞大的用户基础。

7.2.1 抖音到底是什么

抖音是 2018 年非常火的 APP 之一，相信不少人手机上都装有这款 APP。抖音是一款可拍摄短视频的音乐创意短视频社交软件，是一个音乐短视频社区。抖音上线之初，其口号是“记录美好生活”短短 15 秒，“抖友”（抖音用户）通过选择歌曲、拍摄视频来完成自己的作品并发布到平台上。抖音还集成了类似美拍等 APP 的镜头、特效、剪辑等功能，尽量减少因为需要对视频进行后期处理而造成的流量转移。

抖音于2016年9月上线，创作团队最初仅为几个人，上线不到半年就获得今日头条的投资。抖音不断提高用户体验，增加新的功能，抓住时下热点，让“抖友”始终保持着新鲜感，让更多的名人抖音成为热门。

抖音发展的同时也诞生了一批“抖音达人”，这些“达人”不仅给抖音注入了各类丰富多彩的内容，同样也因为抖音改变了自己的生活。例如，“代古拉k”就通过抖音完成了自己人生的逆袭。“代古拉k”一开始在抖音上受到关注是由于她的笑容。“代古拉k”的笑容被称为“抖音最美笑容”，甜美的笑容加上充满力量的舞蹈，让她一夜爆红，抖音“粉丝”数量迅速破千万，让她具备了极高的商业价值。她在抖音上粉丝众多，每个视频都会有几十万甚至几百万的点赞。

抖音短视频刚上线时的名字称为A.me，2016年12月22日正式更名为抖音短视频。抖音用1年时间，做到了视频日均播放量超过10亿次，日活跃用户数达到千万级，500天左右就成为APP Store摄影与录像类应用排行榜的第1名。

7.2.2 抖音火爆的原因

抖音短视频能够持续火爆，不仅因为它是一种新的娱乐方式，更因为它是一种全新的营销方式。抖音火爆的原因有以下几点。

（1）展示自我。年轻人追求个性，喜欢分享，更喜欢娱乐，抖音刚好具备这些特性。抖音最初的人群定位是有自我展示需求的创意达人。这些人的直接需求就是娱乐，希望能更简单地拍摄出与众不同的视频，制作有吸引力的MV，希望自己被认识、被关注。

（2）符合用户习惯。抖音的口号是“记录美好生活”。抖音的界面切换符合年轻人向上滑动手机屏幕的习惯，衔接过程没有多余的介绍，视频一般比较短，大部分都是15秒，半小时就能观看约120个视频。相对于其他的软件，抖音短视频更符合碎片化的传播需求；相较于传统书籍文字，抖音短视频给予了用户更好的体验。

（3）愉悦自我。进入发展期后，由于用户数量暴涨，抖音运营团队开始寻求更新鲜的玩法，不仅增加了滤镜、美化等特效，还增加了“尬舞机”功能。“尬舞机”功能将跳舞机从线下转移到手机上，用户使用抖音就可以在手机上玩体感游戏。

（4）简单、易操作。和其他视频制作软件相比，利用抖音制作短视频更简单，不需要有什么专业的拍摄工具，一部手机便可以搞定；抖音有专门的音乐库，用户可以直接选择音乐。抖音短视频让人人都可以成为导演和主角。

（5）流量可变现。随着抖音用户的增多，许多主播都开始进行流量变现。在移动互联网时代，只要有可观的流量，就会有相应的价值。在高收入的刺激下，玩得好、有创意的主播开始精心策划和录制一些为品牌、商家做推广的短视频。

2018 年上半年的调查显示：每个“抖友”平均每天在抖音上观看视频 20 分钟以上。假设每个视频持续 15 秒，那么每个“抖友”每天能观看约 82 个完整的视频。

7.2.3 抖音短视频的品牌营销力

随着短视频的火爆，各大品牌都在尝试利用抖音短视频进行营销。那么到底该如何利用抖音来进行品牌营销呢？

（1）抖音的开屏广告。面对抖音的火爆，越来越多的品牌商家将目光抛向短视频这块营销“新大陆”。作为抖音的黄金广告位，抖音的开屏广告也在第一时间吸引了用户的注意力。这些品牌通过精准的定位来吸引用户并引导购买，从而实现商家所期望的营销效果。

（2）利用“抖音达人”营销。很多“抖音达人”的粉丝量巨大，这些“抖音达人”可以利用粉色量多的优势承接广告业务，然后将广告植入自己的短视频中进行营销。通常企业品牌会邀请“抖音达人”定制具有创意且与企业品牌相符的短视频，然后带动更多用户点赞，并引发传播热潮。

“达人”营销就是借助“网红”本身的粉丝流量向抖音转移，以达到扩充营销能力的效果。2017 年底，抖音还曾为抖音“网红”举办了庆祝会，宣布将投入 3 亿美元来帮助他们“涨粉”。这一举动为抖音吸引了更多其他短视频平台“达人”甚至直播平台“达人”的入驻。同时，抖音斥资打造自己的“达人”，提出“只要你有创意，只要你够实力，抖音愿意与你一起成长”的口号。

只要你有创意、够实力，抖音就愿意将你推到舞台中间去。主播因为发布的短视频被一些视频公司看中并签约，通过几个爆款内容从“草根”变成“网红”的例子不在少数。

（3）建立抖音企业官方账号。抖音的火爆不仅吸引了个人，还吸引了越来越多的品牌企业入驻抖音。这些品牌企业通过短视频与年轻用户沟通，传递品牌趣味性、实用性、娱乐性的一面，从而吸引用户再转变成粉丝。支付宝、京东、天猫、小米、滴滴、腾讯等品牌已经开始了抖音运营，甚至连传统的企业都开通了抖音号。

（4）找到能引爆用户的热点话题。抖音会定期推出热门视频、热门话题，品牌企业可以将产品和热门话题结合起来，找到一个能引爆用户的热点话题。若话题是受众切实关心的，就能够引发强烈共鸣。

小米 9 的代号为“战斗天使”，小米手机抖音号发起的话题“百万寻找战斗天使”，短短时间内播放次数超过 21 亿次。参与该话题的方法十分简单：2019

年2月20日到3月11日期间，在抖音上传个人的才艺视频，加上话题“#百万寻找战斗天使#”，就有机会瓜分百万大奖，这个活动吸引了很多抖音用户参加。

7.2.4 抖音常用的几大功能

下面介绍抖音常用的几大功能。

（1）同城功能。抖音首页中“推荐”功能旁边是“同城”功能。比如主播在天津，“同城”功能区就自动显示为天津，粉丝除了可以看首页推荐，还可以看自己所处的城市有哪些美食、景点、文化、玩乐，发生了哪些好玩、有趣的事。

（2）可设置“谁可以看”。“谁可以看”有“公开”“好友可见”“私密”三种观看权限。如果抖音主播只想让自己的信息被好友看见，让好友感到自己是被“特别对待”的，就可以将“谁可以看”设置成“好友可见”，如此可加深好友的黏性。

（3）“关注”界面。在抖音“关注”界面中，用户可以查看自己所关注的好友。同时，经过几次更新优化后，抖音的界面形式已经接近微信朋友圈，进一步强调了互动的重要性。

（4）消息功能。抖音目前有消息私信功能，在“消息”界面中用户可以和好友发送私信。消息功能支持表情和图片的发送。粉丝可以通过这个功能与主播更进一步地互动，主播也可以在私信中回复粉丝，增强抖音主播与粉丝之间一对一的互动。

（5）热门直播功能。粉丝关注抖音主播账号后，久而久之就会产生粉丝心理，希望与对方有更进一步的接触。而抖音直播功能则满足了粉丝、抖音主播双方的需求，既加强了双方的互动，又能把更多的粉丝留住。

（6）好友分享。目前，抖音在对外分享上主要有私信好友、微信朋友圈、微信好友、QQ空间等路径。

7.3 视频的拍摄和后期美化

内容占比是指各类内容在全部分类中所占的比例。抖音平台的内容矩阵，以及所有视频呈现形式的分类和占比。其中，真人出镜类内容占比达到32.4%，几乎占所有内容的1/3，是占比最大的一类内容。结合自己观看抖音视频的感受，我们就能发现，真人出镜类视频确实最受欢迎。那么，真人出镜类内容占比最高也就不难理解了。真人出镜类视频的内容覆盖面很广，可以是唱歌、跳舞、讲故事、分享知识、做菜、变魔术等。只要有人出镜，都可以用真人出镜类的形式展现。

排在第二位的内容是销售类，可以短视频拍产品的使用效果，也可以拍剧情类对商品进行植入式演绎。也有的用户粉丝数量达到要求后，以直播形式进行销售货品。

排在第三位的就是歌舞类，占比达9.8%。其实，抖音平台这个名字就体现了它是一个很关注音乐元素的平台。而跳舞类内容和音乐元素有直接的关联，因此也能获得更多的平台流量。

除了真人出镜类和歌舞类，占比较大的内容从大到小依次是治愈类、搞笑类、美食类、技巧类等。剩下还有很多种类，因为占比太小，在此就不一一进行详细分析了。

抖音平台用户对于各类内容的喜欢和筛选程度。用户喜欢看哪类内容，平台就会寻找相关内容进行匹配，对这类内容给予大流量支持，并增加曝光量。同时，我们作为抖音视频的制作者，也能通过此图知道平台对哪些内容的需求量更大，知道抖音用户更想看哪些内容，从而根据平台和用户的需要生产内容。

那么，如何使用抖音拍出高质量高清小视频？在抖音中上传好的视频，可以获得极高的点击量和播放量，甚至能达到两三百万之多，也会有一定的收益或打造自媒体网红经济，可见后发力很足，而抖音服务器和宽带也承受着极大考验，因为现在观看抖音视频，偶尔还有卡顿现象呢。如果想在抖音中拍摄出高清的视频，应该怎么操作呢？具体有哪些方法呢？本书介绍几个简单的方法供大家参考。

拍摄短视频时需要注意的问题：

7.3.1 场景问题

选择场景应遵循以下几个原则。

(1) 场景要有利于表现主题。只要是清晰地呈现在画面中的场景，都应该有利于主题的表现。

(2) 场景应该在色调、色彩等方面与其他画面元素协调。

(3) 选择具有地方特征、季节特征的景物作为场景。另外，画面的点缀和衬托也非常重要。

(4) 场景一定要简洁，懂得舍弃画面中无关的元素，否则场景就容易喧宾夺主，弱化主体。

7.3.2 拍摄角度

在抖音中的众多短视频中，要想自己的视频吸引人，需要注意拍摄的角度，可以采用一些独特的角度，拍摄一些有趣的画面。如利用较低或较高的角度拍摄。

7.3.3　构图问题

只有经过精心地构图，才能将主体加以强调和突出，舍弃一些杂乱且无关紧要的景物，并选择合适的景物作陪衬，从而使作品更完美。拍摄者最好有一定的摄影基础，要保证画面的美感，防止出现画面混乱、构图杂乱的问题。

7.3.4　光线问题

光线对拍摄对象的层次、线条、色调和气氛都有着直接的影响，拍摄对象在视频中能否表现得好，很大程度取决于光线的好坏。好的光线布局可以有效提高画面质量。在拍摄人物时多用柔光会增强画面的美感，要避免明显的暗影和曝光，如果光线不清晰，可以手动打光，将灯光打在人物的脸上，或用反光板调节光线。

灯光是一种无声的语言，不同色调的灯光可以营造出完全不同的视觉效果。也可以用光线进行艺术创作，灯光有冷有暖，可以借助冷色、暖色等不同色调光源的相互搭配营造出不同的氛围。

7.3.5　画面切换问题

在拍摄时要注意画面切换的问题。有些视频要注意全景、远景、近景、特写的相互切换，尤其是拍摄人物时，更要注意这一点。

7.3.6　防止抖动

拍摄时手一定要稳，不要出现摇晃抖动的情况，即使视频内容再好，抖动也会影响整体效果。最好配备一个支架，用于固定镜头；跟拍时要移动整个身体，不要移动手机，这样可以减轻视频的抖动程度。如果拍摄的视频出现抖动的情况，也可以用后期软件调整。

视频剪辑后还要进行一定的后期制作，如添加字幕、背景音乐、滤镜等，还可以添加一些特效，不过添加特效要适可而止，不要过度添加。

为什么有些短视频很火？因为这些运营者知道怎么制作高品质的视频，封面、文案、音乐、特效的运用在制作短视频过程中一个也不能少。

7.3.7　封面拍摄

抖音视频封面可以吸引用户点击，选择好的封面十分重要。在封面的选取上，需要结合视频内容找特点。选择的封面要体现以下含义。

（1）粉丝可以从封面中看到实用且有价值的信息。

（2）粉丝可以通过封面知道视频内容是什么。

抖音火爆之后，有很多优秀的设计师在抖音上展示自己的作品。

为什么这条视频能火呢？因为它的封面吸引了无数粉丝点赞。这条视频的封面是设计师本人在装修房内的图片，重点是在图片中添加了“45m^2 蜗居玻璃墙设计—变身阳光复式房”文案。

上传视频的时候一定要选择封面，封面可以作为视频的一个吸引点，以此吸引别人点击视频。

抖音只是一个发布短视频的平台，是无法直接给图片加文字的。但是很多抖音短视频中都有文字，尤其是封面上的一些文字，特别有吸引力。这需要利用第三方软件来给视频或者封面添加文字。例如，“云美摄”就是一款第三方视频编辑软件，用户可以利用其编辑字幕、给视频添加文字等。

在给视频添加文字之后，再上传到抖音平台，在选取封面时就可以选择有文字对白的图片。这样视频封面就有了趣味，增加了吸引力。

打开抖音短视频 APP 之后，系统默认的封面是动态效果。如果不喜欢这样的动态图，可以将封面设置为静态图，具体操作步骤如下。

步骤 1：首先打开抖音短视频 APP，点击右下角的“我”。

步骤 2：进入“编辑资料”界面，点击界面右上角的菜单图标。

步骤 3：在菜单中点击“设置”。

步骤 4：在“设置”界面中点击“通用设置”。

步骤 5：在“通用设置”界面的上方就能找到关于封面设置的选项，系统默认启用动态封面，只需将“动态封面”右侧的开关关闭就能关闭动态封面。关闭后，视频封面就是静态图了。

7.3.8 文案编辑

文案是吸引用户点击视频的直观部分，文案的好坏决定用户是否会点击视频。文案对抖音视频来说非常重要，事实证明，粉丝第一时间关注的是文案。因此，想要运营好一个抖音号，就必须要具备一定的文案创作能力。

提示文案要简明扼要地切中用户真实、急切的需求，也就是需要找准用户真正的“痛点”，这样的文案才会对用户有吸引力，刺激用户进一步了解内容。

那么，如何才能策划出好的抖音文案呢？

(1) 需要详细地了解所拍摄视频的各方面信息，并一一列出来，包括视频中展现的产品的尺寸、功能、价格、性能、优缺点、适用场景等。如果视频讲述的是一个故事，那么要思考这个故事想要表达的内容是什么、针对的人群是谁、寓意何在等。

(2) 根据这些信息，选取一个角度，将视频的信息转化成粉丝能接受而且能直击他们内心的文字。

(3) 可以参考已有的成功广告视频的文案，看看抖音上那些热门视频的文案，设计符合自己视频特点的文案。

如果对文案不满意，还可以修改文字、调整顺序等。

高转化率的文案编写技巧如下：

(1) 抓住用户痛点。文案一定要抓住用户的痛点，这样才有可能触动用户的内心，提高转化率。但是，怎样才能准确抓住用户的痛点呢？

了解用户的痛点不能凭空想象，抓住用户痛点的第一步就是要搞清楚自己的用户是谁，用户在哪儿，什么时间转化率更高，他们喜欢什么类型的视频，他们最想解决的问题是什么。他们为什么看这个视频。弄清楚这些问题其实不难，用心就好。

在视频不出彩的情况下，好的文案或许可以扭转乾坤；在视频出彩的情况下，好的文案能起到画龙点睛的作用。

(2) 营造场景。主播需要营造一个场景来让粉丝直观地了解视频想要表达的内容。例如，想要在视频中表现出一款香水，那么在文案中就需要营造出这款香水的使用场景，如约会、旅行、日常上班等场景，这样粉丝就能直观地了解这款香水的使用方法和使用场景，然后再对该视频是否值得观看进行判断。

(3) 细节描述。细节描述可以让短视频更具感染力，同时也会增加短视频的真实感，引导用户观看。

(4) 给粉丝带来价值。文案内容“开学穿这5款鞋同学都羡慕你!”很有引导性，这短短十几个字，就给粉丝带来了一种隐形的价值期待——如果鞋子漂亮，那么穿起来也更有自信。

7.3.9 音乐的选择

抖音是一个注重音乐的平台，用户可以通过这款软件选择音乐，拍摄音乐短视频，形成自己的作品。音乐的作用就是提升视频效果，让粉丝的情感、心理与视频内容融合在一起，感情得到升华。一个富有情感的视频一定会获得更多的转发和点赞。

在拍摄视频的过程中，要注意选择视频的背景音乐，音乐要与内容搭配。音乐选得好，视频播放量和完播率也会很好，原因是配乐好听，粉丝想听完再观看下一个视频。这样不仅可以提高视频的完播率，而且系统还会把视频推荐给更多的人看。

打开抖音“选择音乐”界面，会发现有搜索音乐的文本框，有推荐，也有热歌榜、飙升榜等。点击“歌单分类”后的“查看全部”，可以找到更多的分类，包括热歌榜、飙升榜、流行、新歌、SWAG、原创音乐、国风、激萌、配乐等，用户可根据自己拍摄的内容来选择。切忌只选择最流行的歌曲，而是要选择与拍摄内容协调的背景音乐，这样才会为视频增色加分。

在制作抖音短视频时，如果大家都选用别人的音乐，会很难突出自己的风格，这时可以创作自己的原声音乐，展现独一无二的特点。

下面介绍抖音原声的制作方法，具体操作步骤如下。

步骤 1：点击抖音首页下方的“+”，拍摄或上传手机中的视频，并且上传自己的原声歌曲。

步骤 2：点击右下角的“我”进入个人界面。打开刚刚上传的原声视频，点击右下角的音乐按钮。

步骤 3：进入创作的原声界面，点击“设置原声标题”。在“设置原声标题”界面设置好原声标题，就能等待别人来跟拍所创作的原声视频了。

7.3.10 特效：丰富特效打动人心

现在很多小视频都有精彩的特效，给用户带来丰富的视觉体验。在抖音上传或者拍摄视频时，可以选择抖音自带的特效。点击视频左下角的“特效”，可以看到有“滤镜”“道具”“分屏”“转场”“时间”等特效此处详细讲述除“道具”外其他几个特效的使用方法。

7.3.10.1 滤镜特效

滤镜特效有“花火”“灵魂出窍”“抖动”“幻觉”“迷离”“摇摆”“霓虹”等。把视频进度滑块移动到想要添加滤镜的部分，然后点击下方的滤镜特效。如果想同时添加多个滤镜特效，可在添加完第一个特效后继续按同样的方法添加其他滤镜特效。

在抖音里，随处可见小脸、长腿、萌萌的女生，她们大多有个共性，那就是脸很白、皮肤看起来很好。为什么呢？那是因为抖音的滤镜、美颜、瘦腿等功能很强大。

7.3.10.2 分屏特效

在抖音上经常可以看到模糊分屏、两屏、三屏、四屏、六屏、九屏等视频特效，拍摄得很有创意。该怎么操作呢？具体操作步骤如下。

步骤 1：打开抖音短视频 APP 首页，然后点击下方的“+”。

步骤 2：点击“拍摄”按钮开始拍摄。

步骤 3：视频拍摄完成以后点击“特效”。

步骤 4：点击底部的“分屏”特效。

步骤 5：选择需要的分屏特效，如“四屏”，长按“四屏”特效小圆圈，特效添加完成后点击“保存”即可。

7.3.10.3 时间特效

时间特效包括“时光倒流”“闪一下”“慢动作”3种特效。

“时光倒流”特效是以逆序方式呈现，给人一种时光倒流的感觉的特效。点击“时光倒流”特效（按钮为粉红色）后，可以看到视频下面的黄色进度滑块会从视频尾部开始滑动，滑向视频的开始拍摄位置，其效果是视频会被倒放。

“闪一下”特效会使视频经过设定的特效位置时闪动一下。点击“闪一下”特效（按钮为蓝色）后，视频底部出现两个滑块，一个是黄色视频进度滑块，另一个是可移动的滑块，通过拖动后者可以实现“闪一下”特效的位置设定，其效果是当进度滑块经过特效设定位置后，视频画面会在一瞬间闪动一下。

“慢动作”特效的作用是放慢动作，让粉丝可以更清晰地看到视频细节。点击“慢动作”特效（按钮为绿色）后，视频下面同样会出现两个和“闪一下”特效一样的滑块，移动滑块可以设置视频慢放的位置，设置完成后，其效果是当滑块经过此位置时，会慢放视频画面。

7.3.10.4 转场特效

场景与场景之间的过渡或转换，称为转场。抖音中的转场特效包括“横滑”“卷动”“横线”“竖线”“旋转”“圆环”等。

7.4 短视频的引流技巧及实操

7.4.1 打造爆款短视频

目前增加粉丝最好的方式就是打造爆款短视频，但是爆款短视频并不是那么容易制作的，也不是谁都能做出来的，怎样才能打造爆款短视频呢?

7.4.1.1 爆款选题遵循的原则

找好选题是打造爆款短视频的第一步。那么，如何才能找到一个好选题呢?一个视频选题好不好，要看其是否符合以下原则。

第一，选题受众足够广。运营抖音号，先要选择细分领域，确定好内容定位以及目标受众，目标受众的细化程度在一定程度上决定了视频产出的内容方向、运营策略。但是对爆款短视频来说，定位细分领域的同时也限制了视频的覆盖面，缺乏大众元素，很难成为爆款。

第二，选题角度能引起共鸣。共鸣越强烈，产生的传播效果越好。要让视频引起共鸣，如观念上的共鸣、遭遇上的共鸣、经历上的共鸣、身份上的共鸣等。如感人瞬间和正能量事件视频，就会引起不少人情感上的共鸣，他们自然而然地就会点赞，甚至关注加转发。

第三，选题节点足够巧。把握好热点的时间节奏与切入角度才能避免内容同质化。

7.4.1.2 打造爆款短视频的必备因素

大多数抖音号运营者，都希望自己的短视频能够成为爆款。但每天那么多短视频上传到抖音平台，只有少数的短视频才能真正成为爆款。打造爆款短视频的必备因素有哪些呢?

（1）稀缺感。稀缺感产生于供应少于需求的情况，例如饥饿、贫穷、时间紧迫都会使人产生稀缺感。有研究表明，在稀缺感的作用下，用户的注意力就会自动转向未得到满足的需求上。例如，用户有美容的需求，那么他就会关注美容类的视频；用户有健身的需求，那么他就会关注健身相关的视频。

视频标题含有“限量 100 台!”字样，体现了该款汽车的稀缺，如果观看到此条短视频的用户正好是汽车爱好者，他点击播放该视频的概率就会更大。

在打造爆款短视频前，首先要明确目标用户是谁，他们在哪方面的需求？这样短视频才能被推荐到目标用户那里。

（2）有价值。要让用户观看视频之后，觉得视频很有价值，得到了有用的信息，学到了有用的技巧，或者掌握了有价值的知识，如科普知识类视频、美食制作教程类视频、英语教程类视频、计算机教程类视频等都在视频中展现了自身的价值。

现在很多教育机构都入驻了抖音平台，像育儿类、英语类、阅读类、舞蹈类等教育机构，他们为用户提供了有价值的视频内容。做得比较好的“潘多拉英语 by 轻课”，目前拥有 380.3 万粉丝，点赞量超过 1047 万。

（3）开门见山。拍摄视频的时候可以在视频开头就明确地告知用户该视频的主题或主要内容，开门见山地抛出问题和利益点，直接抓住用户的好奇心。一般视频前 5 秒没有吸引力，看的人也就会没有耐心看下去了，更别提打造爆款短视频了。

（4）制造冲突。没有冲突就没有故事。角色身份的冲突、常识认知的冲突、剧情反转的冲突等都容易吸引人点击播放视频。2019 年一个叫沈巍的“流浪大师”火了，很多人喜欢跟他合影，之后发到抖音平台，得到成千上万的点赞。有关沈巍的视频之所以能成为爆款视频，是因为他倡导“垃圾分类”理念，而每天捡拾收集垃圾。他虽然蓬头垢面、满身油泥，但思想有深度，谈吐不凡。这种外表与内在的巨大冲突获得了 52.5 万的点赞。

（5）满足幻想。对爱情的幻想、对生活的憧憬……那些幻想无数次却不敢做的事情，抖音可以帮你实现。抖音的合拍功能就满足了用户想要和自己欣赏的人合拍视频的心愿。

(6) 视觉刺激。视觉刺激往往能勾起用户的好奇心，在拍摄抖音视频的时候可以通过美丽的风景、崭新的视角、惊心动魄的场景来勾起用户的好奇心，并且产生想看下去的欲望。

7.4.2 互动评论是增加粉丝的重要因素

抖音是一个人的舞台，评论则是所有人的舞台，一条精彩的评论可以弥补视频中不足的部分。抖音评论也是增加粉丝的重要因素，评论区可谓人才济济，有些评论点赞量比视频本身播放量还高，比视频本身的内容还精彩。

7.4.2.1 互动时的技巧

互动不是简单地回复粉丝的评论，也不是简单地和粉丝在评论区聊天，而是需要掌握一定的技巧。

(1) 表情、动作丰富。抖音上除了有短视频，还有直播，直播是一种互动方式，可以很好地维系粉丝和主播的关系。主播在直播中与粉丝互动时，表情、动作一定要丰富，如卖萌、比爱心等。这些细节可以让粉丝受到感官刺激，能感受到主播的积极与热情，更易加深粉丝与主播间的黏性。

主播在唱歌的时候如果还能跳舞那就更好了。如果你是粉丝，你喜欢看形式单一的唱歌表演还是喜欢又唱又跳的表演？所以，主播一定要动起来。

(2) 多说感谢的话。当粉丝对主播有所表示时，不管是送礼物还是言语的赞扬，主播都要一视同仁，向对方表示感谢，如“谢谢×××的大礼物”，让粉丝感受到主播的诚意与热情，并有意愿继续互动。

(3) 多积累“段子”。不管是直播时和粉丝互动，还是在评论区和粉丝互动，主播最好能保持一定的幽默感。但是许多主播自己本身不够外向，也没有幽默的潜质，那么对他们来说，怎么办呢？平时多积累“段子”，记在心里，利用“段子”与粉丝进行互动是一个很好的方式。

7.4.2.2 互动时需注意的问题

在互动时需要注意以下问题。

第一，多发起讨论和投票。这种类型的互动方式可以帮助主播多角度分析问题，能够多了解粉丝的想法，同时也能活跃气氛，增加粉丝的参与感，使粉丝更加喜欢主播。

第二，视频结束后问一个问题，很容易引起粉丝的兴趣，使粉丝参与讨论。

第三，做好监督工作。既然问了问题，那么就一定要负责任地查看粉丝的每一个评论，自己也要积极地参与讨论。

第四，保持互动时的情绪。有时候有些人可能会出言不逊，或者质疑主播，这种情况下主播不要生气，也不要鄙视对方，更不要随意删除别人的评论。

7.4.2.3 提高评论数量的技巧

评论是抖音互动、传播的利器，用好这个功能，主播可以和粉丝更好地进行互动，获得更多的人气。

相对于点赞来说，让用户进行评论是比较难的。如何提高评论的数量呢？

第一，在视频的结尾或者标题里抛出一个问题，更容易引起用户评论。这种方式会更容易激发用户的表达欲望，可以借鉴这种方式。

第二，巧妙地制造冲突，有争议就会有评论。

第三，注意评论语气，学会灵活变通。在评论中的语气要与自己在视频中的语气一致，避免让粉丝混淆。

第四，优先回复重点评论。主播面对大量评论时，首先挑选重点评论进行回复，可以优先回复有负面情绪的用户、提出建议的用户以及互动频繁的用户的评论等，然后再回复其他的评论，尽量做到有评论必回复。

随着用户数量的大幅增长，用户素质也是参差不齐，难免会产生一些不太恰当的内容。因此，控制短视频的质量和评论区言论也是需要重点关注的方面。优化举报和评论功能，让用户自发地维护平台内容，从而有效减轻平台压力。

7.4.2.4 提高点赞量

点赞代表用户喜欢这个短视频。点赞的好处有很多，首先，短视频点赞数量高，能吸引更多的用户点赞这个短视频或者转发这个短视频；其次点赞数量还是抖音算法推荐热门的数据之一。

如何才能获得更多的点赞呢？多关注别人，争取和别人互相关注，增加粉丝量，粉丝数量越多，点赞量自然而然也会越多。具体操作步骤如下。

步骤1：在抖音APP首页点击“我”，在“我”界面可看到作品，其中的作品就是上传的短视频或者其他内容，点击需要获得更多点赞的作品。

步骤2：点击某个作品开始播放，然后点击［插图］。

步骤3：其中可以看到“私信给”选项，直接点击已经关注的用户头像，在弹出的“私信给”界面中可以给好友留言，留言后点击“发送”即可。通过私信可以达到互粉点赞的效果，可帮助主播获得更多的点赞。

步骤4：在“私信给”下面可以看到“分享到”，利用“分享到”可实现转发视频或将视频分享到朋友圈、微信、QQ空间等其他平台，还可以获得点赞。

步骤5：可以多@好友。在发布抖音短视频的时候，可以@几个粉丝数量高的号，这样视频获得关注的可能性会增加，从而带动点赞数的增加。

7.4.3 “蹭”热点让你获得百万点击量

“蹭”热点的本质是借势营销，当热点事件发生时，很多运营者都会在极短的时间内从不同的角度去解读这个热点，从而快速将大量用户的关注度转移到自己的短视频上来。

（1）什么是热点。热点是指广受大众关注、欢迎的事件或信息。一般可以将它分为以下两类。

1）常规性热点。众人皆知的国家法定节假日、大型体育活动等，比如劳动节、中秋节、元旦、春节、奥运会等，常规性热点具有以下特点：①备受大众关注。②持续时间相对固定。③可以提前预见、提前筹备。

2）突发性热点。突发性热点主要是指突然发生的、不可预见的社会事件。对于突发性热点，抢的就是时间，争的就是速度。所以，运营者在“蹭”突发性热点时，记得把时效性放在第一位，这类热点留给运营者反应和准备的时间极短，运营者必须具备敏锐的反应能力。

（2）从哪里找热点。运营者想要“蹭”热点，首先要快速、准确地获取热点信息。从哪里寻找热点呢？具体有以下方式。

1）抖音热搜榜。在抖音 APP 的搜索框下，有一个“抖音热搜”，这个内容是官方推荐的。点击“查看热搜榜”，即可看到抖音热搜榜。

2）抖音“人气榜单”。抖音“人气榜单”，有“明星爱 DOU 榜”“DOU 听音乐榜”“品牌热 DOU 榜”等，这些榜单内容分别代表了用户积极参与评论的内容、用户喜欢观看的视频以及非官方的热门话题。

3）今日最热视频。在抖音 APP 中还可以看到“今日最热视频”排行。经常看一看这些榜单有助于了解当前热门视频。

4）百度指数。如果你没有如何粉丝，那么最简单的方式就是通过热点事件来“蹭”粉丝。比如 2019 年 3 月，一个“流浪大师”沈巍就在抖音上“刷屏”了，相信大家都知道这个人了。他不仅在抖音上火爆得一塌糊涂，在百度指数中搜索“沈巍”，还可以看到他在热度最高的时候搜索指数上升到了 8 万多。当打开抖音 APP 搜索“沈巍”时，出现了很多相关视频和抖音号，很多抖音号的粉丝数量还都不低。

5）百度搜索风云榜。百度搜索风云榜是以数亿网民的搜索行为作为数据基础，建立权威的关键词排行榜与分类热点排行。

（3）“蹭”热点的关键点。只要热点和运营的抖音号有关联，就可以去“蹭”热点。如何“蹭”热点呢？

1）要从热点本身出发。每一个热点出来之后，往往都会快速吸引大量跟风者。这时，需要从热点本身出发，科学地去“蹭”这些热点。要知道哪些是热点，哪些可以“蹭”，哪些不可以“蹭”。对于负面的、过时的话题应极力避免。

2）速度要快。热点往往都是短暂的，一段时间之后就会消减，新的热点就会代替前面的热点，所以一定要第一时间抓住热点，快速推出自己的视频。

3）学会借势。例如世界杯时，在发布视频的时候加入“世界杯”的热点信息，如在文案中加入带有与“世界杯”相关的字眼，从而吸引粉丝的关注。

4）对比衬托出独特卖点。要选择合适的对比形式，不可通过打击对方来突出自己，这样只会显得无知，还会导致一部分粉丝的流失。

7.4.4 参加挑战活动，利用官方做推广

抖音主播想要提高活动知名度和曝光率，想要让自己的抖音短视频获得更大力度的推广，还需要参加抖音平台的一些挑战活动。

(1) 发起抖音挑战赛，直接提高曝光率。想要更好地推广自己的抖音短视频，可直接在抖音中发起挑战赛。挑战赛参加人数够多，那么直接曝光的就是抖音号，这会带来不可估量的粉丝和流量。

下面是在抖音中发起挑战赛的流程。

步骤1：打开抖音 APP，点击右上角的“查找”。

步骤2：打开活动的界面，在顶部的搜索框中输入“挑战赛”，点击“#发光撩发挑战赛”链接。

步骤3：打开活动的详情界面，点击底部的“参与”。

步骤4：录制视频发起挑战。

(2) 关注抖音小助手，及时发现火热挑战赛。在抖音平台中，可以关注“抖音小助手”，“抖音小助手”会在平台上定期推送最火热的挑战赛。这些挑战赛通常情况下都有大量用户观看和参与。因此，参与热度高的挑战赛，适时发布优质视频参与挑战，就有可能获得点击率，赢得曝光率。当然，不能每一个挑战赛都参与，所以一定要选择适合自己的挑战赛。这需要我们细心观看挑战赛的内容，观看抖音示范短视频，观看那些短视频获赞几百万的参与者的做法。同时，要在参与挑战赛时，写好参与文案。最后，要通过数据分析、定位理论等方式找到最合适的挑战赛，然后制作出优质的视频并上传，这样可以提高推广的精准度。

8　直播营销运营实操

8.1　直播营销的兴起与发展趋势

8.1.1　直播的概述

2016年，互联网行业不得不提的一个现象就是各种直播平台的兴起。各大商业“巨头”都相继推出直播平台，例如，陌陌（基于地理位置的移动社交工具）将直播模块提上了首页，可见其对直播的重视程度。

8.1.1.1　新的信息传递媒介

直播是一种新的信息传递媒介。顾名思义，直播是一种新的内容生产方式。直播平台更是内容聚合的一个平台，播报这个世界当前正在发生的事情，属于用户原创内容（User Generated Content，UGC）的平台，即直播平台是以普通用户自发生产内容为基础，并由此引发的人与价值内容的关联、人与人的关联、人与商业的关联，最终为UGC供应商产生商业价值的互联网商业形态。

过去的传统媒介是什么？是平面的报纸、杂志，还是视频、电视广播，或者是移动智能手机及各大社交平台？相比以上各种传统传播媒介，直播能够更加直接地与用户接触。

直播传递出的是更加鲜活、能够让用户参与互动的信息。例如，2016年7月8日上映的科幻动画影片《大鱼海棠》。作为一部电影，宣传是必备的环节。在过去，电影的信息传播，依靠的是电视广告、预告片、微博话题、微信朋友圈刷屏等方式。直播出现后，丰富了宣传营销方式。

例如，《大鱼海棠》刚上映时，其主题曲已经成为流行曲目。在微博中，与《大鱼海棠》主题曲有关的话题引起广泛关注。在美拍直播中，仅一个#大鱼海棠主题曲#的活动就有300多万人关注并参与。这不是一般地介绍这个电影主题曲的信息，而是希望用户参与翻唱这个主题曲的直播活动。

大量的美拍用户纷纷在直播中翻唱这首歌。一时间，《大鱼海棠》的主题曲红遍美拍。

这样的信息传递方式，丰富了往日的信息传播方式，为这部电影提升了关注度。随着主题曲的火爆，电影的票房也节节攀升。

8.1.1.2 实时互动的社交方式

继草根时代、人人都是自媒体的浪潮后，直播社交正成为时下最火的社交概念之一。微博、微信等社交平台的互动模式从过去的晒文字到晒图片、再从晒语音到晒视频，都有共同点，即延时、间接的互动。

这样的互动越来越难满足用户的需求，而视频直播平台恰恰能两全其美。视频直播平台中，用户与主播、用户与用户之间的交流实时化、扁平化、平等化、社交化，短时间内就能拉近人与人之间的距离。

例如，曾经有一段时间，电视选秀比赛是很多人实现明星梦的捷径。而现在，只要你坐在电脑或者手机前打开摄像头，进行一场直播就可以达到几乎相同的效果。相比从前，视频直播成名的概率更大，参与的门槛也更低，而且背后带来的经济效益更直接。在直播平台上，基于其门槛低的特性，许许多多的普通人，摇身一变成为主播，一夜成名，拥有众多粉丝。

在视频社交风靡的当下，微博、微信等以文字、图片为信息，载体的社交平台的传播效用被弱化。随着国内流量资费下降、网速提高，视频直播变得越来越容易实现。视频直播平台的兴起、普及，让视频像文字、图片一样，随时生产，随处可见。这时，视频直播平台已经不单单只是负载娱乐，而是演变成为社交的信息载体。

在直播过程中，用户和主播可以实时交互。通过弹幕，主播可以当场回答用户的问题。这样的互动、社交是用户需求的，也是符合当前形势的。

8.1.1.3 全新的娱乐营销方式

直播不仅是一种实时互动社交的模式，更是一种全新的娱乐营销方式。不仅个人可以通过直播来娱乐、推广自己，成为明星、红人，而且其对于企业而言，更是一种全新的娱乐营销方式，可以以此来个性化推销自己的产品。

如今，人们的消费方式已经由刚需转变为更多的软性需求，尤其是娱乐消费。面对这种娱乐消费状况，企业也必须塑造出一种适合自身的娱乐营销方式，而直播就是一种非常高效的娱乐营销方式。

例如，魅族就瞄准直播的先机，打造了全新真人秀直播节目《良品青年相对论》，联合熊猫 TV（弹幕式视频直播网站）、斗鱼 TV（弹幕式直播分享网站）、哔哩哔哩（bilibili，为潮流文化社区，又称“B 站”）等热门直播平台，将科技、互联网、娱乐、电影、艺术等各个领域最新、最潮的内容融合起来，产生了奇妙的化学反应，为魅族的目标用户群“良品青年”打造了一道有营养、有看点的娱乐文化大餐，引发全网热议。

针对当前的各大热门话题、事件，魅族邀请了一些知名人士参加直播。比如，2016 年 6 月的欧洲杯期间，魅族就邀请了北半球“球王”王涛、“啦啦队女神”朱晓雯等参与#良品青年相对论#的话题，针对欧洲杯进行别开生面的娱乐营销直播，吸引了大量在线用户的关注，

事实证明，这种“娱乐+直播”的营销组合方式正是未来企业所需要的，也会越来越被用户接受。

8.1.2 媒介已进入“直播时代”

网络直播，顾名思义，是指在事件发生的过程中，同步进行录制和发布，是一种具有双向流通过程的网络发布形式。与文字、图片、语音相比，直播难以修饰，难以伪造，用户体验更加真实。

随着移动互联网的高速发展和 4G（第四代移动通信技术，the 4th Generation mobile communication technology）网络的普及，参与感与代入感极强的直播正在更新人们对社交和媒体定义的体验。2016 年作为直播元年，媒介也已经走入“直播时代”。

8.1.2.1 直播打破了媒体之间的界限

2016 年 6 月 15 日，花椒直播“融”平台战略发布会在北京举行。花椒直播的总裁吴云松在会上表示：“作为一个定位强明星属性的平台，花椒直播已经积累了大量优质的用户和内容，并逐渐成为一个优质的媒体平台。接下来花椒将致力于打造‘融’平台，与合作伙伴共同打造一个开放、健康的直播生态圈。”

对媒介来说，“融”平台是指它打破了媒体与媒体间的界限，具备“融合性”，其不仅局限于个人用户，企业用户同样可以通过直播平台生产出更多优质的内容，推出更多新的营销方法。

企业利用传统媒介来营销，使得用户往往只能通过文字、图片、视频等扁平化的素材去感受和想象产品特性。而直播则是通过更立体、真实的优质内容、多样的直播形式以及更好的直播技术等来体现。通过直播，企业可以提供更加真实、立体的信息，用户可以获得更优质的体验，安全感与参与感大大提升。

无论怎样，直播让媒体之间无边界。企业也好、个人也罢，可以更低门槛地直播，将企业的产品、服务巧妙加入到直播内容中，再融合营销，使得用户在观看直播中接受企业的产品和服务。

8.1.2.2 直播内容更加优质

为什么直播会这么火？为什么直播这么受欢迎？大家都爱看直播？原因不仅仅是互动，更因为直播的内容会更加优质。过去人们在传统媒介中，虽然也是隔着屏幕，但是无法更加全面、立体地看到商品，也无法与主播聊天。

例如，一个主播如果在直播中兜售自己的东西，必须要全面诠释这个产品，甚至要亲自试穿、试用。当然，用户在直播中，还可以通过弹幕提出更多的要求，主播必须满足用户的需求，否则用户不会关注。

如此一来，主播在直播中不得不以用户需求为先来展现产品，这样的直播内容一定更加精彩，更加优质。

对用户而言，之所以愿意看直播，原因是直播播放的是跟随用户意愿的视频。用户愿意看明星、红人按自己要求来做直播。用户还可以通过送“花”、点赞、送“火炬”等方式来选择给自己喜欢的主播送礼物。在这样真实的场景中，用户感受到了直播的魅力。

8.1.2.3 媒介进入直播交易时代

在直播中，除了内容优质之外，媒介的作用还可以直接在直播中进行，比如在直播中直接交易。

商家可以将自己的淘宝店或者产品购买方式嵌接在直播号中，用户如果在直播中对产品有所需求，就可以直接产生交易。

尽管有些直播还没有做到这种功能，但直播发展越来越快的时代，这是必然的要求，也是直播的又一大魅力所在。

抢跑时期，为增强黏性、培养用户习惯，移动直播各大平台也更展现出泛娱乐性质。随着 5G（第五代移动通信技术，5th－Generation Mobile communication technology）网络的普及和用户观看直播视频习惯的养成，移动直播在其他领域还有更大的发展空间，比如在线教育、活动直播、电商导购等，从而在多领域深层次发挥价值。未来，传统媒介进入直播，全民进入直播都指日可待。

8.2 直播营销活动的策划

8.2.1 直播营销前期

8.2.1.1 直播营销方案的准备

完整的思路设计是直播营销的灵魂，但是仅依靠思路无法有效地实现营销目的，企业必须将抽象的思路具象化，以方案的形式进行呈现。

直播方案的作用是传达。作为传达的过渡或桥梁，直播方案需要将抽象概述的思路转换成明确传达的文字，使所有参与人员尤其是直播相关项目的负责人既了解整体思路，又明确落地方法及步骤。

完整的直播方案需要包括直播目的、直播简述、人员分工、时间节点、预算控制五大要素。

8.2.1.2 直播方案的执行规划

直播方案需要让所有参与直播的人员知晓，而直播方案的执行规划具有更强的针对性，需要参与者烂熟于心。直播方案的执行规划一般由项目操盘规划、项目跟进规划、直播宣传规划组成。

项目操盘规划主要用来保障项目推进的完整性，主要以项目操盘规划表的形式出现。项目操盘规划在方案的整体推进上进行了大致安排，而项目跟进规划则在方案执行的细节上进行细化，明确在每个阶段的具体工作是什么、完成时间是什么、负责人是谁等。

项目跟进表的制定并非完全固定，在不改变制作项目跟进表目的的基础上，可根据具体需求进行表格调整，以满足项目跟进的需求。

虽然直播前期有必要对直播项目进行大力宣传，不过需要强调的是，宣传必须有针对性。企业营销直播与个人直播不同，追求的不是简单的在线人数，而是在线的目标用户数。直播前需要设计有效的直播宣传，达到企业营销的目的。

8.2.1.3 宣传与引流的方法

设计直播宣传，企业要将研究用户经常活动的平台作为第一步。常见的引流渠道或方法包括硬广、软广、视频、直播、问答、线下等。

硬广即硬广告。与硬广相比，软广则突出一个软字，营销于无形。企业可以在传统的问答网站，包括百度知道、搜狗问问等平台回答网友问题，同时为自身做宣传。如果企业有线下的渠道，可以借助线下渠道，以海报、宣传单等形式宣传直播内容，引导线下消费者关注直播。

8.2.1.4 硬件筹备的三大模块

为了确保直播的顺利进行，首先需要对硬件部分进行筹备。直播前期的硬件筹备主要由场地、道具、设备三大模块组成。

直播活动的场地分为户外场地和室内场地。

直播道具由展示产品、周边产品及宣传物料三部分组成。

直播设备是确保直播清晰、稳定进行的前提。在直播筹备阶段，相关人员需要对手机、电源、摄像头等设备进行反复调试，以达到最优状态。

目前直播的主流设备是手机，直播方在手机端安装直播软件，通过手机摄像头即可进行直播。当使用手机进行直播时，需至少准备两台手机，并且在两台手机上同时登录直播账号，以备不时之需，同时还需要借助直播辅助设备进行优化，如电源、无线网络、支架、补光灯、提词器（包括主播手卡和白板）、相机等。

8.2.2 直播营销过程

8.2.2.1 直播活动的开场技巧

(1) 直播开场设计的五大要素。直播的开场是给观众留下的第一印象，其重要性不言而喻。观众进入直播间后，会在短时间内决定是否要离开，因此，一个好的开场会让你的工作事半功倍。直播活动的开场设计需要从以下 5 个层面考虑：第一，引发观众兴趣；第二，促进观众推荐；第三，代入直播场景；第四，渗透营销目的；第五，平台资源支持。各大直播平台通常会配备运营人员，对资源位置进行监控与设置。资源位置包括首页轮转图、看点推荐、新人主播等。

(2) 直播活动的开场形式。

1) 直白介绍。可以在直播开场时直接告诉观众直播的相关信息，包括主持人自我介绍、主办公司介绍、直播话题介绍、直播大约时长、本次直播流程等。一些吸引人的环节，如抽奖、彩蛋、发红包等，也可以在开场中提前介绍，以促进观众留存。

2) 提出问题。开场提问是在一开始就制造参与感的好方法，一方面，开场提问可以引导观众思考与直播相关的问题；另一方面，开场提问也可以让主持人更快地了解本次观众的基本情况，如观众所在地区、爱好、对于本次直播的期待等，便于在后续直播中随机应变。

3) 抛出数据。数据是具有说服力的，直播主持人可以将本次直播要素中的关键数据提前提炼出来，在开场时直接展示给观众，用数据说话。在专业性较强的直播活动中，更是可以充分利用数据开场，第一时间令观众信服。

4) 故事开场。人们从小就爱听故事，直播间的观众也不例外，相对于比较枯燥的介绍、分析，故事更容易让不同年龄段、不同教育层次的观众产生浓厚的兴趣。通过一个开场故事，带着听众进入直播所需的场景，能更好地开展接下来的环节。

5) 道具开场。主持人可以根据直播的主题和内容，借助道具来辅助开场，开场道具包括企业产品、团队吉祥物、热门卡通人物、旗帜与标语、场景工具等。

6) 借助热点。参与直播的观众普遍对互联网上的热门事件和热门词汇有所了解，因此在直播开场时，主持人可以借助热点，拉近与观众之间的心理距离。

8.2.2.2 直播互动的常见玩法

直播活动中的互动由发起方和奖励两个要素组成。其中，发起方决定了互动的参与形式与玩法，奖励则直接影响互动的效果。横轴为发起轴，纵轴是奖励轴，由发起轴与奖励轴分格出的 4 个象限，分别包含了直播互动的五种常见玩法。

（1）弹幕互动。弹幕即大量以字幕弹出形式显示的评论，这些评论在屏幕上飘过，所有参与直播的观众都可以看到。传统的弹幕主要出现在游戏直播、户外直播等纯互联网直播中，现在电视节目、体育比赛、文艺演出等进行互联网直播时均可进行弹幕互动。

（2）剧情参与。这类互动多见于户外直播，主播可以邀请网友一起参与策划直播下一步的进展方式，增强观众的参与感。邀请观众参与剧情发展，一方面可以使观众充分发挥创意，令直播更有趣；另一方面可以让被采纳建议者获得足够的荣誉感。

（3）直播红包。直播间的观众可以给主播或主办方赠送虚拟礼物，表示对其的认可与喜爱，但此类赠予只是单向互动，其余观众无法参与。为了聚集人气，主播可以利用第三方平台进行红包发放或等价礼品发放，与更多的观众进行互动。

（4）发起任务。直播中可以发起的任务包括建群快闪、占领留言区、晒出同步动作等。

（5）礼物打赏。在直播中，出于对主播的喜爱，观众会进行礼物赠送或打赏，同时为维护企业形象，主播应在第一时间读出对方的昵称并予以感谢。

8.2.2.3　直播收尾的核心思路

（1）销售转化。将流量引导至销售平台，从收尾表现上看即引导进入官方网址或网店，促进购买与转化。通常留在直播间直到结束的观众，对直播内容都比较感兴趣，对于这部分网友，主播可以充当售前顾问的角色，在结尾时引导观众购买商品。

不过需要注意的是，销售转化要有利他性，能够帮观众省钱或帮观众抢到供不应求的商品，否则，在直播结尾时植入太过生硬的广告，只会引来观众的反感。

（2）引导关注。将流量引导至自媒体平台，从收尾表现上看即引导观众关注自媒体账号。在直播结束时，主播可将企业的自媒体账号及关注方式告诉观众，以便直播后继续向观众传达企业信息。

（3）邀请报名。将流量引导至粉丝平台，从收尾表现上看即告知粉丝平台加入方式，邀请报名。在同一场直播中积极互动的观众，通常比其他观众更同频，更容易与主播或主办单位玩起来，也更容易参与后续的直播。主播可以在直播收尾时将这类观众邀请入群，结束后通过运营该群，逐渐将直播观众转化为忠实粉丝。

8.2.2.4 直播重点与注意事项

(1) 反复强调营销重点。因为网络直播随时会有新人进入，主播需要在直播中反复强调营销重点。

(2) 减少自娱自乐，增加互动。直播不是单向沟通，观众会通过弹幕把自己的感受发出来，且希望主播予以回应。一个只顾自己侃侃而谈而不与观众进行即时互动的主播，通常不会太受观众欢迎。

刚接触直播的新人往往会过于关注计划好的直播安排，担心直播没有按照既定流程推进，从而生硬地结束一个话题进入新话题。实际上，几乎没有百分之百按照规定完成的直播活动，任何直播都需要在既定计划的基础上随机应变。

(3) 注意节奏，防止被打扰。直播进行中，网友的弹幕是不可控的，部分观众对主播的指责和批评也无法避免。如果主播过于关注负面评价，就会影响整体的直播状态。在直播进行中，主播需要有选择地与网友互动。对于表扬或点赞，主播可以积极回应；对于善意的建议，主播可以酌情采纳；对于正面的批评，主播可以幽默化解或坦荡认错；对于恶意谩骂，主播可以不予理睬。在直播活动中，全场的掌控者是主播，因此主播必须注意直播节奏，避免被弹幕影响，特别需要避免与部分观众现场争执而拖延直播进度。

8.2.3 直播营销后期

(1) 做好直播活动总结。直播结束后要及时跟进活动的订单处理、奖品发放等，确保用户的消费体验，特别是在发货环节，一定要及时跟进，及时公布中奖名单，并与中奖用户取得联系。

(2) 做好粉丝维护。在直播过程中，会添加到各类粉丝，直播结束后做好粉丝的维护是很关键的，可以跟粉丝沟通交流，调研粉丝对此次活动的评价，便于后期的优化和提升，同时对直播观看、销量、活动效果、中奖名单等进行宣传，并对直播视频进行剪辑，包装到推文中。

8.3 直播营销的技巧

8.3.1 视觉营销

直播中画面的流动性一般不大，人物形象也相对固定，而过于单调的画面容易让观众产生厌倦感从而离开直播间。我们要让直播的画面充满生机，给观众的视觉造成强劲攻势，实现与观众的沟通，以此向观众传达商品信息、服务理念和品牌文化，实现良好的直播营销效果。

通常，视觉效果可以从光线、角度、镜头的稳定性和主播这几个方面入手。

（1）光线。光线的变化会引起人们不同的视觉感受，带给人们不同的心理感受。要在直播中打造出画面的视觉效果，就应该重视光线的运用，好的光线布局对视频呈现的效果起着至关重要的作用。

一般来讲，在光线好的时候，利用自然光直接进行拍摄就可以，这样拍出来的视频更接近实物本身，也更加自然。如果在光线不好的室内或较暗的环境中拍摄，可以手动打光或用反光板来对光线进行调节。当然，在这种环境下也可以利用灯光营造氛围来激发人们相应的心理状态。一般直播中，无论色温是冷是暖，通常都采用较为明亮的光线。

（2）角度。画面的展示角度是一个不得不关注的因素，它既能在直播中带给观众新奇而使大家印象深刻，也能毁掉一个画面。因此，应找好角度，把握好的一面，将其展示在观众面前。角度的运用常有拍摄高度、拍摄方向、拍摄距离三个方面，拍摄高度和方向不同，能产生不同的画面效果，拍摄距离的远近则决定了画面的主次。直播中不能一直让观众看着主播的脸，镜头的转换才能有效减少观众的视觉疲劳，最简单的做法就是通过调整拍摄距离的远近来放大和缩小画面，以引起观众的兴趣。全景、近景及特写等不同的景别可以让整个画面场景鲜活生动，从而让画面牢牢吸引观众。

（3）镜头的稳定性。镜头的移动变换是直播中不可避免的，但移动变换过程中也要保持画面的稳定性。除了在直播中握稳直播设备外，还需注意始终保持画面的基本线条“横平竖直”，当镜头移动变换时，也要尽量缓慢移动且要保持水平移动。如果是户外直播，未知因素会更多，不知道会发生什么事，会带来怎样的影响，因为户外直播难免要四处走动，一般需要拍摄稳定器来保证画面的稳定和美感。

（4）主播。策划、编辑、录制、制作、观众互动等一系列工作大多由主播负责参与，并由主播本人担当主持工作，这需要主播具有很强的综合能力。一个优秀的主播要面对线上几万、几十万甚至上百万的观众，并且在与观众的实时交流互动中传递企业文化、宣传企业品牌、推广产品。主播作为一次直播活动的核心，他给观众的第一印象会决定观众的去留。第一印象不单指人的外表，它是在最初交往过程中融合了表情、姿态、身体、仪表或服装等方面而产生的综合印象。一个合格的主播不仅需要穿着得体、行为得当，还应有较强的综合素质和临场应变能力，为主办方打造一个良好的形象。

此外，视觉效果的提升自然也离不开听觉，语言作为人们思想交流的媒介，把握分寸、恰到好处的语言更能为企业的宣传推广打下良好的基础。当然，一个有营销效果的直播还离不开优质的内容。

8.3.2　内容营销

今天的直播早已不是靠单纯的娱乐就能取胜的，真正要做的是用优质的内容打动观众，为企业扩大品牌曝光度，实现产品销量的增长。企业利用直播进行内容营销，有以下三个重点方向需要引起足够关注。

8.3.2.1 专业生产内容（Professionally Generated，Content，PGC）

PGC 指的是专业生产内容，具有内容个性化、视角多元化、传播民主化、社会关系虚拟化等特点。目前，大多数企业的直播营销的销售转化都依赖于 PGC。在直播营销领域，PGC 的重点在于“P”，即专业，用“P”去聚集话题性人物，包括明星、名人、“网红”。

例如，2016 戛纳电影节的主赞助商巴黎欧莱雅“零时差追戛纳”的系列直播中，既没有什么话术策划，仅是主持人和明星的日常轻松对话；也没有专业的灯光布景、摄影师跟拍，仅是通过手机完成拍摄。只因为明星重复提及欧莱雅的系列产品，主持人也顺势呼吁粉丝在天猫搜索“我爱欧莱雅”即可购买明星同款产品，与官网互动配合进行促销。各明星凭借其强大的影响力和现场推荐，在直播中成功植入品牌和产品。

从中可以看出直播营销中 PGC 的重要作用，只有将人物和内容完美结合，才能获得品牌预期的曝光量和销售转化量。

8.3.2.2 品牌生产内容（Brand Generated Content，BGC）

直播营销和视频营销、微信营销没有什么本质区别，它也不过是企业营销中的一种新型工具，对工具的运用其实没有多大难处，真正能拉开差距的依然是创意。如果企业在直播中关注外在表现形式而忽略直播内涵的打造，那就绝不可能实现预期的营销效果。直播营销的 BGC，重点在于传播企业的品牌文化。单纯的产品营销已不能满足消费者的需求，而 BGC 正好展现了企业品牌的价值观、文化、内涵等。

例如，阿迪达斯 Originals 的跨界涂鸦艺术直播。Adidas Originals 作为阿迪达斯的经典系列，成立于 1972 年，一直以来都在保持经典的同时不停创新，兼具复古内涵与时尚活力。为配合 Adidas Originals ZX Flux 新款发布，Adidas Originals 在上海旗舰店举行了“Flux it！创作直播”。这场直播邀请了多媒体艺术家，基于 ZX Flux 造型现场绘画，并根据网友弹幕，实时变幻鞋面色彩、图案等创作元素，为网友呈现了一场充满无限可能性的跨界涂鸦艺术形式。

8.3.2.3 用户生产内容（User Generated Content，UGC）

用户参与度是直播最核心的要素。如果直播中忽视了 UGC，那么它仅仅是主持人的自娱自乐。智能手机的普及、移动互联网的盛行，使直播成本骤减，让“直播”炙手可热。在“移动+互动”模式的完美结合下，看到直播的内容边界被无限延伸和拓展。那么，如何让这种“无边界内容”成为一场网友可参与的内容就成了企业直播营销中的关键。

很多人对直播营销里的UGC认识并不全面，认为UGC仅指直播营销里网友的弹幕评论。这种理解未免有失偏颇，举个例子，一部成功的小品离不开好的导演、演员和剧本，那么UGC就类似于小品的导演，而PGC和BGC则是演员和剧本，导演所起的作用是引导演员将好的剧本呈现出来，排练过程中，导演必须时刻和演员互动，甚至还需根据现场情况改编剧本，但最终目的是让这部小品得到观众的喜爱。

直播营销的UGC除了要和PGC/BGC互动外，还要改变PGC/BGC，这种改变的最终目的是让PGC/BGC更有趣、丰富，具有猎奇性（不知下一秒会发生什么?）、可参与性（情绪感染：吸引更多网友参与）、社交性（志同道合的网友形成社群）。只有这样，观众才会心甘情愿地守在直播前，并全程参与。

总之，企业在进行一场直播营销时要考虑的内容如下。

PGC：怎么让企业直播的内容更有脉冲式的眼球效应，获得更多的流量，并实现流量变现。

BGC：企业想直播什么内容，即直播营销的内容主题、调性、诉说的品牌价值等。

UGC：怎么打造直播营销的终极内容形态——参与式内容，怎么让网友沉浸在直播内容中并自发进行互动。

这三者是融会贯通、互相影响的。

8.3.3　体验营销

随着人们生活水平的提高，人们的消费需求也从实用层次转向体验层次。体验营销能带给用户充分的想象空间，最大限度地提升了用户参与和分享的兴趣，提高了用户对企业品牌的认同，增强用户购买产品的欲望。然而，如果直播内容千篇一律，差异化、价值输出存在不足，则会致使用户体验效果大打折扣。利用直播进行体验营销，我们应从观众的感官、交互、信任等方向入手提升体验感。

8.3.3.1　感官体验

感官体验是让用户通过视觉、听觉、触觉、味觉与嗅觉等知觉器官来实现对品牌的感性认知。利用互联网传递信息，先后经历了文字、图片、视频，再到今天的直播，这为用户带来了感官升级，使用户对品牌产生感性认知，达到激发用户兴趣的目的。直播中可以通过从区分公司和产品的识别、引发消费者购买动机和增加产品的附加价值等方面入手，提升用户在直播中对企业的认知。

例如，吉利博瑞拆车24小时直播完成实车拆解、同级合资车型同步拆解对比、现场评论等线下活动，并通过多平台进行24小时无保留实时直播，受到众多用户的好评，效果远超预期。直播带来的感官升级能让用户更真实地感受产品、更立体地感受品牌，使企业能更直接地与用户互动，产生全新的营销场景，扩大企业品牌认知，实现产品销量增长。

8.3.3.2 交互体验

交互体验就是网上互动。交互是网络的重要特点，它能够促进用户与企业之间的双向传播，和前面提到的UGC有异曲同工之意。因此，交互式体验应作为直播体验营销的核心。直播营销中，企业应尽可能使用户最大限度地参与到直播过程中，在互动中为用户制造快乐和开心、提升用户的体验，以达到企业的营销目标。

8.3.3.3 信任体验

信任体验即借助直播形成用户对于企业及品牌的信任程度。我们经常通过明星、意见领袖来激发用户，使其生活形态予以改变，从而实现产品的销售。激烈的市场竞争使行业内提供的商品和服务越来越趋同，这种趋同抹杀了商品和服务给人们带来的个性，因此，独特的感受和对品牌及产品的信任才显得格外珍贵。

品牌不是企业生产制造出来的，也不是传播推广出来的，而是由用户体验出来、感受出来的。为此，企业一定要以用户为中心，精心设计、策划、执行每一个直播环节，为用户创造难以忘怀的记忆和感受，提升用户体验效果，进一步推广企业品牌，扩大产品销售。

8.3.4 搭配社群营销

如果仅在网站或海报上提前预告直播时间及房间号，转化率太低，为了实现传播量的最大化，可以建立一个社群，把所有感兴趣的用户拉到这个群，前期进行情绪铺垫、气氛渲染，加上社群成员的配合，直播开始时的关注度就会很高。

社群为直播提高转化率，直播为社群提升活跃度。一个高人气的社群绝对离不开精彩的内容，而直播就是非常好的内容资源。相对于普通的图片和文字输出，直播传递的信息量更大、形式更新颖，并且直播更具即时性，能使社群更活跃。社群营销已经成为企业重要的直播营销手段。

9　农产品电商运营实操

9.1　数字乡村与乡村振兴战略下的农村电商发展概况

9.1.1　新形势下的电子商务发展

涉及农产品网络营销环境分析的因素有：技术因素、市场因素、法律因素等。

营销环境分析多采用 SWOT（Strengths、Weaknesses、Opportunities、Threats）分析，对公司内部的优势和劣势，以及公司外部存在的机遇和威胁进行系统分析，从而帮助企业明确新产品开发或目标市场的机会及面临的挑战。

例如，一个学生团队策划了一个名为紫薯米的项目（表 2-1），此项目以求安全、优质、营养为宗旨，为消费者提供高品质的绿色农产品。在产品包装上，通过不同风格设计，打造适用于作为儿童零食、旅行便携以及作为礼物赠与亲友等多种用途，从而使客户在商品交易中获得满足和乐趣，提升用户体验。

总结起来，可以从如下几个方面进行形势分析：

（1）审视企业的内外部环境，进行 SWOT 分析；

（2）审视企业关于公司品牌信息及电子商务目标、战略。

9.1.2　网络营销战略规划

在对企业农产品销售的形势和环境进行分析，并审视企业产品相关品牌信息及营销情况后，企业相关人员就要展开战略规划的制定了。当然，制定网络营销战略规划应全面考虑企业的目标、技术水平及不断变化的市场机遇等因素，实现企业外部环境和内部环境、企业内部实力和企业目标三者的动态平衡。

网络营销战略的制定要经历 3 个阶段：首先确定目标，是否可以促使市场增长，改进实施策略的效率来增加市场收入，同时分析是否能通过改进营销策略和措施，降低营销成本。其次是分析计算网络营销的成本和收益，须注意的是计算收益要考虑战略性需要和未来收益。最后是综合评价网络营销战略，主要考虑的有以下 3 个方面：成本效益问题，成本应小于预期收益；能带来多大新的市场机会；考虑公司的组织、文化和管理能否适应采取网络营销战略后的改变。

网络营销不是一种简单的新营销方法，它是通过采取新技术来改造和改进目前的营销渠道和方法，设立组织、管理的各个方面。如果不进行有效的规划和执行，则战略不能体现出其竞争优势，反而只会增加企业的营销成本和管理的复杂性。战略规划可分为如下几个方面：

(1) 目标规划。确定使用该战略的同时，识别与之相关的营销渠道和组织(如农产品供应商)，提出改进目标和方法。

(2) 技术规划。农产品的生产离不开严格和强大的技术支持，因此，应统筹安排生产装备及人员培训等方面。

(3) 组织规划。广泛听取各部门的意见，企业组织根据营销情况适时地调整，以配合战略的实施。

(4) 管理规划。组织的变化必然要求管理的变化，与网络营销的需要相适应。

如图 9-1 所示为网络营销 ESP 战略模型图。在 ESP 模型中，其理念是环境影响战略，而战略的实施效果如何可用绩效考核指标去评价。

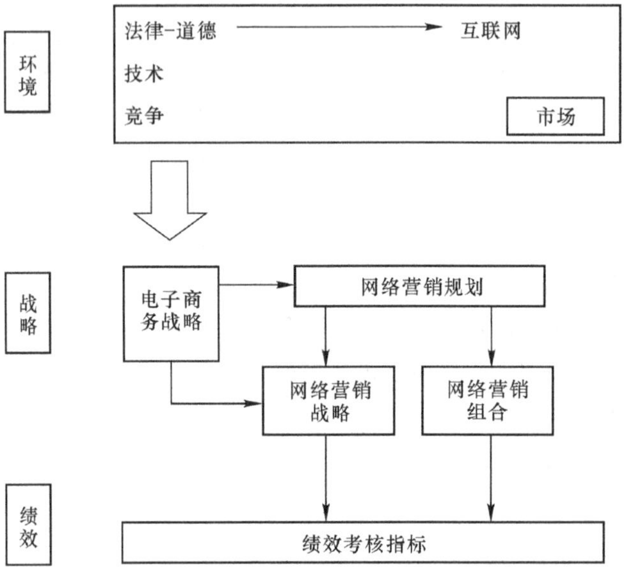

图 9-1 网络营销 ESP 战略模型

其中，网络营销战略规划包含两层策略：第一层策略包括市场细分策略、差异化策略和产品定位策略等。市场细分策略是指通过将一个多样化的市场划分为不同的、小规模的细分市场，具有相似特征的顾客群被归类于同一细分市场的方式进行市场分析，从而清晰地识别出不同的细分市场，并在此基础上对环境、竞争形势和自身资源进行分析，真正明确企业的优势和机会所在。企业管理者通过对细分市场的观察分析，在深入理解顾客需求后便可设计出针对性的营销组合，从产品、价格、地点、促销诸方面分配资源进行市场营销活动。产品差异化策略是指企业提供同一种类不同类型的产品和服务，突出特色，从而取得差异优势。产品定位策略是指企业对经营的产品赋予某些特色，使产品在用户中树立某种特定的形象。因此，企业在进入国际市场时必须对产品进行合理定位，即确定哪些产品作为投放市场的对象。为创立品牌特色，树立特定的市场形象，以满足消费者某种需求和偏爱的心理意向和行为方式。产品定位策略要体现在实体的构造、形状、成分、性能、命名、商标、包装、价格等直观方面，以及满足消费者豪华、古素、艳丽、雅淡等不同的心理需求。第二层策略即为营销部门需进行营销机遇分析（MOA），包括对市场细分和目标市场定位两方面进行供求分析，进而实现差异化和产品定位策略。之后，企业就可以选择目标市场，并清楚了解其特点、消费者行为以及对企业产品的需求情况。

9.2 农产品电商新模式

9.2.1 确定网络营销目标

一般来说，网络营销计划应包括行动方案、工作指标、时间范围、想要达到的销售量和市场份额及利润 4 个方面。

借助网络的网络影响力来开展网络营销主要是进一步提升业绩效率，一般网络营销分为以下几个目标：

（1）宣传企业品牌。

（2）吸引新客户。

（3）增加客户黏性。

（4）提高转化率。

（5）增加曝光率。

（6）增加收入和市场占有率。

根据不同的网络营销类型，大致可分为以下几种：

（1）销售型网络营销目标。主要是为企业拓宽销售网络，借助网上的交互性、直接性、实时性和全球性，为顾客提供较为方便快捷的网上销售点。

（2）服务型网络营销目标。主要是为顾客提供网上联机服务，顾客通过网上服务人员可以远距离进行咨询和售后服务。

（3）提升型网络营销目标。主要是通过以网络营销代替传统营销手段，全面降低营销费用，改进营销效率，促进营销管理和提高企业竞争力。

（4）品牌型网络营销目标。主要是在网上建立自己的品牌形象，加强与顾客的联系和沟通，建立顾客的品牌忠诚度，为企业的后续发展打下基础，以及配合企业营销目标的实现。

（5）混合型网络营销目标。想同时达到上面几种目标，既是销售型，又是品牌型，同时还属于提升型。当然，不管是哪种网络营销方式，最终目标都是带来客户、卖出产品，打开农产品线上线下销售的市场。更好地了解网络营销才能更好地掌握它、利用它。

9.2.2 策划具体的网络营销策略

在形势分析、实现网络营销战略规划和制定好网络营销目标之后，接下来就是根据4P和客户关系管理的相关内容制定具体的营销策略，以实现既定的目标，包括产品、定价、分销及促销计划的目标。

（1）产品策略。企业可在网上实现商品、服务甚至是广告的销售。企业制定经营战略时，首先要明确企业能提供什么样的产品和服务去满足消费者的要求，也就是要解决产品策略问题。在产品的核心功能趋同的情况下，谁能更快、更多、更好地满足消费者的复杂利益整合的需要，谁就能拥有消费者，占有市场，取得竞争优势。

（2）定价策略。价格通常是影响交易成败的重要因素，同时又是市场营销组合中最难以确定的因素。企业定价的目标是促进销售，获取利润。这要求企业既要考虑成本的补偿，又要考虑消费者对价格的接受能力，从而使定价策略具有买卖双方双向决策的特征。此外，价格还是市场营销组合中最灵活的因素，它可以对市场作出灵敏的反映。在网络环境下的农产品价格的形成更具有复杂性，网络营销不仅要考虑运用传统营销的价格理论，更要考虑网络营销的软营销和互动特性以及消费者易于比较价格的特点，采用合适的定价策略。

（3）分销策略。分销就是使产品和服务以适当的数量和地域分布来适时地满足目标市场的顾客需要。分销渠道策略主要涉及分销渠道及其结构、分销渠道策略的选择与管理、批发商与零售商及实体分配等内容。其中包括和分销有关的渠道覆盖面、商品流转环节、中间商、网点设置以及储存运输等可控因素的组合和运用。而在此过程中，农产品在运输与储存环节具有更大的挑战性。

（4）网络营销渠道策略。网络营销渠道策略是借助网络将产品从生产者转移到消费者的中间环节，它一方面要为消费者提供产品信息，方便消费者选择；另一方面，要能完成交钱交货的交易手续。网络营销渠道可分为直接渠道或间接渠道的营销策略、长渠道或短渠道的营销策略、宽渠道或窄渠道的营销策略、单一营销渠道和多营销渠道策略、传统营销渠道和垂直营销渠道策略。

（5）客户关系管理策略。许多网络营销策略可帮助企业与合作伙伴、客户建立和发展和谐关系。企业可通过专业CRM软件以及其他一些信息技术来获取客户资料，改善与客户之间的关系。CRM是全公司范围的策略，通过围绕客户细分重组公司、满足客户需求、连接客户和供应商等手段来最大化利润和提高客户满意度。

网络营销实施是一项系统工程，需要有专门的组织机构进行组织和管理。企业实施网络营销不单单是技术方面的问题，更多的是管理和组织方面的问题，涉及企业高层的战略决策和业务流程。网络营销实施过程包含若干环节，企业必须了解内部经营状况和市场竞争环境，分析实施网络营销的可能性和可行性，同时还要分析其必要性和重要性。首先，应加强对规划执行情况的评估，评估是否充分发挥了该战略计划的竞争优势，评估是否有改进的余地；其次，对执行规划时所出现的问题应及时识别和加以改进；再次，是对技术的评估和采用，企业如果跟不上技术的步伐，很容易丧失农产品网络营销的时效性和竞争优势，采取新技术可能改变原有的组织和管理规划，因此技术控制也是网络营销的显著特点。

网络营销是有别于传统营销的新的营销方式，它在控制成本费用、市场开拓、与顾客保持关系等方面有很大的竞争优势。计划实施的思路为明确的目标，明确的预算，明确的推广策略；网站初步优化；网站流量统计分析；网站的全面优化；有策略地运用网络推广手段进行全面的分阶段的网站推广；推广效果评估与控制。此外，计划的实施具体包括：设计营销组合策略、产品及服务策略、定价及评估策略、分销及供应链管理策略、多渠道沟通策略、设计客户关系管理策略、设计信息收集策略和为实施计划设计组织架构。

企业间电子商务的实施对企业的整个组织和各方面的管理都会产生影响，因此其计划的制订必须由企业管理高层统一领导和协调，从企业整体利益出发，由上而下确定网络营销计划；同时，企业应邀请相关电子商务方案提供商参与制定营销实施方案。

9.2.3 预算

预算是通过对企业内外部环境的分析，在科学的生产经营预测与决策基础上，用价值和实物等多种形态反映企业未来一定时期的投资、生产经营及财务成果等一系列的计划和规划。

预算包含的内容不仅仅是预测，它还涉及有计划地巧妙处理所有变量，这些变量决定着公司未来努力达到某一有利地位的绩效。预算(或利润计划)可以说是控制范围最广的技术，因为它关系到整个组织机构而不仅是其中的几个部门。

一个预算就是一种定量计划，用来帮助协调和控制给定时期内资源的获得、配置和使用。编制预算可以看成是将构成组织结构的各种利益整合成一个所有各方都同意的计划，并在试图达到目标的过程中，说明计划是可行的，见图 9-2。

9.2.4 计划评估

一旦农产品网络营销计划开始实施，企业就应该经常对其进行评估，以保证计划的成功实施。因此，在进行网络营销过程中，企业应对得到的数据或出现的问题进行统计分析，不断地评估。

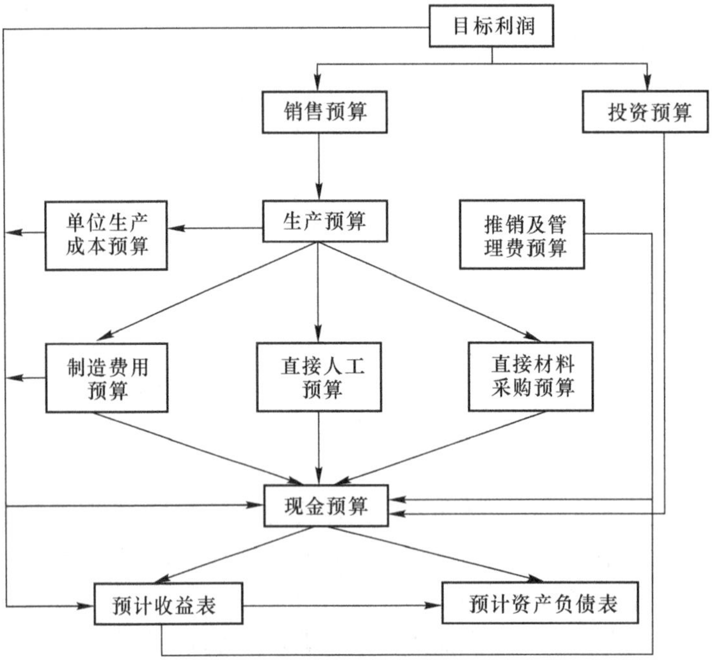

图 9-2 企业预算的主要相互关系

农产品网络营销计划综合评估是对一定时期内网络营销活动的总结，也是为制订下一阶段计划提供了依据。网络营销效果的评价体系主要包含网站设计评估指标、网站推广评估指标、网站使用评估指标和网站品牌价值评估指标四个方面的内容。

9.3 农产品电子商务的运营实操

9.3.1 开店前期的策划

9.3.1.1 市场调查

在开网店之前，做一些市场调查，才能确认自己的商品路线。那么开网店的市场调查要做哪些呢?

首先，看自己的商品适合哪个年龄层次，是否符合市场的流行趋势；商品的价格和设计风格能否被用户接受。

其次，了解本地区的消费情况，通过整理，锁定我们需要的消费群体。对当地的消费水平进行分析，看需求量有多大，了解当地的消费属于哪个层次。

最后，看同行的竞争情况，调查同行业大概有多少，同款产品大概有多少，与竞争对手比较自己的差距有多大；调查成功的店铺，总结他们的经验。

9.3.1.2 店铺定位

通过充分的市场调查，了解目标客户群的需求和市场情况，进而明确店铺方向。

（1）产品定位。

1）有地方特色的产品。如永州的异蛇酒、江华的苦茶、江永的香柚等具有鲜明地方特色的产品，有强大市场潜力。

2）热销的产品。日常用品虽然缺乏新意，但市场需求也很大。

3）熟悉的产品。尽量做自己熟悉的行业产品，客户能体验到更好的专业服务。

4）实体店买不到或很难买到的产品。只有在网上才能买到的产品，销售才更为容易。

（2）消费人群定位。据有关数据统计，网购消费群体主要是18~35岁的消费人群，因此可以将销售人群定位于这个年龄段。但是这个范围还是太广了，需要再把客户群细分，如学生、白领、家庭主妇、游戏族等，使目标更明确。

9.3.1.3 寻找货源

店铺能否开设成功，货源很关键，如何寻找货源是卖家最关心的问题。

（1）网上进货。

1）1688批发网（www.1688.com），是以批发和采购业务为核心，通过专业化运营，完善客户体验，全面优化企业电子商务。目前1688批发网已覆盖原材料、工业品、服装服饰、家居百货、小商品等16个行业大类，提供从原料采购—生产加工—现货批发等一系列的供应服务。

2）天猫供销平台（gongxiao.tmall.com），是淘宝网专门为商家提供代销、批发的平台服务，帮助商家快速地找到分销商或成为供货商的平台。

（2）批发市场进货。货源丰富、价格低廉的批发市场是网店开设初级阶段不错的进货渠道。开店前期可以多逛几次批发市场，挑货一定要货比三家，仔细筛选，多看、多听、多问、多想，慎重选择。

（3）厂家进货。厂家不仅货源充裕，而且能保证最低的进货价格，能够从厂家直接进货是最佳选择。但是一般来说，厂家的起订量较高，如果有足够的资金，不怕压货，可以选厂家进货。

（4）品牌库存商品。一些企业的库存货，不仅品质好，而且价格低，也是不错的进货选择。很多买家还是心仪品牌商品的，虽然有些品牌商品在某些区域是积压品，但在其他区域可能就是畅销款，因此，卖家能以低价将库存买下，往往能获得不错的利润。

(5) 品牌代理商。品牌产品价格稳定、利润高，是网店进货的可靠选择。做品牌代理商一定要选择信誉好、产品质量佳、规模大的厂商，还要注意价格，尽力拿到最低的价格，才能更好地应对激烈的竞争。

(6) 外贸尾货。外贸尾货质量优良、款式新颖、价格便宜、款式独特，拥有外贸商品渠道，无疑是进货的最好选择。

9.3.2 网店开设

经过前期的调研和策划准备，店铺的雏形已慢慢形成，现在就具体介绍淘宝开店的操作流程。

9.3.2.1 开店准备

开淘宝店需要准备些什么硬件条件和哪些软件技能呢？下面我们就具体介绍一下。

(1) 硬件条件。

1) 电脑和网络。一台能够上网的电脑。

2) 数码相机。使用数码相机拍摄产品，掌握拍摄技巧。

3) 手机。使用手机申请淘宝账户，开设店铺及运用手机 APP 随时跟客户联系。

(2) 软件技能。

1) 上网操作。熟悉电脑操作，会上网，了解电脑的安全知识。

2) 应用软件。会熟练使用聊天软件，如 QQ、旺旺等；淘宝软件，如千牛、淘宝助理等；图片处理软件，如 Photoshop、美图秀秀等；办公软件，如 office、WPS 等。

9.3.2.2 开店流程

(1) 注册淘宝账户。下面就来介绍注册淘宝账户的方法。具体操作方法如下。

步骤 1：在浏览器地址栏中输入 www. taobao. com，按下“Enter”键，打开淘宝网首页，单击左上角的“免费注册”。

步骤 2：打开“注册协议”，单击“同意协议”。

步骤 3：在打开的页面中设置用户名，输入手机号码，在“验证”处，按住滑块拖动到最右边，单击“下一步”。

步骤 4：输入接收到的手机验证码进行验证，验证码 15 分钟内输入有效，延时将重新获取验证码，重新输入，单击“确认”。

步骤 5：填写账号信息，输入登录密码，设置登录名，完成设置后，单击“提交”，见图 9-3。

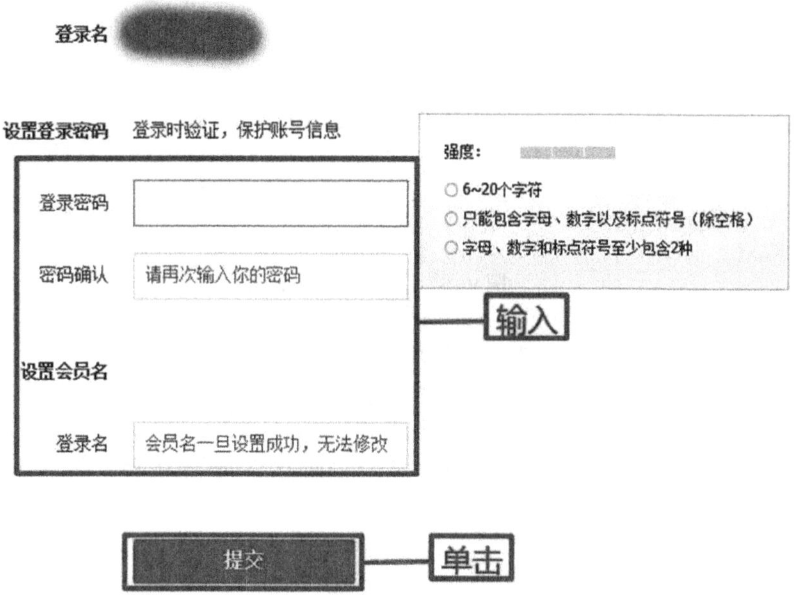

图 9-3　设置登录密码

步骤 6：设置支付方式，绑定银行卡，设置好后，单击“同意协议并确定”，见图 9-4。

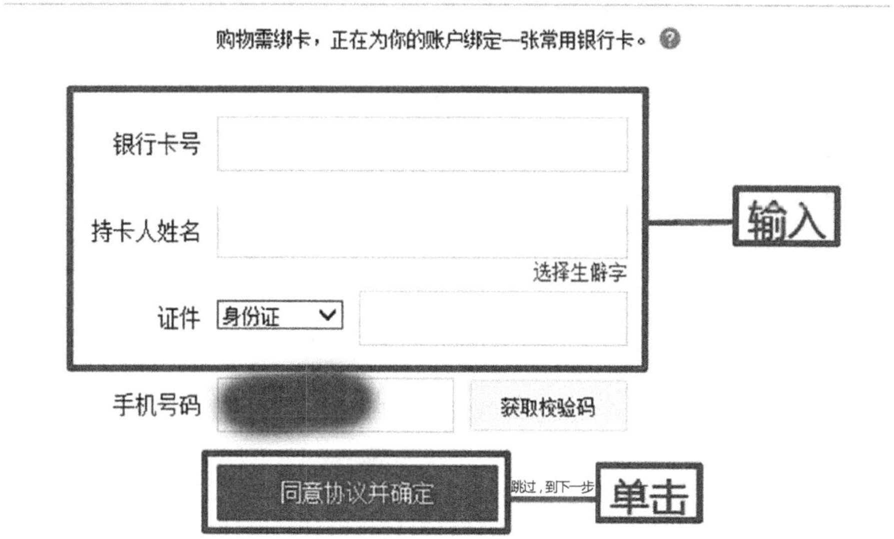

图 9-4　绑定银行卡

此处设置支付方式也可跳过，直接进去下一步，支付方式可以在后面支付宝实名认证中设置。

步骤 7：完成淘宝账户注册，见图 9-5。

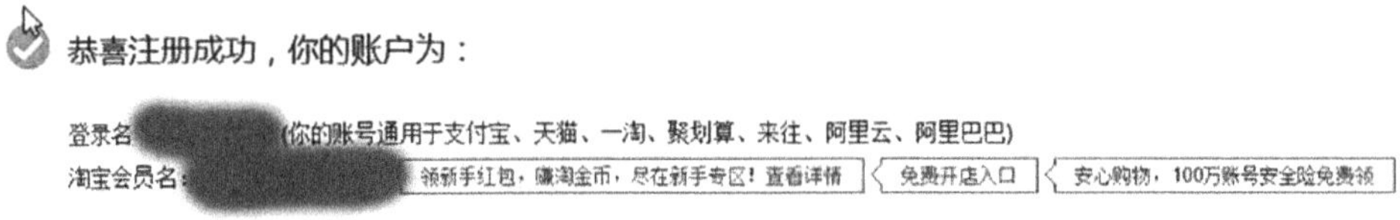

图 9-5　完成账户注册

接下来，可以申请淘宝网“免费开店”，具体操作步骤如下：

步骤 1：打开淘宝网页，选择卖家中心的“免费开店”。

步骤 2：选择开店类型，单击“个人开店”。

步骤 3：若支付宝实名认证状态显示“未通过”，则需单击“重新认证”，完成支付宝实名认证，见图 9-6。

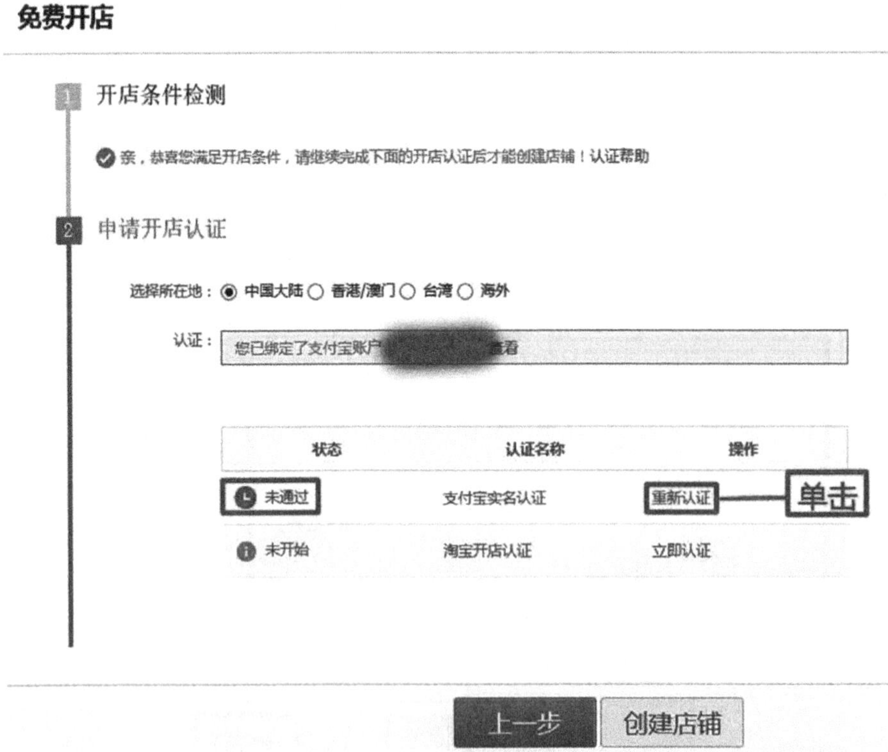

图 9-6　完成支付宝实名认证

步骤 4：支付宝注册首先设置身份信息，包括设置支付密码、设置身份信息，完成后，单击“确定”，见图 9-7。

图 9-7　设置身份信息

步骤 5：设置支付方式，输入银行卡号，单击“同意协议并确定”，见图 9-8。

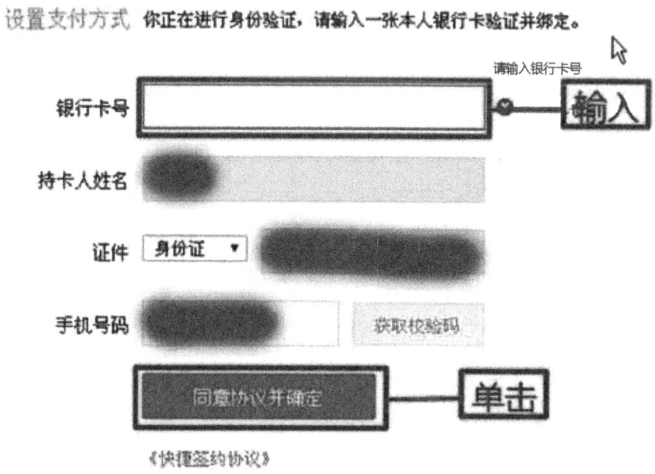

图 9-8　设置支付方式

步骤 6：进入“支付宝身份校验”，完善身份信息，单击“点此完善”。

步骤 7：上传本人身份证件，上传完之后，单击“确定提交”，见图 9-9。

步骤 8：完成身份验证。(见图 9-9)

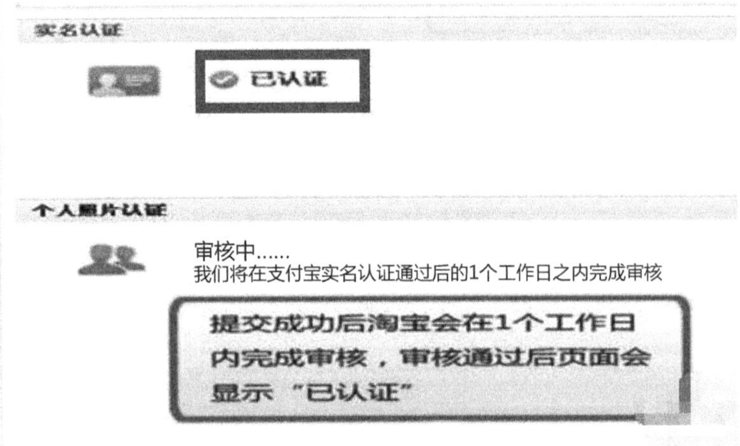

图 9-9　完成身份校验

9.3.2.2　淘宝开店认证

步骤 1：支付宝实名认证完成后，就可以开始淘宝开店认证了，单击“查看”，见图 9-10。

步骤 2：单击“立即认证”，见图 9-11。

步骤 3：进入“淘宝身份认证资料”，通过 3 种方式提交认证，见图 9-12。

9.3.2.3　创建店铺

步骤 1：申请开店的两个认证完成后，就可以创建店铺了，单击“创建店铺”，见图 9-13。

步骤 2：签订承诺书，单击“同意”。

步骤 3：等待淘宝认证审核，见图 9-14。

步骤 4：认证审核通过后，店铺创建成功，见图 9-15。

店铺开设好后，如果连续 6 周出售中的宝贝数量为 0，会导致店铺暂时关闭；店铺违规也会导致店铺暂时关闭；店铺信用等级、已订购服务等不受影响，激活后即可恢复。

图 9-10　申请开店认证

9.3.3　店铺设置

9.3.3.1　店铺基本设置

步骤 1：店铺开设成功后，单击“立即发布宝贝”。

步骤 2：进入卖家中心首页，显示淘宝店铺基本信息。

步骤 3：在上图中填写店铺的基本信息，包括店铺名称、上传店铺标志、店铺简介、联系地址、主要货源等信息，带“*”号的为必须填写的信息。

9.3.3.2　域名设置

在卖家中心中，选择“基本设置”中的“域名设置”，输入免费拥有的个性域名。

图 9-11　开店认证模块

9.3.3.3　宝贝分类管理

淘宝店铺中有很多商品分类，这些商品的分类是怎么添加的？对于很多新手来说，有很多不懂的地方，下面就来介绍宝贝分类管理的方法。

步骤 1：在卖家中心首页中，在左侧导航栏的“店铺管理”中，单击“宝贝分类管理”。

步骤 2：单击“添加手工分类”，设置好之后，单击“保存更改”。

9.3.3.4　消费者保障服务

步骤 1：在卖家中心首页，单击“客户服务”中的“消费者保障服务”。

步骤 2：在消费者保障服务中包括初级服务和高级服务，可以根据店铺的需要加入相应的服务。

步骤 3：在“保证金”中，单击“缴纳”，至少缴纳 1000 元保证金。

图 9-12　选择认证方式

9.3.4 店铺营销推广

9.3.4.1 日常营销活动设置

（1）店铺红包。淘宝“店铺红包”是一个重要的营销工具，对卖家经营店铺是很有帮助的，下面就和大家说说淘宝“店铺红包”的设置流程。

步骤 1：登录淘宝账号后进入“卖家中心”，在左边的导航栏中找到“营销中心”，单击“店铺营销中心”进入。

步骤 2：进入营销中心后台，在左边最下面的道具下，单击“店铺红包”，再单击“立即设置”。

步骤 3：填写店铺红包的名称，单击面值，选择红包面值的金额大小，最低 5 元、最高 200 元。根据自己的需求确定发行量，再选择开始时间和结束时间。

图 9-13　创建店铺

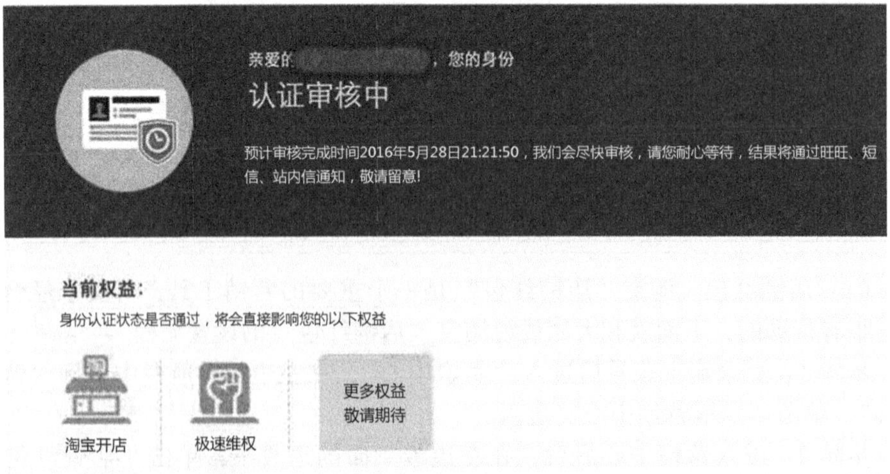

图 9-14　等待认证审核

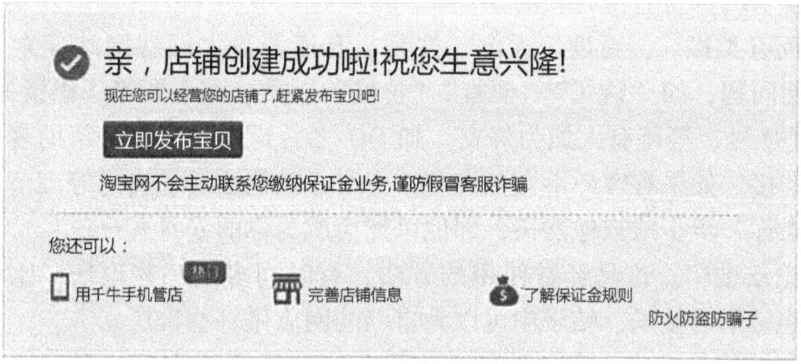

图 9-15 店铺创建成功

步骤 4：在弹出来的框里单击确定发布即可。单击查看店铺红包，在这里可修改红包的内容，也可以把红包删除作废。

（2）搭配套餐。“搭配套餐”是淘宝官方的营销活动工具，具体设置流程如下：

步骤 1：首先打开淘宝卖家中心后台，单击左侧导航栏的“营销中心”下的“促销管理”。

步骤 2：单击“优惠活动”，然后单击“搭配套餐”。

步骤 3：单击“创建搭配套餐”，输入基本信息，单击“发布”即可。所有带“＊”的选项，都必须填写。

步骤 4：打开宝贝链接，在宝贝的主图下面，即可看到搭配套餐设置。

9.3.4.2 店铺免费推广

（1）博客推广。无论是淘宝博客、新浪博客、阿里博客，还是专业对口的网站，你都可以用你的店铺名或产品名做你的笔名，然后写文章，文章标题要醒目，内容要丰富，这样才容易被搜索引擎关注，从而达到推广的目的。

（2）淘宝社区推广。在淘宝社区宣传店铺，淘宝社区融入了很多买家与卖家，每一个人都有可能成为你的潜在客户。在社区加入一些人气旺的帮派进行发帖、回帖，发帖前一定要先了解你所在帮派的发帖规则，不要乱发帖；发一篇好的帖子具有相当强大的功效，可以有效地提高店铺浏览量，会大大提高买家对你的信任感和认同感，从而促成交易。如果帖子被加精、被置顶或被推荐到社区首页，那么你的店铺的浏览量也会不断地上升，带来流量的同时也可能带来成交的机会。

（3）导购网推广。专业的导购网以精准流量投放的整合营销模式，为商家解决流量少、转化率低等问题，提供有效的针对流量，从而提升商铺销量，促进销售推广。像阿里推这样的诚信安全的导购网站对买家来说是比较可靠的，对广大淘宝店主来说也是非常有利的。

(4) 问答类推广。百度、天涯、搜狗、有道等各大问答网站搜索与你店铺产品相关的问题，如“购买”“便宜”“价格”一类，耐心回答，积极提供帮助，最后留下QQ号，等待有人加为好友。加QQ之后要细心回答并帮助客户，到一定程度放链接。如果有客户不会上淘宝，要耐心教他注册、支付等细节，不要嫌麻烦，如果你一步步地教他购买，那他可能会成为你的终身客户。

(5) 论坛推广。这是经常使用的方法，有时间多上一些论坛，比如淘宝论坛，发一些精华的帖子，帖子中可以为自己的网店做一些推广。

(6) 间接网站推广。在各地的地方网站、二手买卖市场、财经、跳蚤市场里发布信息，距离不远可以直接送货上门，这样更容易谈成生意。

(7) 充分利用淘宝现有的促销工具进行推广。1）订购满就送。通过设置“满就送”可以提升店铺的销售业绩，提高店铺购买转化率，提升销售笔数，增加商品曝光力度。2）订购搭配套餐。通过把几种商品一起设置成套餐来销售，可以让买家一次性购买更多商品，提高店铺购买转化率，提升销售笔数，增加商品曝光力度。

(8) 邮件推广。运用QQ群邮件推广，加QQ群，发群邮件。QQ的群发邮件相当方便，只要单击发送，群内所有成员都能收到你的来信。

(9) 小礼物推广。建议在给买家寄商品的同时顺便寄上自己的名片和宣传单或者送一些小礼物，在小礼物上印上自己店铺的名字、网店地址，从而加深买家对你网店的印象。

(10) 免费活动推广。报名参加淘宝上的免费活动（适合自己店铺的活动）。如：天天特价。

(11) 超级买家秀推广。淘宝社区中有一个超级买家秀，可以好好利用。如果一个卖家说他的产品怎么好，大家不一定会相信，但是一个买家说那个卖家产品怎么好，大家一般都会相信，特别是买家和卖家没有任何关系的时候。所以你要向买家提供这方面的信息，如果买家愿意通过这种方式来展示你的宝贝，那就是为你做的最好的免费推广了。

(12) 图片打水印推广法。给你的店铺照片加上你的网店网址水印，当你的照片被人盗用之后，别人也就顺便帮你推广了。积极地让别的网站引用你店铺的图片，提高网址曝光率，宣传效果会更好。

(13) 视频推广法。大家都习惯了在淘宝店上放置图片等简单信息，如果你放一个和你商品有关的Flash视频，你就是独一无二的了，所有有敏锐眼光的店主，都能赚到别人赚不到的钱，用视频来留住买家的脚步，用视频的情节来赢得买家的回头率。

(14) 百科网店推广法。现在百科的词条疯狂增加，有很多被搜索收录了，你可以在百科词条那里创建你的网店名字词条，不过一定要写好一点，不要让百度觉得你是在做广告，要让百度的管理员愿意接受你这个词条，一旦接收了，你的网店也就出名了，这个方法最大的好处就是可以直接在参考资料那里用上你的网店的链接，一般搜到这个词条的人，就很容易进入你的网店了。又或者你在相关的词条上添加上你的链接。比如，你卖礼品的，就可以在百科“礼品”这个词条上的参考资料上添加你的网店链接，不过，再次强调，一定不要让百度觉得你在做广告。

(15) 名片推广法。在给买家发货的时候，附带赠送一张名片，名片上一定要有一些对买家有用的内容，比如日历、星座信息之类的，否则，买家收到后随手一扔，也是没效果的。一定要同时添加你网店的信息和对买家有用的信息，才可以让你的名片长久发挥作用，当有些买家需要再买的时候，看看钱包中的名片，就自然会想起你的网店了。

9.3.4.3 店铺付费推广

(1) 淘宝直通车。淘宝直通车是淘宝网为淘宝卖家量身定制的推广工具，是通过关键词竞价，按照单击付费，进行商品精准推广的服务。

淘宝直通车是付费服务，按点击收费，不宜同时给多个宝贝设置关键词，可以选择几个有代表性、利润空间大的宝贝进行设置，否则钱花了却没有产生一点效果。设置好的关键词尤为重要，所谓好的关键词，就是有很多潜在顾客搜索的词，即热门关键词，当然价格不能设置太低，太低排到后面也没用，可以适当为一个宝贝只设置一个热门关键词。如果不知道哪些是热门关键词，可为一个宝贝设置多几个关键词，价格设置低点，注意观察哪些词单击率高，单击率高的自然就是热门关键词。

(2) 淘宝客。淘宝客是帮助淘宝卖家推广宝贝并按照成交效果获得佣金的推广方式，这不失为一种好的推广方法，在成交后卖家才向淘宝客支付佣金报酬，相当于为自己的店铺找到很多促销员。但淘宝客会选择有一定信用的店铺来推广，这样可以提高成交量，提高他们的收入，所以，没信用的店铺不容易找到淘宝客。

选择淘宝客关键是要看网站的日流量大不大，流量大的不但能大大提高店铺的人气，更能产生不少成交量。此外，还要有针对性，寻找有购买需求的客户常常光顾的网站，比如购物网、打折网等。找对目标，成交率会大大提高。

(3) 开通专业旺铺。开通专业旺铺可以自由装修店铺，使店铺更有个性、更漂亮、更好地展示宝贝，宝贝图片也更大，需要 50 元一个月。虽然旺铺不能带来客户，但是它可以留住客户。

(4) 加入消费者保障服务。需要在淘宝后台提交 1000 元保证金，作为消费者保障服务，这在一定程度上提升了买家对店铺的信任感，从而留住顾客，促使成交。

(5) 钻石展位。钻石展位是专为卖家推广宝贝而推出的广告位，在淘宝上看到的大多数的图片位置都属于钻石展位。它是按照展现次数来收费的，您的推广图片不展现就不收费；CPM（每千人成本）单价是根据您的竞拍成交价来计算，比如，您花1元竞得1个CPM，表示您的推广图片被展现1000次后，要支付1元。

钻石展位能不能收到效果，很大程度上取决于您的广告图片有没有吸引力。要清楚，钻石展位与直通车明显的区别是：钻石展位是把宝贝推荐给不一定想买您所展示宝贝的人，而直通车恰恰是把宝贝推荐给想买您所展示宝贝的人。可见，没有吸引力，他们是不会点击的。

9.4 成功的农特产品电商运营的案例分析

9.4.1 京东农村电商

京东（JD.com）是中国最大的自营式电商企业，目前，京东集团旗下设有京东商城、京东金融、拍拍网、京东智能、O2O及海外事业部。2014年5月，京东在美国纳斯达克证券交易所正式挂牌上市（股票代码：JD），是中国第一个成功赴美上市的大型综合型电商平台，与腾讯、百度等中国互联网巨头共同跻身全球前十大互联网公司排行榜。2014年，京东市场交易额达到2602亿元，净收入达到1150亿元。

目前，京东的农村电商是所有电商平台里进展速度最快、涉及领域最广的。截止到目前，京东在全国超过600个县设立了县级服务中心，开展农村电商的物流配送、购物体验；在超过1000个县建立了大家电京东帮服务店，负责销售、配送、安装、维修等服务；在10万个行政村招募了10万个以上的乡村合作点和推广员；与300个县、市进行合作，设立京东特产馆，涉及农业企业400余家。

京东农村电商战略最核心的两大模式就是县级服务中心和京东帮服务店。

县级服务中心：县级服务中心采用公司自营的模式，房源租赁、房屋装修、家具采买、办公设备和中心人员都由公司负责，服务中心的负责人为乡村主管。乡村主管可以根据业务量自行分工，乡村主管对其负责区、县的业绩负责。服务中心主要承担了代客下单、招募乡村推广员、培训乡村推广员和营销推广等功能。

京东帮服务店：京东帮提供大家电服务需求在京东下乡，除了县级服务中心，力撑电商下乡的就是“京东帮”模式，与县级农村服务中心的自营方式不同的是，加盟京东帮服务店这种方式解决电商下乡“最后一公里”问题。

京东农村电商采取的是3F战略：第一个F是优质商品服务双下乡，第二个

F是产品数渠道进城，第三个F是金融农资技术全生态。

第一个F在工业品下乡领域，京东在全国大概用了一年半的时间，在1400个县，设立了县级服务中心。截止到目前，京东在20万个行政村建立或者是招募了京东乡村推广员。

第二个F是设立一县一馆、一县一电700家，是京东自有品牌、生鲜自营冷链物流的全国布局。

第三个F是农资和金融方面，京东已经与全国200多家大型的农资企业开展合作，同时将产品和服务结合在一起，不仅仅是卖农资产品，也为县域农民提供农资的咨询服务。

9.4.2 阿里巴巴农村电商

阿里巴巴集团于1999年在中国杭州创立，业务和关联公司的业务包括：淘宝网、天猫、聚划算、全球速卖通、阿里巴巴国际交易市场、1688、阿里妈妈、阿里云、蚂蚁金服、菜鸟网络等。2014年9月19日，阿里巴巴集团在纽约证券交易所正式挂牌上市，股票代码“BABA”，创始人和董事局主席为马云。2015年全年，阿里巴巴总营收943.84亿元人民币，净利润688.44亿元人民币。2016年4月6日，阿里巴巴正式宣布已经成为全球最大的零售交易平台。2016年5月，阿里巴巴集团成为国务院首批双创“企业示范基地”。

2014年10月，阿里巴巴宣布农村电商计划，将在未来3~5年投资100亿元人民币发展物流、硬件和培训，使电商模式深入至10万个村镇，建立1000个县级服务中心和10万个村级服务站。阿里巴巴将开设仓库，并与快递公司和地方政府展开合作。农村淘宝，可以用“五个一”来概括：一个村庄中心点、一条专用网线、一台电脑、一个超大屏幕、一帮经过培训的技术人员。阿里农村战略的4大要点，如图9-16所示：

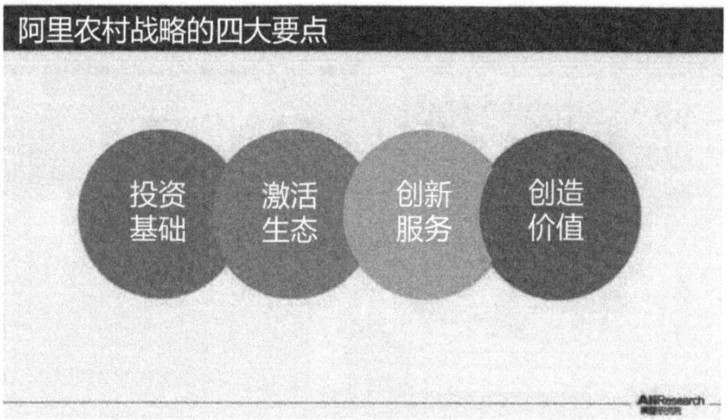

图9-16 阿里农村战略的四大要点

（1）投资基础设施。乡村服务站、县级运营中心、乡村物流。在农村，阿里要从线上走到线下；在县域，电商需要更接地气的运营机构和团队。

（2）激活农村电子商务生态。大力发展更多农村买家/卖家、培育县级电子商务综合服务商群体、拓展物流/仓储/代运营服务群体、让淘宝商学院进入县、乡。

（3）创新农村综合服务。村民代购服务、农产品线上销售支撑体系、农资电商 O2O、农村金融。

（4）创造农村社会和经济双重价值。解决“买难”，缩小城乡差距，提高农民生活水平；缓解“卖难”，提升农民收入，创造就业；新型城镇化，提升农民幸福指数—从城市农村化到城市都市化。

据阿里统计，到目前为止，农村淘宝已经在全国 300 多个县、16000 多个行政村落地，使得农村的生活方式有所改变，见图 9-17。

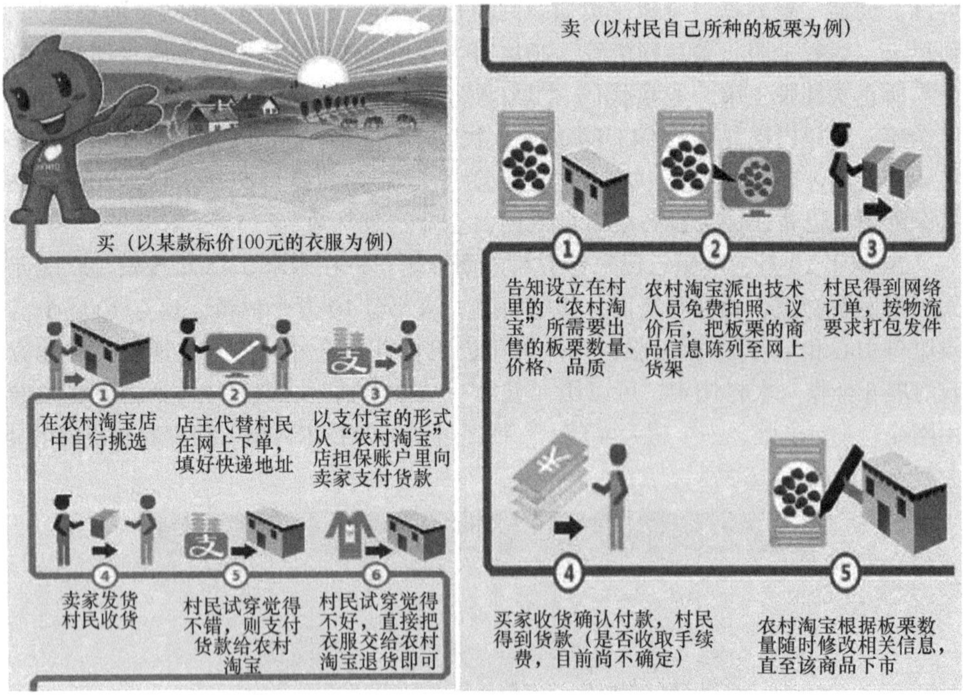

图 9-17 阿里农村淘宝站运行经营模式

10 亚马逊平台运营实操

10.1 我国跨境电商平台的发展

跨境电商平台作为跨境电商产业链的重要组成部分，在我国其发展可划分为3个阶段。

1998~2002年，中国制造网、环球资源网、阿里巴巴B2B、一达通等跨境电商平台先后成立；在该发展阶段，早期的跨境电商B2B平台逐渐探索出付费发布信息的盈利模式。环球资源网1971年成立，前身为Asian Source，是亚洲较早的提供贸易市场资讯者，属于B2B跨境电子商务平台，并于2000年4月28日在纳斯达克证券交易所上市；阿里巴巴成立于1999年，以网络信息服务为主，线下会议交易为辅，属于B2B跨境电子商务平台，是中国最大的外贸信息黄页平台之一。

2003~2005年，敦煌网、四海商舟等公司成立；在该发展阶段，企业盈利模式以交易佣金为主，并开始提供一些增值性的平台服务。2004年创立的敦煌网是全球领先的在线外贸交易平台，是国内首个为中小企业提供B2B网上交易的网站。敦煌网致力于帮助中国中小企业通过跨境电子商务平台走向全球市场。四海商舟成立于2005年，与传统的阿里巴巴、敦煌网这种跨境电商平台不同，四海商舟为中国制造者提供的是电商平台代理运营服务，包括海外市场分析、中期网站服务器架设、海外整合营销推广以及后期物流仓储在内的一体化解决方案。

2006年至今，DealExtreme、兰亭集势、易唐网、米兰网、大龙网、洋码头等跨境电商平台先后成立；在此阶段成立的大部分跨境电商企业为自营B2C企业，依靠产品进销差价获利，并获得资本市场认可。2006年DealExtreme.com网站成立，DX主营电子产品和3C小配件，如U盘、手机壳等，属于垂直B2C跨境电商平台。业内人士称“DX在南美市场相当于苹果产品在中国”一样知名。2006年，洋码头成立，是国内首家引进海外零售商的海外购物网站，也是首家自建国际物流的跨境电商平台。中国的顾客可以到洋码头网站直接购买海外零售商的产品，海外零售商直接国际配送邮寄到国内消费者手里。这种海外直购直邮服务，提升国内消费者海外购物的消费体验和服务标准（无须代购，无须自助海淘，无须任何进口代理商，可以无条件境内退换货，无须任何专业的保税区仓储物流，无须冗长的供应链和大量的库存风险）。目前美国是洋码头海外购物的首战场。

近年来我国电子商务竞争日趋激烈。尽管如此，电子商务市场仍然遵循一个统一的发展逻辑，即“平台演进模式”：电子商务企业首先通过开放平台、增规模、扩品类实现平台化，然后在延长产业链和扩展业态的过程中寻找价值增长点，由此形成独具特色的经营模式并获得稳定的市场地位。平台演进模式包括4个不断演进的发展阶段：平台逻辑、产业链逻辑、工具逻辑和特色模式逻辑。

(1) 平台逻辑。由于跨境电子商务市场的高度分散性及其语言的限制，尽管国内电子商务市场已经被少数几个大型电商平台所占据，但是在跨境电子商务市场仍然没有出现垄断竞争的局面，新的跨境电子商务平台还在大量出现。当然，这也与跨境电子商务发展阶段有关。

(2) 产业链逻辑。由于尚处于发展初级阶段，与国内电子商务发展相比，跨境电子商务在产业链延伸方面还未充分展开，主要是在两个方面进行。从产业上游来看，体现为跨境电商平台对产业实体进行整合。跨境电子商务为跨境电商平台整合国内中小企业与国外企业之间的生产要素与最终产品的供给与需求提供了比传统环境下更加有吸引力的渠道，这是部分跨境电子商务企业得以快速发展的一个重要原因。例如，2010年，阿里巴巴尝试性地推出“轻骑兵”服务，由阿里巴巴整合中国各产业集群地的优质供应商，然后根据海外买家的个性采购需求快速匹配。这项服务可以缩短寻找供应商的周期，在满足海外买家个性需求的同时，将买家端的需求同步提供给国内供应商，让供应商根据市场需求主动调整自己的生产计划和产品，甚至多家企业联合起来实现共同供给。从产业下游来看，跨境电子商务产生了对于语言翻译类岗位的大量需求，例如俄语、韩语翻译的需求。

(3) 工具逻辑。就我国的跨境电子商务发展来看，跨境物流和电子支付工具的使用与国内电子商务发展的情况都具有较大的不同。

1) 跨境物流。在跨境电子商务发展过程中，跨境物流仍然是最为重要的影响因素，同时也是影响平台逻辑能否成型并发挥作用的基础条件。但与国内快递物流体系建设相比，跨境物流体系的建设不仅成本高昂，而且风险更大，会受到较多非市场因素的影响。进一步来讲，就竞争环境来看，国内跨境电子商务平台企业将在面临来自国内同行竞争的同时，还要面临国际同行的竞争。从这个意义上讲，国内跨境电子商务平台企业将在较长的一段时期内，不会像在国内那样去建立一体化的跨境物流体系。

具体来说，电商平台企业决定在哪个国家或地区建设自己的跨境电商物流体系，主要由其预期收益与预期成本之间的比较决定。假定预期收益为R，预期成本为C，那么只有当$R>C$时，企业才会投资建设；否则，只能借用其他专业的跨境物流体系。其中，预期收益的影响因素包括所在国家或地区的人口规模、经济发展水平以及信息化发展指数等，预期成本的影响因素则包括人口密度、空间距离、劳动力成本以及管理成本等。根据这种判断，近期电商平台企业在俄罗斯或印度还都难以建立自身的物流体系：俄罗斯的幅员过于辽阔，印度的信息化水平较低……但是，对于欧洲、美国等部分国家和地区，跨境电商平台企业可以考虑着手建立自己的物流公司并以此发展出专业化的跨境电商物流企业。

在这种情况下，无论是国内 B2C 还是 B2B 的电商平台企业，都难以投入巨额资金去发展短期内难获利的领域。因此，无论是对于以小额国际包裹为主的 B2C 还是 B2B 的小额批发业务，物流的选择都有 3 种途径：

一是利用邮政物流体系。中国邮政早已发展出一套非常完备的、标准化的小件物品邮递网络，近年来也在积极应用信息技术手段进行现代化改造。更为重要的是，邮政网络已经遍布世界各个角落。因此，对于国际小件包裹来说，邮政物流是最合适的。实际上，根据笔者在绥芬河调研跨境电子商务发展情况时所获得的材料，目前中国邮政已经在绥芬河口岸建立一个专门处理跨境电子商务国际小包裹业务的公司。据该公司介绍，近年来，通过绥芬河口岸发往俄罗斯的跨境电子商务国际小包裹数量在成倍地增长，而传统的邮政包裹业务量连跨境电子商务国际小包裹日处理量的零头都不到。因此，从当前发展情况来看，由中国邮政建立专门针对跨境电子商务的快递物流体系，对跨境电子商务发展是合理高效的。

二是国内电商平台企业的物流体系对接国外物流企业。由于国境和海关限制，要在一国或区域内建立快递物流体系，成本非常高昂，而且风险也较大。因此，国内跨境电商企业可以考虑与电子交易对象国的主流物流企业建立业务合作关系，利用其已经相对完善的物流系统。

三是利用现有的跨国物流企业。目前已经有一些开展跨国运营的快递企业，例如，联邦快递、宅急送等。当然，其成本会比较高。

2）电子支付工具。跨境电子商务的电子支付涉及本外币的兑换，以及国外用户的电子支付应用条件，因而要比国内电子商务的电子支付问题复杂。从行业发展来看，主要有两种形式，即虚拟银行（含银行卡、信用卡）的网络支付及第三方电子支付。但是，从发展趋势来看，第三方电子支付正在日益占据电子商务及跨境电子商务的主要地位。就我国情况来看，截至 2013 年底，支付宝以 46.4%的在线支付市场份额远超银联的 13.1%。而在 2015 年的第一季度，中国支付宝、银联与财付通分别以 36.4%、25.49%和 12.6%占据市场份额前三，并驾齐驱。

这种发展趋势使得各大跨境电子商务企业以及大型 IT 企业都在发展自己的第三方电子支付工具。就国内来看，经过几轮的第三方支付牌照的发放，几乎所有的大型电子商务企业都已经有自己的第三方电子支付工具。国外的情况也是如此，例如，除了 eBay 的 PayPal 外，Amazon 也在 2014 年 8 月推出自主移动支付服务工具。

从整个国际跨境电子商务行业发展来看，我国第三方电子支付企业将面临远比国内更加激烈的市场竞争。多年前，我国第三方电子支付企业就开展跨境电子支付相关业务。2007 年支付宝与中国银行等银行合作，推出跨境支付业务，自 2009 年开始，支付宝提供国际银行卡在线支付服务，支持在淘宝网及其他商户使用 VISA、Master Card、JCB 卡进行网上支付，已经覆盖全球大部分国家和地区。2011 年，财付通与日本恒生软件株式会社、境外电子支付提供商 Cybersource、AsiaPay、美国运通等机构展开合作，实现了网购跨境支付。2013 年 9 月 25 日，支付宝、财付通等 17 家第三方支付企业获得跨境电子商务外汇支付业务试点资格。但是，从市场来看，我国电子支付企业的地位仍然较低，而美国 eBay 旗下的 PayPal 则因为在国际跨境电子商务市场的广泛的市场联系，在跨境电子支付方面仍然处于绝对领先地位。而且，为保护自身的垄断地位，PayPal 于 2011 年 8 月 3 日起终止和阿里巴巴在全球速卖通业务上的支付合作，PayPal 不再作为阿里全球速卖通平台的支付方式。因此，今后我国电子支付工具要在全球跨境电子商务市场得到大发展，还将面临不小的困难。

我国电子支付工具要在国际跨境电子商务市场得到大发展，需要克服不少困难。为此，可从以下几方面努力：

一是大力发展移动支付。我国企业在跨境电子商务的银行账户、信用卡支付、互联网支付等领域起步较晚，着力不多，但是在发展移动支付方面，我国与国外大型第三方支付工具几乎处于同步，PayPal、Google 等也都是在最近几年才开始发展移动支付手段。现阶段，我国移动支付市场发展非常迅速，基础较好，移动支付企业应该着力开拓跨境电子商务市场，在这个快速发展的领域占据有利位置。

二是支付宝、财付通等第三方支付企业可以充分利用于 2013 年 9 月 25 日所获得的首批跨境电子商务外汇支付业务试点资格企业的有利条件，强化与尚未获得该资格的 PayPal 等国外电子支付工具在我国跨境电子商务进出口市场竞争的有利地位。

三是大力开发新兴市场和细分垂直市场。欧美市场已经被 PayPal 所占据，我国第三方支付工具要进入会面临不利的形势，但是近年来“金砖国家”以及东南亚国家等的跨境电子商务市场发展迅速，对我国产的服装鞋帽、电子电器、汽车配件等产品产生较大需求，国内主要的第三方电子支付企业应该借综合门户类以及专业类的 B2B、B2C 跨境电商平台拓展新兴市场以及各类细分垂直市场，并在此基础上不断拓展其他区域市场。

四是结合海关总署于 2014 年 8 月 1 日开始实施的《关于跨境贸易电子商务

进出境货物、物品有关监管事宜的公告》，加强对“海代”“海淘”市场的规范化管理，并以此促进国内综合门户类以及专业类的B2B、B2C跨境电商平台应用我国第三方电子支付工具的积极性。

（4）模式逻辑。模式逻辑是指电子商务平台企业综合运用规模逻辑、产业链逻辑与工具逻辑而形成的独特的电子商务发展方式。由于跨境电子商务的复杂性，跨境电商平台企业比较难于综合运用规模逻辑、产业链逻辑和工具逻辑，以形成一个能够有效控制各价值环节的跨境电商发展平台。这与现阶段跨境电子商务仍然处于特殊的初级发展阶段密切相关。之所以说是初级阶段，是因为跨境电子商务的总体规模仍然还比较小，还有很大的发展空间；之所以说“特殊”，是因为存在着这样两种情况：一是构成模式的各相关要素并不是要从零开始去培育发展，而是都已经在国内电子商务市场发展得相当成熟，只是尚未围绕跨境电子商务发展的需要而形成比较独特的、完整的价值实现体系；二是跨境电商平台企业不仅面临国内同行的竞争，而且面临国际同行的竞争，跨境电商平台将成为真正的全球贸易平台。

在这个特殊的初级发展阶段，电商平台企业之间会在各个领域展开全方位的竞争，不仅会加快拓展更多的区域市场、丰富交易品类，而且会不断发掘新的产业价值环节和链条，并通过扩大快递和电子支付这两个基本工具在跨境电子商务的市场地位去提高自身的竞争力。

10.2　亚马逊平台介绍及注册流程

10.2.1　亚马逊的概况

亚马逊的总部位于美国的西雅图，其旗下的网站分布于美国、中国、澳大利亚、新西兰、巴西、加拿大、法国、德国、印度、墨西哥、意大利、日本、英国、西班牙和挪威等国家。亚马逊在2012年通过“全球开店”项目，对中国卖家开放出口跨境电商服务，图10-1为亚马逊“全球开店”首页；2014年，亚马逊上线进口跨境电商项目“海外购”。

10.2.2　亚马逊的优势

和其他跨境电商平台相比，亚马逊有以下几项优势。

（1）国际货源丰富，买家遍布全球。亚马逊在海外运作多年，其平台上已经聚集了大量的海外供应商和消费者。

（2）物流全链条的系统性。亚马逊通过布局大型仓储运营中心，建立了较为完善的物流体系，降低了整个供应链的运行成本。

（3）规模化。亚马逊通过与上海自贸区管委会、上海市信息投资股份有限

图 10-1　亚马逊“全球开店”首页

公司的合作，在上海自贸区展开跨境电商业务规模化运营。

10.2.3　亚马逊的服务模式

亚马逊平台能够为卖家提供包括物流、推广、商业顾问等在内的一系列服务。

（1）物流服务。通过亚马逊快捷可靠的多渠道物流服务，FBA（Fulfillment by Amazo，指亚马逊的库存、物流和配送服务）库存也可以用于卖家自己的网站或其他第三方网站上产生的订单，为卖家提供快捷方便的跨国扩展业务方式。

FBA 库存，是指卖家把自己在亚马逊上销售的商品库存直接送到亚马逊当地市场的仓库中。客户下订单，就由亚马逊系统自动完成后续的发货。发 FBA 到亚马逊仓库，商品就会获得 Prime 标识。Prime 是亚马逊的会员服务，每年 99 美元。

（2）推广服务。亚马逊平台提供免费的站内推广服务，商家的商品可以在主题活动中得到免费推广；亚马逊也提供付费推广，包括关键词搜索、页面广告等。

（3）商业顾问。亚马逊拥有专业的顾问团队，向平台商家免费提供首次上线的技术支持和咨询服务，并定期提供网络培训服务。

10.2.4　亚马逊的注册流程

（1）注册准备。卖家注册亚马逊需要一个本人使用的邮箱、一张双币信用卡和一部手机。目前，亚马逊支持个人和企业两种开店形式。

（2）注册步骤。

首先登录亚马逊网址官方主页（www. amazon. com），然后拉到页面最底部，单击“Start selling Amazon”。

在 seller 模式选择中，卖家可以根据自身情况选择“Sell as a Professional”或者“Sell as an Individual”。其中，“Sell as a Professional”需要每个月支付给亚马逊 39. 99 美元的店租；选择“Sell as an Individual”则根据每笔订单支付给亚马逊 0. 99 美元加销售一件产品的佣金。若选择“Sell as a Professional”，接下来进入邮箱填写界面，然后进入密码设置及用户信息填写界面。

接下来，需要填写信用卡号信息及到期日（具体信息见信用卡正面）。这张卡是 Amazon 后续用来扣款店铺租金 39. 99 美元的，这也是 Amazon 识别你的唯一凭证。单击 Save&Continue 后，下一步是税务信息的填写和产品信息的填写。新注册的账号经过审核后，就可以上架商品了。

10. 3 海外市场调研和行业选品

10. 3. 1 海外市场调研分析

10. 3. 1. 1 数据化分析跨境电商趋势

根据跨境电商大数据显示，中国出口跨境电商主要国家或地区分布：美国 16. 5%、欧盟 15. 8%、东盟 11. 4%、日本 6. 6%、俄罗斯 4. 2%、韩国 3. 5%、巴西 2. 2%、印度 1. 4%。

目前出口跨境电商主要面向美国、欧盟、东盟、日本等发达市场的中低端客群，同时俄罗斯、韩国、巴西、印度等新兴市场呈高速增长趋势。欧美日等发达经济体受益于量化宽松等刺激政策，经济增速企稳回升，新兴经济体经济增速放缓。中国制造性价比优势在未来仍将保持，同时海外消费市场为国内过剩产能提供了输出通道。

中国出口跨境电商卖家主要集中省份占比：广东 24. 7%、浙江 16. 5%、江苏 12. 4%、福建 9. 4%、上海 7. 1%、北京 5. 2%、湖北 4. 1%、山东 3. 3%、其他 17. 3%。

根据大数据显示，目前欧美市场升值空间很大，服装行业也占据市场比例 10. 2%，相对于其他行业来说，市场占有率也相对较高。UR 公司有国内平台自主品牌服饰经营的经验，做外贸出口行业有一定的信心。服装行业是 UR 公司迈进跨境电商外贸的第一步。

10. 3. 1. 2 蓝海产品

现存的市场由两种海洋所组成，即红海和蓝海。红海代表现今存在的所有产业，也就是已知的市场空间；蓝海指的是未知的有待开拓的市场空间。蓝海产品具备一个显著的特征，即无市场竞争产品或行业尚处于非激烈竞争阶段的产品，但又充满买家需求的行业。

由于以上特征，进行蓝海产品定价，基本缺乏竞争品牌各系列产品价格参照进行定价。同样，蓝海产品的蓝海阶段都是短暂的，随着跟随者的进入，蓝海产品将渐渐驶出“蓝海”，进入渐渐激烈的行业竞争当中。因此，蓝海产品的定价就更加应该具备战略性和竞争性的前瞻性。

价值创新是蓝海战略的基础。企业凭借其创新能力获得更快的增长和更高的利润。蓝海战略要求企业突破传统的血腥竞争所形成的“红海”，拓展新的竞争性的市场空间，考虑如何创造需求，突破竞争。

蓝海行业充满新的商机和机会。寻找蓝海行业是每一个卖家心中的期盼。蓝海行业和红海行业只是相对而言的，随着时间的推移，新进入的竞争者增多，流量爆发期过后也会出现价格搏杀的局面。

目前对于 UR 公司来说，寻找蓝海行业和产品为时过早。先选择好的产品打入国际市场才是目前的重点任务。

10.3.2 选品策略

10.3.2.1 选品的重要性

选品的重要性对卖家来说不言而喻。对于 UR 公司来说也非常重要。而选品策略作为店铺运营策略的一部分，也被视为整个运营策略的基石。选对产品对本身的销售和店铺后期的成长至关重要。

选品的好处归纳为三个时期，依次为运营前期、运营中期、运营后期。每个时期做好选品给店铺整体运营带来的好处都有不同的特点。

店铺运营前期，产品快速地获得买家的青睐；获得速卖通平台的推荐；提高买家下单的概率。店铺运营中期，产品可以快速积累销量；获得买家的好评；从平台获得更多的自然流量；降低推广和采购成本。店铺运营后期，定期上传优质产品为店铺增加新的销量入口；为后期店铺营销打好基础；提高店铺产品的竞争力。

（1）从市场角色关系看，选品即选品人员从供应市场中选择适合目标市场需求的产品。

（2）从用户需求的角度看，选品要满足用户对某种效用的需求。

（3）选型思路：网站定位 → 行业动态分析 → 区域需求分析 → 品相参考 → 产品开发与信息加工。

选品之前一定要对店铺自身有个明确的定位，这样你才能知道选购什么样的商品。

10.3.2.2 数据化选品

亚马逊后台“选品专家”模块，也为新手卖家提供了选品数据支持。具体操作如下，在“数据纵横”界面，点击“选品专家”，可以看到“热卖”和“热搜”数据情报。之后可以通过行业、国家、时间3个维度来筛选数据，并可以导出最近30天的原始数据自行处理分析。

在界面的主区域则用一个圆来代表一种产品，圆的大小代表销售热度，圆的颜色深浅代表竞争程度。圆越大，产品越热销；颜色越蓝，产品的竞争程度越低。

点击代表“headwear”的圆，进入热销选项的次级页面——销量详细分析页面。此页面有TOP关联产品的TOP热销属性两个区域。

在TOP关联产品中，图的大小和颜色所代表的意思和热销选项界面相同，圆之间的连线的粗细代表了买家的同时关注度，所以可作为关联产品选品的依据。

在TOP热销属性中，圆的大小颜色所代表的意思和热销选项界面相同，在这里可以展开观察各属性的销售热度，可导出最近30天原始数据做进一步分析。

“选品专家”中的“热搜选项”界面，在其中可以通过行业、国家、时间三个维度来筛选数据，并可以导出最近30天的原始数据自行处理分析。在界面的主区域则用一个圆来代表产品，圆的大小代表销售热度。

点击“dress”的圆，进入热搜选项的次级页面“搜索详细分析”页面。此页面有“TOP关联产品”和“TOP热搜属性”两个区域。

在TOP关联产品中，圆的大小代表的意思和热搜选项界面相同，圆之间的连线的粗细代表了买家的同时搜索度，所以可以作为关联产品选品的依据。

在TOP热搜属性中，圆的大小代表的意思和热搜选项界面相同，在这里可以展开观察各属性的搜索度，可导出最近30天的原始数据做进一步分析。

UR公司一直致力于倡导新的时尚观和购物方式，以“快、狠、准”为主要特征的快时尚迅速兴起，带动起全球的时尚消费习惯改变。UR有自己的设计团队，产品系列包括女装、男装、童装及包包配饰等，为消费者提供不同品类的选择，所以对于跨境出口电商服装行业非常有信心。UR天猫旗舰店从服装设计、产品上架到货运物流都非常的成熟，可是对于出口外贸，服装质量必须经过更加严格的质检。货源渠道和国际物流如何选择和监控，也是一个重点难题。

10.4 引流方法及转化技巧

10.4.1 数据分析常用公式和名词解释

UV：Unique Visitor，网站独立访客，即访问网站的一台电脑客户端为一个访客。

PV：Page View，即页面浏览量或点击量，用户每次刷新即被计算一次。

平均访问深度（PV/UV）：等于 PV/UV，数值越大，买家访问停留页面的时间越长，购买意向越大。

店铺成交转化率：指成交用户数占所有访客数的百分比，即店铺成交转化率=成交用户数/总访客数。

单品转化率：等于单品下单用户数/访客数。

PV 点击率：即浏览量（点击量）占曝光量（流量）的百分比。

10.4.2 数据分析常用指标说明

10.4.2.1 行业情报指标说明

访客数占比：在统计时间段内行业访客数占上级行业访客数的比例。一级行业占比为该行业占全网比例。

浏览量占比：在统计时间段内行业浏览量占上级行业浏览量的比例。一级行业占比为该行业占全网比例。

成交额占比：在统计时间段内行业支付成功金额（排风控）占上级行业支付成功金额（排风控）的比例。一级行业占比为该行业占全网比例。

支付订单数占比：在统计时间段内行业支付成功订单数（排风控）占上级行业支付成功订单数（排风控）的比例。一级行业占比为该行业占全网比例。

供需指数：在统计时间段内行业下商品指数/流量指数。供需指数越小，竞争越小。

10.4.2.2 搜索词分析指标说明

是否品牌原词：如果是禁限售，你销售此类商品将会被处罚，对于品牌商品，如果拿到授权可以进行销售。

搜索指数：搜索该关键词的次数经过数据处理后得到的对应指数。

搜索人气：搜索该关键词的人数经过数据处理后得到的对应指数。

点击率：搜索该关键词后并点击进入商品页面的次数。

浏览-支付转化率：关键词带来的成交转化率。

竞争指数：供需比经过指数化处理后的结果。

TOP3 热搜国家：在所选时间段内搜索量最高的 TOP3 的国家。

搜索指数飙升幅度：在所选时间段内累计搜索指数同比上一个时间段内累计搜索指数的增长幅度。

曝光商品数增长幅度：在所选时间段内每天平均曝光商品数同比上一个时间段内每天平均曝光商品数的增长幅度。

10.4.2.3 商品分析指标说明

搜索曝光量：在搜索或者类目浏览下的曝光次数。

商品页浏览量：该商品被买家浏览的次数。

商品页访客数：浏览过该商品的买家数。

搜索点击率：商品在搜索或者类目曝光后被点击的比率，其等于浏览量/曝光量。

访客数：访问该商品的买家总数。

成交订单数：该商品在选定时间范围内支付成功的订单数-选定时间范围内风控系统关闭的订单数。

成交买家数：该商品在选定时间范围内有过成功交易的买家数。

成交金额：该商品在选定时间范围内产生的交易额。

询盘次数：买家通过该商品单击旺旺与站内信的次数。

成交转化率：该商品有过成功交易的买家数占访问买家总数的比率，其等于成交买家数/访客数。

平均停留时间：买家访问该产品所有 detail 页面的平均停留时间。

添加购物车次数：该商品被买家添加到购物车的次数。

添加收藏次数：该商品被买家收藏的次数。

No-Pay 比率：该商品在选定时间范围内未成功支付的订单/创建成功的订单。

10.4.2.4 装修效果分析指标说明

平均访问深度：该来源带来的访客每次入店后在店铺内的平均访问页面数，即人均访问页面数。一段时间访问深度=每天访问深度日均值，即每天访问深度平均值。

平均访问时间：访问时间为用户在一次访问内访问店铺页面的时长，平均访问时间即所有用户每次访问时访问时长的平均值。

跳失率：只访问了该店铺一个页面就离开的次数占总入店次数的比例。一段时间跳失率=每天跳失率日均值，即每天跳失率平均值。

购买率：访问该页面的访客中当天下单的访客/访问该页面的总访客数。

有装修事件：是否装修。

10.4.3 影响商品转化率的因素

影响商品转化率的因素有很多，可以归纳为流量、商品本身以及客服跟进这

3 个方面。

（1）流量方面：宏观角度的影响因素为不同流量来源的占比，例如 PC 端/无线端流量的占比、不同国家流量占比、搜索流量/活动流量的占比。微观角度的影响因素为流量的精准度。

（2）商品本身方面：其中包括价格、物流方案、销量、评价、产品描述、售后服务等因素。

（3）客服跟进方面：客服的服务会影响客户的咨询率、下单率和支付率，进而会影响单品的转化率。

除此之外，品牌影响力、老客户黏度、关联营销等也会影响转化率。

10.4.4 站外工具——了解站外市场行情

分析站外数据，可以了解整体的海外市场需求，辅助日常的产品开发。

（1）看海外买家都在搜什么产品。

1）Google insight for search。作用：可以查询产品关键字的海外搜索量排序，产品在不同地区、季节的热度分布及趋势。

2）Google adwords。作用：可以查询关键字和相关关键词的海外搜索量，找到热卖的品类。

3）Ebay Pluse。作用：方便查看美国 Ebay 35 个大类目下被买家搜索次数最多的前 10 关键字，同理进入某个大类目下可以查看二级、三级、四级等类目下被买家搜索次数最多的前 10 关键字。

（2）看海外市场的热卖商品。

1）Watcheditem。作用：方便查看美国 Ebay 各级类目下热卖的商品。

2）Watchcount。作用：查看 Ebay 各国站点关注度最高的商品。

11 速卖通平台运营实操

11.1 速卖通平台介绍及店铺的开设

跨境电商平台的主要作用是信息展示、在线匹配和撮合。对于跨境电商卖家来说，在线渠道多元化是拓展网络销售渠道和规模的重要途径。对于某些商品或品牌来说，选择合适的目标市场进行深耕细作也是一种重要的策略。跨境电商各大平台都有自己的特点、行业优势以及客户群，因此，选择适合自己行业、适合自己商品、适合自己销售计划的跨境电商平台显得尤为重要。典型的跨境电商平台有全球速卖通（Ali Express）、亚马逊（Amazon）、易贝（ebay）、Wish、敦煌网（DHgate）等。

11.1.1 全球速卖通介绍

全球速卖通（速卖通）是阿里巴巴旗下面向全球市场打造的在线交易平台，是帮助中小企业直接面对终端批发零售商，小批量多批次快速销售，拓展利润空间而全力打造的融订单、支付、物流于一体的外贸在线交易平台，以 B2C 为主要跨境贸易模式，被广大卖家称为国际版“淘宝”。

11.1.1.1 速卖通的概况

速卖通创建于 2009 年，2010 年 4 月正式上线，对外开放，免费注册。经过多年的发展，速卖通已成为全球领先的外贸在线交易平台。截至 2017 年 5 月，速卖通已经覆盖全球 230 多个国家和地区，交易额已达 100 亿美元。2018 年底，速卖通累计买家数已经超过 1.5 亿，支持世界 18 种语言，目前是我国最大的 B2C 跨境电商交易平台。

俄罗斯、美国、西班牙、巴西、法国等国是速卖通的重点市场，是交易量排名前五位的国家，占据了速卖通 60%~70%的交易量。

2015 年速卖通发布新规，从 2016 年 4 月开始，所有卖家必须以企业身份入驻速卖通，不再允许个体商家入驻。2016 年 8 月，速卖通完成了从跨境 C2C 平台向 B2C 平台的转型升级。2016 年下半年，速卖通规定，入驻的商家必须有品牌，仅仅有企业身份也不够了。也就是说，商家入驻速卖通的标准连上两个台阶：企业身份和品牌。

11.1.1.2 赢利模式

卖家在速卖通平台上注册、发布商品都是免费的，订单成交后速卖通平台会按销售额的5%收取佣金，卖家通过国际支付宝提现的时候需要支付一笔手续费，卖家每操作提现一次收取15美元的手续费，15美元收入分给速卖通和新加坡花旗银行。另外，速卖通还提供了付费营销工具，如速卖通直通车和联盟推广。速卖通直通车靠点击付费，类似于淘宝直通车。速卖通联盟推广，由卖家设置佣金比例，吸引国外网站推广，按成交付费，类似于阿里妈妈淘宝联盟。

11.1.1.3 速卖通“中国好卖家”权益

2015年上半年，速卖通推出了“中国好卖家助力计划”，共推出五大助力措施，通过优质商品扶持、大型活动、卖家物流无忧计划、卖家工具操作效率提升、好卖家保障机制等具体措施，对优质卖家进行全方位服务。

“中国好卖家”金牌、银牌店铺的筛选标准有5个，称为“2+3”。两个数据指标是服务考核指标和交易指标；三大综合实力是指店铺背后的软实力，包括公司实力、运营能力和店铺专业性，见图11-1。

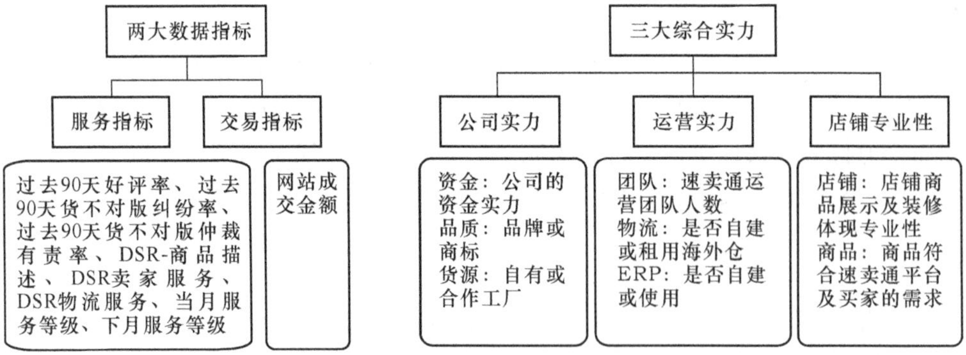

图11-1 金、银牌店铺的筛选标准

速卖通“中国好卖家”金、银牌店铺可以享受一系列的优惠措施，金牌店铺享有比银牌店铺更多的优惠政策。银牌店铺必须在6个月内升级为金牌店铺，若无法升级，则6个月后退出银牌店铺；卖家必须根据网站要求优化和调整自己店铺的商品结构，这样才有可能在6个月以内晋级到金牌店铺。

速卖通“中国好卖家”金、银牌店铺享受的优惠措施：

（1）流量支持：商品搜索流量支持，新店铺商品搜索曝光，流量倾斜90天，在搜索首页直通车广告位仅向“中国好卖家”金牌、银牌店铺开放。

（2）营销活动：“双十一”等大促会场资源仅向中国好卖家开放；为好卖家量身打造多类专场活动：如无线抢购周六专场、品牌闪购等。

（3）品牌特权：提供 PC/APP 店铺首页 Top brand 标识搜索页面品牌墙展示资源；提供二级域名。

（4）成长支持：享有线下运营私享课免费名额，银牌店铺定制化课程和运营共创会资源。

（5）提前放款：直接开通且享受最高额度，发货后 3~5 个工作日即可收到最高 98%的货款。

（6）服务支持：专人对接，交易仲裁享受 48 小时优先处理。

11.1.2 全球速卖通注册流程

11.1.2.1 注册准备工作

在速卖通注册开店的过程非常简单，用户只需要一个本人使用的邮箱、一个实名认证的支付宝账号、一部手机以及相关证件资料，即可轻松完成速卖通账户的注册。目前，速卖通只接受企业用户的注册。注册速卖通账户需要遵守平台的相关规则，具体有以下四点：

（1）用户注册使用的邮箱必须是注册人本人的邮箱。

（2）除非速卖通事先同意，只有中国内地卖家才可以在速卖通注册卖家账户。

（3）若卖家已通过认证，不论速卖通的账号是否开通使用，个人身份信息不得取消绑定。

（4）如果销售者在阿里巴巴平台因严重违规被关闭，则也无法在全球速卖通平台申请或是使用账号。

11.1.2.2 注册方法/步骤

在卖家有淘宝账号的情况下，可直接跳转到速卖通平台。登录到淘宝后台，在栏目中找到“卖往海外”一栏就会跳转到速卖通注册开店的页面。在卖家没有淘宝账号的情况下，可以直接登录速卖通官网（http：//seller. aliexpress. com/），会看网站的首页的界面。

单击免费开店，会进入注册页面，这里要注意，这个邮箱必须是不曾注册过淘宝的邮箱才可以。然后登录邮箱验证，验证成功就会进入填写账户信息的页面，详细地录入个人信息，这里需要一个英文名，不要只写名字，还要注意写上英文的姓氏，同时要填写正确的手机号。填写手机上收到的验证码后，单击确定即可完成注册。

卖家成功注册账户后，接下来就是速卖通开店。首先卖家需要绑定支付宝账号，登录已通过实名认证的支付宝账号，通过实名认证后，就可以单击页面中“前往我的速卖通”按钮，正式开启速卖通之旅。

11.2 商品的发布、成交和发货

11.2.1 速卖通发布产品的步骤及技巧

卖家登录速卖通平台后，单击发布产品，进入产品发布页面。接下来，进入产品管理—单击发布产品。发布产品时，需要依次填写产品所属类目行业、产品属性、标题关键词、产品主图、销售属性、尺码价格、信息模块、详细图片、售后服务、包装及物流等信息。

类目行业填写时，可以从选择类目中直接选择待发布产品的所属类目，也可以选择类似产品导入的方法，具体类目选择正确后，可以单击发布产品。

接下来，卖家需要填写产品的属性，系统要求产品属性填写的完整率达到78%以上，除了系统给定的产品属性，卖家也可以自定义填写更多属性，自定义属性非常重要，是很好的引流工具，如“For Christmas”等节日属性。

在标题和关键字填写部分，卖家需要尽最大可能填满 128 个字符，标星号的产品关键词是核心关键词，更多关键词部分，需要填写属性词和核心关键词组合。

在产品主图填写部分，产品图片格式只能是 JPEG，主图大小在 5MB 以内，且不允许盗用他人图片，卖家可以自由选择 6 张主图。

在销售属性填写部分，不同产品类目的商品属性不同，我们可以根据具体的要求选择产品的最小计量单位、销售方式、颜色等信息。

在价格和尺码填写区域，卖家需要根据尺码标准设定所买货物的尺寸。根据不同的国家标准，对常规尺码进行改良，比如常规中国款式和国外相比，会小一个尺寸。发货期部分，一般选 7 天，以免造成成交不卖影响店铺美誉度。

在产品详细描述部分，卖家一般需要填写产品功能属性、产品细节图片、支付物流、售后服务、公司实力等内容。

在描述图片填写部分，每次可以插入 8 张图片，支持的图片尺寸为 1000 像素×5000 像素，详情页图片考虑到移动端，建议不超过 800 像素×850 像素或者 700 像素×750 像素。文件格式为 JPG/JPEG，文件大小不超过 5MB。为了保证美观，插入的图片的宽度最好一致。

在产品详细描述部分，商品相关图片插入后，需要紧跟图片插入一段描述，一般情况下，我们可以对营销、服务、团队等进行宣传。

商品详细描述填写完成后，需要继续填写商品包装信息、物流信息，在物流设置部分，卖家可以选择之前设置好的产品运费模板。

最后，卖家需要填写的部分是服务模板和其他信息，当上述信息填写无误后，单击提交，商品信息就发布成功了。

11.2.2 物流及发货

通常情况下，跨境物流可以分为国际平邮、商业快递、国际专线和海外仓四种方式。其中国际平邮包括中国邮政小包、中国香港邮政小包、新加坡邮政小包；商业快递包括大陆 EMS、新加坡 EMS、USPS（美国邮政）、PARCEL FORCE（英国邮政）以及 UPS、DHL、TNT、FedEx 四大商业国际速递；国际专线包括中美专线、中澳专线、燕文专线等通过航空包舱方式运输到国外，通过合作公司进行目的国派送。海外仓就是在除本国地区的其他国家建立的海外仓库。

11.2.2.1 国际平邮

国际平邮也称为国际小包裹平邮。国际小包裹平邮适用于重量轻（低于 2kg）、价低（无报价）的国际小包裹。国际小包裹到大部分国家只需 7 天左右；国际航空包裹挂号适用于轻重量（低于 2kg）的国际航空包裹。下面，我们以中国邮政小包为例详细介绍一下国际平邮的特点及计费方式。

中国邮政航空小包（China Post Air Mail）又称中国邮政小包、邮政小包、航空小包，是指包裹重量在 2kg 以内，外包装长宽高之和小于 90cm，且最长边小于 60cm，通过邮政空邮服务寄往国外的小邮包。它包含挂号和平邮两种服务。中国邮政挂号小包较中国平邮小包来说，需要多缴 8 元挂号费，但可以跟踪包裹信息，丢件率非常低；而中国邮政平邮小包丢件率很高。通常情况下，若卖家货物价值 5 美元以下，可以选择平邮小包；5 美元以上选择挂号小包。

中国邮政小包可寄达全球各个邮政网点，出关不会产生关税或清关费用，但在目的地国家进口时有可能产生进口关税，具体根据每个国家海关税法的规定而各有不同（相对其他商业快递来说，航空小包能最大限度地避免关税）。相对于商业快递来说，中国邮政小包时效慢，但是一项经济实惠的国际包裹服务项目。

中国邮政小包的优势主要是：(1) 资费低；(2) 覆盖率高；(3) 使用范围广泛。

11.2.2.2 商业快递

商业快递包括国际 EMS、新加坡 EMS、USPS（美国邮政）、PARCEL FORCE（英国邮政）以及 UPS、DHL、TNT、FEDEX 四大商业国际速递。不同的国际快递公司具有不同的渠道，在价格、服务、时效上都有所区别。下面分别介绍一下国际 EMS 和四大商业国际速递。

A 国际 EMS

EMS 国际快递服务是各国（地区）邮政开办的一项特殊邮政业务，提供传递国际紧急信函、文件资料、金融票据、商品货样等各类文件资料和物品服务，同时提供邮件跟踪查询服务。国际 EMS 网络广泛，价格低，可邮寄食品、药品、私人物品等物件。

国际 EMS 快递包裹重量分实际重量和体积重量两种。快递公司将以两种重量中大的一项为计费依据，货物不足 0.5kg 的，按 0.5kg 计费；单件货物的规格必须保证：1 长+2 高+2 宽<330cm；单件不能超过 30kg。

B 四大商业快递

在国际电商中，使用国际快递是非常频繁的。目前市场上较为主流的国际快递有 DHL、UPS、联邦快递（FedEx）和 TNT 快递。

DHL 速递总部位于德国，是目前国际快递市场上实力最强的国际快递公司之一。DHL 相对于其他国际快递的优势区域在欧洲、北美洲，在这两个优势区域里，DHL 相比其他的国际快递拥有更高的时效，在清关速度上，DHL 速递的清关速度要比其他国际快递快一些。在网点分布上，DHL 速递在这两个地区网点分布更完善，覆盖面更广，偏远地区收费的概率低。

UPS 快递总部位于美国，是北美洲地区最强的一家国际快递公司。目前 UPS 快递的优势区域位于北美和南美地区，主要体现在运输的时效上。网点分布上，UPS 在北美洲拥有非常完善的运输网络，运输的时效更高，在北美地区基本不存在偏远费的情况。在南美地区也拥有不错的运输时效与清关速度。

联邦快递总部位于美国，是一家经济型的国际快递公司。联邦快递主要的优势区域在东南亚和北美洲。在东南亚，联邦快递是名副其实的国际快递龙头。其优势主要还是体现在性价比上。21kg 以上的大货，联邦快递的价格相当于 DHL、UPS 的一半，运输速度却是一样的。所以卖家在发 21kg 以上的货物到东南亚的话，可以首选 FedEx。但 FedEx 在西欧、美加、南美、非洲、中东国家没有价格和速度上的优势。

TNT 快递总部位于荷兰，主要优势区域在西欧地区。在西欧国家的清关能力比 DHL、UPS、EMS 都要强。但是价格方面，比其他公司要贵很多。如果卖家需要发一些比较重要的货物，又要时间快、通关力强，若不考虑价格因素，建议选择 TNT 快递。在其他地区 TNT 快递的竞争力远远不如其他的国际快递公司。其在中国的覆盖率低。

11.2.2.3 国际专线

国际专线是物流行业内用于区分国内专线及全球性的国际快递服务、传统的国际空运代理、国际海运散货拼箱服务的一种称谓。

下面介绍中俄航空 Ruston、燕文航空专线和 Aramex（中东专线）三种常见的专线物流方式。

A 中俄航空 Ruston

中俄航空 Ruston（Russian Air）专线是由黑龙江俄速通国际物流有限公司提

供的中俄航空小包专线服务。它具有时效快、价格优惠、交寄便利的特点。由于包机直达俄罗斯，80%以上包裹 25 天内到达买家目的地邮局；每件商品物流费用每克 0.08 元外加 7.4 元的挂号费；北京、深圳、广州（含番禺）、东莞、佛山、杭州、金华、义乌、宁波、温州（含乐清）、上海、南京、苏州、无锡、郑州、泉州、武汉等地 1 件起免费上门揽收，揽收区域或非揽收区域也可自行发货到指定集货仓。中俄航空 Ruston 支持发往俄罗斯全境邮局可到达区域。正常情况下，16~35 天到达目的地；特殊情况下，35~60 天到达目的地，特殊情况包括：节假日、特殊天气、政策调整、偏远地区等。

B 燕文航空专线

燕文航空挂号小包（Special Line-YW）的物流商北京燕文物流有限公司是国内最大的物流服务商之一。目前，燕文航空挂号小包已开通拉美专线、俄罗斯专线、印尼专线。燕文专线支持发往拉美地区 20 个国家。它具有时效快、交寄便利的特点。

C Aramex（中东专线）

Aramex 与中外运于 2012 年成立了中外运安迈世（上海）国际航空快递有限公司，提供一站式的跨境电商服务以及进出口中国的清关和派送服务。Aramex 服务目前支持中东、印度次大陆、东南亚、欧洲及非洲航线。目前平台上发货目的国有 22 个：阿联酋、印度、巴林、塞浦路斯、埃及、加纳、约旦、科威特、黎巴嫩、阿曼、卡塔尔、沙特阿拉伯、叙利亚、土耳其、也门、孟加拉、巴基斯坦、斯里兰卡、新加坡、马来西亚、印度尼西亚、泰国，且均为全境服务。在目的地国家无异常情况下，一般 3~6 天完成派送。Aramex 对接仓库有杭州仓库、义乌仓库、深圳宝安仓库、温州仓库、青岛仓库、许昌仓库、广州仓库、东莞仓库、汕头仓库、江门仓库等。

卖家在接到交易订单后，可以使用 Aramex 线上发货服务。在线填写发货预报，将货物发至阿里巴巴合作物流仓库，并在线支付运费，仓库就能将货物递交给 Aramex，由 Aramex 送达买家手中。

11.2.2.4 海外仓

海外仓的优势主要体现在以下两点：（1）大大降低了物流成本。批量发货，分摊到每一个商品的运费降低。运费只要跨境快递的 1/3。（2）物流时效快。卖家收到买家订单后下单操作出库，当地发货，物流时效只要 1~4 天，相对国内发货快很多。

上述四种跨境物流各有自己的特点，四大商业快递相对于其他物流方式费用高、运货周期短，可以查询物流状态，适用于实重和体积均较大者，单件重量不能超过 70kg，允许一票多件，采用首重+续费方式计费，以 500g 为计费单位，收取燃油附加费。EMS 首重以 500g 为计费单位，没有附加费用，其优势是清关能力强、跟踪信息比较详细、价格较低、包裹退回无须额外交费；其劣势是小件（2kg 以下）与超大件（10kg 以上）运费相对高，速度慢于四大快递。国际平邮费用低，货运周期长，若要跟踪包裹信息需要外加 8 元挂号费，中国邮政挂号小包丢件率非常低，但中国邮政平邮小包由于没有包裹跟踪信息，丢件率很高。

国际专线比国际平邮货运周期短，价格低于四大国际快递；海外仓批量发货，分摊到每个商品的运费较低。

卖家选择物流方式考虑的原则包括：物流费用、运达时效、通关率和丢件率四个方面。卖家需要选择多种物流方式，选择平台认可的物流方式并把物流选择权交给买家。

11.3 数据分析与流量的转化

针对用户行为数据的主要分析方法如下：

（1）按照时间变化的历史趋势分析。

（2）特定条件下的 TopN 分析、热点分析。

（3）用户特征分析。

（4）关联分析。

（5）分类。

（6）对比分析。

（7）异常分析。

总结篇

12　电子商务的发展展望与建议

12.1　新电子商务时代的运营方向和困境

21世纪是互联网的时代，也是电子商务时代。第三产业，特别是信息服务业已经成为21世纪的主导产业。在全球信息化的影响下，全世界的电子商务经过几年的改进和完善，已经成为各个国家重点发展战略的一部分。未来的电子商务模式会什么样？需要通过什么渠道来实现呢？每个人都会有自己的答案，每个人都可以发挥自己的想象，但是有一点可以肯定，就是电子商务的市场发展潜力是无穷的。

12.1.1　协同商务模式

协同商务（Collabortive Commerce，CC），被称为下一代的电子商务系统。电子商务环境下，单一组织难以满足顾客的所有条件，分工和协作是必由之路。企业不仅需要内部跨部门的协调，还要解决好价值链中和供应商、客户、合作伙伴之间的协调关系。企业要想在激烈的市场竞争中体现自己的优势，满足客户的要求，就必须建立协同的工作环境。企业建立现代企业制度，实现从金字塔形的管理模式转变到扁平化的管理，更需要企业内部与外部的资源整合，需要企业员工与员工之间、部门与部门之间的协同工作。

协同电子商务的本质是使企业群能够实现真正的协同，创建企业群的竞争优势。实现协同电子商务的目标，是真正激活企业的隐性资产，使企业的核心能力难以被竞争对手仿效和替代，为企业创建长久、持续的竞争优势。协同商务的主要内容分为以下四个方面：

（1）共享信息与知识（Information and Knowledge Sharing）。一方面，将员工或用户的信息与自身的职责、工作联系起来，企业内部的信息都是个性化的，员工所需要的信息，员工可以得到的信息都是与他工作相关的。另一方面，信息不但包括协同商务本身的信息，还包括了 ERP 以及其他系统的信息，这些信息都是集成在协同商务中。内容管理也纳入整个系统当中，作为一个协同商务系统，很重要一点是对自身产品的外部传播，例如，在互联网上发布最新的企业的产品的信息，建立与客户的沟通渠道，动态地维护外部网站的信息。

（2）业务整合（Business Interactions）。协同商务的整个处理过程也是企业内部业务的一个整合过程，客户根据网上的订单通过商务处理过程，实现客户的需求，客户也可以通过自助门户随时了解整体业务过程的处理情况。因此强化了客户联系的能力。

（3）商务洽谈空间（Business Space）。一方面，在企业运作过程中，企业的员工需要其他部门的协助，需要一些知识专家对他的一些问题进行解答的时候，需要借助这样一个空间或社区来进行，例如，在线的会议、在线的培训课程等。另一方面，企业的工作不单需要内部员工的协助完成，更需要外部用户的参与。例如，客户的参与，员工在完成客户需求的同时，需要不断地与外部客户进行有效沟通。协作社区的出现也是电子商务发展的一个部分，也是协同商务的作用体现。

（4）商务交易的数据互动。协同电子商务必须可以提供安全可靠的商务交易流程，包括客户的订单管理以及合同管理、财务交易的管理等。这些交易结果可以与内部其他系统进行一个互动以及数据的更新。

根据研究调查，到 2015 年拥有协同商务能力的供应商和客户与没有协同商务能力的企业竞争时将能够赢得超过八成的商机。所以协同商务对于企业未来生存和发展具有相当程度的重要性。

电子商务交易市场的未来发展方向将是协同商务，通过集成采购商、供应商、后勤作业以及金融服务商等，整合信息，提高整个商业价值链的整体运作效率。商务部组织编写的 2003 年《中国电子商务报告》将电子商务发展过程描述为：最小协同、中等协同、高度协同和极高协同四个阶段。

12.1.2 专业搜寻代理商模式（主要业务是网络商品的搜寻）

电子商务不单提供消费者更多的选择，也为企业带来更多开拓市场的机会，让供需两者之间有更密切的信息交流，在增进消费者了解市场能力的同时，促进了企业把握市场脉动的能力。因此，当大部分有购买能力的人都上网时，就应该让商品出现在网络的搜寻引擎上，未来营销形态将会被网络商品搜寻取代，会出现专业搜寻代理商为顾客提供搜寻商品的服务。

12.1.3 网络商品全球询价模式（走向全球一物一价+服务费方式）

通过 Internet 可以进行网络全球询价，可以全球沟通，产品销售必须走向一物一价。日本有过一个例子，Sony 出产的同一机型的随身听（Walkman），在纽约的销售价格是在东京卖的价格的一半。厂商的解释是因为东京的店租较贵。然而事实并非如此，真正的原因其实在于东京的批发渠道成本、获利都比较高，如进货中请吃饭、喝酒应酬，这些都算在成本里面，自然产品价格也就跟着提高。如果直接通过网络，即可省掉上下游厂商之间应酬公关的费用，这种相同产品不同价格的情形就不太容易再发生，至多再加上些服务费，将来就可形成全球一物一价的景况。

12.1.4 网络商品先试用再买模式

更有影响力的是提供网络商品试用，即在网上试用商品，试用满意了再买，这是传统商务很难做到的。

12.1.5 “C2B”电子商务模式

C2B 的商业模式有两种，一是团购，二是个性化。团购，就是集合众多用户需求形成统一的购买团体，从而享受事先与商家定好的优惠的批发价格，其收益主要来源于广告及佣金。其中团购又可分为两个发展阶段：首先是基于价格的团购，然后是基于产品的团购。

基于价格的团购属于 C2B 的初始阶段，由一群用户自发或者由第三方平台通过聚合众多个体消费者形成相对较大的采购订单，来使企业提供更大的优惠空间。用户自发情况较少，毕竟用户个体来操作此事有一定的难度，而且在信任度方面缺乏有效合理的评估，有时会在相互认识或者了解的群体里出现，比如同一个社区、同一类有相同话题的网络人群等。更多的还是需要通过第三方机构或平台来操作，例如淘宝、拼多多这样的电子商务平台的团购业务，国内近年也出现不少专业的团购网站，如前身为无忧团购网的篱笆网、上海团购网、拼多多等。现在国内的 C2B 网站，都是基于价格的团购网站，处于 C2B 发展的繁荣阶段。

基于产品的团购是 C2B 行业发展的第二阶段。部分高收入者和崇尚自我个性的人群，并不很在乎过去所说的消费最重要影响因素——价格，而是把产品的品质和特性的重要性置在价格之上。消费时往往更看重产品的质量、样式、品位等，由此催生出团购的另一大潜在市场：通过自发或者第三方平台聚合为数众多的该类用户，促使企业按他们的需求进行设计和生产，甚至可能改变企业所提供的产品内容。比如材质、外观设计、组合方式等。这个新型的 C2B 商务模式在国外已经有些成功案例，比如 Priceline 已经有些接近这个模式：Priceline 平台帮助用户在商品的品牌、特性和卖家（通常是航空公司、酒店、金融服务公司）的低价格之间求得平衡；用户可以向 Priceline 提交他们的期望价格和产品，卖方通过 Priceline 了解用户的产品需求和价格，然后根据用户需求特征提供他们所需要的产品来形成交易。

通过互联网进行团购，对参与者双方都有好处。对厂家而言，利用互联网团购，不仅可以降低企业的成本，而且可以打通市场，扩大交易份额；对用户而言，则可以享受更多的选择机会和更低的价格。

个性化定制则是 C2B 发展的更高阶段。这个阶段的 C2B 商业模式将具有创新性，对企业而言，需要在满足用户个性化定制所需更高成本和群体采购所要求的低价格之间达到平衡。对用户而言，则需要在满足个性化产品所需支付的高价格和群体采购可能出现的个性弱化之间寻求平衡。这对第三方的 C2B 电子商务平台是个巨大的挑战，既要找到可满足个性需求，并具有强大的定制生产能力的企业，又要找到尽可能多，同时又尽可能窄众的个性化用户群体。目前来看，这似乎很难。

12.2 中国电子商务未来发展趋势

未来电子商务的发展趋势是人们比较关注的话题，它将给人们带来全新的生活方式，有人提出了未来电子商务发展的趋势可能是无处不在的交互多媒体，是在线办公，是小企业走向全球化，也是服务现代化等。人们应利用现代信息技术将以大量人力、物力为基础的传统服务业改造成资源可以共享、可以再利用的现代服务业，以真正体现以服务为导向（SOA）的理念。未来我国电子商务的发展趋势可以从下面几个方面分析。

（1）多种模式并存，发展前景诱人。《中华人民共和国电子签名法》的实施和《电子支付指引（第一号）》的颁布，从法律和政策层面为电子商务的发展保驾护航；以支付宝为例的第三方支付平台的兴起，带动了网上支付的普及，为电子商务应用提供了保障。

目前，B2B 领域已经出现三种比较成型的盈利模式：第一类是以阿里巴巴为代表的外贸店铺式 B2B 交易平台模式，其所倡导的网商观念与国际贸易线上服务优势获得了业界的广泛赞许；第二类是以慧聪为代表的内贸商情式 B2B 交易平台模式，该平台以原先慧聪分类商情杂志积累的企业资讯服务资源为基础，具有较强的线下沟通能力；第三类是买麦网开创的全功能型 B2B 交易平台模式，其特点在于强调“撮合交易”与“主动营销”的服务能力，注重运用互联网、手机、即时通信等多种信息沟通工具，帮助企业撮合交易成功。

2000 多万家中小企业中仅有不足四成尝试过网络营销，可见我国电子商务的市场潜力依然巨大。与国外的中小企业热衷于体现自我建设独立网站不同的是，我国中小企业更愿意通过第三方的 B2B 交易平台介入电子商务活动。同时据权威机构统计，我国互联网购物大军也正高速增长，越来越多的人愿意通过当当、卓越、淘宝、易趣这样的互联网平台进行交易。可见，电子商务市场规模正在迅速扩张，电子商务市场发展前景诱人。

（2）电子商务向地缘组合、区域化发展。随着经济全球化的深入，区域资本市场的形成，区域经济一体化集团化的趋势将更为明显，区域合作的空间不断拓展，合作的层次不断深化，并进一步推动世界经济的多极化发展。到目前为止，根据世界贸易组织的统计，世界上已出现了 144 个各种类型的区域性经济集团或组织。在世界贸易组织的 135 个成员中，除日本、韩国外，其他成员至少参加了一个区域性协定，其中影响较大的有欧盟、北美自由贸易区、南美共同体、亚太经合组织等。同时，随着欧元示范效应的加大，将促使一些区域经济组织推动本区域的货币统一进程。

一方面，由于各个国家和地区的发展程度不同，对全球化理解的不同，以及利益所求的不同，在许多重大问题上是存在着重大分歧的。而那些地缘相邻、人文相近、利益相关的区域合作方兴未艾，成为区域各成员参与全球化、提升竞争力、实现共同发展的现实选择。所以完善和发展区域经济的创新体系，是推动经济发展的战略性问题。加快区域内外合作体系的建立，是走向国际市场的必由之路。

另一方面，区域化战略是有效扩大网上营销规模和效益的必然途径。区域化优势是相对于中国独特的国情条件而言的，中国人口众多幅员辽阔，社会群体在收入、观念、文化水平的很多方面都有不同的特点。我国地区经济发展的不平衡反映出经济发展的不均、收入结构的差异等。

（3）产业链共享。在电子商务时代，交易过程很大程度上都变为自动化；供应商关系通过电子网络而紧密联结；服务品质得到改善；大额成本得以削减另外，传统的产供销体系逐步瓦解，取而代之的是以行业采购巨头们所形成的纵向买方市场和跨行业区域服务与制造商所形成的横向卖方市场。继股票交易所、期货交易所之后，全球出现了一批电子商务交易所，以满足大规模、经济性、跨洲、开放式、流通性的全球电子商务交易所，比如，阿里巴巴公司。

对于中国而言这是未来发展的一个新的趋势。我国的供应市场已经逐步与全球经济全面接轨，但也面临着参与全球化竞争的风险和危机，目前许多中国供应商网站的内容通常很不完整，公司规模、制造和质量控制设备等基本信息很难找到，用来业务洽谈的电子邮箱许多是公共门户网站的地址，而且其中很多还不能使用。这些细节其实都是很致命的。

（4）融合化趋势。由于大量的网站属于“重复建设”，定位相同或相近，业务内容相似，激烈竞争的结果只能是少数企业最终胜出，处于弱势状态的网站最终免不了被吃掉或者关门的结果。另外，同类别网站之间互补性的兼并。那些处于领先地位的电子商务企业在资源、品牌、客户规模等诸方面虽然有很大优势，但与国外著名电子商务企业相比不是一个数量级的。这些具备良好基础和发展前景的网站在扩张的过程中必然采取收购策略，主要的模式将是互补性收购。由于人性化、专业化是电子商务发展的两大趋势，每个网站在资源方面总是有限的，客户需求又是全方位的，所以不同类型的网站以战略联盟的形式互相协作也成为必然。

总之，随着经济全球化和信息技术与信息产业迅速发展，电子商务将成为今后信息交流的热点，成为各国争先发展、各个产业部门最为关注的领域。只有具备战略性和前瞻性的眼光，适应全球经济一体化的趋势，努力发展适合我国国情的电子商务，才能立于不败之地。

12.3 中国电子商务未来发展特点

（1）电子商务的深度将进一步拓展。目前受限于技术创新和应用水平，企业发展电子商务仍处于起步阶段。随着这两方面水平的提高以及其他相关技术的发展，电子商务将向纵深挺进，协同电子商务将浮出水面，取代目前简单地依托“网站+电子邮件”的方式。电子商务企业将从网上商店和门户的初级形态，过渡到将企业的核心业务流程、客户关系管理等都延伸到互联网上，使产品和服务更贴近用户需求。互动、实时成为企业信息交流的共同特点，网络成为企业资源计划、客户关系管理及供应链管理的中枢神经。企业将创建、形成新的价值链，把上下游利益相关者联合起来，形成更高效的战略联盟，共同谋求更大的利益。

（2）中国电子商务将面临严峻挑战。电子商务是国际贸易发展的必然趋势，随着国际电子商务环境的规范和完善，中国电子商务企业必然走向世界，这也是进一步扩大对外经贸合作和适应经济全球化、提升中国企业国际竞争力的需要。而随着中国加入 WTO，国外的电子商务企业也将渗透到国内，对中国电子商务构成严峻挑战。

（3）电子商务网站将会出现兼并热潮。首先是同类兼并。目前中国为数不少的网站属于重复建设之列定位相同或相近，业务内容趋同。由于资源有限，并且在 Internet“赢家通吃”原则下，最终胜出的只是名列前茅的网站。其次是互补性兼并。那些处于领先地位的电子商务企业在资源、品牌、客户规模等诸方面具有很大的优势，但与国外著名电子商务企业相比还有很大差距。这些具备良好基础和发展前景的网站要发展，必然采取互补性收购策略，结成战略联盟。由于个性化、专业化是电子商务发展的两大趋势，而且每个网站在资源方面总是有限的，客户的需求又是全方位的，所以不同类型的网站以战略联盟的形式进行相互协作将成为必然趋势。

(4) 垂直电子商务将成为下一代电子商务发展主流。中国电子商务进入迅猛发展时期的典型特征是风险资金、网站定位等将从以往的“大而全”模式转向专业细分的行业商务门户。行业电子商务将增值内容和商务平台紧密集成，充分发挥 Internet 在信息服务方面的优势，使电子商务真正进入实用阶段。

(5) 电子商务将催生 eASP——电子商务应用服务商。电子商务是将来的主要商务交易模式，但对于国内为数众多的中小型企业来说，将面临如建设投入大、运营成本高、见效周期长、效果不理想、缺乏标准化的应用系统、软硬件需不断升级等一系列难题，有了 eASP，中小企业可以把上述问题转给他们解决，只专注于做好自己的产品和服务便可。

总之，未来的电子商务发展模式形式上会是多种多样的，内容上会各有特色，电子商务企业之间的竞争将会更加激烈，相互之间“大鱼吃小鱼”的并购将常现，某个行业只有一两个具有相当实力和规模的企业生存下来，大部分同类电子商务企业将被淘汰。全球一体化步伐将越来越快，国家之间在虚拟市场的竞争更加剧烈，各国政府为保护本国的利益而采取一些地方保护政策，会影响和抑制电子商务全球化的发展速度。

12.4 电子商务发展中面临的问题

网络时代给人们的工作和生活带来了前所未有的改变，创造了数字化和信息化的生存模式和生产生活方式，使整个世界的经济面临新的机遇和挑战。电子商务的出现，极大地改变了社会经济运作模式。而电子商务与传统产业的结合，在使电子商务实际应用走向深化的同时，为传统产业的发展带来生机与活力。电子商务作为全球经济发展的最终趋势，将成为 21 世纪贸易活动的基本形态。虚拟网络的大数据流、高流动性、非物质性等特征预示着一个全新社会领域的形成同时也产生了诸多新的社会关系。在电子商务迅速发展的同时，也面临诸多亟待解决的问题。

全球一体化经济进入“无边界”时代，“电子商务代表着未来贸易方式的发展方向”，已引起世界各国政府、联合国和其他国际组织的高度关注。联合国国际贸易法委员会（UNCITRAL）于 1996 年制定了《电子商务示范法》；欧盟和美国在 1997 年先后提出了《关于电子商务的欧洲建议》《全球电子商务框架》；世界贸易组织（WTO）在 1998 年 5 月召开的部长级会议上发表了《关于全球电子商务的宣言》，并于当年 10 月正式启动全面研究电子商务中法律问题的项目，为 2000 年前开始的新一轮服务贸易总协定（GATS）谈判和评审与贸易有关的知识产权（TRIPS）协议的实施，乃至全球电子商务法典的制定做必要准备；世界知识产权组织（WIPO）在1998年底通过了《MPO版权条约》(WCT）和《WIPO表演与录音制品条约》（WPPT）这两项“因特网”条约；1998年10月又宣布：经成员国同意，MPO将实施一系列措施，旨在提高对在世界所有地区的电子商务问题的认识，包括成立专门的指导委员会、加强与各地区成员国的协商，在1999年9月，召开关于全球电子商务的国际会议。全球电子商务中的知识产权保护已成为国际贸易与知识产权法的突出问题。

参考文献

[1] 彭强 . Google 的三种利器技术、口碑、竞价广告 [J]. 成功营销，2003 (11)：10-12.
[2] 石盛林 . 百度与 Google 的克合之“道” [J]. 网站活力，2006 (3).
[3] 焦育英，金世发 . 搜索引擎的发展及盈利模式研究 [J]. 情报理论与实践，2006 (5)：114-115.
[4] 艾瑞咨询：2007-2008 年中国搜索引擎行业发展报告 [J].
[5] 闫兵 . 国内搜索引擎盈利模式研究 [J]. 上海：华东师范大学，2007.
[6] 石滨 . 搜索服务的价值来源及商业模式分析 [J]. 企业经济，2006 (8)：56-58.
[7] 李海 . Google：单一盈利模式背后的玄妙 [J]. T 时代周刊，2005 (10)：4-5.
[8] 秦成德 . 移动电子商务 [M]. 北京：人民邮电出版社，2009.
[9] 张玉艳 . 第三代移动通信 [M]. 北京：人民邮电出版社，2009.
[10] 郭峰 . 移动电子商务及其应用 [J]. 科技信息，2006 (10)：70-73.
[11] 沈惠敏 . 我国移动电子商务发展趋势研究 [J]. 科技情报开发与经济，2007 (1)：18-20.
[12] 姜志，聂志峰 . 移动电子商务及其关键技术 [M]. 湖北邮电技术，2018 (11)：4-6.
[13] 丁晖 . 跨境电商多平台运营 [M]. 北京：电子工业出版社，2015.
[14] 李鹏博 . 揭秘跨境电商 [M]. 北京：电子工业出版社，2015.
[15] 速卖通大学 . 跨境电商数据化管理 [M]. 北京：电子工业出版社，2016.
[16] 速卖通大学 . 跨境电商营销 [M]. 北京：电子工业出版社，2015.
[17] 李一军 . 电子商务 [M]. 北京：电子工业出版社，2010.
[18] 董德民，孟万化，等 . 电子商务 [M]. 北京：中国水利水电出版社，2008.
[19] 俞立平，李建忠，何玉华，等 . 电子商务概论（第 3 版）[M]. 北京：清华大学出版社，2012.
[20] 京拍档 . 京东运营大揭秘：28 个技巧让销量步步高 [M]. 北京：电子工业出版社，2016.
[21] 蔡敏 . 赢在天猫：写给天猫店长的店铺盈利之道 [M]. 北京：电子工业出版社，2017.
[22] 刘珂 . 淘宝、天猫网上开店速查速用一本通：开店、装修、运营、推广完全攻略 [M]. 北京：北京时代华文书局，2015.
[23] 陈亮，年轻派，等 . 天猫店这样开才赚钱 [M]. 北京：北京联合出版公司，2016.
[24] 吕建军，侯云先 . 物流与供应链管理（第 2 版）[M]. 北京：机械工业出版社，2016.
[25] 冯耕中，刘伟华 . 物流供应链管理 [M]. 北京：中国人民大学出版社，2010.

4

5

6

4 2021 年 4 月 14 日，安徽省副省长、省工商联主席王翠凤来马钢调研，图为参观马钢冷轧智控中心

5 2021 年 11 月 10 日，安徽省委常委、统战部部长张西明来马钢调研

6 2021 年 11 月 26 日，安徽省委常委、宣传部部长郭强来马钢调研

1. 2021 年 1 月 4 日，中国宝武绿色发展与智慧制造现场会在马钢举行
2. 2021 年 8 月 19 日，中国宝武进一步贯彻落实习近平总书记考察调研中国宝武马钢集团重要讲话精神座谈会在马钢召开
3. 2021 年 2 月 5 日，马鞍山市与马钢融合发展对接会召开
4. 2021 年 9 月 16 日，马鞍山市委书记张岳峰来马钢讲党课
5. 2021 年 5 月 27 日，中国宝武首批爱国主义教育基地（马钢站）挂牌仪式暨红色故事讲演活动举行

⑥ 2021 年 6 月 22 日，马钢召开“我为群众办实事”实践活动专题会

⑦ 2021 年 6 月 25 日，马钢党委举行庆祝建党 100 周年座谈会暨“光荣在党 50 年”纪念章颁发仪式

⑧ 2021 年 4 月 30 日，马钢召开以“学讲话精神 展先模风采 创一流业绩 迎建党百年”为主题的庆“五一”劳模先进交流会

⑨ 2021 年 12 月 20 日，马钢职工福利中心上线

⑩ 2021 年 7 月 2 日，中宣部建党百年六集工业纪录片《钢铁脊梁》摄制项目摄制组在马钢股份重型 H 型钢生产现场拍摄

⑥

⑦

⑧

⑨

⑩

1

2

3

4

1 2021年3月26日上午，中国宝武在马鞍山单位新冠病毒疫苗接种工作动员会在马钢召开

2 2021年8月25日，马钢召开新冠疫苗接种工作紧急会议，全力推进疫苗接种工作，筑牢疫情防控屏障

3 马钢严格落实马鞍山市统一部署，有序组织实施职工疫苗接种

4 2021年8月18日，马钢持续开展疫情防控宣传工作，图为马钢公司办公楼大厅宣传展板

① 2021 年 1 月 12 日，马钢集团丁毅董事长参加了由安徽省常务副省长邓向阳主持召开的阜南县定点帮扶工作座谈会，马钢 2020 年度扶贫工作受到邓向阳副省长的肯定，特别是教育扶贫取得的成绩在会上受到表扬

② 2021 年 9 月 30 日，马钢集团党委书记、董事长丁毅在含山县龙台村开展产业调研

③ 2021 年 11 月 12 日，马钢集团党委副书记、总经理，马钢股份党委副书记刘国旺率队赴含山县林头镇龙台村调研，并代表马钢捐赠帮扶资金

④ 2021 年 12 月 9 日，马钢基层党组织与龙台村党总支开展五方结对共建，助力乡村振兴

⑤ 2021 年 12 月 9 日，马钢为定点帮扶的龙台村开展铸造专业培训

⑥ 2021 年 3 月 31 日，马钢集团扶贫办联合集团纪委、运营改善部、经营财务部、法律事务部，共同赴定点帮扶贫困村开展帮扶项目调研

1 马钢集团获中国宝武“2021 年度综合绩效奖”金奖

2 马钢集团获中国宝武“2021 年度战略进步奖”银奖

3 2021 年 6 月 30 日，马钢股份整合融合信息化项目上线

4 2021 年 12 月 20 日，马钢举行冷轧总厂智控中心 17 条产线入驻投用仪式

5 2021 年 12 月 20 日，马钢举行长材智控中心启用仪式

6 2021 年 12 月 31 日，安徽长江钢铁智控中心启用暨信息化一期上线仪式

⑦ 2021 年 5 月 28 日，马钢与欧冶工业品签署业务委托合作协议

⑧ 2021 年 7 月 8 日，我国首台混合动力改造机车入驻马钢

⑨ 2021 年 5 月 12—14 日，由中国金属学会主办、马钢股份等单位协办的“2021 年全国冶金焦化节能减排关键技术研讨会”在马鞍山市召开

⑩ 2021 年 3 月 18 日，马钢参加 GB/T 8601《铁路用辗钢整体车轮》国家标准审定会

⑪ “马钢基于 5G+MEC 边缘计算平台的智慧钢铁高质量工业内网建设与应用项目”获第四届“绽放杯”5G 应用征集大赛—MEC 边缘计算专题赛决赛一等奖，全国总决赛优秀奖

⑫ 2021 年 10 月 21 日，“山钢杯”全国钢铁行业职工网上安全生产知识竞赛决赛，马钢代表队获团体一等奖

13—19　2021 年，马钢推进绿色低碳发展，加快智慧制造升级，全力打造花园式滨江生态都市钢厂和智慧制造示范基地，厂区成为城市景区

1

2

1. 2021年1月5日，中国宝武举行以“学讲话、铸匠心、见行动”为主题的第四次“职工代表看宝武”活动，职工代表们实地参观马钢，图为沿着习总书记的足迹，参观马钢特钢优棒生产线
2. 2021年12月23日，中国宝武公司日，马钢集团举行公司机关升旗仪式
3. 2021年1月5日，马钢集团工会开展“职工代表看宝武”活动，图为职工代表一行现场参观马钢展示馆
4. 2021年5月8日，马钢集团组织开展“劳模先进家庭看马钢”活动，邀请40名劳模先进职工代表及家属看马钢展厅、进优棒材生产线、走智园，了解马钢的历史和成就，感受绿色智慧钢铁的魅力
5. 2021年6月4日，“永远跟党走”中国宝武马钢职工主题歌咏会在马鞍山市保利大剧院举行，图为马钢领导为获奖单位颁奖
6. 2021年12月27日，马钢举行“江南一枝花”讲演诵读大赛决赛，图为马钢集团领导为获优秀组织奖的单位颁奖

3

4

5

6

7 庆祝中国共产党成立 100 周年，马钢开展“七个一百”系列活动（图为马钢百个历史精彩瞬间图片展）

8 庆祝中国共产党成立 100 周年，马钢开展“七个一百”系列活动（图为马钢开展百名青年“红色快闪”活动）

9 2021 年 7 月 1 日—10 月 8 日，马钢集团工会组织开展“永远跟党走”职工线上健步走活动，为期 100 天，活动期间共有 4544 名职工参加了健步走活动。活动前期，各单位自行组织开展健步走活动

10 2021 年 12 月 5 日，马钢集团工会、团委、关工委、人力资源服务中心、资产经营公司和康泰公司共同承办的第六届马钢大学生公寓文明宿舍表彰仪式暨“人才杯”篮球赛开幕式在马钢人才公寓举行

编辑说明

1.《马钢年鉴》坚持以马克思列宁主义、毛泽东思想、邓小平理论、“三个代表”重要思想、科学发展观、习近平新时代中国特色社会主义思想为指导，坚持辩证唯物主义和历史唯物主义的立场、观点、方法，全面、系统、真实地记载了2021年马钢的生产经营建设、改革发展及精神文明建设等方面情况，为读者提供认识、了解马钢的最新信息资料。

2. 本卷《马钢年鉴》设特载、专文、企业大事记、概述、集团公司机关部门、集团公司直属分/支机构、集团公司子公司、集团公司其他子公司、集团公司关联企业、集团公司委托管理单位、集团公司其他委托管理单位、统计资料、人物和附录共14个类目，116个分目，790个条目，663千字。统计资料栏目中的统计资料数据均为集团公司汇总统计后的数据，并统一称为马钢集团统计资料。

3. 本卷《马钢年鉴》框架设计采用类目、分目和条目分类法编排。条目标题一律使用黑体字并加【】。企业大事记栏目中的“△”符号表示与前一条大事件为同一日期。

4. 本卷《马钢年鉴》由集团公司职能部门、直属分/支机构、集团公司子公司、集团公司委托管理单位及部分关联企业供稿并经负责人审核。计量单位采用中华人民共和国法定计量单位。

《马钢年鉴》编辑委员会

编辑工作人员

编　　辑　李一丹　　王　广

美术编辑　李一丹

摄影编辑　刘正发

图片摄影人员

刘正发	张　泓	张　磊	罗继胜	申婷婷
高莹茹	张蕴豪	肖卫东	储怡萌	秦玲玲
李田艳	郑金钰	席　静	刘学华	陈　涛
余　军	章隆胜			

参与校对人员

杨　滔	李　峥	王　芳	张　涵	李　璘
程　红				

目　录

特　载

专　　文

企业大事记

概　　述

集团公司机关部门

集团公司直属分/支机构

集团公司子公司

马鞍山钢铁股份有限公司

集团公司其他子公司

集团公司关联企业

集团公司委托管理单位

欧冶链金再生资源有限公司（原马鞍山马钢废钢有限责任公司）

宝武重工（马鞍山基地）

马钢集团物流有限公司

集团公司其他委托管理单位

统 计 资 料

人 物

附 录

特　　载

马钢年鉴

JIAN

领导考察、调研

【安徽省委书记郑栅洁一行来马钢调研】 2021年11月16日，安徽省委书记郑栅洁一行赴马鞍山市调研。他强调，要认真学习贯彻党的十九届六中全会和习近平总书记考察安徽重要讲话指示精神，按照省第十一次党代会部署，拉高标杆、扬长补短，以埋头苦干、勇毅前行、争先创优的实际行动，确保党中央决策部署在安徽落地生根。马鞍山市作为老工业基地，要抢抓机遇、发挥优势，在融入长三角一体化、推动产业高质量发展上当先锋、做高地。安徽省领导汪一光、何树山陪同来到宝武马钢集团。在马钢，郑栅洁驻足展厅，观看企业发展历程，并深入车间看生产、问经营。在马钢交材智慧中心和马钢智园，郑栅洁认真了解企业智能化改造情况。他指出，产业数字化升级的路子是必须要走的，要大力推动制造业加速向数字化、网络化、智能化发展，推进组织变革与流程再造，开发生产更多技术含量高、附加值高的新产品，不断提升企业发展的质量效益。

调研中，郑栅洁强调，学习贯彻党的十九届六中全会精神，关键要体现在贯彻党中央决策部署的行动上，体现在履职尽责、做好本职工作的实效上，体现在日常言行上。要坚持把做强做大实体经济特别是制造业作为主攻方向，主动在长三角一体化中集聚要素、配置资源、优化布局，一手抓传统产业转型升级，一手抓战略性新兴产业发展壮大，打造具有重要影响力的新兴产业聚集地。安全是发展的前提，要毫不放松抓好疫情防控，高度重视安全生产，紧盯道路交通、消防、危化品、建设施工、工矿、旅游等领域，加强风险隐患排查治理，坚决防范遏制安全生产事故，着力营造安全稳定的发展环境。

（张　轩）

【全国总工会副主席高凤林一行来马钢调研】 2021年9月17日，中华全国总工会副主席、中国航天科技集团有限公司第一研究所211厂14车间高凤林班组组长、第一研究院首席技能专家高凤林一行来马钢调研。中华全国总工会劳动和经济工作部部长王晓峰，省总工会党组成员、副主席胡东辉参加调研。马鞍山市委副书记、市委党校校长张泉，马钢集团公司总经理助理邓宋高陪同调研。

高凤林一行首先参观了特钢公司棒材分厂优棒生产线，在该生产线1号操作室，高凤林详细了解该产线的生产工艺流程、职工队伍建设情况，鼓励一线职工以习近平总书记考察调研中国宝武马钢集团重要讲话精神为指引，立足本职岗位，聚焦创新创造，提升能力素质，为打造后劲十足大而强的新马钢不懈奋斗。

高凤林一行随后来到马钢矿山工匠基地，为全国劳模卜维平的职工创新工作室颁授"全国示范性劳模和工匠人才创新工作室"奖牌奖状，勉励卜维平继续发挥示范引领和骨干带头作用，带领更多职工开展技术革新、生产攻坚，为打造一支知识型、技能型、创新型产业工人队伍做出贡献。

（汪少云）

【安徽省副省长、全国工商联常委、省工商联主席王翠凤来马钢调研】 2021年4月14日，安徽省副省长王翠凤一行来马钢督导调研突出环境问题整改和绿色发展、智慧制造相关工作。安徽省政府副秘书长左俊，省教育厅副厅长解平，马鞍山市领导袁方、李强，马钢集团党委常委、副总经理唐琪明，马钢集团总经理助理邓宋高参加陪同调研。在马钢南区三号门区域，王翠凤沿途察看厂区面貌，对马钢厂区近年来发生的美丽"蜕变"表示满意。在展板前，唐琪明向王翠凤详细介绍了马钢近年来在生产经营，践行绿色发展、推动智慧制造，狠抓问题整改等方面付出的努力。王翠凤对马钢取得的成绩成果表示肯定，要求马钢坚持绿色发展理念，坚持系统治污、源头治污、科学治污，以项目为抓手，加快推进超低排放等"三治"工程，巩固提升突出环境问题整改成果。随后，王翠凤一行先后走进冷轧智控中心、马钢运营管控中心和炼铁智控中心，听取了马钢区域集中管控、现场智能机器人应用、5G应用等智慧制造成果。她要求马钢要在现有基础上更好运用工业物联网、大数据、5G技术等现代信息技术，推动智慧制造水平再上新台阶，要加强污染排放实时监控，确保废气超低排、废水零排放、固废不出厂，实现绿色转型、高质量发展。

（张　泓）

【安徽省副省长、全国工商联常委、省工商联主席王翠凤来马钢调研】 2021年11月9日上午，安徽省副省长、全国工商联常委、省工商联主席王翠凤率省委统战部、工商联人士来马钢调研指导绿色发展、智慧制造工作。马鞍山市委副书记、市政府党组书记、市长袁方，马钢集团公司、马钢股份公司党委书记、董事长丁毅参加调研。代表团一行首先来到马钢交材智控中心,在现场听取马钢自动化、信息化和数字化改造情况介绍后,王翠凤详细询问马钢交材智慧制造发展水平。得知经过智慧化改造,马钢交材安全生产水平和劳动生产率都有了进一步的提升,可以对产品进行全生命周期管理,她给予赞许,并希望企业全程保证车轮质量,持续通过智能化改造,降低能耗、提高效率。随后,代表团一行来到马钢智园,察看运营管控中心和炼铁智控中心一体化监控平台。王翠凤询问了解操作系统相关情况,丁毅细致解答。得知马钢运营管控系统集制造、物流、能环等综合信息及现场视频一体,已实现生产全流程管控,能为公司生产经营决策提供数据分析支持后,代表团成员们纷纷称赞。王翠凤指出,要以长远眼光、务实行动抓好智慧制造,并持续加大环保技术改造力度,加快智能化改造升级。在炼铁智控中心,代表团成员们仔细查看马钢铁前原料、焦化、烧结、球团、高炉各工序的集中操作和一体化决策,不时驻足交流。王翠凤表示,马钢在智慧制造相关项目推进上取得的成绩有目共睹、值得肯定。她希望,马钢持续深入,打造绿色低碳、安全高效的智能制造系统,为我省企业绿色智慧发展提供优秀经验。

(申婷婷)

【安徽省委常委、统战部部长张西明来马钢调研】 2021年11月10日,安徽省委常委、省委统战部部长、省政协党组副书记张西明来马钢调研。安徽省委统战部副部长、省民委(省宗教局)主任(局长)陆友勤,市领导张岳峰、方文、陈永红,马钢集团公司、马钢股份公司党委书记、董事长丁毅参加调研。

上午,张西明一行首先来到马钢交材智控中心,听取企业发展历史、生产经营情况及车轮产品相关介绍,详细了解马钢交材近年来在智慧制造领域实现自动化、信息化和数字化提升所取得的成果。得知马钢交材正在积极开拓国内高铁市场,并取得积极进展,张西明表示赞赏,并详细询问马钢交材在质量管控方面所采取的举措。丁毅介绍说,目前马钢交材已经实现了对产品进行全生命周期管理,每一片车轮都有“身份证”,企业安全生产水平和劳动生产率都有了进一步的提升,今后会持续加强产品质量管理。

在马钢智园,张西明先后来到运营管控中心和炼铁智控中心,听取了马钢在“五部合一”、铁前集中操作和一体化决策智能系统等方面的创新实践介绍。张西明称赞马钢智园建得快、建得好,实现了传统产业的跨越式升级,对马钢以信息化、智能化推动业务流程优化再造和管理变革给予肯定,并希望马钢利用好新的智慧化工作平台,进一步提升企业管理标准化水平。在调研中,张西明强调,马钢与马鞍山市在钢城融合发展方面取得了显著成绩,令人眼前一亮,今后要进一步推动钢城融合发展走深走实。马钢要加强与高新技术企业的合作,聚焦钢铁新材料应用推广;要扎实做好企业统战工作,为推动马钢实现更高质量发展凝聚人心汇聚力量。

(张　泓)

【安徽省委常委、宣传部部长郭强来马钢调研】 2021年11月26日,安徽省委常委、宣传部部长郭强来马钢调研,实地考察马钢运营管控中心、炼铁智控中心。安徽省委宣传部常务副部长王宏,马鞍山市领导张岳峰、夏劲松,集团公司总经理、党委副书记刘国旺参加调研。

上午,郭强一行首先来到位于马钢智园的运营管控中心。作为马钢股份公司集中运营管控平台,运营管控中心集制造、设备、能源、运输、应急安保等多专业管控为一体,通过互联网、大数据、智能化等先进技术的运用,实现公司运营管理的全流程贯通、多专业协同和信息共享。在听取相关介绍后,郭强称赞马钢在钢铁企业智慧化、可视化、数据化方面做了积极探索,为全面提升管控效率,推动业务流程优化再造和管理变革提供了有力技术支持。郭强强调,数据安全日益成为国家安全的重中之重,马钢要提高站位,进一步认识数据安全工作重要意义,全方位的提升数据安全的保护水平。

随后,郭强一行到炼铁智控中心,听取马钢炼铁工作历史沿革及马钢近年来在炼铁集中管控方面的实践。郭强得知马钢已经建设了覆盖铁前原料、焦化、烧结、球团、高炉各工序的集中操作和一体化决策平台,加强了工序协同,提高了生产效率,提升了本质安全。他表示,智控中心的职工可以操控几公里外的高炉,并且对全流程生产情况都可以掌控,这是对于传统炼铁生产的极大改进和提升。郭强指出,马钢加入中国宝武后,在智慧制造方面取得显著进步、呈现出诸多亮点,值得学习借鉴,要加强经验总结和推广应用,为现代化美好安徽建设贡献马钢力量。

(张　泓)

要事记述

【马钢组织收听收看庆祝中国共产党成立100周年大会】 庆祝中国共产党成立100周年大会于

2021年7月1日上午8时在北京天安门广场隆重举行,中共中央总书记、国家主席、中央军委主席习近平发表重要讲话。当天,马钢集团党委组织广大党员和职工群众及时收听收看庆祝中国共产党成立100周年大会,从机关到基层,从港口码头到火热炉台,从科研一线到市场前沿,各级党组织积极组织8810名党员和职工群众通过多种方式收听收看庆祝大会,共同见证这激动人心的历史时刻。大家认真聆听,用心感受,思绪跟随大会现场同频共振,澎湃激荡,纷纷表示站在中国共产党成立100周年的历史起点上,一定要更加紧密地团结在以习近平同志为核心的党中央周围,不忘初心、牢记使命,开拓奋进、攻坚克难,为全力打造后劲十足大而强的新马钢,为中国宝武成为全球钢铁业引领者,为新阶段现代化美好安徽建设作出新的贡献。

（杨　珑）

【中国宝武绿色发展与智慧制造现场会在马钢举行】　2021年1月4日,中国宝武绿色发展与智慧制造现场会在马钢举行。中国宝武党委书记、董事长陈德荣对2021年安全生产、能源环保和智慧制造工作提出全新思考和要求。中国宝武总经理、党委副书记胡望明主持会议并就贯彻落实会议精神提出具体要求。会上,宝武集团安全生产监督部、集团能源环保部先后做了2020年工作总结和2021年工作部署。宝武集团公司与宝钢股份、中南钢铁、太钢集团、马钢集团、宝钢资源、宝武环科、宝地资产、宝武炭材、宝武智维、集团安全生产监督部、集团能源环保部签订了2021年度安全、环保目标责任书。

马钢集团、马钢交材进行主题交流,分享在绿色发展、智慧制造及整合融合方面的思考、实践、成效及未来展望。

马钢集团在《中流砥柱新平台,后劲十足新马钢》主题交流中,从整合融合催生新变化、绿色智慧注入新动能、一马当先踏上新征程等3个方面,全景式展现了马钢加入中国宝武大家庭后发生的巨变。马钢交材在《数字轮轴成就镇国之宝》主题交流中,从智慧赋能、数字驱动、环境提升3个维度,介绍了在“打造全球轨道交通智慧制造示范线”方面的生动实践。宝武集团科技创新部发布了《中国宝武智慧制造行动方案》(2021—2023年),回顾总结2018—2020年智慧制造工作的推进情况,并明确提出,2021—2023年智慧制造工作进入全面提升阶段,要“突破繁星点点,走向艳阳一片”,加快建设智能产线和智慧工厂,助力集团公司各产业建立“一总部多基地”矩阵式智慧管控模式。宝钢股份、太钢集团、宝武智维、欧冶工业品、低碳冶金创新中心等分别就绿色发展和智慧制造工作做了交流汇报。

陈德荣在回顾总结2020年安全生产、能源环保和智慧制造工作时指出:安全生产工作总体平稳,风险总体可控。但按照更高标准,还有不小的差距。如“一总部多基地”管理模式下安全管理体系能力尚显不足、基层基础工作还有不少薄弱环节。能源环境方面,绩效指标持续向好,“三治四化”阶段性目标任务如期完成,以绿色发展指数为牵引促进高质量发展取得明显成效,长江大保护工作行稳致远。但是碳减排相关突破性技术研发与应用及国内外政策跟踪研判等工作还需加强。智慧制造工作推进取得了很大进展,“四个一律”理念深入人心,“四个一律”价值不断显现,“四个一律”指数水平持续提升。工业互联网平台工作取得突破。基于大数据技术的管理决策应用也开始起步。但依然存在“运维一律远程”指数总体偏低,总体覆盖率不高、“生态化协同”力度还需加大等改进点。

陈德荣对2021年安全生产、能源环保和智慧制造工作提出全新的思考和要求。他强调:在安全生产上,要以管理变革提升安全管理的体系能力,要构建“一总部多基地”的安全生产监督管理体系。要以远程的专业化管理、区域化协同,构建起矩阵式的管理体系。要加快推进科技创新。通过智慧制造机器代人,打造生产现场极致的少人化、无人化。要改协力为专业化协作。把协力的“主从关系”转变为平等的生态圈协作关系。取消插入式协力,通过专业化的外包协作,减少管理界面。要对新进入宝武大家庭的单元实行安全评估:一方面要总结吸收新进单元先进的做法;另一方面要把宝武系成熟的安全管理经验推广覆盖到新进单元,进一步提升安全管理水平。要重点关注消防安全,深入开展现场隐患排查,认真查改隐患,做到“设备见本色”。在能源环保上,要以低碳冶金来促进整体环保水平的再提升:一是加强理论学习,提高政治站位;二是以本质化环保为抓手持续提升绿色制造水平;三是管控好生态环保风险责任;四是在“三治四化”“两于一入”等治理工作基础上,大力推进低碳冶金创新。加快制定中国宝武碳减排路线图。全面推进低碳冶金创新基地建设,并在核能、风电、水电、光伏等绿色清洁能源的利用上有所突破。要把大幅提高废钢比等作为低碳冶金基本的阶段性策略。要未雨绸缪,提前思考重大的行业性的颠覆性创新。在智慧制造方面,要以“三跨”融合打造智慧制造的升级版,尽快实现“四个一律”“应上尽上,能上快上”,达成智慧制造1.0版。以“三跨”融合实现智慧制造2.0版本的推送。按照集团公司数字化规划确定的架构和平台,在统一的工业互联网体系架构下,构建“跨产业、跨基地”的互通融合。推进“一总部多基地”的“跨空间”的互通融合系统。实现专业化管理和原有区域化管理的协同,提高管理效率。通过“操检维调”的整合,实现“跨人机界面”的互通融合,在提高现场效率的同时真正让员工实现“三有”。进一步加强大数据、人工智能的应用。宝信软件、宝武智维、宝钢工程、欧冶云商、欧冶工业品、欧冶链金等,是宝武生态圈建设的核心平台,是不可复制的核心能力,各单元一定要自觉主动地对接,通过整个生态圈的构建,使得中国宝武成为全球钢铁业的引领者,真正从“老大”变为“强大”。

胡望明就贯彻落实好本次会议精神提出明确要求:要提升本质安全,铸成强大的核心竞争力;要聚焦体系融合,推进一总部多基地建设;强化责任落实,全面建立安全履职清单;紧盯重点领域,持续加强安全风险防控能力;推进智慧制造,提升现场本质安全水平。要坚定绿色发展定力,持续提升生态环保绩效。要继续深化“两于一入”“三治四化”工作;持续提升生态环保风险管控能力。要深化推进智慧制造,加速建设智慧生态圈。中国宝武领导邹继新、朱永红、郭斌、张锦刚、章克勤、侯安贵、魏尧等参加会议。宝武集团公司总经理助理以上领导,集团总部各业务中心、职能部门负责人,各子公司主要负责人、生态圈相关单位负责人参加会议。会议期间,与会代表还参观了马钢冷轧智控中心、交材智控中心、热轧智控中心、炼钢智控中心和马钢智园,亲身感受马钢在短短一年时间里,在绿色发展和智慧制造方面翻天覆地的变化。

(崔海涛)

【新冠疫情防控常抓不懈 马钢有序组织实施职工疫苗接种】 马钢集团认真贯彻落实国家、省市和中国宝武一系列决策部署,持续做好常态化疫情防控,按照“外防输入、内防反弹”的防控策略,严格落实四方责任,有效控制和降低疫情输入传播风险,保障广大员工的生命健康。坚持常态化疫情防控,坚持日报表制度,每日收集汇总疑似病例、中高风险地区往返人员、外来工程项目(公务)人员、隔离人员等有关人员的相关信息,异常情况及时报送市疫控办、卫健委及宝武集团应急办。及时组织对南京禄口国际机场疫情和云南、厦门、西北等地区的多点散发疫情来返马人员进行摸排,配合社区落实各项防控措施。做好室内外环境消杀工作,及时切断病毒传播途径,降低病毒感染风险。严格会议防疫要求,按照“谁举办、谁负责”原则,要求50人以上的聚集活动制定、报备防控方案并落实防疫措施,全年共审核各类会议、培训等活动防疫方案29份。做好防疫物资储备,常备50万只一次性医用口罩及手消毒剂、干湿纸巾、84消毒液等,在办公楼和智园主要入口处配置了自动测量体温设备。抓好应急处置工作,制定下发《突发公共卫生事件应急预案》,针对南京禄口国际机场爆发的疫情,及时转发、下发紧急通知,对从疫情始发地来返马人员开展全面摸排,应急办、防控办召开紧急会议详细部署,在马钢厂区设置8个临时检测点,一天内组织马钢在慈湖高新区工作人员核酸检测17020人。

根据中国宝武的要求和马鞍山市政府统一部署,马钢集团全面、稳妥、有序组织新冠病毒疫苗接种,筑牢防止疫情输入免疫屏障。2021年年初,针对驻海外工作人员、高频度国内差旅工作人员、近6个月内有出国计划的工作人员、从事港口装卸和搬运、物料运输和物流、医疗集控相关人员等重点人群,完成两批次疫苗接种工作。5月,本着“应接尽接、分步实施、条块结合、以块为主、有序推进”原则,设置文体中心和智园两处临时疫苗接种点,就近组织宝武在马鞍山区域各单位正式职工和协力工近6万人接种疫苗。2021年年底,马鞍山区域开展加强针接种,马钢集团设置加强针接种专场,组织应接人员接种加强针。在及时组织新冠疫苗接种基础上,督促应接未接人员前往马鞍山市各辖区新冠病毒疫苗接种门诊接种,做到“应接尽接”。宝武在马鞍山区域各单位正式职工和协力工应接尽接率分别达到99.56%和99.84%。

(李田艳)

【履行央企责任担当 马钢实现产业发展和乡村振兴互促共进】 2021年,马钢按照中共中央、国务院关于实现巩固拓展脱贫攻坚成果同乡村振兴有效衔接的要求,深入贯彻习总书记不摘责任、不摘政策、不摘帮扶、不摘监管(“四个不摘”)指示精神,认真落实安徽省、马鞍山市及中国宝武各项工作部署,切实履行央企责任担当,助力帮扶地区实现乡村振兴。

上半年,马钢集团公司通过党委常委会及时学习贯彻党中央、国务院《关于实现巩固拓展脱贫攻坚成果同乡村振兴有效衔接的实施意见》精神。6月12日,公司调整成立马钢乡村振兴工作领导小组,坚持

"一把手"亲自抓,建立分管领导、职能部门、实施单位和驻村干部上下联动、高效协同的帮扶工作机制,公司党委每季度听取乡村振兴帮扶工作汇报,定期总结、研究帮扶事项,提出具体要求。

根据宝武集团党委组织部《关于推荐选拔扶贫援派干部的通知》,选派一名年轻干部挂职云南普洱市江城县任副县长。根据安徽省委组织部《关于做好选派干部轮换工作有关事项的通知》(皖组电明字〔2021〕42号),马钢继续与阜南县地城镇李集村开展结对帮扶,原帮扶的马楼村调整为含山县林头镇龙台村,并推荐两名同志作为第一书记人选及时到村上岗。马钢派出的两名驻村第一书记2021年度考核均为"优秀"。

2021年9—11月,公司主要负责人亲自带队,4次赴含山县龙台村和阜南县李集村调研走访。公司下发《进一步做好马钢定点帮扶村脱贫户结对帮扶工作的通知》,组织部分机关部室、马钢股份主线厂与龙台村脱贫户和李集村监测户开展结对帮扶工作。马钢乡村振兴办先后两次联合公司纪委(审计部)、运营改善部、经营财务部、法律事务部等部门,赴阜南县地城镇李集村和含山县林头镇龙台村开展项目可行性调研。经马钢集团公司审核通过,捐赠171.962万元实施李集村、龙台村苗木产业及道路修建等5个项目;配合安徽省国资委开展帮扶工作,捐赠25万元支援望江县杨湾镇鸡冠村实施道路亮化工程建设,帮助改善当地居民出行条件,减少交通隐患。马钢及时启动2021年消费帮扶工作,全年采购帮销农副产品1539万余元。此外,发动马钢职工"以购代捐"奉献爱心,购买含山县仙踪镇黄桃17768斤,合计10.92万元,帮助农户减少受疫情和台风影响带来的损失。

2021年,马钢技师学院通过校企合作项目招收3名阜南籍学生,安徽冶金科技职业学院(高职)招收了5名阜南籍学生,毕业后分配或推荐就业。组织专业老师"送课到村",对龙台村开展铸造工艺和安全管理培训。结合镇村政府"雨露计划",逐户摸排两个帮扶村,对符合助学助困帮扶条件的42名学生,按每人2000元标准发放助学金。

2021年8月,行政事务中心、合肥公司及龙台村帮扶团队成员单位市公管局、太平财险马鞍山中心支公司基层党组织,与龙台村党总支开展结对共建,签订共建协议;12月,组织行政事务中心、股份公司等3家主线厂基层党支部与李集村党总支开展结对共建,签订共建协议。

面对新冠肺炎疫情,结合党史学习教育"我为群众办实事"实践活动,有序做好适龄人员新冠病毒疫苗接种工作和疫情防控工作;对中高低风险地区返乡人员纳入双包保,做好隔离指导、健康监测。7月初,应对阜南县普降大到暴雨的汛情,驻村工作队与镇、村干部一起冲在第一线,采取有力措施排除险情。

根据中国宝武要求,8月16日组织中国宝武脱贫攻坚表彰大会视频会议,与主会场同步颁发"中国宝武脱贫攻坚先进集体""安徽省脱贫攻坚先进个人"奖牌证书和纪念盘。

(刘安兰)

【马钢党委部署实施党史学习教育】 马钢集团公司党委深入学习领会习近平总书记在党史学习教育动员大会、庆祝中国共产党成立100周年大会、十九届六中全会上的重要讲话精神及中国宝武党委有关部署要求,迅速召开动员部署会,制发《马钢集团公司党委关于开展党史学习教育的工作方案》。建立推进机制,马钢党委召开推进会4次,常态化召开月例会及周调度会。制定任务清单,细化工作内容,聚焦8个方面15项工作内容,明确工作要求、时间节点和责任部门,发布工作提示12期,工作简报14期,指导清单、规定动作清单10余期。强化专项督导,成立4个工作指导组,定期深入基层单位开展现场指导和验证,挖掘亮点、补齐短板,各指导组均已完成第8轮督导,实现了全覆盖。聚焦主题主线,深化学习教育,坚持把党史学习教育作为重大政治任务,组织D层级以上管理人员参加中国宝武首期党史学习教育党员干部专题培训读书班,党委书记参加党史学习教育读书班暨业务研修班。围绕学好用好党史学习教育指定教材和参考书目,全面落实3个阶段学习部署和4个专题学习计划。编写党史学习宣讲提纲,马钢集团领导班子成员到基层单位讲专题党课17次;基层党委领导班子成员讲专题党课259次。党校开设党史教育培训班17期,受教育人数达2021人次;各基层党组织书记讲专题党课597余次,主题党日活动960余次;各基层党组织编制学习计划,开展党员教育培训、政治轮训和基层党史宣讲学习;各党支部紧贴工作实际,突出党史学习教育主题,开展"三会一课"和主题党日等主题学习。

马钢党史学习教育推进工作得到上级党组织的肯定,马钢党史学习教育开展情况5次刊发在《中国宝武党史学习教育简报》上,3次在中国宝武党史学习教育专题会上作经验交流发言,2项案例成果入选中国宝武"我为群众办实事"实践活动优秀案例汇编。

(杨　珑)

【马钢研究编制“十四五”战略规划】　根据中国宝武“十四五”战略规划编制要求,马钢以习近平新时代中国特色社会主义思想为指导,深入学习贯彻党的十九届五中全会精神和习近平总书记考察调研中国宝武马钢集团重要讲话精神,主动对接国家“十四五”规划及《中国宝武“十四五”战略规划纲要》要求,结合宏观环境和行业发展趋势及自身发展实际,经公司上下充分研讨,于2021年5月编制形成《马钢集团“十四五”发展规划》,明确了马钢集团公司愿景、使命、发展目标、战略路径与举措。2021年6月8日经马钢集团公司第二届董事会第六次会议审议通过,8月6日股东会批准。

马钢集团公司“十四五”重点转型升级项目:新特钢工程项目,项目总投资92.69亿元,工程主要包括炼钢、连铸、轧钢、公辅四大部分。项目分两期建设:一期工程计划于2023年6月底前建成;二期工程计划于2024年12月底前建成。项目全部建成后,设计年产钢320万吨、钢坯315万吨,其中中棒100万吨、线材及大盘卷115万吨,其产品重点瞄准轴承钢、齿轮钢、弹簧钢、非调质钢、合金冷镦钢等中高端产品市场。北区填平补齐项目。实施炼铁总厂A、B高炉大修、新建一台360平方米烧结机、炼焦总厂2座65孔5米焦炉易地大修改造、四钢轧总厂炼钢效能提升技术改造等。冷轧系列改造项目。实施冷轧产品结构调整、硅钢产品成材率提升技术改造、彩涂原板质量提升改造、4号镀锌线改造项目。南区型钢改造项目。新建2号、3号、4号铸机,转炉及精炼改造,大小H型钢适应性改造。

(解珍健)

【马钢启动改革三年行动】　为全面贯彻党中央、国务院和中国宝武有关决策部署,全面落实《中国宝武钢铁集团有限公司改革三年行动方案(2020—2022年)》(宝武委〔2021〕26号),深化体制机制改革,充分激发动力活力,加快打造后劲十足大而强的新马钢,制定印发了《马钢(集团)控股有限公司改革三年行动实施方案(2020—2022年)》,制定了总体目标、总体思路及任务措施,明确改革任务89项,重点改革任务26项,包含推动企业高质量发展、剥离国有企业办社会职能、推进进一步混改工作、推进公司治理体系和能力现代化、激发企业内生活力动力、加强企业党的领导和党的建设等方面内容。2021年完成改革任务73项,完成率达到82%,在激发企业内生活力、推行经理层任期制和契约化管理、三项制度改革(干部能上能下、员工能进能出、收入能升能降)、绿色发展、智慧制造、厂办大集体改革、探索“一总部多基地”管理等方面取得突出成效。

(周　全)

【马钢推进绿色低碳发展 加快智慧制造升级】　围绕“绿色发展 智能制造”战略,主动担当,统筹协调,合理组织,从场地搬迁、拆除、地勘、设计、施工等方面全方位开展工作,快速推进南区厂容整治、南区主要“三横三纵”道路、三个厂区大门、高大建筑及沿线管网美化、六汾河清淤整治及沿线环境提升等项目,重点打造建设敬业园、开拓园、拼搏园、迎宾园等区域,实现了“盆景”到“风景”的景观提升。

落实“四个一律”,建立高效完善的智慧运维网络,打造产线误工管理系统、设备运行管控平台和EQMS三位一体的信息化系统,初步构建起以设备状态为依据的预知性维修体系。制定应接设备标准,按“应上尽上”原则梳理应接设备5.7万台,制定三年全覆盖计划,2021年设备上平台指数达到31.96%。大力推进AMI(远程化)指数建设,按马钢智能运维5年规划,推进铁前智能运维项目,全年AMI指数达到36.4%,处于宝武集团第一方阵。持续优化停机逻辑判断,增加逻辑点趋势图、历史数据查询功能,产线误工管理系统覆盖范围达到70条产线。打通运维平台E3层和EQMS数据交互,在2130酸轧、连退、1720酸轧、3号镀锌和2250热轧等五条产线完成异常联络单发送、处理方式和评价反馈、建立故障履历。

(周　俊)

【中国宝武首批爱国主义教育基地(马钢站)挂牌】　2021年5月27日上午,按照中国宝武党委“七个一”系列活动统一安排,永远跟党走——中国宝武首批爱国主义教育基地(马钢站)挂牌暨红色故事讲演活动,在马钢展厅(特钢)广场举行。此次活动旨在进一步贯彻落实习近平总书记考察调研中国宝武马钢集团重要讲话精神,用好红色资源、发扬红色传统、传承红色基因,更加激发广大干部职工的爱国热情、坚定钢铁报国的初心使命,为中国宝武加快创建世界一流示范企业不懈奋斗,为实现中华民族伟大复兴中国梦建功立业。中国宝武党委常委魏尧,中国宝武党委宣传部、企业文化部部长钱建兴,马钢集团党委书记、董事长丁毅,马钢集团党委副书记、总经理刘国旺出席活动。中国宝武集团公司总部相关职能部门负责人,马钢集团、马钢股份助理以上领导,各部门、各单位负责人和党员代表参加活动。

此次挂牌成为中国宝武首批爱国主义教育基地的马钢展厅（特钢），是集中展示马钢辉煌历程、改革创新、科技进步、文化品牌等内容的综合性展厅。展厅珍藏着毛泽东主席、邓小平同志给予马钢亲切关怀的珍贵史料；记录了马钢在党的坚强领导下，艰苦创业、自主创新、滚动发展，创造中国钢铁行业多项“第一”的辉煌历程；展现着马钢深厚的文化底蕴和优秀的红色基因。2020年8月19日，习近平总书记考察调研中国宝武马钢集团时，第一站就来到马钢展厅（特钢），察看重点产品展示，了解企业复工复产和经营情况，寄语中国宝武要由“老大”变“强大”，勉励马钢“抢抓机遇、顺势而上”。亲切的话语仍在耳边回响，殷殷的嘱托汇聚起磅礴的力量。马钢展厅（特钢）已成为马钢乃至整个中国宝武的红色“打卡地”、育人“大课堂”。

党史学习教育开展以来，马钢党委深入挖掘马钢展厅（特钢）等红色资源的独特价值和作用，掀起了新一轮参观学习热潮，不断汲取奋进力量。

（高跃飞）

【马钢整合融合信息化项目上线】 2021年7月1日，在举国欢庆中国共产党百年华诞之际，马钢股份整合融合信息化项目成功上线，中国宝武党委书记、董事长陈德荣特为此发来贺信：“你们发扬了‘5+2’‘白+黑’的奋斗精神，汇聚了专业协同、团队协同的强大合力，精益求精、攻坚克难，实现了中国宝武运营共享系统覆盖的又一次重大突破，为推动中国宝武钢铁数智化转型作出了积极贡献。希望你们用心呵护，精心打磨，使之快速成为中国宝武乃至钢铁行业信息化建设的示范样板。”

马钢集团、马钢股份党委书记、董事长丁毅，马钢集团总经理、党委副书记、马钢股份党委副书记刘国旺，宝信软件高级副总经理宋健海，欧冶云商总裁金文海，马钢领导毛展宏、唐琪明、何柏林、伏明、章茂晗及陈健、王光亚、邓宋高等出席项目上线仪式。

马钢股份整合融合信息化项目，是落实中国宝武整合融合工作要求、加速体系全面对接的具体举措，是共建高质量钢铁生态圈的生动实践。该项目覆盖财务、采购、销售、生产、设备、能环、工程项目等全业务领域，借鉴了中国宝武信息化建设成功经验，贯彻了“四个统一”原则要求。从2020年3月31日到2021年6月30日，该项目团队克服整合融合过程中业务变化的实施困难，克服疫情的不利影响，经过15个月的奋力拼搏、456天的艰苦奋斗，完成了经营管理类系统和产销一体化系统的同步切换上线，实现了系统切换数据不丢、生产不停、管理不乱。这在宝武系内是首家，为其他兄弟单位高质量建设信息化项目提供了有益借鉴。

仪式上，刘国旺宣读中国宝武党委书记、董事长陈德荣贺信。宋健海在致辞中代表宝信软件，对系统成功上线表示热烈的祝贺，向一直以来关心、指导、支持项目建设的各级领导和同仁表示衷心感谢，向参与建设的项目实施团队表示崇高的敬意。

丁毅在会上讲话时指出，此次系统成功上线，必将对马钢进一步全面对标找差、提升运营效率、发挥协同效益产生积极而重要的推动作用。特别是作为核心系统的马钢产销一体化系统上线后，公司的资源配置将会更加精准，必定成为马钢效率、效益提升的新动能。丁毅指出，信息化系统整体切换上线，只是系统建设的一个新起点，要实现系统从“成功上线”到“上线成功”，还需要付出更加艰辛的努力。第一，要抓住机遇，加快智慧转型。要以信息系统上线为契机，推动业务从条块分割向协同运作转变，资源从分散向优化配置转变，管理从粗放向精益运营转变，推动公司整体管理水平再上新台阶。第二，要强化应用，推动精益高效。要结合系统运行中出现的新情况、新问题不断修订和完善相关的配套管理制度。各单位必须高度重视系统应用工作，主动适应系统上线带来的管理创新与变革，及时总结经验，及时解决问题，确保各业务在系统中有效运转，提升公司精益运营水平。第三，要加强体系支撑，保障安全运行。要以优化管理、推动发展为目标，坚持持续改进的理念，完善、优化信息系统功能，加快建立公司信息系统的运行维护体系，持续培养懂管理、熟业务、精技术的员工队伍，使系统更具生命力，确保各系统的安全稳定运行。

丁毅、刘国旺、宋健海、金文海、梁越永共同启动项目上线。宝信软件项目负责人汇报马钢股份整合融合信息化项目上线情况。标准财务系统、采购PLMS、采购PSCS、工程管理、设备管理、能环管理、产销一体化7个专业项目组负责人汇报上线切换情况。

（张　泓　张蕴豪　杨凌珺）

【马钢冷轧总厂智控中心17条产线、马钢长材智控中心入驻投用】 2021年12月20日上午，马钢集团公司、股份公司党委书记、董事长丁毅，在冷轧智控中心宣布：冷轧智控中心17条产线入驻投用，标志着马钢智慧制造二期项目完美收官。

马钢股份冷轧总厂按照地理位置主要划分为南、北两大区域，管辖5地共31条生产线。由于产线分散、操作人员集中度低，给生产协调、安全环保、设备运维、综合业务等管理带来困难,且上下工序间信息互通也容易形成孤岛效应。智控中心项目建设打破了这种传统生产模式的束缚并基于“四个一律”理念推进实施,将智慧升级作为破解高质量发展瓶颈和痛点的有力抓手,全面构建“1+N”智慧钢厂。项目选取17条典型产线分两期进驻,形成1720冷轧、2130冷轧、1420硅钢三大制造单元进行集中操控,产品覆盖冷轧、镀锌、硅钢、酸洗和彩涂五大品种。通过冷轧生产过程的智能化,在品种、质量、人效、成本等指标方面实现较大幅度的提升。冷轧智控中心一期规划10条产线、二期规划7条产线进驻,总投资2.78亿元。项目建设克服了疫情、暴雨、台风等严峻考验;承受住工期短、任务重、难度大、标准高等困难挑战。从2020年10月20日一期项目第一条产线的1680酸洗投用,到2021年12月20日最后一条产线硅钢常化酸洗正式入驻,已完成17条生产线、51个操作室跨越5地超10千米、同处一室集控,实现多线一室操作。行业首创的冷轧智控中心与精益管理相结合,双引擎助推提质增量,更是为企业发展注入新动能,成效显著。集中化指数从实施前2019年18.8%提升至2021年47.9%;远程化指数从2019年0%提升至2021年56.8%;无人化指数从2019年40.0%提升至2021年51.8%;智控项目建成助推总厂产能释放、人事效率提升。人均劳动生产量从2019年的2470吨提升到2021年的4160吨,位于行业前列。2021年9月,基于工业互联网平台的冷轧“ALL IN ONE”智慧工厂被命名为安徽省智能工厂,并获批工信部2021年国家级工业互联网平台创新领航应用案例。

集团公司党委常委、股份公司副总经理毛展宏代表公司在冷轧总厂智控中心17条产线入驻投用仪式上致辞。他指出,17条产线入驻冷轧智控中心,只是“万里长征”的第一步,要全面完成智控中心的目标和任务,仍需再接再厉、不懈奋斗。他希望,冷轧总厂以此为新的起点,快速增强驾驭新系统的能力,充分发挥智控中心的功能和作用,全面提升冷轧总厂智能化水平,以智能制造支撑制造水准、环境质量、职工素养、精神面貌、团结协作全面提升。陈健代表项目施工、建设单位发言;冷轧总厂厂长、党委书记严开龙介绍了项目进展情况;入驻单位代表作表态发言。马钢、宝信软件、宝武智维相关单位人员参加了仪式。

上午9时58分,丁毅、刘国旺、毛展宏、陈健共同按下投用水晶球,并进入冷轧智控中心参观。

(孙　琦)

长材智控中心建设以“少人化”“无人化”“集控化”“智慧化”为手段,以建设引领行业的钢轧一体智控中心为目标,一期建设共涵盖55个子项目,包括铁水倒罐、铁水预处理、2号转炉、1号LF炉及VD精炼、重异连铸、中型材加热炉及轧钢、重H加热炉及轧钢、供料与辅助等集控远程操作;实现一键倒罐、一键脱硫、一键扒渣、一键炼钢、一键出钢、一键LF炉精炼、铁钢包动态跟踪、加热炉自动上料及智能燃烧、重H自动切舌、堆垛位自动识别与红外测长等智能制造提升;对L1/L2填平补齐、对网络和基础自动化升级改造。

长材智控中心集控大厅面积1638平方米,层高12.8米,共有15个岛台。一期建设完成后,将有13个工序条块进入集控的11个岛台。项目实施后,控制集中指数从44%提升到70.93%;无人化指数从40.8%提升到57.65%。以此为平台架构,将加快和倒逼马钢长材现场自动化升级、信息化提升、智能化改造,打造以物质流供需平衡、能量流效率优先、信息流共享对称的智慧制造新态势。

(张　荣)

【马钢长江钢铁智控中心启用暨信息化一期上线】　2021年12月31日,长江钢铁智控中心启用暨信息化一期正式上线。

2021年12月31日上午,在长江钢铁智控中心,马钢集团公司、马钢股份公司党委书记、董事长丁毅宣布长江钢铁智控中心启用暨信息化一期正式上线,并与集团公司党委副书记、总经理、股份公司党委副书记刘国旺,宝信软件总经理王剑虎,当涂县委常委、常务副县长刘志远共同启动“长江钢铁智控中心启用”水晶球。马钢集团助理及以上领导,当涂县领导,长江钢铁、宝信软件、宝钢工程、宝武重工领导等出席仪式。

长江钢铁智慧制造及整体信息化项目是公司2021年重点项目之一。通过构建一个功能覆盖产线、高度整合的智能制造管控和集控平台,满足经营、制造和生产管控需求;通过信息化建设,覆盖核心业务环节,达到产销一体、管控一体、业财一体,实现长江钢铁生产经营活动全过程动态实时可观可控,支撑长江钢铁绿色智慧转型升级。项目采用EPC总承包方式,由宝信软件总包,于2021年5月12日正式启动,计划于2022年6月30日全部建成投运。项目分两个阶段推进,当日投运的是一期工程。其中,一期信息化主要实现18个系统中的7个系统率先上线,涉及设备管理系统、门禁系统、铁区管理系统等,基础网络升级改造配套完工。

集团公司党委常委、股份公司副总经理任天宝代表公司在仪式上致辞。他说，长江钢铁智慧制造及信息化项目的实施，既是长江钢铁贯彻落实中国宝武“四个一律”要求，强化大数据、互联网、人工智能等新技术赋能转型升级的战略抉择，也是打造混合所有制企业“智慧”新蓝图、实施管理变革和流程再造的务实举措。他希望，长江钢铁再接再厉，乘势而上，争取在2022年“6.30”交出一份更优异答卷；努力做到既好看、又好用，切实把智慧化、信息化平台运用好，支撑经营发展极致高效；持续变革突破，追求卓越，实现更高质量、更有效率、更为安全、更可持续的发展，为打造后劲十足大而强的新马钢贡献长钢力量。

仪式上，股份公司总经理助理、长江钢铁董事长王光亚在仪式上致辞。王剑虎、刘志远先后代表项目总包和当涂县政府作发言；长江钢铁相关负责人介绍了项目建设情况。马钢相关单位负责人，设计、监理、施工、建设单位有关领导和员工代表，长江钢铁员工代表等参加仪式。

当天上午，丁毅率公司各部门、单位负责人，参观长江钢铁环境提升一期工程，并听取景观打造有关介绍。

（韩　远）

【我国首台混合动力改造机车入驻马钢】 2021年7月8日上午，炼铁总厂B号高炉炉下区域，一台编号为GKHD-01型的蓝色混合动力改造机车正牵引满载的混铁水车平稳行驶。由此标志，我国首台混合动力改造机车成功在马钢投入运行。“这台混合动力改造机车是由一台1993年生产的GK1型旧内燃机车改造而成的。改造后的机车配备了磷酸铁锂电池和柴油发电机组作为动力源，采用混合动力技术，在运输过程中不仅能够减少各类污染物的排放，同时还能节能、降噪，达到环保运输的效果。”该机车正式投入运行后，将填补我国企业在用机车混合动力改造的技术空白。

2019年年初，结合马钢内燃机车的性能和运输实际情况，经充分论证和调研后，制定了相应的旧机车改造方案。经过评审，最终选定与中车资阳公司合作，对编号为GK1-0025的内燃机车进行混合动力改造。2020年10月底，该机车被拆解运送至中车资阳公司，改造正式实施。

该混合动力机车在采用动力蓄电池工作时，机车的动力电池可直接接入380伏工业电源充电，机车可节约90%以上的燃油，综合排放指标优于Tier3标准，并且机车噪声显著降低。当机车功率需求较大时，柴油机还可与蓄电池一起为机车提供动力。此外，该机车还具备节省机车闸瓦、启动加速快、运行中动力制动能力强等性能优势，可适应各工况的运输。

（阮　健）

【《钢铁脊梁》讲述马钢重型H型钢极限规格“诞生”故事】 《钢铁脊梁》纪录片是由中共中央宣传部批准，由中央广播电视总台和中国冶金报社具体组织落实，与中国共产党建党百年这一历史事件相称的扛鼎之作。纪录片共分6集，将从多个方面展示中国钢铁百年沧桑巨变。

2021年1月26日上午，马钢集团公司、马钢股份公司党委书记、董事长丁毅在办公室国际会议厅热情接待了来访的中国冶金报社党委书记、社长陈玉千及《钢铁脊梁》总导演刘娜及摄制项目组一行。双方就《钢铁脊梁》纪录片前采工作进行了座谈交流。马钢集团公司、马钢股份公司党委副书记何柏林，马钢交材党委副书记何潮，《钢铁脊梁》摄制项目组，马钢集团相关部门负责人参加座谈交流。陈玉千在交流时介绍了拍摄《钢铁脊梁》纪录片的背景、意义、要求。中国冶金报社和中央电视台财经节目中心联合组成由分集导演和冶金报分集编辑组成的6集纪录片6个项目组，分批到不同重点企业进行前采，拍摄好钢铁和人民的关系、钢铁行业和企业发展的关系、钢铁行业和全球发展的关系。陈玉千表示，在来马钢之前，已经前采了14家钢铁企业，希望马钢能够对纪录片相关拍摄提供支持，共同向社会传递钢铁正能量，讲好钢铁故事。在座谈交流中，丁毅对《钢铁脊梁》摄制组的到访表示了欢迎，并介绍了马钢历史沿革、特色产品、整合融合、企业愿景等方面的情况。他表示，马钢60多年来的发展，离不开党和国家领导人的关心、关怀，在自力更生、滚动发展过程中，马钢传承创新基因，创造了多个行业第一，在中国钢铁工业发展史上留下了马钢印记。马钢在加速融入中国宝武大家庭进程中，锐意打造中国宝武优特长材专业化平台公司，对内强身健体、对外开疆扩土，通过生产经营高质量、厂容厂貌高颜值、生态环境高水平、员工生活高品质，让职工过上“有钱、有闲、有趣”生活，努力实现“五个翻番”。马钢将全力对接、配合好此次的拍摄工作，助力钢铁行业树立崭新形象。与会人员围绕该纪录片的总体架构，对内容、素材的要求，以及马钢各方面发展进行深入交流。

座谈交流后，摄制组一行参观了马钢厂区。

7月初，在中国宝武马钢集团长材事业部重型H型钢分厂，带着“用讲精彩故事的形式将党的发展理念体现在钢铁行业发展中,突出表现钢铁行业和共和国一起成长”的理念,《钢铁脊梁》摄制组再次来到马钢,挖掘他们心目中有分量、有感染力的中国钢铁故事。

加入中国宝武大家庭后,马钢集团承接了“中国宝武优特长材精品基地”的发展定位。马钢是中国H型钢产品的引领者,重型H型钢产品更是国内独有,选择讲述重型H型钢的故事似乎顺理成章。摄制组对不久前重型H型钢极限规格H1109毫米×461毫米×21毫米×40.5毫米在马钢批量试制成功,成功发往美国夏威夷,实现全国首发,这个题材非常感兴趣。该产品技术含量很高,之前全世界只有一家钢厂可以生产,马钢经过艰苦攻关,克服了一系列的问题,产品的问世,打破了国外钢厂对该产品规格的垄断。马钢掌握了该产品的核心技术,解决了“卡脖子”问题,马钢“拳头”产品在全球市场的地位更稳了。摄制组表示,它充分体现了科技创新的力量,是当之无愧的大国重器,当即决定拍摄该产品。

摄制组顶着烈日酷暑,见缝插针,深入产线,在轧制现场、研发复盘会、发货仪式现场熬夜赶拍,全景式多方位展现极限规格成功轧制的实况。在全国最大重型H型钢启运仪式拍摄现场,摄制组导演不由地感慨,“尽管只和马钢的同仁们共同经历了一周的时间,但摄制组在海量资料里挖到了‘珍珠’,重型H型钢真正展现了‘改革创新勇气钢’的非凡实力!”

12月1日晚上7点45分《钢铁脊梁》纪录片第三部分《钢铁之翼》在中央二台播放,马钢的“大国重器”在电视上闪亮登场。镜头里的画面定格最璀璨的瞬间,镜头外马钢重型H型钢的精彩故事还在继续书写,期待实现“重型帽型钢全球首发”。

(张　泓　申婷婷)

【马钢参加2021年全国冶金焦化节能减排关键技术研讨】 2021年5月12—14日,由中国金属学会主办、马钢股份等单位协办的“2021年全国冶金焦化节能减排关键技术研讨会”在马鞍山市召开,会议主题为“提高焦化节能减排水平、促进冶金焦化绿色高效发展”。中国金属学会专家委员会主任王天义,马钢集团党委常委、副总经理唐琪明出席会议,来自相关行业专家、钢铁企业代表、科研机构及高等院校的冶金科技工作者180余人参加会议。

唐琪明在会上致辞表示:实现钢铁强国梦,追求低碳冶金,大力发展绿色节能技术,冶金焦化行业使命光荣,更义不容辞;相信借助此交流平台,将有力推动冶金焦化节能减排和绿色高效发展新技术的进步与发展,为钢铁行业可持续发展做出贡献,同时也能让每位参会者拓展新思路,开阔新视野,获得新启迪。会上,马钢发布了《马钢炼焦节能环保新技术研究与实践》主题报告,马钢股份、宝钢股份、北京科技大学等单位科技工作者分别作了生动报告,积极探讨“碳达峰、碳中和”下焦化能源流程的危与机,交流支撑低碳冶金的焦化碳减排技术等,以期促进焦化绿色、智能化关键技术的发展与应用,推动冶金焦化企业节能减碳、绿色高效发展。会后,会议代表参观了马钢炼焦总厂和炼铁集控中心。

(秦玲玲)

【马钢参加《铁路用辗钢整体车轮》国家标准审定会】 2021年3月18日,GB/T 8601《铁路用辗钢整体车轮》国家标准审定会在马鞍山富力万达嘉华酒店召开。本次会议由全国钢标准化技术委员会型钢分技术委员会组织,马鞍山钢铁股份有限公司协办。来自冶金工业信息标准研究院、中国中车下属9家机车车辆有限公司、山西太钢不锈钢股份有限公司、太原重工轨道交通设备有限公司等18个单位25位专家出席了会议。会上,标准修订负责单位马鞍山钢铁股份有限公司详细介绍了标准修订背景、技术条款确定依据。与会专家对标准的范围、规范性引用文件、车轮分级、车轮型式尺寸极限偏差及形位公差、技术要求和试验方法、检验规则等10个章节和4个附录的内容进行逐条探讨和确认,一致认为标准达到国际先进水平。

铁路用辗钢整体车轮为铁路机车车辆关键零部件。近年来,我国轨道交通事业迅猛发展,随着列车运行速度提高、轴重增加,车轮服役环境愈发恶劣,1988年颁布实施的GB/T 8601—1988标准已不能满足需求。本次修订,在借鉴欧美先进标准的基础上,结合我国实际,丰富了车轮种类并对技术指标进行了重要调整。修订后的标准对更好地满足我国铁路发展需求,支撑中国铁路走出去起到积极的推进作用。

(金良军)

【马钢与中国建设科技集团开展对接交流】 2021年5月14日下午,马钢与中国建设科技集团对接交流会在马钢办公楼413会议室召开。双方围绕钢结构技术运用和进一步开展合作进行了深入交流。中国建设科技集团副总裁樊金龙,中国建筑标准设计研究院院长曹彬,集团公司总经理、党委副书记、股份公司党委副书记刘国旺,集团公司党委常委、马钢股份公司副总经理章茂晗,马钢股份公司总经理助理王光亚出席会议。

中国建设科技集团是国务院国资委直属的大型骨干科技型中央企业,2017 年由中国建筑设计研究院改制更名,是能全面覆盖城乡建设领域各专业门类、整体实力领先的科技型中央企业。其主营业务范围包括城乡规划、建筑工程、市政工程三个板块。马钢与中国建设科技集团在型钢产品上有着良好的合作经历,并有着广阔的合作前景。樊金龙在会上感谢马钢长期来对中国建设科技集团提供的支持,近年来,中国建设科技集团与马钢的合作不断深入,双方互利共赢,共同发展。他希望双方人员能够以此次对接交流为契机,丰富拓展产业链,把合作上升到行业层面和战略层面上来,产生更大的社会效益和经济效益,共同推动行业的高质量发展。

刘国旺代表马钢对樊金龙一行的到来表示欢迎,对中国建设科技集团长久以来给予马钢的支持表示感谢。他表示,在与中国宝武整合融合以后,马钢打造成为中国宝武优特长材平台化公司的发展定位愈发清晰。展望未来,刘国旺表示,马钢与中国建设科技集团有着广阔的合作前景,希望双方能够围绕长期合作共赢、健康发展,贯彻新发展理念,深入探索新合作方式,推动行业的转型升级和高质量发展。

会上,中国建设科技集团与马钢相关人员就各自材料技术特点和合作模式探索作了报告。

(高莹茹)

【马钢与欧冶工业品签署业务委托合作协议】 2021 年 5 月 28 日,在马钢集团公司、马钢股份公司党委书记、董事长丁毅和欧冶工业品董事长王静共同见证下,马钢集团公司总经理、党委副书记刘国旺与欧冶工业品党委书记、高级副总裁田国兵分别代表马钢股份公司和欧冶工业品公司签署《马钢工业品采购管理和服务委托协议》(以下简称《协议》)。马钢领导毛展宏、章茂晗,欧冶工业品领导谈爱国、邹峻、颜满堂出席签约仪式。

实现工业品集中统一采购是中国宝武集团重要的专业化改革内容,也是马钢股份参与共建高质量钢铁生态圈的重要举措。通过集中统一采购,在为生态圈伙伴生产及建设提供稳定的工业品供应服务的前提下,持续提升采购服务效率、用户需求响应速度,实现采购资金跑赢大盘和全口径库存资金下降。

《协议》中包含了委托标的、管理方式、职责、业务基本管理模式、绩效评价、费用及结算等方面内容;《协议》双方约定,自 2021 年 7 月 1 日起,马钢股份公司将用于企业生产制造、建设技改、维护维修或经营运转的材料、备件、设备的采购业务和服务均委托给欧冶工业品公司,欧冶工业品公司在保证为马钢股份生产及建设提供稳定的工业品供应服务的前提下,持续提升采购服务效率、用户需求响应速度,实现工业品采购资金跑赢大盘和全口径库存资金下降。

(唐　军)

【马钢开展“我为群众办实事”实践活动】 马钢集团党委坚持把“我为群众办实事”实践活动作为党史学习教育的重要内容,强化“组织力量”,发挥党员作用,聚焦重点群体和领域,用心用力用情为职工群众办实事解难题,2021 年,先后实施公司党委层面两批次 15 项实事项目,基层党组织三批次 492 项实事项目,总体完成率达 96%。参与满意度测评的职工对马钢集团及各单位开展党史学习教育和“我为群众办实事”实践活动的总体评价“好”和“较好”均为 100%,切实增强了职工群众的获得感、幸福感、安全感。年内共收集“我为群众办实事”案例 100 余篇,遴选 50 个典型案例成果,汇编成册,供各单位学习借鉴。聚焦难事愁事,着力解决“硬骨头”问题,各级党组织把察民情访民意作为“我为群众办实事”的第一步,各级领导班子成员深入基层联系点,开展“我与群众面对面”行动,先后调研指导 231 人次;在精准把握职工群众需求基础上,通过提升职工人均收入,改进工作餐服务质量,解决了职工长期想解决没有解决的饮水品质提升问题,及时回应职工诉求。聚焦能力活力,促进解决“卡脖子”问题,以实事项目为重要抓手,通过实施南区厂容环境整治、提高职工安全本质化水平、提升“四室两堂一所”、优化高端人才培养环境等一系列办实事项目的落地,有效激发广大职工“一年当作三年干、三年并为一年干”的昂扬斗志,有力助推了精益高效、奋勇争先。公司各产线打破日产纪录 172 次、月产纪录 53 次,一大批关键经济技术指标不断刷新历史新高;开发新产品 140 万吨,10 个新产品牌号实现国内首发;合肥公司、长材事业部、长钢股份 3 个智控中心建成投用,马钢绿色化、智慧化指数跻身宝武系各基地前列。聚焦为民惠民,有效解决“不平衡”问题。着力提升职工意外保障水平,2021 年累计理赔金额 942 万余元,人均理赔金额比上年度同期增加 24.48%;冶金服务公司 667 名职工加入马钢职工补充医疗保险管理体系。组织开展“驻外员工家属帮扶”实事活动,与医疗机构开展党建结对共建,签署《医疗服务协议》,成立党员志愿者服务队伍,切实解决了驻外员工家属看病难等帮扶需求。党支部与村(社区)党支部开展结对共建30家,共同开展"我为群众办实事"主题党日活动26次;引导党员积极参加志愿服务,为身边群众办实事办好事2671人次。积极统筹社会资源,推进职工福利中心平台建设,创新职工普惠服务方式,提供省内旅游年卡、购车等优惠普惠项目,满足职工个性化、多元化需求,有3.7万(人次)职工关注并参与。

(杨　珑)

【赋予"江南一枝花"新内涵 马钢发布企业文化理念】 2021年,马钢集团承接中国宝武企业文化体系,年初召开党委(扩大)会提出了要"继承和发扬新时代'江南一枝花'精神",公司职代会也提出要"赋予'江南一枝花'精神新内涵"。

20世纪60年代,马钢人在非常贫乏、简陋的物质条件和艰苦环境中,以崇高的奉献精神和高度的主人翁责任感,在全公司上下掀起了文明生产和企业管理变革的热潮,谱写了令马钢人永远骄傲的华彩篇章,马钢以"江南一枝花"享誉全国。1996年,随着改革开放的不断深入和社会主义市场经济的发展,以及企业文化知识和理念的传播,马钢党委第一次正式确定了马钢的企业精神,即"江南一枝花"精神:协作共进的团结精神,文明生产的敬业精神,艰苦奋斗的拼搏精神,敢于争先的开拓精神,爱国爱厂的奉献精神。"江南一枝花"精神传承了"江南一枝花"优良传统,体现了鲜明的企业个性和时代风貌,并且扎根实践、得到升华,是马钢在发展历程中逐步形成的共同价值理念和群体意识。马钢广大员工对"江南一枝花"精神普遍怀有深厚感情,"江南一枝花"精神具有扎实的群众基础。

"十四五"时期,马钢要全面实现"十四五"战略发展规划,加快推进高质量发展、建设后劲十足大而强的新马钢,需要全体员工激发干劲勠力同心、精益高效奋勇争先。在这一过程中,马钢亟须既能适应新时代、新任务的要求,又具备优秀传统基因,为广大员工普遍认可和接受,且富有企业特色的文化品牌,达到"内聚人心,外塑形象"的目的。"江南一枝花"精神无疑是最佳选择。

2021年以来,公司党委工作部牵头组织有关单位和部门周密策划紧密协作,创新企业文化建设方法路径,注重文化实践和落地工作。1. 溯源史实。通过开展基层调研、发掘溯源、查阅史料、走访座谈、咨询查证、梳理提炼等,编写《江南一枝花》基础稿,拍摄"江南一枝花"视频3部,撰写典型故事10个,还原"江南一枝花"真实历史。2. 宣贯教育。在公司媒体开辟宣传专栏;公司各层级管理人员带头深入基层,宣讲"江南一枝花"精神。邀请"江南一枝花"老模范与员工座谈,开展"江南一枝花"讲演诵读大赛,组织青年员工"江南一枝花"精神寻访接力,征集评选身边的"江南一枝花"故事小视频,布设"江南一枝花"主题文化宣传墙等,广泛开展"江南一枝花"专项活动。3. 理论研讨。组织一批专家和学者组成理论课题组,对"江南一枝花"精神的产生、内涵、精神谱系、时代价值等进行深入研讨,形成了《"江南一枝花"精神的价值导向》成果。4. 精益实践。继承践行"江南一枝花"优良传统,实施文化实践活动;发布《可视化标准手册》,强化现场管理标准;着力创建精益现场,各条产线的基础管理均有提升;发动员工立足岗位针对身边问题,开展"随手拍""微改善",评选交流推进精益运营的优秀案例,深入基层单位巡回演讲,营造"人人创效、事事精益、处处改善"的浓厚氛围。5. 建章立制。发布《"十四五"企业文化和品牌建设规划纲要》《企业文化建设管理办法》,实施企业文化建设季度绩效考核、年度评价,为继承和发扬"江南一枝花"精神提供制度保障。

在溯源史实、宣贯教育、理论研讨和精益实践等工作基础上,顺应"十四五"高质量发展要求,结合马钢改革发展和生产经营实际,提炼出"六个提升"的"江南一枝花"精神新内涵。1. 提升制造水准。制造水准是马钢钢铁业发展的重要根基。提升制造水准,是迈向先进制造、高端制造的必由之路,是践行"绿色、精品、智慧"创新发展使命的路径选择。提升制造水准就要矢志不渝走绿色制造、精品制造、智慧制造、精益制造之路。2. 提升环境质量。环境质量是马钢经营战略的要素。提升环境质量,是践行"三治四化""两于一入",打造靓丽"江南一枝花"的必然选择,也是提高员工工作生活品质的内在需要。提升环境质量就要不断提升生态环境、厂容环境、工作环境、人文环境的质量。3. 提升技能素养。提升技能素养是马钢打造有理想守信念、懂管理会创新、能担当、讲奉献的新时代产业工人阶级队伍的重大举措。提升技能素养,就要构建造物育人的员工成长平台,培养一专多能的岗位能手,打造充满创造活力的精益团队。4. 提升精神面貌。员工精神面貌是"江南一枝花"精神的显现。提升精神面貌,是赓续马钢文化血脉的需要,更是新时代高质量的要求。提升精神面貌就要坚定员工对于行业、企业、职业发展的信心,增强实现马钢愿景的决心、意志和能力,提升志气、勇气和底气。5. 提升团结协作。团结协作是马钢积淀的优秀文化传统。提升团结协作，就是按照“协同”价值观的要求，以共同目标为牵引，以高效沟通为纽带，以协作机制为保障，以工作效果为衡量，坚持全员群策群力，实现马钢整体利益最大化。6. 提升产城融合。产城融合是绿色发展、协同发展、开放发展、共享发展的必然要求。提升产城融合，是马钢贯彻宝武绿色发展战略的路径选择，要与马鞍山市互补互帮，共抓保护，共建生态福地共谋产业发展，共创智造名城。

通过有序扎实的文化建设和实践活动，“江南一枝花”精神深入人心，员工对中国宝武和马钢的认同感、归属感和幸福感不断增强，有效提升了员工的行业信心、企业信心、职业信心，马钢发生了脱胎换骨的变化，收到了以文化力提升竞争力的显著效果。

（路　斌）

【马钢集团启动与推进“2021 年职工‘三最’实事项目”】 2021 年，马钢集团认真落实习近平总书记考察调研中国宝武马钢集团提出的“要为职工创造良好的生产生活条件，使职工没有后顾之忧”重要指示精神，体系化、常态化地解决职工“最关心、最直接、最现实”的问题。年初，马钢集团正式启动“2021 年职工‘三最’实事项目”征集工作，旨在以“精准+普惠”为导向，深入基层一线，梳理摸排、精准了解职工关注点和需求点，积极回应职工期盼，切实为职工做好事、办实事、解难事。申报范围主要有“四室两堂一所”，包括一线职工工作区域内操作室、休息室、更衣室、盥洗室、公共食堂、公共澡堂、公共厕所；职工福利保障项目包括薪酬福利、健康卫生、劳动保护等；困难职工帮扶项目包括困难职工日常慰问、“送温暖”助学助困等；综合项目包括职工追求“三有”目标的其他关注点和诉求等。畅通职工诉求渠道，开发上线职工“三最”实事项目申报直通车，点对点征集职工关心关切的职工“三最”问题，经过滚动征集、梳理归类、分级评审，立项 440 项，其中公司级项目 44 项，厂级项目 396 项。公司工会高标准要求、高效率推进，从申报审核、立项实施、评审验收到办理回复，加强全流程跟踪管理，实地督察指导落实，440 项实事项目全部按期完成。一年来，马钢坚持贯彻习近平生态文明思想，牢固树立“生态优先、绿色发展”理念，严格按照“两于一入”“三治四化”要求，加快推进“花园工厂”建设，实现从“盆景”向“风景”蝶变，职工现场工作环境得到极大改善，职工的企业归属感和自豪感大幅提升。

（张耀妮）

【马钢职工福利中心上线】 12 月 20 日下午，马钢集团公司党委书记、董事长丁毅，党委副书记、纪委书记何柏林及集团公司副总会计师张乾春共同摁下电子按钮，马钢职工福利中心正式上线运行。

2021 年，集团公司党委把解决好职工“急难愁盼”问题，作为党史学习教育“我为群众办实事”实践活动的出发点和落脚点加以落实。年中，集团公司党委面向全公司推出“我为群众办实事”公司级十件大事，建设职工福利中心平台就是其中之一。马钢工会作为项目责任单位，立即响应、积极行动，紧锣密鼓地推进职工福利中心平台建设。马鞍山力生公司作为区域一级运维服务商，全程负责平台运行、服务交付及服务供应商的管理。宝信软件上海仁维技术有限公司负责平台的 IT 服务流程设计及技术支持。在各方工作团队的高效协同下，仅用时 50 余天，便完成了职工福利中心平台从策划到实测、从试点运营到顺利投入使用。

11 月中旬，马钢职工福利中心组织了机关职工生日慰问的发放，职工的生日礼包被点击领取后快递到家，职工真切感受到了“便捷福利、一点就好”的愉快体验。

上线仪式上，何柏林代表公司党委对马钢工会、上海仁维软件公司和马鞍山力生公司把建设职工福利中心平台作为“为职工办好十件大事”之一认真加以推进，并实现按期上线运行表示祝贺。何柏林表示，马钢职工福利中心的上线旨在深入贯彻习近平总书记考察调研中国宝武马钢集团重要讲话精神，进一步推进党史学习教育，认真落实公司党委开展“我为群众办实事”实践活动的部署要求，聚集各方资源，着力完善为职工办实事的服务体系，为提升马钢职工“三有”生活水平注入生机和活力。并就如何发挥好职工福利中心平台作用提出两点要求。1. 提高认识，广泛宣传到位。要求各相关方要树立“一盘棋”思想，将职工福利费、工会经费用到实处，利用职工福利中心平台组织好职工生日、节假日、高温季节等慰问活动，精准服务职工。同时，在职工中做好推广应用工作，让职工群众更好地共享这一服务创新成果。2. 协同运作，确保高质高效。利用福利中心平台做好职工福利和普惠工作，需要方方面面的理解、支持。各方在工作中建立良好的沟通机制，整合各方优势资源，形成职工普惠服务融合发展的良好格局。

集团公司工会主席、总经理助理邓宋高主持上线仪式，并表示集团工会将进一步实现创新，把职工福利中心打造成为企业和职工信赖的掌上服务新平台，不断满足广大职工对美好生活的新期待。

仪式上,马鞍山力生公司、宝信软件上海仁维技术公司相关负责人分别致辞;与会人员共同观看了马钢职工福利中心宣传片。

(申婷婷　张蕴豪)

【马钢开展系列活动庆祝中国共产党成立100周年】 2021年是中国共产党成立100周年,中国共产党带领中国人民开启全面建设社会主义现代化国家新征程。马钢集团党委高度重视,成立庆祝中国共产党成立100周年系列活动领导小组,发布《马钢集团党委关于中国共产党成立100周年庆祝活动的方案》。2021年7月1日上午,公司组织8810名党员、群众及时收听收看庆祝中国共产党成立100周年大会盛况,认真聆听领会习近平总书记重要讲话精神。举办中国宝武首批爱国主义教育基地马钢展厅(特钢)挂牌仪式暨红色故事讲演活动,开展“万人”参观,把总书记察看的展厅、优棒车间打造成为公司红色教育基地。召开马钢庆祝建党100周年座谈会暨“光荣在党50年”纪念章颁发仪式,举办“永远跟党走”主题歌咏会及主题音乐党课,广泛组织开展百名党员代表入党宣誓、百个优秀党课展播、百个马钢历史瞬间主题图片展、“传承江南一枝花精神,精益运营最佳实践一百例”、百部红色电影观展等“七个一百”系列活动,广大党员职工积极响应和参与。同时,在马钢日报、马钢宣网、马钢家园等公司媒体开设专栏,持续做好党史学习教育专题宣传,刊发相关新闻报道150余篇。

(杨　珑)

【马钢举行系列活动庆祝中国宝武首个“公司日”】 中国宝武党委经研究决定,将每年的12月23日确立为中国宝武“公司日”,集团上下通过组织开展形式多样的活动,重温发展历程,坚定初心使命,弘扬企业文化,奋发前进动力。

为隆重庆祝中国宝武首个“公司日”,马钢集团党委高度重视,视之为一个弘扬企业文化的重要载体,也是一个属于全体员工的盛大节日,以进一步凝聚“同一个宝武”的共识,增强“同一个宝武”的荣誉感和使命感。11月26日,马钢印发《关于中国宝武首个“公司日”马钢系列活动工作安排》通知,旨在通过组织开展一系列文化活动,广泛宣传中国宝武和马钢企业文化理念、“江南一枝花”精神新内涵,传播联合重组以来马钢高质量发展成果,引导广大员工深切感受企业新变化、新成就,进一步增强对中国宝武的认同感、归属感、幸福感。

系列活动主要分为两部分。1. 参加总部“公司日”活动的工作任务,包括组织排练两个节目参加“金色炉台”主题文艺晚会、设计展板参加“全面对标找差”成果展示活动、排练拍摄“司歌活力操”视频素材、策划拍摄《你好,2022年》视频素材等。2. 自主举办的“公司日”活动,包括升旗仪式、“公司开放日”、先进代表家属与公司领导恳谈、“江南一枝花”精神讲演诵读大赛决赛、马钢家园微信平台“最佳心里话”征集评选活动等,各部门和单位结合实际开展特色活动。

12月23日7点58分,马钢国旗仪仗队踏着整齐的步伐,护送国旗、中国宝武司旗、马钢司旗,踏步来到马钢办公楼南广场。8点整,国歌响起,国旗、中国宝武司旗、马钢司旗先后升起、迎风飘扬。同时,在马钢长材事业部、特钢公司、四钢轧总厂、安冶学院等马钢的各个区域,庄严隆重的升旗仪式同步举行。马钢领导刘国旺、唐琪明、任天宝、何柏林、伏明、章茂晗、马道局及张乾春、王光亚、邓宋高、罗武龙、杨兴亮,公司优秀员工代表及家属,青年代表及家属,公司办公楼部分员工出席参加公司机关升旗仪式。

仪式结束后开展马钢“公司开放日”活动。马钢“奋勇争先奖”部分单位代表及家属、中国宝武“金牛奖”“银牛奖”部分获奖人员代表及家属,以及先进青年代表及家属共40余人坐上大巴驶进马钢厂区,自马钢1号门起,沿途参观马钢厂区整洁的道路、厂房、绿色植被、智慧运营的管控中心,参观马钢展示馆,感受马钢高速的发展变化。走2020年习近平总书记考察调研马钢集团时走过的路,到马钢展厅(特钢),职工代表和家属们听取了马钢发展沿革、改革创新、重点产品相关介绍,为马钢取得的成绩感到由衷的赞叹和骄傲。在特钢公司优棒生产线Y3厂房门口,特钢公司青年职工宛佳旺向大家还原了习近平总书记考察调研马钢集团特钢公司时的场景。在这个极具纪念意义的日子,在这个极具纪念意义的地方,一张张温暖的合影定格了这一美好瞬间。

12月23日下午,马钢召开先进代表家属与公司领导恳谈会。马钢集团党委副书记、纪委书记何柏林向参加座谈会的每一名家属送上鲜花,感谢她们在背后的默默付出和奉献。16名代表家属畅谈联合重组后企业与个人的变化及对未来的美好期望。恳谈会由集团公司总经理助理、工会主席邓宋高主持。在恳谈会尾声,何柏林表示,2021年12月23日是中国宝武的第一个“公司日”,也是员工的“亲子日”,邀请优秀员工家属前来参加活动,是希望大家能对马钢有更深的体会、更强的信心;2020 年以来,马钢深入贯彻落实习近平总书记考察调研马钢重要讲话精神,取得了一系列历史性突破,2021 年马钢迈上了二次创业、转型升级的崭新跑道,呈现了勠力同心、奋勇争先的崭新气象。他表示,马钢各级党政领导班子愿意和员工及其家属们一起,传承弘扬新时代"江南一枝花"精神,携手并肩、齐心协力共创马钢美好幸福的未来,更好地实现有钱、有闲、有趣的"三有"美好生活。

12 月 27 日下午,马钢在教培中心报告厅举行"江南一枝花"精神讲演诵读大赛决赛。12 支参赛队伍以演讲、情景剧、诗文朗诵、舞蹈等多种形式,生动地演绎"江南一枝花"精神在马钢发展历程中的传承与发扬。马钢集团党委副书记、纪委书记何柏林出席大赛,并为获得一等奖的运输部情景剧《绝不迁就的"两毫米"》、长材事业部情景剧《花儿为什么这样红》,以及获优秀组织奖的参赛单位颁奖。比赛间隙,精益师学员作了"江南一枝花"精神解读;炼铁总厂高炉一分厂炉体作业区作业长作《传承"江南一枝花"精神 引领作业区持续提升》分享;入选中国宝武公司日"金色炉台"主题晚会的两个推送节目做了展示演出。

"公司日"期间,马钢各单位也结合实际开展了丰富多彩的健步走、登山、志愿者服务等活动,共同庆祝中国宝武首个"公司日"。

(路　斌)

重要会议

【进一步贯彻落实习近平总书记考察调研中国宝武马钢集团重要讲话精神 中国宝武座谈会在马钢召开】 8 月 19 日,中国宝武党委结合党史学习教育,组织召开"进一步贯彻落实习近平总书记考察调研中国宝武马钢集团重要讲话精神"座谈会,回顾学习贯彻落实情况、总结交流落实成果经验,安排部署学习贯彻落实下阶段工作,强调要以习近平总书记重要讲话精神领航中国宝武"十四五"实现更高质量发展。

中国宝武党委书记、董事长陈德荣在会上强调,要牢记习近平总书记的殷切嘱托,担当起国之大者、中流砥柱的使命责任,在中国宝武努力形成"万马奔腾"的良好局面,创建世界一流伟大企业。中国宝武党委副书记、总经理胡望明作学习贯彻落实习近平总书记考察调研中国宝武重要讲话精神工作情况报告。

2020 年 8 月 19 日,习近平总书记来到中国宝武马钢集团考察调研并发表重要讲话,给中国宝武全体干部员工以极大的鼓舞和鞭策。习近平总书记的考察调研,是中国宝武和马钢发展史上具有里程碑意义的一件大事,是中国宝武和马钢的政治荣耀,是对几代马钢人自力更生、艰苦奋斗、拼搏奉献的充分肯定,也是对马钢干部员工的最大关心、最大鼓舞、最大鞭策,为加快打造后劲十足大而强的新马钢指明前进方向、增添强劲动力。

胡望明在报告中指出,习近平总书记考察调研中国宝武马钢集团后,中国宝武党委认真落实第一议题制度,将学习贯彻习近平总书记考察调研中国宝武重要讲话精神作为首要政治任务,及时组织传达、迅速行动部署、研究制定贯彻落实实施意见、全面组织推进。一年来,中国宝武广大干部员工深入学习贯彻落实习近平总书记考察调研中国宝武重要讲话精神,以习近平总书记重要讲话精神武装头脑、指导实践、推动工作,进一步树牢"四个意识",坚定"四个自信",做到"两个维护",以责任履行使命,用担当诠释忠诚,同心同向、努力拼搏,钢铁挂帅、砥砺前行,各项工作取得明显成效,以实际行动践行钢铁报国的初心使命,回报总书记的关怀与厚爱,取得了不平凡的业绩,开创了高质量发展的新局面:一是统筹抓好疫情防控和生产经营,发挥中央企业中流砥柱作用;二是坚持技术效益规模引领提升竞争力,推进制造强国战略落实;三是践行长江大保护战略抓好绿色发展,智慧制造推动行业转型发展;四是融入长三角一体化发展推进专业化整合,建设高质量钢铁生态圈;五是坚持和弘扬劳模精神,全心全意依靠职工办企业,实现员工与企业共同发展;六是坚持高起点谋划部署抓好"十四五"开局,打造后劲十足的钢铁企业。

胡望明要求,以今天为新的起点,中国宝武要继续深入学习贯彻落实习近平总书记考察调研中国宝武重要讲话精神和指示批示,特别是要结合党史学习教育,深入开展好"开新局、谱新章""解决卡脖子问题""提高抗风险能力""我为群众办实事"等专题研讨,把学习贯彻习近平总书记"七一"重要讲话精神与学习贯彻习近平总书记对中国宝武的重要讲话精神和指示批示结合起来,与筹划新发展阶段形成新发展格局和明年工作的思路结合起来,勇担国家战略,践行忠诚担当,聚焦使命愿景价值观、产业转型、深化改革等方面,深入开展大调研活动。各子公司都要针对问题短板,上下联动,找差距、查原因、寻对策,持续以学促思、以思促行、以行促效,推动习近平总书记重要讲话和批示精神成为破解高质量发展难题的金钥匙,以一往无前的奋斗姿态和永不懈怠的精神状态,加快建设世界一流示范企业,为全面建设社会主义现代化国家、实现中华民族伟大复兴的中国梦作出中国宝武人应有的贡献。

马钢集团党委书记、董事长丁毅在会上做马钢集团学习贯彻习近平总书记考察调研中国宝武马钢集团重要讲话精神情况回顾报告。一年来,马钢把学习贯彻习近平总书记重要讲话精神作为首要政治责任和长期战略任务,深入贯彻"三新"要求、提高政治"三力",奋力谱写了马钢高质量发展的崭新篇章,在经营绩效、转型发展、精益高效、技术创新、绿色发展、智慧制造、深化改革、产城融合、共建共享上实现了新突破。2020年钢产量首次突破2000万吨、营业收入首次突破1000亿元,2021年上半年刷新历史最好经营业绩,一批技术经济指标创历史最好水平;厂容厂貌焕然一新,绿色化指数超过中国宝武平均值,智园、生态园、幸福大道等成为马钢靓丽的名片;仅用15个月就实现宝武系内首家信息化整合融合项目成功上线。丁毅表示,站在第二个百年新的起点上,马钢将牢记习近平总书记的殷殷嘱托,深入学习贯彻习近平总书记"七一"重要讲话精神,在中国宝武党委的坚强领导下,全力打造后劲十足大而强的新马钢,为中国宝武由"老大"变"强大"、创建世界一流伟大企业,为新阶段现代化美好安徽建设,为长三角一体化发展,作出新的更大贡献。

陈德荣在讲话时说,在深入推进党史学习教育、学习习近平总书记"七一"重要讲话精神的关键阶段,组织召开进一步贯彻落实习近平总书记考察调研中国宝武马钢集团重要讲话精神座谈会,具有十分重要的意义。2021年是中国共产党成立100周年,作为国有企业,中国宝武要进一步树牢"四个意识",坚定"四个自信",做到"两个维护",不辜负习近平总书记的殷切嘱托,担当起国之大者、中流砥柱的使命责任,努力形成"万马奔腾"的良好局面,创建世界一流伟大企业。

陈德荣就进一步贯彻落实习近平总书记考察调研中国宝武马钢集团重要讲话精神,讲了三个方面的意见。1. 充分肯定一年来贯彻落实习近平总书记考察调研中国宝武马钢集团重要讲话精神取得的成绩和成果。一年来,中国宝武广大干部职工以习近平总书记考察调研重要讲话精神为指导,不断从中找方法、找钥匙、找答案,在习近平总书记提出的"老大"变"强大"的激励鼓舞下,推动各方面工作迈上了新台阶,取得了亿吨宝武梦圆、世界500强排名跻身72位等一系列重要成绩。2021年以来,中国宝武把贯彻落实习近平总书记考察调研中国宝武重要讲话精神与党史学习教育结合,在全体干部职工的共同努力下,上半年生产经营业绩再次刷新历史最好水平,向着全年目标努力迈进。陈德荣指出,马钢一年来取得的成绩可圈可点、可喜可贺:一是企业形象面貌有了极大提升,实现了从"盆景"到"风景"的转变;二是职工精神面貌有了极大提升,自豪感、幸福感显著增强;三是各项生产经营指标在去年取得巨大进步的基础上实现再提升;四是在战略规划指引下发展路径更加明晰,聚焦优特长材领域,综合竞争力稳步提升。在习近平总书记考察调研中国宝武重要讲话精神的指引下,马钢"一马当先"、未来可期。中国宝武的各板块、子(分)公司要以习近平总书记考察调研中国宝武重要讲话精神为指引和推动,努力形成"万马奔腾"的良好格局,为中国宝武在"十四五"期间创建世界一流伟大企业而努力奋斗。2. 贯彻落实习近平总书记考察调研中国宝武马钢集团重要讲话精神,中国宝武当前还存在着诸多问题和差距,主要体现在以下几个方面:一是科技创新还不到位;二是绿色发展方面存在差距;三是联合整合融合工作有待进一步深化;四是国际化步伐较为迟缓;五是深化改革步伐要继续加快;六是关爱员工相关工作要进一步增强。3. 贯彻落实习近平总书记考察调研中国宝武马钢集团重要讲话精神要重点做好以下几个方面的工作。一要强化科技创新工作。要优化完善科技创新体系、科技创新能力以及科技队伍建设,解决"卡脖子"问题;要持续推动智慧制造,加速从"四个一律"到"三跨融合"的转变;要以科技创新引领新能源产业布局和新能源应用,做好碳达峰碳中和工作。二要抓好绿色发展。各公司要对标对表,加大"三治四化"的投入力度,加快环保A级企业的创建速度。三要加快国际化步伐。通过创新工作方式加快海外布局,力争在2—3年时间内实现实质性突破。四要全面深化改革。要落实好今年的各项改革任务,做好国有资本投资公司建设;要努力推进专精特新"小巨人"企业的培养,形成一批世界"单打冠军"。五要持续推进联合整合融合。要以集团利益最大化、各基地利益不受损有提升为原则,推进钢铁主业的专业化整合,进一步提升钢铁业的竞争力。六要加大员工关爱工作。要把"我为群众办实事"作为党史学习教育过程中最为重要的工作加以落实推进,做到真正让职工群众满意。他还就持续深入推进党史学习教育,开展好"大调研"工作等提出了具体要求。

中国宝武党委常委魏尧主持会议。他在做会议总结时要求各级党组织、各单位要认真学习领会陈德荣书记、董事长的讲话，进一步抓好习近平总书记考察调研中国宝武重要讲话精神的贯彻落实工作。要提高政治站位、坚持问题导向，进一步对标对表、完善举措、强势推进，确保集团公司的要求不折不扣落实到位。各级领导干部要把进一步抓好贯彻落实与深化党史学习教育结合起来，带头作为、担当力行，带领广大员工不断提升奋进新时代的工作激情，持续精进奋进新时代的专业素养，上下同欲，全力推动中国宝武“老大”变“强大”，为我国第二个百年奋斗新征程作出突出贡献！

会前，与会人员沿着习近平总书记在中国宝武马钢集团考察调研路线参观，一同见证了马钢集团绿色智慧“盆景”变“风景”的美丽“蝶变”。会上播放了马钢集团学习贯彻习近平总书记考察调研中国宝武马钢集团重要讲话精神成果专题宣传片。宝钢股份、宝武特冶围绕贯彻落实“老大”变“强大”指示精神，就解决“卡脖子”难题进行交流发言。

邹继新、朱永红、郭斌、侯安贵等中国宝武领导，中国宝武总经理助理以上领导及中国宝武各业务中心、总部职能部门负责人，各一级子公司相关领导等分别在主会场和视频分会场参加了会议。

（张　泓）

【中国宝武党委第一巡视组巡视马钢集团党委工作动员会在马钢召开】　2021 年 3 月 22 日下午，中国宝武党委第一巡视组巡视马钢集团党委工作动员会召开。中国宝武党委常委、纪委书记，国家监委驻中国宝武监察专员、巡视工作领导小组副组长章克勤出席动员会并讲话。中国宝武党委第一巡视组组长陶全兴介绍巡视工作情况并提出工作要求。马钢集团、马钢股份党委书记、董事长丁毅在会上作表态发言。

根据中国宝武党委关于巡视工作的统一部署，中国宝武党委第一巡视组对马钢集团有限公司党委开展为期一个半月的专项巡视。就巡视整体安排，陶全兴代表第一巡视组在会上谈了三点意见。第一，深刻认识开展巡视工作的重要意义。第二，紧盯政治责任，把握监督重点，坚定不移深化政治巡视。第三，强化政治责任和政治担当，共同完成好巡视工作任务。

丁毅在会上代表马钢集团党委作三方面表态。1. 提高政治站位，坚决贯彻落实好中国宝武党委巡视工作要求。中国宝武党委第一巡视组对马钢开展巡视，是马钢加入中国宝武以来第一次接受上级党委的全面检验，必将对马钢坚持和加强党的全面领导、深入落实全面从严治党主体责任、实现高质量发展再上新台阶，起到重要的指导和推动作用。2. 全力支持配合，确保巡视工作有力有序顺利开展。公司各级党政领导班子和党员领导干部要严格按照巡视各项要求，讲政治、讲党性，切实增强接受巡视组监督检查的自觉性和主动性，按照巡视工作要求，实事求是反映情况。各部门、各单位要全方位、无条件地配合巡视组开展巡视工作，让巡视组充分了解和掌握真实情况。3. 强化整改落实，把巡视成果转化为推动改革发展的强大动力。对于巡视组在监督检查中发现指出的问题，将不讲条件、不讲客观，全面认账、照单全收，建立整改问题清单、责任清单、任务清单，明确整改时间表和路线图，对具备整改条件的马上整改，通过努力能够解决的限期整改，确保不折不扣整改到位。

就扎实做好本次巡视工作，章克勤在会上提出三方面要求。第一，聚焦落实习近平总书记考察调研马钢集团的重要讲话精神，深刻认识政治巡视的重大意义。要通过这样一次穿透式的全面巡视检查，去发现问题、解决问题，进一步从体制机制上推动改革、促进发展，真正发挥巡视的作用和能力。第二，深入贯彻中国宝武党委“十四五”规划，彰显新时代国有企业和钢铁行业的使命和责任。2021 年是中国宝武落实“十四五”规划的第一年，要以习近平新时代中国特色社会主义思想为行动指南，把握新发展阶段，贯彻新发展理念，构建新发展格局，进一步增强政治意识，善于把握政治大局，不断提高政治判断力、政治领悟力、政治执行力，始终牢记新时代国有企业的使命和担当，推进中国宝武高质量发展，奋力打造世界一流示范企业。第三，坚持以人民为中心的工作导向，胸怀“两个大局”，切实增强领导干部的政治担当、责任担当和历史担当。习近平总书记多次强调，中国共产党的根基在于人民，血脉在于人民。我们要把巡视工作作为维护好广大职工切身利益的重要保障，做到守土有责、守土尽责；要围绕中国宝武“十四五”规划落地和国企改革三年行动实施方案的落实，充分发挥巡视对全面从严治党的保障作用，不断增强我们的使命感、责任感和紧迫感，以优异的成绩向建党 100 周年献礼。

中国宝武巡视办、安全生产监督部领导、中国宝武党委巡视组全体成员，安全督导组、环保督察组相关成员及马钢集团、马钢股份助理以上领导人员，马钢集团（股份）机关部门主要负责人，直属机构、子（分）公司党政主要负责人,股份公司二级单位、子(分)公司党政主要负责人,部分党员代表和职工代表参加动员会。

(裔　华)

【中国宝武党委第一巡视组巡视马钢集团党委情况反馈会在马钢召开】　2021年6月9日下午,中国宝武党委第一巡视组巡视马钢集团党委情况反馈会在马钢召开,就抓好巡视整改工作进行集中部署、提出明确要求。中国宝武党委常委、纪委书记,国家监委驻中国宝武监察专员、巡视工作领导小组副组长章克勤出席会议并讲话,中国宝武党委第一巡视组组长陶全兴反馈巡视情况。马钢集团、马钢股份党委书记、董事长丁毅主持会议并在会上作表态发言。

陶全兴在反馈时指出,马钢集团党委把学习贯彻落实习近平总书记考察调研中国宝武重要讲话精神作为全部工作的鲜明主题和贯彻始终的突出主线,全面开展对标找差,全面从严治党工作取得显著成效,钢铁生态圈建设取得重大突破,企业改革与生产经营取得历史性超越,职工队伍士气高涨。但对标党中央和中国宝武党委要求,还存在责任意识压力传导不到位,从严治党措施方法不够有力等问题;存在抓企业转型发展还不够、抓人才开发力度还不够、抓“三治四化”落实还不够、抓职业教育发展还不够有力等问题;存在“两个责任”落实传导不到位、党建工作责任制落实不够到位、基层党组织“三基建设”不够扎实、落实中央八项规定精神传导不到位等问题。

陶全兴提出四点整改意见及建议:一是深入学习贯彻习近平新时代中国特色社会主义思想和习近平总书记考察调研中国宝武的重要讲话和关于碳达峰碳中和重要批示精神;二是充分发挥全面从严治党引领保障作用;三是深入贯彻新时代党的组织路线;四是切实履行整改主体责任。

丁毅在表态发言时说,马钢集团党委将把认真落实中国宝武党委巡视组的各项整改要求作为当前和今后一段时间的重大政治任务,坚决扛起政治责任,以钉钉子的精神和强有力的措施,切实抓好巡视整改,确保取得实实在在的成效。一是提高站位、照单全收,强化巡视整改的思想自觉和行动自觉,压实政治责任,强化问题整改,转变工作作风,健全长效机制。二是精准施策、立行立改,第一时间研究整改方案、拿出过硬举措、制定台账清单,确保“条条有整改、事事有回音、件件有着落”。三是统筹推进、务求实效,切实把巡视整改作为贯彻“三新”要求、提高“政治三力”的重要考验,作为加强党的建设和扎实开展党史学习教育的重要内容,补短板、强弱项、促提升,确保巡视整改成效经得起实践的检验。

就扎实做好巡视整改工作,章克勤指出,马钢集团党委要坚持以习近平新时代中国特色社会主义思想为指导,进一步提高政治站位,以“四个意识”为政治标杆,坚定“四个自信”、做到“两个维护”,抓好巡视整改落实,对重点问题要从根源上查找原因,制定切实可行的整改措施,确保问题改到位、改彻底。要坚决落实全面从严治党“两个责任”,层层传导压力,把“严”的主基调长期坚持下去,领导干部要强化责任意识和担当精神,主动承担责任,从本级改起、从自身改起。要坚持实事求是,以事实为根据,依纪依规分类处理,达到“处理一个、教育一片”的效果。要坚持举一反三,以案促改,补齐短板,完善制度,形成常态化长效机制,为马钢高质量发展筑牢基础。

中国宝武党委巡视工作领导小组成员、巡视办主任胡达新,中国宝武党委第一巡视组副组长及有关同志出席现场反馈会议。马钢集团、马钢股份助理以上领导人员;马钢集团(股份)机关部门主要负责人,直属机构、子(分)公司党政主要负责人;马钢股份二级单位、子(分)公司党政主要负责人;马钢部分党员代表和职工代表参加会议。

(张　泓)

【2021年马鞍山市与宝武马钢融合发展工作对接会在马钢召开】　2月5日,2021年马鞍山市与宝武马钢融合发展工作对接会召开。马鞍山市委书记张岳峰出席会议并讲话,马鞍山市市长袁方主持会议,马钢集团、马钢股份党委书记、董事长丁毅讲话。马鞍山市领导钱沙泉、吴桂林、吴劲、何志中,马钢领导刘国旺、任天宝、张文洋、唐琪明、何柏林、严鸽群、章茂晗、马道局及田俊、陈健、张晓峰、王文潇、邓宋高出席会议。

会上,马鞍山市委副书记、常务副市长吴劲通报了全市经济社会发展及马钢提请事项办理情况。马钢集团党委副书记、总经理刘国旺通报了马钢生产经营和改革发展及市里提请事项办理情况。

丁毅在讲话中指出,刚刚过去的2020年是马钢极不平凡的一年。2020年8月19日,习近平总书记亲临马钢考察调研,给马钢以巨大鼓舞和有力鞭策。我们时刻牢记习近平总书记的殷殷嘱托,以“一年当作三年干、三年并为一年干”的奋进姿态,有效应对疫情、汛情等严峻考验,实现了“千亿马钢”的历史性跨越。安徽省委、省政府,马鞍山市委、市政府对马钢给予了最有力的支持,我们深受感动,表示衷心感谢。丁毅指出,2021年是"十四五"开局之年。围绕把握新发展阶段、贯彻新发展理念、服务构建新发展格局,按照中国宝武战略部署和要求,马钢制定"十四五"发展总体规划,描绘了后劲十足大而强的新马钢美好蓝图,概括起来就是"1个平台、2个抓手、3个追求、4个维度、5个翻番"。在实现美好蓝图的过程中,希望依托马鞍山市与马钢融合发展工作机制,努力争取更多实实在在的成果。他建议马鞍山市与马钢聚焦规划协同、推动一体化发展,统筹招商引资,加强产业协同,优化国土空间规划;聚焦绿色发展、携手共建生态福地,支持马钢大力推进绿色低碳发展,持续打造花园式滨江生态都市钢厂;聚焦智慧制造、携手共创智造名城,支持马钢持续打造智慧制造示范基地,对智慧升级项目给予政策支持。

张岳峰在讲话时首先代表马鞍山市委、市政府,向马钢领导班子和全体干部职工致以新春的祝福。他说,特别的收获增添了我们以钢强市的坚定信心。刚刚过去的2020年,面对疫情、汛情大战大考和错综复杂的宏观形势,马鞍山市与马钢携手并进、破难攻坚,都交出了可以载入发展史册的优异答卷,能够取得这些成绩,是因为习近平总书记亲临马鞍山、亲临马钢视察,给我们极大的鼓舞和鞭策,增强了我们推动发展的精神动力,是因为我们有重要的战略机遇、共同的价值追求、紧密的兄弟情谊和昂扬的精神状态。回望共同走过的历程,我们更加深切地认识到,马钢兴则钢城兴,马钢强则钢城强。我们要坚定以钢强市的信心,共同开创更加美好的"十四五"。特殊的嘱托,赋予了我们跨越赶超的共同使命。落实好习近平总书记对马鞍山、对马钢的殷殷嘱托,是我们共同的使命。希望马钢与马鞍山市委、市政府共同推进项目攻坚,加快"1+8"产业基地建设,在智慧制造、提高亩均效益、节能降耗等方面为全市企业立标杆、当示范;共同加快绿色发展,抓好突出环境问题整改,合力推进向山地区综合整治;共同提升城市品质,加大棚户区改造力度,补齐民生短板、市容短板;共同增进民生福祉,扎实做好稳就业工作,以最严格标准抓好安全生产。特有的情怀,彰显了我们市企一家的"老铁"情谊。打造大而强的新马钢,不仅是马钢的美好愿景,也是马鞍山市委、市政府肩负的特殊政治责任。各级各部门要发扬"凹山大会战"精神,以更坚定的态度、更高效的服务支持马钢。要树立一家人的理念,确保信息对称,做到相互理解。要增强抓落实的自觉,根据马钢提出的事项,列出任务清单,进一步细化分解,对重点难点工作要明确市领导领衔推进,尽快提出解决办法、完成时限,并加强督查督办,推动对接事项加快落地、有效落实。

袁方在主持会议时指出,马鞍山市与宝武马钢是休戚与共的命运共同体。回顾过去,由于我们知责于心,共同交出了倍感自豪的精彩答卷,特别是去年我们干成了一批标志性、引领性的大事要事和喜事。展望未来,需要我们担责于身,不负习近平总书记的殷殷嘱托,要坚定信心决心,以更大力度、更实举措,共同推动融合发展向纵深迈进,不断取得新的更大成果。立足当下,要求我们履责于行,落细落实融合发展各项部署,要大力弘扬"凹山大会战"精神,聚焦"1+8"产业基地建设等重点工作,高效衔接、专班推进,共同打造后劲十足大而强的新马钢;希望马钢最大限度用好重组机遇、发挥自身优势,深化市企合作,为全市经济社会发展提供更多支持、作出更大贡献。

(张 泓)

【中国宝武党委常委魏尧来马钢宣讲党的十九届五中全会精神】 2021年2月9日上午,根据中国宝武党委统一部署,中国宝武党委常委魏尧来马钢宣讲党的十九届五中全会精神。集团公司、股份公司党委书记、董事长丁毅主持会议,集团公司党委副书记、总经理,股份公司党委副书记刘国旺,集团公司、股份公司总经理助理及以上领导出席会议。

魏尧从我国进入新发展阶段;"十四五"时期我国发展的指导方针、主要目标、重点任务和2035年愿景目标;构建新发展格局的战略构想、核心要义和工作着力点;坚持党的全面领导,凝心聚力实现"十四五"规划和2035年愿景目标;深入学习贯彻习近平总书记考察调研中国宝武马钢集团重要讲话精神,在国家战略的大局下思考和行动,确保中国宝武"十四五"规划纲要和国企改革三年行动实施方案落实到位等五个方面,对党的十九届五中全会精神进行了系统阐述,对全会提出的一系列新思想新论断、新部署新要求作了深入浅出的辅导;对中国宝武全面贯彻党的十九届五中全会精神的重要举措进行了深入解读。魏尧指出,"十四五"期间,马钢要继续全面贯彻落实习近平总书记考察调研马钢时的重要讲话精神,深入学习贯彻党的十九届五中全会精神,聚焦中国宝武"十四五"发展思路、主要目标和重点工作,围绕中国宝武对马钢的战略定位,深入践行"三高两化"战略路径,努力成为4000万吨规模优特钢精品基地和优特长材专业化平台公司,实现全球钢铁业优特长材引领者目标。整场宣讲主题鲜明、内涵丰富、精辟透彻,既有政治高度、又有理论深度,是一场系统辅导、一堂生动党课、一次工作指导,让参会人员对全会精神及中国宝武党委一届五次全委(扩大)会精神有了更全面认识、更深入了解、更深刻把握。

聆听宣讲后,丁毅表示,学习贯彻党的十九届五中全会精神是马钢当前和今后一个时期重要任务,要以这次宣讲报告会为契机,进一步强化责任担当,抓深抓实学习宣传贯彻工作。要坚持把学习贯彻全会精神与深入学习贯彻习近平总书记考察调研中国宝武马钢集团重要讲话精神结合起来,与落实中国宝武党委一届五次全委(扩大)会、一届四次职代会,马钢党委五届七次全委(扩大)会、十九届二次职代会决策部署结合起来,与建设优特钢精品基地和优特长材专业化平台公司结合起来。丁毅要求,要切实增强"四个意识"、坚定"四个自信"、做到"两个维护",坚持党的领导、加强党的建设,立足新发展阶段,贯彻新发展理念,构建新发展格局,服务国家战略,勇担使命责任,坚守"成为全球钢铁业优特长材引领者"愿景和"践行'绿色、精品、智慧'创新发展,共建高质量钢铁生态圈"使命,全力打造后劲十足大而强新马钢,为中国宝武成为全球钢铁业引领者、为新阶段现代美好安徽建设做出新的贡献,以优异成绩向中国共产党成立100周年献礼。

集团公司职能部门、直属机构、子(分)公司主要负责人,股份公司职能部门、二级单位、子(分)公司主要负责人参加会议。

(张　泓　姚　乐)

【马钢职工代表参加中国宝武一届四次职代会】 中国宝武钢铁集团有限公司一届四次职工代表大会(以下简称中国宝武一届四次职代会)于2021年1月15—21日召开,其中1月15—19日为职代会预备会议,1月21日上午召开职代会正式会议。中国宝武职代会马钢集团职工代表15人参加会议。1月15日,中国宝武一届四次职代会召开第一次团长会议,部署预备会议各项任务。1月18日下午,马钢召开中国宝武一届四次职代会预备会议分团讨论会,与会代表确认了本代表团团长、副团长人选;审议通过《中国宝武集团公司一届四次职代会议程(草案)》《中国宝武集团公司一届四次职代会主席团成员名单(草案)》;审议《中国宝武集团公司一届四次职代会总经理工作报告》等7项工作报告审议稿。1月19日,中国宝武一届四次职代会召开第二次团长会议,听取了各代表团讨论审议情况汇报,确认了《职代会议程》《主席团成员名单》等各项议案审议通过情况。1月21日上午,召开中国宝武钢铁集团有限公司一届四次职工代表大会。马钢集团领导班子成员和中国宝武职代会马钢职工代表、马钢获奖职工代表在马钢大楼623号会议室视频参会。

(江　宁)

【马钢召开集团公司十九届二次(股份公司九届二次)职工代表大会】 马钢集团公司十九届二次(股份公司九届二次)职工代表大会于2021年1月28日至2月4日召开。马钢集团职工代表362人,马钢股份职工代表321人出席会议。1月28日至2月2日为职代会预备会议,其中1月28日上午召开第一次团长会议,部署预备会议各项任务。1月28日至2月2日,各代表团分团审议职代会各项议题。其中1月29日下午各代表团分团统一集中讨论。代表们审议了《马钢集团公司十九届二次(股份公司九届二次)职代会总经理工作报告》《2020年马钢集团公司安全生产管理情况及2021年工作计划报告(含股份公司)》《2020年马钢集团公司能源环保工作情况及2021年工作计划报告(含股份公司)》《2020年马钢集团公司职工社会保险、企业年金、住房公积金的缴纳和管理情况报告(含股份公司)》《2020年马钢集团公司职工教育经费使用情况及2021年马钢集团公司职工教育培训计划报告(含股份公司)》等16项职代会议案。2月2日下午召开第二次团长会议,听取各代表团讨论、审议情况报告,确认了《职代会议程》《职代会主席团成员名单》《职代会联席会议通过有关事项的报告》《集团集体合同》等议案草案通过情况。2月4日上午召开职代会正式会议暨马钢集团2020年度人物颁奖典礼。大会听取并审议集团公司总经理、党委副书记,股份公司党委副书记刘国旺所作的题为《精益高效 奋勇争先 实现马钢"十四五"高质量发展良好开局》总经理工作报告;听取并审议公司安全生产管理部负责人所作的《2020年马钢集团公司安全生产管理情况及2021年工作计划报告(含股份公司)》;听取并审议公司能源环保部负责人所作的《2020年马钢集团公司能源环保工作情况及2021年工作计划报告(含股份公司)》;审议《2020年马钢集团公司职工社会保险、企业年金、住房公积金的缴纳和管理情况报告(含股份公司)》等9项书面报告;审议通过《马钢集团公司十九届二次(股份公司九届二次)职代会关于刘国旺同志工作报告的决议》。随后,举行马钢集团2020年度人物颁奖典礼。马钢集团公司、股份公司党委书记、董事长丁毅在大会上作了题为《坚定必胜信心 主动担当作为 凝聚打造后劲十足大而强的新马钢的磅礴力量》的讲话。

（江　宁）

【马鞍山市委书记张岳峰来马钢讲党课】 2021年9月16日上午，马钢党委理论学习中心组（扩大）学习会在公司办公楼413会议室召开，市委书记张岳峰在学习会上作形势报告。马钢集团公司、马钢股份公司党委书记、董事长丁毅主持学习会。马钢集团党委副书记、总经理、马钢股份党委副书记刘国旺，马鞍山市委常委、市委秘书长、市政府副市长方文，马钢集团、马钢股份助理及以上领导出席学习会。

张岳峰在报告中指出，2020年8月19日，习近平总书记亲临马鞍山、亲临马钢考察，赋予马鞍山打造安徽的"杭嘉湖"、长三角的"白菜心"新发展定位，将马鞍山的发展定位、发展层次、发展要求提升到前所未有的高度。一年来，马鞍山市委、市政府坚定地沿着习近平总书记指引的方向奋勇前进，经济社会发展保持了平稳较快的良好发展势头。

张岳峰强调，回顾这几年的工作，我们深入践行习近平生态文明思想，把生态环保工作作为最大的政治、最大的责任、最大的发展和最大的民生来抓，生态环境变优了；加快产业升级、结构调整、动能转换、城市转型，连续开展"产业升级突破年""项目攻坚年"等活动，发展质量变高了；坚持在都市圈发展中找准定位，加快重大交通基础设施建设，大力实施城市更新，城市能级变强了；牢固树立以人民为中心的发展思想，着力增加群众收入，全力办好民生实事，切实维护群众利益，群众生活变富了；以全国市域社会治理现代化试点为抓手，做实网格化管理，坚决铲除黑恶势力，抓好安全生产工作，社会环境变好了；坚持以政治建设为引领，以作风建设为抓手，不断提振干部精气神，干部作风变实了。这些成绩的取得，得益于中央及省委的坚强领导，得益于全市广大干部群众的辛勤工作，得益于马钢及宝武驻马各单位的大力支持和强力支撑。

张岳峰指出，总结这几年马鞍山的发展变化，许多做法要在下一步的工作中深化和坚持。要把牢一个定位，紧紧围绕习近平总书记赋予马鞍山的新发展定位，聚焦生态环保高水准、经济发展高质量、开放联动高水平、城乡建设高颜值、人民生活高品质，以创建经济社会发展全面绿色转型示范区为抓手，实施生态环保、一体化发展、产业转型、城乡融合、社会治理"五大提升行动"，全力打造生态优、产业强、活力足、城乡美、百姓富的"白菜心"。要突出一个战略，紧抓长三角一体化发展国家战略，以融入南京都市圈为主攻方向、实现路径，加快融入步伐。要把握一条主线，以制造业高质量发展为主线，坚持立足钢、延伸钢，做优做强传统产业，打造后劲十足大而强的新马钢；坚持不唯钢、超越钢，大力发展战新产业、非钢产业、未来产业。要抓住一个关键，坚持生态优先、绿色发展，打好环保整改翻身仗、长江保护攻坚战、新时代"向山大会战"、绿色转型主动战，走出一条高水平保护与高质量发展高度统一、相互促进的新路子。要强化一个保障，持续优化营商环境、作风环境，营造风清气正、干事创业的良好氛围。

张岳峰强调，回顾过去，马鞍山立市兴市依托于马钢；放眼未来，马鞍山打造长三角"白菜心"同样离不开马钢。希望马钢激发争先之志，铸牢创新之魂，凝聚融合之力，再接再厉、再创辉煌，全面融入宝武创建世界一流伟大企业实践，奋力打造后劲十足大而强的新马钢，为马鞍山打造长三角"白菜心"贡献最大力量。

（杨　珑）

【马钢举办学习贯彻党的十九届六中全会精神读书班暨党委理论学习中心组（扩大）学习会】 2021年11月17日下午，马钢举办学习贯彻党的十九届六中全会精神读书班暨党委理论学习中心组（扩大）学习会议。会议认真传达学习党的十九届六中全会精神，认真研读党的十九届六中全会审议通过的《中共中央关于党的百年奋斗重大成就和历史经验的决议》（以下简称《决议》）原文，并就切实抓好学习宣传和贯彻落实工作进行部署。集团公司、股份公司党委书记、董事长丁毅主持学习会，并结合学习的认识和体会，就学习贯彻党的十九届六中全会精神提出要求。

本次读书班采用视频会议形式进行。马钢助理级以上领导，驻公司办公楼机关部门主要负责人在主会场参会；机关部门及相关单位公司直管领导人员在分会场或本单位视频会议室参会。

丁毅在会上指出，《决议》是一篇马克思主义的纲领性文献；是新时代中国共产党人牢记初心使命、坚持和发展中国特色社会主义的政治宣言；是以史为鉴、开创未来，实现中华民族伟大复兴的行动指南。大家要系统深入地学习领悟和贯彻，公司党委也将通过多种形式进一步组织大家全面深入学习领会党的十九届六中全会精神，扎实推动马钢改革发展和党的建设迈上新台阶。

结合学习的认识和体会，丁毅就深入贯彻落实党的十九届六中全会精神提出三点要求。

1. 要充分认识深入学习贯彻党的十九届六中全

会精神的重大意义,切实增强“两个维护”的政治自觉。要充分认识党的十九届六中全会的重大历史意义;要充分认识习近平总书记重要讲话的重大现实意义;要充分认识《决议》的决定性意义。全面深入学习宣传贯彻党的十九届六中全会精神,对我们在新时代更加紧密团结在以习近平同志为核心的党中央周围,高举习近平新时代中国特色社会主义思想伟大旗帜,增强“四个意识”、坚定“四个自信”、做到“两个维护”,牢记“国之大者”,从党的百年奋斗重大成就和历史经验中汲取智慧力量,扎实推动企业改革发展和党的建设迈上新台阶,加快建设后劲十足大而强的新马钢,在新时代新征程上展现新气象、实现新作为、作出新贡献有着十分重大的意义。

2. 要深刻把握《决议》的精神实质和核心要义,坚决扛起央企责任担当。要深入学习全会公报、《决议》和习近平总书记在全会上的重要讲话精神。要重点围绕《决议》,原原本本、全面系统学习领会,吃透精神实质、把握核心要义,切实把思想和行动统一到党中央决策部署和要求上来。要深刻认识党百年奋斗的“四个伟大飞跃”“五大历史意义”“十个坚持”宝贵历史经验;深刻认识“两个确立”对新时代党和国家事业发展、对推进中华民族伟大复兴历史进程的决定性意义;深刻认识新时代中国共产党需要牢牢把握的“一个牢记”“五个必须”;深刻学习领会《决议》关于经济工作特别是对国有经济的重要部署。

3. 要牢牢把握学习贯彻的工作要求,确保全会精神一贯到底。要把学习宣传贯彻全会精神作为当前和今后一个时期的重大政治任务,切实加强组织领导,精心统筹推动,用全会精神统一思想、凝聚共识、坚定信心、增强斗志,确保把全会精神贯彻到马钢各项工作中。要强化学习宣传,要强化融会贯通,要强化行动落地,切实增强贯彻落实的使命感,坚决做到总书记有号令、党中央有部署,马钢见行动,确保学习成果转化落地、见到实效。

丁毅强调,面对新形势、新任务、新要求,要坚持以学习宣传贯彻党的十九届六中全会精神为强大动力,更加紧密团结在以习近平同志为核心的党中央周围,全面贯彻习近平新时代中国特色社会主义思想,大力弘扬伟大建党精神,勿忘昨天的苦难辉煌,无愧今天的使命担当,不负明天的伟大梦想,以史为鉴、开创未来,埋头苦干、勇毅前行,为实现第二个百年奋斗目标、实现中华民族伟大复兴的中国梦而不懈奋斗,以更加昂扬的姿态迈进新征程、建功新时代,奋力创造新奇迹、展现新气象,为党的事业增添新的荣光,以优异成绩迎接党的二十大召开。

(申婷婷 杨 珑)

【马钢召开深化改革领导小组会】 2021年5月13日上午,马钢集团深化改革领导小组会议在公司办公楼19-2会议室召开。马钢集团公司、马钢股份公司党委书记、董事长丁毅主持会议并讲话。马钢领导毛展宏、唐琪明、何柏林、伏明、章茂晗、马道局及王文潇、王光亚出席会议。会议听取了集团公司运营改善部关于马钢改革三年行动实施方案、任务清单及2021年重点改革任务的汇报,会议认为从当前的发展形势看,2021年需重点关注对外兼并重组、市占率提升、对标挖潜、绿色发展·智慧制造、历史遗留问题、经理层任期制和契约化管理、三项制度改革、“一总部多基地”管理体系、董事会建设、对标管理提升行动十项重点任务,会议强调要严格落实国企改革三年行动“2021年完成改革任务70%以上,2022年7月1日前基本完成”的要求,各责任单位要稳步高效推进改革各项工作。

马钢集团公司、马钢股份公司党委书记、董事长丁毅就做好下一阶段改革工作提出了具体要求。第一,要坚持党的领导,全面加强党的建设。要深入贯彻习近平总书记关于国有企业改革发展和党的建设的重要论述,深入学习贯彻习近平总书记考察调研马钢集团重要讲话精神,不断提高马钢治理体系和治理能力现代化水平。第二,要充分激发和释放各方面改革活力,充分调动广大干部职工的积极性、主动性和创造性。第三,要立足新发展阶段,贯彻新发展理念,把创新工作摆在重要的位置上,结合马钢战略定位,强化提升马钢产品创新力、管理创新力、技术创新力。第四,要进一步强化风险管控,构建严格规范、全面有效的风险防控体系。第五,要聚焦商业计划书,结合马钢经营实际,抓实抓好各项重点工作,推进改革三年行动实施方案的落地落实。

(周 全)

【马钢召开集团党委五届七次全委(扩大)会议】 2021年2月3日,马钢集团党委五届七次全委(扩大)会举行。会议听取了马钢集团公司、马钢股份公司党委书记、董事长丁毅代表党委所作的题为《把握机遇顺势而上 全力打造后劲十足大而强的新马钢》的工作报告,通过了全委(扩大)会决议。

会议号召:公司各级党组织和全体共产党员、广大干部职工要牢记习近平总书记考察调研中国宝武马钢集团提出的殷切期望，坚定必胜信念，强化使命担当，发扬“孺子牛”“拓荒牛”“老黄牛”精神，无私奉献，开拓创新，艰苦奋斗，全力打造后劲十足大而强的新马钢，为中国宝武成为全球钢铁业引领者、为新阶段现代化美好安徽建设作出新的贡献，以优异成绩向中国共产党成立100周年献礼。

集团公司党委副书记、总经理刘国旺出席会议并主持了第一次全体会议。集团公司党委委员，股份公司党委委员，公司纪委委员；非党委委员、纪委委员的公司领导；集团公司机关部门、直属机构、股份公司机关部门及下属二级单位、子分公司（资产经营公司、投资公司和合肥公司、长钢股份、和菱实业公司、康泰公司、冶金服务公司）中层以上管理人员在主会场和视频分会场参会。

丁毅在做工作报告时指出，2020年是马钢发展史上具有重要里程碑意义的一年。公司党委以习近平新时代中国特色社会主义思想为指导，全面贯彻落实党的十九大和十九届历次全会精神，深入学习贯彻习近平总书记考察调研中国宝武马钢集团重要讲话精神，树牢“四个意识”，坚定“四个自信”，做到“两个维护”，以高度的政治自觉和行动自觉强化使命担当，以“一年当作三年干、三年并为一年干”的奋进姿态，努力克服新冠疫情、汛期暴雨和市场变化等不利因素影响，扎实开展大学习、大宣传、大调研、大落实、大督查五大行动，奋力推动马钢高质量发展取得一系列标志性成果，钢产量首次突破2000万吨，营业收入首次突破1000亿元，为“亿吨宝武”的实现作出了积极贡献。

丁毅在报告中提出了2021年及“十四五”马钢工作的总体指导思想。高举中国特色社会主义伟大旗帜，以习近平新时代中国特色社会主义思想为指导，全面贯彻习近平总书记考察调研中国宝武马钢集团重要讲话精神，深入贯彻党的十九大和十九届二中、三中、四中、五中全会精神，落实中央经济工作会议、中央企业负责人会议精神和中国宝武党委一届五次全委（扩大）会议决策部署，增强“四个意识”、坚定“四个自信”、做到“两个维护”，坚持党的领导加强党的建设，立足新发展阶段，贯彻新发展理念，构建新发展格局，服务国家战略，勇担使命责任，坚守“成为全球钢铁业优特长材引领者”愿景和“践行‘绿色、精品、智慧’创新发展，共建高质量钢铁生态圈”使命，聚焦做强技术、做优效益、做大规模、全球引领，把握机遇，顺势而上，精益高效，奋勇争先，全力打造后劲十足大而强的新马钢，为中国宝武成为全球钢铁业引领者、为新阶段现代化美好安徽建设作出新的贡献。

丁毅强调，站在“千亿马钢”新的历史起点上，我们将迈上“十四五”发展的崭新征程。蓝图已绘就，奋进正当时。让我们牢记习近平总书记考察调研中国宝武马钢集团提出的殷切期望，保持忧患意识，坚定必胜信念，发扬斗争精神，强化使命担当，全力打造后劲十足大而强的新马钢，为中国宝武成为全球钢铁业引领者，为新阶段现代化美好安徽建设作出新的贡献，以优异成绩向中国共产党成立100周年献礼。参会代表分4组，讨论审议党委工作报告，并在第二次全体会议上发布了讨论审议情况。大家一致认为，报告提出的“十四五”时期马钢要实现的主要目标符合公司发展实际，既鼓舞人心，又切实可行，经过努力是完全可以实现的。围绕贯彻落实会议精神、打造后劲十足大而强的新马钢，各讨论组还提出了生产经营、绿色智慧、市场拓展、人才培养、“三基”建设等方面的建议。

丁毅主持第二次全体会议并作总结讲话。他强调，五届七次全委（扩大）会围绕深度学习贯彻党的十九届五中全会精神和习近平总书记考察调研中国宝武马钢集团重要讲话精神，承接中国宝武党委一届五次全委会战略部署，明确了马钢“十四五”发展的总体指导思想、主要目标、工作原则和重点工作任务，聚焦“1个平台”“2个抓手”“3个追求”“4个维度”“5个翻番”，擘画打造后劲十足大而强的新马钢的美好蓝图，体现了我们的方向更明确、思路更清晰、目标更远大、责任更重大。公司各级党组织要及时传达宣传和积极贯彻落实此次会议精神。一要凝聚新共识。各单位要进一步统一班子思想，统一全员意识，用马钢“十四五”发展确立的新定位、新平台、新目标、新举措，更好地凝聚和激励广大职工，把全体干部职工思想和行动，聚焦到加快实现“十四五”规划目标、奋力打造后劲十足大而强的新马钢上来。二要焕发新气象。要聚焦把马钢建设成为全球钢铁业优特长材引领者的愿景，清醒地看到我们面临的新考验、新挑战，加强形势任务宣传和引导，坚定必胜信念，勇于迎难而上，全面对标找差，锐意变革创新，敢于想过去没想过的事，做过去没做过的事，办过去办不成的事，用新办法解决老问题，大力营造精益高效、奋力争先的良好工作氛围，特别是各级党员领导干部，要带头发扬“孺子牛”“拓荒牛”“老黄牛”精神，无私奉献，开拓创新，艰苦奋斗，更好地影响和带领广大职工，全方位提振精气神。三要践行新使命。2021年是中国共产党成立100周年，是“十四五”开局之年，起步之年，我们要切实担负起新时代赋予的新使命,以“十四五”规划目标为牵引,以开局就是决胜、起步就要冲刺的精神状态,细化跟进各项目标和措施,压实责任,砥砺奋进,真抓实干,善作善成,确保工作干一件成一件,确保实现“十四五”良好开局,以优异的成绩向建党100周年献礼。

在第二次全体会议上,全体与会人员一致通过了《马钢集团党委五届七次全委(扩大)会决议》。

(杨定国)

【马钢召开2021年度管理研讨会】 为深入贯彻中国宝武战略部署、马钢“十四五”战略规划及国企改革三年行动方案,谋划2021年度生产经营工作,马钢2021年度管理研讨会于3月4—5日召开。会议以“精益高效,奋勇争先”为主题,分三个阶段举行。马钢集团公司、马钢股份公司党委书记、董事长丁毅,马钢集团公司总经理、党委副书记,马钢股份公司党委副书记刘国旺,公司助理级以上领导出席会议。会议由刘国旺主持。

第一阶段会议首先组织党委中心组(扩大)学习。中国宝武规划投资总监吕笑然在会上作《中国宝武“十四五”战略规划纲要解读》。在调研报告发布环节,规划与科技部发布《坚持规划引领,融入长三角一体化发展,建设大而强的新马钢》,人力资源部发布《抓住三个导向,本质化提升人事效率》,经营财务部发布《全面对标找差,追求极致效率》。参会领导分别对大调研报告进行点评。随后,经营财务部、营销中心、制造管理部、精益办、运营改善部先后发布专题报告。在第二阶段分组讨论中,与会人员围绕“精益高效,奋勇争先”“聚焦战略定位,建设大而强的新马钢”“聚焦过程管控,提升体系能力”“聚焦效能提升,增强盈利能力”主题和发布的8个报告及实现2021年工作目标等内容分5组进行了讨论。第三阶段会议上,丁毅为荣获“奋勇争先奖”的特钢公司颁奖;分组讨论各小组召集人就各自所在小组讨论情况作了汇报;特钢公司、四钢轧总厂负责人作为参会代表在会上发言。丁毅在会上讲话。丁毅指出,学习和研讨是厘清思路、推动工作的重要方法。本次管理研讨会的召开,主要目的是在有限的时间里,高效地推进集思广益、启迪思维,统一思想,汇聚合力。与往年相比,本次研讨会主题更加聚焦、内容更加丰富、形式更加活泼、研讨更加充分,效果也更加明显。既是对2020年工作的复盘,也是对2021年工作的再部署、再动员。丁毅强调,2020年马钢取得了“四突破四转变两提升”的可喜成绩,干部职工获得感满满,为亿吨宝武的实现作出积极贡献。在充分肯定成绩的同时,也要看到我们在吨材利润、产线效率、产品市占率、部分经济技术指标及技术创新、生态环境、安全管理、职工幸福指数等方面存在的不足。概括起来,就是发展不平衡不充分,高质量发展不够。因此,要切实转变思想观念,统筹推进马钢高质量发展。

刘国旺在会上指出,领导干部要胸怀两个大局,一个是中华民族伟大复兴的战略全局,一个是世界百年未有之大变局,这是我们谋划工作的基本出发点。如何准确把握新发展阶段,深入贯彻新发展理念、服务构建新发展格局,回答好实现什么样的发展、怎样实现发展,既是政治命题,也是现实问题。刘国旺强调,马钢要成为中国优特长材的未来,对我们来说既是一种使命,也是一种担当,我们要齐心协力、奋勇争先,努力完成经营利润、钢产量、关键指标、安全环保等经营目标,助推马钢高质量发展。各级领导干部要处理好比较思维与第一理性原理思维问题、立场与利益问题、剩余责任与过失责任问题,坚定信念,转变观念;要传承发扬“江南一枝花”精神,精益高效、励精图治,立足岗位、创新创效,身先士卒、攻坚克难。就贯彻落实此次会议精神,刘国旺要求各部门、单位要把此次研讨会的精神、成果认真组织传达学习,结合公司年初党委全委会、职代会的各项部署安排,落实到全年具体工作中去,以超常的努力,确保经营目标和党建各项工作目标的实现。

马钢各部门、单位主要负责人;区域总部相关单位主要负责人、马鞍山区域负责人参加会议。马钢部门、单位中层副职及公司高级技术主管在马钢大楼413会议室视频参加第一阶段、第三阶段会议。

(杨定国)

【马钢召开科学技术协会第七次代表大会】 马钢科学技术第七次代表大会采用网络虚拟会议与现场会议结合的形式召开。2021年7月5—13日,马钢科协召开第七次代表大会和七届一次全委会网络会议,通过网络无记名投票的方式,选举产生马钢科协第七届委员会委员43名,常务委员19名,主席1名,副主席6名,秘书长1名,副秘书长1名。

2021年7月16日,在马钢公司办公楼413会议室召开马钢科学技术协会第七次代表大会现场会议,马钢集团、马钢交材领导毛展宏、唐琪明、任天宝、何柏林、伏明及王光亚、邓宋高出席大会。会议由马钢集团公司总经理、党委副书记,马钢股份公司党委副书记刘国旺主持,马钢集团公司党委常委、马钢股份公司副总经理毛展宏代表科协六届常委会作换届工作报告；马鞍山市科协党组书记、常务副主席阚宝林和宝武科协领导分别致辞；会议通过了科协工作报告和科协章程修改报告；审议通过增补马钢科协第七届委员会委员、常务委员、副主席议案；增补马钢科协第七届委员会委员3名，常务委员2名，副主席1名；宣布马钢科协七届委员会委员、常务委员、科协主席、副主席、秘书长、副秘书长选举结果；马钢集团公司党委常委、副总经理唐琪明在会上宣读了科协系统"六大"以来的先进集体、先进个人和优秀科技工作者表彰决定及2020年度安徽省科学技术奖、专利奖、冶金行业科技进步奖、中国创新方法大赛获奖通报。获奖代表上台作发言。

马钢集团公司、股份公司党委书记、董事长丁毅当选科协主席并讲话。丁毅指出，马钢科协第七次代表大会是在马钢"十四五"规划开局之年召开的一次重要会议，既是科协的换届会议，也是公司技术创新工作的表彰会和动员会。他代表公司，向受到表彰的先进集体和个人表示祝贺，向一直以来辛勤奋战的广大科技工作者表示慰问。丁毅就做好下一阶段科技创新相关工作提出三点要求。第一，要着眼新阶段新使命新机遇，充分认识加强科技创新的极端重要性和紧迫性。一要着眼新阶段，强化科技创新自立自强的责任担当，深入贯彻习近平总书记关于科技自立自强的重要论述，坚持把创新作为引领发展的第一动力。二要着眼新使命，强化二次创业转型发展的技术引领，深入践行"三高两化"战略路径，坚持把技术引领摆在首要位置，努力在关键技术领域成为领跑者、开拓者。三要着眼新机遇，增强科技进步支撑精益高效的贡献度。要牢牢把握精益高效、奋勇争先的工作要求，聚焦主责主业，进一步增强技术创新的紧迫感和责任感；要拓宽创新发展思维，打破传统思维定式，抢抓新机遇用好新平台，坚持有所为有所不为，聚焦提升两场竞争力。第二，牢牢把握科技创新主攻方向，着力提升企业自主创新能力。一要加速科技创新体系转型升级，提升创新体系整体效能。要建立以客户为中心，以市场为导向的科技创新管理运行体系，整合创新资源，全面对标找差，提升体系能力，加大研发投入，强化协同共享。二要加大关键技术和战略产品攻关，厚植技术引领优势，要聚焦领先优势产品，聚焦"绿色、精品、智慧"创新路径，聚焦"产品、市场、现场"需求。三要打造科技人才高地，充分激发人才创新活力，要优化科技人才队伍结构，构建科技人才发展体系，激励科技人才建功立业。第三，营造全员创新的浓厚氛围，助推企业高质量发展。一要强化科技创新组织领导，积极创造良好创新环境。二要最大限度汇聚创新合力，加强对科研活动的科学管理和服务保障，充分调动和发挥各方面积极性。三要深入营造全员创新氛围，带动广大职工积极投身岗位创新、价值创造。

马钢各部门、单位的科协代表参加了会议。

（秦玲玲）

【马钢党委举行庆祝中国共产党建党100周年座谈会暨"光荣在党50年"纪念章颁发仪式】 百年征程波澜壮阔，初心不改历久弥新。2021年6月25日上午，马钢党委举行庆祝中国共产党成立100周年座谈会暨"光荣在党50年"纪念章颁发仪式，进一步发扬红色传统、传承红色基因，从老党员的忠诚品格、纯粹本色和苦干实干的精神中汲取奋勇争先、砥砺前行的强大力量，引领马钢广大党员和职工，全力打造后劲十足大而强的新马钢。

马钢集团、马钢股份党委书记、董事长丁毅为老党员代表颁发"光荣在党50年"党员纪念章，带领新党员代表集体宣誓。马钢集团党委副书记、总经理，马钢股份党委副书记刘国旺主持会议。马钢集团、马钢股份助理级以上领导出席会议。

征程浩荡，初心如磐。在马钢的发展历程中，广大老党员、老同志胸怀钢铁报国之志，艰苦创业、接续奋斗，推动马钢发生翻天覆地的变化，做出极为重要的历史贡献。会上，伴随着全场热烈的掌声，丁毅为8名马钢老党员代表颁发"光荣在党50年"党员纪念章，向他们致以最崇高的敬意。"光荣在党50年"的字样在纪念章上如初心般闪耀。戴上纪念章，老党员们欣喜自豪的笑容令人感动、催人奋进。

传承红色基因，赓续红色血脉。来自马钢各单位新党员代表面对鲜艳的中国共产党党旗庄严站立。在丁毅的带领下，大家举起右拳，集体重温入党誓词，作出对党的庄严承诺。在座谈交流环节，马钢老党员代表原保卫部副处长朱凯讲述了老一辈马钢人坚定不移听党话、矢志不渝跟党走的创业历程和感人事迹，真挚的情感，朴实的话语，抒发了对党忠诚的坚强党性、心系马钢的家园情怀。马钢新党员代表长材事业部杨长荣在座谈中表示，在以后的工作中，将以老党员为榜样，立足岗位、发挥专长、奋勇争先，为马钢高质量发展贡献自己的力量。特钢公司党委、冷轧总厂冷轧二分厂党支部、炼铁总厂高炉一分厂炉体作业区负责人在座谈发言时表示，要以习近平总书记考察调研马钢集团重要讲话精神为引领，继承马钢老一辈共产党员的艰苦奋斗的优良传统和作风,发挥党组织战斗堡垒作用和党员先锋模范作用,团结带领身边广大职工,为打造后劲十足大而强的新马钢作出应有的贡献。

丁毅讲话表示,在喜迎伟大的中国共产党百年华诞之际,马钢召开庆祝中国共产党成立100周年座谈会暨“光荣在党50年”纪念章颁发仪式,是深入学习贯彻习近平总书记关于党史重要论述的实际行动,也是推动党史学习教育走深走实的具体举措。他代表马钢集团党委,向获颁纪念章的老党员致以崇高的敬意,向辛勤奋斗的各位老党员和广大党员干部表示诚挚的问候。

丁毅指出,颁发“光荣在党50年”纪念章,既是全党同志对老党员的集中礼敬,也是传承红色基因的一次精神洗礼。历史和现实充分表明,广大老党员是对党忠诚、信仰坚定的楷模,是勇于担当、实干兴企的楷模,是严于律己、甘于奉献的楷模。实践充分证明,广大老党员用无悔奉献,践行着入党时的铮铮誓言,为马钢党的建设、改革发展各项工作倾注大量心血、打下坚实基础、做出重要贡献,为我们留下了宝贵的精神财富。希望广大老党员继续弘扬共产党人的优良品质,坚持离岗不离党、退休不褪色,充分发挥政治优势、经验优势、威望优势,为马钢迈进新阶段、奋进新征程献计献策、发光发热。

丁毅要求,马钢广大党员干部要结合党史学习教育,以老党员为榜样,崇尚对党忠诚的大德、造福人民的公德、严于律己的品德,大力发扬红色传统、传承红色基因,赓续共产党人精神血脉,不忘初心牢记使命,见贤思齐争当先锋,以更加强烈的使命担当、更加饱满的精神状态,走好新时代的长征路,勇于创造新奇迹、展现新气象,书写新时代马钢高质量发展的崭新篇章,以优异成绩迎接建党100周年,具体要做好以下几个方面的工作:第一,要大力弘扬老党员“心中有党”的政治本色,坚决做到“两个维护”;第二,要大力弘扬老党员“心中有民”的革命情怀,着力解决职工“急难愁盼”问题;第三,要大力弘扬老党员“心中有责”的奋斗精神,始终保持精益高效、奋勇争先的精神状态;第四,要大力弘扬老党员“心中有戒”的优良作风,积极营造风清气正、干事创业的良好氛围。

丁毅强调,尊重老党员就是尊重党的光荣历史,爱护老党员就是爱护党的宝贵财富。公司各级党委要按照党中央决策部署,落实好政治上尊重、思想上关心、生活上照顾、精神上关怀的各项举措,让老党员安享幸福晚年。马钢老党员代表,各职能部门、直属机构、子(分)公司、各二级单位主要负责人及新党员代表参加会议。

(张　泓　张蕴豪)

【马钢召开庆“五一”劳模先进交流会】 为深入贯彻落实习近平总书记在全国劳动模范和先进工作者表彰大会和考察调研中国宝武马钢集团重要讲话精神,认真落实中国宝武迎“五一”劳模先进交流会部署,大力弘扬劳模精神、劳动精神、工匠精神,2021年4月30日上午,马钢召开以“学讲话精神 展先模风采 创一流业绩 迎建党百年”为主题的庆“五一”劳模先进交流会。马钢集团公司、马钢股份公司党委书记、董事长丁毅,马钢集团公司党委副书记、总经理,马钢股份公司党委副书记刘国旺出席会议,并为受表彰代表献花。会议由集团公司党委常委、副总经理唐琪明主持。交流会上,丁毅为“全国五一劳动奖章”获得者、马钢首席技师、炼铁总厂徐冰献花。刘国旺为“安徽省工人先锋号”特钢公司高线分厂准备作业区代表、“安徽省劳动竞赛先进集体”(安徽省五一劳动奖状)长材事业部代表献花。

在劳模先进代表交流发言环节,全国五一劳动奖章获得者、冷轧总厂王庆,立足基层智慧制造的实践者、马钢劳模、四钢轧总厂兰宇,聚焦疫情防控复工复产的马钢新闻人、马钢金牛奖获得者、特钢公司罗继胜,全国巾帼文明岗女职工代表、马钢劳模、检测中心牟新玉,带领团队创新创效、中国宝武金牛奖获得者、长材事业部汪昌平,全国钢铁工业劳模、中国宝武工匠(工人发明家)李强的徒弟炼焦总厂邓成豪先后作交流发言,讲述了他们的成长历程、个人感悟及下一步工作目标。他们扎根在马钢、学习在马钢、逐梦在马钢,展现了马钢先模爱岗敬业、精益求精的责任心与进取心,体现了马钢先模胸怀大局、心系企业、拼搏奋进的精气神。

就大力弘扬劳模精神、劳动精神、工匠精神,丁毅提出三个方面的要求。1. 牢记总书记殷殷嘱托,坚定打造后劲十足大而强的新马钢的必胜信心。丁毅指出,2020年8月19日,习近平总书记亲临马钢考察调研,勉励马钢把握机遇、顺势而上、扬长补短,在长三角中壮大自己,通过壮大自己为长三角一体化发展作出自己的贡献;为加快打造后劲十足大而强的新马钢指明前进方向、增添强劲动力。习近平总书记在讲话中强调,劳模精神是国有企业的一种本色,我们要代代传承。同时勉励广大劳模先进群体要再接再厉。我们要把习近平总书记的殷殷嘱托转化为推动高质量发展的强大动力，切实肩负起推动新时代马钢转型发展的新使命。当前，马钢肩负着二次创业的新使命、改革攻坚的新使命、绿色转型的新使命、以人为本的新使命。一代人有一代人的使命，榜样总是和时代的脉搏紧密相连。立足新发展阶段，贯彻新发展理念，构建新发展格局，推动新时代马钢高质量发展，归根结底必须紧紧依靠公司全体职工上下一心，共同努力，特别是劳模先进群体要增强大局观念，勇于担当使命，奋力走在前列，贡献智慧力量，在打造后劲十足大而强的新马钢的新征程中努力作出更大的成绩。2. 发扬劳模先进优良传统，深入践行精益高效、奋勇争先工作要求。丁毅强调，要确保马钢“十四五”高质量发展良好开局，实现各项工作跻身宝武系内第一方阵，必须聚焦精益高效、聚力奋勇争先，必须最广泛地团结职工、凝聚职工、动员职工，弘扬实干精神，坚持行动至上、快字当头。公司劳模先进群体要带头发挥榜样作用，投身党史学习教育、汲取奋进力量，投身全面对标找差、追求极致高效，投身基层管理变革、实现技能升级，更好地影响和带动广大职工立足岗位、争创一流、再创佳绩。3. 落实“三个全面”要求，推动职工与企业共同发展。丁毅指出，实施“三个全面”工程，既是中国宝武的要求，也是我们自身发展的现实需要。职工是企业最宝贵的财富，劳模先进是广大职工的杰出代表。公司各级党委、工会组织要尊重劳模、关爱劳模，贯彻好尊重劳动、尊重知识、尊重人才、尊重创造的方针。要围绕“强能力”，全面提升职工能力和素质；要围绕“激活力”，全面推进职工岗位创新和价值创造；要围绕“增动力”，全面提升职工“三有生活”水平。

丁毅最后要求公司上下牢牢抓住当前市场“黄金期”，鼓足干劲，再接再厉，以坚如磐石的信心、只争朝夕的劲头、奋勇争先的担当，扎实做好全年各项工作，加快打造后劲十足大而强的新马钢，以更加优异的成绩向建党100周年献礼。

会上，全国劳动模范、技术中心吴保桥宣读倡议书。与会人员首先共同观看了“展先模风采、创一流业绩”专题片。马钢各单位劳模先进代表，各部门、单位相关领导参加会议。

（陈 琴）

【马钢股份举办2020年度业绩说明会】 马鞍山钢铁股份有限公司2020年业绩说明会于2021年3月30日下午3点至4点半通过全景网路演平台进行了网络直播，约5万人次点击观看。马钢股份公司董事长丁毅先生携副总经理毛展宏先生、副总经理伏明先生、会计机构负责人邢群力先生和董事会秘书何红云女士出席业绩说明会，马钢股份公司主要部门、单位负责人列席会议。董事长丁毅先生简短致辞后，副总经理伏明先生简要回顾公司2020年度经营业绩并展望2021年度公司发展。在随后的问答环节，公司对投资者通过互动平台、电子邮件等方式提出的问题逐一进行了回答。

丁毅在本次活动上致辞时表示，2020年是极不平凡的一年，突如其来的疫情给各方面带来严峻的挑战。同时，2020年也是马钢融入中国宝武第一个完整年。公司经受严峻考验，以经营绩效、基层变革、人事效率和关键指标的四个突破，实现了“十三五”规划的圆满收官。马钢股份公司以理念、定位、体系和模式的四个转变，快速融入中国宝武这一更大的发展平台；系统谋划绿色发展和智慧升级，以绿色发展和智慧制造水平的双提升，探索传统企业转型升级的新模式，为市建设“生态福地、智造名城”提供了示范样板。同时，公司加大扶贫资金投入和产业扶贫力度，积极履行社会责任。

展望2021年，丁毅表示，2021年马钢股份迎来发展的新阶段，也面临着新考验和新挑战，将牢固树立“跳出马钢看马钢，跳出马鞍山发展马钢”的理念，对内强身健体，对外开疆拓土，坚持以人为本，聚焦精益高效，聚力奋勇争先，推动全员全方位价值创造，推动共建共享，致力于打造后劲十足大而强的新马钢。

（胡 芳）

【马钢召开“奋勇争先 协同共赢”专题研讨会】 为深入贯彻中国宝武战略部署，推动区域高质量钢铁生态圈的协同共建，2021年6月17日上午，马钢召开“奋勇争先 协同共赢”专题研讨会，邀请在马鞍山宝武生态圈伙伴共同探讨如何安全、绿色、高效实现高质量协同共赢。马钢领导丁毅、毛展宏、唐琪明及邓宋高，中国宝武马鞍山区域相关单位主要负责人出席会议。会议由马钢集团公司党委常委、股份公司副总经理毛展宏主持。

协同共建高质量钢铁生态圈是中国宝武确定的新发展理念和系统性的创建工程。在融入宝武大家庭后，马钢集团将“共建高质量钢铁生态圈”作为公司使命。5月26日，中国宝武总经理胡望明主持召开“马钢集团生产经营工作调研及协调推进会”，在专业化整合、发挥专业化整合的协同效应及区域总部考核评价权等问题上都提出明确的要求和安排，指出专业化整合的初衷之一就是要充分发挥协同效应，实现协同降本、效率提升和价值最大化。

围绕会议主题，马钢安全、能源、设备等相关管理部门，欣创环保、马钢设计院、资源分公司、马钢检修公司负责人以“目标+结果+问题”导向，全面分析1—5月专业化运营情况，重点分析存在问题，提出改善意见和建议。

马钢集团公司、马钢股份公司党委书记、董事长丁毅在会上对中国宝武马鞍山区域各家单位2021年以来所做的工作和取得的成绩给予充分肯定。他说，同在一座城，同属宝武大家庭，风雨同舟，休戚与共，大家应相互支撑、互相依靠，携手奋勇争先、齐心协力把钢铁生态圈建设好。马钢也会高度重视、认真对待各家单位提出的问题，积极稳妥处理好。

就下一步协同共建高质量钢铁生态圈，丁毅提出五点要求。1. 要通过强化问责力度，落实安全、环保责任制，通过对典型案例的深入剖析，补齐安全、环保短板。2. 各专业化公司要高度重视快速发展进程中暴露出的短板和瓶颈问题，加强体系能力建设，夯实管理基础，通过对标挖潜，实现规模与效益、专业与效率的同步提升。3. 探索建立利润分享机制，实现生态圈的协同共赢。4. 马钢职能管理部门要严格管理，完善对专业化公司的评价与激励机制，要利用二方审核等形式，协助生态圈部分单位提升体系能力。5. 加强信息沟通，建立定期情况通报机制。

毛展宏、唐琪明及邓宋高在会上也就相关工作提出具体要求。马钢集团公司、股份公司相关职能、业务部门负责人参加会议。

（姚　辉）

【马钢召开“我为群众办实事”实践活动专题会】 2021年6月22日上午，马钢“我为群众办实事”实践活动专题会在马钢公司办公楼19-2会议室召开，总结实践活动前一阶段工作，安排部署下阶段重点工作。马钢集团公司、马钢股份公司党委书记、董事长丁毅主持会议并讲话，马钢集团公司、马钢股份公司党委副书记、纪委书记何柏林等马钢领导出席会议。

根据中央、省市及中国宝武部署，结合马钢实际，马钢集团公司党委在前一阶段制定《“我为群众办实事”实践活动工作方案》，把学习党史同总结经验、观照现实、推动工作、解决实际问题结合起来，在“我为群众办实事”实践活动中，进一步发挥马钢基层党组织战斗堡垒、党员先锋模范和党员领导人员表率作用，立足本职岗位为职工群众服务。马钢《“我为群众办实事”实践活动工作方案》以“四个突出、四个围绕”为主要内容，突出宗旨使命，围绕贯彻新发展理念办实事；突出责任担当，围绕巩固拓展脱贫攻坚成果办实事；突出优势特色，围绕服务保障、民生需求办实事；突出为民惠民，围绕关心关爱职工群众办实事。结合中国宝武第一批重点项目清单、马钢集团年度重点工作项目及当期工作重点，马钢初步拟定“我为群众办实事”实践活动公司级重点项目10项，力争形成具有影响力的10件大事、30件具有代表性的实事、办成职工群众关心的100件贴心事。

丁毅在专题会上指出，习近平总书记在党史学习教育动员大会上强调，全党同志要做到学史明理、学史增信、学史崇德、学史力行，学党史、悟思想、办实事、开新局，以昂扬姿态奋力开启全面建设社会主义现代化国家新征程，以优异成绩迎接建党100周年。其中办实事是党史学习教育推进中非常重要的一项工作，我们要提高站位、强化认识、抓好落实，全力以赴确保“我为群众办实事”实践活动取得实效。前期马钢在“我为群众办实事”实践活动中做了很多工作，今天的专题会是在前期工作基础之上进行再总结、再部署，对“我为群众办实事”实践活动中的重点项目进一步细化、完善、梳理和分解。丁毅强调，在开展“我为群众办实事”实践活动过程中，要结合中国宝武重点项目清单要求，借鉴先进单位经验，结合马钢自身具体情况来持续深入开展。加入中国宝武大家庭后，马钢上下凝聚力更强，职工获得感、幸福感也得到显著提高，我们要抢抓机遇、再接再厉，继续推动党史学习教育走深走实，为打造后劲十足大而强的新马钢凝聚奋进力量。

专题会上，与会人员结合自身职责就“我为群众办实事”实践活动中的重点项目展开讨论。党委办公室、党委工作部、工会、人力资源部、运营改善部、精益办、安管部、技术改造部、设备部、能环部、运输部、行政事务中心、物流公司相关负责人参加会议。

（高莹茹）

【马钢召开“落实新安法 实现安全发展”事故反思安全专题会】 2021年9月17日上午，马钢集团召开“落实新安法，实现安全发展”事故反思安全专题会。马钢集团公司、马钢股份公司党委书记、董事长丁毅，马钢集团公司党委副书记、总经理、马钢股份公司党委副书记刘国旺出席会议并讲话。马钢集团公司党委常委、副总经理唐琪明主持会议。马钢领导毛展宏、唐琪明、章茂晗、马道局、陈健、张乾春、王光亚、罗武龙、杨兴亮出席会议。马钢集团公司相关部门和单位负责人、中国宝武驻马鞍山相关单位负责人及重点项目施工单位负责人参加会议。会议深入剖析、反思公司近期几起安全生产事故原因,全面查找安全管理体系存在的不足,汲取事故教训、压实管理责任、落实整改措施,并就做好下一阶段安全生产工作进行安排部署。会上,炼铁总厂、长材事业部、特钢公司、宝冶项目部、马建集团负责人分别通报相关事故情况,并作深刻反思。安管部及公司相关管理部门负责人分别就事故中存在的问题作分析发言。刘国旺指出,本次会议的召开,体现了公司对安全生产的高度重视,同时,这也是马钢落实新《安全生产法》要求,贯彻中国宝武区域总部安全职责专题研究会议精神的具体体现。

就做好当前及下一阶段马钢和中国宝武马鞍山区域各项安全生产工作,刘国旺提出六点要求。第一,要强化红线意识,切实增强安全生产危机感。第二,要狠抓责任落实,要以落实确保安全生产工作。第三,要坚持问题导向,牢牢把控安全生产关键环节。第四,强化协力管理,形成合力系统推进协力变革。第五,要打造本质安全,推进智慧制造消除 3D 岗位。第六,要严肃责任追究,倒逼各方安全各项责任落实。丁毅指出,今年以来,公司生产任务重、工程量大,安全生产形势十分严峻。近期发生的几起安全事故充分反映出相关单位在安全生产管理方面力度不够、意识不强、问责不严,问题处理方式不当、办法不多。丁毅强调,各部门单位要始终牢固树立安全“1000”理念和“违章就是犯罪”理念,坚决落实安全生产责任制。同时,要扎实做好反习惯性违章,强化安全隐患自查自改,以点带面,确保有效杜绝各类安全事故的发生。

针对下一阶段的安全生产工作,丁毅要求各部门和单位要善于发现问题,并且有效地解决问题。严格抓好安全管理工作,将隐患消除在萌芽期,并做好物流大整治工作。保卫部要对进出厂区的所有车辆进行严格检查。同时,要对各区域疏散通道和安全出口是否保持畅通、设置是否符合标准等情况进行深入细致地巡查,确保物流运输安全、顺畅;人力资源部后续要积极开展作业长培训班,强化提升各作业长自身的素养和安全意识,把安全管理基础进一步打牢;各协力单位要全面落实安全管理主体责任,加强安全管控,要围绕各自负责的重点区域、重要作业活动进行全面排查,对于发现的问题要分单位、分区域、分责任明确到具体人员进行整改;要建立安全机制,针对各类安全问题,要做到快速分析、快速处理、严肃问责、举一反三,保证公司生产安全、稳定。唐琪明就做好后续公司安全生产及安全整治方案的落实提出要求。

（胡艺耀）

专 文

马钢年鉴

JIAN

强化经营思维　追求极致高效
奋力开创马钢二次创业转型升级新局面
——在马钢(集团)控股有限公司十九届三次(马鞍山钢铁股份有限公司九届三次)职工代表大会上的报告

刘国旺

各位代表,同志们:

我代表公司向大会作工作报告,请予审议。

第一部分　2021年工作回顾

2021年是伟大的中国共产党成立100周年,是马钢跨上2000万吨产钢规模、千亿营收平台接续奋斗、再创辉煌的一年。在中国宝武的坚强领导下,马钢认真贯彻落实党的十九大、十九届历次全会精神,深入贯彻习近平总书记考察调研中国宝武马钢集团重要讲话精神,以开展党史学习教育为强大推动,以"站稳宝武系第一方阵"为总要求,坚持"两快、两不、三降、一增、一保"经营策略,精益高效、奋勇争先,实现了"十四五"发展的良好开局,营收和利润均创历史新高。在精准完成粗钢产量压减任务的基础上,产权口径实现营业收入2083亿元、利润总额132亿元,分别比上年增长73%、142%;管理口径实现营业收入1133亿元,利润总额102亿元,分别比上年增长39%、211%。

回顾2021年工作,主要体现为"六个新突破"。

一是战略转型实现新突破。认真落实中国宝武赋予的发展定位和规划要求,聚焦主责主业,重点工程项目梯次展开、全面提速。填平补齐项目快速推进,新CCPP综合利用发电机组、2E筒仓、带式焙烧机、南区焦炉、A高炉大修等项目建成投用,快速达产创效。产线升级项目全面启动,新特钢项目正式开工建设,型钢改造项目有序推进,宝武特冶材料新基地项目奠基。项目过程管控不断加强。优化项目立项流程,推进安全标准化工地建设,建立"红黄绿灯"过程管控机制,支撑规划项目加速落地、有序实施。

二是精益运营实现新突破。坚持"简单极致高效、低成本高质量",以"奋勇争先奖"激励机制为推动,不搞上下博弈,全面对标找差,追求极致效率。产线效率显著提升。强化系统联动、高效协同,通过优化内部资源动态平衡、调坯轧材等,在A高炉大修情况下,关键产线产能充分释放,全年各产线打破日产纪录172次、月产纪录53次,本部站稳日产铁水4.2万吨、粗钢5万吨新台阶。四钢轧炼钢日产突破100炉,2250、1580双线达到年产1000万吨能力;冷轧达到年产500万吨能力;特钢突破年产120万吨能力。运行质量大幅改善。全方位开展对标,227项对标指标进步率90.32%,达标率74.19%,其中综合热装热送率、鱼雷罐周转率等一批重点指标创历史最好水平。两头市场经营增效。有效应对疫情、汛期暴雨等不利影响,积极拓宽资源渠道、深化协同采购、推进品种替代、强化物流接卸,资源保供安全稳定。强化营销集中一贯制管理,完善营销服务体系,创新营销模式,冷系列汽车板、H型钢、优特钢等重点产品市场占有率稳步提升;全年累计销售独有、战略、领先产品377万吨,同比增长32%;出口钢材80万吨,同比增长38%;汽车板首次通过日系合资品牌全球认证,高铁车轮国产化应用取得实质性突破,350公里复兴号用D2车轮获国产化批量应用2列128片。设备公辅保障有力。强化设备状态把控,深化设备精度管理,17条产线精度管理功能进步率82%;深化系统能源经济运行,能源利用效率显著提升,自发电比例提高至69.1%,四钢轧3号转炉荣获全国重点大型耗能钢铁生产设备节能降耗对标竞赛"冠军炉"称号。

三是绿智赋能实现新突破。坚持绿色智慧就是核心竞争力,绿色化、智慧化指数跻身宝武系第一梯队,在十个基地中均排在第二位。绿色低碳发展深入践行。坚决贯彻"两山"理论和长江大保护战略,认真落实习近平总书记关于碳达峰碳中和重要批示精神,大力推进"两于一入""三治四化",实施完成62个"三治"项目,六汾河深度处理项目通过验收,绿电发电量同比增长287%,颗粒物、二氧化硫、氮氧化物、COD等主要污染物排放总量大幅下降。积极推动构建南区"三门、四园、三楼、一路"厂容厂貌新格局,加快推进厂容整治和物流、车辆专项整治,新建、改造绿地31.6万平方米,三台西路实现封闭管理,通行车辆压减5764辆,智园、生态园、幸福大道等成为马钢靓丽的名片。马钢获安徽省碳达峰碳中和攻关奖。智慧化升级步伐不断加快。持续打造智慧制造示范基地,合肥公司、长材事业部、长江钢铁三个智控中心建成投用;信息化整合融合项目仅用15个月成功上线,创造了行业内同等规模企业覆盖产线最广、建设速度最快纪录。马钢智能工厂建设成果被评为钢铁行业最佳智能制造解决方案,智慧料场项目获第四届"绽放杯"5G应用征集大赛一等奖,冷轧总厂"ALL IN ONE"智慧工厂被评为安徽省"智能工厂"。

四是科技攻坚实现新突破。落实"新材料、新技术、新产品"要求,扎实推进科技自立自强,科技强企能力明显提升。加大"卡脖子"难题攻关。车轮纳入中国宝武"专精特新"单项冠军产品培育;汽车悬架簧用钢、油井管用钢等10项新产品实现首发。加大技术创新力度。实施9个公司级"揭榜挂帅"项目,启动建设马钢研发中心;研发投入率达3.99%,同比增长1.88个百分点;开发新产品138万吨,创历史最好水平。1项成果荣获国家科学技术进步奖二等奖,12项成果获冶金、省科学技术进步奖;新增授权专利456件。加快技术人才队伍建设。2人入选宝武科学家,1人入选第八批安徽省学术和技术带头人;选聘首席师77人、技能大师16人。

五是改革管理实现新突破。积极落实宝武改革部署,改革三年行动89项重点任务按计划推进,完成率达75%。对标世界一流管理提升行动取得佳绩,马钢被国务院国资委评为国有重点企业管理标杆创建行动标杆企业。组织变革和流程再造持续深化。马钢集团与马钢股份实现一体化高效运作,下属单位实施档级管理,长材事业部与一钢轧总厂整合,合肥公司推行厂管作业区,营销、人力资源业务实施集中一贯管理。专业化整合系统推进。马钢交材、马钢化工煤气净化系统纳入股份管理体系,工业品采购、水处理、智能运维、气体业务委托管理,行车、磨辊间、铁路线完成"管用养修"一体化业务整合。"一总部多基地"积极探索。对长江钢铁一体化管控取得实质性突破,将长江钢铁生产经营纳入公司管控序列,加大协同力度,提升创效水平。人力资源管理不断优化。统筹实施政策性离岗、共享用工等员工转型方式,人均产钢量达到1213吨。平稳有序完成岗位体系优化和人员聘用工作,管理岗比例从10.4%降至6.4%。快速推进协作管理变革三年行动,协作供应商压减了14%。体系能力显著提升。探索建立跨部门多专业协同小组工作模式,大力开展集中一贯制和横向协作,快速高效解决问题,支撑体系运行自我完善、持续提升。市场化激励机制初步构建。建立完善"奋勇争先奖"激励机制,形成了"比学赶帮超"的浓厚氛围。推行经营管理团队任期制和契约化管理,强化任期激励约束。加快推进限制性股票激励,激发骨干员工队伍干事创业热情。完善薪酬分配机制,工资总额与人事效率挂钩,规范专项奖励管理,奖金按序列核定。解决历史遗留问题。认真落实跨周期调节相关工作要求,消化历史欠账,统筹各类改革成本支出,进一步夯实资产质量。厂办大集体改革全面完成。持续推进子公司压减和参股瘦身工作,法人压减5户,参股企业退出5户。力生和马建深化改革有序推进。安全管理持续加强。积极应对严峻安全生产形势,坚持"三管三必须",强化"违章就是犯罪"安全管理理念,压实全员安全生产责任,开展专项整治,加大隐患排查治理,持续提升安全管理体系能力。

六是共建共享实现新突破。坚持将企业发展成果与各利益相关方共享,积极履行社会责任,实现与各方的和谐共赢。文化铸魂充分彰显。承接宝武先进企业文化,传承和弘扬新时代"江南一枝花"精神,促进制造水准、环境质量、职工素养、精神面貌、团结协作、产城融合全面提升,扩大了宝武文化在安徽区域的影响力和美誉度。岗位创新创效硕果累累。组织开展"精益高效争一流、指标提升创效益"等7类劳动竞赛235项,"精益·现场日"活动常态化推进,依托"马钢精益通"平台"献一计"超10万条,"马钢e工汇"网上练兵77万人次,参加第二十五届全国发明展、"山钢杯"全国安全知识网络竞赛、中国宝武优秀岗位创新成果评选等大赛多次摘金夺银。积极推动为职工赋能。定期发布精益案例,稳步推进一线全员培训,实施作业长管理能力系统提升工程。2021年度马钢职教费共投入2690万元,较2020年增长34%;人均102.4学时,较2020年增长28%。大力弘扬劳模精神、劳动精神、工匠精神,面向一线选树劳模先进,全年获全国五一劳动奖章1人,一批先进个人荣获"金牛奖""银牛奖",检测中心原料化学作业区被评为"全国巾帼文明岗"。

职工获得感明显增强。公司级15个和下属单位440个“我为群众办实事”项目取得良好效果。持续开展“送温暖”、互助帮困、保障计划、大病救助、金秋助学等精准帮扶活动，发放各类帮扶慰问款790余万元。在效益增长的情况下，在岗职工人均收入显著提高。疫情防控常抓不懈。坚持把职工生命安全和身体健康放在第一位，组织宝武在马单位正式职工和协作用工近6万人进行专场接种，实现应接尽接。乡村振兴有效衔接。调整优化结对帮扶对象，深入实施产业帮扶、教育帮扶、消费帮扶，定点帮扶和慈善捐赠1869万元，李集村驻村工作队被评为“中国宝武脱贫攻坚先进集体”。

各位代表、同志们，2021年公司改革发展各项工作取得的突破性成效，是公司全体干部职工共同努力奋斗的结果，凝聚了广大干部职工的智慧与力量，体现了广大干部职工的忠诚与担当！在此，我谨代表公司，向锐意进取、开拓创新的全体马钢人致以诚挚的感谢！

在充分肯定成绩的同时，我们也要居安思危，清醒地认识到工作中存在的问题与不足。**一是安全生产形势异常严峻**。安全事故多发频发势头没能有效遏制，安全管理基础薄弱，违章现象屡禁不止，隐患排查效果不够理想，风险辨识防控不到位，协作管理仍是安全管理薄弱环节，“三管三必须”意识有待提升。**二是绿色低碳发展任务艰巨**。对标碳达峰碳中和国家战略、钢铁行业资源和环境刚性约束的要求，统筹策划低碳冶金路线、尽快突破绿色低碳关键工艺技术面临着巨大挑战，推进“三治四化”的步伐仍需进一步加快。**三是指标晋等升级不够明显**。优特长材远没有达到领先企业应有的市占水平；净资产收益率、高炉利用系数、煤比、燃料比、废次降等关键技术经济指标与先进企业相比，吨钢利润与宝山基地、湛江钢铁相比，都有一定的差距，甚至个别子公司仍处于亏损之中。**四是技术引领效果不够凸显**。技术平台建设亟待加快，技术创新支撑和“卡脖子”难题攻关不够有力，人才培养、多元激励等机制不够健全，技术储备远不能适应优特长材技术引领的需要。**五是重点领域改革仍需攻坚**。体系运行有效性仍需强化；市场化经营机制和责权利相统一的激励约束机制没有完全建立；传统基层管理模式惯性依然存在，责任链条长、管理效能较低的问题突出；“一总部多基地”管控模式仍在探索之中。**六是职工队伍整体素养还需提升**。工作激情、工作效率、工作效果与智慧制造、极致高效、靓美环境还不完全匹配，习惯性违章、经验式作业、躺平式管理依然存在，“庸懒散浮拖”仍有发生。对这些问题和不足，我们必须高度重视，下大气力加以解决。

第二部分　面临的形势和任务

2022年是党的二十大召开之年。习近平总书记在庆祝中国共产党成立100周年大会上发出了向第二个百年奋斗目标迈进的伟大号召，党的十九届六中全会吹响了党引领当代中国“由富到强”的前进号角，中央经济工作会议明确了“稳字当头、稳中求进”的总基调。中国宝武党委一届六次全委（扩大）会确立了战略升级目标，中国宝武定位为一家提供钢铁及先进材料综合解决方案和产业生态圈服务的高科技企业，以“共建产业生态圈推动人类文明进步”为使命，以“成为全球钢铁及先进材料业引领者”为愿景，提出了“亿万千百十，五四三二一”2035年远景目标；中国宝武一届五次职工代表大会明确了“两增一控三提高”总体经营目标，这些都为我们做好今年的各项工作指明了方向、提供了遵循。我们要立足新发展阶段，准确把握我国经济面临的需求收缩、供给冲击、预期转弱三重压力但长期向好的基本面不会改变的总体判断，准确把握中国钢铁工业已由增量发展进入到存量甚至减量发展竞争阶段、企业间战略和策略联盟明显增多的总体判断，进一步找准历史方位和发展模式；我们要贯彻新发展理念，摒弃传统的大呼隆、粗放型发展，牢固树立辩证思维、全局意识、系统观念，着力解决好发展过程中的不平衡不充分问题，努力实现更高质量、更有效率、更加公平、更可持续、更为安全的发展；我们要构建新发展格局，围绕实现高水平上的自立自强，以深化供给侧结构性改革为主线，以产业链的稳定和安全为保障，深入实施创新驱动发展战略，推动科技创新、产业创新、业态创新、管理创新，加快“十四五”规划项目落地，持续提升企业的竞争力、创新力、控制力、影响力、抗风险能力。

2022年马钢经营管理工作的总体要求是：坚持以习近平新时代中国特色社会主义思想为指导，全面贯彻党的十九大、十九届历次全会精神和中央经济工作会议精神，深入贯彻落实习近平总书记考察调研中国宝武马钢集团重要讲话精神，认真贯彻落实中国宝武党委一届六次全委（扩大）会、一届五次职代会和马钢党委五届八次全委（扩大）会决策部署，坚持稳字当头、稳中求进、以进固稳，围绕“两增一控三提高”，坚持“精益高效、奋勇争先”，以提升能力为核心抵御市场波动，以赢得客户为目标确保经营绩效，以站稳宝武系第一方阵为重要衡量,以强化经营思维、追求极致高效为工作主线,加快落实"十四五"战略规划项目,加速做优 ROE 等关键性指标,推动马钢高质量发展取得新成效,以优异成绩迎接党的二十大胜利召开!

主要目标:

——生产经营:努力实现"两增一控三提高",利润总额和净利润增速高于国民经济增速;控制好资产负债率;营业收入利润率、全员劳动生产率、研发经费投入率进一步提高。其中,粗钢产量 2097 万吨,管理口径实现营业收入 1100 亿元,同口径不变价利润总额 110 亿元;成本同口径下降 21 亿元、力争 25 亿元。

——安全生产:工亡事故为零,500 万元以上重大火灾事故为零,重大责任事故为零。

——能源环保:环境行政处罚为零;全面完成超低排放改造,争创环保 A 级企业;一个重点工序达到能效标杆水平的产能比例不小于 30%。

工作主线:强化经营思维,始终坚持"为客户创造价值"的理念,包括为内部客户创造价值、工序服从,通过有效的产品创新和营销创新来抵御市场波动、赢得客户,进而引领企业全方位的变革突破;追求极致高效,牢固树立"一切成本都可降、跑赢大盘是前提"的观念,勇于对标一流,敢于奋勇争先,在"做强"上下功夫,推动全流程、全工序、全要素的价值创造,全方位提升企业的综合竞争力。

战略任务:一是全力推进战略项目落地,统筹推进 B 号高炉大修、南区型钢改造 2 号连铸机、焦炉异地大修改造等重点工程项目建设,重点项目节点符合率大于等于 90%;二是全力打造优特钢精品基地,高质量建设新特钢项目,同步做好人员培训和配置,加快推进产品研发及市场先期培育,启动新特钢产品认证大于等于 10 项;三是创建环保 A 级企业,深入实施"三治四化",全面实现废气超低排、废水零排放、固废不出厂,打造花园式滨江生态都市钢厂;四是实施资源整合,聚焦提升产能规模,推动开疆拓土取得实质性突破;五是聚力科技创新,围绕完成国家级高新技术企业申报,加大研发投入,提升战略性产品研发能力,驱动高质量发展;六是实施数智化项目,聚焦"三跨融合",推进智慧制造 2.0 版,搭建大数据中心数据技术平台,统筹实施工业大脑——智能炼钢等智能制造项目,提升智慧制造水平。

基本思路:一是从高速到高质,既要注重发展速度,更要注重发展质量,夯实基础,抓好安全、环保等基层基础工作,蹄疾步稳,行稳致远;二是从管理到经营,先算后干、边干边算、干完再算,以经营思维抓制造,以市场视角抓现场,从外部找差距,从内部找空间,推动全系统降本、全流程增效;三是从制造到创造,既要抓好日常生产制造,又要注重从 1 到无穷大的持续改进、改善、改造、创造,要以差异化的产品和服务为客户创造更大价值,向客户要效益,向现场要能力;四是从做大到强大,坚定不移推进做强做优做大,既要开疆拓土,更要注重核心竞争力的培育、巩固;五是从分散到聚焦,握指成拳、锻造长板,集中精力做强优特长材,打造使命性、引领性、高科技的拳头产品;六是从美化到文化,以美育人,以文化人,凝聚人、引导人、激励人、塑造人,实现从环境到行为、从硬件到软件、从规范到习惯的全面改善和良性互动。

第三部分　2022 年重点工作

一、突出红线意识,打造本质安全型企业

1. 切实提高安全管控能力。践行"违章就是犯罪"的安全管理理念,坚决杜绝习惯性违章,坚决查处不安全行为,构建完善规范化、区域化、智慧化的安全生产管理体系,确保"三管三必须"责任落实率 100%、隐患整改措施按期落实率 100%、事故调查报告中的"防范和整改措施"按期落实率 100%、现场职工安全自主管理活动参与率 100%,坚决扭转安全生产的被动态势。压实全员安全生产责任制,健全完善安全制度和安全责任体系,强化安全生产过程管控与评价,有效落实安全督导组功能,推动安全体系能力进一步提升。完善安全风险分级管控和隐患排查治理双重预防机制,推进液态金属、煤气安全、有限空间、特种设备等方面的专项整治,完善协作实名制和黑名单管理,强化"管用养修"模式下的安全管理,持续深化安全标准化工地建设,确保重点领域安全可控。强化管理人员安全履职能力培训,开展职工安全警示教育、安全体感训练,建立职工安全违章积分制度,提升全员安全素养。搭建智慧安全监控和监管平台,推广智慧安全技术应用,加速 3D 岗位无人化和机器人替代,持续提升本质化安全水平。

二、突出科技赋能,推动绿色低碳高质量发展

2. 推进绿色化发展。统筹推进绿色制造和制造绿色,主动承接中国宝武碳中和冶金技术路线图,深入落实"两于一入""三治四化",争取绿色发展领跑、绿色化指数排位不下降。加快超低排放改造,以申报超低排放 A 级企业、创建 3A 级景区为牵引,统筹推进煤气精脱硫、南区钢渣综合利用等项目,抓好无组织排放问题整改,提高清洁运输比例,全面实现废气超低排、

废水零排放、固废不出厂；继续推进厂区环境综合整治，迅速改善北区厂区面貌，打造花园式滨江生态都市钢厂。强化重点工序能效约束和能源高效经济运行，统筹余热回收、煤气节约、提效节电、光伏发电、新技术应用五大路径，深化能效对标，优化能源结构，提升系统能效，自发电比例超过70%；积极探索减碳新工艺，大幅提高绿电发电量，同口径 CO_2 排放量降低20万吨以上。推进能源环保集中一贯管理，强化对环保设施托管单位的监管考核，建设穿透式环境风险监管信息化系统。围绕轻量化、使用寿命延长、性能提高，大力研发生产更高强度、更耐腐蚀、更高效能的绿色钢铁产品，探索建立贯穿产品全生命周期的绿色供应链体系。

3. 抓好精品化升级。以申报国家级高新技术企业和安徽省政府质量奖为推动，加大研发投入力度，强化科研开发和技术攻关，巩固车轮和型钢等品牌产品领先优势，保持家电板、汽车板等板材产品相对优势，提升优特钢和优特长材等产品后发优势，扩大马钢品牌影响力。落实新产品盈利能力提升三年行动计划，重点做好帽型钢、450兆帕级铁道车辆用H型钢、铁路用轴承钢、锌铝镁汽车板等产品的研发和市场开拓。持续攻关“卡脖子”技术难题，积极培育车轮“专精特新”单项冠军产品，实现高铁轮轴产品国产化大批量供货。加快研发中心建设，加强内外研发协同，用好用足科技政策资金，快速充实技术储备。加强重点领域、重点产品、重点项目的知识产权分析，强化专利成果申报，推进H型钢产品专利布局，建立知识产权贯标体系，提高知识产权管理水平。大力推行“揭榜挂帅”，扩大科技成果转化利润分享力度，激发技术创新活力。

4. 促进数智化赋能。聚焦“三跨融合”，深化“四个一律”，大力推进数字化与现代制造业的深度整合，着力提升智慧制造、智慧治理、智慧服务能力，确保智慧化指数排名不下降。精心实施工业大脑——智能炼钢项目，加快推进长材事业部和长江钢铁智控中心二期、特钢智控中心项目建设，实现重点产线、重点工序集中智慧化管控全覆盖。加快搭建大数据中心数据技术平台，深度应用成熟智能技术，构建全流程智慧钢厂。充分发挥海量数据和丰富应用场景优势，挖掘大数据价值，解决制造过程“黑匣子”和“卡脖子”难题，支撑管理变革、流程再造和人事效率提升。

三、突出极致高效，持续提升精益制造能力

5. 全面提升技术经济指标。完善对标指标体系，全面深化对标找差，主要技术经济指标进步率超过80%。铁前系统以提升高炉利用系数为突破口，强化煤比和焦比攻关；钢轧系统以提升工序质量管理能力为核心，全流程全要素降低吨钢产品成本。

6. 追求关键产线极致效率。完善铁前系统联动机制和预警保障体系，优化配煤配矿结构，持续推进高炉高水平下长周期稳定和经济运行，确保本部铁水日产站稳4.4万吨平台。动态平衡钢后资源，提升优势机组、关键产线运行效率，完善质量一贯制管理，强化质量设计与预警机制，加快解决制约质量提升和产能释放的技术难题，确保本部粗钢日产站稳5万吨台阶，其中，力争全年四钢轧总厂钢和材产量分别突破950万吨和1000万吨、冷轧总厂突破600万吨、特钢公司突破120万吨、重型H型钢产量突破80万吨。完善设备全寿命周期管理，优化检修模型，强化功能精度，提高设备系统保障能力。

7. 提高市场把控能力。加强市场研判，培育战略供方，拓展采购渠道，优化物流方式，强化库存动态管理，打造安全稳定高效可持续的供应链，大宗原燃料累计采购成本优于行业平均水平；深化产品结构调整，强化营销模式创新，充分发挥SBU推进组功能，以差异化的产品和服务为客户创造更大价值，提升区域和细分领域市场掌控力影响力，支撑销售价格跑赢大盘。

四、突出转型升级，优化调整产品产业布局

8. 加快“十四五”重点项目落地。加强项目过程管控，严控固投规模，B高炉大修、焦炉异地大修、C号烧结机、型钢改造2号连铸机年内投产，新特钢项目一期工程力争基本建成。同时，统筹推进新特钢市场开拓、产品认证、人员培训等配套支撑工作。

9. 推动开疆拓土取得实质性成果。立足中国宝武优特长材专业化平台公司定位，积极融入中国宝武“沿线沿廊”第二个“弯弓搭箭”空间布局，寻求宝武系优特长材资源整合，持续推进与国内钢铁企业的联合重组。明确海外发展推进机制，加大海外钢铁项目寻源力度，力争早日实现“零”的突破。

10. 优化“一总部多基地”管控模式。适应平台化、专业化管理需要，优化完善总部职能“集中+属地”一体化运营管控和多基地扁平化管理，推动各基地业务协同、管理协同、资源共享，实现整体利益最大化。

五、突出改革攻坚，增强高质量发展内生动力

11. 加快推进国企改革三年行动。逐项对标对表，确保国企改革三年行动实施方案上半年完成90%以上，年内全面完成。

12. 健全分配和中长期激励机制。加快推进薪酬体系切换，建立员工岗位成长积分档案，推动奖金分配与员工绩效强挂钩。以利润为主要导向,探索实施差异化工资总额管控。强调契约精神和强绩效理念,持续完善市场化激励约束机制,深化经营管理团队任期制和契约化管理,加大经营业绩考核结果与薪酬激励、岗位退出的刚性挂钩力度。以指标跻身宝武系前三位为衡量,优化“奋勇争先奖”激励机制。推动限制性股票激励计划落地,探索实施新特钢模拟经营,逐步建立有效的中长期激励体系。

13. 持续提高人事效率。立足岗位优化,推进对标定员,在主流程单位推广厂管作业区模式,加快推进“操检维调”、大工种区域化作业和辅助业务“管用养修”一体化外包,强化绩效管理和共享用工,推动人均产钢提高13%以上。深化专业协作变革,推动协作人员同口径劳动效率提升率不低于8%。

14. 着力提升资金管理水平。进一步强化“两金”管控,“两金”总额增长率不高于销售收入增长水平,“两金”周转率高于行业平均水平。全力增加经营现金流,盘活存量资产,优化调整融资结构,推动资产负债率降到50%以下。

15. 推进专业化整合和法人压减工作。积极稳妥推进资产整合,专业化整合资产整合完成率70%以上。完成法人压减5家、参股瘦身3家,全面完成“两非”企业清退。

16. 加强法治央企建设。坚持问题导向,以落实法治企业建设及合规管理领导小组职责、完善总法律顾问制度、健全法律风险防范机制、强化合规管理为重点,着力健全“五个体系”,持续提升“五种能力”,保障企业稳定健康发展。

17. 提升风险防控能力。聚焦重大市场风险、安全与能环风险、战略与投资风险、境外业务风险、“两头在外”贸易业务风险、金融投资风险、突发群体性事件风险和新冠肺炎疫情风险,持续推进制度建设、平台建设、隐患消缺、和谐稳定,有效做好应急预案和过程管控,坚决守住不发生重大风险的底线,筑牢风险防控的“护城河”。

六、突出以人为本,促进全方位共建共享

18. 深入推进“三个全面”工程。全面提升职工的能力和素质,完善分类分层的人才库,加强作业长队伍建设,深入开展全员培训,打造有理想讲奉献、会智控能检修、守规范善创新的高素质职工队伍。全面推进职工岗位创新和价值创造,组织开展“建功‘十四五’、奋进新征程”主题劳动和技能竞赛,深化“献一计”等职工创新创效活动,完善职工岗位创新体系,推进“五有”作业区(班组)创建,进一步激发全体职工的工作激情和创造活力。全面提升职工“三有生活”水平和获得感、幸福感、安全感,深入推进“三最”实事项目,建立办实事长效机制,加快推进共享中心建设,构建“普惠+精准”关爱体系,为职工创造更好的生产生活条件。大力践行中国宝武“诚信、创新、绿色、共享”价值观和“钢铁报国、开放融合、严格苛求、铸就强大”企业精神,传承和弘扬新时代“江南一枝花”精神,精益高效、奋勇争先,展现新时代马钢人的精神风貌。

19. 协同构建区域生态圈。强化对托管业务的过程管控和结果评价,确保相关业务高质量运行。探索建立与区域生态圈伙伴利益分享机制,构建产业协同发展良性循环。落实区域总部管控职责,加强对区域单位安全、环保、信访、维稳、保密等工作的一体化管控。

20. 坚定不移定点帮扶乡村振兴。深入贯彻“四个不摘”要求,推动巩固拓展脱贫攻坚成果同乡村振兴有效衔接,进一步加大产业帮扶、教育帮扶、消费帮扶、基础设施改善等帮扶工作力度,促进定点帮扶村逐步实现产业、人才、文化、生态和组织振兴。

各位代表,同志们! 蓝图已然绘就,奋斗正当其时。让我们胸怀“两个大局”,心系“国之大者”,自觉同党中央保持高度一致,不断提高政治判断力、政治领悟力、政治执行力,奋力打造后劲十足大而强的新马钢,为助力中国宝武成为世界一流伟大企业作出新的更大贡献,以优异成绩迎接党的二十大胜利召开!

名词解释

1. **两快、两不、三降、一增、一保**:两快,即快进快出;两不,即不遗余力、不赌市场;三降,即降成本、降库存、降负债;一增,即增现金;一保,即保安全。

2. **“两山”理论**:绿水青山就是金山银山。

3. **三治四化**:三治,即固废不出厂、废水零排放、废气超低排;四化,即洁化、绿化、美化、文化。

4. **两于一入**:高于标准,优于城区,融入城市。

5. **三门、四园、三楼、一路**:三门,即新1号门、新4号门、新9号门;四园,即1号门迎宾园、长材敬业园、特钢开拓园、重型材拼搏园;三楼,即新建长材办公楼、长材智控中心、南区共享服务中心;一路,即一条道路,包括电炉西路(局部)、湖北西路(马钢段)、新1号门路、马钢东路(重机段)、轮箍东路(延伸段)、新高炉东路、三台路(门岗至涵洞段)。

6. **管用养修**:管理,使用,养护,修理。

7. **三管三必须**：管行业必须管安全，管业务必须管安全，管生产经营必须管安全。

8. **亿万千百十**：宝武集团形成亿吨级粗钢、矿产和再生资源量，万亿级营收、资产和市值，千亿级利润；培育一批千亿级营收、百亿级利润的龙头企业，其余子公司均为百亿级营收、十亿级利润的优秀企业。

9. **五四三二一**：研发强度5%，人均产钢4000吨，吨钢减碳30%，跨国指数20%，成为世界一流伟大企业。

10. **两增一控三提高**：两增，即利润总额和净利润增速高于国民经济增速；一控，即控制好资产负债率；三提高，即营业收入利润率、全员劳动生产率、研发经费投入进一步提高。

11. **三跨融合**：跨产业互通融合，跨空间互通融合，跨人机界面互通融合。

12. **三高两化**：高科技、高效率、高市占，生态化、国际化。

13. **3D**：Dangerous 风险大，Dusty 环境脏，Duplicate 重复劳动。

14. **专精特新**：专业化，精细化，特色化，新颖化。

15. **四个一律**：制造环节做到操作室一律集中，操作岗位一律机器人，运维一律远程，服务环节一律上线。

16. **SBU**：strategic business unit，战略业务单元。

17. **操检维调**：操作，检查，维护，调整。

18. **两金**：存货和应收未收款。

19. **两非**：非主业，非优势。

20. **五个体系**：领导责任体系，依法治理体系，规章制度体系，合规管理体系，工作组织体系。

21. **五种能力**：法治工作引领支撑能力，风险管控能力，涉外保障能力，主动维权能力和数字化管理能力。

22. **“两头在外”贸易**：不符合公司战略，不符合主责主业，业务上下游均为集团外企业，购销对象是同一商品的交易行为。

23. **“五有”作业区（班组）**：“学习有追求、效益有佳绩、创新有动力、安全有保障、和谐有亲情”的作业区（班组）。

24. **三最**：最关心，最直接，最现实。

25. **四个不摘**：摘帽不摘责任，摘帽不摘政策，摘帽不摘帮扶，摘帽不摘监管。

26. **两个大局**：中华民族伟大复兴战略全局和世界百年未有之大变局。

企业大事记

企业大事记

1月

4日　中国宝武党委理论学习中心组(扩大)学习暨党员领导干部教育读书班上午在马钢举行。中国宝武党委书记、董事长陈德荣参加学习。中国宝武总经理、党委副书记胡望明传达中央企业负责人会议精神。中国宝武党委常委、副总经理侯安贵领学习近平总书记在扎实推进长三角一体化发展座谈会、气候雄心峰会上的重要讲话精神和最新发布的《中华人民共和国长江保护法》。中国宝武党委常委魏尧主持会议。中国宝武党委理论学习中心组成员,中国宝武总部各业务中心、职能部门负责人,各子公司主要负责人参加学习,生态圈相关单位负责人参加学习。

△　中国宝武绿色发展与智慧制造现场会在马钢举行。中国宝武党委书记、董事长陈德荣对2021年安全生产、能源环保和智慧制造工作提出全新的思考和要求。中国宝武总经理、党委副书记胡望明主持会议并就贯彻落实会议精神提出具体要求。中国宝武集团安全生产监督部、能源环保部先后做了2020年工作总结和2021年工作部署。中国宝武集团与宝钢股份、中南钢铁、太钢集团、马钢集团、宝钢资源、宝武环科、宝地资产、宝武炭材、宝武智维、集团安全生产监督部、集团能源环保部签订2021年度安全、环保目标责任书。马钢集团、马钢交材作主题交流。与会代表还参观了马钢冷轧智控中心、交材智控中心、热轧智控中心、炼钢智控中心和马钢智园。

5日　在集团、股份公司党委书记、董事长丁毅和欧冶工业品董事长、总裁王静的共同见证下,股份公司总经理、党委副书记张文洋与欧冶工业品党委书记、高级副总裁田国兵分别代表双方签署《马钢股份工业品采购及配套业务合作管理协议》。以此为标志,马钢工业品整合业务迈入实质化阶段。

7日　马钢集团公司十九届一次职工代表大会第四次联席会议在公司办公楼413会议室召开。马钢领导刘国旺、唐琪明、马道局、张晓峰出席会议。会议听取了《关于推荐补选中国宝武第一届职工代表大会代表有关事项的说明》,采取无记名投票方式补选中国宝武集团公司第一届职工代表大会代表8名。

10日　张岳峰、袁方、钱沙泉、吴劲等马鞍山市四套班子领导来马钢,调研绿色发展智慧制造项目。马钢领导丁毅、刘国旺、张文洋、何柏林及邓宋高参加调研。

11日　集团公司、股份公司党委书记、董事长丁毅在办公楼接待来访的淮北矿业集团党委书记、董事长方良才一行。马钢领导伏明、章茂晗及邓宋高,淮北矿业股份公司副总经理邵华,相关单位和部门负责人参加会谈。

11—12日　集团公司党委组织开展绿色发展与智慧制造主题党日活动,深入学习贯彻中国宝武绿色发展与智慧制造现场会精神,持续推动公司绿色发展、智慧制造建设向纵深延伸,不断提高马钢绿色发展和智慧制造整体水平。

13日　马钢集团党委召开党风廉政建设责任制领导小组会议,学习落实全面从严治党主体责任的规定,听取监督执纪等有关情况汇报,研究部署党风廉政建设及违规公款吃喝送礼问题专项整治相关工作安排。集团公司党委书记、董事长,党风廉政建设责任制领导小组组长丁毅主持会议,集团党委常委、党风廉政建设责任制领导小组成员出席会议,集团监事会主席马道局和纪委机关、党委办公室、党委工作部、工会、团委、管理创新部、投资管理部、财务部主要负责人列席会议。

△　集团公司、股份公司党委书记、董事长丁毅在公司办公楼接待来访的中冶华天党委书记、董事长田野一行。中冶华天党委副书记、总经理董晓辉,副总经理夏兴进,马钢领导刘国旺、伏明及邓宋高,以及双方相关单位及部门负责人参加会谈。

△　马钢召开《集体合同》平等协商会议,就马钢集团公司(股份公司)《集体合同》续签工作有关事项展开讨论。集团公司党委常委、副总经理唐琪明,集团公司工会主席,股份公司监事会主席、工会主席张晓峰,行政方协商代表、职工方协商代表出席会议。

13—15日　集团公司工会组织开展职工代表看“绿色发展 智慧制造”活动。本次活动共有200多名职工代表参加。

14日　马钢党委理论学习中心组开展专题学习

研讨,为开好民主生活会打牢思想基础。会议学习了《中国共产党章程》、中共中央政治局民主生活会精神、《习近平谈治国理政》第三卷中《增强推进党的政治建设的自觉性和坚定性》、中央经济工作会议精神和毛泽东同志《党委会的工作方法》。集团公司、股份公司党委书记、董事长丁毅主持学习会并讲话。公司党委理论学习中心组成员参加学习会。

15日　马钢2020年度基层党组织书记抓党建述职评议考核会召开。马钢领导丁毅、张文洋、唐琪明、何柏林、伏明、马道局及田俊,中国宝武党委组织部相关同志,5家单位述职人员在主会场参加会议。合肥公司、冶金服务公司、港务原料总厂、特钢公司、炼焦总厂述职人员先后进行现场述职,集团公司党委常委、股份公司党委副书记、总经理张文洋,集团公司党委常委、副总经理唐琪明,集团公司、股份公司党委副书记何柏林,集团公司党委常委、股份公司副总经理伏明,股份公司党委委员、副总经理田俊先后进行点评。除5家单位进行现场述职外,另外21家单位的党组织负责同志做了书面述职。马钢党群部门负责人;现场述职单位的党政负责人、专职党委副书记、纪委书记,部分基层"两代表一委员"、党组织书记、党员和职工代表;公司其他二级单位的党组织书记、专职副书记在各分会场通过视频参会。

△　集团公司、股份公司党委书记、董事长丁毅在公司办公楼接待来访的中冶武勘党委书记、董事长臧中海一行。中冶武勘党委副书记、总经理胡纯清,中冶武勘党委委员、副总经理何丞杰,集团公司总经理、党委副书记刘国旺,集团公司党委常委、股份公司副总经理伏明,以及双方相关部门、单位及部门负责人参加会谈。

18日　马钢召开中国宝武集团一届四次职工代表大会分团讨论审议会。中国宝武第一届职工代表大会马钢集团代表参加会议。按照会议议程,与会代表确认了本代表团团长、副团长人选;审议通过《中国宝武集团公司一届四次职代会议程(草案)》;审议通过《中国宝武集团公司一届四次职代会主席团成员名单(草案)》;审议《中国宝武集团公司一届四次职代会总经理工作报告》等7项工作报告审议稿。集团公司党委书记、董事长,股份公司党委书记、董事长丁毅主持会议并讲话。集团公司总经理、党委副书记,股份公司党委副书记刘国旺在会上讲话。

19日　集团公司、股份公司党委书记、董事长丁毅在办公楼接待来访的十七冶集团党委书记、董事长喻世功,总经理刘安义一行。十七冶领导尹万云、蔡进等,马钢领导张文洋、何柏林、伏明及邓宋高,相关部门和单位负责人参加会见。

20日　集团公司、股份公司党委书记、董事长丁毅在公司办公楼接待来访的二十冶董事长樊金田一行。二十冶副总经理尹欣,集团公司党委常委、股份公司副总经理伏明,集团公司总经理助理、董事会秘书、办公室主任邓宋高,双方相关部门和单位负责人参加会见。

21日　中国宝武钢铁集团有限公司一届四次职工代表大会召开。马钢集团领导班子成员和中国宝武职代会马钢职工代表、马钢获奖职工代表在马钢大楼623号会议室视频参会。

22日　马钢召开2021年度安全生产和能源环保工作会议暨一季度安委会防火委能环委会议。会议全面总结2020年安全生产和能源环保工作情况,谋划部署2021年公司安全、能环重点工作。集团公司、股份公司领导出席会议。

26日　集团公司、股份公司党委书记、董事长丁毅在办公室国际会议厅接待来访的中国冶金报社党委书记、社长陈玉千,《钢铁脊梁》总导演刘娜及摄制项目组一行。双方就《钢铁脊梁》纪录片前采工作进行座谈交流。

△　安徽省总工会党组成员、副主席许建清一行走进长材事业部重型H型钢生产现场看望慰问一线职工。集团公司、股份公司工会主席张晓峰陪同。

28日　马钢集团公司十九届二次(股份公司九届二次)职工代表大会召开,会议为期8天。

△　马钢召开2021年党风廉政建设和反腐败工作会议,传达贯彻落实党的十九届五中全会、十九届中央纪委五次全会精神,学习领会习近平总书记重要讲话精神,落实中国宝武党委一届五次全委(扩大)会、党风廉政建设和反腐败工作会议部署,回顾总结2020年党风廉政建设和反腐败工作,提出2021年重点工作安排。会上,集团公司、股份公司党委书记、董事长丁毅委托刘国旺代表公司党委,就深化贯彻落实习近平总书记重要讲话精神,推进全面从严治党、党风廉政建设和反腐败工作作了讲话,并代表领导班子作2021年集体承诺。集团公司、股份公司党委副书记、纪委书记何柏林代表公司党委作了题为《强化政治监督　持续正风肃纪　推动党风廉政建设和反腐败工作向纵深发展》的工作报告。集团公司、股份公司助理及以上领导人员,集团公司、股份公司机关部门主要负责人,直

属机构党政主要负责人、纪委书记，集团公司、股份公司下属单位党政主要负责人、纪委书记，以及纪委机关（审计稽查部、巡察办）各室负责人及以上管理人员参加会议。

本月　长材事业部重型H型钢生产线试轧美标W14的两个规格600×476×100×140和550×448×71.9×115获得一次性成功，其中600×476×100×140产品是迄今为止国内最大翼缘尺寸，达到140毫米。

2月

3日　马钢集团党委五届七次全委（扩大）会举行。会议听取集团公司、股份公司党委书记、董事长丁毅代表党委所作的题为《把握机遇 顺势而上 全力打造后劲十足大而强的新马钢》的工作报告，通过全委（扩大）会决议。集团公司党委副书记、总经理刘国旺出席会议并主持第一次全体会议。集团公司党委委员，股份公司党委委员，公司纪委委员；非党委委员、纪委委员的公司领导；集团公司机关部门、直属机构、股份公司机关部门及下属二级单位、子分公司（资产经营公司、投资公司和合肥公司、长钢股份、和菱实业公司、康泰公司、冶金服务公司）中层以上管理人员在主会场和视频分会场参会。

5日　2021年马鞍山市与宝武马钢融合发展工作对接会召开。市委书记张岳峰出席会议并讲话，市长袁方主持会议，马钢集团、马钢股份党委书记、董事长丁毅讲话。市领导钱沙泉、吴桂林、吴劲、何志中，马钢领导刘国旺、任天宝、张文洋、唐琪明、何柏林、严鸽群、章茂晗、马道局及田俊、陈健、张晓峰、王文潇、邓宋高出席会议。

△　马钢在智园召开生产经营咨询会，向马钢老领导报告2020年生产经营情况和2021年主要工作安排，倾听老领导的意见和建议，解答老领导关心的问题。王树珊、杭永益、李宗泌、顾建国、朱昌逑、苏鉴钢等原马钢副总以上老领导出席咨询会。集团公司党委书记、董事长，股份公司党委书记、董事长丁毅主持会议。马钢领导刘国旺、张文洋、唐琪明、章茂晗、马道局及张晓峰、张乾春、邓宋高参加咨询会。

7日　马钢集团党委召开审计委员会第一次会议，学习国务院国资委深化中央企业内部审计监督工作的实施意见和中国宝武领导有关重要讲话，审议审计委员会工作规则，研究部署内部审计工作。会议由集团党委书记、董事长，审计委员会主任丁毅主持，审计委员会全体成员；集团公司党委常委、副总经理，纪委机关（审计稽查部、巡察办）、党委办公室、党委工作部、运营改善部、人力资源部、经营财务部、法律事务部等部门主要负责人参加会议。

8日　集团公司、股份公司党委书记、董事长丁毅，集团公司党委常委、股份公司副总经理章茂晗，集团公司总经理助理邓宋高一行来到营销中心、采购中心调研，看望慰问一线营销、采购人员，并就新一年营销、采购工作再上新台阶提出要求。

9日　根据中国宝武党委统一部署，中国宝武党委常委魏尧来马钢宣讲党的十九届五中全会精神。集团公司、股份公司党委书记、董事长丁毅主持会议，集团公司党委副书记、总经理，股份公司党委副书记刘国旺，集团公司、股份公司总经理助理级以上领导出席会议。集团公司职能部门、直属机构、子（分）公司主要负责人，股份公司职能部门、二级单位、子（分）公司主要负责人参加会议。

△　按照中国宝武党委部署要求，马钢召开2020年度领导班子民主生活会。会议以“认真学习贯彻习近平新时代中国特色社会主义思想和习近平总书记考察调研中国宝武重要讲话精神，加强政治建设，提高政治能力，坚守人民情怀，夺取决胜全面建成小康社会、实现第一个百年奋斗目标的伟大胜利，开启全面建设社会主义现代化国家新征程”为主题，紧密结合思想和工作实际，深入进行党性分析，认真查摆突出问题，严肃开展批评和自我批评，不断增强发现和解决自身问题的能力。中国宝武党委常委魏尧，宝武党委组织部、宝武纪委相关同志出席会议进行指导。马钢领导班子成员参加会议。

△　中国宝武党委常委魏尧深入马钢集团、宝武重工、马钢交材、欧冶链金生产现场，看望慰问一线职工，为大家送上慰问信和新春祝福。马钢集团公司、股份公司党委书记、董事长丁毅，欧冶链金党委书记、董事长陈昭启，马钢交材党委书记、董事长任天宝，宝武重工副总经理（主持工作）、党委副书记程建国，马钢集团总经理助理邓宋高，以及马鞍山区域相关单位有关负责人参加慰问调研。

10日　中国宝武党委常委魏尧走访慰问马钢离退休老领导和困难职工，为他们送上新春的祝福、诚挚的问候和企业的关怀。集团公司、股份公司党委书记、董事长丁毅陪同慰问。

△　马钢领导丁毅、张文洋、唐琪明、伏明及张乾春、王文潇、邓宋高于春节前夕赴基层单位进行安全、疫情防控检查，进一步强化节前安全生产工作，落实疫

情防控各类举措,看望慰问坚守岗位的一线职工。

14日　马鞍山市委书记张岳峰,副市长、市政协副主席李强在集团公司、股份公司党委书记、董事长丁毅的陪同下,来到四钢轧总厂热轧智控中心,走访慰问节日期间坚守一线岗位的职工。

19日　集团公司、股份公司党委书记、董事长丁毅参加指导能源环保部2020年度党委领导班子民主生活会。

24日　集团公司、股份公司党委书记、董事长丁毅在公司办公楼接待来访的太钢集团党委常委、不锈钢公司总经理李华一行。集团公司党委副书记、总经理刘国旺,集团公司副总经理唐琪明,相关部门负责人参加会见。

本月　公司领导分八组先后赴困难党员、困难职工、困难青年技术人员、劳模代表家中,送上节日慰问和新春祝福。

本月　马钢集团与马钢矿业资源集团档案工作托管服务协议正式签署,中国宝武马鞍山区域开启档案管理新模式。

3月

1日　马钢召开安全生产专题会,深入剖析公司近期几起安全生产事故原因,全面查找安全管理体系存在的不足,汲取事故教训、压实管理责任、落实整改措施,并就做好下一阶段安全生产工作进行安排部署。马钢领导丁毅、刘国旺、毛展宏、唐琪明、何柏林、章茂晗及陈健、王光亚、邓宋高出席会议。公司相关机关部门和直属机构、子(分)公司和二级单位主要负责人参加会议。

4—5日　马钢2021年度管理研讨会召开。本次会议以“精益高效,奋勇争先”为主题,分三个阶段举行。集团公司、股份公司党委书记、董事长丁毅,集团公司总经理、党委副书记,股份公司党委副书记刘国旺,公司助理级以上领导出席会议。会议由刘国旺主持,马钢各部门、单位主要负责人;区域总部相关单位主要负责人、马鞍山区域负责人参加会议。马钢部门、单位中层副职及公司高级技术主管在马钢大楼413会议室视频参加第一阶段、第三阶段会议。

5日　集团公司、股份公司党委书记、董事长丁毅为特钢公司负责人颁发公司首次“奋勇争先奖”的荣誉证书和奖金,并在电子屏幕上为特钢公司点亮小红旗。

9日　安徽省政协副主席孙丽芳一行来马钢调研,马鞍山市领导吴桂林、詬圣国,马钢领导何柏林及邓宋高陪同调研。

11日　安徽省第三生态环境保护督察组组长万以学一行来马钢调研。马鞍山市领导张岳峰、何志中,马钢领导刘国旺、唐琪明及邓宋高陪同调研。

16日　集团公司、股份公司党委书记、董事长丁毅在办公楼接待来访的中冶京诚党委书记、董事长岳文彦一行。集团公司党委常委、股份公司副总经理伏明,技改部、特钢公司负责人参加会见。

18日　集团公司总经理、党委副书记刘国旺接待来访的冶金工业信息标准研究院党委书记、院长张龙强一行。股份公司总经理助理王光亚及有关部门负责人出席交流会。

22日　中国宝武党委第一巡视组巡视马钢集团党委工作动员会召开。中国宝武党委常委、纪委书记,国家监委驻中国宝武监察专员、巡视工作领导小组副组长章克勤出席动员会并讲话。中国宝武党委第一巡视组组长陶全兴介绍巡视工作情况并提出工作要求。马钢集团、马钢股份党委书记、董事长丁毅在会上作表态发言。中国宝武巡视办、安全生产监督部领导、中国宝武党委巡视组全体成员,安全督导组、环保督察组相关成员及马钢集团、马钢股份助理以上领导人员,马钢集团(股份)机关部门主要负责人,直属机构、子(分)公司党政主要负责人,股份公司二级单位、子(分)公司党政主要负责人,部分党员代表和职工代表参加动员会。

23日　马钢集团党委召开党史教育动员部署会,深入学习贯彻习近平总书记在党史学习教育动员大会上的重要讲话精神,落实中国宝武党委工作部署要求,就高标准高质量开展好马钢党史学习教育工作进行动员部署。集团公司、股份公司党委书记、董事长丁毅在会上作动员讲话。集团公司党委副书记、总经理,股份公司党委副书记刘国旺主持会议。集团公司、股份公司助理及以上领导出席会议。马钢各职能部门、直属机构、二级单位和子(分)公司主要负责人参加会议。

25日　马钢党委召开理论学习中心组学习会,认真学习习近平总书记在全国脱贫攻坚总结表彰大会上的重要讲话精神、《关于在全党开展党史学习教育的通知》等内容,围绕学习贯彻习近平总书记在党史学习教育动员大会上的讲话,做到学史明理、学史增信、学史崇德、学史力行进行交流研讨。集团公司、股份公司党委书记、董事长丁毅主持学习会并讲话。马钢党委理论学习中心组成员参加学习会,并结合学习内容和自身工作职责作发言。

26日　马钢集团公司十九届二次（股份公司九届二次）职代会第一次联席会议在办公楼413会议室召开。马钢领导刘国旺、唐琪明、马道局及邓宋高出席会议。公司职代会主席团成员，公司职代会各代表团团长、副团长，公司职代会合团单位工会主席（负责人），公司职代会综合民主管理委员会负责人，马钢集团公司职工董事，公司人力资源部领导及相关工作人员参加会议。公司人力资源部作《马钢集团公司关于下发员工与企业协商一致解除劳动合同、离岗休息和自主创业等离岗政策的通知》等9项管理制度草案有关情况的说明。与会人员审议了9项制度草案，并采取无记名投票方式表决通过了9项制度草案。

30日　马钢股份（600808）2020年度业绩说明会举办，全景网全程直播，观看的投资者达5万人次。马钢股份董事长丁毅、副总经理毛展宏、副总经理伏明，马钢股份经营财务部负责人、董事会秘书出席本次业绩说明会活动，并回答投资者提问。

本月　马钢股份公司应急预案评估师培训班圆满结束。

本月　马钢举行2021年第一期职工创新沙龙活动。

本月　马钢EPS大梁钢通过一汽解放认证。

4月

3日　马钢集团党委组织公司助理及以上领导班子成员、部门及直属机构负责人瞻仰马鞍山濮塘烈士陵园，缅怀革命先烈。

6日　马钢3月“奋勇争先奖”颁奖仪式在马钢智园运营管控中心视频会议室举行。集团公司、股份公司党委书记、董事长丁毅为获奖单位炼铁总厂、四钢轧总厂、冷轧总厂颁奖。公司助理级以上领导出席仪式。仪式上，炼铁总厂、四钢轧总厂、冷轧总厂相关负责人，冷轧总厂冷轧二分厂厂长、炼铁总厂4号高炉炉长分别发言。

9日　集团公司、股份公司党委书记、董事长丁毅前往马钢产销一体化系统联调测试现场，看望慰问项目组职工并为他们送上慰问品。马钢领导毛展宏及陈健陪同慰问。

△　马钢集团召开党史学习教育第一次月度例会。会议对前一阶段工作情况进行总结，安排部署下一阶段具体工作。集团公司、股份公司党委副书记、纪委书记何柏林出席会议并提出具体要求。马钢党委工作部、工会、党校、团委、新闻中心负责人分别汇报前期工作情况和下一阶段工作计划。

15—16日　中国宝武改革指导组第一组组长傅连春一行来马钢集团调研。改革指导组先后听取了马钢集团三年改革行动实施方案推进情况的汇报，在技术中心召开专题调研会，并参观马钢重型H型钢生产线。集团公司领导刘国旺、唐琪明、何柏林及邓宋高参加相关调研活动。

20日　集团公司、股份公司党委书记、董事长丁毅在办公楼接待中冶焦耐党委书记、董事长于振东，中国三冶总经理包朝亮等中冶集团客人。集团公司党委常委、股份公司副总经理伏明，中冶焦耐、大连华锐重工及马钢相关部门和单位负责人参加会见。

21日　马钢2021年一季度党建工作例会、党风廉政建设责任制领导小组（扩大）会、扶贫工作领导小组会议在公司办公楼413会议室召开。会议对贯彻落实习近平总书记重要讲话和批示精神开展学习和宣贯，对公司脱贫攻坚工作进行总结和部署，对公司党委当前重点工作推进情况进行报告和部署。集团公司、股份公司党委书记、董事长丁毅，集团公司党委副书记、总经理，股份公司党委副书记刘国旺等公司助理级以上领导出席会议。会议由集团公司、股份公司党委副书记、纪委书记何柏林主持。马钢机关部门、直属机构主要负责人；马钢下属二级单位、子（分）公司党组织主要负责人、专职党委副书记参加会议。

25日　马钢党委召开理论学习中心组学习会，认真学习《中国共产党简史》，习近平总书记关于“碳达峰”“碳中和”重要讲话精神和《习近平总书记关于安全生产重要论述》等内容。集团公司、股份公司党委书记、董事长丁毅主持学习会并讲话。马钢党委理论学习中心组成员参加学习会。

26日　马钢召开一季度经营绩效对话会，梳理总结一季度生产经营各项工作，对下阶段重点工作进行安排部署。集团公司、股份公司党委书记、董事长丁毅在会上讲话。集团公司总经理、党委副书记，股份公司党委副书记刘国旺主持会议。马钢助理级以上领导出席会议。马钢业务及职能部门、直属机构、制造单元及子公司负责人参加会议。

27日　集团公司、股份公司党委书记、董事长丁毅在办公楼接待来访的马鞍山市委常委、常务副市长黄化锋一行。马鞍山市政府副秘书长杨庆海，马钢领导何柏林及邓宋高，市发改委、市经信局负责人及马钢相关单位、部门负责人参加会见。

29 日 马钢集团(股份)公司二季度安委会防火委能环委会议召开。会议全面总结 2021 年一季度安全生产和能源环保工作情况及存在的问题,谋划部署二季度公司安全、能环重点工作。中国宝武第一安全督导组组长杨敏到会指导,集团公司、股份公司党委书记、董事长丁毅,集团公司总经理、党委副书记,股份公司党委副书记刘国旺,集团公司、股份公司领导出席会议。马钢安委能环委成员单位主要负责人,各生产经营单位、控股公司党政主要负责人参加会议。

30 日 马钢召开以“学讲话精神 展先模风采 创一流业绩 迎建党百年”为主题的庆“五一”劳模先进交流会。集团公司、股份公司党委书记、董事长丁毅,集团公司党委副书记、总经理,股份公司党委副书记刘国旺出席会议,并为受表彰代表献花。会议由集团公司党委常委、副总经理唐琪明主持。马钢各单位劳模先进代表,各部门、单位相关领导参加会议。

本月 马钢“工业大脑”亮相“数字中国”建设峰会。

本月 马钢供洛阳科技馆项目重型 H 型钢正式开始供货,该项目也成为中国首个采用国产重型 H 型钢的重点项目。

本月 重型 H 型钢极限规格 H1109 毫米×461 毫米×21 毫米×40.5 毫米在马钢批量试制成功,实现亚洲首发。

5 月

7 日 马钢 4 月“奋勇争先奖”颁奖仪式在长材事业部会议室举行。集团公司、股份公司党委书记、董事长丁毅为获奖单位长材事业部、制造管理部颁奖。集团公司总经理、党委副书记刘国旺,集团公司助理级以上领导出席仪式。仪式上,长材事业部、制造管理部相关负责人及一线代表分别发言。

11 日 集团公司、股份公司党委书记、董事长丁毅赴长钢股份,调研党建工作、“一总部多基地”工作推进情况。集团公司总经理助理邓宋高,公司相关部门、单位负责人陪同调研。

△ 马钢职工“三最”实事项目领导小组会议召开。会议对职工“三最”实事项目工作进行阶段性小结,审定 2021 年公司级“三最”实事项目并明确下一阶段工作。集团公司党委副书记、总经理、公司职工“三最”实事项目领导小组组长刘国旺出席会议并讲话,集团公司党委常委、副总经理唐琪明主持会议。

13 日 马钢集团深化改革领导小组会议在公司办公楼 19 楼会议室召开。马钢领导丁毅、毛展宏、唐琪明、何柏林、伏明、章茂晗、马道局及王文潇、王光亚出席会议。集团公司、股份公司党委书记、董事长丁毅主持会议并讲话,其他与会领导结合各自分管工作在会上就推进深化改革工作提出要求。运营改善部专题汇报 2020 年改革总体情况和 2021 年重点改革任务及进展,深化改革领导小组成员单位在会上先后发言。

△ 集团公司、股份公司党委书记、董事长丁毅在办公楼接待来访的平安养老险安徽分公司党委书记、副总经理胡维涛,平安养老险安徽分公司副总经理高峰一行。集团公司副总会计师张乾春,双方相关部门及单位负责人参加会见。

14 日 马钢与中国建设科技集团对接交流会在公司办公楼 413 会议室召开。双方围绕钢结构技术运用和进一步开展合作进行深入交流。中国建设科技集团副总裁樊金龙,中国建筑标准设计研究院院长曹彬,集团公司总经理、党委副书记,股份公司党委副书记刘国旺,集团公司党委常委、股份公司副总经理章茂晗,股份公司总经理助理王光亚出席会议。双方相关单位、部门负责人参会。

26 日 中国铁物铁路资源循环利用马鞍山生产基地投产仪式在中铁物总华东资源公司举行。10 点 18 分,马鞍山市委书记张岳峰,中国铁物党委副书记、总经理廖家生,中国宝武党委常委魏尧,马钢集团总经理、党委副书记刘国旺等领导共同为基地投产推杆。马鞍山市副市长郑琇煦,中国铁物党委常委、副总经理徐增堂,中国循环经济协会副秘书长魏玉梅,中国宝武智慧服务产业发展中心、中国宝武产业园区中心、欧冶云商、马钢交材负责人出席仪式。来自安徽省经济和信息化厅、中国宝武、行业协会及相关合作方的有关领导参加基地投产仪式。

△ 中国宝武钢结构装配式模块化工作推进会在马钢召开。中国宝武党委常委魏尧,马钢集团党委书记、董事长丁毅,中国宝武产业园区业发展中心总经理吕军,马钢集团总经理、党委副书记刘国旺,马钢领导毛展宏、章茂晗及王光亚,中国宝武钢铁业中心、科技创新部相关负责人,马钢相关部门负责人参加推进会。

△ 集团公司、股份公司党委书记、董事长丁毅在公司办公楼 19 楼会议室接待来访的中国宝武钢铁业中心总经理姚林龙一行,集团公司党委常委、副总经理唐琪明,集团公司党委常委、股份公司副总经理伏明参加会见。

27 日 按照中国宝武党委“七个一”系列活动统

一安排,永远跟党走——中国宝武首批爱国主义教育基地(马钢站)挂牌暨红色故事讲演活动,在马钢展厅(特钢)广场举行。中国宝武党委常委魏尧,中国宝武党委宣传部、企业文化部部长钱建兴,马钢集团党委书记、董事长丁毅,马钢集团党委副书记、总经理刘国旺出席活动。中国宝武集团公司总部相关职能部门负责人,马钢集团、马钢股份助理以上领导,各部门、各单位负责人和党员代表参加活动。

△ 中国宝武党委常委魏尧率中国宝武党史学习教育第三巡回指导组赴马钢集团调研指导党史学习教育工作,听取马钢集团党史学习教育开展情况汇报,就持续推进党史学习教育走深走实提出要求。中国宝武党委宣传部部长钱建兴主持调研座谈会。中国宝武党史学习教育第三巡回指导组有关领导,马钢领导丁毅、刘国旺、毛展宏、唐琪明、何柏林、伏明、章茂晗及邓宋高出席座谈会。

△ 中国宝武党委常委魏尧赴基层联系点马钢股份特钢公司调研。调研过程中,魏尧主持召开座谈会,为特钢公司领导班子及部分党支部书记上党课,听取工作汇报和意见建议,同与会人员进行交流。中国宝武党委宣传部部长钱建兴,马钢集团党委副书记、总经理刘国旺参加调研。

28 日 在集团公司、股份公司党委书记、董事长丁毅和欧冶工业品董事长王静的共同见证下,集团公司总经理、党委副书记刘国旺与欧冶工业品党委书记、高级副总裁田国兵分别代表双方签署《马钢工业品采购管理和服务委托协议》。马钢领导毛展宏、章茂晗,欧冶工业品领导谈爱国、邹峻、颜满堂出席签约仪式。来自双方相关单位及部门相关负责人参加签约仪式。

31 日 集团公司党委书记、董事长丁毅,率马钢领导毛展宏及王光亚、公司相关部门负责人赴四钢轧总厂看望慰问一线干部职工,听取高效组产汇报,并寄语:弦不松、劲不懈,继续保持极致高效生产节奏,以优异的成绩向建党 100 周年献礼。

本月 马钢精彩亮相中国自主品牌博览会。

本月 马钢股份智慧制造成果获行业表彰。

本月 长钢股份智慧制造及整体信息化项目启动。

6 月

2 日 集团公司党委书记、董事长丁毅,集团公司党委副书记、总经理刘国旺等马钢领导,公司机关干部职工共 50 余人,来到原马钢 4 号门内(南区生态园南端)、面积约 3321 平方米的空地开展义务植树活动。

3 日 马钢党委召开理论学习中心组学习会,认真学习《中国共产党简史》,习近平总书记重要文章《把握新发展阶段,贯彻新发展理念,构建新发展格局》等内容。集团公司、股份公司党委书记、董事长丁毅主持学习会并讲话。马钢党委理论学习中心组成员参加学习会。马钢党委办公室、党委工作部、纪委机关、运营改善部负责人列席学习会。

△ 马钢召开安全生产月度例会。集团公司、股份公司党委书记、董事长丁毅,集团公司总经理、党委副书记,股份公司党委副书记刘国旺,集团公司、股份公司助理级以上领导出席会议。马钢职能及业务部门、制造单元、事业部和子公司主要负责人、安全总监或分管安全工作负责人、安全管理部门负责人及集团单位负责人参加会议。

△ 马钢 5 月“奋勇争先奖”颁奖仪式在公司办公楼 413 会议室举行。集团公司、股份公司党委书记、董事长丁毅,集团公司总经理、党委副书记刘国旺,集团公司、股份公司党委副书记、纪委书记何柏林先后为获奖单位四钢轧总厂、长材事业部、冷轧总厂、炼铁总厂、营销中心颁奖。仪式由集团公司党委常委、股份公司副总经理毛展宏主持。集团公司助理级以上领导出席仪式,相关单位和部门负责人等参加仪式。

4 日 “永远跟党走”——中国宝武马钢职工主题歌咏会在马鞍山市保利大剧院举行。马钢领导丁毅、唐琪明、何柏林及邓宋高,马钢交材领导何潮出席歌咏会并为获奖单位颁奖。

8 日 马钢召开党史学习教育推进会暨党委书记党史学习教育读书班和业务研修班动员会,全面总结前期工作开展情况,按照中国宝武党委常委魏尧在马钢调研讲话要求,及中国宝武第三巡回指导组对党史学习教育具体安排,认真谋划部署下一阶段工作,确保公司党史学习教育高标准高质量推进。集团公司、股份公司党委书记、董事长丁毅,集团公司党委副书记、总经理,股份公司党委副书记刘国旺,集团、股份公司助理以上领导出席会议。会议由集团公司、股份公司党委副书记、纪委书记何柏林主持。马钢各部门主要负责人,各单位党委书记、副书记,党史学习教育领导小组办公室成员单位负责人,四个指导组组长参会。

△ 马钢集团召开第二届董事会第六次会议,审议通过《关于马钢各级公司经理层成员推行任期制和契约化管理的议案》,同意《马钢集团 2021—2023 年任期/年度经理层成员经营业绩责任书》。针对《2021—

2023年任期/年度经理层成员经营业绩责任书》签订，马钢集团、马钢股份在公司办公楼19-2会议室举行签约仪式。马钢领导丁毅、刘国旺、毛展宏、何柏林、伏明、章茂晗、马道局及张乾春、王文潇、王光亚、邓宋高出席签约仪式。公司相关机关部门负责人参加会议。

9日　中国宝武党委第一巡视组巡视马钢集团党委情况反馈会在马钢召开,就抓好巡视整改工作进行集中部署、提出明确要求。中国宝武党委常委、纪委书记,国家监委驻中国宝武监察专员、巡视工作领导小组副组长章克勤出席会议并讲话。中国宝武党委第一巡视组组长陶全兴反馈巡视情况。马钢集团、马钢股份党委书记、董事长丁毅主持会议并在会上作表态发言。中国宝武党委巡视工作领导小组成员、巡视办主任胡达新,中国宝武党委第一巡视组副组长及有关同志出席现场反馈会议。马钢集团、马钢股份助理以上领导人员;马钢集团(股份)机关部门主要负责人,直属机构、子(分)公司党政主要负责人;马钢股份二级单位、子(分)公司党政主要负责人;马钢部分党员代表和职工代表参加会议。

△　马钢碳中和工作领导小组首次会议在公司办公楼19层会议室召开。集团公司、股份公司党委书记、董事长丁毅主持会议并讲话。马钢领导刘国旺、毛展宏、唐琪明出席会议并展开讨论。公司碳中和工作成员单位负责人参加会议。

10日　集团公司、股份公司党委书记、董事长丁毅在办公楼接待来访的光大银行合肥分行党委书记史付民一行。光大银行合肥分行副行长李晨、程晓乾,集团公司副总会计师张乾春,光大银行合肥分行、马鞍山分行及马钢相关部门负责人参加会见。

11日　集团公司党委副书记、总经理刘国旺前往马钢产销一体化系统联调测试现场,看望慰问项目组职工并为他们送上慰问品。马钢领导陈健及邓宋高,公司工会、运改部相关负责人陪同慰问。

15日　集团公司、股份公司党委书记、董事长丁毅赴基层联系点炼铁总厂调研,主持召开座谈会,听取工作汇报和意见建议,同与会人员进行交流,并为该总厂领导、各部室、分厂负责人及部分党员代表上党课。集团公司总经理助理邓宋高,党委工作部负责人参加调研。

16日　淮北矿业—马钢集团党建暨技术商务工作交流活动在马钢举办。淮北矿业领导方良才、汪琳、邱丹、刘杰、邵华,马钢领导丁毅、何柏林、章茂晗及邓宋高出席交流活动。为促进深入对口交流,双方领导及相关部门、单位负责人,分两个会场分别围绕党建工作和技术商务工作召开专题交流会。

17日　马钢召开“奋勇争先　协同共赢”专题研讨会,邀请在马宝武生态圈伙伴共同探讨如何安全、绿色、高效实现高质量协同共赢。马钢领导丁毅、毛展宏、唐琪明及邓宋高,中国宝武马鞍山区域相关单位主要负责人出席会议。马钢集团公司、股份公司相关职能、业务部门负责人参加会议。

18日　马钢党委召开理论学习中心组学习会。会议学习《中国共产党简史》等内容并围绕党史学习教育四本指定学习材料开展集中研讨。集团公司、股份公司党委书记、董事长丁毅主持学习会并讲话。马钢党委理论学习中心组成员参加学习会。马钢党委办公室、党委工作部、纪委机关、运营改善部负责人等列席学习会。

21日　集团公司、股份公司党委书记、董事长丁毅赴基层党支部联系点长材事业部线棒材分厂调研,主持召开座谈会,听取工作汇报和意见建议,同与会人员进行交流,并为该总厂领导、各部室、分厂负责人及部分党员代表上党课。股份公司总经理助理、长材事业部党委书记、总经理王光亚,集团公司总经理助理邓宋高,党委工作部负责人参加调研。

22日　马钢“我为群众办实事”实践活动专题会在公司办公楼19-2会议室召开,总结实践活动前一阶段工作,安排部署下阶段重点工作。集团公司、股份公司党委书记、董事长丁毅主持会议并讲话,集团公司、股份公司党委副书记、纪委书记何柏林等马钢领导出席会议。相关部门、单位负责人参加会议。

△　集团公司总经理、党委副书记,股份公司党委副书记刘国旺赴基层联系点冷轧总厂调研,听取相关工作汇报和意见建议,同与会人员座谈交流,并为该总厂领导班子及职工、党员代表讲党课。党委工作部负责人参加调研。

25日　马钢党委举行庆祝中国共产党成立100周年座谈会暨“光荣在党50年”纪念章颁发仪式。马钢集团、马钢股份党委书记、董事长丁毅为老党员代表颁发“光荣在党50年”党员纪念章,带领新党员代表集体宣誓。马钢集团党委副书记、总经理,马钢股份党委副书记刘国旺主持会议。马钢集团、马钢股份助理级以上领导出席会议。马钢老党员代表,各职能部门、直属机构、子(分)公司、各二级单位主要负责人及新党员代表参加会议。

△　集团公司、股份公司党委书记、董事长丁毅在

办公楼接待建设银行安徽省分行党委书记邹致师一行。集团公司副总会计师张乾春,以及双方相关单位、部门负责人参加座谈。

△ 2021 年马钢炼钢、长材技术管理推进委员会年度会议在公司办公楼 413 会议室召开。集团公司总经理、党委副书记、股份公司党委副书记刘国旺,股份公司总经理助理王光亚出席会议。炼钢、长材委员会委员和专家参加会议。

28 日 集团公司、股份公司党委书记、董事长丁毅率队深入现场,开展安全生产和重点工程建设安全管理情况督查。

29 日 集团公司、股份公司党委书记、董事长丁毅在办公楼接待来访的冶金规划院党委书记、总工程师李新创一行。冶金规划院院长范铁军,集团公司党委副书记、总经理、股份公司党委副书记刘国旺,集团公司党委常委、副总经理唐琪明,以及双方相关部门负责人参加会见。

29—30 日 集团公司、股份公司党委书记、董事长丁毅,集团公司党委副书记、总经理、股份公司党委副书记刘国旺,集团公司、股份公司党委副书记、纪委书记何柏林分别看望慰问困难党员。

30 日 马钢交材轨道装备智维分公司成立揭牌仪式在马钢交材南区生产基地轮对维修厂房举行。集团公司、股份公司党委书记、董事长丁毅,马钢交材党委书记、董事长任天宝出席揭牌仪式并共同为轨道装备智维分公司揭牌。

△ 集团公司党委副书记、总经理刘国旺率队深入现场开展安全督查。

本月 马钢领导丁毅、刘国旺、何柏林以普通党员身份参加所在支部专题组织活动。

本月 马钢等承担的省科技重大专项“吉帕级超高强热轧钢板绿色制造关键技术及商用车轻量化示范应用”项目通过验收。

本月 马钢新建 CCPP 发电机组顺利实现一次并网发电。

7 月

1 日 马钢党委及二级单位党委组织党员收看习近平总书记在庆祝中国共产党成立 100 周年大会上的重要讲话实况。

△ 马钢股份整合融合信息化项目成功上线,中国宝武党委书记、董事长陈德荣特为此发来贺信,“希望你们用心呵护,精心打磨,使之快速成为中国宝武乃至钢铁行业信息化建设的示范样板。”马钢集团、马钢股份党委书记、董事长丁毅,马钢集团总经理、党委副书记、马钢股份党委副书记刘国旺,宝信软件高级副总经理宋健海,欧冶云商总裁金文海,马钢领导毛展宏、唐琪明、何柏林、伏明、章茂晗及陈健、王光亚、邓宋高等出席项目上线仪式。宝信软件、宝钢股份、欧冶云商、运营共享中心、欧冶工业品有关领导,马钢相关部门及单位主要负责人,项目组相关负责人员参加上线仪式。

2 日 集团公司、股份公司党委书记、董事长丁毅,集团公司党委副书记、总经理、股份公司党委副书记刘国旺,集团公司、股份公司助理以上领导,部门直属单位主要负责人前往渡江战役纪念馆,开展党史学习教育专题培训。

6 日 中国宝武改革指导组第一组组长傅连春一行来马钢调研。改革指导组先后听取了马钢集团改革三年行动推进进展情况的汇报,并和与会人员进行座谈交流。马钢集团、马钢股份党委书记、董事长丁毅主持会议。马钢领导何柏林及邓宋高出席座谈会。

△ 马钢 6 月“奋勇争先奖”颁奖仪式在公司大楼 413 会议室举行。集团公司、股份公司党委书记、董事长丁毅,集团公司、股份公司党委副书记、纪委书记何柏林为获奖的长材事业部、信息化整合融合项目组、炼铁总厂、特钢公司颁奖。公司助理级以上领导出席仪式。公司相关单位和部门负责人等参加仪式。

9 日 安徽省政协副主席姚玉舟来马钢调研企业发展情况。马鞍山市委书记张岳峰,马鞍山市委常委、政法委书记、副市长杨善斌,马鞍山市政协副主席季传舜,集团公司总经理、党委副书记刘国旺,集团公司总经理助理邓宋高参加调研。

15 日 马钢集团 2021 年二季度党建工作例会在公司办公楼 19-2 会议室召开,总结公司二季度党建工作开展情况,安排布置近期党建工作任务。集团公司、股份公司党委书记、董事长丁毅,集团公司党委副书记、总经理、股份公司党委副书记刘国旺等公司助理级以上领导出席会议。党委工作部、纪委、巡视整改工作小组、工会、团委、党校、保卫部、党委办公室、行政事务中心在会上分别作专项汇报。马钢机关部门主要负责人参加会议。

16 日 马钢科学技术协会第七次代表大会在公司办公楼 413 会议室召开。大会审议通过相关报告、议案,表彰先进,宣布科协第七届委员会选举结果,对新阶段科协工作进行再定位、再谋划和再部署。集团公司、股份公司党委书记、董事长丁毅当选科协主席并讲话。集团公司总经理、党委副书记,股份公司党委副书记刘国旺主持会议。马鞍山市科协党组书记、常务副主席阚宝林,中国宝武科协高级主任师袁鹏飞,马钢、马钢交材领导毛展宏、唐琪明、任天宝、何柏林、伏明及王光亚、邓宋高出席大会。马钢各部门、单位的科协代表参加会议。

22 日　马钢党委召开理论学习中心组学习会,认真学习习近平总书记"七一"重要讲话精神,并结合实际开展学习研讨。集团公司、股份公司党委书记、董事长丁毅主持学习会并讲话。马钢党委理论学习中心组成员参加学习会。中国宝武党史学习教育第三巡视指导组通过网络方式列席会议。马钢党委办公室、党委工作部、纪委机关负责人等列席学习会。

△　马钢集团干部大会暨股份公司二季度经营绩效对话会召开。此次会议旨在回顾总结上半年党史学习教育、巡视整改进展和生产经营情况,部署动员下半年重点工作。集团公司、股份公司党委书记、董事长丁毅在讲话时强调,上半年公司经营业绩创历史最佳,值得肯定和总结。我们要深入贯彻新发展理念,牢固树立"一盘棋"思想,推进全面精益高效,激励全员奋勇争先,努力实现全年奋斗目标。集团公司总经理、党委副书记,股份公司党委副书记刘国旺主持会议。集团公司、股份公司助理及以上领导出席会议。马钢有关部门单位负责人参加会议。

28 日　马钢集团(股份)公司三季度安委会防火委能环委会议召开,总结分析二季度安全生产和能源环保工作情况及存在的问题,谋划部署三季度公司安全、能环重点工作。集团公司、股份公司党委书记、董事长丁毅出席会议并讲话,集团公司总经理、党委副书记,股份公司党委副书记刘国旺在会上提出工作要求。集团公司、股份公司领导出席会议。会议由集团公司党委常委、副总经理唐琪明主持。公司相关部门单位负责人,安委会、防火委、能环委成员单位主要负责人,各生产经营单位、控股公司主要负责人参加会议。

29 日　马钢集团巡视整改专题民主生活会召开,认真学习领会以习近平同志为核心的党中央关于巡视工作的新部署新要求,针对巡视反馈的问题及意见建议,认真反思、深刻剖析、深挖根源、举一反三,不折不扣把巡视整改落实落细落地。集团公司、股份公司党委书记、董事长丁毅主持会议并作总结讲话。集团公司党委副书记、总经理刘国旺和党委常委参加会议。集团公司、股份公司相关领导列席会议。

本月　我国首台混合动力改造机车入驻马钢。

8 月

3 日　股份公司召开 2021 年重点建设项目管理工作月度例会。会议对上半年公司重点工程项目建设情况进行总结,就做好下一阶段重点项目建设进行安排部署。集团公司、股份公司党委书记、董事长丁毅出席会议并强调,各项目建设单位必须牢固树立责任意识、大局意识、品牌意识,加速推动重点项目落地见效。集团公司党委常委、股份公司副总经理伏明出席会议。审计稽查部、技术改造部,相关项目单位、管理部门及外部承建单位负责人参加会议。

△　集团公司、股份公司党委书记、董事长丁毅一行,先后来到马钢交材车轮三线、长材事业部重异连铸机平台、冷轧总厂 1720 酸轧轧机旁看望慰问一线职工。

4 日　集团公司总经理、党委副书记,股份公司党委副书记刘国旺慰问高温一线职工。

5 日　马钢 7 月"奋勇争先奖"颁奖仪式在公司大楼 413 会议室举行。集团公司、股份公司党委书记、董事长丁毅,集团公司总经理、党委副书记、股份公司党委副书记刘国旺为获奖的 9 家单位和部门颁奖,并"插旗"嘉奖。仪式由集团公司党委常委、股份公司副总经理毛展宏主持。公司助理级以上领导出席仪式。公司相关单位和部门负责人等参加仪式。

19 日　中国宝武党委结合党史学习教育,组织召开"进一步贯彻落实习近平总书记考察调研中国宝武马钢集团重要讲话精神"座谈会。中国宝武党委书记、董事长陈德荣在会上强调,要牢记习近平总书记的殷切嘱托,担当起国之大者、中流砥柱的使命责任,在中国宝武努力形成"万马奔腾"的良好局面,创建世界一流伟大企业。中国宝武党委副书记、总经理胡望明作学习贯彻落实习近平总书记考察调研中国宝武重要讲话精神工作情况报告。马钢集团党委书记、董事长丁毅在会上做马钢集团学习贯彻习近平总书记考察调研中国宝武马钢集团重要讲话精神情况回顾报告。中国宝武党委常委魏尧主持会议并做会议总结。邹继新、朱永红、郭斌、侯安贵等中国宝武领导,中国宝武总经理助理以上领导及中国宝武各业务中心、总部职能部门负责人,各一级子公司相关领导等分别在主会场和视频分会场参加会议。会前,与会人员沿着习近平总书记在中国宝武马钢集团考察调研路线参观,一同见证马钢集团绿色智慧"盆景"变"风景"的美丽"蝶变"。

△　中国宝武党史学习教育领导小组会议暨党委理论学习中心组(扩大)学习在马钢举行。中国宝武党委书记、董事长陈德荣参加学习并讲话。中国宝武总经理、党委副书记胡望明主持。胡望明在会上领学习近平总书记在全国国有企业党的建设工作会议上的重要讲话精神等重要内容。中国宝武党委常委魏尧领学习近平总书记在中国共产党成立100周年庆祝活动总结会议上的重要讲话精神。邹继新、朱永红、郭斌、侯安贵等集团公司领导作交流发言。中国宝武党委中心组成员,中国宝武各业务中心、总部职能部门负责人,马钢、欧冶链金领导班子成员参加学习。

△　中国宝武工会主席张贺雷一行先后来到长材事业部、特钢公司,看望慰问坚守在高温一线的马钢职工,并听取马钢集团工会的工作汇报。马钢集团公司总经理助理邓宋高,马钢集团工会相关负责人参加慰问调研。

20日　马钢举行"三治"项目责任状签字仪式,集团公司、股份公司党委书记、董事长丁毅,集团公司总经理、党委副书记、股份公司党委副书记刘国旺出席会议并讲话。集团公司党委常委、副总经理唐琪明作为公司代表分别与炼焦总厂、炼铁总厂、能源环保部、四钢轧总厂、资源分公司相关负责人等现场签字。唐琪明就下阶段项目推进提出具体要求。会议由股份公司总经理助理罗武龙主持。股份公司总经理助理杨兴亮出席会议。仪式上,能源环保部汇报"三治"项目进展情况、存在问题及加快推进措施;炼铁总厂、能源环保部作为项目单位代表发言。党委工作部、纪委等部门主管领导参会。

24日　马钢集团深化改革领导小组2021年第二次会议召开。集团公司、股份公司党委书记、董事长丁毅主持会议并讲话。集团公司总经理、党委副书记、股份公司党委副书记刘国旺,公司助理级以上领导出席会议。本次会议旨在贯彻国务院国资委改革专题会和中国宝武改革三年行动方案(新版)相关精神,进一步推进公司深化改革工作,落实马钢改革三年行动实施方案,推进三项制度改革、厂办大集体改革等重点难点改革事项,确保改革三年行动"2021年年底前完成改革任务的70%以上,2022年7月1日前基本完成。"

27日　中国宝武党委常委魏尧来马钢调研协力管理变革,听取相关工作汇报,就持续推进协力优化工作提出要求。马钢集团、马钢股份党委书记、董事长丁毅主持协力管理变革调研会。中国宝武组织部、人力资源部常务副部长秦铁汉,马钢集团总经理、党委副书记、马钢股份党委副书记刘国旺,马钢集团、马钢股份党委副书记、纪委书记何柏林,马钢股份总经理助理杨兴亮出席会议。马钢人力资源部汇报协力管理变革工作情况;中国宝武协力管理变革调研组成员,马钢参会人员就协力管理变革工作做交流发言。

△　集团公司、股份公司党委书记、董事长丁毅赴欣创环保,调研企业改革发展、智慧制造、治理体系和治理能力建设及一总部多基地等工作推进情况。公司相关部门、单位负责人陪同调研。

△　在集团公司、股份公司党委书记、董事长丁毅和合肥水泥研究设计院党委书记、董事长朱兵的共同见证下,集团公司党委常委、股份公司副总经理章茂晗与合肥水泥研究设计院总经理、总会计师王佳传,分别代表双方签署《战略合作框架协议》;马钢(合肥)加工中心负责人与合肥水泥研究设计院中建材(合肥)装备科技公司负责人,分别代表双方签署《2021年钢材重点直供协议》。以此标志,马钢与合肥水泥研究设计院在携手合作、共赢发展的道路上迈开新征程。股份公司总经理助理杨兴亮出席签约仪式,双方相关单位及部门相关负责人参加签约仪式。

31日　马钢智慧制造及绿色发展推进会召开。会议全面总结2021年以来智慧制造及绿色发展工作推进情况,尤其结合"8·19"专题活动,认真梳理厂容绿化等亮点和不足,系统谋划好下阶段主要工作。集团公司、股份公司党委书记、董事长丁毅出席会议并讲话。会议由集团公司总经理、党委副书记,股份公司党委副书记刘国旺主持。马钢领导唐琪明、何柏林及陈健、邓宋高、杨兴亮出席会议。会议特别邀请中冶赛迪集团党委委员、副总经理王波参会。会上,与会人员观看"8·19"专题活动宣传片;运营改善部汇报智慧制造推进情况及"四个一律"指数情况;能源环保部汇报绿色发展指数情况;长材事业部、长钢股份、合肥公司分别汇报智慧制造项目推进情况;设备管理部汇报2021年以来南区环境治理工程亮点及不足;马钢设计院及中冶赛迪分别汇报2021年以来智慧制造绿色发展情况总结及下一步设想;行政事务中心汇报2021年厂容绿化总结及下一步规划;长材事业部、炼焦总厂、能环部分别汇报各自厂区厂容绿化提升情况;保卫部汇报厂区门禁及车辆管控情况进展及下一步打算。

△　集团公司、股份公司党委书记、董事长丁毅在办公大楼接待中冶赛迪党委副书记、董事长、总经理肖鹏一行。中冶赛迪党委委员、副总经理王波,集团公司党委常委、股份公司副总经理伏明,股份公司总经理助

理、运营改善部部长杨兴亮,以及双方相关部门、单位负责人等参加座谈。

本月 马钢检测智能制样中心正式启用。

本月 马钢新建 CCPP 发电机组正式移交生产运营。

本月 马钢财务公司首批融资租赁业务成功落地。

9月

1日 炼铁总厂 A 号高炉大修动员会在宝冶项目部会议室召开。在集团公司、股份公司党委书记、董事长丁毅,上海宝冶集团党委书记、董事长高武久与中冶赛迪集团党委副书记、总经理肖鹏的共同见证下,马钢与中冶赛迪、上海宝冶签署激励机制协议。以此为标志,炼铁总厂 A 号高炉大修进入全面攻坚阶段。集团公司党委常委、股份公司副总经理毛展宏、伏明,股份公司总经理助理罗武龙出席会议。公司相关单位和部门负责人,上海宝冶、中冶赛迪、中冶华天、集团设计院、宝钢咨询相关领导和人员参加会议。

2日 马钢党委召开理论学习中心组学习会,认真学习习近平总书记重要文章《总结党的历史经验,加强党的政治建设》等内容,围绕中国宝武党员干部学习贯彻习近平总书记“七一”重要讲话精神专题培训班及加强国有企业党的建设专题学习要求,结合“学党史、悟思想、办实事、开新局”实际开展学习研讨。集团公司、股份公司党委书记、董事长丁毅主持学习会并讲话。马钢党委理论学习中心组成员参加学习会。

△ 集团公司、股份公司党委书记、董事长丁毅在公司办公楼接待来访的二十冶集团董事长樊金田一行。二十冶集团总经理徐立,集团公司党委常委、股份公司副总经理伏明,双方相关部门和单位负责人参加会见。

6日 集团公司、股份公司党委书记、董事长丁毅在公司办公楼接待来访的安徽移动党委书记、董事长、总经理钱力一行。股份公司总经理助理、运营改善部部长杨兴亮,双方相关部门和单位负责人参加会见。

7日 省总工会党组成员、副主席许建清一行来马钢调研,市总工会党组成员、副主席王国春,市总工会副调研员李军,马钢集团公司总经理助理邓宋高陪同调研。

14日 集团公司、股份公司党委书记、董事长丁毅在马钢智园运营管控中心会议室,接待来访的德龙集团、新天钢集团董事长丁立国一行。德龙集团、新天钢集团副总裁张纪星,马钢领导刘国旺、任天宝及罗武龙,双方相关部门和单位负责人参加座谈交流。

16日 马钢党委理论学习中心组(扩大)学习会在公司办公楼413会议室召开。马鞍山市委书记张岳峰在学习会上作形势报告。集团公司、股份公司党委书记、董事长丁毅主持学习会。马钢集团党委副书记、总经理、马钢股份党委副书记刘国旺,马鞍山市委常委、马鞍山市委秘书长、马鞍山市政府副市长方文,马钢集团、马钢股份助理及以上领导出席学习会。马钢相关职能部门、业务部门、直属机构、子分公司和二级单位公司中层以上管理人员;欧冶链金班子成员;中国宝武在马鞍山区域专业化平台公司的党委书记、董事长和总经理参加学习会。

△ 集团公司、股份公司党委书记、董事长丁毅在办公楼接待中国重型机械研究院党委书记、董事长王社昌一行。集团公司党委常委、股份公司副总经理伏明,相关部门和单位负责人参加会谈。

17日 马钢召开“落实新安法,实现安全发展”事故反思安全专题会,深入剖析、反思近期几起安全生产事故原因,全面查找安全管理体系存在的不足,汲取事故教训、压实管理责任、落实整改措施,切实做好下阶段安全生产各项工作。集团公司、股份公司党委书记、董事长丁毅,集团公司党委副书记、总经理、股份公司党委副书记刘国旺,集团公司、股份公司助理及以上领导出席会议。集团公司党委常委、副总经理唐琪明主持会议。公司安委会成员单位主要负责人,各生产经营单位及控股公司党政主要负责人、分管安全(消防)工作负责人及安全管理部门负责人,中国宝武驻马相关单位负责人,重点施工单位负责人参加会议。

17—18日 第四届“绽放杯”第五代移动通信技术(5G)应用征集大赛 MEC 边缘计算专题赛决赛在成都举行。马钢第五代移动通信技术(5G)高质量工业内网建设与应用项目作为钢铁行业唯一入围专题赛决赛的项目一举摘得一等奖。

23—26日 安徽省第四届危险化学品救援技术竞赛在马钢举行。马鞍山市省金属冶炼应急救援马钢队表现优异,获得了带压快速堵漏、化工装置初期火灾处置两个集体单项第一名,团体奖第三名,个人全能奖第一名,个人综合体能第二名、第五名的优异成绩及优秀组织单位等荣誉。

27日 马钢第十届职工技能竞赛拉开序幕。来自20家基层单位的1601名选手将分别在教培中心、长材工匠基地、炼钢热轧工匠基地、炼焦工匠基地、能源工匠基地五个考点，进行为期三天的理论测试（海选）。集团公司、股份公司党委副书记、纪委书记，马钢第十届职工技能竞赛领导小组组长何柏林对教培中心考场进行了巡考。

29日　工信部装备工业一司副司长汪宏来马钢交材智控中心参观调研。安徽省经信厅党组书记、厅长牛弩韬，马鞍山市委副书记、市长袁方，马钢集团公司、股份公司党委书记、董事长丁毅陪同调研。

30日　集团公司党委书记、董事长丁毅率队赴含山县，来到马钢定点帮扶的林头镇龙台村，代表马钢集团捐赠苗木产业帮扶项目资金，召开座谈调研会听取帮扶工作情况汇报，并实地察看帮扶项目建设现场。马钢领导何柏林及张乾春、邓宋高参加调研。含山县委副书记、县长钱俊，含山县委常委、政法委书记、副县长倪进宏陪同调研。公司有关部门和单位主要负责人参加上述活动。

本月　马钢80千米/时地铁弹性车轮通过装车试用评审。

本月　马钢第五代移动通信技术（5G）应用项目获全国专题决赛一等奖。

10月

11日　马钢厂区物流、车辆整治专题会在公司大楼413会议室召开。集团公司、股份公司党委书记、董事长丁毅在会上强调，此次整治行动是公司2021年继“1·4”和“8·19”活动之后又一项重要活动，公司上下要认识一致、众志成城，打好厂区物流、车辆整治翻身仗，推动管理水平再上新台阶。集团公司党委副书记、总经理，股份公司党委副书记刘国旺出席会议并讲话。马钢集团（马钢股份）助理及以上领导出席会议。马钢相关部门及单位负责人、宝武生态圈在马单位负责人参加会议。

14日　中国宝武改革发展指导组第一组组长傅连春一行来马钢调研。改革发展指导组听取马钢集团改革三年行动进展情况和长江钢铁混改等情况汇报，并实地参观马钢炼铁总厂A号高炉大修现场、长江钢铁轧钢厂双棒生产线。马钢领导丁毅、刘国旺及王光亚、邓宋高、杨兴亮分别参加相关调研活动。

15日　马钢三季度绩效对话会、精益运营成果发布会暨9月“奋勇争先奖”颁奖仪式在公司办公楼413会议室召开。集团公司、股份公司党委书记、董事长丁毅在会上强调，要坚定信心、奋勇争先，持续推动绿色发展、技术管理创新、安全管理、建立绩效文化等工作走深走实，确保四季度经营目标顺利完成。会议由集团公司总经理、党委副书记，股份公司党委副书记刘国旺主持。马钢领导毛展宏、唐琪明、任天宝、何柏林、伏明、马道局及陈健、张乾春、王文潇、王光亚、邓宋高、罗武龙、杨兴亮出席会议。公司相关单位和部门负责人、第二批揭榜挂帅项目负责人等参加会议。

19日　集团公司、股份公司党委书记、董事长丁毅在办公楼接待来访的中冶建工董事长田贵祥一行。中国第十八冶党委书记、董事长李强，副总经理朱广军，马钢集团公司党委常委、股份公司副总经理伏明，双方相关部门和单位负责人参加座谈交流。

△　马钢集团公司纪律检查委员会召开全体（扩大）会议，传达学习《中共中央关于加强对“一把手”和领导班子监督的意见》和中国宝武党风廉政建设、纪检监督相关制度规定，讨论公司党代会纪委工作报告，研究部署相关工作。会议由马钢集团、股份公司党委副书记、纪委书记何柏林主持，马钢集团全体纪委委员参加会议，各基层单位纪委书记、集团纪委机关领导及各室负责人列席会议。

21日　“山钢杯”全国钢铁行业职工网上安全生产知识竞赛决赛上，马钢代表队从参加决赛的22家钢企中脱颖而出，获得团体一等奖。

28日　集团公司监事会主席马道局率队到阜南县地城镇李集村深入调研，走访困难群众，实地查看苗木产业基地，并代表马钢集团捐赠产业项目资金。公司有关部门和单位主要负责人参加调研。

本月　马钢举办第三期精益沙龙活动。

11月

1日　集团公司、股份公司党委书记、董事长丁毅在办公楼接待中国兵器工业集团民品发展部部长陈德芳一行。北奔重汽集团总经理郭平晓，晋西车轴股份总经理孔炯刚，集团公司党委常委、股份公司副总经理任天宝出席。

2日　集团公司、股份公司党委书记、董事长丁毅在办公楼接待来访的中冶宝钢董事长、党委书记王振智一行。集团公司党委常委、股份公司副总经理伏明，技改部、特钢公司、炼铁总厂负责人参加接待。

3日　由安徽省发展和改革委员会指导，安徽省科学技术协会主办，安徽省循环经济研究院、安徽省循环经济研究会、“一带一路”循环经济产业联盟、碳达峰碳中和循环经济产业联盟共同承办的“碳达峰碳中和循环经济经验交流研讨会”上，通报了《关于对碳达峰碳中和攻关行动先进典型单位与优秀论文表彰的决定》，马钢集团报送的经验总结论文《钢铁行业大力推行绿色低碳循环经济》经组织专家评议，被授予“碳达峰碳中和攻关奖”，并被编入《安徽省碳达峰碳中和攻关文集》。

△　马鞍山区域生态圈(第二次)专题研讨会在马钢办公楼413会议室召开。马钢集团、马钢股份党委书记、董事长，马鞍山区域总部总代表丁毅出席会议并强调，步调一致、沟通到位、化解矛盾、相互支持，总结优秀经验，创造优良模式，实现马钢与马鞍山生态圈共建共享、共同发展，共同助力中国宝武开疆拓土。马钢集团、马钢股份助理及以上领导出席会议。马鞍山区域相关单位主要负责人，马钢相关职能、业务部门负责人参加会议。

4日　马钢党委召开理论学习中心组学习会暨三季度党建工作例会，学习贯彻习近平总书记在中央党校(国家行政学院)中青年干部培训班开班式上重要讲话等内容，总结公司2021年党建工作开展情况，安排布置下阶段党建工作任务，进一步提升党建工作水平。集团公司、股份公司党委书记、董事长丁毅主持学习会并讲话。集团、股份公司助理及以上领导参加会议。党委办公室、党委工作部、纪委、工会、团委、运营改善部、党校(教培中心)、行政事务中心、保卫部负责人参加会议。

5日　马钢集团(股份)公司四季度安委会、防火委、能环委会议在公司办公楼413会议室召开，总结分析三季度安全生产和能源环保工作情况及存在的问题，谋划部署下一阶段公司安全、能环重点工作。集团公司、股份公司党委书记、董事长丁毅出席会议并讲话。集团公司党委常委、副总经理唐琪明主持会议。集团公司党委常委、股份公司副总经理任天宝、伏明在会上提出工作要求。集团公司、股份公司领导出席会议。安委会、能环委会成员单位主要负责人，各生产经营单位、控股公司党政主要负责人，中国宝武马鞍山区域各企业负责人，重点项目和检修维保主要协力单位参加会议。

△　集团公司、股份公司党委书记、董事长丁毅赴长钢股份调研，股份公司总经理助理王光亚、杨兴亮陪同调研。

7日　长治市委副书记、代市长陈耳东率队来访马钢。集团公司、股份公司党委书记、董事长丁毅在马钢大楼国际厅接待陈耳东一行，双方就拓宽合作领域展开深入交流。长治市委常委、常务副市长张利锋，集团公司党委常委、股份公司副总经理任天宝，股份公司总经理助理王光亚，以及双方相关部门负责人参加会谈。

8日　宿州市委书记杨军，市委副书记、市长王启荣率宿州市党政代表团来马钢考察调研。马鞍山市委书记张岳峰，市委副书记、市长袁方，市人大常委会主任钱沙泉，市政协主席吴桂林，市委副书记张泉；宿州市人大常委会主任赵琳，市政协主席许广斌，市委副书记杨宏星；集团公司、股份公司党委书记、董事长丁毅等参加考察调研。

9日　安徽省副省长、全国工商联常委、省工商联主席王翠凤率省委统战部、工商联人士来马钢调研指导绿色发展、智慧制造工作。马鞍山市委副书记、市政府党组书记、市长袁方，集团公司、股份公司党委书记、董事长丁毅参加调研。

△　集团公司、股份公司党委书记、董事长丁毅在办公楼接待铜陵有色集团党委书记、董事长杨军一行。集团公司总经理助理邓宋高、股份公司总经理助理杨兴亮，双方相关部门和单位负责人参加会谈。

10日　安徽省委常委、省委统战部部长、省政协党组副书记张西明来马钢调研。省委统战部副部长、省民委(省宗教局)主任(局长)陆友勤，马鞍山市领导张岳峰、方文、陈永红，集团公司、股份公司党委书记、董事长丁毅参加调研。

△　马钢10月“奋勇争先奖”颁奖暨精益运营报告会在公司办公楼413会议室召开，马钢领导刘国旺、毛展宏、唐琪明、任天宝、何柏林、伏明、马道局及张乾春、王光亚、邓宋高、罗武龙、杨兴亮出席会议。会议由集团公司党委常委、股份公司副总经理毛展宏主持。经评选工作组评审推荐、并经公司劳动竞赛委员会审定，共有7家单位、部门和团队获得公司10月“奋勇争先奖”。

△　集团公司、股份公司党委书记、董事长丁毅在办公楼接待来访的福建三钢集团总经理何天仁一行，双方就深化合作，实现互利共赢展开交流。三钢集团副总经理、总工程师黄标彩，副总经理刘梅萱，马钢领导刘国旺、唐琪明及杨兴亮，双方相关部门和单位负责人参加会见。

△　马钢领导任天宝、伏明、章茂晗一行到安徽省阜南县地城镇李集村开展调研，看望慰问驻村帮扶干部，并就巩固脱贫攻坚成果与乡村振兴产业发展同镇、村干部进行座谈交流。阜南县地城镇、公司相关部门

主要负责人参加调研。

11日　集团公司、股份公司党委书记、董事长丁毅在办公楼接待来访的首钢国际党委书记、董事长李杨一行。集团公司党委常委、副总经理唐琪明，股份公司总经理助理罗武龙，双方相关部门和单位负责人参加会谈。

△　为推进全市经济高质量发展，经马鞍山市政府同意和相关征询意见公告，三台西路正式移交马钢，纳入马钢厂区内部道路管理。

12日　集团公司党委副书记、总经理，股份公司党委副书记刘国旺率队赴含山县，到马钢定点帮扶的林头镇龙台村调研，代表马钢捐赠帮扶资金，慰问马钢驻村帮扶干部。马钢领导毛展宏及王光亚、杨兴亮参加调研。含山县委副书记、县长钱俊及有关县领导等陪同调研座谈。公司相关部门主要负责人等参加座谈。

△　马钢纪委与法宣办在全公司范围内联合开展主题为“加强法制宣传，促进廉洁从业”的宣传教育活动。

17日　马钢举办学习贯彻党的十九届六中全会精神读书班暨党委理论学习中心组(扩大)学习会议。集团公司、股份公司党委书记、董事长丁毅主持学习会，并结合学习的认识和体会，就学习贯彻党的十九届六中全会精神提出要求。本次读书班采用视频会议形式进行。马钢助理级以上领导，驻公司办公楼机关部门主要负责人在主会场参会；机关部门及相关单位公司直管领导人员在分会场或本单位视频会议室参会。

19日　中国宝武党委常委魏尧到基层联系点马钢股份特钢公司、马钢交材轨道装备智维分公司党支部调研。调研过程中，魏尧主持召开座谈会，听取党建工作汇报，同与会人员进行交流。中国宝武党委组织部、党委宣传部相关负责人，马钢集团党委副书记、总经理刘国旺，马钢集团、马钢股份党委副书记、纪委书记何柏林，马钢集团总经理助理邓宋高参加调研。

△　集团公司、股份公司党委书记、董事长丁毅赴合肥公司调研，深入了解该公司生产经营、党的建设及绿色发展、智能集控等方面情况，并看望慰问奋战在生产一线的合肥公司员工。集团公司党委常委、股份公司副总经理任天宝参加调研。

24日　集团公司、股份公司党委书记、董事长丁毅赴基层联系点炼铁总厂调研，主持召开座谈会，听取工作汇报和意见建议，并同与会人员进行交流。集团公司总经理助理邓宋高参加调研。党委工作部负责人、炼铁总厂班子成员和各部室、分厂负责人、党员代表参加座谈。

△　马钢2021年度安全生产管理评价首次会在马钢智园召开。中国宝武第一评价组成员，集团公司党委常委、副总经理唐琪明出席会议。公司安委会主要成员单位主要负责人，各主要生产经营单位、控股公司主要负责人、分管安全负责人和安全管理部门负责人参加会议。

25日　集团公司、股份公司党委书记、董事长丁毅在公司办公楼19楼会议室接待来访的宝武资源总裁、党委副书记纪超一行。集团公司党委常委，股份公司副总经理毛展宏、章茂晗出席会见。双方相关单位及部门负责人参加会见。

26日　安徽省委常委、宣传部部长郭强来马钢调研，实地考察马钢运营管控中心、炼铁智控中心。省委宣传部常务副部长王宏，马鞍山市领导张岳峰、夏劲松，集团公司总经理、党委副书记刘国旺参加调研。

△　马钢2021年度安全生产管理评价末次会在公司办公楼413会议室召开。中国宝武第一安全评价组成员，马钢领导丁毅、唐琪明、马道局及王光亚、邓宋高、杨兴亮出席会议。公司安委会主要成员单位主要负责人，各主要生产经营单位、控股公司主要负责人，安全工作组组长参加会议。

本月　马钢两产品获评“安徽工业精品”。

12月

1日　中宣部建党百年六集工业纪录片《钢铁脊梁》第三集在央视财经频道播放。这一集中讲述了马钢重型H型钢极限规格的“诞生”故事。

2日　集团公司党委副书记、总经理，股份公司党委副书记刘国旺赴基层联系点冷轧总厂调研，主持召开座谈会，听取工作汇报和意见建议。党委工作部负责人，冷轧总厂班子成员和各部室、分厂负责人、党员代表参加座谈。

4日　安徽省公安厅督察组组长、省公安厅一级警务专员邹河一行来马钢，实地调研参观马钢运营管控中心、炼铁智控中心、冷轧智控中心。马鞍山市领导张岳峰、方文、程彰德，集团公司党委常委、股份公司副总经理任天宝参加调研。

6日　马钢集团公司工会九届十六次(股份公司工会四届十六次)全委会在马钢大楼413会议室召开。集团公司、股份公司党委书记、董事长丁毅出席会议并讲话。集团公司、股份公司党委副书记、纪委书记何柏林及集团公司总经理助理邓宋高参加会议。会议审议通过《关于调整马钢集团公司工会第九届（股份公司工会第四届）委员会主席、副主席、常委、委员的决定》，选举邓宋高为马钢集团公司工会第九届（股份公司工会第四届）委员会主席。

8—9日　马钢党委理论学习中心组（扩大）学习、党史学习教育大调研成果发布会在马钢大楼413会议室举行。本次会议深入学习贯彻落实习近平总书记“七一”重要讲话精神和党的十九届六中全会精神，发布了党史学习教育大调研成果。集团公司、股份公司党委书记、董事长丁毅主持会议并对大调研课题作点评。公司助理级以上领导；集团公司（股份公司）机关职能部门、业务部门主要负责人；集团公司直属机构主要负责人；股份公司二级单位主要负责人；投资公司、资产经营公司、康泰公司、冶金服务公司和马钢交材、合肥公司、长江钢铁、和菱实业公司主要负责人等参会。

9日　在A号高炉风口，马钢集团、马钢股份党委书记、董事长丁毅，上海宝冶党委书记、董事长高武久，马钢集团党委副书记、总经理刘国旺，中冶赛迪党委副书记、总经理肖鹏等领导共同用取自马钢1号高炉的火种点燃火把，并郑重地送入高炉风口。以此为标志，经过85天艰苦鏖战，马钢A号高炉大修圆满结束，顺利开炉点火。马钢助理及以上领导，马钢部门负责人、炼铁总厂领导及职工代表，A号高炉大修设计、施工单位领导及职工代表共同见证了这一振奋人心的时刻。

△　马钢11月“奋勇争先奖”颁奖暨精益运营报告会在公司办公楼413会议室召开，总结工作、表彰先进、凝聚合力、冲刺年终。集团公司、股份公司党委书记、董事长丁毅在会上强调，要保持只争朝夕的紧迫感，充分利用有利因素，瞄准更高目标，找准工作方法，把握两头市场，做好年终收官，为2022年各项工作的开展筑牢基础。马钢领导刘国旺、毛展宏、任天宝、何柏林、伏明、章茂晗及张乾春、王光亚、罗武龙、杨兴亮出席会议。会议由集团公司党委常委、股份公司副总经理毛展宏主持。经评选工作组评审推荐并经公司劳动竞赛委员会审定，共有10家单位、部门和团队获得公司11月“奋勇争先奖”。

10日　中国宝武党委常委、纪委书记，国家监委驻中国宝武监察专员孟庆旸同志到马钢集团调研，听取生产经营和党风廉政建设主体责任落实、纪检监督工作情况汇报，并到冷轧智控中心、特钢展厅、智园运营管控中心和炼铁智控中心进行现场调研。马钢集团党委书记、董事长丁毅，党委副书记、总经理刘国旺，党委副书记、纪委书记何柏林参加调研。

15日　集团公司、股份公司党委书记、董事长丁毅在公司办公楼接待来访的安徽联通党委书记、总经理贾志强一行，双方就加强合作、互利共赢展开深入交流。股份公司总经理助理、运营改善部部长杨兴亮，双方相关部门和单位负责人参加会谈。

17日　马钢轨道交通技术创新平台2021年度技术（学术）委员会会议在马钢交材智控中心召开。中国工程院院士翁宇庆，集团公司党委常委、股份公司副总经理任天宝出席会议。委员会委员、专家，省、市政府相关部门领导，马钢相关单位及部门负责人参加会议。本次会议采用现场会议和视频结合的方式进行。

20日　在冷轧智控中心、长材智控中心，集团公司、股份公司党委书记、董事长丁毅宣布：冷轧智控中心17条产线入驻投用，长材智控中心正式启用。由此标志，马钢智能制造二期项目完美收官。集团公司党委副书记、总经理、股份公司党委副书记刘国旺，马钢助理及以上领导；宝信软件副总经理陈健、中冶赛迪副总经理王波出席仪式。集团公司党委常委、股份公司副总经理毛展宏代表公司在冷轧总厂智控中心17条产线入驻投用仪式上致辞。集团公司党委常委、股份公司副总经理任天宝代表公司在长材智控中心入驻启用仪式上致辞。仪式上，陈健、王波代表项目施工、建设单位发言；冷轧总厂、长材事业部相关负责人介绍了项目进展情况；入驻单位代表作表态发言。马钢、宝信软件、中冶赛迪、宝武智维相关部门、单位负责人及技术人员参加仪式。

△　随着集团公司党委书记、董事长丁毅，集团公司党委副书记、纪委书记何柏林及集团公司副总会计师张乾春共同摁下电子按钮，马钢职工福利中心正式上线运行。集团公司工会主席、总经理助理邓宋高主持上线仪式。仪式上，马鞍山力生公司、宝信软件上海仁维技术公司相关负责人分别致辞，与会人员共同观看马钢职工福利中心宣传片。

23日　马钢领导刘国旺、唐琪明、任天宝、何柏林、伏明、章茂晗、马道局及张乾春、王光亚、邓宋高、罗武龙、杨兴亮；公司优秀员工代表及家属，青年代表及家属；公司办公楼部分员工出席参加公司机关升旗仪式。同时，在马钢的各个区域，庄严隆重的升旗仪式同步举行。以此为标志，马钢庆祝中国宝武“公司日”系列活动拉开帷幕。

28日　马钢开展信访接待日活动，中国宝武马鞍山总部总代表、集团公司党委书记、董事长丁毅在公司信访办联合接访室现场接访。集团公司工会主席、总经理助理邓宋高，公司办公室（信访办）、人力资源部、人力资源服务中心、保卫部、宝武智维马鞍山分公司、马钢矿业集团（桃冲矿、南山矿）、欧冶工业品华东大区、四钢轧总厂、和菱公司、资产经营公司、康泰公司负责人和相关工作人员参加接访。

△　集团公司总经理、党委副书记刘国旺在马钢办公大楼接待来访的中国工程院院士、合肥综合性国家科学中心能源研究院院长李建刚一行。双方围绕绿色低碳、节能降耗及新技术运用等话题展开深入交流，一致表示将加强沟通、密切合作，拓展合作领域，努力实现互惠共赢。集团公司党委常委、副总经理唐琪明及股份公司总经理助理罗武龙，相关部门和单位负责人参加座谈。

30 日　集团公司、股份公司党委书记、董事长丁毅，集团公司党委副书记、总经理、股份公司党委副书记刘国旺，马钢助理及以上领导，率公司部门、生产厂部及子公司相关负责人，对 2021 年马钢南区第二阶段环境整治成果开展现场视察。

31 日　在长江钢铁智控中心，集团公司、股份公司党委书记、董事长丁毅宣布长江钢铁智控中心启用暨信息化一期正式上线，并与集团公司党委副书记、总经理、股份公司党委副书记刘国旺，宝信软件总经理王剑虎，当涂县委常委、常务副县长刘志远共同启动“长江钢铁智控中心启用”水晶球。马钢助理及以上领导，当涂县领导，长江钢铁、宝信软件、宝钢工程、宝武重工领导等出席仪式。集团公司党委常委、股份公司副总经理任天宝代表公司在仪式上致辞。股份公司总经理助理、长江钢铁董事长王光亚在仪式上致辞。马钢相关单位负责人，设计、监理、施工、建设单位有关领导和员工代表，长江钢铁员工代表等参加仪式。

本月　马钢起草的两项热轧型钢国家及行业标准审定通过。

本月　合肥公司荣获第一届合肥市市长质量奖银奖。

本月　马钢公积金分中心综合服务平台通过省专家组验收。

本月　马钢老年大学召开建校三十周年座谈会。

本月　马钢三项“双碳”行业标准获批立项。

本月　马钢重型 H 型钢正式取得了日本工业标准（JIS）认证证书和马来西亚引导认证（SIRIM）认证证书。

（王　广　杨定国）

概 述

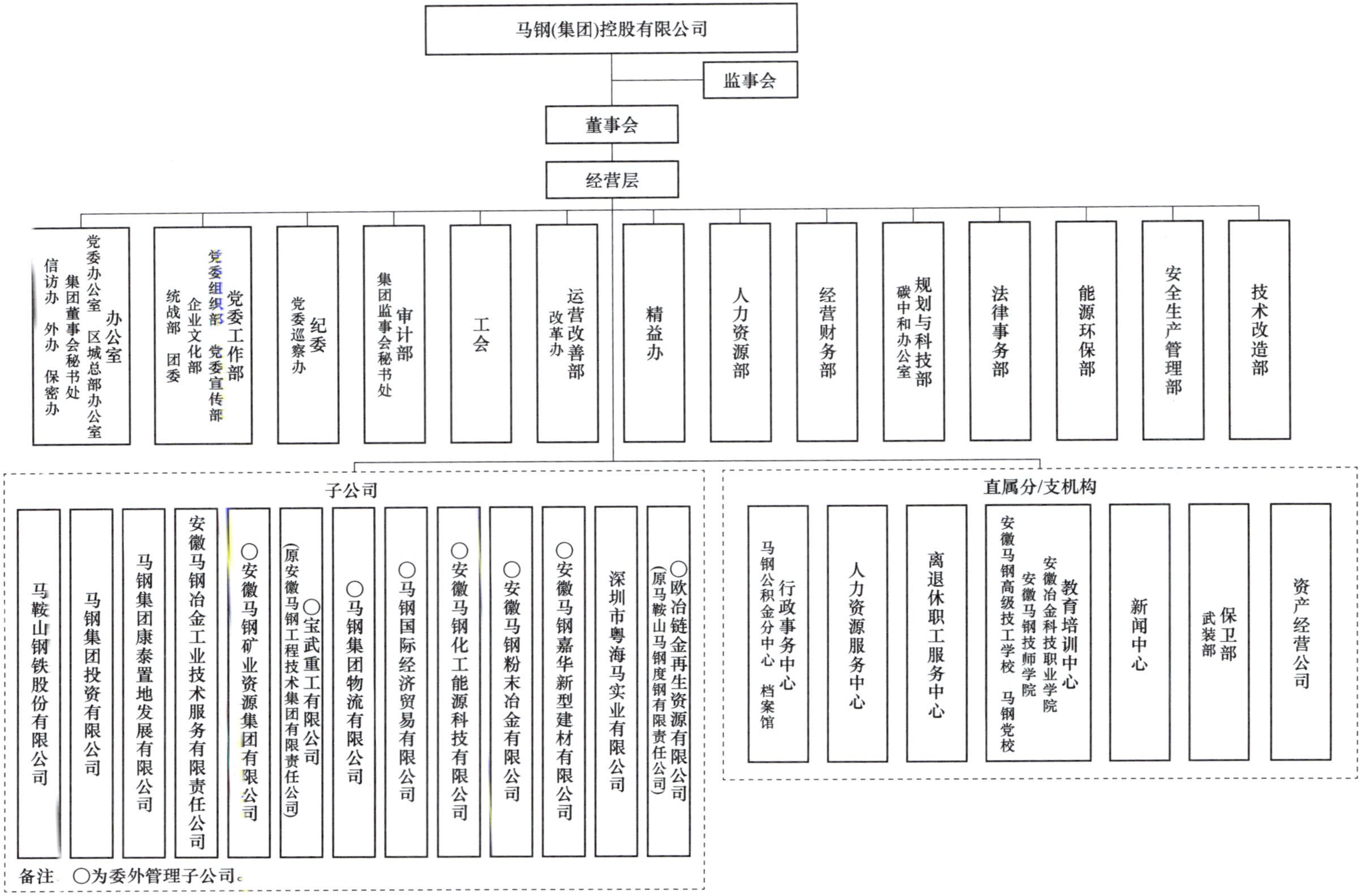

图1　2021年马钢（集团）控股有限公司组织机构图

（戴坚勇）

企业概况

【基本情况】　马钢(集团)控股有限公司(简称"马钢")是中国宝武钢铁集团有限公司控股子公司,前身是成立于1953年的马鞍山铁厂,1958年马鞍山钢铁公司成立;1993年实施股份制改制,分立为马钢总公司和马鞍山钢铁股份有限公司;1998年马钢总公司依法改制为马钢(集团)控股有限公司。2019年与中国宝武联合重组,成为中国宝武控股子公司(中国宝武持股51%、安徽省投资集团持股49%)。

在60多年的发展历程中,马钢创造了我国钢铁行业的诸多第一:我国第一个车轮轮箍厂,第一套高速线材轧机,"中国钢铁第一股"(A+H股上市公司),第一条大H型钢生产线,第一条重型H型钢生产线先后诞生在这里。联合重组以来,聚焦中国宝武优特长材专业化平台公司和优特钢精品基地的战略定位,坚持产业化发展、平台化运作、专业化整合、生态化协同,加快构建"1+8"产业布局("1"是钢铁制造产业,"8"是轨道交通材料及装备、金属资源回收加工综合利用、冶金装备(备件)制造、设备远程运维、特种冶金材料、装配式建筑、矿产资源、信息技术8个产业),全力打造花园式滨江生态都市钢厂和智慧制造示范基地,企业面貌发生了翻天覆地的重大变化。

展望新征程,马钢将坚持以习近平新时代中国特色社会主义思想为指导,深入贯彻落实习近平总书记考察调研中国宝武马钢集团重要讲话精神,完整、准确、全面贯彻新发展理念,主动融入长三角一体化发展,拉高标杆、奋勇争先,精益高效、争创一流,加快打造后劲十足大而强的新马钢,为中国宝武创建世界一流伟大企业,为马鞍山打造长三角"白菜心"和"生态福地、智造名城",为现代化美好安徽建设作出新的更大贡献。

(张　轩)

2021年马钢集团主要工作综述

【概况】　2021年是党和国家历史上具有里程碑意义的一年,也是马钢打造整合融合示范标杆取得新突破的一年。面对复杂严峻的宏观环境、急剧变化的行业形势、艰巨繁重的转型任务,在中国宝武党委的坚强领导下,马钢党委坚持以习近平新时代中国特色社会主义思想为指导,全面贯彻党的十九大和十九届历次全会精神,深入学习贯彻习近平总书记考察调研中国宝武马钢集团重要讲话精神,增强"四个意识",坚定"四个自信",做到"两个维护",以站稳宝武系第一方阵为总要求,以开展党史学习教育为推动,永葆"一年当作三年干、三年并为一年干"的奋进姿态,团结带领全体干部职工精益高效、奋勇争先,实现了"十四五"发展的良好开局。全年实现营业收入2083亿元、利润总额132亿元,分别比2020年增长73%、142%,经营绩效再创历史新高;钢铁主业阔步跨入宝武系千亿营收、百亿利润企业行列。公司被国务院国资委评为国有重点企业管理标杆创建行动标杆企业,被中国宝武评为年度党建"AAA",并获得综合绩效金奖和"先进党组织"称号。

【党建引领】　1. 旗帜鲜明讲政治。坚决执行"第一议题",及时跟进学习党的创新理论,确保党中央重大决策部署在马钢落实落地。坚决落实"第一任务",持续抓好习近平总书记考察调研中国宝武马钢集团重要讲话精神和关于碳达峰碳中和批示精神的贯彻落实,精心组织"8·19"系列活动,充分展示了马钢牢记嘱托、感恩奋进的巨大变化。坚决抓实党史学习教育,突出抓好百年党史以及习近平总书记"七一"重要讲话精神、十九届六中全会精神的贯通学习、融汇结合,一体学习、一体贯彻,深入开展大调研,扎实推进"我为群众办实事",公司上下历史自信明显增强、初心使命更加笃行,党史学习教育得到中国宝武的高度评价。坚决贯彻党中央、国务院及中国宝武党委疫情防控、钢铁限产、脱贫攻坚决策部署,积极履行政治、经济、社会责任,疫情防控有序有力,钢铁限产全面落实,脱贫攻坚同乡村振兴有效衔接。2. 固本强基提能力。认真贯彻落实"中央企业党建创新拓展年"专项行动要求,扎实开展全国国有企业党的建设工作会议精神贯彻落实"回头看",推进贯彻落实工作常态化、长效化。树牢大抓基层的鲜明导向,夯实基本组织,完成7家基层党委换届、3家党组织隶属关系调整;优化党组织设置,党员空白班组比例降至0.7%;持续推进"一支部一品牌"创建工作,各基层组织融入中心开展主题党日活动1300余次;着力加强长江钢铁党建工作并取得明显实效;精心筹备马钢第六次党代会。建强基本队伍,加强基层党组织带头人队伍建设,举办基层党委书记业务研修班、座谈会,开展党支部书记集中轮训;严把党员发展入口关,发展党员281人。坚持党管干部、党管人才原则,贯彻落实“二十字”好干部标准,提拔37人、交流43人次;加大年轻干部培养力度,选派60名优秀年轻干部赴中国大连高级经理学院进行集中培训、4名优秀年轻直管干部赴宝钢股份挂职锻炼;推动高层次人才队伍建设,2人受聘为宝武科学家,开展马钢专家评选,选聘首席师77人、技能大师16人。落实基本制度,规范落实“三会一课”、领导人员双重组织生活、基层联系点等制度。3. 正面宣传聚合力。策划实施“向总书记报告 马钢这一年”等重大主题宣传,开展“七个一百”等庆祝建党100周年系列活动,举办中国宝武首批爱国主义教育基地(马钢站)挂牌暨红色故事讲演等活动,特钢展厅入选中央企业红色资源网络展览,全员团结奋进的思想基础进一步巩固。4. 正风肃纪强保障。强化“四责协同”体系建设,压紧压实管党治党责任,突出政治监督,做实日常监督,对16家单位开展了穿透式现场督导,对4家单位进行了内部巡察,实现了一届党委任期内巡察全覆盖。强化监督执纪问责,“一把手”监督谈话19人次,开展了新提拔人员集中谈话,对直管人员安全事故问责46人次、绩效考核调整岗位4人,宝武党委巡视反馈问题全面整改,国家审计署反馈信息立案20件、处理128人。

【战略导向】 围绕战略定位,规划落实以A号高炉大修为代表的北区填平补齐项目群、以新特钢工程为标志的南区产品产线规划项目群,新CCPP机组、2E筒仓、带式焙烧机、南区焦炉、A号高炉快速大修等项目建成投产,新特钢工程开工建设,型钢改造项目有序推进,二次创业、转型升级迈出了坚实步伐。

【精益运营】 坚持“简单极致高效、低成本高质量”,以“奋勇争先奖”激励机制为推动,形成一马当先、万马奔腾的生动局面。在A号高炉大修情况下,同等装备实现了极致高效、精准组产、经济运行,本部站稳日产铁水4.2万吨、钢5万吨台阶,关键炉机、重点产线产能充分释放。对标找差全面开展,重点指标进步明显,综合热装热送率、鱼雷罐周转率等指标创历史最好水平。资源保供安全稳定,营销水平持续提升,设备公辅保障有力,经济运行质量显著提高。

【绿智赋能】 增强“绿色智慧就是核心竞争力”意识,大力推进“盆景”变“风景”、“风景”变“景区”,绿色化、智慧化指数双双跻身宝武系第二位。“三治”(废气超低排、废水零排放、固废不出厂)项目落地见效,六汾河景观全面提升,厂区物流整治全面启动,厂容环境持续优化,绿色底色更靓,彰显企业软实力。信息化整合融合项目仅用了15个月成功上线,合肥公司、长材事业部、长江钢铁3个智控中心快速建成,宝武工业大脑智能炼钢项目系统筹划,智慧成色更足,增添发展新动能。

【创新驱动】 深入贯彻科技自主自强,“揭榜挂帅”推动创新链产业链融合,“卡脖子”技术攻关、使命类产品研发成效显现,10个新产品实现首发,高铁车轮国产化批量应用取得实质性突破,汽车板通过本田HES全球认证;研发投入持续加大,“专精特新”积极培育,研发中心立项启动,一批成果获国家、省、冶金行业科学技术进步奖。蹄疾步稳深化改革攻坚,国企改革三年行动取得阶段性成效;集团与股份一体化高效运作,组织变革和流程再造不断深化,“一总部多基地”管控取得实质性进展,专业化整合系统推进,人力资源持续优化,协力管理变革成效初显,市场化经营机制有效探索,企业内生动力和活力充分激发。

【产城融合】 切实履行政治责任、经济责任、社会责任,绿色发展、智慧制造融入城市、带动周边,把马钢的“盆景”变成马鞍山市的“风景”,充分彰显了宝武文化在安徽区域的影响力,提升了央企宝武的品牌力和美誉度。市与马钢融合发展对接工作常态化,携手打造先进结构性材料产业集群,协同推进马建和力生深化改革,共同提升205国道沿线生态环境,将三台西路纳入马钢厂区封闭管理,共建“生态福地、智造名城”形成马钢样板。

【文化铸魂】 坚持把宝武先进文化与马钢传统文化有机融合,培根铸魂激发新担当,守正创新展现新作为。宝武绩效驱动型战略执行体系有效承接,“超越自我、跑赢大盘、追求卓越、全球引领”“三高两化”“三有”生活等理念深入人心,“同一个宝武”认同感归属感显著提升。传承弘扬新时代“江南一枝花”精神,“一年当作三年干、三年并为一年干”,助推制造水准、环境质量、技能素养、精神面貌、团结协作、产城融合全面提升。

【共建共享】 坚持发展为了职工,发展依靠职工,发展成果由职工共享。职业技能竞赛、劳动竞赛、网上练兵扎实推进,“随手拍”“微改善”“献一计”活动广泛参与,岗位创新创效硕果累累。大力弘扬劳模精神、劳动精神、工匠精神,1人获全国“五一劳动奖章”,一批先进个人荣获宝武“金牛奖”“银牛奖”。440项“三最”实事项目全面完成,职工福利中心上线运行,

“精准+普惠”服务职工体系备受欢迎。职工薪酬与公司经营业绩同向大幅增长,获得感幸福感进一步增强。

(崔海涛)

股东会

【股东会工作】 2021年,马钢(集团)控股有限公司召开股东会3次(其中以书面表决方式召开会议2次),审议议题7项,下发决议3份。主要审议内容为:

1. 2021年第一次临时股东会。4月30日,马钢(集团)控股有限公司以书面决议案形式召开2021年第一次临时股东会议,审议《关于马钢(集团)控股有限公司董事变更的议案》《关于马钢(集团)控股有限公司监事变更的议案》。

2. 2021年度股东会。8月6日,马钢(集团)控股有限公司以通信表决的方式,召开2020年度股东会会议,审议《关于马钢集团“十四五”发展规划(2021-2025)的议案》《关于马钢集团2021年度财务预算的议案》《关于马钢集团2020年度财务决算有关事项的议案》《关于马钢集团2020年度利润分配方案的议案》。

3. 2021年第二次临时股东会。12月21日,马钢(集团)控股有限公司在安徽马鞍山市马钢办公楼召开2021年第二次临时股东会会议,公司股东中国宝武钢铁集团有限公司股东(授权)代表丁毅、安徽省投资集团股东(授权)代表罗倩出席会议,审议批准《关于马钢股份2021年A股限制性股票激励计划的议案》。

(崔海涛)

董事会

【董事会工作】 2021年,马钢(集团)控股有限公司依据《公司法》《公司章程》及国家有关法律法规,认真履行职责,高效规范运作,全年召开董事会5次(其中以书面通信方式召开会议2次),审议议题36项,下发决定事项5份、决议5份。主要会议审议内容为:

1. 第二届董事会第五次会议。1月25日,马钢(集团)控股有限公司以通信方式召开第二届董事会第五次会议,审议《关于马钢集团组织机构优化调整的议案》《关于聘请2020年度财务决算审计会计师事务所及相关事项的议案》《关于马钢集团以现金和所持瑞泰马钢股权认购瑞泰科技非公开发行股份的议案》。

2. 第二届董事会第六次会议。6月8日,马钢(集团)控股有限公司在安徽马鞍山市马钢办公楼19-2号会议室召开第二届董事会第六次会议,审议《关于〈马钢集团“十四五”发展规划(2021-2025)〉的议案》《关于马钢集团2021年度财务预算的议案》《关于2020年度财务决算有关事项的议案》《关于马钢集团公司2020年度利润分配方案的议案》《关于对炼铁总厂C号烧结机工程项目立项的议案》《关于炼焦总厂焦炉大修改造项目申请立项及审批概算的议案》《关于马钢股份南区厂容整治项目立项的议案》《关于马钢各级公司经理层成员推行任期制和契约化管理的议案》《关于2020年全面风险管理和内部控制工作报告的议案》《关于〈马钢集团2020年度内部控制评价报告〉的议案》审议通过《关于解聘钱海帆副总经理(常务)职务的议案》《关于马钢集团南山矿业有限责任公司解散清算的议案》,听取了《关于马钢集团2020年度生产经营情况的汇报》《关于马钢集团对标世界一流管理提升行动方案的汇报》。

3. 第二届董事会第七次会议。9月27日,马钢(集团)控股有限公司以通信方式召开第二届董事会第七次会议,审议《关于马钢化工能源为山西福马售后回租融资项目提供担保的议案》《关于审议南山矿业公司清算报告的议案》。

4. 第二届董事会第八次会议。11月10日,马钢(集团)控股有限公司在安徽马鞍山市马钢办公楼19-3号会议室召开第二届董事会第八次会议,审议《关于马钢股份公司2021年债券发行工作的议案》《关于肥东县政府收储马钢合肥公司闲置土地的议案》《关于马钢长材产品产线规划—新特钢项目立项的议案》《关于马钢股份B号高炉大修项目立项的议案》《关于马钢股份型钢改造-3号4号连铸机项目立项的议案》《关于马钢冶金服务公司收购利民建安公司100%股权的议案》《关于马钢股份公司转让持有的马钢嘉华股权和固废处置相关资产的议案》《关于马钢股份将水处理相关资产增资入股宝武水务的议案》《关于马钢股份公司以气体公司股权增资入股宝武清能的议案》《关于马钢合肥钢铁公司吸收合并合肥板材公司的议案》《关于马钢开展乡村振兴帮扶工作的议案》。

5. 第二届董事会第九次会议。12 月 21 日，马钢(集团)控股有限公司在安徽马鞍山市马钢办公楼19-3号会议室召开第二届董事会第九次会议，审议《关于〈战略规划管理办法〉的议案》《关于〈马钢集团落实董事会职权实施方案〉的议案》《关于〈马钢集团任期制与契约化管理推进存在的问题补充完善方案〉的议案》《关于马钢股份 2021 年 A 股限制性股票激励计划的议案》《关于利民商贸公司股权转让至马钢物流公司的议案》《关于深圳市粤海马钢实业有限公司解散清算的议案》。

（崔海涛）

监事会

【监事会工作】 1. 夯实基础管理。稳步推进建立健全基础工作制度和监督检查办法，制订《监事会工作规范》《监事会监督检查工作规程》。为尽快适应马钢集团新的监事会运行机制，完成监事会各项监督检查、调研督导等工作，制定《监事会秘书处工作职责》，对监事会办事机构职责范围明确定位。

2. 持续深化风险预防机制。监事会成员列席马钢集团公司党委常委会、党政联席会、董事会、总经理办公会等公司重要会议，对“上”层渠道报告了解相关信息，对“下”层单位进行调研督导，并将从基层了解到的问题和风险点及时与公司管理层沟通交流，形成“自上而下”与“自下而上”相衔接的风险提示体系，有效的将风险控制在源头。

3. 开展专项监督检查。一是子公司监事会运行问题专项督查。进一步掌握子公司监事会(监事)构成、运行情况和存在问题，将发现的问题向相关单位反馈，要求按期完成整改，目前所有问题基本整改完成。二是“三重一大”决策制度落实情况检查。组织在全公司范围内开展了一次“三重一大”决策制度落实情况专项检查。针对存在问题全部反馈到相关单位，后续重点关注跟踪督导问题整改。

4. 深入调研督导。为深入了解马钢学习贯彻习近平总书记“七一”重要讲话精神，深入开展党史学习教育专题研讨，践行使命愿景，全面奋勇争先，奋力攻坚突破等方面取得的效果，监事会主席先后到公司职能部门、直属机构及二级单位、子(分)公司、托管企业、参股公司等28家单位进行调研。关注企业法人治理结构、经营业绩、改革发展、“三重一大”决策等问题，对相关工程的方案、预算、项目分包方式的议标、招标流程的合规性及风险管控等情况进行督导并提出意见、建议，同时把从各基层了解的情况与问题适时与公司管理层沟通，从不同角度、层面反映出马钢生产运营情况。

5.“走出去”学习交流。为学习相关大型国有企业在监事会工作开展以及风险防控等方面的经验做法，提高调研的广度与深度，监事会主席带队到淮北矿业集团、铜陵有色集团、海螺集团及江苏大屯煤电集团、山东枣庄矿业集团深入交流，拓展思路，寻求有益借鉴，并根据内外部调研情况，编写《立足关口前移 重心下沉 着力提高监事会监督工作针对性、有效性》专项调研报告，在公司层面发布。

6. 专业能力建设。为进一步提高马钢各层级监事及相关工作人员专业知识，促进各子公司监事会(监事)间的沟通交流，提升监事会工作水平，组织马钢集团下属子公司、部分托管单位、部分参股公司 40余名从事监事或监事会办事机构工作人员进行 3 天封闭式集中专业培训。邀请两位资深内外部法律专家对监事会工作涉及的法律法规、政策形势和最新要求进行解读；邀请宝武总部财务专家讲解财务监督检查专业知识；邀请开展监事会监督工作经验丰富的兄弟企业监事会工作机构负责人分享监事会开展监督工作的做法和经验。

7. 大监督格局形成。加强与马钢内部纪检、审计、巡察等监督板块的协调与沟通，协调监事会成立办事机构，形成监督工作联动机制和监督合力，逐步形成公司大监督格局。派员参与纪委组织的学习贯彻习近平总书记考察调研马钢讲话精神、党史学习教育督导、巡视巡察发现问题整改情况的督导、安全环保及“十四五”重点工程日常监督等专项监督检查工作和涉及国有资产流失、相关管理人员履职不力等方面的问题线索的核查工作。

第二届监事会第二次会议。为不断推进、提升和加强监事会工作，组织召开马钢集团第二届监事会第二次会议。明确马钢集团监事会将强化过程监督，形成有效制衡，促进经营管理科学化、规范化，最大限度维护好国家利益、股东利益、企业和职工利益；在强化自身建设中探索创新，推动监督方式转变，既做好对马钢集团公司的监事会监督，也做好对子(分)公司和托管资产的监督工作。

（刘　瑾）

集团公司机关部门

办公室(党委办公室、区域总部办公室、集团董事会秘书处、外事办公室、信访办公室、保密办公室)

【重要活动、接待】 参与安排党政联席会、党委书记专题会,党委常委会、总经理办公会,经营绩效对话会、公司大调研报告发布会等各类会议1200余次。完成公司机关机构改革后智慧平台部门构建及调整优化工作,2021年承担公司各类与宝武对接视频会议共236场。参与完成中国宝武绿色发展与智慧制造马钢现场会、炼铁总厂A号高炉开工仪式、中国宝武集团公司日系列活动等重要活动和仪式10余次。安排各类现场参观392批次14287人,其中承担国务院督查组、安徽省委领导班子、安徽省政协、安徽省委统战部、安徽省委宣传部等省部级及以上14批次371人,地市级以上88批次1549人,此外,安排接待政府、行业伙伴、客户、供应商等来访座谈交流300余次,2100余人。内部接待承担中国宝武党委书记、董事长陈德荣,中国宝武党委副书记、总经理胡望明等中国宝武集团领导来马钢调研等一系列重要接待活动。

【督查督办】 对马钢集团(股份)2021年度重点任务、对标世界一流管理提升行动方案、改革三年行动实施方案、马钢集团法人和参股公司压减工作为主,共计180项。每月开展督办工作,并对公司常委会的各项决策进行抄告并予以督办,确保政令畅通、工作落实。

【文稿起草】 起草中国宝武绿色发展智慧制造马钢现场会主题报告《中流砥柱新平台、后劲十足新马钢》(PPT演示文稿)等重大活动主题报告,起草向安徽省委书记郑栅洁汇报材料等重大综合性汇报文稿,起草公司党代会等重要会议报告,起草贯彻落实习近平总书记重要讲话和指示批示情况专项检查自查报告等各类综合性文稿。年内累计完成公司各类文稿起草322篇110余万字。

【调查研究】 印发《马钢集团党委学习贯彻习近平总书记"七一"重要讲话精神深入开展党史学习教育大调研实施方案》,拟定16项公司级大调研课题。参与公司级重大课题调研,形成《关于探索"一总部多基地"管控模式、打造国有控股民营机制混改企业示范标杆的调研报告》等3篇调研成果;开展专题调研,形成《发挥区域总部功能、提高区域总部服务能力和水平》《马钢集团与中国宝武联合重组实践》2篇调研报告。积极参与职工代表提案工作,1项提案获公司优秀提案。

【信息服务】 向中国宝武及时报送各类信息,全年累计报送709条,信息报送工作牢牢站稳宝武系第一方阵,多月位列榜首。累计向地方政府报送信息106期,其中综合信息任务提前完成,1月22日,时任安徽省委书记李锦斌同志对马钢上报信息作出"工作可圈可点,成绩可喜可贺"重要批示。马钢被中国钢铁工业协会评为"2021年度信息工作先进单位"。

【董事会事务】 与中国宝武钢铁业中心、安徽省投资集团保持密切沟通,提交会议请示文件11份。组织协调召开董事会议5次,审议议题36项,下发决定事项、决议10份。召开股东会议3次,形成股东会决议3份。

【公文处理】 编制下发《公文处理工作考核办法》,全年办理外来公文及党委文件11057份,办公室文件2663份,联络函2252份;制发公文(含通知)707份,管理文件102份;办理呈批文555份。

【保密工作】 2021年组织开展3次保密工作培训,培训涉密人员70余人。组织开展庆祝中国共产党成立100周年保密知识竞赛活动,全公司近40个部门或单位共3000余名员工积极参与,切实增强全员安全保密意识。

【信访工作】 2021年信访总量88件163批362人次。其中,来信9件19封,个体访73件133批182人次,集体访6件11批160人次,重复访75批169人次,初信初访88件88批193人次,一次办结率96.1%。办理市长热线817件,及时回复率100%。继续保持总体信访形势平稳可控。

【区域总部管理、外事管理】 定期收集生态圈各单位生产经营、改革发展、安全环保等工作情况,2021年编报《马鞍山区域总部工作简报》4期。精心筹备2次马鞍山区域生态圈专题会议。积极探索区域总部运行和管理模式,撰写《区域总部管理模式的探索实践》管理创新成果,获公司现代化管理创新成果三等奖。做好境外疫情防控,2021年马钢驻外机构中方员工未发生确诊病例。全年共为集团公司下属单位审批邀请函12批次,发放邀请函17批29人次,并根据实际工作需要,办理外专签证延期16批19人次,对马钢集团引进项目提供支撑。未发生外籍专家从境外输入病例。

【党建工作】 1. 建立与落实重点工作月进度报告制度,将承担的重点工作在各职能部门中进行分解和细化,每个工作人员都承担着相应的工作职责和考核目标,每月汇总工作进展情况,并将此纳入绩效考核系统。2. 坚持“三会一课”制度。共召开支委会12次,全体党员会议12次,公司中层以上管理人员上党课6次。公司领导以普通党员身份参加支部活动8人次,上党课2次。观看《筑梦中国》《榜样5》《百年宝武》等影像资料4次。深入研读《习近平谈治国理政》《习近平新时代中国特色社会主义思想学习纲要》等重要著作和读本,以及“七一”重要讲话精神和党的十九届六中全会精神。3. 加大党员培训力度。据统计,2021年办公室在职人员培训达353人次,总学时达1680学时,其中C层级以上管理人员培训达125人次,总学时达588学时。4. 扎实开展党史学习教育活动。制订《2021年办公室支部党史学习教育工作方案》,共组织12次集中学习,6次专题党课;在公司组织的“学党史 听党话 跟党走”党史知识线上竞答活动中,2名员工获二等奖。5. 召开组织生活会和民主评议党员,收集基层单位意见和建议24条,22名党员总体评价优秀451票,支部书记总体评价优秀22,党支部测评总体评价99.33分。6. 开展“主题党日”活动。5月办公室党支部与行政事务中心党总支、十七冶医院大内第二党支部组织部分党员赴抗大八分校旧址联合开展“重走革命路 重温革命史 重温入党誓词”主题教育活动;6月办公室党支部与行政事务中心党总支、精益办支部共同举办“学党史 读经典 悟思想”红色故事读书分享活动,办公室2人分享读书体会。7月和10月分别组织观看红色电影《1921》和《长津湖》。7. 积极推进“我为群众办实事”实践。根据宝武集团总部要求,公司办公室6月份开始牵头组织“差旅小秘书”推广工作,通过实施培训、现场推介、签订服务协议等多项措施,截至12月已实现集团范围内全覆盖,提升职工出差体验感、便捷性和满意度。8. 加强党风廉政建设。落实党风廉政建设“一岗双责”,定期组织学习中央八项规定及其实施细则,认真落实《关于2021年五一 端午节日期间纠“四风”树新风工作的通知》等;根据宝武最新制度要求,修订《马钢中层以上管理人员及相关人员履职待遇业务支出管理办法》;全年共开展廉政专题教育4次。9. 切实加强作风建设,牢固树立服务基层、服务职工的理念,进一步提高工作效率;安排会务,审核文件切实把好关口,改进办事流程,充分运用信息技术,减少基层负担,严格杜绝拖拉作风;广泛征集基层单位的意见和建议;全年服务投诉率为零;1名同志被评为中国宝武“铜牛”奖。

(杨定国)

党委工作部(党委组织部、党委宣传部、党委统战部、企业文化部、团委)

【理论武装】 贯彻“第一议题”制度,把学习贯彻习近平新时代中国特色社会主义思想作为首要政治任务。持续深入学习贯彻落实“七一”重要讲话精神,举办学习贯彻党的十九届六中全会精神读书班;进一步贯彻落实习近平总书记考察调研马钢集团重要讲话精神,第一时间专题传达在陕西榆林、北大红楼考察参观期间等重要讲话和《求是》等刊发的重要文章。以上率下,抓住“关键少数”,组织公司D层级及以上领导班子成员参加中国宝武党史学习教育读书班,重温全国国有企业党的建设工作会议精神,开展党史学习教育4个专题学习,围绕四本指定教材谈体会讲感受,学好用好三部《简史》,组织开展中心组学习自查自评,推进理论学习制度化、规范化。联系实际,学以致用,务求实效。结合实际,制定下发理论学习中心组专题学习研讨全年重点内容和学习贯彻落实重要讲话精神的方案,开展公司党委中心组学习会18次;结合筹划新发展阶段形成新发展格局及近期和明年工作的思路,围绕“学讲话开新局”“守初心办实事”“奋勇争先创一流”等撰写有质量有分量的学习调研报告;认真学习贯彻中国宝武“十四五”战略规划,为马钢开好局、起好步提供精神动力、智力支撑。

【党组织建设】 推进“三基建设”,认真筹备马钢第六次党代会,优化党组织设置,党员空白班组比例降至0.7%。建强基本队伍,集中举办7期入党积极分子和发展对象培训班,完成2021年度中国宝武党支部书记培训示范班暨党支部书记研修会四季度专题研修协办工作,首次举办马钢党支部书记示范班。落实基本制度,严肃认真开好年度民主生活会。规范召开基层组织生活会,7882名党员完成民主评议。“七一”期间,组织开展“我与群众面对面”活动,送奖下基层、上党课。抓好基层党组织考评,23位党组织书记参与书面和现场述职,测评人员700余名。组织公司庆祝建党100周年座谈会暨“光荣在党50年”纪念章颁发仪式,与淮北矿业、瓦轴集团开展党建交流。开展各级“两优一先”推荐评选,受上级表彰个人、组织累计52个。按照上级统一部署,在全公司扎实开展党史学习教育、全国国有企业党的建设工作会议精神贯彻落实情况“回头看”工作。马钢被国务院国资委评为国有重点企业管理标杆创建行动标杆企业,马钢股份获2021上市公司“金质量”奖——优秀党建奖。公司年度党建考评为“AAA”,被授予2020年度中国宝武“先进党组织”称号。

【统一战线】 建立健全统战工作领导机制。及时调整公司统战工作领导小组成员,明确工作职责;协调民革、民进和九三学社马钢支部视频参加中国宝武党委统战部民主党派基层组织座谈会。加强党外代表人士队伍建设,组织53名统战代表人士参加中国宝武和公司统战代表人士专题研修班学习,协调完成3名无党派人士认定,21名党外代表人士被聘任到公司管理人员队伍中,推荐市第八届归侨侨眷、第七次台胞台属代表大会代表人选。为企业改革发展凝聚智慧力量,落实公司党员领导人员与党外代表人士联谊交友工作;安排统战人士参加集团领导和党外人士迎新座谈会,完成相关意见建议的处理反馈;组织协调38名公司统战人士,省市等6家统战部门300余名统战人士来马钢参观。配合地方做好换届工作。配合马鞍山市政协换届人事安排,推荐3名中共党员、23名党外代表人士,并对1名中共党员、12名市党外政协委员后备人选进行了考察和征求纪检部门意见,提交考察材料、承诺函等反馈材料。做好海外侨胞工作,做好华侨“双稳”和开展“暖侨行动”有关工作,反馈在海外的5名马钢职工信息和抗疫需求,梳理上报4名港澳台侨和海外留学人员情况。

【领导力发展】 加强干部人才培养和选拔任用。加大干部培训力度,坚持政治素质培养放在首位,面向公司各层级党组织书记,集中开展党委书记党史学习教育暨党建业务研修班、党支部书记培训班,39名党委书记、118名党支部书记参加了研修培训。选派27名D层级以上管理人员参加中国宝武集中培训班,落实245名公司直管人员参加宝武微学院国有企业卓越领导者锻造、国有企业后备干部综合素质能力提升等网上专题班学习,2名年轻干部被入选“面向2035宝武未来企业家研修班”。打造高素质专业化管理人员队伍,坚持党管干部原则,调整干部221人次(其中:提拔37人,跨单位交流43人次,到龄退出现岗位35人);开展优秀年轻干部工作调研,建立优秀年轻干部人才库,系统谋划优秀年轻干部选拔培养使用工作方案,组织40多家单位推荐了91名优秀年轻干部,与中大院建立联系机制,举办“飞马”研修训练营(EMT),第一批次30名学员经过集中面授、远程在线教学和分组研讨、集中演示成果;多岗位锻炼年轻干部,根据宝武总部要求,选派4名优秀年轻直管干部赴宝钢股份挂职锻炼;与宝钢股份开展支撑交流,选派第二批7名基层管理人员赴宝山、东山基地挂职锻炼;响应国家政策,担当国企责任,选派3名年轻干部赴云南普洱市、安徽阜南县、含山县开展乡村振兴工作;接收山钢集团5名干部来马钢进行为期半年的岗位实训。推动高层次人才队伍建设,推荐2名管理、技术人员受聘为宝武科学家,印发《马钢专家选拔和管理使用实施意见》;落实技术中心4名管理人员到生产单元兼职工作,促进生产与研发之间的协调沟通。

完善干部管理体系和基础管理。建立新的干部层级管理体系,制定印发公司领导人员选拔任用、管理岗位与干部层级体系、到龄退出、绩效评价等管理办法;制定《基层管理岗位层级切换工作方案》,规范开展基层管理岗位层级切换,共转任239名C层级岗位管理人员。规范领导人员绩效评价,年初制定2020年度绩效评价工作方案,对44个班子和175位直管干部进行绩效评价,并将评价结果与选拔任用、培养教育、管理监督、激励约束、问责结合起来,对绩效靠后的4人进行了岗位调整;推进领导人员线上绩效评价系统的建立;起草经理层成员实行任期制及契约化管理规范,明确选拔任用、考核评价等,配合相关部门落实任期目标责任书签订。强化日常管理监督,根据中国宝武反馈的选人用人工作民主评议意见,制定并落实四个方面16条具体整改措施,完成两个方面4个问题的整改。开展马钢集团“影子公司”“影子股东”专项整治工作,102名人员自查申报情况,签署《领导干部承诺书》;贯彻落实《中共中央关于加强对“一把手”和领导班子监督的意见》的有关规定制定公司主要领导与“一把手”开展监督谈话的工作方案并组织实施,与19名部门、单位“一把手”进行了监督谈话;完成公司领导个人有关事项的填报、专题学习领导干部及时报告个人有关事项工作及领导干部配偶、子女及其配偶经商办企业情况报告,组织集团直属人员填报“马钢集团领导人员和管理者及其亲属、特定关系人经商办企业有关事项报告表”,严格因公出国(境)人员备案和因私出国(境)审批等。

【宣传与舆情管理】 深入宣传贯彻习近平总书

记在党史学习教育动员大会、"七一"重要讲话、党的十九届六中全会及考察调研中国宝武马钢集团重要指示批示精神。主动对接主流媒体,及时推送重点新闻信息、图片视频素材,亮相央视新闻联播,入选《钢铁脊梁》央视专题片,全年在省级以上刊物和重要版面累计发稿100余篇,其中在《人民日报》发稿5篇,新华社客户端报道先后报道了马钢长三角一体化发展和劳模代表,浏览量累计近300万人次。着力落实意识形态工作责任制,妥善应对网上舆情49起,全年编发《网络舆情快报》4期、《马钢宣传与舆情分析半月报》20期,确保了庆祝建党100周年、公司党代会筹备等重大活动期间企业大局稳定;重点关注基层管理人员竞聘上岗、层级切换及交材公司、化工能源管理关系调整、马建改制等重大改革舆情,制定和落实舆情应对预案,着力强化正面宣传,抓好舆论引导,邀请市10家网络媒体来马钢参观交流座谈。组织实施中国宝武绿色发展与智慧制造马钢现场会宣传展示,大力宣传"奋勇争先奖"先进典型,深入开展"金牛""银牛"奖及优秀党员等专题宣传。策划"8·19""向总书记报告 马钢这一年"系列专题宣传活动,通过拍摄专题片,制作宣传展板,布置参观沿线标语及文化宣传墙,充分展示马钢改革发展、党的建设取得的显著成绩。

【文化品牌】 推进文化体系建设,编制发布《马钢"十四五"企业文化和品牌建设规划纲要》《企业文化建设管理办法》;提炼新的愿景、使命、价值观;广泛开展中国宝武和马钢文化理念宣传教育;举办企业文化建设实作培训班;向中国宝武推报宝武司歌MV作品、精神文化及典型事例;策划开展宝武"公司日"系列活动。继承发扬"江南一枝花"精神,溯源查证编写《江南一枝花》基础稿;广泛开展宣贯教育,D层级以上管理人员带头宣讲109次,布设主题文化墙,开展讲演诵读大赛,收集整理相关史料210份;组织理论研讨,形成《"江南一枝花"精神的价值导向》理论成果;围绕"六个提升"组织提炼"江南一枝花"新时代内涵;配合精益办开展巡回演讲和精益实践活动。落实精神文明建设,配合马鞍山市委宣传部、市委党校开展"凹山大会战"精神研讨;组织参加马鞍山市建党100周年文艺汇演和"李白诗歌节"文艺表演;推报基层组织和员工分别获评、入选市道德模范十佳集体、十佳个人和马鞍山好人。牵头社会责任报告编制,配合股份董秘室发布社会责任报告;"坚持人民至上护佑大江安澜"获评中国宝武优秀案例,入选央企ESG蓝皮书优秀案例;马钢股份被国务院国资委授予"央企ESG·先锋50"称号。

推进品牌体系建设,起草《品牌管理办法》,修订《视觉识别系统手册》;调整品牌建设工作职责,重组品牌专员队伍;策划配合规科部推进"江南一枝花"注册工作;完成马钢展示馆软件代码更新;协同公司技改部推进特钢展厅维护改善项目。组织基层自查自纠标识应用情况,纠正错误应用26处;厘清厂区"三治四化"中的文化品牌工作思路;在公司"8·19"活动、南区厂容整治、绿色城市钢厂、南区共享中心等工程中,提供文化品牌管理与服务,并与梅钢开展交流。慎重开展9号高炉异地迁移保护工作,组织两轮全员宣传教育,实施重点人群一对一思想工作;时刻关注思想动态及舆情动态;与省市积极沟通,协助技改部编制修改选址和搬迁方案。发力品牌传播展示,精彩亮相"数字中国峰会"、中国品牌日线上展示、中国自主品牌博览会、中国国际冶金工业展、中国制造业大会等,举办重型H型钢讲座助力营销;完成一系列品牌申报工作;在苏浙皖赣沪和全国品牌故事大赛合肥赛区中,分别获一等奖等5项单项奖和优秀组织奖,参加全国决赛。

【青年工作】 加强思想引领,开展"学党史、强信念、跟党走"主题教育及庆祝建党100周年系列活动,各级团组织开展党史学习教育活动500余次,覆盖团员青年9600人次;通过红色故事分享、百人红歌快闪、"江南一枝花"精神寻访接力等系列活动,近千名青年直接参与其中。立足中心工作,开展"青帆领航"岗位建功行动,申报创建62个青年集体,组织"后劲十足 奋斗有我"交流3场,引导青年立足岗位作贡献;在中国宝武绿色发展与智慧制造现场会、全民核酸检测、"8·19"专题活动等公司重点工作中,200余人次青年志愿者提供服务。联系服务青年,开展2021年马钢杰出青年评选,重点突出优秀青年的综合能力;完成第一批30名"雏鹰计划"学员第二阶段培养,并跟踪学员培养情况;组织70余名单身男女青年开展联谊活动,搭建相识平台。夯实基础工作,试点设立青年工作委员会,确保团组织服务青年覆盖面;开展党建带团建工作调研,拟定《关于加强马钢党建带团建工作实施方案》,为补齐工作短板打基础;编制《马钢青年荣誉激励与评选办法》,完善青年荣誉激励体系。

(谭春琳)

纪委(党委巡察办)

【政治监督】 坚持把贯彻落实总书记重要讲话

和指示批示精神作为首要政治任务，督促党员干部提高政治站位和思想自觉，常态化落实“第一议题”制度。重点围绕学习贯彻习近平总书记考察调研马钢重要讲话精神《行动方案》开展督查，协同相关部门对年度重点任务及对标世界一流管理提升行动、改革三年行动、碳达峰碳中和等方案落实情况进行“月度跟踪、季度评价”，督促责任单位填报月度工作进展、季度目标及“红黄绿灯”自评价，牵头汇总评价提出改进意见，促进各项措施落实。采取“自查+抽查”方式，对各单位贯彻落实党中央重大决策部署和总书记重要讲话精神情况开展监督检查，对16家单位进行政治监督现场综合督导验证，发现问题和不足55个，分别提出改进意见。围绕学习贯彻总书记“七一”讲话精神开展专题调研，形成政治监督调研成果予以发布。参与党史学习教育工作督导检查，推动“我为群众办实事”实践活动，协同处置历史遗留问题和工作餐等相关事宜，督促公司层面十件大事和厂部层面“三最”项目有序推进。督促推进乡村振兴定点帮扶工作，参与资金援助项目现场调研，确定实施帮扶项目资金196万余元。针对零散性暴发疫情，采取“上下联动、协同监督”方式跟进监督，及时了解情况，随机抽查施工现场58个，对发现的防控应急预案不完备、部分外来施工人员未完成疫苗接种、防疫物资配备不规范等7个问题，督促落实整改和“回头看”检查。

【“两个责任”监督】　聚焦公司中心工作，落实中国宝武党风廉政建设和反腐败工作要求，及时部署落实党风廉政建设主要任务；每季度下发纪检监督工作提示，每半年开展工作督导，并由纪检组进行抽查验证。修订落实党风廉政建设责任制实施细则，进一步明确各级领导班子和领导人员、各单位、部门责任，推进“四责协同”体系建设；完善领导班子内部监督、“一把手”监督、纪委对同级党委和下级党组织监督的体制机制，落实“一把手”监督谈话制度，党委主要领导与下属单位“一把手”监督谈话19人次，对新提拔人员任前谈话37人次；纪委书记与班子成员、下属单位党组织和机关部门负责人、重要岗位人员等监督谈话37人次，对直管人员诫勉谈话、提醒和约谈9人次。落实“三个为主”要求，组织下属单位纪委书记提交履职尽责报告，公司党委直属总支、支部书记提交年度抓党风廉政建设专项报告，并将有关情况进行了通报。参与做好公司党员代表大会筹备工作。

【巡视工作】　牵头配合中国宝武党委对马钢集团专项巡视，成立2个巡察组，配合巡视组对3家单位开展延伸巡视，对4家单位开展穿透式检查；协助公司党委及时分解问题和管理风险清单，制定问题整改措施228条，风险提示项整改措施78条。依据巡视发现问题推动落实责任追究，对问题涉及较多的8家单位负责人进行约谈；依据移交问题线索立案查处4人，分别给予相应党纪处分，并对相关责任人予以处理。修订巡察“三个聚焦”重点内容及具体检查方法，完成对4家单位党组织巡察任务，发现问题61个，提出建议31条，实现一届任期内直属党组织及境内独立法人单位党组织巡察全覆盖；组织对2020年9家被巡察单位整改情况“回头看”检查，发现问题36个，提出建议40条。建立巡视巡察问题整改协调督办机制，巡视巡察整改进展情况及时在马钢宣网公开，接受监督。巡视反馈20个问题完成整改19个，228条整改措施完成222条，未完成项主要是需要持续发力、长期推进的整改任务。

【监督执纪】　持续保持惩治腐败高压态势，受理各类信访举报和问题线索194件，召开研判会17次，研判为问题线索143件，办结139件。审结案件43件（含安徽案管系统立案案件6件），涉及43人，给予党纪处分39人，其中党内警告24人、党内严重警告7人、留党察看一年1人、开除党籍7人；给予政纪处分10人，其中警告3人、记过1人、撤职4人（含留用察看3人）、解除劳动合同2人；受到党纪政纪双重处分6人。深化运用监督执纪“四种形态”，累计处置267人，其中“第一种形态”224人次，占比83.9%；“第二种形态”38人次，占比14.23%；“第三种形态”2人次，占比0.75%；“第四种形态”3人次，占比1.12%。信访受理与处理、问题线索处置、立案案件数量，以及运用“四种形态”处理人数在中国宝武一级子公司中排名第一。做好监督执纪“后半篇文章”，通过下发“三书”、联络函等，督促指导责任单位落实整改、追责问责；针对专项检查、巡察发现的问题，制发工作简报、情况通报，提出管理建议，督促指导相关单位、部门以案促改、以案促治、议案促建。加强案例警示和廉洁从业教育，开展纪律教育、警示教育、廉洁从业教育291场次，受教育达16796人次；编发专刊简报、案件通报6期，协助指导基层单位开展廉政专题教育、送课到基层等20余次，结合“醉驾入刑”十周年开展专题教育；与法宣办联合开展廉洁从业及法治宣传教育活动，组织专题学习154场次，受教育6451人次。组织对6名受党纪处分人员回访教育。组织参加第二届“安徽廉洁文化精品工程”作品征集活动，2件入选“安徽廉洁文化精品库”，马钢纪委获“优秀组织奖”。

【正风肃纪】 全面贯彻落实中央八项规定精神，组织开展违规公款吃喝、送礼问题专项整治，督查17家基层单位；巩固拓展形式主义官僚主义专项治理工作成果，紧盯元旦春节、中秋国庆等重要时段，重申强调作风建设要求，并对履职待遇、业务支出、公车管理、奖金发放中存在的突出问题开展检查，发现各类问题47个，给予批评教育、经济责任考核20人。深化推进“靠企吃企”、违规经商办企业专项治理，依规依纪做好禁入交易状态的客商结算复核；集中开展禁入管理规定宣贯执行及专项排查并进行通报。集中处置国家审计署发现的涉及违反中央八项规定精神、违规经商办企业的229条信息，抽调两级纪检机构人员30人，成立10个专项核查组，研判为问题线索73件，立案20件，共计处理128人，其中，给予党纪政纪处分20人，诫勉谈话、责令作出书面检查24人，提醒谈话、批评教育71人。完善正风肃纪长效机制，督促相关部门推进公务用车改革、领导人员履职待遇、业务支出等制度修订和实施，落实常态化管理。

【监督体系】 探索运用“上下联动、区域管理、交叉监督”工作方式，柔性配置3个纪检组人员，推动建立和完善区域内监督联动机制。强化权力运行监督制约，健全纵向贯通、横向协同的监督协调机制，构建各负其责、密切协作的“大监督”格局，会同相关部门开展危化危爆品管理使用、安全事故调查处理、班组安全活动落实情况等专项督查、服刑人员社保问题清理排查、违规经营投资问题专项整治以及安全、环保事故事件调查，协调解决存在的问题。注重运用信息化、大数据等方式，利用禁入名单查询、人力资源、标准财务等系统权限，提高监督检查效率和质量。按要求对拟提任人员、申报先进等进行廉政审核，涉及568人次。落实区域监督协调职责，配合协助上级监督检查、审查调查21项次；协调向其他一级子公司移送各类信访举报、问题线索19件。加强与安徽省纪委监委、驻省国资委纪检组及属地纪检机构、司法机关的沟通协调，接收有关线索19件，协作配合调查2次。加强对“十四五”重点工程建设项目监督，深入现场了解工程建设情况，开展廉洁教育，助力打造优质高效廉洁工程。转发传达中国宝武纪委《关于五起经营过程中违规违纪违法案件的情况通报》，督促各单位、部门做好经营风险防范工作。

【自身建设】 持续推进纪检体制机构改革，成立3个纪检组，按区域、流程及业务界面分片开展监督，解决同级监督难、纪检监督力量分散、实际专职人员相对较少等实际问题。加强纪检干部教育培训，组织2次集中学习中央纪委国家监委录制课程和6次专题学习，提高纪检干部理论、业务能力和工作水平。加强委部机关政治建设和日常管理，通过组织主题党日活动、集中学习、专题党课、革命传统和案例警示教育等，强化纪检干部政治意识、责任意识，全年组织集中学习13次，专题研讨交流5次，主题党日活动2次，党课教育6次，纪委机关党支部被评为马钢集团“先进基层党组织”。

（鲁世宣）

【党委巡察】 1. 实现巡察全覆盖目标。公司党委深入学习贯彻习近平总书记关于巡视工作重要论述，党委巡察工作领导小组、党委常委会研究部署年度巡察工作、制定巡察工作方案，听取并审议巡察工作报告，推动落实巡察整改和成果运用。科学安排巡察任务，2021年度完成对投资公司、制造管理部、炼焦总厂、宏飞电力公司4家单位巡察任务，对9家单位整改情况进行“回头看”。截至年底，本届党委已对72家单位党组织开展了巡察，实现直属党组织及境内独立法人单位党组织巡察全覆盖目标。

2. 推动纵向联动横向贯通。公司党委坚持系统观念，在纵向上联动，积极配合中国宝武第一巡视组对教培中心、冶服公司和资产经营公司开展延伸专项巡视，对康泰公司、保卫部、长钢股份、合肥公司开展穿透式巡视。坚持把中国宝武巡视整改作为重大政治任务抓细抓实，把中国宝武巡视反馈问题和整改落实情况纳入巡察监督重点，推动共性问题有效解决。横向上注重推进巡察监督与纪检、组织、审计、监事会监督贯通融合，通过信息资源共享、人员力量调配、成果运用等方式，发挥巡察综合监督功能。推动基层单位上下联动，指导子公司开展对所属独立法人单位党组织巡查，分别督促康泰公司、营销中心完成对各自子公司的巡查，共发现问题62个，提出建议29条，及时指导督促基层党组织整改工作。

3. 促进提高巡察工作实效。坚持把巡察作为落实全面从严治党主体责任重要抓手，2021年9月9日公司党委常委会审定《马钢集团党委2021年巡察工作方案》，部署新一轮巡察工作。聚焦监督基层党组织“两个维护”实际行动，了解党中央及中国宝武决策部署在基层贯彻落实情况。2021年，公司层面在对4家单位党组织的巡察工作中，重点查找投资公司风险控制、制造部体系运行及智慧制造、炼焦总厂环保及工程项目管理、宏飞电力绿色电力发展战略支撑等方面工作存在的问题,共发现问题 61 个,提出巡察建议 31 条,推动基层党组织及时纠正偏差。2021 年 11 月,公司审定了《关于 2021 年巡察 4 家单位的综合报告》,对巡察整改工作提出明确要求;巡察组于 11 月 18—19 日向 4 家单位反馈巡察意见。

4. 推进巡察问题整改。2021 年 2 月,公司党委安排巡察办、纪委派出 2 个联合督查组,分别对 2020 年 9 家被巡察单位 2 整改落实情况开展“回头看”。督查组通过访谈、问卷调查、调阅资料、现场走访等方式深入了解,发现问题 36 个,提出建议 40 条,评价结果纳入被巡察单位年度综合考核。加强对移交问题和线索的督办,涉及加工中心党组织和党员隶属关系问题已经得到有效整改;信访件和问题线索均在规定时间内办结。2020 年巡察发现的 139 个问题,整改完成 137 个。及时在马钢宣网公布集中整改阶段整改进展情况,接受职工监督。公司巡察机构、纪委与被巡察的 4 家单位党组织主要领导或分管领导一起逐条审核 148 项整改措施,提出追责问责建议,形成的正式整改方案报巡察工作领导小组审定,并督促被巡察党组织及时召开整改专题民主(组织)生活会,提高整改政治自觉。针对巡察发现的问题,对 2 人进行诫勉谈话,对 13 人进行提醒谈话,经济责任考核 13839 元。深化巡察成果运用,向公司纪委移交问题线索 1 件,优先研判处置;认真梳理共性问题和典型问题,完善相关制度,推动专项整治工作,强化标本兼治。

(江　勇)

审计部(集团监事会秘书处)

【内部审计】 2021 年马钢审计项目 16 项,超额完成年度审计工作计划。已完成管理审计 3 项(闲废置资产处置专项审计、马钢集团经营风险控制情况专项审计和 2021 年马钢集团内部控制评价)、经营审计 7 项(检测中心、和菱实业公司、采购中心、冷轧总厂、营销中心、冶金工业技术服务公司和长江钢铁公司领导任期经济责任审计)、投资审计 6 项(冷轧总厂硅钢高牌号改造项目工程、钢轧总厂新建六机六流方坯连铸机工程和炼铁总厂 1 号高炉大修工程固投过程审计、长材事业部型材升级改造项目工程造价审计、马钢基础网络升级改造项目审计、智慧料场项目审计)。全年审计共发现问题 192 个,提出管理建议 183 条,审核减少工程造价 754.28 万元。开展实践研究,创建了审计发现问题整改月报告、月通报工作机制。截至 2021 年 12 月末,2020 年 1 月以来各类审计发现的 424 个问题已完成整改销号 398 个,整改率 93.87%。2021 年完成净资产审计项目数量 17 个,主要类型有股权转让、清算注销等,涉及净资产 34.90 亿元,为公司完成“法人压减、参股瘦身”任务奠定基础。

配合集团审计部开展 2020 年子公司绩效审计,小单位财务管理、净资产收益率、公车改革和扭亏增盈等专项审计。配合审计署南京特派办实施陈德荣董事长经济责任审计;配合审计署武汉特派办实施节能减排专项审计。参与集团审计体系协同,派人参加子公司中长期激励专项审计项目,协同实施八钢原主要负责人任期经济责任审计。2021 年,参加安徽省内部审计协会组织的“内部审计为本组织统筹发展和安全发挥增值作用”内部审计理论研讨活动,马钢审计部《以梦为马 奋勇争先 马钢内部审计助推企业高质量发展的理论探索和创新实践》获二等奖。

(耿景艳)

【集团监事会工作】 1. 深化风险预防机制。监事会成员列席马钢集团公司党委常委会、党政联席会、董事会、总经理办公会等公司重要会议,通过“上”层渠道了解相关信息有针对性的对“下”层单位进行调研督导,根据了解情况,对生产经营管理中易出现问题的环节进行提醒,同时将从基层了解到的问题和风险点及时与公司管理层沟通交流,引起关注,从而形成“自上而下”与“自下而上”相衔接的风险提示体系,形成监督关口前移,有效的将风险控制在源头。

2. 认真组织专项督查。开展子公司监事会运行问题专项督查,进一步掌握了子公司监事会(监事)构成、运行情况和存在问题,通过多种形式将发现的问题向相关单位反馈,要求按期完成整改。在全公司范围内开展了一次“三重一大”决策制度落实情况专项检查,总体上各单位能够落实“三重一大”决策制度,做到坚持党的领导、注重发扬民主、信息公开透明、集体科学决策;个别单位存在“三重一大”决策制度不健全,执行不规范,与自身业务结合不紧密等问题,问题已反馈到相关单位,后续重点关注跟踪督导问题整改。

3. 马钢集团第二届监事会第二次会议。为不断推进、提升和加强监事会工作,逐步形成良好的工作局面,组织召开了马钢集团第二届监事会第二次会议。

会议明确马钢集团监事会将强化过程监督,形成有效制衡,促进经营管理科学化、规范化,最大限度维护好国家利益、股东利益、企业和职工利益;在强化自身建设中探索创新,推动监督方式转变,既要做好对马钢集团公司的监事会监督,也要做好对子(分)公司和托管资产的监督工作。

4. 扎实开展走访调研。"沉下去"调研督导。深入了解马钢在学习贯彻习近平总书记"七一"重要讲话精神,深入开展党史学习教育专题研讨,践行使命愿景,全面奋勇争先,奋力攻坚突破等方面取得的效果,先后到公司职能部门、直属机构及二级单位、子(分)公司、托管企业、参股公司等28家单位进行调研。关注企业法人治理结构、经营业绩、改革发展、"三重一大"决策等问题,对相关工程的方案、预算、项目分包方式的议标、招标流程的合规性以及风险管控等情况进行督导并提出意见、建议,要求职能部门、相关子公司加强各项风险管控,完善法人治理结构,促进公司治理体系和治理能力现代化建设,保障国有资产保值增值,统筹兼顾国家、企业和员工的合法权益。同时把从各基层了解的情况与问题适时的与公司管理层沟通,从不同角度、层面反映出马钢生产运营的情况。"走出去"学习交流。学习相关大型国有企业在监事会工作开展及风险防控等方面的经验做法,提高调研的广度与深度,监事会主席带队到淮北矿业集团、铜陵有色集团、海螺集团及江苏大屯煤电集团、山东枣庄矿业集团,就如何立足关口前移、重心下沉以预防为主的风险防控等方面进行深入交流,拓展监事会工作视野和思路,获取有益借鉴。根据内外部调研情况,组织编写《立足关口前移 重心下沉 着力提高监事会监督工作针对性、有效性》专项调研报告,并在公司层面发布。

5. 专业能力建设。进一步提高马钢各层级监事及相关工作人员的专业知识,促进各子公司监事会(监事)间的沟通交流,提升监事会工作水平,根据年度工作安排,组织马钢集团下属子公司、部分托管单位、部分参股公司的40余名从事监事或监事会办事机构工作的人员进行为期3天封闭式集中专业培训。邀请两位资深内外部法律专家对监事会工作涉及的法律法规、政策形势和最新要求进行解读;邀请宝武总部财务专家讲解财务监督检查专业知识;邀请开展监事会监督工作经验丰富的兄弟企业监事会工作机构负责人分享监事会开展监督工作的做法和经验。

6. 内部基础管理。建立健全基础工作制度和监督检查办法,完成《监事会工作规范》《监事会监督检查工作规程》制定。为尽快适应马钢集团公司新的监事会运行机制,制定《监事会秘书处工作职责》,进一步明确监事会办事机构职责范围。加强与马钢内部纪检、审计、巡察等监督板块的协调与沟通,协调监事会成立办事机构,与公司审计部合署办公,形成监督工作联动机制。

(刘　瑾)

工　会

【职工思想教育】　深入学习贯彻习近平总书记"七一"重要讲话和党的十九届六中全会精神,进一步增强职工"四个意识",坚定"四个自信",做到"两个维护",面向职工开展主题突出、特色鲜明的群众性宣传教育活动。围绕庆祝中国共产党成立100周年,举办"党史知识"网上竞赛、"学党史、办实事、展作为"主题征文、"永远跟党走"中国宝武马钢职工主题歌咏会、书画摄影展、健步走等系列活动,激励广大职工把爱党爱国热情转化为奋勇争先的实际行动。大力弘扬劳模精神、劳动精神、工匠精神,面向生产一线选树劳模先进,评审命名8名职工为首届马钢工匠(工人发明家),评选马钢"金牛奖"21人,"银牛奖"40人,"最美马钢人"10人,"优秀员工"87人;推荐并获中国宝武"金牛奖"2人,"银牛奖"9人,"铜牛奖"40人,首届"道德模范"2人。11名职工当选马鞍山市劳动模范,6家单位被授予马鞍山市"先进集体";1人被评为"安徽工匠",1人获省"五一劳动奖章",1人获全国"五一劳动奖章",长材事业部获得安徽省劳动竞赛优胜单位、安徽省"五一劳动奖状"。召开庆"五一"劳模先进交流会,组织开展"劳模先进家庭看马钢"活动,开展省部级劳模基本情况调查,协调安排退休劳模体检,着力营造尊重劳模、关心劳模、爱护劳模的浓厚氛围。

【职工技能提升】　组织开展"对标找差 精益高效 奋勇争先 创建一流"系列劳动竞赛。广泛开展"智慧制造""设备精益高效""对标找差降本增效""精益高效争一流 指标提升创效益"等专项劳动竞赛。全年各单位开展车间(分厂)、总厂级劳动竞赛235项。建立完善"奋勇争先"创一流机制,助推多项指标屡创纪录,为马钢站稳宝武第一方阵做出贡献。成功举办第十届职业技能竞赛。首次面向作业区管理、技术业务岗设置竞赛项目,先后有1万多人次的职工参加竞赛。

以“反违章、查隐患、找差距、促提升”为主题，深入开展安全“1000”作业区(班组)创建暨“安康杯”竞赛活动。“全国安全生产月”期间，开展全员“讲规程、讲风险、讲措施”视频征集活动，征集视频作品1056条。组织开展“安全健康”系列网上竞赛，累计有7976名职工参加竞赛。组织参加“山钢杯”全国安全知识网络竞赛决赛，荣获团体一等奖。

【职工创新创效】 深化职工岗位创新体系建设。开展工匠基地、创新工作室规范化建设星级评审，命名3个“标杆工匠基地”，3个“优秀工匠基地”，4个“五星级标杆创新工作室”，6个“四星级优秀创新工作室”，20个“三星级规范创新工作室”。举办职工创新专题(沙龙)、“传承江南一枝花精神”创新研修会等活动。协同精益办常态化推进“献一计”活动，职工献计超过10万条，有效激发职工“献一计”的智慧和“成一事”的动力。开展“岗位创新创效成果奖”评选活动，评选马钢“岗位创新创效成果奖”一等奖7项、二等奖10项、三等奖13项，推荐并获得中国宝武优秀岗位创新成果奖一等奖1项、二等奖5项、三等奖24项。组织参加第二十五届全国发明展，获金奖2个、银奖7个、铜奖3个。《打造“五位一体”职工岗位创新工作体系》获评中国宝武2020年度工会最佳实践案例Top-Ten。

【关心关爱职工】 贯彻落实党史学习教育“我为群众办实事”实践活动要求，制定《马钢集团工会关于开展“访职工、办实事、促发展”活动的实施意见》，组织召开调研座谈会，倾听基层单位和一线职工的意见和建议。修订《职工互助帮困专项资金使用办法》，大幅提高职工及家属医疗帮扶最高救助额度。调整在职因病非因公死亡职工遗属抚恤金标准，发放抚恤金262万元。两级工会组织开展送温暖活动，“两节”期间发放困难慰问金573.5万元，慰问困难职工5083人次；慰问280名除夕在岗职工和290名“春节留岗就地过年”外地单身青工。全年职工互助保障计划完成续保33927人(次)187万元，报案695人，理赔677人188万元。组织241名(人次)职工开展去产能稳岗培训。开展夏季劳动保护和防暑降温工作，下拨高温慰问资金149.5万元；协同安管部为300多个作业区配备“急救关爱箱”，把关爱职工身心健康落到实处。有序推进职工“三最”实事项目，开通“三最”实事项目申报直通车，加强全流程跟踪管理，440项实事项目全部按期完成。整合社会资源，上线运行职工福利中心，通过马钢e工汇推出6批20余项普惠项目，满足职工多元化需求。举办中高考家长心理解压线上讲座，组织780名职工参加职工心理测试，促进职工快乐工作、体面劳动、健康生活。

【和谐劳动关系】 坚持落实以职代会为基本形式的民主管理制度。筹备召开十九届二次职代会。召开职代会联席会，审议通过离岗政策等9项议案。承办中国宝武第四次“职工代表看宝武”活动，先后组织600多人次职工代表看“绿色发展·智慧制造”、参观厂容厂貌、视察重点工作，以马钢发展新成就激发职工新动力。根据《马钢集团公司改革三年行动任务清单》，梳理混合所有制改革民主管理清单，规范民主管理程序。开展职代会提案征集工作，征集73项，立案18项，全部办理落实。能控中心1项提案获评“2020年度‘聚合力、促发展’全国优秀职工代表提案”。做好马鞍山区域工会协调服务，针对公司组织变革和生产布局的调整，调查基层工会组织基本情况，指导马鞍山区域25家单位工会完成成立工会组织、换届选举、变更法人资格、调整隶属关系等基础工作。开展《集体合同》《民法典》《安徽省劳动保障监察条例》等法律法规的学习宣传，提高职工依法维权意识。组织参加马鞍山市工会集体协商业务技能竞赛，获优秀组织奖。探索开展模范职工之家“结对共建”试点活动，加强职工之家建设。

【基层基础建设】 1. 统筹推进工会自身建设。加强工会干部能力建设，举办工会业务培训班，马鞍山区域工会干部参加培训90多人次；选送参加上级工会培训179人次。2. 规范管理工会财务资产。严格落实全总、省总关于加强基层工会经费收支管理的制度规定，规范执行经费预算，加强日常监督管理，为工会各项工作提供有力资金支持和物资保障。3. 加强女职工工作。组织开展学习贯彻习近平总书记“七一”重要讲话精神巾帼宣讲团进企业活动，开展女职工劳动保护检查，维护女职工合法权益和特殊利益。开展第十届“十大女杰”评比表彰，举办“书香伴成长 创新展风采”读书和手工作品征集评选，组织青年职工联谊、“爱满后备箱”义卖等活动。检测中心原料化学作业区被评为2020年度“全国巾帼文明岗”。

(汪少云)

运营改善部

【改革管理】 贯彻中国宝武深化改革方案，围绕五方面策划形成《马钢改革三年行动实施方案及任务清单》,总任务73项,子任务89项,截至2021年底完成73项,完成率82%。重点推进全面推行经理层成员任期制和契约化管理,签约人员137人,含党委副书记、总经理助理等比照签约25人。积极推进"一总部多基地"管控,构建马钢集团马钢股份一体化运作模式。建立改革推进组、碳中和工作体系、智慧化与大数据建设工作体系;实施马钢集团下属单位档级管理,引导各单位、各层级管理者队伍"自我驱动、自我提拔";推进基层组织变革,打造优特长材精品基地;按照宝武集团"一业一企""一企一业"总体部署,牵头推进完善专业化整合;系统策划,推进落实"马钢交材、马钢化工煤气净化回归纳入马钢股份管理体系",实现"生产制造、安全管理、环保消防、设备管理"等要素有效对接、平稳顺行。

大集体改革及历史遗留问题。积极稳妥推进22家集体企业法人注销、出售工作,2021年底全面完成大集体改革。与马鞍山市政府成立联合工作组,共同策划和推进力生公司、马建公司改革,协调力生公司、马建公司历史遗留问题解决,力生公司已步入正常生产经营轨道,马建公司各类方案和措施政策正在加快设计。

【规划编制】 编制《马钢股份智慧化与大数据专项规划(2020—2022)》,基于"统一语言、统一规范、统一平台、统一文化"要求,按照"云-边-端"工业互联网理念,再造扁平化智慧制造新IT架构,重点部署一批智慧制造重点项目。

【整合融合信息化】 2020年3月31日,马钢股份整合融合信息化项目正式启动。2021年6月30日,项目"一键切换"成功上线,马钢旧系统数据全部导入新系统,实现了生产不停、业务不断、数据不丢、管理不乱。完成了同步覆盖数量最多、覆盖进度最快的目标。

【智慧制造】 加快实现以"四个一律"为特征的智慧制造1.0迈向以"三跨融合"为特征的智慧制造2.0。组织参与合肥板材、长材事业部、长钢股份三家智控中心立项、评审、建设,2021年底三家完成上线投运。落实制造场景与智能技术融合,北湖电厂结合CCPP(燃气蒸汽联合循环发电机组)发电项目,利用"5G+工业互联网"技术,建成"智能、协同、融合、安全、柔性"智慧电厂,特钢无人天车智能平面成品库填补了国内高速线材无人天车智能平面成品库空白。

【体系建设】 策划设备设施管理体系咨询与认证工作,完成标准导入宣贯、手册及文件制(修)订、模拟内审等。聘用265名同志为2021—2023年度内审员(含实习内审员)。组织制定绩效评价体系规则,落实相关测评,完成对执行董事、集团公司高管2020年经营业绩考核评价,编制《2021年公司领导班子经营业绩评价标准》并审议通过;策划编制《公司2021年组织绩效方案》《生产经营绩效管理办法》《组织绩效评价管理标准》,按季召开绩效对话会,通过面对面交流,鼓励挖掘闪光点,提升经营业绩,激发活力。编制印发《2021—2023年子公司年度及任期组织绩效评价方案》,完成123份任期及年度经营目标责任书编制及签约。

【制度建设】 完成《2021年度马钢"一体化"制度建设实施方案》编制,发布"马钢集团制度树清单(2021版)"及"年度管理文件制(修)订计划",完成宝武集团制度建设信息平台覆盖上线,开展马钢"一体化制度体系"建设专题调研,组织制度发布后同步宣贯。截至2021年底,牵头宝武智慧工作平台累计新发布集团及股份管理制度221项,其中马钢集团68项,马钢股份153项。

【风险与内控】 聚焦新冠疫情防控风险、安全风险、环境保护风险、现金流和两金风险等十大类重大风险,将全面风险管理、内部控制及合规管理要求嵌入业务流程。发布马钢集团和马钢股份《2021年全面风险和内部控制工作计划》,开展全层级经营管理隐患专项排查,组织内部控制排查,组织开展全层级关键业务信息常态化填报,完善海外子公司内控建设,推进风险控制信息系统建设。通过健全分级季度风险报告机制,深入开展穿透式监督体系建设,持续完善集团公司重大风险监控指标体系,抓好各类风险识别评估、监测预警和研判处置,提高风险化解能力。

【"奋勇争先奖"评选】 2021年开展"奋勇争先奖"评选以来,共39家单位申报参评187次,2月马钢股份特钢公司首获"奋勇争先奖",全年累计颁发"奋勇争先奖"68次,26家单位、8个项目团队(涉及81家单位,含分(子)公司)获奖,奖励额1549万元。策划安排4项管理型及9项现场型精益运营案例在会上发布。

【对接协调】 梳理2021年政府与马钢双方提请协调支持事项,组织"1+8"产业相关单位与政府部门对接,确立17项需市政府协调支持事项、15项马鞍山市需宝武马钢协调支持事项。经动态调整,增加9号高炉异地迁移、长钢220千伏长钢变电站项目、教培中心落实产教融合型企业建设培育税费抵免政策三条事项。收集汇总相关材料报马钢集团公司及马鞍山市发改委。

【阿米巴模式推进】 编制《马钢阿米巴经营模式推进方案》,选取马钢股份合肥板材作为试点单位进行推进,编制《合肥板材阿米巴经营模式实施方案》,成立推进小组,召开专题会,从产销衔接、财务核算、薪酬制度等方面深入沟通,解决各项问题,完善实施方案。

【荣誉】 马钢集团获国务院国资委颁发的"标杆企业"称号(钢铁行业仅宝钢股份、马钢集团两家);组织开展2020年度马钢集团公司管理创新成果评选工作,36项成果被审定评为2020年度马钢管理创新成果奖,其中一等奖6项、二等奖12项、三等奖18项。根据评选结果,向宝武集团推荐报送5项成果,其中3项成果分获宝武集团一等奖1项,三等奖2项。组织开展2021年中钢协及安徽省管理创新成果申报工作。马钢"工业大脑""5G+智慧料厂"两个智慧制造优秀成果案例参展第四届"数字中国"建设峰会;《以"智"描绘马钢智能工厂新蓝图》在中国钢铁工业数字化解决方案高峰论坛发布,获"钢铁行业最佳智能制造解决方案";《马钢基于5G+MEC边缘计算平台的智慧钢铁高质量工业内网建设与应用项目》获第四届"绽放杯"5G应用征集大赛-MEC边缘计算专题赛决赛一等奖,全国总决赛优秀奖;基于工业互联网平台xIn3Plat冷轧"ALL IN ONE"智慧工厂被认定为2021年度安徽省智能工厂;冷轧总厂"基于工业互联网平台xIn3Plat的冷轧"ALL IN ONE"智控创新应用"入围工信部2021年工业互联网平台创新领航应用案例。

(胡善林)

精益管理推进办公室

【概况】 精益管理推进办公室(以下简称精益办)负责马钢集团公司精益运营管理、基础管理和环境整治等工作。下设精益管理室,2021年底共有员工4人。2021年,精益办紧紧围绕"精益高效、奋勇争先"工作主题,按照"以价值创造为纲,以奋斗者为本"的经营理念,以"人、准、环境"为切入点,促进要素提升、价值创造和全员自主改善,全面推进精益运营。

【体系搭建】 建立自上而下的精益运营管理组织架构;公司、总厂、分厂、作业区、班组各层级联动,形成自上而下推进和自下而上落实的管理推进机制;固化管理流程,4月25日编制和发布了《精益运营绩效评价管理办法》《员工精益改善(献一计)管理办法》等管理制度,支撑常态化推进。

【精益系统建设】 马钢自主设计开发"马钢精益通"系统,3月13日"随手拍"模块首次上线,4月1日"微改善""精益组"模块开通,7月1日"马钢精益通2.0"正式上线,形成"331+α"(三个模块:"随手拍""微改善""精益组";三大平台:"可视化平台""共享平台""好行为平台";一处园地:"学习园地";α:江南一枝花专栏、数字红牌、统计报表、员工吐槽等多种功能)架构,全年App系统持续优化升级57次,成为员工参与精益运营、立足岗位改善创效的有效载体,并于11月2日取得软件著作权。

【精益现场创建】 聚焦各单位关键产线,5月下发通知开展精益现场创建工作,15家单位申报18条产线,精益办通过组织红牌观察员按月开展9轮红牌督办,共发放数字红牌1979张,摘牌率92%,让"问题"变"亮点";组织60人次专家顾问团队根据各单位需求赴现场开展诊断,帮助提升;按照"认同度、参与度、成熟度"三个维度开展评价,检测中心制样中心(管控)作业区、炼铁总厂高炉一分厂4号高炉、长材事业部连铸二分厂CSP(薄板坯连铸连轧)连铸产线、冷轧总厂冷轧一分厂1720酸轧产线、特钢公司棒材分厂优棒生产线和马钢和菱实业包材分厂捆带生产线6条产线达到三星级现场。

【标准化作业】 配合马钢企业文化部、制造部推进作业标准化口诀提炼工作,182个岗位作业标准口诀看板上墙。组织14人,利用45天,通过8轮讨论评审,编制发布《马钢可视化标准手册(第一版)》。编制发布了《精益现场评价标准》《红牌督办问题检查标准》等工作标准。

【精益成果运用】 将案例发掘、发布、评审固化形成机制,为一线员工搭建展示自我的平台。从15家单位推荐的137个案例中经过现场验证41个集中发布,评审出17个优秀案例并在"公司精益运营成果发布会"上发布9项。与企业文化部共同组建6人宣讲团,利用30天时间对13家单位进行巡回宣讲,受众720人。

依托智慧精益系统平台,建立完善"随手拍""微改善""精益组""数字红牌"等改善献计机制。6月10日,员工提报"随手拍"达到万条,员工参与改善氛围浓厚,全年随手拍提报72258条,微改善29557项,精益组1139项,累计注册人数1.63万人,7314人积极参与,累计献计破10万条,访问突破52万次。

【团队建设】 马钢集团分三批次开展精益督导师轮训,培养9名精益师,自编15门课程;4月、8月针对各单位精益联络员、基层骨干共201名进行精益专题培训,创新性开展理论教学+现场指导相结合培训方式,提升参训人员现场指导实操能力;各单位组成35名厂级内训师,开展内部培训活动。

(冒建忠)

人力资源部

【规划配置】 1. 人事效率提升。全面对标找差,学习借鉴先进管理经验,坚持从管理变革、流程再造、智慧制造、岗位优化、专业化协作等多维度挖掘人事效率提升潜力。与19家人事效率提升重点部门(单位)一把手签订人事效率目标责任书,按照"逐步缩小差距,一厂一策分解"原则,分解落实人事效率提升指标,每月定期跟踪反馈完成情况。加强离岗政策宣贯,打通共享用工通道。结合新问题、新情况,完成《待聘人员管理办法》《共享用工管理办法》修订。在钢产量限产背景下,超额完成8%优化任务和人均钢产量1210吨目标,在岗职工优化达到8.7%,人均钢产量提升至1213吨。

2. 集团本部、股份本部岗位体系优化及聘用。结合马钢岗位设置实际情况,建立与宝武统一的岗位目录,规范岗位名称,优化人员结构,明确岗位任职要求,重新梳理制定岗位层级。7月,下发《马钢集团岗位体系方案》《马钢集团岗位体系优化中人员岗位聘用方案》,在全公司范围内多渠道宣贯。9月底平稳完成1.52万人岗位聘用及信息系统数据导入工作。实现管理、技术业务、操作维护三大岗位序列分别为6.4%、18.5%、75.1%,基本达到设计预期。

3. 制定马钢首席师三年规划。配合岗位体系优化,规范公司首席师人才队伍选聘和管理,建设一支高素质首席师人才队伍,公司下发《2021—2023年马钢集团首席工程师(首席管理师等)规划》。根据公司战略目标和发展的实际需要,分析产线、产品、专业覆盖面,结合人员成熟度等因素,马钢集团公司2021—2023年首席师规划108人。

4. 2021年新员工补充。充分调研各单位岗位缺员和补员需求,公司重点关注关键产线、重点项目员工配备。在做好疫情防控同时,采用线上线下并举的方式,全流程落实"阳光招聘"要求,共招录新员工295人,其中面向全日制本科大学招聘技术业务岗90人(博士2人,硕士54人,本科34人);面向马鞍山周边冶金专科院校招聘大专及以下操作维护岗205人。

5. 开展员工满意度调查。根据《员工满意度管理办法》,围绕2021年公司安全、环保、智慧制造、岗位体系优化等重点工作,开展年度员工满意度测评。经统计,2021年股份公司员工满意度为89.59%,较2020年提升0.05个百分点。

(纪长青)

【员工发展】 1. 员工培训全覆盖。2021年马钢集团一线员工培训覆盖率100%,参加培训人数23161人,培训覆盖率95.2%。参加线下学习174116人次,人均线下培训7.2次。总计2494189学时,人均102.4学时,其中人均线下学习58.6学时,人均网络学习43.8学时。C层级及以上管理人员人均线下学习118.9学时、网络学习82.6学时;其他管理人员人均线下学习92.2学时、网络学习71.9学时;技术人员人均线下学习91.7学时、网络学习66.6学时;技能人员人均线下学习55.2学时、网络学习28.6学时。

2. 重点加强基层管理人员培训。全面引入宝钢股份作业长任职资格培训体系,实施2期作业长任职资格培训,75名后备作业长取得任职资格;举办2期作业长管理研修,80名在聘作业长参加研修。开展重点人群专项培训。聚焦市场,探索构建专业族群人员培养模式,全年累计开展线下培训23期,累计培训1916人次,人均6.2次。持续推进特钢、型钢、轮轴"1+2+4"科技领军人才研修,42名领域团队后备人员参加专题培训。加强安全专项培训。引进宝武优秀安全培训实践,面向基层、安全管理人员,引入业内专家,开展SST安全感知培训,共350名分厂厂长、作业长和安全管理人员参加。加强后备人才培养,选拔30名优秀年轻干部组织开展"飞马"研修训练营,为后备管理人员团队储备力量。完成第一期"雏鹰计划"青年后备人才成长计划第二阶段培训,31名青年后备人才通过考核结业。落实宝武总部一线全员培训工作安排。根据全员培训工作计划,积极选送员工参训,建立领队制、双考勤、加强纪律要求等多项工作保障机制,克服疫情、克服生产组织等困难,全年共送培613名学员参加跨地区轮训。

3. 人才队伍建设。加强高层次技术人才队伍建设。根据《2021—2023年马钢集团首席师(首席管理师等)规划》开展2021年首席师选聘工作,选拔聘用50名首席师,2021年度共聘任76名首席师(含岗位体系切换的首席师)。加强高层次技能人才队伍建设。开展各技能等级认定辅导1170人次;开展电工、炼钢工、金属轧制工等7个工种的技师认定工作。拓展人才发展通道。积极推荐高层次人才参加政府人才工程和各类专家人才推荐申报,1人当选第八批安徽省学术和技术带头人,1人当选第十三批安徽省学术和技术带头人后备人选,1人当选第二批马鞍山市学术和技术带头人1人,1人当选安徽省技能大奖,6人当选第五届马鞍山市首席技师,11人当选马鞍山市“名师带高徒”活动名师。

(洪 瑾)

【薪酬福利】 1. 优化工资总额管理机制。充分发挥市场导向作用,强化工资总额与经济效益、人事效率挂钩联动;调整集团、股份本部奖金核定方式,按序列核定奖金;加强专项奖励管理,年初收到申报项目139项,评审并报公司同意设立专项奖励7项。

2. 深入推进绩效管理。年初,经职代会联席会审议通过,发布《员工绩效管理办法》。在岗员工岗位绩效评价覆盖率100%,在岗员工的绩效评价结果均与其薪酬分配、岗位变动、培训发展和职业规划等挂钩,体现“凭能力上岗,按绩效拿奖”。

3. 推进中长期激励机制建设。有序推进上市公司股权激励,马钢股份首期限制性股票激励计划方案经国资委和宝武审批通过,完成董事会相关决议,12月25日在上海证券交易所正式公告。为构建鼓励创新、驱动创造的研发创新支持体系,推动创新成果同产业对接,实现科研人员创新劳动同利益收入对接,制定《科技成果转化利润分享计划管理办法》,完成宝武集团级利润分享计划6个项目的评审和申报;组织开展公司级利润分享计划的申报评审。

4. 升级优化职工意外保险方案。完善员工健康服务体系,提升员工医疗保障水平,把“普惠+精准”关心关爱机制落到实处,对标借鉴宝武系企业实践做法,综合考虑马钢集团福利费预算,优化职工意外保险方案。经公司党委常委会研究通过,履行规范的招标程序,提升职工意外保险额度,增加保障项目,突出重点保障项目,促进员工“三有”工作生活目标实现。

(张晓莉)

【协力管理】 1. 管理体系建立。调整协作归口管理职能,马钢集团、马钢股份本部业务归口管理部门从12个减至4个,为生产类、检修类、物流类、生活后勤类,分别由人力资源部、设备管理部、运输部、行政事务中心归口管理。发布《协力业务管理办法》《生产协力项目管理办法》《协力供应商通用管理手册》等17项协作管理制度;发布《马钢集团协力管理变革三年行动方案》,明确协作变革三年目标。

2. 引入优质供应商。引入中冶宝钢承揽特钢行车“管用养修”业务;宝武环科承揽冷轧总厂酸再生业务;邢机轧辊承揽炼焦总厂7米焦炉“管用养修”协作项目,改变炼焦区域全部为常规协作项目的情况。

3. 培育内部供应商。培育马钢和菱公司成为具有行车“管用养修”能力的内部专业化公司;推进冶服公司承揽铁路线“管用养修”一体化业务,摸索专业支撑的共享用工;推进冶服公司承揽长材钢渣处理“管用养修”项目,探索从提供单一劳动力供给向自带资产、提供专业化解决方案的方向转变。

4. 优化供应商队伍。协作供应商从年初的138家(集团外117家),下降至年底的95家(集团外78家),含马钢交材口径为118家(集团外99家),完成全年目标任务。

5. 百日专项行动。制定《协作管理变革专项行动任务清单》,清理8家协作供应商,梳理343项安全操作规程及作业指导书,修订244项,自查382项协作业务并评估风险,落实日常协作安全检查要求,闭环管理,固化专项工作检查日。

(杨 毅)

经营财务部

【成本管理】 2021年,在面临高炉大修、环保费用大幅上升等诸多不利因素情况下,根据马钢集团公司下达的年度降本目标,每月分产线跟踪工序成本,将降本任务层层分解、跟踪评价、持续改进,超额完成年度降本目标。全面对标找差,2021年马钢集团生产经营总体高效,在产线、指标、成本、效率上突破自我,多项生产记录屡创新高,重点对标指标不断刷新历史最好水平。围绕公司当期生产经营要素,在市场研判基础上,精细测算产品边际利润排序,支撑、优化资源流向;围绕月度经营目标,加强对制造降本、结构调整、期间费用及库存控制等各子计划管控,各子计划PDCA循环有效执行。2021年马钢集团经营结果好于年度计划水平。牵头各单位对马钢股份炼铁总厂6座高炉的理论计算渣比、实际水渣量和干渣量进行了复核,对实际渣比和理论渣比的比值进行了调整。全年水渣销售量约505万吨,销售收入7.4亿元,比2020年增长6%。根据煤、焦市场变化及政府部门发布的指导价,适时调整马钢对外转供(售)能源介质价格。牵头各单位确定了安徽马钢气体科技公司的商业运作模式、物料定价机制及结算方式,顺利完成气体业务专业化整合。按月度编制马钢经营计划,并开展商业计划书和月度经营计划完成情况跟踪和分析工作,从盈利、库存、工序成本、运行特点等多视角,从与预算比较、与2020年实际比较、与对标对象比较等多维度,从固定成本、变动成本、能源成本等多因素进行全方位、全流程细致分析,发现亮点、查找问题、提出建议,为公司生产经营提供有力支撑。

【资金管理】　根据现金预算和月度资金计划动态调控资金配置,优先保证生产经营资金周转,保证重点工程项目支出,压缩非生产性支出、非重点项目支出,严格控制对外投资。制定归还银行借款计划,在保障生产经营资金需求前提下,统筹安排逐步归还银行借款,进一步压降有息负债规模;对无息负债进行梳理,分别就降原材料库存及应付账款规模、降产成品及外购钢坯库存制定计划。通过降有息负债、无息负债、压控两金等措施降资产负债率,马钢集团及马钢股份均完成宝武集团资产负债率管控目标。全面梳理马钢库存管理思路,明确公司库存管控界面和责任归户,完成对原燃料、中间品,产成品库存基本目标与挑战目标的梳理、评定;组织长账龄应收账款和长账龄备品备件的清理,坚持无库存的极限管控模式,“即入即出”不形成新增库存;严控授信管理,将马钢应收账款控制在较好水平,持续压控存货,对相关单位“两金”进行管控,加强月度考核,减少资金占用。采用多种融资手段,努力降低资金成本,紧跟公司决策,及时调整融资方向;密切关注汇率和利率市场行情,及时调整美元资产和负债的配比结构,有效规避汇率风险;密切关注资金市场变化,适时调整融资品种。

【资产管理】　健全资本管理体系,审核被投资单位股东会、董事会议案,对子公司的决策事项进行分析判断,维护马钢股东权益,推动被投资单位合规、健康、有序发展,促进国有资本保值增值;组织做好子公司预算、月度经营分析、绩效考核、标财建设的组织工作,编制月度经营分析报告,跟踪了解被投资企业的经营状况,重点关注被投资企业的盈利能力和利润分配情况,提升资本回报效率,按照宝武要求,将年度法人子公司亏损面控制在10%以内。多维度评估现有被投资单位的可持续性,配合宝武退资办,负责法人压减与参股瘦身工作,优化存量资产。2021年组织推进合肥供水公司的股权转让,完成合肥钢铁吸收合并合肥板材,挂牌转让国汽轻研院的股权、上海罗泾矿石码头股权等,年度完成法人压减4户,参股瘦身3户。加强产权口径国有资产管理,严格按照《企业国有资产交易监督管理办法》,对产权转让事项按照企业章程和内部管理制度进行决策,形成书面决议,委托具有资质的审计机构和评估机构进行审计和评估,转让价格经核准或备案的评估结果为基础确定。对于集团内因重组进行的产权转让,经集团公司审议决策后,采取非公开协议转让方式;对于向集团外的产权转让项目,则通过央企产权交易机构公开信息披露、征集受让方,通过竞价方式确定交易价格和受让方,力争交易项目保值增值。起草发布《参股公司管理办法》《被投资单位管理办法》;对现行《资产转让管理办法》《固定资产管理办法》《资产评估管理办法》《产权登记管理办法》等相关制度进行修订。按标财系统切换要求,配合设备、工程等业务部门和宝信支持人员完成在建工程、固定资产、标财资产模块等各项管理、核算职能的变更、数据切换准备、上线等事项。

【会计与统计管理】　关注各单位年报审计和国资委年报软件编报进展情况,积极与事务所沟通协调,及时处理年报审计中的问题,完成国资委2020年度财务决算报告。按中国钢铁工业协会和马鞍山市财政局要求,组织完成年度财务决算报告编报工作。全面对标宝钢股份管理制度体系,梳理修编本部门管理制度,参加公司各项管理制度的评审会并提出修改意见。组织对马钢管理口径40余家单位开展专项检查和自查工作,梳理问题,形成报告;对历次审计发现的问题,逐月进行汇报,积极安排落实整改。协助安永审计做好联交所、上交所2020年年报及2021年季度、半年度报告的披露及期后审核说明工作。审核与安永审计相关业务约定书条款,支持协调和答复安永执行审计过程中的各种问题,参加年度审计和中期执行商定程序相关审计事项的讨论、沟通、审核、修改。实现统计业务和系统与宝钢统计系统对接,并结合马钢实际编制马钢统计需求分析报告,信息系统及数据仓库故障情况下统计核算紧急处理预案。组织完成月度合并报表、财务快报、经济运行旬报编报。

【税务管理】 积极与安徽省、马鞍山市政府部门沟通协调汇报，牵头协助马钢相关职能部门和各分子公司，统筹争取国家政策资金扶持。2021年，马钢股份向主管税务机关申请退还2008—2010年度预缴企业所得税2.71亿元，为妥善解决这一历史遗留问题，经与马鞍山华瑞税务师事务所多轮反复梳理凭证材料，并会同马鞍山市税务局业务科室召开3次集体讨论会，最终获税务机关认可并在2021年1季度，抵免企业所得税8562万元，同时，此次重审过程中产生的2000万左右滞纳金问题，经与税务机关多次陈述理由，撰写汇报材料，最终税务机关同意予以减免滞纳金。

【其他重点工作】 1. 马钢股份2020年度业绩说明会。马鞍山钢铁股份有限公司2020年业绩说明会于2021年3月30日下午3:00至4:30通过全景网路演平台进行网络直播，约5万人次点击观看。马钢股份董事长丁毅携副总经理毛展宏、副总经理伏明、会计机构负责人邢群力和董事会秘书何红云女士出席业绩说明会，马钢股份主要部门、单位负责人列席会议。董事长丁毅简短致辞后，副总经理伏明简要回顾马钢股份2020年度经营业绩并展望2021年度经营发展。在随后的问答环节，马钢股份通过互动平台、电子邮件等方式对投资者提出的问题进行逐一回答。

2. 关联交易相关工作。2021年是新一轮三年关联交易协议制定窗口期，随着钢铁行业的蓬勃发展，以及马钢集团与中国宝武重组后专业化整合工作的不断推进，关联交易的金额大幅增加。马钢股份按独立董事要求与宝钢股份对标，牵头相关部门进行业务梳理，对不必要的关联交易进行删减。最终各项协议均于9月底获独立董事同意，11月初通过联交所审核，并全部在11月30日召开的临时股东大会上经非关联股东投票通过，保障中国宝武与马钢股份之间各项业务的开展。

3. 信息系统覆盖。按照马钢股份整合融合信息化项目统一部署，牵头组织标准财务、成本核算、成本绩效、成本考核、新产品成本设计、计划值、全流程等十几个信息系统建设，严格按项目推进计划开展工作，全程和马钢各业务部门及宝武管理部门、宝信软件详细梳理业务需求、反复推敲技术路径、认真编写代码规则、讨论接口方案及系统切换策略。2021年7月1日零点，马钢股份整合融合信息化项目成功上线，产销及各业务系统与标财系统实现集成。

（胡　芳）

规划与科技部（碳中和办公室）

【战略规划管理】 1. 完善管理体系。2021年12月25日马钢集团公司发布《战略规划管理办法》，明确战略规划管理职责、管理流程、过程绩效指标与风险控制。股东会是公司战略规划最高决策机构，负责审批公司战略规划；董事会负责审议公司战略规划；公司经营班子负责审核、调整公司战略规划，协调规划编制中的重大问题；规划与科技部负责公司战略规划的综合管理，组织规划编制与推进；职能部门、子公司分别负责职能规划、业务规划的编制与实施。

2. 推进内外部资源整合。积极践行国家“双循环”发展战略，认真贯彻落实中国宝武“十四五”战略规划部署，加快对外开疆拓土力度，统筹推进国内国外项目寻源和钢铁基地布局，2021年克服全球新冠肺炎疫情暴发的不利影响，以实地考察、视频会议等多种方式与国内外潜在目标企业对接交流。发布《聚焦优特长材领域，整合内外部资源，提升市场占有率》大调研课题报告。

3. 协同推进“1+8”产业布局。编制《长三角一体化发展规划“十四五”实施方案重大项目》《安徽省人民政府中国宝武钢铁集团有限公司战略合作重大项目》（宝武马钢部分）。加强与中国宝武长三角区域内子公司的规划协同、产业协同、产品协同，构建利益分享、合作共赢的命运共同体，协同推进“1+8”产业基地建设，即以钢铁制造为基础，推动轨道交通材料及装备、金属资源回收加工综合利用、冶金装备（备件）制造、设备远程运维、特种冶金材料、装配式建筑、矿产资源、信息技术等相关产业项目协同发展，打造钢铁生态圈优势产业集群。

4. 推进结构装配式模块化产品生产基地建设。承担中国宝武“探索作为集团公司钢结构装配式模块化产品生产基地的可行性”年度重点任务，编制马钢集团钢结构装配式模块化产品生产基地建设工作推进方案，完成中国钢结构协会、中国建筑设计院、北京赛博思、杭萧钢构、富煌钢构、莱钢建设、宝钢建筑和安徽住建厅等相关企业和主管部门实地调研，形成调研报告。2021年5月26日中国宝武在马钢召开钢结构装配式模块化工作推进会，充分肯定马钢集团所做的工作。

【“双碳”工作】 1. 组织学习培训和交流。2021年4月1日,马钢集团党委五届124次常委会学习传达中国宝武党委、中国宝武关于学习贯彻习近平总书记关于碳达峰、碳中和重要批示精神的实施意见。4月25日马钢集团党委五届126次常委会听取关于建立马钢集团碳中和工作体系的方案的汇报。6月29日,冶金规划研究院专家来马钢举行“马钢碳达峰暨降碳行动计划专题讲座”。8月26日马钢集团党委五届138次常委会传达学习公司领导在党委常委(扩大)会暨碳中和推进委员会第一次会议上的讲话,要求全公司深刻领会德荣董事长讲话精神。

2. 建立组织和推进体系。深入学习贯彻习近平总书记关于碳达峰、碳中和重要批示精神,积极响应中国宝武碳达峰目标,支撑公司绿色低碳发展,2021年5月6日,马钢集团党委、马钢集团联合下发《关于学习贯彻习近平总书记关于碳达峰碳中和重要批示精神行动方案的通知》(马钢集发〔2021〕36号)。在此基础下,深入分析钢铁行业及马钢长流程钢铁企业的特点,通过调研、交流、讨论,编制了《马钢集团碳达峰行动方案》,主要包括现状分析、总体要求、工作目标、重点任务、保障措施几个方面的内容。深入贯彻落实中国宝武关于碳中和相关工作要求,加强对马钢集团绿色低碳工作的领导,统筹推进绿色低碳领域的科技创新、技术合作、最佳实践推广及集团碳数据、碳资产管理等工作,5月16日,马钢集团下发《关于建立马钢集团碳中和工作体系的通知》(马钢集〔2021〕51号),成立碳中和工作领导小组、设立碳中和办公室,并明确工作职责。6月9日,马钢集团碳中和工作领导小组第一次会议原则同意《马钢集团碳达峰行动方案》。

3. 三项“双碳”行业标准获批立项。2021年12月22日,工信部办公厅下发《2021年碳达峰碳中和专项行业标准制修订计划》,其中由马钢股份牵头申报的《钢铁企业碳资产管理规范》《连铸工序单位产品能源消耗限额》和《电弧炉余热回收利用技术规范》三项标准正式获批立项,成为我国碳达峰碳中和领域首批获批立项的行业标准。对于钢铁行业来说,做好钢铁企业自身的碳资产管理和节能降耗工作尤其重要。马钢股份牵头申报的这三项标准,旨在发挥标准的引领和规范作用,规范钢铁企业碳资产管理,降低钢铁企业工序能耗,为钢铁行业的碳达峰碳中和目标实现提供重要支撑。

【科技创新体系建设】 2021年,加强各专业领域对外技术交流和合作,加快新技术和新产品在公司的移植和应用,整体提升制造水平和技术引领能力,形成以各专业(铁区、炼钢、热轧、冷轧、节能环保、长材)技术管理推进委员会为决策层,技术中心、制造管理部为创新主体,各制造单元为辅助创新单元的技术创新组织架构。

马钢股份拥有国家认定的企业技术中心和CNAS认证资格的检验技术研究所,建有博士后科研工作站,建立了“轨道交通关键零部件先进制造技术国家地方联合工程研究中心”(在建)、工信部“工业产品(车轮、H型钢)质量控制和技术评价实验室”两个国家级创新平台;建立“安徽省高性能建筑用钢工程研究中心”“安徽省汽车用钢及应用工程研究中心”“高性能轨道交通新材料及安全控制安徽省重点实验室”“安徽省轨道交通轮轴工程研究中心”4个省级创新平台。

在加强自主创新的同时,借助马钢加入中国宝武的发展契机,积极对接宝钢股份并开展技术移植工作,提升马钢在炼铁、炼钢、轧钢等各方面的技术能力。2021年与宝钢股份开展了46项技术支撑项目,主要包括铁前系统主要技术经济指标提升及高炉长寿、汽车板铸坯质量提升、热轧质量改进与高效稳定轧制、冷轧产品质量提升、棒线材产品质量提升、马钢钢铁产品LCA评价技术研究等项目。

【科研项目管理】 2021年围绕“成为全球钢铁业优特长材引领者”战略定位,坚持技术引领,强化技术创新体系建设,践行绿色发展理念,构建智慧制造体系,加快关键核心技术突破和成果转化,聚焦制约生产的难点、痛点问题,组织实施各类科研与技术攻关项目218项(政府项目11项、科研项目122项,技术攻关项目85项),科研直接新增效益4.26亿元。以科技管理系统上线为契机,进一步规范科研项目开展流程,完善项目结题验收评价机制,强调效益和成果双驱动。政府项目中,马钢参与、承担国家重点研发计划课题6项均已完成项目验收。承担的1项工信部工业强基项目及参与或承担的4项省科技重大专项均按照项目任务书要求正常开展。同时,马钢承担的安徽省科技重大专项“吉帕级超高强热轧钢板绿色制造关键技术及商用车轻量化示范应用”项目和中国工程院咨询研究项目课题“高速车轮产业化战略研究”顺利通过验收评审。

【新产品开发管理】 建立新产品开发过程信息化管理平台(科技管理系统),实现新产品开发项目线上管理,将质量管理体系要求(设计输入、设计输出等)在科技管理系统中以文件化形式予以配置。2021

年马钢累计开发新产品138万吨，新产品销售率9.05%；优良厚度方向性能热轧H型钢A992-CZ、T材质高寒地区用高强高韧性车轮、2100兆帕级汽车悬架簧用钢54SiCrV6、高强韧焊接石油套管用钢Q125V等新产品实现国内首发。在重型产线开发出的Q420级超大尺寸H型钢和Q390级厚规格建筑结构用H型钢等产品打破国外垄断，完成美国港口项目和Canada LNG项目批量供货，实现重型热轧H型钢在国内大型公共建筑主体结构首次应用；2021年马钢高碳铬轴承钢产品累计销售超过5万吨，并成功进入人本轴承、大连弗马斯-美国凯顿等国内一流企业；绿色精品家电用铝硅镀层板先后突破薄规格稳定生产、铝花控制、高温发黄等技术难点，市场占有率40%以上、0.5毫米及以下薄规格市场占有率达70%，全面替代了进口材料；快速开发出锌铝镁镀层产品及相应彩涂板，累计销售2万余吨；配合交材，联合中车、智奇等单位共同推动国铁集团高铁车轮国产化进程，获CRH3、CRH2型车用D2车轮中铁检验认证中心（CRCC）试用证书，完成供智奇350公里复兴号用D2材质CRCC试用认证用动拖车轮的试制。

【国家、行业标准研制】　马钢主持制修订13项国家行业标准项目（其中国家标准2项，行业标准11项），已通过全国标准化技术委员会专家审定；1项行业标准项目获批立项。响应国家“双碳”战略，完成《冷轧钢带单位产品能源消耗限额》等2项能耗标准和《绿色设计产品评价技术规范热轧H型钢》等2项绿色产品设计标准制定，为推动国家绿色低碳循环发展和建立生态文明提供了有效的支撑。

【知识产权管理】　2021年国家知识产权局受理马钢专利431件，其中发明专利301件，发明专利比例69.8%；授权专利352件，其中发明153件。境外专利方面，“一种超厚规格热轧H型钢及其生产方法”“一种帽型钢轧制方法及帽型钢”两项专利申请PCT（一站式国际专利申请），“基于连铸中间包升降液压缸同步控制系统的同步控制方法”获日本授权。两项专利获第八届安徽省专利奖，其中“车轮钢以及车轮热处理方法”获专利银奖，“一种钒氮微合金化石油钻柱转换接头用钢”获专利优秀奖。

围绕打造优特钢长材精品基地目标，推进重点产品专利布局。针对马钢优势产品H型钢构建专利池，申请专利164件，其中发明128件，授权专利102件，申请PCT 2项。积极推进重点产品、重点市场专利分析和预警工作。为消除用户顾虑，减少侵权分析，针对热成型钢及其涂镀技术进行了专利分析，形成《Al-Si镀层热成型钢板和冲压工艺专利侵权风险分析报告》和《钢材热冲压成形工艺及构件FTO分析报告》，并给用户出具专利不侵权声明。对于日本制铁新能源汽车用硅钢专利进行侵权分析，形成《日本制铁新能源汽车用硅钢专利侵权风险分析报告》，并给用户出具专利不侵权声明。加强知识产权培训，提高专利检索分析能力，组织开展了“专利检索技巧、分析应用及实操”“专利信息检索分析助力高价值专利”“知识产权网上专题班”“高质量知识产权培训与交流活动”等。

【知识管理】　2021年，以知识管理系统建设为抓手，通过知识管理平台的实施，促使马钢股份引入并快速吸收宝钢股份成熟有效的知识管理体系。制定并下发知识管理年度工作计划，明确重点工作任务和推进措施；构建知识管理网络和推进体系，设置管理推进组、专家组、知识经理、知识专员和知识联络员；建立知识管理制度体系，制修订《知识管理办法》《知识管理系统信息化管理办法》，规范知识发布质量、知识管理平台积分和系统运行标准；先后开展理念宣传培训、系统操作培训、知识专员知识管理工程师培训等知识管理培训；全年完成52425条知识库知识上传，内部知识48077条，占比91.7%，知识案例94条；建立知识社区104个，上传共享文档1951篇，知识库建设、知识社区建设均超额完成全年指标。

【科技成果管理】　2021年进一步完善科技成果培育机制，更加注重科技成果的先期策划工作，在科研项目立项、评审过程中，考虑效益、知识产权等成果报奖条件。全年获政府和行业科技进步奖11项，其中“钢材热轧过程氧化行为控制技术开发及应用”获国家科学技术进步奖二等奖，“GKI-33e铁路信号全电子计算机联锁系统”等7项成果获安徽省科学技术奖，“干熄焦炉体新型材料研发与高效修复技术创新与实践”等3项成果获冶金科学技术奖。申报中国宝武重大奖，5项成果获奖，其中获宝武重大科技成果奖二等奖2项，三等奖3项。按照宝武集团技术创新奖评审规则，组织开展2020年马钢科技创新成果奖申报评审工作，最终评出二等奖4项、三等奖6项。

【科协和外部社会组织管理】　2021年马钢集团组织召开马钢科协第七次代表大会，选举产生马钢科协第七届委员会，通过科协工作报告和科协章程修改报告，并对先进集体、先进个人和科技成果奖项目进行了表彰通报。马钢协办召开“2021年全国冶金焦化节能减排关键技术研讨会”，发布《马钢炼焦节能环保新技术研究与实践》主题报告,组织会议代表参观了马钢炼焦总厂和炼铁集控中心;积极组织科技人员参加“十一届中国国际钢铁大会”等行业重点学术会议,征集论文40余篇。马钢举办2021年全国科技活动周活动、全国科技活动者日和全国科普日活动,马钢科协获“安徽省2021年全国科普日优秀组织单位”;马钢参加第二届中国宝武“创新争先奖”评选活动,“马钢高品质特殊钢研发团队”等两个团队获优秀科技创新团队奖,1人获优秀科技工作者;组织参加中国创新方法大赛活动,2个项目在全国大赛总决赛中获奖。

专业技术管理推进委员会工作。组织制定并下发《股份公司技术管理推进委员会2021年工作计划》,引导各委员会根据公司总体战略要求,明确工作目标、对标找差和重点推进项目。2021年各技术管理推进委员会开展60余项技术专题会、30余项专业培训,组织多次与宝武各基地、首钢长治以及西安华陆工程等单位交流考察。

外部社会组织管理。修订《参加外部社会组织管理办法》,全面梳理公司参加外部社会组织情况,建立管理台账,统一安排费用预算,外部社会组织申请、审批、付费等业管管理进一步规范。

(秦玲玲)

法律事务部

【合同管理】 1. 制度建设。起草并发布马钢集团《工商法律事务管理办法》《子公司章程管理办法》;对马钢集团和马钢股份《重大事项法律审核管理办法》、马钢集团《合同管理办法》等进行换版修订。

2. 合同审查与检查。为集团公司、股份公司各相关单位出具法律意见书共计228份,累计提出法律意见1295条,重新拟定协议9份;其中,审查公司及下属子公司相关办公会议议案、重大投资事项、管理制度及合同等共计124件,合计出具书面法律意见599条。组织开展并完成2021年度马钢集团内合同管理抽查工作,就人力资源部、技术改造部、设备管理部、能源环保部、运输部、采购中心、营销中心及资产经营公司8家单位,在合同管理机构、管理制度建设、合同专用章、授权委托管理、合同审批、签订及履行程序、客户资信及动态评价方面进行合同管理全流程检查。

3. 授权委托。2021年度共办理新增授权委托书210份,其中临时授权178份(股份122份,集团56份),常年授权32份(马钢股份29份,马钢集团3份);根据工作需要,结合马钢集团、马钢股份领导层成员工作分工情况,在2018年事务性工作授权简易流程基础上,新增对公司合同审批权限的内容,并就原马钢股份部分事务性工作授权审批流程进行优化。

4. 合同专用章管理。2021年,共有合同专用章67枚,其中马钢集团13枚,马钢股份54枚。2021年新刻合同专用章3枚,换刻合同专用章1枚,缴销合同专用章40枚。

5. 法务培训。2021年,协助中国宝武法务部、管理学院办理第一期委托代理人考试相关报名、答疑工作,共计65人合格;联合常年法律顾问举办专(兼)职合同管理员法务知识培训班;共250余人参加。

6. 示范文本建立。根据各单位提交拟修订文本需求,制定文本修订工作计划,并组织常年法律顾问一同开展示范文本的拟定发布工作,已完成营销中心销售合同、设备部承揽合同以及备件修复合同共计3份示范文本。

7. 合规体系搭建。根据中国宝武集团《2021年度子公司法治企业建设情况考评表》相关要求,法务部组织对马钢集团法治企业建设进行自评,并根据自评结果再次组织办公室、党委工作部、运改部、人力资源部等相关职能、业务部门就失分项进行研究讨论,并就讨论结果及职责分工积极落实整改;编制马钢集团2021年度合规工作年度报告。

(陶　晟)

【工商管理】 1. 年报公告。按时完成公司年度报告公示工作并要求下属公司公示年度报告,配合市场监督管理局对公司年度报告开展抽检工作。为子公司办理工商事务9件。在重大事项合规审核过程中一并规范子公司章程制修订管理及工商法律事务、指导并规范下属公司办理工商法律事务。

2.“字号”管理。按公司制度管理“马钢”字号,同时按中国宝武要求对参股子公司使用“马钢”字号情况进行整改并按时汇报进展情况。其中主要涉及立体车库公司的字号清理,马钢投资公司已做股权退出处理,待退出后要求该公司更名,停用“马钢”字号。

3. 分支机构清理注销。根据国家企业信用公示系统查询结果,马钢集团和马钢股份各时期设立的,且处于吊销未注销或经营异常的分公司共有35家,其中马钢集团下属28家,马钢股份下属7家。这些分支机构虽已吊销但未注销,从法律层面看仍属于公司存续机构，为避免对公司信用方面造成严重影响，组织开展吊销未注销、经营异常分支机构清理工作。

（陶　晟）

【清算注销】 组织开展马钢集团公司全资子公司南山矿、马钢股份全资子公司长春公司，以及马钢股份控股子公司防锈公司和参股子公司一重的清算工作，并完成工商注销。

（陶　晟）

【重大法律服务】 参与并承担多项重大法律事务。负责埃斯科特钢股权收购，法务部在反复与外管局、市场监管局核实外汇支付及工商变更所需材料的同时，通过CMS律所与破产管理人进行多轮沟通，双方已就股权收购方式及协议达成初步一致意见，待协议终稿形成后，经马钢股份董事会审议通过即可签署，后可按照协议约定办理工商变更及支付对价。参与厂办大集体改制项目，办理集体企业注销，为集体企业处置出售提供全过程法律服务和支撑，起草对外出售相关转让协议、内退人员交接管理协议等。按宝武集团要求，完成7家集体企业关闭注销；在投资职能部门完成其余3家对外出售处置工作后满足注销条件时及时办理注销，并在必要时，积极组织各部门或与工商方面的协调工作。过程中如遇突发状况，尽力协调解决，如冶金设备厂先行注销，导致其所持利民商贸股权变更登记无法办理，积极协调市场监督部门，并起草相关情况说明及股权转让协议替代性证明，及时成功地办理利民商贸变更登记，按时完成集体企业改制涉及的法务工作。为公司业务整合融合提供法务业务支撑，参与采购中心与工业品公司的业务整合及业务委托工作，就工业品业务委托协议、仓储协议及相关工作界面、职责划分、管理要求提供法律服务。参与马钢与中国宝武各板块整合融合项目，包括与宝武水务、宝武碳业、宝武环科、欧冶保理等单位的专业化整合融合等。全力做好过程中的法律服务和支撑，起草并审查涉及的增资协议、章程、股权转让协议等。

（陶　晟）

【诉讼管理】 组织马钢集团、股份诉讼、仲裁应诉工作。牵头处理诉讼及仲裁案件28起，其中19起原马钢幼教职工起诉马钢集团劳动争议案件，因事实与诉求相同，集中统计为1起；案件涉及劳动、买卖合同、建设工程合同纠纷等，案涉具体标的额约9871.88万元，另涉及深圳28套房产权属纠纷，马钢金华公司1.2万余吨钢材权属纠纷；已结案21起，在法院作出实体责任认定的诉讼中，挽回或减少经济损失达8038万元，挽损率达99.05%。其中，马钢（上海）工贸公司诉马钢金华公司、销售公司钢材买卖合同无效案，涉及1.2万余吨钢材权属认定，该案系2012年华东地区钢贸纠纷遗留的历史问题。2021年6月生效判决认定涉争钢材归马钢金华公司所有，10月22日涉争钢材网上出售完毕，出售款为7361万余元，减去购买费用、仓储费用，账面仍盈余700余万元。至此历经9年三省十数次庭审的钢材系列纠纷案取得全面胜利。另外，处理破拆债权债务相关事宜7起，其中马钢（上海）工贸有限公司破产债权经该公司管理人确认，分配到帐破产债权34.48万元。以案促管方面，针对2020年法律纠纷高发的工程款纠纷、劳动争议、合同纠纷等领域，提炼总结管理风险点，发布2020年《典型案例管理评析报告》，就5起典型案例背后的管理瑕疵提出修改、完善意见；承办2021年诉讼纠纷期间，就应诉过程中呈现的管理风险点，向主管或业务部门发送法律风险提示函，要求主管或业务部门针对风险提示完成整改，确保运营合规化。

（倪　骏）

能源环保部

【概况】 2021年2月，根据马钢集团公司机构优化调整决定，马钢集团与股份能源环保部（以下简称能环部）开启“两块牌子、一套班子”合署办公新模式。马钢能源环保部主要职责是贯彻国家能源环保法律法规，牵头组织完成宝武集团安排各项工作，根据政府要求组织推进能源环保工作。负责制定马钢能源环保规划、战略行动和年度工作计划并组织落实。明确各分子公司环保目标、关键绩效指标，并对完成情况定期分析、评价和考核；负责公司能源环保业务管理工作。负责马钢能源、环境管理体系有效运行；负责公司范围内污染源排放、污染物处置的现场监督、检查、处理和现场环境绩效监察，负责环保设施日常运维的指导、督查和考核；负责可利用资源销售、处置管理；负责环保设施托管管理，负责水质运营托管管理等。负责公司能源环保争先创优、对标管理工作。

能源环保部下设能源技术室、环保技术室、综合管理室（党群工作部、安全管理室）、设备保障室、发电管理室、市场经营部6个管理机构、能电项目组1个临时机构、能源中心、供电分厂、燃气分厂、热力分厂、发电一分厂、发电二分厂、运行保障分厂 7 个分厂。2021 年底,能环部在册 1142 人,在岗 1140 人。

【主要经济技术指标】 全年综合能耗 552.7 千克标煤/吨钢(本部 563.1 千克标煤/吨钢),比 2020 年降低 1.7 千克标煤/吨钢。马钢煤气放散、氧气放散等明显降低,本部焦炉煤气放散率 0.03%,较 2020 年实际下降值 0.11。产值能耗(可比)1.50 吨标煤/万元(本部 1.65 吨标煤/万元),比 2020 年降低 0.22 吨标煤/万元。2021 年颗粒物、二氧化硫、氮氧化物、化学需氧量、氨氮比 2020 年分别下降 59.19%、34.96%、49.07%、30%、53.12%,固废返生产利用率 26.33%,比 2020 年提升值 1.21,超额完成年度计划,多项指标创历史最好水平。

【能源管理】 2021 年,进一步强化能源调度管理,能源调度实现"三调合一"集中管控,各类能源介质保供有力。完善智慧能源系统平台建设,能源动态平衡体系初步搭建。下半年,应对限电政策,兼顾公司生产需要和效益提升,推进有序用电。与马鞍山市发改委、供电公司积极沟通,掌握信息,与公司制造部、设备部协战,合理制定设备检修时间,充分利用检修负荷平衡有序用电,较好确保公司产线的正常生产。全年能源保供生产整体平稳,未发生生产类事故。3 季度生产操作及设备设施零故障,能源保供事故为零,为马钢股份主线各单元生产创新高提供有力支撑,一举摘得 9 月公司"奋勇争先"奖中唯一一面"大红旗"。2021 年,组织参加全国重点大型耗能钢铁生产设备节能降耗对标竞赛,四钢轧 3 号转炉获冠军炉、炼铁 A 号烧结机和 B 号高炉获优胜炉、炼铁 1 号高炉和 4 号高炉获创先炉。

【节能降耗】 加大节能技改项目实施,持续推进余热回收、黑体、智能烧钢等节能改造项目 22 项,成功建成四钢轧 2250 加热炉自动化烧钢升级、长材北区小棒加热炉余热回收等项目,2021 年实现节能效益 3200 万元。2021 年本部余能回收总量 114.2 万吨标煤,比 2020 年提高 3.7 万吨标煤;余能回收 68.5 千克标煤/吨钢,比 2020 年提高 1 千克标煤/吨钢。特钢电炉烟气余热回收指标提升攻关项目,获 2021 年宝武集团节能项目优秀案例,电炉蒸汽回收完成 237 千克/吨钢,比 2020 年提高 164 千克/吨钢,属于国内领先水平。蒸汽回收 595 千克/吨焦,比 2020 年提高 20 千克/吨焦,处于历史最优。加强用水强度与总量双控,实施了 33 号净水站污泥干化、南区雨污分流、生活水管网优化改造、六汾河深度处理等节水减排工程,有效降低用水量,2021 年耗新水完成 2.3 吨/吨钢,比 2020 年降低 0.3 吨/吨钢,处于历史最优。大力推进分布式光伏发电建设,2021 年新建光伏发电总装机容量 15.6 兆瓦,装机容量达到 39.3 兆瓦,2021 年绿色发电量 2102 万千瓦时,比 2020 年上升 1559 万千瓦时。2021 年 8 月,183 兆瓦节能减排 CCPP(燃气蒸汽联合循环发电机组)综合利用发电机组正式建成投运,有力支撑公司发电效率提升,同时创下 2015 年以来月、日发电量历史最高值。2021 年,马钢自发电比例提高至 69.1%。

【环境经营绩效】 环保责任持续压实,按照"党政同责、一岗双责""管生产必须管环保""管业务必须管环保"原则,完善环保责任体系,编制《环境保护管理责任制》、组织签订节能环保年度目标责任书,分解落实约束性指标和刚性任务。全面加强风险管控,强化考核机制,实施公司季度排序和扣奖双重考核制度,严肃考评考核过程,全年环保经济责任制考核 49.6 万元。定期开展风险识别评价,谋划防控措施,与马鞍山市有关部门联合举办马鞍山首次放射源应急演练,提升辐射安全应急管理水平。加强环保类信访回复回访,开展厂区环保公众开放活动,与周边社区建立沟通交流机制;落实政府检查"三好"工作,充分展现马钢环保工作的成果。2021 年,实现公司全年环保零处罚。全面完成 2019 年长江经济带生态环境警示片披露问题涉及马钢 118 项问题整改,获省厅验收批复。高质量完成六汾河水质整治工程,使其成为长江马鞍山段绿色生态廊道。环境问题立行立改、不打折扣,完成中央生态环境保护督察组进驻安徽期间转办信访件 4 件;按计划完成中国宝武党委第一巡视组、环保督察组对马钢集团环保专项 17 项反馈问题整改;滚动推进自查自纠第一轮 327 项问题和第二轮 90 项问题及环境体系内部审核问题整改。2021 年,马钢本部绿色发展指数得分 87 分,较上年增加 14 分,在宝武集团各基地中位列第 2 名。长江钢铁绿色发展指数 75 分,较 2020 年增加 13 分。

【"三治四化"】 大力推进"两于一入""三治四化",按创建绩效分级 A 级企业要求,继续推进超低排放改造,股份本部投资 11.5 亿元,启动实施超低排放改造项目 29 项,完成超低排 95%改造任务。长江钢铁投资 2 亿元,实施 6 项超低排放项目,稳步推进。2021 年,公司投资 6.8 亿元推进实施北区废水深度处理、雨污分流及北区废水提盐等 12 个废水零排放项目,基本建成。加大固危废攻坚处置,2021 年股份本部计划投资2.5亿元,实施南区热闷渣二次干法棒磨磁选线、PC(复合硅酸盐水泥)铁质校正料、固废分拣中心等8项“固废不出厂”工程项目,均已立项并开展实施。固危废暂存库规范化整治,马钢厂区内现有合规固废堆场5处,全部完成改造。

【安全管理】 加强危险源辨识及重大危险源管理,完成重大危险源现状评价及备案。加强有限空间管理,共梳理有限空间779个。开展安全整治三年行动,制定《能源环保部安全专项整治行动方案》,专项整治行动23项,效果显著。完成省应急厅执法检查出的10项隐患整改,其中南区焦炉煤气柜放散塔不足50米的隐患,历时7个月完成整改并销案。督促完成发电南区门岗煤气危险区域人员密集场所搬迁工作。规范特种设备管理,建立特种设备“一机一档”台账,制定压力管道检验检测责任清单,有序推进压力容器检验检测。推进建设项目严格执行安全“三同时”管理。在全体员工共同努力下,轻伤以上事故为零。

【设备保障】 落实设备系统高效保产与过程管控,深化TnPM(全面规范化生产维护)设备维护理念,推进重点产线设备生命周期管理。2021年,设备可开动率100%,主要设备故障停机率1.65‰,均优于年度指标。严格执行设备检修、基建改造项目T+2月计划申报制,加强与公司部门沟通协商,合理调整生产检修计划。充分利用公司规划项目,认真研讨技术方案,同步实施能源系统消缺升级改造,顺利开展2号炉、3号炉、13号机组、12号机组、11号机组、北区2号风机、3号高煤柜、110千伏线路761/762、885/886大修及北区制氢加压站改造、南北区联通管改造等重点检修工程。全面推进能源环保部EQMS(设备管理系统)上线。加强特种设备管理,推进压力管道检测进度。顺利实施北区2号风机控制系统、一气柜加压控制系统、北区钢空等6个站所的改造、升级,完成六空站所的无人化改造。

【基建技改】 基建及环治项目闭环管理。推进竣工项目结算和收尾,梳理资料,跟进结算,先后完成一硅钢废水处理站改造、863/864线路改造、热电南区煤场大棚封闭改造等12个完工项目的竣工收尾和后评价工作。安全有序推进项目建设,严格把控在建项目安全、能源、环保要求,延续性建设及新增建设项目共计46项,其中基建项目25项、环保治理综合项目21项。完成六汾河废水处理站深度处理工程南区干熄焦公辅配套、南北区连通管改造改造等20个项目和A号炉大修北区风机房配套、CCPP(燃气蒸汽联合循环发电机组)配套燃气热力公辅配套等8个项目。全年总计完成28个项目,其余项目均按计划推进。马钢“十三五”重点节能工程节能减排CCPP(燃气蒸汽联合循环发电机组)综合利用发电工程,在疫情防控的严峻形势下,在公司领导与相关部门的指导下,克服重重困难,推进各重要节点稳步完成,顺利完成工程移交投产。

【厂区环境提升】 推进六汾河生态修复,实施完成六汾河清淤与景观提升工程,河道清淤总长2042米,污泥均合规处置,彻底解决六汾河水质问题,提升厂区周边河道生态景观。护底护岸全部完成,绿化、广场、亲水平台等六汾河区域参观线路整治项目有序推进。厂区精益现场创建显现成效。成立能环部精益现场推进领导小组指导部,全年精益管理推进工作稳步开展。精益内训师培训共计开展11批次、482人次,各单位重点人员同步开展内训师培训。创建“13号机组精益现场”活动,通过对现场集中整治,可视化工作优化等活动的开展,现场环境焕然一新,在公司验收被评为公司“二星”精益现场。南区开拓园、敬业园、拼搏园等实施综合改造,实现“盆景”变风景,花园工厂初见成效。

【深化改革】 先后配合完成宝武清能人员整体划拨、集团能源环保部合署办公等机构调整工作。厘清部门分工及人员职责业务调整,修订《组织机构及职责分解管理办法》明确各部门职责,根据生产经营指标运行实行情况,修订《生产经营绩效管理办法》。按公司要求,完成能环部岗位体系优化变革,选聘首席师7名,技能大师2名、首席操作2名;完成管理、技业、操维序列各相应层级岗位说明书编写459篇。完成岗位体系优化后e-HR(人力资源管理系统)人员配置及调整工作。持续推进人效提升,拓展优化渠道,加大政策性离岗、共享用工等形式,完成公司下达优化指标。推进绩效评价体系优化工作,结合能环部实际,编制评审《能环部绩效评价实施细则》。有序开展全员培训,完成新建183兆瓦CCPP(燃气蒸汽联合循环发电机组)机组特色新员工岗前培训,推送102名员工参加新型学徒制培训,完成新员工岗前培训。各项整合工作平稳有序。开展能环部管理体系建设,有序推进2021年综合管理体系自我评价。

【党建引领】 学习习近平总书记视察马钢重要讲话精神,严格落实党建责任制,深入开展党史学习教育。开展集体学习、自学超过48次,下基层讲专题党课、“我为群众办实事”调研指导32场次。推进党支部品牌创建,形成一个支部一个品牌格局。各党支部开展主题党日活动45次,党支部书记、党员先进典型代表讲党课35场次。推动党史学习教育横向到边、纵向到底,全方位、立体化展示建党百年的丰功伟绩。开展“红色之旅”党员教育活动,庆祝建党100周年主题书画摄影展、“学党史、听党话、跟党走”融媒体行动等系列活动。发挥能环网站宣传阵地作用,推出“主任、厂长访谈录”“一线看状态”“风采录”“庆祝建党100周年专题征文”“电影《长津湖》观后感”等栏目,全年能环网站共编发稿件1100余篇;一批反映“绿”“智”和管理创新的新闻稿件被《学习强国》《中国冶金报》《中国宝武报》《安徽工人日报》等媒体采用,外发稿件423篇,连续夺得马钢宣传优胜单位称号。加强党风廉政建设,持之以恒纠治“四风”,不断强化政治监督,扎实开展营造清正廉洁的良好风气。投资近10亿元的新建CCPP(燃气蒸汽联合循环发电机组)发电项目已建成投产,无违规违纪现象发生。

【群团工作】　深入贯彻马钢集团党委部署,增强职工“三有”生活的认同感、获得感和幸福感。疫情常态化防控,及时摸排报备中高风险地区人员,推进能环部新冠疫苗全面接种及统计。完成北区429人核酸检测,南京禄口机场返回人员居家隔离,疫苗应接尽接完成率99.74%。推进新冠疫苗加强针接种工作。保障职工饮水健康安全,完成马钢生活饮用水品质提升工作。引入马鞍山市首创水务生活水,消除原水输送的环保污染风险,完成马钢老旧生活水管网改造,确保输配水系统安全。发挥工匠基地作用,强化人才队伍培养与技能传承,组织各类讲座、培训班近20次。聚焦生产重难点,推进岗位创新创效,开展新建CCPP(燃气蒸汽联合循环发电机组)百日冲刺劳动竞赛、降低12号发电机组发电工序能耗竞赛、“反违章、查隐患、找差距”安全“1000”作业区竞赛等,模拟项目化管理,分解指标和措施,落实考核。全年获公司级岗位创新创效13项,申报宝武级3项、公司级4项。关注困难职工需求,开展困难职工慰问、生病、去世职工及家属探望,积极为职工购买互助帮困基金、女职工特殊疾病保险,坚持实施“金秋助学”“职工子女成才奖”奖励,累计资金34万多元。

(邹　超)

安全生产管理部

【概况】　2021年,马钢深入贯彻落实习近平新时代中国特色社会主义思想以及关于安全生产工作的重要论述,认真贯彻宝武集团对安全生产工作的各项要求,坚持以人为本,牢固树立安全生产“1000”和“违章就是犯罪”理念,以年度安全生产工作计划为主线,落实“安全攻坚年”各项措施,以冶金企业安全生产“钢八条”为核心,推动重大隐患的排查治理;以智慧安全为抓手,提升本质安全水平;以“三管三必须”为原则,推进协力管理变革;以“违章就是犯罪”为理念,推动全员自主管理;以制度建设为根本,夯实安全基础管理能力。

马钢集团公司安全生产管理部和马钢股份公司安全生产管理部自2021年1月起整合,安全生产管理部是马钢集团、马钢股份职能管理部门,负责公司安全生产综合管理。安全生产管理部下设安全综合室、安全技术室、安全督查室3个科室,在岗员工15人。

【完善制度体系】　为进一步强化安全责任体系建设,2021年马钢组织开展制度全面梳理和修订工作,修订发布《安全生产管理办法》《安全事故管理办法》《安全事故问责管理办法》《员工违章记分管理办法》等22项安全管理制度,并制定公司领导人员安全管理履职清单;检修、建设业务部门制定《检修协力管理办法》《工程项目安全标准化管理办法》《基建技改工程供应商人员工地准入管理规定(暂行)》等制度。

【严肃事故问责】　对2021年以来发生事故的相关人员进行了问责和考核。其中,中层直管人员给予“通报、诫勉、警告、记过、降职”政纪处分13人次,同时追加扣发年度工资性收入绩效考核(分别按1%、3%、5%、10%比例);直接给予经济考核16人次,共计9.7万元。

【区域(总部)安全管理】　按照宝武《大区(总部)管理办法》和《安全督导工作指导意见》相关要求,马钢组建安全督察组,作为公司安全生产委员会特设机构,独立设置,与宝武的督导组形成两级督导,实现全覆盖、穿透式安全督导机制,并制定《安全督导工作方案》。

【双重预防机制】　全面梳理辨识危险源。2021年马钢多次组织各单位以作业区为单元,开展危险源辨识工作,共重新梳理辨识危险源27132处,并通过LEC法开展风险评价,根据风险大小,建立(红、橙、黄、蓝)风险四色图,在岗位设置风险告知牌。加强危险作业管控。通过安全信息化系统对危险作业进行管控,2021年共对14284项危险作业进行管控,其中Ⅰ级危险作业907项,Ⅱ级危险作业7570项,Ⅲ级危险作业 6164 项。重点对一级高危作业的现场管控情况进行现场监督检查，危险作业的管控情况实施日管控和周通报机制。

【专项整治】 根据国家、安徽省、马鞍山市和宝武集团的要求，落实安全生产专项整治集中攻坚年各项措施，开展皮带专项、高温熔融金属、煤气、有限空间、厂区道路交通、平台扶梯、消防等专项整治工作。为扭转安全生产被动局面，马钢从 3 月初至 5 月底开展为期 3 个月的集中攻坚行动，重点围绕“违章屡禁不止、隐患整改不力、责任追究不严、能力方法欠缺”等管理问题，开展 30 项安全专项整治工作。公司安管部、设备部、制造部、人力资源部等各部门通力配合，公司领导亲自部署，带队检查，定期分析。整治期间，共开展各类督查、专项检查 788 次，考核 99.2 万元，固化成果 26 项，取得预期效果。

【协力管理】 落实“违章就是犯罪”管理理念，持续开展反“三违”活动，共查处各类违章 1081 人次，考核 99.2 万元，因严重违章行为共清退协力人员 83 人，考核协力单位 188 万元。为进一步指导岗位人员识别岗位风险，自觉主动的识别习惯性违章行为，马钢组织开展了公司、厂部、分厂、岗位四级岗位“红线卡”，并制作下发到岗位，共制作“红线卡”25578 份。实施违约计分及黑名单管理。2021 年协力供应商违反禁入标准，暂停承接马钢区域所有新建项目的单位有 6 家；违反协力人员“黑名单”禁入标准清退 83 名。清除“插入式”协力。根据宝武集团劳动效率管理审计查出协力用工问题 2 项，公司举一反三，实事求是，自我加压，刀刃向内，针对梳理出的 7 家项目单位的“插入式”协力 931 人制定了 6 项整改方案。人力资源部、审计稽查部对公司范围内已查出的“插入式”协力用工项目的整改情况进行检查验收，达到宝武集团“插入式”协力“清零”的要求。2021 年公司基建技改和检修项目任务重，大小技改项目共有 58 项左右，很多项目生产与基建交织，安全监管压力巨大。组织对重大检修项目单位、技改项目部、总包单位、施工单位、监理单位安全履职情况和施工全过程管控情况开展监督检查，公司层面共开展检查 49 次，查出问题 465 项，督促各单位完成整改闭环工作。

【智慧安全】 为提升安全管理效率，提升体系能力，马钢集团通过信息化手段，应用先进技术，实现安全标准化管理，至 2021 年底，已有 30 个模块上线运行。2021 年，马钢制定 3D 岗位标准，并组织各单位按照标准进行排查，按计划推进机器人逐步取代人工，以减少 3D 岗位，同时围绕“集中化、无人化、少人化”等智慧制造技术典型应用，开展智慧制造专项劳动竞赛活动，强化制造场景与智能技术的深度融合，努力提升安全本质化水平。运用精益通查违章，推动智慧天眼监控系统建设。

【安全标准化作业区建设】 以作业区安全标准化建设为抓手，全面提升基础安全管理水平，制定《2021 年安全管理标准化作业区达标建设工作方案》，以“5833”为安全标准化管理模式，推动作业区开展安全标准化建设工作，通过对标学习、专业指导、创建评比等方式，293 个作业区实现 100%达标。

【培训教育】 2021 年，开展各单位主要负责人及安全管理人员培训 279 人次，举办 5 期作业长培训共参加 394 人，消防培训共参加 335 人，职业健康安全管理体系标准培训、安全信息化培训、职业卫生管理人员培训、安全标准化培训共参加 341 人，特种设备管理人员和特种作业人员培训共参加 895 人。组织开展全员安规培训及考试，制作三期安全事故警示片并组织全员观看。马钢志愿消防队伍、重点部位管理人员、消防设施操作员培训共 335 人；特种设备管理人员培训 30 人；起重司机、起重指挥、叉车司机等特种设备作业人员取证培训 10 期，培训 304 人，186 名各类特种设备作业人员复审培训；煤气工、焊工、电工等特种作业人员取证培训 10 期，共 314 人参加，61 名特种作业人员复审培训。

【特种设备合格管理】 加强特种设备使用管理，监督各单位及时办理特种设备使用登记证，坚决杜绝无证使用行为，并对报废、注销和停用的特种设备及时进行状态变更，强化特种设备使用登记和变更管理，推进起重机械“双限位”装置。全年共完成特种设备定期检验 1650 台，其中锅炉 41 台，压力容器 642 台，起重机械 677 台，电梯 55 台，叉车 235 台，一次检验合格率达 98%。

【应急能力建设】 根据承接宝武集团应急管理要求，重新修订安全事故应急预案，共梳理修订 7 项一级预案，137 项二级预案。安徽省第四届危险化学品救援技术竞赛在马钢举行，来自全省各地市的 10 支代表队参加了竞赛。经过前期充分准备与艰苦训练，马鞍山市省金属冶炼应急救援马钢队凭借优异表现获带压快速堵漏、化工装置初期火灾处置两个集体单项第一名，团体奖第三名，个人全能奖第一名，个人综合体能第二、第五名的优异成绩及优秀组织单位的荣誉。

（胡艺耀）

技术改造部

【固定资产投资】 2021年完成105个项目的可研审查并下达立项批复,其中重点环保项目64项,确保“三治”项目的完成,全力支撑马钢集团绿色低碳战略落地。2021年新建及续建项目共计163项,建成投运133项,完成固定资产投资63亿元。工程项目准点率93.2%,工程投资资金计划符合率90%,工程项目安全大事故以上为零,工程项目质量大事故以上为零。

【“十四五”规划基建技改项目】 “十四五”期间,马钢将重点规划钢铁产线升级和产品结构调整项目、绿色发展·智慧制造及专业化聚焦整合、对外兼并重组项目。固定资产投资主要是北区填平补齐、南区产品产线规划两大项目群。2021年重点推进以马钢A号高炉大修为代表的北区填平补齐项目群的建设和新特钢项目开工为标志的马钢南区产品产线规划项目群的全面建设。

自2020年6月马钢启动A号高炉大修可研方案以来,部门上下全力以赴、环环相扣,在满足管理流程的合规约束的前提下,全力推进可研立项、工程设计,施工单位选择,施工方案制定,施工准备等各项关键节点,将一个需要两年准备时间的高炉大修工程缩短到15个月。A号高炉大修大胆创新采用快速大修模式,9月15日顺利按计划停炉大修,9月30日完成旧炉体切割和滑移,10月5日新炉体安装就位,12月9日开炉投产。同时,配套的炼铁总厂南区带式焙烧机工程,11月底出成品球;炼铁总厂南区落地堆场环保升级改造工程12月10日全面投运;北区小料场改造工程11月15日全面投运。

以确保年内顺利全面开工建设为目标,2021年就新特钢项目建设,技术改造部研判政策条款、策划置换方案、协调产能来源、协同政府调度。6月置换政策一出台、备案政策一放开,立即在最短时间内完成方案编制,明确报批流程、协调各部门分工合作,快速完成发改、经信、环保、规划等两级政府审批环节,在短短4个多月时间内完成300万吨级钢铁冶炼项目的立项报批。11月18日,马钢举行新特钢工程项目开工仪式。

【项目立项管理】 1. 强化年度投资计划的刚性要求,控制计划外项目立项,促使各厂初步树立厂部投资整体谋划、提前策划的理念。2. 对标宝钢股份模式,增加初步设计批复环节,促使项目管理向深度发展。3. 根据区域总部的定位,实行延伸管理,对子公司限上项目及马钢集团本部项目进行审查和批复,强化双跨部门对集团项目管理的职能。

【项目过程管理】 1. 建立健全项目投资管理台账。以合同签订前置审批为抓手,将合同前置审核与签订分离实施,实现前置审批集中管控,合同签订前强化投资额度对比,项目合同额达项目投资额85%时,部内开始预警,重点管控,确保项目投资不超投资计划。

2. 管控散、小标段的数量,提升项目单位从“散”标段向“大”标段转化的意识,根据现场不同情况,灵活选用E+P+C、EP+C、E+PC等不同项目组织方式,逐步减少工程总承包承包组织模式,即节省投资费用又充分调动承建各方积极性。2021年共完成建安工程招标166项,比2020年减少39项。

3. 建标立制,提升供商“品质”。建立基建技改合格供应商网络,推进供应商、分包商评价考评体系建设,注重考评结果应用,通过项目评价、年度评价、标化工地考评、质量监督考评等多维度,实现“优胜劣汰”,优选出合格、优秀、战略不同层次的供应商,保障优质建设资源。2021年重新发布《基建技改工程供应商管理办法》,并发布两期《马钢股份公司基建技改工程供应商名册》。

4.“三管三必”,构建项目安全体系。坚持“安全第一、预防为主、综合治理”方针,通过建立健全项目建设安全管理制度、项目安全员联络机制、规范供应商人员准入管理、推动“一牌两台三会、一眼一费”管控机制、加强危大、超危大分部分项工程安全管控、开展日常和专项安全环保督查、全面推动三方合署办公和安全标准化工地建设等,持续推进工程项目安全管理体系建设。在建工程项目通过天眼查处各类违章400余条,通过现场督查查处各类违章335条。通过标化工地考评和结果在工程项目招投标中的初步应用,形成工程项目施工安全管理“比、赶、超”氛围。

5. 强化监督职能,有效控制工程质量。强化冶金工业工程质量监督总站马钢监督站的工程质量监督职能有效发挥,通过与宝钢监督站、梅钢监督站的对标交流,修订完善质量监督管理办法,明确工程质量监督程序和各方参建单位的职责;加强开工前监督告知,预先规定重点监督部位并责任到人;加强日常巡查和定期重点巡查,新增对工程检测单位检查,加大对监理单位的管理力度;通过质量月等专项质量活动,组织人员培训和座谈,提高专业知识和管理水平,促使各单位提高质量意识及认知，实现有效控制工程质量的目的。

6. 全力推进项目“收尾”。主动梳理前期实施未转固项目154项，拟定转固计划并按月推进，2021年完成打包90项，正式转固49项；根据《固定资产投资项目后评价管理办法》和《固定资产投资项目后评价管理标准》，制订项目后评价年度计划。项目后评价工作同期由2020年完成18项提高到2021年的85项，后评价工作得到实质性推进。

【总图管理】 完成马钢股份炼铁总厂A号高炉、B号高炉大修、C号烧结机、焦炉大修、能控中心4号鼓风机节能减排等50余个项目可研、初步设计的总图审查工作；协助调研宝武特冶新基地选址，提出选址区域内土地情况及可能利旧资产的配合工作，为公司保留了优质产线；11月11日完成三台路封闭，厂区大门减少12个，提高物流通行效率。推进“十一五”后期用地补充协议签署和费用按期返还工作，年内返还资金8000万元。

为有效解决马钢总图测绘控制网遗失、损坏控制点约60%、控制点精度可靠性不足等总图管理缺陷问题，将测控网完善、地下管线测量、三维系统“三管”齐下，确保总图数据的实时性，并将其应用于相关系统，提高总图数据使用效率，保障工程定位和项目规划的总图需求。8月测控网完善通过验收，投入使用。

【土地管理】 2021年完成10项拆迁补偿工作，确保南区厂容整治工作顺利实施。协调马钢型材项目占用马钢交材厂房的评估、还建等前期工作，确保马钢型材用地按时交付。全力推进核桃山场平工作，及时协调马鞍山市政府相关业务部门，办理核桃山林地报批、马钢厂区入工业园区、长江1千米线等其他工作，6月完成核桃山场平工作，为马钢股份新特钢项目用地出让、全面开工建设创造了条件。

【信息化建设】 根据马钢集团统一部署，推进马钢信息化覆盖项目，保障马钢股份整合融合信息化建设项目的依法、合规、按期落地。签订马钢信息化覆盖项目产销一体化系统、决策支持系统、能源管理系统、计量检化验系统、工程项目管理系统等5大系统合同，除决策支持系统按三阶段实施外，其他4大系统于2021年6月30日全部一次性上线成功。

全面保障工程项目管理共享平台上线及应用。技术改造部作为马钢股份整合融合信息化建设项目一个子项——工程项目管理共享平台（以下简称“BPMS系统”）项目组，从五个方面全力推进该项目建设：完成BMPS系统基础数据工作分解结构（WBS）编码工作，由技术改造部、管理支撑方宝钢投资部和设计院组成三方协同机制，共同梳理马钢特有产线，划分工艺段，新增或修订编码2500多条，形成马钢WBS标准库；业务与系统协同推进，最大程度消除BPMS系统与项目管理在管理理念、管理模式、业务流程、管理深度、职责划分等方面存在的差异；创新需求、设计过程，基于现有成熟平台，通过培训方式收集差异需求，同步设计，减少无效的时间浪费；以全新方式完成系统测试过程，采取四轮逐步演进方式进行测试，小范围排除问题后，扩大测试对象范围，为后续培训、正式使用打下坚实基础；采用多方式组合开展培训工作，确保培训效果。BPMS系统于2021年6月25日提前顺利上线。

【其他重点工程】 马钢原料场环保升级及智能化改造工程：项目分三部分，即混匀料场项目、智能化改造工程和一次料场C型棚项目。1号B型棚、2号B型棚、一次料场C型棚项目中的2号C型棚已建成投运。马钢股份炼铁总厂南区落地堆场环保升级改造工程：2021年3月1日正式开工建设，8月中旬，球团矿仓主体结构完成封顶，9月下旬焦炭及烧结矿仓主体结构完成封顶，部分系统随带焙节点投运，全项目主体部分12月中下旬全部建设投运。炼铁总厂（南区）2号烧结机烟气脱硫脱硝及超低排放改造工程：2021年6月开工建设，9月中旬完成主体结构封顶，10月下旬项目完成建设进入试运行。炼铁总厂（南区）015料场环保升级改造工程：2020年12月1日开工，2021年1月主要区域大棚区域、翻车机区域桩基施工，7月下旬大棚网架结构施工完成，9月中旬翻车机室混凝土主体结构封顶，皮带进出料系统随带焙系统11月底投运，其他主体设施和系统于12月底建设完成。马钢股份炼焦总厂6号焦炉烟气脱硫脱硝工程：2021年7月21日开工，12月初建成投运。节能减排CCPP综合利用发电工程：2021年6月10日完成整体启动前的安徽省质监站质量监督检查，6月21日顺利并网，6月29日开始机组一键启动调试，8月20日0点168小时可靠性试运行一次性通过，项目建成投运。马钢北区雨污分流及排口优化系列工程：主体部分13座工业废水池及配套工业废水主管网（除炼铁总厂工业废水收集池因A号高炉大修施工部分内容顺延），7座生活污水处理站及管网改造，9个区域的雨污分流子项工业废水和生活废水系统于12月底前全面建成完工。南区厂容整治项目：按照马钢部署要求按期完成三楼两园和参观路线沿途大门、绿化改造工作，为公司“8·19”专题活动实施奠定坚实的基础。马钢股份长材集控中心12月15日建成投运。

【其他业务工作】　2021年新签订各类合同544份,合同履行828份,完成项目转固49项,审批、办理合同支付共计52.17亿元,比2020年增加18.5亿元。完成建安工程控制价编制金额为36.53亿元,比上年增加23.17亿元;完成工程转固结算94项,结算金额为7.56亿元,比上年增加4.3亿元;完成工程项目估(概)算费用审核105项,比2020年增加73项;审核检修工程预算1123份,审批金额2.64亿元,核减率为24.32%,比2020年增加5047万元;完成其他费核算185项,共计2.34亿元。2021年共接收各类施工图60880份,发放建安施工、设备制造、安装图纸20730份;转发各类电子文件230份;发放设备、建安招标图纸384份;库存图纸5234份。

【内部管理】　2021年根据马钢集团组织机构调整要求,技术改造部内部科室由7个调整为5个。及时梳理管理流程,理顺优化明晰业务分工及流程。从基建技改项目全过程管理出发,优化调整科室分工,形成工程项目从前期策划、立项、组织方式落地的全部前期过程由项目管理室管理,项目现场施工、安全由施工组织管理室管理、工程经济室负责项目后评价的全过程项目管理主线,综合计划管理室(合同全过程管理、供应商管理)、工程经济室(造价专业管理)、工程质量监督室(质量管理、总图土地管理)全过程专业支撑及业务办理的管理方式,各科室各司其职,交叉配合,充分发挥组织极致效率。

2021年,技术改造部被马鞍山市委市政府授予“2018—2020年度全市推进重点项目建设先进集体”。“马钢股份公司工程设计统一规定提升与完善”获2020年度马钢股份管理现代化创新成果三等奖。部门获马钢“奋勇争先奖”大红旗、小红旗各一次。

(黄远顺)

集团公司直属分/支机构

行政事务中心

【助力乡村振兴】 1. 加强组织领导。为深入贯彻国家、省市及中国宝武关于巩固拓展脱贫攻坚成果同乡村振兴有效衔接的相关文件精神，马钢及时调整帮扶机构，成立马钢乡村振兴工作领导小组，领导小组办公室设在行政事务中心。围绕定点帮扶安徽省阜南县地城镇李集村和含山县林头镇龙台村目标任务，分批次组织公司领导和部分中层管理人员深入帮扶村调研走访，解决实际需求；中心每季度向公司汇报乡村振兴工作进展情况及下一步工作计划；与帮扶团队、驻村干部建立日常联络机制，加强工作对接，推进帮扶措施落地。2021 年，马钢驻村工作队和驻村干部分别被安徽省和中国宝武评为脱贫攻坚先进集体、先进个人、优秀扶贫干部标兵。2. 开展结对共建。针对龙台村党组织涣散情况，组织帮扶团队与龙台村党总支签订结对共建协议；指导驻村工作队协助村两委加强基层党组织建设，帮扶困难党员群众，宣讲主题党课，推进基础设施建设和产业项目帮扶。“七一”和春节期间，马钢集团党委组织对两村困难党员进行慰问。3. 落实帮扶举措。组织马钢相关部门先后赴两村开展帮扶项目可行性调研，年内马钢为两个村落实帮扶项目资金 171. 96 万元，实施苗木产业帮扶项目 2 项、道路修建项目 3 项。配合安徽省国资委开展帮扶工作，支援帮扶资金 25 万元。组织各单位采购和帮销帮扶地区农副产品共计 1539 万余元，超额完成宝武下达消费帮扶任务。发动职工自主购买含山县仙踪镇带贫主体企业黄桃产品累计 10. 93 万元，帮助农户减少受疫情和台风影响带来的损失。落实马钢助学金长效机制，对两村脱贫户、监测户 42 名子女进行助学，每人发放 2000 元助学金。发挥马钢职业教育优势，针对帮扶村培训需求开展专业技能培训。

做好公益支持。积极响应马鞍山市慈善总会号召，“慈善一日捐”捐赠善款 40 万元；配合马鞍山市中心血站发动职工义务献血 2772 人次，献血量达 776800 毫升，新增 2 名职工造血干细胞捐献者；组织参加第 30 届市金秋花展花卉布展。

【疫情防控工作】 1. 组织疫苗接种。认真贯彻落实国家、省市和中国宝武一系列决策部署，按照“外防输入、内防反弹”的防控策略，严格落实四方责任。根据政府要求，本着“应接尽接、分步实施、条块结合、以块为主、有序推进”原则，设置疫苗接种点，组织宝武在马鞍山单位正式职工和协力工近 6 万人进行专场接种，应接尽接率分别达到 99. 56%和 99. 84%。2. 常态化疫情防控。坚持日报表制度，及时摸排高风险地区往返人员，在南京禄口国际机场疫情和云南、厦门、西北等地区多点散发疫情期间，及时组织落实各项防控措施。做好室内外环境消杀工作，严格会议防疫要求，按照“谁举办、谁负责”原则，要求 50 人以上聚集活动制定、报备防控方案并落实防疫措施，全年共审核各类会议、培训防疫方案 29 份。做好防疫物资储备，常备 50 万只一次性医用口罩及手消、干湿纸巾、84 消毒液等，在办公楼和智园主要入口处配置自动测量体温设备。3. 抓好应急处置。制定《突发公共卫生事件应急预案》，针对南京禄口国际机场暴发疫情，及时转发、下发紧急通知，开展全面摸排，联合马钢应急办召开紧急会议详细部署，在马钢股份厂区设置 8 个临时检测点，一天内组织马钢在慈湖高新区工作人员核酸检测 17020 人次。

【厂容环境整治】 1. 厂区绿化建设与改造。根据马钢股份南区厂容综合整治工作安排，认真履行绿化分项目部职责，加强绿化工程过程管控，建立周例会制度，通报工程进度，总结外部影响，梳理存在问题，积极组织参建单位实施绿化建设和改造项目，对工程质量、施工进度进行监督。以 8 月 19 日为节点，克服工期紧、任务重等困难，圆满完成南区“三门、四园、三楼、一路”绿化新建和提升工程。全年新建、改造绿地 31. 6 万平方米，绿地率和绿化覆盖率分别达 32. 4%和 33. 9%，完成了年度绿色城市钢厂提升指标。2. 厂区绿化养护工作。加强科学养护，巩固绿化建设成果，特别是 2020 年重点道路和区域的绿化养护，及时对绿地植物进行灌溉、除草、修剪和病虫害防治，保证成活率，实现管护期满后顺利交接。严格执行绿地损毁占用审批制度，对各单位的申请全部经过现场勘察后，确需占用的予以审批，临时占用的绿地督促项目单位及时恢复。3. 厂容环境卫生监察。加大厂区巡查督察力度，严格处罚违规破坏绿地和影响环境卫生行为。加强数字城管和精益通平台反馈案件处置，及时接收和处理各类问题，形成上下联动、即查即改、良性循环工作模式。全年累计下发厂容环境卫生整改通知书 9 份、厂容环境卫生考核通知书 25 份，处罚金额总计 14. 1 万元；对数字城管交办的 244 件案件进行确权，回退 51 件，完成 193 件，完成率 100%，及时率 98%。围绕国家、省市和中国宝武等各级领导考察调研、“长江大保护”、环保督察、国家卫生城市复审等重要任务,按照全面部署、点线结合、突出重点原则,大力开展环境卫生整治工作。

【卫生健康管理】 1. 整合“四室两堂一所”。制定《马钢“四室两堂一所”整合优化方案》,围绕2021年“四室”提升率29%的目标任务,牵头召开专题会,推进各单位加快“四室”的整合提升。按照马钢厂区整治总体规划,参与南厂区第一共享服务中心厨具和家具设计方案评审,完善新建共享服务中心布局。2. 提升职工工作餐品质。结合马钢工作餐实际情况,开展专题调研,形成《职工工作餐提升实施方案》,推行选餐制、开展食品安全检查、延迟工作餐餐费清零、改善服务质量。3. 实施健康饮水全覆盖。制定《职工饮用水品质提升实施方案》;通过生活水主管网改造,引入首创水务生活水;增配反渗透装置净水设备,改良水源供给;安装大型净化设备,保障食堂用水和职工饮用水安全。4. 优化职工体检方案。完成体检人数16898人,到检率90.64%,体检满意度95.62%。提前谋划2022年“1+X”个性化体检套餐定制方案,联合医疗机构开发职工体检网上预约App,嵌入预约体检、线上缴费、现场自助报告、检后健康管理等功能,同时为职工及家属争取最大价格优惠。5. 推进爱国卫生工作。结合国家卫生城市、文明城市复审迎检工作,开展多种渠道卫生健康宣传,并按季度完成病媒生物防制、“四害”消杀等工作,定期为马钢办公楼进行病媒生物防制,“四害”消杀面积约90万平方米,鼠、蚊、蝇、蟑密度明显下降。6. 加强医疗保险服务。认真落实企业补充医疗保险各项政策,按照2020年职工工资总额的1.3%,计提企业补充医疗保险基金6000万元;完成离休人员、大病重症和职工家属医疗保险费等各项医疗费用的审核报销工作,共计11397人次,3620.97万元;工伤超标准、超范围等各类费用1285人次,1257.86万元。与马钢相关部门密切配合,完成2021年度职工人身商业险招标、协议文本修订及协议签订,缴费2600万元,4—12月累计索赔1470人次、1270万元,处理职工人身商业险保理赔纠纷近20起。

【后勤事务管理】 1. 抓巡查促监管。不断强化马钢机关办公区域、智园等管辖范围的设备设施维保监管,保障设备设施正常运行,实现电梯、锅炉、消防等特种设备全年零故障。全年完成各类固定资产维修13项、土建零星维修258项,设备维修3100项,协调解决各单位报修问题217项,排查整改各类隐患62项。以服务高效、环境达标为基本要求,不断提高卫生保洁标准,加强环境消杀工作,为机关办公区域员工提供清洁、健康、舒适的工作环境。提高会议中心、展示馆服务效率和服务能力,圆满完成“绿色发展·智慧制造”马钢现场会、“五一”表彰大会、宝武中心组扩大学习会、职工代表大会等各类会议服务804场、17803人次;马钢智园展示馆及特钢展厅接待参观496场、13655人次。2. 抓安全增设施。持续改善文体分中心场馆基础设施,完成市政供水改造,保障职工用水安全;完成羽毛球馆照明系统改造,改善场馆照明效果。进一步加强场馆安全管理,明确场馆安全责任人,坚持日巡查、月检查和危险区域专项制度,开展员工安全与技能培训,落实消防器材“三定”管理,规范检修现场安全监护。严格落实疫情防控工作要求,实行“一人一码”和“一米线”制度。全年共办理会员卡1392人,日均服务约1200人,年度服务约43万人次,承接公司和二级单位的各类活动、比赛12场。

【档案史志管理】 1. 夯实基础工作,推进信息化建设。研究编制马钢“十四五”档案工作规划并组织实施,修订发布《档案工作专业管理标准》等管理制度。全面梳理各项业务,调整划分科档、文档、数字、史志四个序列。结合马钢专业化整合发展需求,开展档案工作托管服务。对宝武智慧制造现场会、疫情防控、定点帮扶等公司重大活动档案进行归档;档案馆全年共整编各类档案20085卷(件),接收进馆各类档案30610卷(件)。对热电总厂CCPP节能减排等917个马钢重点工程项目全程跟踪指导,验收单位工程859个;开展地形地质、老民建等档案专项整治工作;对29家单位开展档案管理工作检查。持续开展业务培训,宣贯档案有关新政策、新标准;举办“档案话百年”主题档案知识竞赛。组织召开安徽省档案学会马钢分会第五届理事会;参加中钢协档案工作协作组第七次会议。持续开展电子档案网上远程利用,结合专题借阅需求提供光盘利用,全年实现网上远程利用3888次,线下提供利用23792卷(件),1397人次。完成“马钢精彩历史瞬间”主题图片展,编写《马钢档案馆指南》,开展《历史上的今天(1958—2020)》书刊编研。加强库房、重点部位及周边环境巡查,完成南区消毒舱安装。总结《企业电子文件归档和电子档案管理》试点工作经验,形成《ERP数据归档和管理规范》并申报国家档案行业标准。开展智慧档案馆建设调研,编制形成《马钢集团智慧档案系统建设规划书》。2. 强化编纂质量,推进史志年鉴编纂。按照马钢制度建设新要求，重新梳理马钢史志、年鉴业务流程，修订发布《马钢史志工作管理办法》。落实马钢集团续修志书工作总体部署，组织开展覆盖马钢及宝武托管单位《马钢志(2001—2019)》编纂工作集中培训；广泛征求各单位意见，研究编制并下发《马钢志(2001—2019)》编纂大纲；6—10月，组织完成两轮志稿初稿征集；结合实际需要，对编纂大纲进行调整下发；11月上旬，择优组建《马钢志(2001—2019)》编纂人员队伍，并建立编纂工作例会制度，开始实施编纂工作。结合马钢机构调整实际，加强沟通联络，合理调整设计《马钢年鉴(2021)》编写大纲框架结构和各栏目板块内容，高质高效完成《马钢年鉴》第35卷本编辑出版与公开发行工作。

【公积金、房改业务】 1. 拓展业务服务平台。梳理优化“受理、审批、稽核”三级审批流程，实现“管办分离”。建立资金划拨“三重一大”事项决策和业务分析机制，提高风险预判能力。深入走访、积极宣传归集政策，平稳推进住房公积金扩面。贷款一站式受理，严格限时办理考核和三级审批制度。全年住房公积金缴存职工35209人，缴存额约11.16亿元；完成贷款审批1329件，贷款总额47883.2万元。严格执行财务制度，按时对账，按要求和流程放款，全年上交2021年底前发放贷款回收和集团公司专户回收资金730.69万元(含增值收益56.56万元)。强化对“住房公积金电子稽查报告(月度)”中提示问题的分析、研判与整改。落实全省首批长三角“一网通办”平台上线，实现长三角区域城市职工“购房提取住房公积金”功能上线；落实安徽省“我为群众办实事”实践要求，宣传推广“跨省通办”业务，借助皖事通、微信公众号、网厅3个渠道实现跨省业务全程网上办理；推进综合服务平台“互联网+政务服务”功能拓展，调试开通“皖事通”手机App、微博等模块，顺利通过验收。2. 提升房改管理水平。针对矿业资源集团所辖单位职工住房补贴审核材料上报、补贴领取的实际困难，多次赴矿山单位现场审核。推进网上办理模式，完成南山矿、姑山矿两家试点单位工作人员操作培训。与马鞍山市房改办、市民政局、承租职工所在单位建立联审联动机制，定期排查公租房承租户入住使用情况。针对承租户“入住易退出难”“拖欠租金”等现象和历史遗留问题，采取冻结公积金、住房补贴及规定时限签订书面承诺书等方式执行退出。与物业公司建立定期工作例会、定期巡查制度，全年组织开展安全隐患大排查20余次。

【党群工作】 1. 深入开展党史学习教育活动。按照马钢集团党委要求，成立推进机构，制定工作方案，将具体工作细化为8个方面14项内容18项任务；结合重点内容组织集中专题学习21次、806人次，围绕庆祝建党100周年，开展“党课我来讲”、主题党日团日、读书分享等活动；中心D层级及以上人员宣讲“七一”讲话、十九届五中、六中会议精神等14次，完成党史学习教育专题组织生活会；推进党史学习教育成果转化，完成“三最”实事项目23项，牵头落实公司级“我为职工办实事”项目4项。2. 突出“三基建设”，强化党建品牌。拓宽党建融入业务工作思路，打造“党建+重点工作”“党建+专业管理”品牌；根据中心机构优化需求，及时调整党支部，开展选举工作；严格发展党员工作，发展2名新党员；与马钢定点帮扶村党组织开展结对共建3次，组织志愿服务95人次。3. 加强党风廉政建设。全面落实管党治党政治责任，完善“三重一大”决策机制，制定行政事务中心“三重一大”决策事项清单共57项，组织修订公司级管理制度19项，实行“总支前置”，有效落实党组织在重大决策事项中的决定权、把关权、监督权。落实宝武巡视相关事项整改及回头看工作，针对中心涉及的2个风险提示项，制定7项整改措施并完成整改。4. 弘扬“江南一枝花精神”。开展企业文化培训，组织员工参加问卷调查、“江南一枝花”讲演诵读大赛、“精益现场”创建、精益运营案例分享、“江南一枝花”精神宣讲等活动，推动“江南一枝花”文化落地，深度融入公司生产经营管理和后勤服务相关工作。

【荣誉】 2021年，行政事务中心深入贯彻习近平新时代中国特色社会主义思想、十九大和历次会议精神，以习近平总书记考察调研中国宝武马钢集团重要讲话精神为指引，以“精益高效、奋勇争先”为追求，以开展党史学习教育为强大推动，充分发挥行政事务后勤保障能力，为打造大而强的新马钢发挥重要支撑作用。先后获马鞍山市、中国宝武和马钢集团“先进基层党组织”，马鞍山市“先进集体”，全国冶金系统“绿化工作先进集体”等荣誉。

(李一升)

人力资源服务中心

【人才招聘】 招聘服务扎实开展，2021年共组织内外部招聘38场次，发布招聘需求665人，接收报名

2472人,初审合格1695人,录取400多人。人员流动服务及时高效,及时办理指令性、协商性、成建制等集团内部外2500多人次流动手续。

【转岗培训】 2021年,马钢职工转岗培训工作全面启动,马钢人力资源服务中心联合马钢教育培训中心举办首期待聘人员转岗培训班,共有港料总厂、四钢轧总厂等单位16名职工参加培训。同时,制定完善《马钢待聘人员转岗培训实施细则》、转岗培训计划及日常考勤考核等具体办法,积极做好相关人员信访维稳工作。

【职称评审】 职称评审精心组织,完成了2021年度马钢集团各系列职称评审工作,其中34人具备政工师任职资格,并推荐18人申报高级政工师任职资格;参与正高级工程师申报工作,共15人申报,10人通过省国资委资格审核;机关及直属机构工程、政工序列初级评审,15人通过评审;工程系列评审,共有317人申报,261人通过,其中高级工程师100人、工程师161人。大学生实习有序安排,克服疫情影响,全年共组织安工大等院校学生在马钢实习16231人次。

【薪酬发放】 完成马钢集团本部42家单位、22万余人次薪酬发放、个税代扣代缴对账等工作,协同马钢财务、人力资源部门完成个税代缴调整、汇算清缴及安徽省国资委等年度薪酬调查相关工作。

【社保征缴】 按月审核59家单位社会保险缴费,全年实际缴纳各项社会保险费共计11.26亿元(其中集团本部6.38亿元,宝武在马鞍山企业4.88亿);协助宝武在马鞍山企业开展用工登记及开户参保等工作。按月审核73家单位年金缴费,全年企业年金缴费共计2.43亿元(其中集团本部1.30亿元,宝武在马鞍山企业1.13亿)。核对办理2112人企业年金支付、12人转移,线上办理社会保险新增和续保1844人、停保2909人。完成内部退养人员工资调整补发审核工作。完成2021年27393人社保缴费基数调整,并发放三代社保卡16973人。积极争取相关优惠政策,失业保险政策返还金额达735.9389万元。

【员工服务】 定期收集、归返、预审退休职工档案,报经市人社局审批,全年办理员工退休838人、协商解除合同1066人,办理工伤人员协商解除合同一次性就业补助金128人,工伤一次性伤残补助金6人。收集、申报劳动能力鉴定200人。办理新进人员劳动合同244人、续签239人、换签手续1097人及399人入职、194人离职手续。同时,做好日常职工有关退休待遇、年金支付以及工伤待遇等来信来访。

【信息共享】 统计报表及时准确,定期完成马鞍山市统计局、中钢协、中国宝武等上级年报173张,为马钢相关部门定期或不定时提供各类报表和数据100多份。组织开展新系统操作业务培训,做好系统机构、兼职、人员信息等日常维护运行和相关业务信息处理,为宝武在马企业提供系统维护与操作技术支撑。信息共享持续加强,编发4期《人力资源服务》和12期《人力资源信息》专刊。

【离岗管理】 2021年完成离岗人员集中管理,共接收马钢二级单位及部门存量离岗人员658人(累计815人),赴太钢、唐钢开展离岗人员集中管理模式调研,完成离岗人员集中管理大调研报告。制定《马钢离岗人员管理与服务细则》,认真办理退休、协解等手续,做好政策咨询解释,落实相关福利待遇。制定中心困难补助慰问管理办法,开展日常困难慰问32人次,困难补助23800元。组织离岗人员、共享用工等困难职工摸底,梳理申报困难职工108人次,组织制定《2022年元旦春节送温暖活动方案》,积极争取资金,做好困难职工的两节送温暖活动,建立了离岗人员常态化联络关爱机制。

【共享用工】 有序组织实施共享用工,按照"点面结合、内外联动"工作思路,加强与马鞍山市属有关部门、企业沟通协作和业务对接,共发布六批次1979个共享岗位信息,积极配合公司专业化业务整合,共办理225人共享用工手续。

【业务交流】 充分发挥人力资源共享服务平台优势,积极开展人力资源服务共享活动,HR业务交流持续开展,先后举办1期人力资源(HR)沙龙、6期"人力资源服务大讲堂"及社保业务、薪酬管理、人力资源(HR)系统操作等业务培训。

【综合服务】 开展"人力资源服务创新年"等主题系列活动,与马钢股份合肥公司、长钢股份签订《人力资源服务协议》。市场化运营迈出步伐,先后与气体公司、马钢物流、马钢重机等25家单位签署《人力资源服务合同》,为公司创收275.3万元。

加大外部合作交流,与宝钢工程咨询等单位建立招聘代理市场化合作机制,与智联招聘、前程无忧、安徽金智人力、淘才人力、徐工泽汇等专业化公司建立良好的合作交流关系。

协助各部门(单位)完成人事档案接收、整编入档及调出工作。2021年接收新办理离岗政策人员205份、调出35份档案。及时帮助各部门人员接收、整理新调入人员档案30份,调出人员及办理协解人员档案

23份、整理50人材料入档，新增接收工作组、存量离岗、批量共享用工人员档案共计817份，确保人档匹配。

【团队建设】 以重点工作和能力提升为导向，积极组织参加各类论坛、年会、讲座、培训。开展1次团队拓展训练，组建共享用工、转岗培训、市场运营、社保服务等4个跨科室、跨岗位、跨层级、跨序列的有机无边界柔性服务团队。中心党支部被马钢集团党委评为2021年度先进基层党组织。

（孙 歆）

离退休职工服务中心

【老干部工作】 截至2021年12月31日，马钢离休干部136人，其中副厅级以上的有6人（含享受）；退休处级以上干部598人。根据离退休职工服务中心内部机构调整情况，重新设置4个离休党支部，按照“生活上照顾、思想上沟通、精神上关怀”的要求，落实老干部“政治待遇和生活待遇”。全年为老干部提供用车服务182余次，行程3.4万多千米。看望慰问住院的离退休干部120人次，发放医疗预付金82万多元，为9位居住异地的离休干部报销异地医药费49.94万元，协助离退休干部家属处理离退休干部后事20起。建立离休干部看病就医绿色通道，组织安排老领导健康体检工作。坚持开展为“我为老干部上门送学”活动，组织200多名离退休干部参加马鞍山市委举办的形势报告会、电影招待会，组织790多人次老干部参观中国宝武马钢智园及马钢厂区新变化，组织离休干部参加“建党百年颂党恩”主题征文、百年追梦主题书画摄影作品征集、建党百年座谈会等系列庆祝活动。协助安排9位离休老党员代表参加宝武总部和马钢集团党委邀请的“光荣在党50年”纪念章颁发座谈会。离休干部刘洪化参加中国宝武在上海总部举办的建党100周年纪念晚会后，主动缴纳特殊党费3万元。离休干部邵康获马鞍山市第二届“最美离退休干部党员”称号。

【退休（内退）职工服务管理】 截至2021年12月31日，马钢离退休职工共计39207人。自2021年1月1日起，马钢退休人员实行社会化管理，退休职工全部移交全市各街道、社区服务管理。根据移交后服务职能和内容的变化，理顺工作关系，确定新的服务项目，调整原有“三级”服务网络，重新划分5个服务区域。按照中央文件精神，依据“老人老办法”原则，协助街道、社区共同做好退休人员相应服务工作，保证马钢退休人员社会化管理工作平稳过渡。全年为3.93万名退休职工发放企业补贴、物业补贴1.095亿元、一次性生活补助3863.2万元；审核办理退休职工家属医疗保险报销2969人，发放报销费41.77万元；办理320人次硅肺营养费13万元；接待处理日常服务咨询和各类来电、来访、来信2万余人次，回复市长热线47起；完成1983名85岁以上高龄离退休人员走访调研；走访慰问3030名困难退休职工，发放慰问金近120万元；为3159名退休职工发放大病救助补助款196.75万元，传递组织的关爱与温暖。组织落实为100名光荣在党50年的老党员颁发纪念章；勇担社会责任，积极协助马鞍山市有关部门，组织36294名马钢退休职工接种新冠疫苗，30391名老同志顺利完成疫苗接种。

【基础管理】 以中国宝武巡视、马钢公司巡察和离退休中心民主生活会涉及的问题为导向，补短板、强制度、建体系，全部完成问题整改。先后修订《固定资产管理办法》《物资采购管理办法》《业务招待费使用管理办法》《老干部专用车辆管理办法》《离退休职工特殊人群管理办法》等管理制度。按照公司开展人力资源优化和内设机构整合要求，本着“兼顾现状、平稳过渡、公开公平公正”原则，将原15个管理室、服务站精简至3个管理室、5个服务站，压缩比例达47%，人员优化比例超过15%。围绕“精益服务、精准帮扶”工作中心，组织开展“走进社区、温馨服务”劳动竞赛和“我为群众办实事”实践活动，完善高龄、重病、孤寡、独居等特殊人群的帮困信息，消除老年大学教学设施安全隐患，落实改造驻扎中心的兄弟单位车队用电线路安全，投入近4万元为员工配置11台纯净水直饮机。

【宣教活动】 坚持以习近平新时代中国特色社会主义思想为指导，贯彻党的十九大和十九届六中全会、习近平总书记在中国共产党成立100周年庆祝大会上和考察调研宝武马钢集团重要讲话精神。通过组织全体员工参观红色教育基地小岗村、集中收看中共中央建党百年纪念大会现场直播、开展党史知识答卷活动、赴马钢厂区实地参观生产建设等形式开展党史学习教育。协助马钢成功举办大型书画摄影集邮展、“红色快闪”活动。与社区联合举办“我和老干部同唱一首歌”“传红色经典、颂百年党恩”集邮展览等庆祝活动。离退休职工服务中心合唱队在马钢举办的“永远跟党走”大合唱比赛中获特别奖,在马鞍山市老教委举办的“江南之花”合唱比赛中,获最佳节目奖第一名及最佳组织奖,并代表马钢参加马鞍山市“江南之花”群众歌咏大会演出。创作宣传“江南一枝花”精神诗朗诵《江南花正艳》参加安徽省第五届品牌故事诵读比赛和马鞍山市第33届吟诗节活动。全年在公司级以上各类报刊、公众号、网站发表宣传报道200余篇。

【马钢新四军历史研究会工作】 宣传贯彻习近平总书记马钢考察调研重要讲话精神和习近平总书记“2·18”重要回信精神,开展“学回信、见行动、做奉献”老战士访谈活动,在马钢召开的党史学习教育推进会暨党委书记党史学习教育读书班和业务研修班动员会上,作为党史学习教育前期工作成果予以肯定。开展党史学习教育“六进”活动,分别走进机关厂矿、社区等,深入讲好革命传统故事,宣讲老战士发扬“铁军精神”,在马钢建设发展改革时期所做出的重要贡献。在庆祝建党百年华诞活动中,主办、联办“我看建党百年新成就”登门专题访谈等10项系列活动。在政治、生活上切实关心关爱老战士,送去党的十九届六中全会精神学习资料。开展好传统节日和抗日战争胜利纪念日走访慰问。组织部分老战士清明节赴马鞍山濮塘革命烈士陵园,举行重温入党誓词活动。马钢新四军历史研究会获安徽省委组织部、省委老干部局2020年“全省离退休干部先进集体”,先进事迹由省委老干部局编印的《皖情筑梦》一书收录。

【马钢关工委工作】 发布微视频《百年党史回眸,践行初心使命》《共产党宣言的忠实传人》和《第一部党章与党的二大》PPT,向马钢大学生公寓阅览室赠送《中国共产党简史》等一批红色书籍100余册,与马钢集团公司团委开展“党史学习教育主题征文”活动,在近百篇来稿中评出29篇优秀征文,用党史激励青工奋进。主动配合马钢相关部门,实施青工技术素质提升工程,弘扬劳模、工匠精神,引导广大青工学技术、钻业务。以“大师工作室”为依托,先后开展“岗位练兵”“技术比武”“创新攻关”“导师带徒”等活动。继续开展“大师进校园”活动。切实加强法制教育,结合“六二六”禁毒宣传活动,与马钢禁毒办联合参与“安徽省禁毒云知识短视频大赛”,收到作品53件。与集团保卫部(法制宣传办公室)、新闻中心联合举办《学习贯彻<民法典>法制征文》,收到征文近70篇,以各具特色活动为载体,提升青工素质。全年出刊《关工通讯》10期,开辟“家风家教纵横谈”征文栏目,制作《社会主义核心价值观与家风建设》PPT宣传稿,以实际行动落实习近平总书记关于注重家庭、注重家教、注重家风的指示。

【马钢老年大学工作】 推进教学设施完备,强化校园基础建设,对所有旧网络线缆改造,更换31台教学用计算机,购置一套教学软件,可授权40个点。组建志愿者队伍,加强疫情防控管理,在三个矿山和校本部分别设立远程教育站点,保证学校师生的健康安全和正常教学。开展纪念建校三十周年系列活动,编纂《马钢老年大学课程建设和教学大纲》,编印《三十而立——马钢老年大学建校三十周年史》纪念册。参加全国第十四次老年教育理论研讨会,1篇论文获全国优秀奖、5篇获省级二等奖、5篇获省级三等奖、3篇获省级优秀奖,4篇获市级优秀奖,并编印《论文选》。在“首届全省老年远程教育优秀视频课程及微课程”评选中,学校报送的二胡教学、舞蹈教学、烹饪教学和拉丁舞教学四部视频课程分获一、二、三等奖。在2021年全国老年大学优秀教材评选中,学校报送的《老年二胡学习教程》《老年太极剑学习教程》《老年烹饪学习教程》三本自编教材首次在全国评为优秀教材。

(彭新华)

教育培训中心(马钢党校、安徽冶金科技职业学院、安徽马钢技师学院、安徽马钢高级技工学校)

【党史学习教育】 马钢教育培训中心(马钢党校、安徽冶金科技职业学院、安徽马钢技师学院、安徽马钢高级技工学校)(以下简称中心或学院)党委成立党史学习教育领导小组,召开党史学习教育动员暨干部党史集中学习培训会,对党史学习教育工作做出具体部署和安排;以党委理论学习中心组学习、读书会、党课、线上培训、红色教育基地现场教学等形式开展学习教育;组织全体党员、部分教师和学生代表观看“七一”庆祝大会直播,组织各基层党支部以“三会一课”开展学习研讨,党委班子成员到所联系党支部进行习近平总书记“七一”重要讲话精神宣讲,并开展大调研,形成调研报告,推动学习贯彻“七一”讲话精神走深走实。中心党委结合实际,以文化活动为载体,在中高职学生中开展“感悟百年风华,不负韶华时光”党史学习教育系列活动,开展诗歌朗诵、讲述红色故事等比赛,加强青年学生理想信念教育,引导青年学生“听党话、跟党走”。马钢教育培训中心党委把“我为群众办实事”实践活动作为党史学习教育重要内容,共立项13项校级工程。2021年底,8个项目已落实完成。

【疫情防控】 马钢教育培训中心严格按照中国宝武马钢、安徽省、马鞍山市教育主管部门的要求,严格落实疫情防控常态化管理措施,不断完善各类应急处置预案,确保师生返校和留校安全。严格校门、人员和车辆出入管理,严格实行体温检测和健康码、行程码信息核验,加强中高风险地区往返人员摸排,严格按流程做好发热学生的管理工作。做好每日疫情防控报告制度,加强对各类培训、重大活动的疫情防控工作,各项防疫措施到位,认真做好秋季开学、新生报到、军训、宝武全员轮训、宝武党支部书记培训班、马钢集团优秀年轻干部“飞马”研修训练营等疫情防控工作。圆满完成全院师生在校内进行疫苗接种和核酸检测工作,师生新冠病毒疫苗接种工作已做到应接尽接。

【培训工作】 马钢教育培训中心已实施培训项目176项,278个班级(期数),61825人次(线下培训18511人次,网络培训43314人次),共计789901.9人数时,其中马钢集团计划内项目144项,超额完成计划外培训项目32项。围绕公司发展战略,“上接战略、下促绩效”,努力提高培训针对性,着力打造一批特色品牌培训项目。精心策划党委书记班学习内容;承接中国宝武党支部书记培训示范班暨党支部书记研修会的现场教学;承接马钢优秀年轻干部“飞马”研修训练营教学;服务马钢营销人员全员培训,做好“盈效大讲堂”“营销训战营”等项目策划组织;服务马钢精益管理,实施精益运营专题培训。加强长材基层党组织建设,首次面向党小组组长开设党务工作提升培训班,系统谋划马钢冶金技术公司专业管理研修班、马钢重机高级管理能力提升研修班、力生公司直管干部履职能力培训班、检修公司党支部书记研修班等。

【宝武一线员工全员培训】 2021年江南校区共开发全员培训项目10个,其中智能制造技术及应用训练班、职业素养训练营、技能菁英创新训练营(TRIZ应用)、岗位创新与技能大师工作室建设研修、班组建设与班组管理能力提升研修、基层管理能力提升训练营、企业教练技术与工作指导训练营等7个培训项目被总部选中为今年实施的全员培训项目。7—12月,共实施全员培训三轮四期,15个班次,参训学员715人。在产教融合发展中心组织的每期“中国宝武一线员工全员培训学员评价”中,江南校区名列前茅,四期培训总体满意度平均为99.86%,17个评估单项满意度平均为99.18%。培训期间学员自发宣传报道入选“中国宝武”微信公众号;学员培训中完成的创新课题在2021年中国创新方法大赛中获国家二等奖一项。2021年全员培训中心实现外部创收507.4万元。

【产教融合】 学习习近平总书记关于职业教育的重要指示批示,贯彻全国、全省职业教育大会精神,编制《马钢教培中心“十四五”发展规划(草案)》,上半年开展3轮征求意见,6月,邀请教育部相关专家对《规划》进行调研、论证、指导,《规划》将产教融合创新列为重要内容。同时为推进马钢产教融合型企业建设培育,对照《马钢集团建设产教融合型企业三年规划(2020—2022)》,落实年度任务,按时间节点基本完成各项工作。年初设定的实训基地建设、岗位赋能培训、校企协同育人、校企协同创新、建立保障体系共45个子项目,已完成36项。

【管理变革】 根据马钢集团人事效率提升和管理变革要求,中心压缩职能部门数量,实行大部制管理,促进组织效率提升。中心采取校内培训与校外培训相结合,线上培训和线下培训相结合,教研交流和教学比赛相结合的形式,统筹推进“国培计划”“省培计划”“师资岗位能力提升”等教师素质提高计划。坚持强化“双师”教师培养,丰富教师培训模式,着力打造一支既能从事理论教学,又有过硬的专业技术,适应技能型人才培养要求的“双师型”教师队伍,满足专业建设发展和提高教学质量的需要,推动专业教师赴企业学习实践,2021年专任教师中“双师”型教师70人,占专任教师117人的59.8%。

【招生工作】 2021年中高职全日制累计招生1999人,新型学徒制招生1764人(报到1629人)。2021年高职招生总人数为1197人。与历史最高水平1200人(2012年)基本持平。马鞍山市人社局中职招生下达学院招生计划750人,实际招生802人,计划完成率107%。面向宝武马钢集团和社会企业开设“企校双制、工学一体”的新型学徒制中、高级工和技师班,招生1764人,北京科技大学远程教育专升本春季报到77人,秋季录取141人。

【教育教学】 进一步贯彻落实教育部有关规定,将党史教育、传统文化、职业素质、美育德育、前沿科技等课程纳入各专业课程体系,加强学生思政教育,发挥课堂教学主渠道作用,新开设劳动实践课、心理健康咨询课,纳入各专业人才培养方案。将“四史”教育纳入思政课教学内容,积极组织开展四史教育讲座、师生同上思政大课、红色文化主题班会、党史图书活动等系列活动。推进信息化教学,组织实施网络视频教学、网络直播教学、线上考试、线上答辩等教学工作。开展网络课程资源建设,组织冶金系智能轧钢技术、应用化工技术等扩招专业开展智慧树服务平台课程建设试点,有效解决师资紧缺、教室资源紧张矛盾。针对新型学徒、高职扩招等班级,采取线上视频课+线上直播课+线下面授课+线上线下专项辅导的教学模式,灵活组织教学。

【提质培优】 落实职业教育提质培优行动计划。推进质量提升工程,以提质培优计划项目为抓手,组织申报高水平专业群建设、1+X 证书制度试点、高水平专业化产教融合实训基地建设等 22 个提质培优计划项目申报并获批,各项目按预期推进。2021 年各类教科研共计立项 34 项,其中安徽省教育厅纵向课题 3 项,博士后研究项目 1 项,院级课题 30 项。持续推进专业标准建设,对各专业人才培养目标、课程体系结构、专业培养标准等进行修订和完善,主动对接马钢人才需求,将职业标准与教学标准相融合,突出技术技能培育。学院 2021 年度开设高职全日制专业 26 个,高职扩招专业 17 个。技师学院和马钢卫校全日制共开设 21 个,开设新型学徒制专业 62 个。强化专业群建设,服务宝武马钢产业发展,建设以冶金技术、材料、冶金设备等专业为基础的智慧钢铁材料专业群,以数控技术、工业机器人、机械制造等专业为基础的智能制造专业群,以轨道交通相关专业为基础的轨道交通专业群,以护理、烹饪、会计、营销等专业为基础的现代服务等 4 个专业群。

【技能认定】 完成安徽省技工院校学生职业技能等级认定试点及安徽省职业技能等级认定社会评价组织的备案工作(备案号:S000034050002)。完成马钢 2021 年度技师考评前期准备及理论辅导工作。完成 2019 级、2020 级新型学徒制毕业生技能等级认定,共认定中、高级工 446 人、合格 342 人,技师 302 人、合格 229 人。完成在校中、高职毕业生技能等级认定,共认定 284 人。完成社会化认定初级工 214 人、中级工 185 人、技师 14 人、高级技师 35 人。

【党建工作】 学习贯彻习近平新时代中国特色社会主义思想,学习习近平总书记在十九届六中全会、庆祝中国共产党成立 100 周年大会上和考察调研中国宝武马钢集团的重要讲话精神。到党群党支部、医学护理党支部、经济管理系党支部落实领导人员定点联系基层和双重组织生活制度。组织冶金工程系党支部、教学管理党支部、医学护理系党支部分别与长江钢铁、华星化工、依瑞佳老年康养中心下属党支部结对共建。按照教师党支部"双带头人"培养建设要求,适时调整系部党支部书记,加强基层支部书记教育培训。开展中心内部干部岗位交流 7 人次,推荐年轻干部到宝武产教融合中心工作交流 5 人次,开展科级管理人员绩效考核和基层党支部书记抓党建述职评议考核工作,促进干部管理能力提升。在教学中实现思政教育全覆盖,开设冶金智慧制造、绿色发展序列课程。

【获奖情况】 2021 年,10 名教师获"桃李春风"奖,其中金奖 2 名,银奖 4 名,提名奖 4 名;中心选送的《群众基因是党的成功密码》微课获宝武党校微课程征集活动二等奖;中心图书馆积极组织本馆党员教师及部分学生代表参加马鞍山市图书馆举办的图书馆人员及阅读爱好者党史知识网上答题活动,获"优秀组织奖"。学院坚持以赛促学以赛促教,全面推进技能大赛,共组织校级竞赛项目 19 项,竞赛场次 32 场。积极组织优秀学生参加各类竞赛,共获国家二类竞赛二等奖 1 人次,省级一类竞赛三等奖 1 人次,省级二类竞赛一等奖 1 人次、二等奖 3 人次、三等奖 6 人次,市级一类竞赛二等奖 1 人次、三等奖 7 人次。2021 年有 8 项学生专利申报被受理。

【基本建设】 努力改善办学条件,推进教学培训设施建设。2021 年中心固定资产投资列入公司年度计划共 8 项,计划资金 4130 万元。已批准立项 7 项,完成"安全体感培训中心(一期工程)""老教学楼加固维修""校园智能通行门禁系统建设"3 个项目的建设;为进一步优化校园内部教学资源配置,对图书楼 4 层进行改造,改造出培训教室 3 间,缓解教学资源不足压力。

【平安校园】 中心把维护校园安全稳定作为重大政治任务,下发《校园安全风险防范提示清单》;实施领导带班值班值守制度;实施警校联防,聘任"法治副校长"和"法治辅导员",通过雨山区"7+2"院校安全防范联席会议机制,加强与辖区公安机关协调联动;推进学校技防建设,投入 110 万元建设"校园智能门禁系统项目"。同时,加强学生行为规范教育,开展"安徽省绿色学校"创建活动,抓好常态化疫情防控工作等,扎实推进"平安校园"建设。

(王　丽)

新闻中心

【新闻宣传】 1. 重点宣传。扎实做好庆祝中国共产党成立100周年相关报道工作，踩准节拍、持续发力，尤其在“七一”前后加强前期策划和重点报道，于7月2日推出4个专版，展示马钢开展的建党100周年相关庆祝活动，并根据中国宝武融媒体中心要求，编辑庆祝中国共产党成立100周年马钢专版。按照中国宝武党委、马钢集团党委的要求，持续做好党史学习教育、“我为群众办实事”宣传工作，编辑马钢集团党史学习教育简报，在马钢上下营造浓厚学习氛围。在马钢厂区南区交通整治专题报道中，通过消息、评论员文章、开设专栏等方式，对开展整治的意义、举措、成效进行解读和展示。

2. 专题宣传。在圆满完成的中国宝武绿色发展马钢现场会上宣传，中国宝武党委会、职代会宣传，马钢党委会、职代会中宣传。在马钢管理研讨会宣传的基础上，加强联动策划，推出“绿动马钢、智享未来”6个专版、专题，马钢职代会精神解读专题、专栏，马钢管理研讨会专访，凝聚全公司上下奋勇争先、精益高效的精气神。为充分展现习近平总书记考察调研中国宝武马钢集团以来马钢发生的巨大变化、取得的历史性成就，新闻中心积极策划参与“8·19”重大专题宣传活动，经前期专题视频制作、氛围营造、成就展示，通过《一马当先谱新篇》等报道全面展现新马钢一年来的新亮点、新成绩、新气象。后续报道中，《从“盆景”到“风景”》《风景这边更好！一起来“云打卡”马钢南区厂容厂貌》等视频展示以马钢股份南区为主的新建园区靓丽形象，获较高关注度和点击量。

3. 对外宣传。2021年，马钢新闻图片五次登上《人民日报》，多次登上《光明日报》《经济日报》，数十篇报道刊发于《中国冶金报》等省市媒体。完善与中国宝武融媒体中心沟通联络机制，积极发挥马钢记者站辐射服务功能，马钢稿件数量长期站稳中国宝武第一方阵，先后在宝武各媒体平台推出《“老大”变“强大”，逐梦再出发》《看整合融合重点“马钢答卷”》等重点报道。在此基础上，马钢多次选派记者参与中国宝武重大新闻宣传报道，获中国宝武高度好评。

4. 典型宣传。聚焦马钢奋勇争先、精益高效工作主题，对2021年马钢各二级单位，特别是获“大红旗”“小红旗”表彰的单位，在生产经营、绿色智慧、对标找差、奋勇争先等方面的先进经验、突出业绩进行典型宣传。对马钢优秀党组织、“两优一先”共产党员、马钢金牛奖获得者等先进组织、个人进行典型宣传报道，发挥榜样引领作用。

【融媒体宣传】 1. 宣传平台建设。“马钢家园”微信公众号、马钢宣网等网络宣传平台按照工作、学习、生活等栏目内容，增设绿色发展、智慧制造、马钢文苑、党史天天学、党史微课等专题栏目，2021年底，微信关注人数约47000人，比2020年有较大提升。“学党史 听党话 跟党走”党史知识线上有奖竞答活动，“我为群众办实事”主题微信，“百米高空看马钢重点工程”、“点亮马钢”航拍马钢夜景、“马钢网红打卡地”系列，受到职工和社会网友广泛关注和好评。在“五一”“八一”“父亲节”“母亲节”等重要、重大节日期间，推出相应策划专题，提升趣味性和可读性。

2. 队伍建设。为更好地适应融媒体时代的宣传工作需要，使每个采编人员都能成长为“策、采、写、拍、编”复合型人才。新闻中心每周二下午召开业务学习会，全体采编人员同步进行业务分析培训，提高业务素养。根据工作情况，采用“请进来，走出去”方式，多名记者多次赴外地参加新闻业务培训，同时，邀请马鞍山市电视台新媒体部主任等专家来新闻中心授课，为大家提供更多学习机会。新闻中心以导入全新层级管理制度和全员绩效制度为抓手，进一步完善考核机制，提升从业人员积极性和创造性。

3. 网络舆情。新闻中心高度重视网络舆情监测工作，特别注重工作人员的业务培训。按照公司要求，组织参加“安徽省舆情信息暨业务培训班”，认真学习网络舆情信息工作的业务知识和工作经验。将宣网职工之声论坛、马鞍山OK论坛、强国论坛等多个重点论坛作为重点监控对象，对负面消息及时跟帖回复，对网民进行积极正确引导；对重大舆情，及时寻求上级管理部门支持，做到有组织、有管理、有协调、有监督。为马钢改革发展营造清朗的网络舆论环境。

【经营服务】 克服时间紧、任务重、天气恶劣等困难，圆满完成马钢智园大门标识、一号楼楼顶标识、马钢展示馆馆名的设计制作安装；马钢形象展示大道景墙标识设计制作安装；马钢股份厂区新建大门标识及厂区跨街宣传大牌的设计制作安装等任务。承接第四届“数字中国”建设峰会马钢展位的总体设计和布展准备工作：马钢工业大脑宣传片摄制、数字沙盘设计制作、灯箱画面设计及宣传折页设计制作等。策划设计并实施“中国宝武首批爱国主义教育基地挂牌暨红色故事讲演活动”。完成马钢“8·19”综合展示工作,包括马钢厂区户外宣传大牌、薄板坯连铸连轧工程(CSP)厂房标识、马钢“江南一枝花”主题文化墙和宣传展板的设计制作和安装。同时,制作马钢安全生产管理部安全事故警示教育短片、南山矿安全警示宣传片、“6·30”系统上线暖场片和工会职工大讲堂、“江南一枝花”汇报片、庆祝建党100周年短视频等。

(江　霞)

保卫部(武装部)

【主要数据】　2021年,保卫部(武装部)抓获各类违法违规人员2077人次,其中移交公安机关552人次(刑事强制措施73人、行政拘留52人、教育放行418人);缴获各类物资222.55吨;协助相关部门处置上访事件319起(群访6起);完成各类接待保卫任务458起(其中远端Ⅰ级接待保卫任务5起,远端管控17起,近端管控30起)。

【维稳安保】　关注涉稳动态,积极做好各类维稳信息的摸排,做好预警预判及应急处突工作。圆满完成建党100周年、十九届六中全会、马钢“8.19”专题活动、A号高炉大修竣工点火投产仪式火种引导护送等重大活动期间的执勤保卫工作。持续关注马钢集团整合融合、委托管理、转型发展等各项改革工作,协助做好原马钢四钢轧整建制划转职工数次群访事件;配合相关部门和单位就马钢交材、马钢化工煤气净化业务纳入马钢股份管理体系开展政策宣传引导、矛盾排查化解工作,做好应急处置预案,确保业务平稳交接,队伍稳定。做好涉军稳定工作,完成1120名退休军转干部春节慰问金的审批、汇转和发放工作。协调处置“2.10”港务原料总厂职工死亡、“4.19”马建协力人员死亡等突发事件5起,确保马钢内部稳定。

【交通管理】　日常管理与专项整治相结合,穿透式巡查与定点检查相结合,多方位加强交通管控,大力推进厂区道路交通安全隐患“大起底、大排查、大整治”工作,有力遏制各类交通违章行为。强化源头管理,及时在物流门岗安装了16个超限预警装置;加强路面常态化管控,对超限车辆开展“三严”整治;全力做好三台西路封闭管理工作,将沿路原有的8个门岗缩减至2个,采用微信、电话预约方式,提高办事效率,确保道路畅通;会同公安交警部门开展警企联动8次,持续推进与运输部、安全部、制造部等多部门联动,压减进厂车辆、推动智慧交通。全年,共查纠各类交通违章车辆8100余起;“超长、超限”审批1078起;处置突发事件3起,完成大件护送473次,开展警企联动专项整治行动8次,确保厂区交通死亡事故为零。

【治安管理】　针对南区厂容整治、三台路封闭管理需要,适时整合门岗功能设置,优化人员配置,提升门禁执勤标准,强化人员车辆物资查验,有效遏制资源流失。围绕新特钢、带式焙烧等重点工程建设,持续推进打防管控一体化模式,及时协调解决有关问题,保障工程施工期间的治安稳定,参加各类工程例会及协调会27次,日常巡查3242次,对301家劳务单位外来劳务人员进行审核5166人次。厂区治安大巡防工作常态化开展。对重点区域、围墙围栏、铁道路口加大防控力度,起到震慑作用,压降发案率。建立健全公安、保卫、基层三级联动对接网络,深度融合,形成优势互补。破获“4·7”供应商向马钢股份一钢轧总厂供料诈骗案、“10·14”盗窃马钢股份炼铁总厂渣铁等团伙性案件10起。

【消防救援】　2021年7月,马钢股份消防大队成建制调整到保卫部,对接工作平稳有序。深入开展消防安全检查,完善消防安全网络,做好动火监护工作,加强重点防火部位监管,进行预案制定并组织开展演练。9月承办安徽省第四届危化应急救援技术竞赛,获2个集体单项第一名,个人全能奖第一名,此次大赛的筹备和保障工作受到安徽省应急管理厅高度评价。全年共接处火警21起、动火监护22天台次,及时有效处置“12·24”皮带通廊火灾事故等,为马钢生产经营顺行提供坚实保障。

【综治反恐】　严把综治审核,对马钢各类先进推荐进行审核并提出书面意见;全年共完成马钢协解人员综治审核1028人。加强反恐目标单位和治安保卫重要部位管理,共对能源环保部等11家单位的重点要害部位开展治安检查12次,对马钢7家反恐单位开展治安防范检查7次,发现的问题均得到及时整改。开展“4·15”宣传教育日活动,完成国家安全人民防线建设马钢小组综治工作考评。

【武装工作】　完成年度民兵整组工作,马钢(含各相关单位)共编组14支民兵分队,基干民兵总数是556人。强化战时重要目标防卫行动,勘查6处重要防卫目标现场,研究兵力部署,修订完善计划方案。完成马鞍山市申报“双拥模范城”相关任务;完成爱国拥军模范单位、模范个人和“最美退役军人”推荐、公示和报送工作。春节、“八一”期间对广大复转退军人开展走访、慰问、座谈、表彰等活动。

【人事效率提升】 完成岗位层级整体切换，对下设机构进行优化调整，将原设机构调整为3个部室、5个大队，业务平稳交接，机构运行顺畅。对人员进行优化组合，按照时间节点，顺利完成马钢下达的全年优化10%指标。通过人效提升，构建灵活高效的保卫机制。

（赵　斌）

资产经营公司

【主要经营指标】 2021年，资产经营公司营业收入考核目标10436万元，考核利润1706万元。全年累计实现营业收入13390万元，利润5844万元，超考核目标4138万元，超额完成马钢集团公司下达的经营目标。全年安全、消防责任事故为零。

【资产经营】 处置马钢股份常州抵债房产，落实马钢集团“依法合规、抓紧处置”要求，8月在北京产权交易所挂牌第一批12套住宅、60个地下车位共66个标的，12月完成首批2套住宅及车库的转让，成交价格382.9万元；盘活原马钢技校实习工厂不动产，为集团收回现金2472.20万元；完成马钢棚改项目全部拆迁工作；为治理南塘地区水系环境污染、黑臭水体，改善环境卫生状况，协同花山区政府征收整治项目规划红线范围内的马钢集团和马钢股份土地32.17亩。全年新签、续签土地、房产租赁合同53份，其中土地使用权租赁合同4份，房产租赁合同49份，收缴土地使用费1057.44万元，房屋租金7341.76万元。

【安全管理】 以安全生产标准化创建、隐患排查整治、安全宣传教育培训为重点，进一步提高思想认识，增强全员安全意识，压紧压实安全生产责任，防范事故发生，实现直管、托管资产“零”事故。加强安全宣传教育，组织深入学习习近平总书记关于安全生产重要论述，营造安全生产警钟长鸣、常抓不懈的氛围；针对职工安全素质现状，进行《新安法》修订内容培训等安全法律法规、安全常识、事故案例培训，不断提升职工的安全意识和技能。“安全月”“消防宣传月”期间，结合实际组织开展安全知识培训、安全知识测试竞赛、安全技能演练等各类宣传教育活动。制订下发2021年安全生产工作计划，把全年的安全工作任务进行分解，推动各项工作有序开展。根据马钢集团公司领导人员安全管理履职清单实施方案，结合安全管理特点，修订马钢全员岗位人员安全生产责任清单，进一步将安全生产工作责任到人。坚持每季度召开一次安（消）委会例会，及时对安全工作进行总结和部署，发现问题，立即采取措施，确保目标和责任的落实。加强专项检查力度，先后开展电梯安全、电气设备安全、“小火亡人”多发场所火灾防控以及用火用电用气消防检查专项行动和合用场所消防疏散“开窗行动”等专项检查、排查工作。组织办公楼电梯困人应急预案演练和微型消防站岗位技能竞赛；开展马钢办公楼火灾疏散逃生演练、初起火灾灭火演练和马钢办公楼高层建筑防火常识测试，以演练来提高消防安全教育的针对性和实效性。按照“同体系、同标准、同要求、同对待”的“四同”管理要求，完善协力管理体系，将协力安全管理责任落实到协力供应商，不断提升协力供应商的自我安全管理能力。

【“三供一业”分离移交】 马钢集团已完成分离移交涉及供水、供电、供气和物业管理改造户数91050户。维修改造费用共计67515万元，其中，争取安徽省国资委、省财政厅财政补助资金34938万元。年底，上述社会职能已全部移交属地政府。

【不动产管理】 为实现集中规范管理和经营，按照“统分结合、权属清晰”的管理模式，建立马钢集团不动产管理体系，统一信息汇总报告，统一规范租赁行为，统筹开发利用，让不动产“动”起来，使国有资产保值增效。截至2021年12月31日，马钢集团（含股份公司）已录入宝武不动产平台房产共计2381项，录入关联土地2381项，实际查找不动产权证568项，上传房产图片1871项，已基本掌握马钢集团不动产现状。按宝武集团资产负债专项审计要求，经清查核实，将因马钢所属中小学移交、政府拆迁改造、与马钢股份置换土地等历史原因，存在63项土地资产，面积1205.82亩，账面价值14108.98万元的账实不符资产，进行核销和账务调整。

【压减两非企业】 2021年，深圳粤海马钢实业有限公司（以下简称“粤海马公司”）被国务院国资委纳入清理“非主业、非优势”（两非企业）企业范围，按照中国宝武退资办时间节点要求，资产经营公司加快推进该公司法人压减工作。截至2021年12月31日，粤海马公司资产总额1330.56万元，负债总额769.94万元，净资产560.62元。粤海马公司处于停业存续状态,主要资产是南山区临海路半岛花园28套商品房,建筑面积共2221.80平方米,账面价值为916.58万元。鉴于股东双方主要争议是粤海马公司名下的28套房产。深圳市中级人民法院于7月29日第一次开庭审理,一审判决[(2021)粤03民初646号],驳回马钢集团两项诉求。12月21日,经马钢(集团)控股有限公司第二届董事会第九次会议审议通过,马钢集团已正式启动粤海马公司解散清算工作。

【项目管理】 完成马钢南区1号门厂容环境整治工作,搬迁企业3家,拆除厂房、办公楼约8345平方米。为205国道马钢沿线马钢设备检修公司、长材事业部、冶金工程服务公司、技术中心等12家单位修建整齐统一的厂区围墙、街边花园、绿色环保步道、立体绿植墙等,实现由"盆景"变"风景",打造出一条靓丽的"风景线"。

（高　亮）

集团公司子公司

马鞍山钢铁股份有限公司

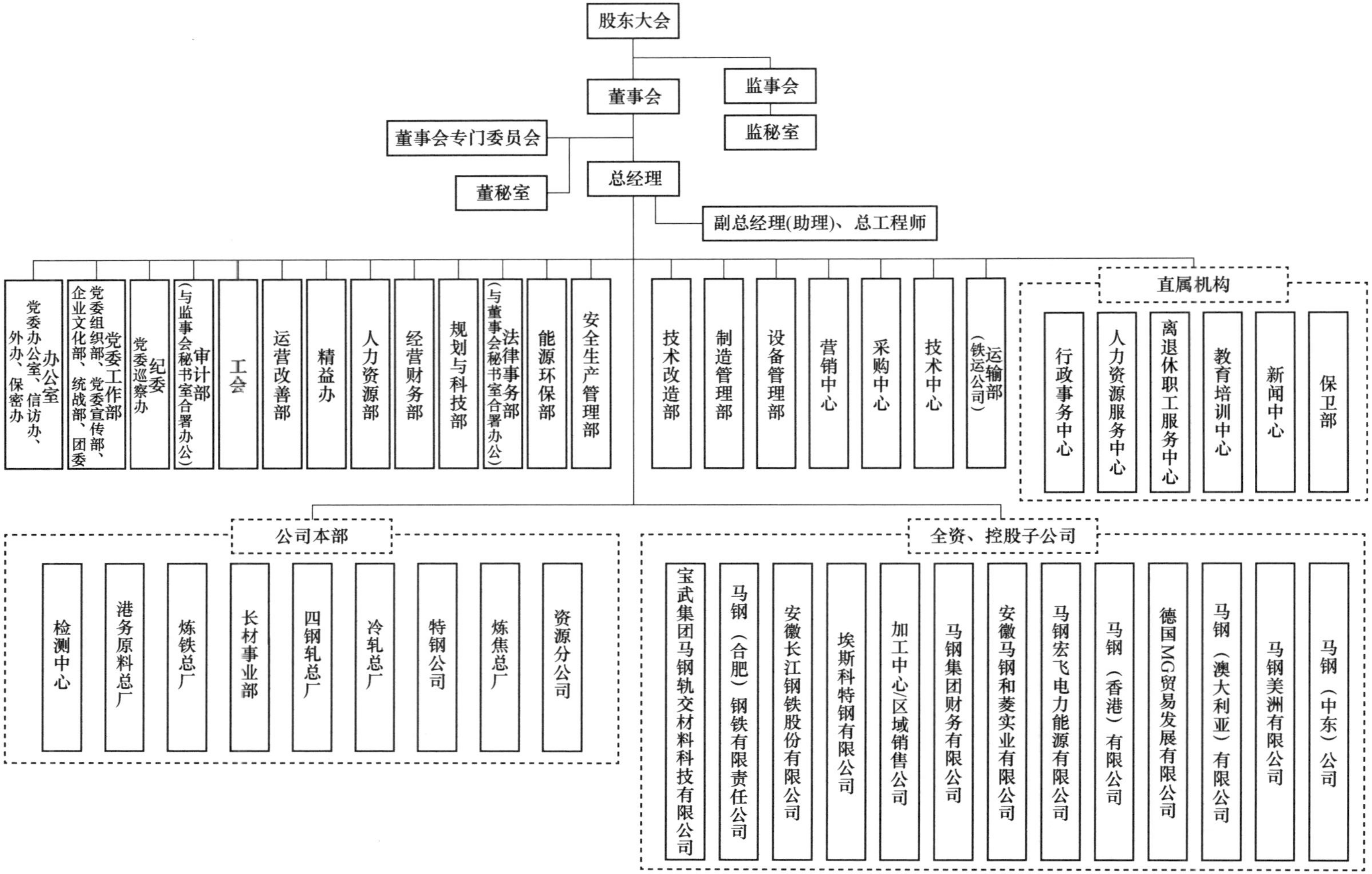

图2　马鞍山钢铁股份有限公司组织机构图

（戴坚勇）

董事会

【股东大会】　2021年,公司召开两次股东大会,即2020年年度股东大会及2021年第一次临时股东大会。

一、2020年年度股东大会

2021年6月29日,在安徽省马鞍山市九华西路8号马钢办公楼以现场方式召开。会议议题是:

1. 审议及批准董事会2020年度工作报告;
2. 审议及批准监事会2020年度工作报告;
3. 审议及批准2020年度经审计财务报告;
4. 审议及批准2020年度利润分配方案;
5. 审议及批准公司董事、监事及高级管理人员2020年度薪酬;
6. 审议及批准聘任安永华明会计师事务所(特殊普通合伙)为公司2021年度审计师并授权董事会决定其酬金的议案。

上述议题均获得大会批准,没有否决或修改提案的情况。

此外,会议还听取了公司独立董事2020年度述职报告。

大华会计师事务所(特殊普通合伙)王原先生被委任为该次股东大会的点票监察员。北京大成(南京)律师事务所律师张承东律师,张一洎律师出席该次股东大会,并出具法律意见书。

上述内容刊登于2021年6月30日《上海证券报》及上海证券交易所网站、香港联合交易所有限公司网站。

二、2021年第一次临时股东大会

2021年11月30日,在安徽省马鞍山市九华西路8号马钢办公楼以现场方式召开。会议议题是:

1. 审议及批准本公司与中国宝武钢铁集团有限公司新签订《日常关联交易补充协议》,以更新本公司与其于2020年5月7日签署的《日常关联交易补充协议》项下2021年之建议交易上限;
2. 审议及批准本公司与马钢(集团)控股有限公司新签订《持续关联交易补充协议》,以更新本公司与其于2020年5月7日签署的《持续关联交易补充协议》项下2021年之建议交易上限;
3. 审议及批准本公司与欧冶链金再生资源有限公司新签订《持续关联交易补充协议》,以更新本公司与其于2020年5月7日签署的《持续关联交易补充协议》项下2021年之建议交易上限;
4. 审议及批准本公司与安徽欣创节能环保科技股份有限公司签订《节能环保补充协议》,以更新本公司与其于2018年8月15日签署的2019—2021年《节能环保协议》项下2021年之建议交易上限;
5. 审议及批准本公司与中国宝武钢铁集团有限公司签订2022—2024年《产品购销协议》项下拟进行的交易及年度建议上限;
6. 审议及批准本公司与中国宝武钢铁集团有限公司签订2022—2024年《提供及接受服务协议》项下拟进行的交易及年度建议上限;
7. 审议及批准马钢集团财务有限公司与马钢(集团)控股有限公司签订2022—2024年《金融服务协议》项下拟进行的交易及年度建议上限;
8. 审议及批准本公司增资入股宝武水务科技有限公司的议案;
9. 审议及批准关于为公司董事、监事及高级管理人员购买责任险的议案。

该等议题获得大会批准,没有否决或修改提案的情况。

大华会计师事务所(特殊普通合伙)王原先生被委任为该次股东大会的点票监察员。北京大成(南京)律师事务所袁新宇律师,张一洎律师出席该次股东大会,并出具法律意见书。

上述内容刊登于2021年12月1日《上海证券报》及上海证券交易所网站、香港联合交易所有限公司网站。

(徐亚彦)

【董事会日常工作】

一、2021年董事会共召开16次董事会议

会议的主要内容是:

1. 批准关于公司组织机构优化调整的议案;
2. 批准公司2020年内部审计工作总结及2021年工作计划;
3. 批准公司2020年套保工作总结及2021年套保工作计划;
4. 批准公司公司期货套期保值业务管理办法;
5. 批准关于张文洋先生辞去公司董事、总经理职务的议案;
6. 批准关于免去田俊先生公司副总经理职务的议案;

7. 批准关于聘任毛展宏先生为公司副总经理的议案；

8. 批准公司2021年生产经营计划；

9. 批准关于炼铁总厂C号烧结机工程项目申请立项及审批概算的议案；

10. 批准关于北区填平补齐项目公辅配套工程申请立项及审批概算的议案；

11. 批准关于向马钢物流公司出售土地及相关地面资产的议案；

12. 听取审核委员会对会计师年度审计工作的总结报告；

13. 批准2020年年末存货跌价准备变动、坏账准备变动、长期资产减值计提的议案；

14. 通过2020年经审计财务报告；

15. 同意关于2020年末期利润分配方案的建议；

16. 同意董事会2020年工作报告；

17. 听取关于公司2020年度生产经营情况的汇报；

18. 听取监事会2020年工作报告；

19. 审核2020年关联交易；

20. 批准关于2020年审计师酬金的建议；

21. 批准关于执行董事、高管2020年经营业绩考核情况的议案；

22. 批准2020年度公司董事、监事及高级管理人员薪酬；

23. 听取公司2020年度战略执行情况评估报告；

24. 批准2020年精准扶贫工作汇报及2021年工作计划；

25. 听取2020年金融衍生品套期保值业务风险管理报告；

26. 批准公司2020年安全生产工作总结及2021年计划；

27. 批准公司2020年全面风险管理和内部控制工作报告；

28. 批准2020年度内控评价报告；

29. 听取2020年度反舞弊工作情况汇报；

30. 听取2020年风险监督评价报告；

31. 批准2020年度报告及摘要；

32. 批准2020年度社会责任报告；

33. 听取战略发展委员会2020年履职情况报告；

34. 听取审核委员会2020年履职情况报告；

35. 听取提名委员会2020年履职情况报告；

36. 听取薪酬委员会2020年履职情况报告；

37. 批准公司2021年商业计划书；

38. 批准公司2021年投资方案；

39. 批准公司2021年资金计划；

40. 批准2021年股份公司领导班子经营业绩评价标准；

41. 学习安徽省证监局关于切实做好上市公司治理专项工作的通知；

42. 学习《刑法修正案(十一)》；

43. 学习上交所关于2020年沪市上市公司信息披露违规查处情况的通报；

44. 批准2021年一季度未经审计财务报告；

45. 批准2021年一季度报告；

46. 听取2021年一季度关联交易情况的汇报；

47. 听取2021年一季度能源环保工作汇报；

48. 听取2021年一季度全面风险管理和内部控制工作报告；

49. 批准2021年股份公司经营层及班子成员业绩评价标准；

50. 批准关于整合融合信息化项目立项及投资概算的议案；

51. 讨论关于炼焦总厂焦炉大修改造项目立项及投资概算的议案；

52. 批准关于长钢节能减排煤气发电项目立项及投资概算的议案；

53. 批准关于新建长钢220kV变电所及输变电线路项目立项及投资概算的议案；

54. 听取公司2020年度重点工程建设及项目后评价工作报告；

55. 批准关于对公司车改退出车辆进行处置的议案；

56. 批准关于欧冶保理吸收合并马钢保理的议案；

57. 批准公司对外投资管理办法；

58. 批准公司2020年年度股东大会议程；

59. 批准关于聘任公司2021年度审计师的议案；

60. 批准关于炼焦总厂焦炉大修改造项目申请立项及审批概算的议案；

61. 批准关于马钢南区厂容整治项目申请立项及审批概算的议案；

62. 批准关于向宝武集团申请期货业务资质核准与授权及补充完善公司2021年套期保值工作计划的议案；

63. 批准关于金融衍生品套期保值业务授权的

议案；

64. 批准关于马钢(长春)钢材销售有限公司解散清算的议案；

65. 批准公司2020年年度股东大会议程；

66. 批准关于马钢香港公司放弃增资华宝租赁的议案；

67. 学习国务院《防范和处置非法集资条例》；

68. 学习生态环境部《环境信息依法披露制度改革方案》；

69. 批准关于公司放弃增资欧冶链金的议案；

70. 批准关于调整1—3号烧结机烟气脱硫脱硝及新建400万吨带焙公辅配套项目总投资的议案；

71. 批准聘任任天宝先生为公司副总经理；

72. 批准关于公司2021年固定资产投资方案中期调整的议案；

73. 批准关于长材事业部智控中心一期项目立项及投资概算的议案；

74. 批准关于公开挂牌转让国汽(北京)汽车轻量化技术研究院有限公司股权的议案；

75. 批准关于聘请持续关联交易独立财务顾问的议案；

76. 批准关于2021年中期存货跌价准备变动、坏账准备变动的议案；

77. 批准未经审计的2021年半年度财务报告；

78. 听取关于公司2021年半年度生产经营情况的汇报；

79. 听取公司2021年上半年关联交易情况汇报；

80. 听取公司2021年上半年内部控制和全面风险管理报告；

81. 批准2021年半年度报告全文及摘要；

82. 听取公司2021年上半年期货套期保值工作情况汇报；

83. 听取公司2021年上半年安全生产工作情况汇报；

84. 听取公司2021年上半年能源环保工作情况汇报；

85. 批准关于转让合肥供水公司股权的议案；

86. 同意关于为公司董事、监事及高级管理人员购买责任险的议案；

87. 学习中共中央办公厅 国务院办公厅印发《关于依法从严打击证券违法活动的意见》；

88. 学习中国证监会通报首批适用新《证券法》财务造假案件处罚情况；

89. 学习上海证券交易所通报2021年上半年纪律处分工作情况；

90. 同意公司增资入股宝武水务的议案；

91. 同意公司与中国宝武新签订2021年日常关联交易补充协议；

92. 同意公司与马钢集团新签订2021年持续关联交易补充协议；

93. 同意公司与欧冶链金新签订2021年持续关联交易补充协议；

94. 同意公司与欣创环保签订2021年节能环保补充协议；

95. 同意公司与中国宝武签订2022—2024年产品购销协议；

96. 同意公司与中国宝武签订2022—2024年提供及接受服务协议；

97. 同意财务公司与马钢集团签订2022—2024年金融服务协议；

98. 批准关于公司向宝武环科马鞍山公司转让相关资产的议案；

99. 批准长江钢铁智慧制造及信息化项目立项及投资概算的议案；

100. 批准马钢型钢改造——2号连铸机工程项目立项及投资概算的议案；

101. 批准公司2021年第一次临时股东大会议程；

102. 批准公司2021年三季度未经审计财务报告；

103. 批准公司2021年第三季度报告；

104. 听取公司2021年三季度关联交易情况汇报；

105. 听取公司2021年三季度内部控制和全面风险管理报告；

106. 批准关于马钢合肥钢铁公司吸收合并合肥板材公司的议案；

107. 批准公开挂牌转让上海罗泾矿石码头有限公司股权的议案；

108. 批准关于批准马钢(长春)钢材销售有限公司清算报告的议案；

109. 批准关于马钢产品产线规划新特钢项目申请立项及审批概算的议案；

110. 批准关于马钢南区型钢改造项目3号、4号连铸机工程申请立项及审批概算的议案；

111. 批准关于炼铁厂B高炉大修工程项目申请立项及审批概算的议案；

112. 批准关于开展2021年捐赠的议案；

113. 关于修订公司董事会战略发展委员会工作

条例的议案；

114. 批准关于公司组织机构及管理职能完善优化方案的议案；

115. 批准关于2022年度理财产品投资业务经营计划的报告；

116. 批准关于公司经理层成员推行任期制和契约化管理的议案；

117. 批准公司关于核销长期应收款的议案；

118. 批准关于肥东县政府收储马钢合肥公司闲置土地的议案；

119. 批准关于2021年度资产报废处置的议案；

120. 通过公司2021年A股限制性股票激励计划(草案)及摘要；

121. 通过公司2021年A股限制性股票激励计划业绩考核办法；

122. 通过公司股权激励管理办法；

123. 通过关于提请股东大会授权董事会办理限制性股票激励计划相关事宜的建议；

124. 批准2022年第一次临时股东大会、2022年第一次A股类别股东大会及2022年第一次H股类别股东大会议程。

二、2020年董事会专门委员会工作情况

(一)战略发展委员会

共召开3次会议，会议主要内容是：

1. 批准董事会战略发展委员会2020年履职情况报告；

2. 同意公司2021年投资方案，并提交董事会审议；

3. 听取关于公司2020年度战略执行情况的评估报告；

4. 同意关于公司2021年固定资产投资方案中期调整的议案，并提交董事会审议；

5. 同意关于产品产线规划新特钢项目申请立项及审批概算的议案，并提交董事会审议；

(二)审核(审计)委员会

共召开7次会议，会议主要内容是：

1. 公司2020年度未经审计财务报表在所有重大方面均遵循《企业会计准则》及相关规定的要求，不存在重大疏漏，同意提交公司外聘会计师事务所审计；

2. 批准公司2020年度审计计划；

3. 同意公司2020年内部审计工作总结及2021年内部审计工作计划，并提交董事会审议；

4. 根据对公司2020年经审计财务报告的审阅，以及与公司审计部门、外聘会计师事务所就财务报告和有关问题的讨论和沟通，认为公司在所有重大方面均遵循《企业会计准则》的要求，并进行充分的披露，不存在重大疏漏；

5. 同意公司2020年度末期利润分配预案；

6. 经审议，2020年公司所有关联交易均根据相关协议进行，符合本公司及股东的整体利益，交易总金额均未超过相关协议上限；

7. 截至2020年12月31日，公司为全资子公司马钢(香港)有限公司提供贸易融资授信担保人民币30亿元，该公司资产负债率超过70%，该担保已经公司2016年年度股东大会批准，此外，公司的控股子公司安徽长江钢铁股份有限公司为其全资子公司提供担保合计人民币1.5亿元；

8. 通过公司2020年度内部控制评价报告；

9. 通过外聘会计师事务所2020年度公司审计工作总结；

10. 同意支付安永华明会计师事务所(特殊普通合伙)2020年度报酬共计人民币538.5万元(含税)，包括年度审计费人民币480万元(包括内部控制审计费人民币60万元)和中期财务报告执行商定程序费人民币58.5万元，按照惯例，审计人员在公司工作期间的食宿费全部由公司承担；

11. 批准董事会审核(审计)委员会2020年履职情况报告；

12. 听取关于公司2020年全面风险管理和内部控制工作报告；

13. 审阅安永华明会计师事务所(特殊普通合伙)出具的2020年内部控制审计报告；

14. 对公司2021年一季度未经审计的财务报告进行审核后认为，公司在所有重大方面均遵循了《企业会计准则》的要求，并进行充分的披露，不存在重大疏漏；

15. 同意聘任安永华明会计师事务所为公司2021年度审计师，并建议股东大会授权董事会决定其酬金；

16. 审阅公司2021年半年度未经审计的财务报告，认为公司在所有重大方面均遵循了《企业会计准则》的要求，并进行充分的披露，不存在重大疏漏；

17. 听取关于公司2021年上半年内部控制和全面风险管理工作报告；

18. 审阅公司2021年第三季度未经审计的财务报告，认为公司在所有重大方面均遵循《企业会计准则》的要求，并进行充分的披露，不存在重大疏漏；

19. 听取关于公司2021年三季度内部控制和全面风险管理工作报告;

20. 通过公司2021年年度审计计划。

(三)提名委员会

共召开3次会议,会议主要内容是:

1. 经审查,建议董事会聘任毛展宏先生为公司副总经理;

2. 批准董事会提名委员会2020年履职情况报告;

3. 经审查,建议董事会聘任任天宝先生为公司副总经理。

(四)薪酬委员会

共召开3次会议,会议主要内容是:

1. 同意关于公司有关执行董事、高级管理人员2020年经营业绩考核情况的议案,并提交董事会审议;

2. 同意2020年度公司董事、监事及高级管理人员薪酬,并提交董事会审议;

3. 同意2021年公司领导班子经营业绩评价标准,并提交董事会审议;

4. 同意关于2021年公司经营层及班子成员业绩评价标准,并提交董事会审议;

5. 同意2021年A股限制性股票激励计划(草案)及其摘要,并提交董事会审议;

6. 同意2021年A股限制性股票激励计划业绩考核办法,,并提交董事会审议;

7. 同意股权激励管理办法,并提交董事会审议。

(徐亚彦)

【董事会秘书室工作】

1. 股东大会、董事会及其专门委员会工作。筹办2次股东大会、16次董事会会议、7次董事会审核委员会会议、3次董事会提名委员会会议、3次董事会薪酬委员会会议、3次董事会战略发展委员会会议,会议议程达124余项。做好会前准备、会场安排、会议通知、会议资料、签字文件,协调安排独立董事和独立监事行程、接待及调研,负责会议记录;在相关部门的配合下,对董事、监事及律师的问题、意见及建议进行回答处理;会后起草并在交易所网站发布会议相关公告等披露文件,同时在马钢官网发布;在公司内部发布董事会决定事项及抄告。共完成股东大会决议2份,董事会会决议38份,董事会决定事项16份,董事会下设委员会决议16份,董事会关注事项抄告4份。

2. 上市公司信息披露工作。分简体中文、繁体中文、英文三个版本,编制并披露2020年报、2021年半年度报告,2021年两份季度报告,按上交所新的格式指引开展定期报告改版和相关披露工作。每次业绩发布后及时安排制作业绩长图,并在马钢家园发布。就马钢股份董事会决议、监事会决议及整合融合、日常关联交易等公司临时重大事项,起草并发布A股公告64份,起草或校对H股中文公告75份,校对H股通函2份,对马钢股份董事会决议、关联交易、权益分派等事项及时进行披露。披露文件分简体中文版、繁体中文版、英文版。马钢股份2020—2021年度信息披露及投资着关系相关综合工作,连续第三次获上交所"A"级(最高等级)评价。

3. 马钢股份公司治理相关制度体系建设。按体系建设要求,新制定《工商法律事务管理办法》《关联交易管理制度》《子公司章程管理办法》,填补管理空白,消除内部设计缺陷。修订《董事会战略发展委员会工作细则》《信息披露管理办法》《重大事项法律审核管理办法》,进一步完善公司治理结构及管理体系。

4. 关联交易工作。提高关联交易年度上限和2022—2024年新一轮关联交易年度上限,拟定时间进度、讨论工作方案、聘请中介机构、组织相关部门提供资料;克服疫情影响,督促香港中介机构按进度完成通函、独立财务顾问报告,并获得联交所的特别支持,通函、独立财务顾问报告在显著短于预期及常规时间内获得联交所审核通过;密切跟踪及谨慎分析独立股东投票意向,采取中介推动,战略伙伴支撑,线上线下路演、反路演等组合措施,尽最大可能争取股东投票支持。11月30日股东大会上,8项关联交易议案全部高票通过。

5. 股息派发工作。合理统筹安排股息派发工作进度,分别向中登公司、香港登记结算公司提交现金红利派发业务申请,确认沪港通、深港通红利派发额、派发时间等。根据马钢股份股东地区分布,提供地区扣税率。结合香港登记结算公司、中国银行(香港)信托有限公司数据,确定H股分红数据、纳税金额、汇款时间。起草H股红利扣税报告并督促经营财务部办理H股部分股利完税手续。2021年7月29日,马钢股份完成2020年年度权益分派实施工作。公司以总股本7700681186股为基数,每股派发现金红利0.13元(含税),共计派发现金红利1001088554元。

6. 加强与投资者的沟通交流。改版马钢股份投关网站繁体及英文版面,刊载公司基本制度、管理架构等内容,并及时更新相关资料。通过电话、邮件、微信、接待来访等多种形式，加强与境内外机构投资者的沟通。共接待投资者来访12次；参加电话或视频会议39次，包括一对一或一对多交流会；参加现场及线上策略会8次。和近50家机构，200余人次进行了沟通。针对2020年度业绩发布会首次举办在线双语直播，针对2021半年度业绩发布会开展双平台直播的，观看业绩发布会直播及视频回放的次数超过5万次。通过上交所e互动平台回复投资者提问58个。

7. 推进社会责任管理。以上市企业优秀社会责任报告为标杆，高标准谋划2020年社会责任报告，借助外智编制社会责任报告。积极参与社会责任报告发布，先后参与宝武社会责任报告集中发布，国务院上市央企集中发布、安徽省集中发布、第四届进博会集中发布和制造业大会发布。建立社会责任管理体系，通过将ESG（环境、社会和公司治理）管理纳入董事会战略委员会管理职责，建立ESG工作组，建立起董事会、战略委员会、工作组组织架构，填补ESG管理体系空白。系统策划2022年社会责任工作，包括2021年报告编制、制度建设和规划编制工作。马钢股份入选央企50先锋指数，马钢股份2020年可持续发展表现再次获恒生指数有限公司A类评级，基于2020年在环境、社会及企业管治三方面的卓越表现，马钢股份被纳入恒生A股可持续发展企业基准指数成分股。

8. 推动市值管理。研究市值管理的内在逻辑，形成方案，根据公司重点工作填报要求，每月向公司填报工作推进情况，按季度对工作进行总结，形成半年度、三季度工作报告和年度工作总结报告。针对《宝武的市值管理评价指导意见》提出调整建议。2021年，公司全年区间日均市净率达1.00倍，市净率指标超额完成“达上市钢企50分位值的95%”的目标要求。

9. 加强与监管机构的沟通。针对公司遇到的难题、监管关注的事项，如公司治理、关联交易、信息披露等，与安徽证监局、沪港交易所积极沟通，并获理解、支持和指导，为公司整合融合工作拓展了空间。例如，公司增资宝武水务获得香港联交所免于发出通函的优待，日常关联交易披露维持“中国宝武”层面最为广泛的披露口径，为公司充分有效调配使用关联交易额度创造了条件。

10. 其他相关方工作。开展防非宣传月活动，在马钢股份机关、分子公司、二级单位同步展开，共35家单位参与，做到公司范围内宣传全覆盖。配合省证监局“双碳”调研，结合公司实际及未来发展，就碳达峰、碳中和政策对公司的影响等情况形成专门报告。积极配合省证监局开展案例征集，马钢股份申报的《积极履行社会责任，充分践行国企使命担当》入选国家上市公司案例集。配合中国冶金报、国务院国资委、宝武集团开展ESG方面调研。填报月度对外资产负债表、填报证监局关于安徽辖区上市公司限电影响情况统计表、完成证监会上市公司治理专项自查。根据中国证监会、上海证券交易所、中国登记结算公司、安徽省证监局等各方要求，完成上市公司信息披露工作评价、上市公司社会责任调研问卷、公权力清单落实情况问卷、一路一带调查问卷等调查问卷，积极做好相关方关系维护。

11. 编制证券资讯。编制6期马钢证券，内容包括经营分析、证券市场分析、市值分析、国际国内经济形式分析等。开展太钢不锈市值对标分析，提出建议。

（黄龙炎）

监事会

【监事会工作】

1. 关注马钢股份公司经营运作。期内，公司监事会共召开13次会议，列席2次股东大会、16次董事会议。审议通过马钢股份公司定期报告、内部控制、资产处置、关联交易、对外投资等32项议案，参与公司重大决策部署落实过程；关注马钢股份公司治理是否规范有效，了解马钢股份公司重大生产经营决策执行情况，及时提示马钢股份公司在生产经营、财务管理及内部控制中可能出现的风险与问题，按照管理职责提出建设性意见和建议，增强对马钢股份公司依法经营的监督；对马钢股份公司董事和经理层执行职务时的合法合规情况予以重点关注、检查，促进马钢股份公司经营管理规范化；针对股东大会决议执行情况和董事会决议事项、关注事项的落实情况，未发现存在涉及公司财务、董事、总经理和其他高级管理人员问题。

2. 检查马钢股份公司资金运作。通过听取经营财务部、运改部、能环部等相关部门专项汇报，积极参与及了解马钢股份公司战略落地、绿色低碳、智慧制造、精益运营、产城融合、共建共享等情况，督促马钢股份公司积极落实国家及中国宝武战略部署；定期审阅马钢股份公司财务报告、内部控制报告、风险监督管理评价报告、反舞弊工作报告，了解马钢股份公司的财务状况、内部控制和风险管理，重点关注资产的安全完整、重大经营风险的揭示以及损益的真实性等情况;保持与马钢股份公司内部审计、法律、投资和内控风险管理部门及外聘会计师事务所的协调与沟通,督促马钢股份公司运营持续依法合规。

3. 督查马钢股份公司重大事项。期内,监事会对公司重大投资、资产处置、关联交易、股权激励等 13 项事项进行监督核查,及时发现、揭示日常监督中危及公司资产安全的重大问题和隐患,采取规范准确的形式予以提示,并提出具有可操作性的建议,必要时向股东进行专项报告,增强马钢股份公司管控的执行力。截至年底,未发现重大问题及隐患,未发现马钢股份公司实施的重大经营事项存在违反法定审批程序、交易定价不合理等情况,决策程序合法合规,无损害马钢股份公司与股东利益的行为。

4. 关注内控管理。期内,马钢股份已按照企业内部控制规范体系规定,建立健全和有效实施内部控制,在所有重大方面保持有效的财务报告内部控制,并能得到有效执行。自内部控制评价报告基准日至内部控制评价报告发出日,马钢股份公司未发生影响内部控制有效性评价结论的因素。

5. 关注风险管理。期内,马钢股份公司风险管理构建“全面覆盖、责任清晰、快速传递、动作高效”的马钢制度体系,进一步将风险辨识、业务流程、流程责任、内部控制、业务权限、流程绩效等一体化设计,风险总体受控,未出现重大风险事件。

6. 关注信息披露。期内,马钢股份公司严格按照《公司法》《证券法》等相关规定及要求,履行信息披露义务。披露的信息真实、准确、完整,不存在虚假记载、误导性陈述或者重大遗漏。

7. 关注内幕信息管理。期内,马钢股份公司严格按照内幕信息管理制度要求,做好内幕信息管理及内幕信息知情人登记、报备工作,能够如实、完整地记录内幕信息在公开前的报告、传递、编制、审核、披露等各环节内幕信息知情人名单。截至年底,未发现内幕信息知情人利用内幕信息进行股票交易的情况,未发生监管部门要求查处、整改的情况。

(沐韵琴)

【监事会秘书室工作】

1. 监事会会务。2021 年筹办 13 次监事会议,做好会议筹备、签字文件和协调安排独立监事行程、接待及调研;做好会议记录和纪要的整理归档,并为会议决定事项拟文、行文。

2. 信息披露。就马钢股份公司 2021 年限制性股票激励计划(草案)及拟激励对象的名单、身份证件、拟激励对象与马钢股份公司签订的劳动合同或聘用合同、拟激励对象在马钢股份公司担任的职务及其任职文件进行核查,出具 2 份核查意见;起草或发布监事会议公告 10 份、决议 11 份;编制并披露 2020 年监事会工作报告、职工监事履职报告。

3. 组织协调。做好监事会与证监会、国资委、上交所、联交所以及马钢股份公司有关部门的沟通协调工作,建立信息渠道,发挥桥梁纽带作用;针对马钢股份公司治理、关联交易、信息披露等,与沪港交易所、安徽证监局积极沟通,并获支持与指导,为马钢股份公司整合融合工作拓展了空间;在相关部门配合下,及时向独立监事提供马钢股份公司生产运营情况及动态数据分析,汇报监管机构最新监管要求,为其履职提供便利;受理马钢股份公司股东的来信来访,及时向监事会汇报;组织安排监事会主席、监事参加上市公司协会举办的各项专题培训。

4. 协助完成投资者关系的日常维护及马钢股份公司内幕信息知情人管理。

5. 关注和了解马钢股份公司治理方面问题,及时向监事会反馈情况,协助监事会加强监督。

(沐韵琴)

·股份公司机关及业务部门·

制造管理部

【概况】 2021 年上半年,马钢股份公司制造系统强化系统联动、推动高效协同,科学优化组产,挖掘生产潜力,突破瓶颈束缚,追求系统极致运行效率,铁钢比屡创新低,由 2020 年的 0.883 降低至 0.863,实现产量效益双提升,完成“双过半”目标。下半年,严格落实宝武集团粗钢产量压减阶段性任务,坚定贯彻马钢股份公司“整体要最优、减产不减利”指导思想,生产组织重心迅速转向产品结构优化、经济运行和关键指标进步,紧密围绕外部两头市场波动,灵活调整经营策略和组产模式,动态精准调控资源,始终坚持优势产品、产线高效组产,确保吨材平均盈利不退步。通过加大调坯轧材的有力举措,促使马钢股份公司成本最优化、效益最大化,大力推动成本削减,持续提升技经指标,促进经营业绩提升。

【生产组织】 1. 产线能力全面提升。1—12 月，马钢股份公司 56 条产线 157 次刷新日产纪录，29 条产线 49 次刷新月产纪录，建立起日产铁 42000 吨、产钢 50000 吨的稳定高效运行模式，并于 4 月首次实现四钢炉役期间铁钢比不上调。铁水产量 1823.4 万吨、超年计划 46.4 万吨，粗钢产量 2096.7 万吨、精准完成宝武集团限产要求，钢材产量 2043.6 万吨，较 2020 年超 60.3 万吨，生产运行挑战目标全面达成。高炉利用系数突破 2.413 吨/(立方米·日)，较 2020 年进步 4.14%，月度最优达 2.574 吨/(立方米·日)。

2. 健全系统联动机制及预警保障体系。为应对严峻的市场和外部环境变化，马钢股份公司以预防高炉风险思维进行系统运行顶层设计、流程再造，变“事后应对”为“事前策划管控”。通过构建铁前生产组织预警应对管理机制，建立计划管理、质量管理、库存管理、内部物流保供、事故管理、信息管理 6 个维度的指标预警模型，提高风险预警及时性。组建跨部门多层级核心人员高效工作团队，提高风险应对有效性，为高炉高水平稳定经济运行创造良好的条件。建立原燃料全流程物流高效管理机制，以月度物流计划为目标，以周回运计划推移管理为抓手，以日课会为落脚点，强化计划的过程管控，将低频(月度)管理转变为以周为核心的全频(月、周、日)管理，提高月计划的严肃性和执行精度。初步建立铁水成本动态管控机制，按照集中一贯管理原则对铁水成本进行全流程管理，确立铁水成本责任体系，强化旬成本运行监控与调整，提高预算目标严肃性和执行精度。

3. 大力推进调坯轧材。通过产销高度协同，充分利用热轧富余产能，进一步提升调坯轧材量，2021 年累计轧制外购板坯、方坯 75.19 万吨，创历史新高。其中四钢轧总厂外购坯轧制量 48.43 万吨，有力支撑四钢轧总厂热轧 900 万吨、冷轧双 500 万吨高效生产挑战目标的达成。

4. 优化铁钢界面管理。通过减少炉下配罐数量、建立高炉开堵口预报制度和均衡出铁模型、减少铁水跨区调运、对生产组织进行先期策划、推行鱼雷罐在线加盖技术、控制日均在线重罐数不超过 16 个、建立鱼雷罐不排渣制度等措施，鱼雷罐周转率突破 2.78 次/(日·台)，较 2020 年进步 23%，月度最优 3.12 次/(日·台)。

5. 推进综合热装率提升。瞄准宝武集团热装率进步第一的目标，全力推进热装率提升，成立提升热送热装攻关团队，对标宝武集团宝山、青山基地，在马钢股份公司内部开展劳动竞赛等措施，全方位、全工序、全流程推进，重点提升热装排产策划组织能力，减少热坯置冷比例；推进热轧线防风挡墙和大 H 型钢产线增加保温措施等方式，降低铸坯温降；推进铸坯热试轧和热机清工作，提升铸坯热送比例；开展重型性能和表面质量攻关，提高辊道热装直送率；恢复或新增长材各产线测温装置和数据采集服务器，实现长材热装管控本质化改进。马钢股份公司热装率突破 70%，四钢轧总厂 1580/2250 热轧产线进步率稳居集团对标产线第一。

【技术质量进步】 以高质量发展为主线，聚焦关键指标，发掘产线潜力，通过全面对标找差、奋勇争先和劳动竞赛等多种方式，促进技术经济指标提档升级。合同兑现率、现货发生率、废次降发生率、钢铁料消耗分别以 94.11%、8.20%、3.20%、1069.47 千克/吨创历史最优，各制造单元主要技术经济指标均实现较大突破。

重点品种质量显著改善，汽车外板销售量 18.3 万吨、增幅 29%，成材率 79.19%、提升 3.56%，21 个牌号汽车板通过本田 HES 全球实验室认证。高强双相钢生产量 19.4 万吨、较 2020 年增长 19%，成材率 86.01%、较 2020 年提升 1.48%。热轧 M950JJ 生产量 0.97 万吨，较 2020 年翻一番，并实现薄规格“零的突破”，板形合格率提升至 86.7%。酸洗汽车板生产量 48.3 万吨、较 2020 年增加 4.4 万吨，成材率 88.87%、较 2020 年提升 2.42 个百分点，汽车钢板(QSTE)高强系列合格率 94.5%、较 2020 年提升 3.08 个百分点。无取向、取向硅钢产量 60.43 万吨、15.21 万吨，分别增加 48%、27%，生产效率大幅提升；成功量产 1310 毫米极限规格，厚度偏差满足用户要求；1720 酸连轧实现 2.8%硅(Si)含量(质量分数)高牌号批量轧制能力，精度控制水平达国内一流水平；成功开发供美芝用 M35W360；发挥基地协同作用，完成 1.3 万吨硅钢 M60 牌号连退卷生产，支撑宝钢顶级高牌号无取向硅钢产能释放的同时促进马钢硅钢制造能力提升。锌铝镁产品生产量 2.9 万吨，合格率 89.44%，产品实现从无到有；ZM100 产品通过格力客户样片认证，ZM120 小批量试用合格；汽车板用途产品表面质量与首钢相当，已开展吉利、长城汽车认证。镀铝硅产品年产量达 9.5 万吨，较 2020 年的 3.8 万吨增长 5.7 万吨；薄规格家电镀铝硅已实现稳产，0.35 毫米产品国内首发，薄镀层产品已通过奇瑞、吉利、东风材料认证。彩涂产品生产量 27.0 万吨，较 2020 年增加 28.57%；成材率

94.72%,较2020年提高1.14%;锌铝镁合格品5.8万吨,产品合格率95.44%;首次成功开发不锈钢彩涂板;首次成功批量切换无铬底漆;完成100微米高膜厚氟碳、宝钢海蓝、白灰样带试制;交期订单按期兑现率由50%快速提升到90%以上。

低温钢筋保持领先优势,生产量突破1.0万吨,较2020年提高49%。其中,直径12毫米规格低温钢筋合格率达到100%,成材率达到90%以上。屈服强度600以上高强钢筋生产量3.5万吨,较2020年提高41%,其中,直径25~36米大规格系列高强螺纹钢筋表面翘皮、裂纹等问题基本消除,直径40毫米规格表面缺陷发生率小于等于5%。开展工艺攻关解决耐候钢造车材轧制圆角翘皮问题,成材率提升3%,离线修磨率降低11.68%。通过优化料型及辊型,大H型钢极限美标规格轧制技术取得有效突破,成材率和小时产量双双提升15%以上。

弹簧钢产量2.4万吨,增加1.0万吨,其中汽车用钢2万吨。实现优棒弹簧钢从二火材完全切换为一火材。稳定杆用钢55Cr3通过辽阳蒂森、成都蒂森-大众汽车认证,新能源汽车悬架簧用钢54SiCr6通过索格菲-零跑认证,铁路弹簧用钢60Si2CrV通过包一机二方认证。成功开发2100兆帕级汽车悬架簧用钢54SiCrV6。GCr15轴承钢产量3.1万吨,较2020年增加2.8万吨。通过瓦轴、帝达贝、人本、光洋轴承四家知名终端用户样件和小批量认证。

【制造体系能力】 1. 风险管理机制。2021年制造部坚持“风险+制度+体系”三位一体运行管控模式,以“风险、内控、合规”为导向,将风险识别、防范措施、管控评估纳入相应管理过程和业务流程的管理制度,以制度建设助力筑牢三道防线,以内控审计及各类审核、管理评审,监控流程风险受控,保证运行合规,以相互贯通的信息化系统为桥梁,实现与业务系统、风控系统、制度平台的衔接。通过设置风险监控指标,建立“红、橙、黄、绿”四色风险指标预警模型,制定风险应对措施等,对制造部TOP3风险“产品质量风险、高炉失常风险、生产管理风险”实施重点管控,全年3个风险管理项目评价均为绿灯。

2. 制造运行风险管控。对标宝钢股份“四新”(即新用户、新用途、新要求、新产线)合同风险管控流程与初物验证机制,以重型H型钢为切入点,在板带、长材、特钢产品上逐步推行四新产品订单与初物验证管理,建立起覆盖用户需求识别、技术及管理风险评估,质量设计、生产制造、用户验证的系统化流程,形成小批量试制、中批量生产直至大批量组产的四新合同风险管控机制。通过内外部高效联动,提升以用户为中心的质量保证体系能力,确保用户端使用稳定,规避重大质量风险。

3. 应急预案管理体系建设。建立应急预案管理体系,使股份公司应急预案管理流程更加清晰,业务分工明确,管理效率大幅提高。通过规范合理的培训演练评估整改循环,提高预案的实用性和可操作性,加强预案相关人员的应急响应和应急处置能力,提升马钢股份公司的应急管理水平以及应对突发事件的能力。马钢股份公司按照“自然灾害、生产事故、安全事故、环保事件、公共事件、经营事件”6个维度,建立起三级应急预案管理体系,共编制一、二级预案235篇,开展演练201次。2021年应急预案信息化平台建成投用,进一步提高了预案管理效率,缩短管理流程中的时间消耗,全面支撑马钢股份公司应急管理,保障了马钢股份公司生产组织的平稳顺行。

4. 各类产品认证。2021年共组织开展各类产品认证19项,监督12项、换证复评7项、新增1项翠鸟认证(SCS)。马钢首次取得美国SCS认证证书,满足国外对钢铁产品绿色低碳准入要求,提升马钢产品绿色和环保市场竞争力。根据重型H钢新产线快速达产的要求,克服新冠疫情影响,取得重型H型钢全规格序列的CE、JIS、BV等认证证书。

5. 扩大品牌影响力。2021年马钢股份公司共注册QC(质量控制)小组活动课题341个,公司级重点课题38个。《提高3号机中包铸余自然分断率》QC成果参加中央企业QC小组成果发表赛获二等奖。组织推选6项QC小组课题优秀成果参加安徽省质量管理小组成果交流会,4项获二等奖、2项QC获三等奖。组织各单位QC小组成员对QC活动新准则进行研修,着重培养QC推进者并充分发挥其作用,“以指导代检查”使QC小组成员充分遵循科学的活动程序,推动QC活动有效开展。2021年Q345R、DX51D+Z/ZF、M35W300、LZ505个产品维持冶金产品实物质量品牌培育金杯优质产品,SWRCH35K-M维持金杯特优产品。

6. 探索新途径。马钢股份公司针对跨部门多专业类问题,先后建立产销工作小组、重点指标提升小组、客户端质量改进专项工作小组、重点产品SBU推进组、四新和初物管理组、原料保供小组6个协同小组,通过跨部门多专业协同小组工作方式探索,采用“双组长”制,D层级领导组组长负责,C层级核心管理者组成工作组,C层级工作组组长负责小组日常运作,充分发挥各部门核心人员的作用,建立小组需解决的问题清单,以问题为导向,小组成员分工协同,确立共同目标,打破部门间刻板的职能和流程的束缚,增加横向沟通协作,使能力形成合力,齐心协力解决问题,提升体系能力。

【智慧制造】 产销一体化系统整体功能如期上线运行。产销一体化项目(集群)按照马钢股份公司整合融合总体计划推进,于6月30日组织完成销售管理、成本核算、制造管理、作业分区、运输管理、铁区管理、资源管理、计量管理、检化验管理等全部模块上线。

优化管控体系。2021年1月,智慧运营管控中心投入运行,新运营管控系统正式上线,6.30信息系统数据切换后,运营管控大厅监控大屏上信息化数据也全部从马钢股份公司老系统切换到新系统,同时对运营管控系统的功能进行完善,新增早会任务跟踪系统、生产事故管理系统、应急响应记录等功能。

(卢学蕾)

设备管理部

【绩效指标】 2021年,主要设备事故故障停机率为1.8‰,优于目标值(2‰);主重作业线月均非停时间309小时,优于目标值(421小时);主重作业线日历作业率91.1%,优于目标值(90.9%);设备综合效率OEE整体实绩76.46%,优于目标值(72.33%);A类节能设备同步投运率99.35%,优于目标值(98%);A类环保设备同步投运率99.16%,优于目标值(99%);远程运维指数(AMI)36.4%,远超目标值(15%);设备上平台指数31.96%,优于目标值(30%);吨钢维修费150.92元/吨,比上年降低0.38元/吨;备件周转率2.15次/年,优于目标值(1.5次/年)。

【体系建设】 2021年4月,设备管理部在宝武集团内率先策划导入ISO 41001:2018《设施管理体系要求及使用指南》和T/CAPE 10001—2017《设备管理体系要求》,确定由北京世纪拓普管理顾问有限公司进行标准导入前相关咨询辅导工作。2021年10月21日,召开马钢股份公司"设备管理体系认证启动会",全面启动认证工作。

1. 立足事前管控,建立故障防控体系。对主重作业线故障实施目标值管理,定期召开设备状态月度例会,通过布置、检查、整改、验证,实现设备状态管理PDCA循环。针对故障高发单位,成立管理和技术支撑组,通过案例分析复盘和事故故障分析整改、验证,把事故变成经验。参照设备运行历史最好水平,给各单位设置挑战目标,对痛点、高频问题制定具体管理举措。如,针对四钢轧总厂1号连铸机大包回转台,4号、5号干熄焦减速机重大隐患,利用应力波技术进行监控,并采取特护,避免突发事故。同时,依据监控数据,为设备特护提供明确的指导方向。

2. 聚焦网络安全,落实信息安全体系。组织飞马智科对马钢股份公司在线信息化资产进行排摸、清理、编码、造册,并对标宝钢,结合马钢2021年信息化系统投运现状,围绕应急响应机制、运维等级划分、评价考核细则等内容制定详细的信息系统运维方案。同时,对存量信息系统制定稳妥的退出或过渡方案。

3. 聚焦过程管控,构建测量管控体系。本着"不增设新机构、不增建新场地、不增添新设备、不增加新人员"原则,完成马钢股份公司最高计量标准集中整合工作。梳理完成马钢股份公司重要测量过程清单,完成冷轧1720、热轧1580、特钢优棒3条产线测量过程分级管理已完成产品/过程特性设定。完成冷轧总厂3号镀锌线出口测宽仪、粗糙度仪软件升级改造项目。在检测中心成品检验一作业区配置酸碱自动滴定仪一套;成品检验三作业区配置全氧自动滴定仪一套、酸碱自动滴定仪一套,实现成品检验自动化集成水平的突破。形成底吹氩气测量精炼的溯源技术方法,并对钢水精炼关键工艺底吹测量形成期间核查、精度确认等管理方法。全年新编《H型钢专用角尺校准规范》《翼缘斜度卡板校准办法》等内部计量校准规范6篇;新编通用安全技术规程(检修安全)9篇;修订《X射线测厚仪校准规范》1篇;新编《动力、物资计量(测量)设备配置选型仪表技术规范》1篇。

【检修管理】 围绕"三流一态一点"(物流、能源流、价值流、状态、排放监控点),"两金压降"、维修费降本、低库存、交货期与备妥期,经济用电、能动平衡等"增值点",优化改进定(年)修模型,修订、发布《设备检修协力管理与评价实施办法》《设备定(年)修模型与计划管理办法》等文件制度,规范检修计划申请、变更管理。加强检修计划变更需求的原因调查,出具审核意见,提升各单位检修过程管控能力。开展定(年)修工期偏差率原因分析与调查,提出改进措施和评价意见,提高检修计划执行精度。与马钢股份公司制造管理部协同,建立工艺性检修的管理办法与制度。通过检修计划调整与有效实施,全年六个主线单位的48条主(重)作业线,合计减少定修次数139次,节约时间1612小时。合计全年模型优化产生的边际效益9429万元(不包括检修人力资源组织、备品备件材料消耗由于检修次数时间减少的间接节约值)。

【精度提升】 会同马钢股份公司制造管理部对冷轧总厂、长材事业部、特钢公司、四钢轧总厂设备精度管理难点问题进行攻关,先后在四钢轧总厂连铸扇形段铸坯划痕、热轧HGC缸精度管理、冷轧3号镀锌线炉区等精度管理项目上取得突破性成果。2021年,实施精度管理的产线在2021年5条试点的基础上增加到17条,精度管理功能进步率82%。

【润滑管理】 推进设备润滑油液在线智能监测与故障诊断及平台建设和运行,持续推广、跟踪液压润滑油品国产化成果。在长材北区棒材100号油膜轴承油于2019年成功实施国产化替代的基础上,2021年3月推广至长材北区线材预精轧机220号油膜轴承油国产化替代项目上。四钢轧2250精轧机稀油润滑系统460齿轮油2021年5月开始讨论替代方案,10月完成替代工作。能源中心北区钢空2号空压机金枝油国产化方案已确定,年底实施完成。一钢轧重型异形坯连铸机前期最低价中标润滑脂在使用过程中抗水性能差,经过多次交流、试用、跟踪,更换为马钢在用润滑脂/Super Grease 1B,轴承寿命卡死率大幅下降,供油周期由原先的8分钟,逐步延长为12分钟,油脂消耗量大幅下降。

【重点工程】 围绕"绿色发展 智能制造"战略,主动担当,统筹协调,合理组织,从场地搬迁、拆除、地勘、设计、施工等方面全方位开展工作,快速推进马钢南区厂容整治、南区主要"三横三纵"道路、三个厂区大门、高大建筑及沿线管网美化、六汾河清淤整治及沿线环境提升等项目,重点打造建设敬业园、开拓园、拼搏园、迎宾园等区域,实现了"盆景"到"风景"的景观提升。对马钢南北区主排、二铁料场区域铁路排水不畅、钢轧西路、料场北路、三台铁路桥涵洞、铁路边沟排水等进行重点整治。对炼铁总厂A号热风炉蓄热室环梁加固、4号炉铁水罐待罐区、四钢轧总厂2250热轧磨辊间矮墙开裂下沉、港务原料总厂钢结构通廊整治等隐患项目进行了隐患整改。

组织飞马智科(祥云公司)完成云平台升级改造。实施2021年IPS(互联网协议群)系统故障应急预案培训及模拟演练。完成马钢主干网出口安全设备部署、宝武承载网马鞍山节点切换、国资国企信息安全平台覆盖等工程,组织编制马钢5G(第五代移动通信技术)建设方案,有序推进5G+工业互联网在马钢的应用。

【信息系统建设】 设备信息化系统(EQMS)第二期四个模块(合同管理、物料管理、固定资产管理、成本管理)于2021年6月30日成功上线运行。整个EQMS项目实施过程中,测试案例数量226条,组织培训245场,参培人数7155人次,梳理差异清单57项,梳理问题清单539项,梳理任务清单8项,"请进来"41人次,"走出去"131人次。

【智慧制造】 落实中国宝武"四个一律"要求,建立高效完善的智慧运维网络,打造产线误工管理系统、设备运行管控平台和EQMS三位一体的信息化系统,初步构建起以设备状态为依据的预知性维修体系。制定应接设备标准,按"应上尽上"原则梳理应接设备5.7万台,制订3年全覆盖计划,全年设备上平台指数达31.96%。大力推进AMI指数建设,按马钢智能运维5年规划,推进铁前智能运维项目,全年AMI(远程化)指数达到36.4%,处于宝武集团第一方阵。持续优化停机逻辑判断,增加逻辑点趋势图、历史数据查询功能,产线误工管理系统覆盖范围达到70条产线。打通运维平台E3层和EQMS数据交互,在2130酸轧、连退、1720酸轧、3号镀锌和2250热轧等5条产线完成异常联络单发送、处理方式和评价反馈、建立故障履历。

【荣誉】 2021年8月和10月,设备管理部两次获马钢股份公司"奋勇争先"奖;《基于智慧化手段的设备状态管理创新与实践》获钢铁行业设备管理与技术创新成果一等奖,马钢管理现代化创新成果二等奖,并申报软件著作权一项;"马钢股份公司设备'检修模型'管理的建设与实施"获2021年"中国宝武优秀岗位创新成果"三等奖;"高炉热风波纹管位移安全控制装置研究与应用"获2021年"中国宝武优秀岗位创新成果奖"三等奖;"构建设备绩效评价管理新模式"获2021年钢铁行业设备管理与技术创新成果二等奖;《冶金动力》杂志第三期获首届"方正电子"杯中国期刊设计艺术奖;《一种精轧机活套编码器安装定位工具》《一种热轧带钢用的刮水板结构》《一种节水多层供水管高炉冷却壁结构》获实用新型专利。

(周　俊)

营销中心

【概况】 2021年9月，马钢股份撤销销售公司机构，营销中心(销售公司)更名为营销中心。截至年末，营销中心共有340名员工，下设营销管理室、市场营销室、合同物流部、热轧部、冷轧部、涂镀部、汽车板部、线棒部、型材部、特钢部、综合管理部(党群工作部)、分(子)公司管理部(审计室)、客服管理室、技术经理室、客户代表室15个科室；其中营销管理室和市场营销室共同组成营销管理部；客服管理室、技术经理室和客户代表室共同组成客户服务中心；同时，负责马钢15家驻外分子公司和5个海外公司及办事处的销售业务管理。

【主要经济指标】 2021年销售钢材1635.7万吨，实现税前销售收入840.2亿元(不含交材和长钢产品)，超额完成年度任务，其中板材产品全年销售1023.67万吨(含合肥板材130万吨，已扣除重复统计)，型钢249.3万吨，线棒240.95万吨(含特钢普线产品)，特钢121.77万吨(含工业线及车轮坯产品)，全年出口80万吨(不含车轮产品)。通过欧冶平台线上销售钢材78.59万吨，销售收入50.4亿元。2021年分子公司销售钢材702.16万吨，销售收入386.9亿元，实现利润总额4.5亿元。

【基础管理】 1. 提高吨材利润。每月召开市场分析会，跟踪国际国内宏观大事，分析宏观经济形势，研究国家和产业政策，为马钢股份制定销售价格和资源预排提供依据，发挥市场研判作用，控制接单及出库节奏；不断优化品种结构，不断提升产品售价，全力提高吨材利润水平，提高公司盈利能力，全年吨钢毛利427元，较2020年提升197元；减少1个负毛利产品大类，彩涂吨钢毛利由负转正。坚持效益优先，以提高产品毛利为核心，统筹系统效率和结构调整。贯彻低库存运营，制定月度库存控制标准，营销团队全员参与，11月创造全口径库存56万吨。强化产销联动，科学合理接单、排产和生产，马钢股份现货发生率下降0.97%；调坯轧材，全年外购钢坯76万吨，来料加工5万吨，充分释放产线装备能力，提高热轧、线棒等轧材产线产能利用率，马钢股份产能利用率提升5%，全年增加销售利润1.4亿元。

2. 创新营销模式。聚焦长材直供服务模式，提高建筑用钢工程直供比例，深入工程施工现场一线，理清工程保供的各个环节，2021年线棒直供比65%，比2020年提升200%。H型钢产品加强直供订单的接单力度，以工程项目为抓手，全面走访项目工程和终端建筑企业，引导现有的经销商开拓所在区域的工程项目和直供客户，2021年型钢直供比29%，比2020年提升100%。H型钢产品上游对接设计院，下游对接建设单位，探索出一条技术营销新思路，H型钢产品设计-优化-生产-应用的新生态链已经初步形成，陆续供应到洛阳市新科技馆项目、合肥蔚来汽车项目、上海宝山能源再生中心项目、夏威夷码头项目等众多国内外大型项目中。进一步丰富产能预售销售模式，开展N+1、N+2、D+7等多种销售业务，推广“长三角螺纹钢指数”和“长三角热轧指数”定价的销售模式，为客户提供多种选择方案。创新期现结合销售模式，运用期货工具为现货业务保驾护航，实现期货与现货的深度融合，提升现货业务的风险管理。利用马钢品牌，在非马钢传统销售区域开展品牌运营业务，全年实现贴牌产品销售54万吨，增加营业外收入850万元。与欧冶云商在现货、产能预售、远期交易、物流等领域深入合作，全面提升马钢集团智慧制造相关营销指数，其中物流上平台指数自3月以来已达100分。深化整合融合，持续开展宝钢-马钢供应链协同、销售协同工作，陆续开展多品种配套销售服务，全年实现协同效益4.4亿元。

3. 推进信息化建设。按照宝武整合融合和“四个统一”的要求，重新梳理现有业务流程，对原系统重新架构，全面升级。“一体化销售”“销售物流管控”“客户服务管理”“客户自助”4个销售系统在6月30日统一进行切换，推进管理对接和专业化整合融合，构建数字化和供应链协同。聚焦核心流程，梳理现有和可预见的“短板”业务流程，对合同、计划、物料进行全生命周期跟踪。快速响应客户需求，实现业务执行过程可控、可追溯，满足营销中心新体制、新业务对系统提出的新需求。借助欧冶产成品智慧物流平台，实现一程物流和二程物流全流程监控，提高物流效率。打破传统供应链存在的模块分割和数据孤岛，实现信息流、物流、资金流、数据流四流合一。培养系统思维，适应数字经济带来的工作方式转变，推动决策模式由“经验驱动”向“数据驱动”转变，提升公司经营业务的核心竞争能力。

4. 优化客户服务体系。持续强化“为客户创造价值”服务理念，致力于不断优化产品结构和服务模式。

客服中心进一步统一管理模式、统一工作平台、统一标准要求,持续优化客户服务体系,加强客服信息化平台建设,提升客户端响应及时性、客户感知和满意度。充分发挥客户服务一体化、集中化优势,以技术服务、产品拓展、先期介入(EVI)、整体解决方案等为抓手,满足用户个性化需求。借助于信息化平台建设,构建客户档案、技术询单、需求抱怨线上管理模式,从而实现客户端需求到制造端的快速落地。通过积极研判市场变化趋势,聚焦客户端需求和重点问题,对产销研一体化推进组织进行优化及工作重点调整,以满足客户需求和产品质量抱怨焦点为突破口,持续提升产品质量,优化产品结构。同时,聚焦品种效益提升,设立6个品种结构调整专项组,拓展产品利润空间,通过调整产品结构追求极致效益。推行"对标找差",关注行业发展趋势和变化,聚焦客户亟待解决的重点问题,引入"四新"管理及"初物管理"理念,从内部优化质量设计管理流程,降低客户端质量风险,不断满足客户对产品的使用要求,最终实现客户满意。

5. 优化销售渠道。汽车板加快产品和客户结构的调整,全年主机厂销量85万吨,占比33%,较2020年提升2.5%;新开发长城汽车、合众新能源、滴滴造车等3家主机厂,汽车板主机厂保有数达到50家。特钢产品紧紧围绕轨道交通、能源风电、高端制造、汽车板用钢、轴承用钢等五大行业产品方向,定位高端产品,分别在风电能源用钢行业、汽车行业、轴承行业共计完成了GE风电、常州光洋、小松等10家重点客户认证工作,弹簧钢银亮材55CR3进入一汽大众,54SiCr6产品通过长安福特的认证并实现批量供货。全面推进重型H型钢市场开拓,打开国内下游行业对重型H型钢的应用瓶颈,加速热轧H型钢对焊接H型钢的替代,全年销售重型H型钢独有产品17.7万吨,比2020年增加16万吨;H型钢造车材产品实现销售总量12.6万吨,比2020年增长41.6%,保持国内市场占有率第一。强化重点工程对接力度,低温钢筋销售0.8万吨,比2020年增长10%,供应到中海油山东龙口LNG项目、中石油温州LNG项目、中石化青岛LNG项目等重点工程项目。热轧产品加大了毛利率较高的取向硅钢基料的销售力度,销售14.5万吨,比2020年增长21%;家电涂层板持续增量,销售7万吨,比2020年增长90%,国内市场占有率突破35%;高档家电面板销售4.5万吨,比2020年增长10%;W400及以上硅钢销售12万吨,比2020年增长30%;彩涂板销售25.5万吨,比2020年增长27.5%。

6. 营销团队和体系建设。整合特钢销售业务,与特钢公司完成业务交接,实现马钢股份所有产品集中一贯制销售。通过马钢股份内部招聘引入3名型钢销售人员,吸收36名特钢销售人员、3名技术服务人员,壮大营销队伍。建立健全营销中心"制度树"体系,换版发布39个管理文件。加强岗位体系建设,研究制定《营销中心岗位优化聘用实施方案》,采用组织选聘和竞聘相结合的方式,坚持公平规范、精干高效、择优聘用原则,顺利完成岗位体系切换。系统策划营销人员培训,与马钢股份人力资源部共同设计能力素质提升项目、"盈效"大讲堂、营销训战营、面向未来赢在2025培训项目,统筹利用培训资源,开展集中培训23期,参加培训人员达1800余人次,累计培训时长达9900学时,全面提高营销人员综合素养和实战能力。

【安全管理】 制订年度安全工作计划及《安全目标责任书》,并通过安委会分解计划层层落实责任。全年共召开安委会12次,安全员月度例会11次,传达宝武、马钢安全生产工作通知。全年销售公司无重伤及工亡事故、无险肇事故、无重大财产损失事故,安全生产总体可控。编制并面向全员发放《加工中心安全风险识别手册》;编制《营销中心安全教育试题题库》(A类/B类/C类),并就题库内容对相应人员进行安全知识测试;对各加工中心进行突击安全检查共计14次,检查出问题71项,对检查中发现的安全隐患限期整改,确保形成闭环。

【分子公司管理】 着力提高分子公司经营能力,打破固有思维模式,打破板带专营公司界限,加强长材产品销售力度,开始向多品种销售公司转变,调动一线营销人员的主动性,转变观念,从"卖得掉"向"卖的好"转变,全面提升分子公司盈利水平,确保EVA持续正增长。全年分子公司销售钢材702.16万吨,其中长材26万吨,实现利润总额4.5亿元。有效管控仓储库存,优化库存结构,坚持低库存运营,月平均库存39.2万吨,比2020年下降14%,提高资金利用率,较好地控制经营风险。

(荀　著)

采购中心

【概况】 马钢股份采购中心主要承担马钢股份公司原燃辅料、设备、备件、资材及工程配套件的采购供应。2021年7月1日,设备、备件、资材及工程配套件采购供应业务及人员平稳划转至欧冶工业品公司。针对工业品采购业务划转后组织机构和信息化整合、PLMS系统上线后采购业务管理和操作流程发生的变化,采购中心对内部组织机构、职责及有关业务运行流程进行调整,机构设置上保留综合管理部、经营管理部、采购管理部、矿石资源部、燃料资源部、合金资源部、耐辅资源部、采购物流部8个部门;业务运行上对进口铁矿石采购及物流业务进行部分调整优化,将采购物流部中涉及进口矿合同执行、结算与报关报检等业务整合至矿石资源部。2021年采购中心采购到货4328万吨。其中进口矿1714万吨、国产矿344万吨、自产矿219万吨;煤炭958万吨、焦炭198万吨;合金有色28万吨;废钢、生铁275万吨;熔剂辅料592万吨。全年原燃料及工业品采购结算总金额694亿元。全年采购计划综合兑现率98.25%;到货质量综合合格率目标90%,实际完成94.18%;实现采购降本8.17亿元;上网采购率目标值98%,实际完成值100%;进口矿、炼焦煤、喷吹煤、动力煤、焦炭、废钢采购均价涨幅全部低于行业均价涨幅,实现全面跑赢大盘。2021年底在册员工66人,在岗员工66人。

【资源保供】 2021年,安全环保督查持续强化,极端天气频发,局部疫情管控升级,给大宗原燃料保供带来极为不利影响,在马钢股份公司和相关部门、单位的大力支持下,采购中心迎难而上、积极应对,多措并举组织资源、确保高水平生产消耗需求。特别是煤焦保供面临前所未有的困难情况下,采购中心快速反应,通过建立各层面沟通协调机制、驻点催发、寻求新资源等多措并举,保证煤炭资源的落实、运输组织、及时到达和生产稳定使用。

【对标工作】 全年进口矿、炼焦煤、喷吹煤、动力煤、废钢5个对标品种采购成本低于行业平均,除进口矿外其他五项指标均完成马钢股份下达对标目标要求。其中1—12月进口矿采购成本累计较行业平均低38.85元/吨,在57家大中型钢铁企业中排名第17;炼焦煤比行业平均低149.14元/吨,在40家对标企业中排名第13;喷吹煤比行业平均低73.39元/吨,在58家对标企业中排名第13;动力煤比行业平均低53.92元/吨,在11家对标企业中排名第5;废钢比行业平均低16.29元/吨,在50家对标企业中排名第20;外购焦比行业平均高38.13元/吨,完成马钢股份公司下达的不高于行业平均100元/吨的目标。

【采购降本】 2021年初采购中心确定了年度采购降本目标并分解到相关采购部门,每月跟踪降本任务完成情况,通过政策降本和采购策略降本,全年累计实现降本8.17亿元。在政策降本上,主要通过调整自产矿大客户优惠政策及碱金属、钒钛等指标扣罚政策;废钢定价模式和级差的调整;耐材总包价格与耐材原料价格指数的关联;调整资金支付政策,增加承兑支付比例等措施,全年实现降本3.33亿元。在采购策略协同降本上,主要通过宝武集团内采购价格及策略协同,进口矿国内运输及港口码头服务协议的统谈统签、加强市场信息沟通、对标找差、品种替代、引进宝武供应商竞价采购,跟踪市场,踩准定价时点,全年原燃料共实现采购策略协同降本4.84亿元。

【整合融合】 积极响应宝武集团整合融合要求,推进采购物流管理系统(PLMS)和采购供应链管理系统(PSCS)开发建设,认真进行新系统流程测试、模拟切换,保证新系统顺利切换。按照"管理服从信息系统要求",对采购物流管理系统(PLMS)功能进行适应性调整和持续优化,满足采购管理要求,提高工作效率,进一步促进管理体系的对接和专业化整合融合。同时结合马钢股份公司对采购管理职能及业务划分调整,通过流程梳理、机构再造、岗位配置、人员培训等措施,构建协同高效的供应链和采购管理团队,保证信息化新系统按时上线、平稳运行及工业品采购整体划转后的人员、业务平稳有序过渡,采购成本取得显著改善。11月3日,马钢集团委托马钢股份采购中心行使集团公司采购管理职能及其相关业务。

【供应链合作】 根据采购职能调整及采购流程变化,及时修订《供应商认证管理办法》,依托欧贝平台公开征集供应商,从欧贝平台引进新供应商3家。通过宝武协同采购,共享新准入供应商6家。2021年召开供应商准入小组会48次,引进合格供应商7家、备用供应商54家、一次性供应商14家、取消资格供应商11家、拒绝供应商36家。按照《供应商认证管理办法》对A类供应商组织6次准入审核,有5家供应商6个(类)产品通过审核。完善优胜劣汰机制,修订《供应商动态评价管理办法》,严格执行供应商"黑名单"、供应商"禁入名单"和"警示目录"制度。完成2021年度产品类、服务类及2021年年中A类供应商评价,合格供应商2217家,黑名单供应商19家,警示目录供应商11家。强化与战略供应商合作,经评价从大宗原燃辅料合金的合格供应商中产生40家战略供应商,通过商务、技术交流等方式加强合作。

【基础管理】 1. 采购管理体系和制度建设。针对集团及子公司采购管理职责归口到采购中心等管理职能变化和进口矿、工业品集中采购带来的业务流程变化,对采购管理现有制度一、二级流程进行全面梳理和评估,对23个采购管理相关文件进行适应性调整。随着下半年采购物流管理系统和采购供应链管理系统投入运行,按照规范化、标准化、专业化、低风险管理需求,及时改变管理方式和操作方式,利用系统功能和流程,进行网上公开询比价、供应商全流程在线管理,简化合同审批、采购定价、质量异议处理等流程,提高体系运行效率。

2. 推进网上采购定价。根据宝武集团及马钢集团年初下达的生态化指数及2021—2023年目标设定要求,本着"应上尽上、能上快上"的原则,1—12月网上采购率达100%。

3. 非招标采购管理。年初依据相关规定对股份及子公司的非招标采购品种进行整理,组织相关部门专家对非招标采购品种进行评审,发布《非招标采购品种清单目录》,对实际工作过程中,需采购目录清单外的非招标品种,严格按公司文件规定,履行审批流程。

4. 合同管理。为适应新系统流程要求,规范合同管理,对大宗原燃料合金废钢的合同条款和模板进行梳理,并报法务部审核通过后录入采购物流管理系统,共创建系统合同模板28个。根据系统流程,按照岗位职责及法务授权,设置两级及以上合同审批流程,实现所有合同均在线上审批,促进供应商采购协同。

5. 质量管理。开展跟踪质量合格率低于90%品种和月度质量合格率低于80%供应商的质量管控工作,监控新供应商首次到货质量,组织、配合开展马钢股份公司原燃辅料督查和抽查16次;加强供货源头管理,规范供应商的质量整改验收,减少公司级不合格品评审;对到货严重不合格的供方下达整改通知书,督促其加强到货质量,组织整改供方的现场验证。

6. 人事效率提升。根据马钢股份下达的人事效率提升目标,积极组织开展内部人员岗位调整和优化,全年实际完成人效提升指标8人,超目标完成3人。

【党群工作】 1. 深入学习和贯彻落实习近平总书记考察调研重要讲话精神学习。制定总支领导班子和党支部学习计划,要求做到全面覆盖全员学。通过"三会一课"、党员活动日等各种形式,深入组织党员学习讲话精神。开展"学讲话精神、谈心得体会"主题征文、沿着总书记足迹参观等活动。结合实际制定深入学习贯彻总书记重要讲话精神行动方案,推进总书记重要讲话精神的全面落实到位。2. 扎实组织开展党史学习教育活动。通过多媒体平台、"三会一课"、开办读书班、参观红色教育基地等形式加强学习教育,党员学习教育覆盖率达100%。组织党员开展集中学习共计14场,100余人次参加线上、线下党史知识竞赛,征集学习心得体会文章12篇,严格开展党总支和支部专题组织生活会。开展"一次主题观影、一次红色故事讲演、阅读一本党史图集、一次四史应知应会知识测试"的"四个一"活动。党总支班子成员共开展6次调研,为群众办实事4件。3. 持续深入推进"三基建设"。进一步规范组织生活会、民主评议等年度组织工作,"三会一课"、主题党日等组织生活制度的全面落实,规范开展党员发展工作;健全党建工作督导机制,充分运用宝武党建云、全国党员系统等信息化手段,强化党务工作网上督查,实时验证纠错、整改完善。4. 强化党风廉政建设。组织学习廉政建设各项制度,通过开展廉洁从业专题讲座、观看反腐倡廉教育片、参观马钢廉政教育基地等多种形式,增强广大员工廉洁从业意识。不断强化作风建设,认真组织落实违规公款吃喝、送礼和春节、中秋、国庆期间纠"四风"等专项整治活动。5. 严格落实整改巡察、审计等发现问题。针对宝武巡视反馈问题和物资采购专项审计、存货及应收账款减值风险等专项审计发现问题,明确责任部门和责任人,制定具体整改措施,按月及时上报整改落实情况,严格按要求组织整改到位。6. 工会工作。围绕坚决打赢疫情防控阻击战的目标,组织开展"同舟共济战新冠,争分夺秒创效益"主题百日专项立功竞赛活动和"融合创新协同共建高质量钢铁生态圈"专项劳动竞赛,持续推进"我为企业'对标找差创一流'献一计"活动,共收到建议18项。

(唐 军)

技术中心

【概况】 2021年,为规范组织机构管理,推进岗位体系变革,提高管理效率,经马钢股份研究决定对技术中心内设机构进行调整。技术中心下设3个管理部门,12个研究所。原综合管理室、党群工作室合并,成立综合管理室(党群工作部),按照"一个机构,两块牌子”模式运作。原技术管理部、咨询分公司合署,更名为科研管理室,保留咨询分公司牌子。原条件安全保障室、中试基地合并,成立研发保障中心。原热轧结构钢研究所、轧钢研究所合并,成立热轧产品研究所。原家电板研究所更名为冷轧产品研究所。型钢研究所、车轮研究所、长材研究所、硅钢研究所、汽车板研究所、炼铁研究所、炼钢研究所、综合利用研究所、科技信息研究所、检验技术研究所保持不变。技术中心主要承担铁前、钢轧、检验、综合利用、信息情报方面的技术研究,轮轴、板带、长材、型钢、特钢五大类产品的新产品研发,用户应用技术和 EVI 技术服务,以及科研和新产品开发的中间试验和科研成果产业化等职责。安徽江南钢铁材料质量监督检验有限公司(安徽省钢铁材料质量监督检验一站)是马钢集团国贸全资子公司,具有 CMA 资质,由技术中心管理运行,主要承担马钢股份盘库,科研、新产品、成果等第三方检测。2021 年,经宝武集团、马钢集团批准,安徽江南钢铁材料质量监督检验有限公司(以下简称“江南质检公司”)和马钢(合肥)钢铁有限责任公司(以下简称“合肥钢铁”)就股权转让联合对安徽省江北钢铁材料质量监督检验有限公司(以下简称“江北质检公司”)开展审计和资产评估,2021 年 11 月 30 日江南质检公司和合肥钢铁签订股权转让协议,2021 年 12 月 31 日江南质检公司完成江北质检公司股权(100%)收购。截至 2021 年底,马钢技术中心在册员工 287 人,在岗员工 287 人。

【科研工作】　组织实施各类科研项目 153 项,其中政府项目 11 项,公司项目 71 项,实现科技创效 1.67 亿元,完成年度目标;开展与中央研究院协同项目 26 项,科技降本 1.8 亿元;申报发明专利 224 件,完成年度计划;获授权专利 115 项,其中发明专利 86 项,主持制定国家标准 2 项、行业标准 4 项。获安徽省科技进步奖 3 项,冶金科技进步奖 2 项,宝武重大科技成果奖 3 项。承担在线传感系统应用研究,获批国家重点研发计划。

【新产品开发】　积极推进产销研工作,全年开发新产品 139.6 万吨,完成百万吨年度目标;实现超额毛利 189 元/吨,毛利总额 8.22 亿元,国内首发产品 10 个。

长材特钢:国内首发连铸工艺重载机车及城轨用齿轮钢;2100 兆帕级悬架簧用钢通过蒂森认证。风电轴承钢、齿轮钢通过 CE 认证;汽车及工程机械用钢通过日本小松等 8 家用户认证;高碳铬轴承钢通过大连弗马斯、瓦轴等 5 家国内领先用户认证。

型钢:聚焦重型热轧 H 型钢研发与市场开拓,关键技术实现突破,首发产品国内率先批量应用于大型民用公共建筑等重点工程。

轮轴:高速轮轴自主化取得关键突破,350 千米/时“复兴号”用 D2 车轮、DZ2 车轴(坯)获国铁集团批准应用;新材质 CL65K 车轮运用于“复兴号”双源动集型高原动车组,为西藏和平解放 70 周年献礼;俄标 T 材质车轮国内首发。

硅钢:无铬环保涂层 M35V1900 新能源汽车用硅钢在上海联电稳定供货;高屈强比变频空调压缩机用 35-MKE 产品替代进口,批量应用于三菱电机。

热轧产品:3.0 毫米极限薄规格热轧超高强钢 M950JJ 研发成功,稳定生产供应星马等专用汽车;经济型耐候钢系列产品降本显著,全年销售 12 万吨,降本 1300 万元。

冷轧产品:家电用铝硅镀层产品快速量产,替代进口,销售 8 万吨,市占 70%;低铝锌铝镁系列产品快速研发,通过格力等认证,销量 3 万吨;成功开发屈服强度 245—380 兆帕系列酸洗搪瓷钢,1.6 毫米极限规格取得突破。

汽车板:成功开发锌铝镁汽车板,完成在吉利的首次试用;800 兆帕级酸洗高扩孔钢产品快速放量,销量比 2020 年增长 109%;21 个冷轧镀锌牌号通过本田认证,实现日系汽车主机厂认证零突破。

【EVI 推进】　围绕技术服务战略践行技术营销,深化中高端客户 EVI 技术服务。实施 EVI 项目 21 项,新增订单 18.3 万吨、销售利润 9200 万元。新增热冲压成形、搪瓷钢、特殊钢等实验室 7 个,新增高强钢冷冲压回弹控制与预测、搪瓷性能评价与预测、钢结构焊接方案设计等应用技术能力 12 项;针对建筑行业生态圈特点,活化 EVI 应用,探索建立钢铁材料“一站式服务”新模式。

【技术服务】　持续推进“重点工艺研究项目”,19 个项目有效支撑了现场关键工艺攻关。炼铁工艺在低成本炼铁、装备效能提升、智慧炼铁等方面开展关键技术攻关;重点开发 7 个经济新矿种,支撑配矿降本;3 号烧结机烧结利用系数提升 4.1%,达到 1.291 每平方米。炼钢工艺在“降低重异 BB5 普碳钢铸坯表面纵裂工艺研究”方面取得突破,轧后裂纹废品率从 9%降低至 0.1%;“电池壳砂眼缺陷控制技术研究”实现投轧铸坯比例不断提高,铸坯投用率超过 50%,达到宝钢股份水平。轧钢工艺持续推进 U/L 型冷却新工艺应用,热轧带钢低合金高强钢整卷强度波动降低 10%,提升热卷组织性能稳定性。综合利用和节能环保方面，完成马钢钢铁产品 LCA 离线模型开发，助力“双碳”工作推进；支撑马钢股份处置危废 4.7 万吨，节约外委费用 8500 万元，固废返生产利用率和产品化率指标创历史新高；新一代加热炉分段燃烧监控系统在四钢轧、长材事业部推广应用。情报调研跟踪重点研发需求，针对型钢、特钢、节能环保等领域组织开展多项调研；围绕优特钢与中央研究院实现部分信息产品共享；承担马钢股份规划与科技部专利检索查新。对外经营实现技术咨询服务利润 426 万元，江南公司创收 271 万元，并完成对江北公司股权收购。

【科研检验】 实现检验产值 1345 万元。1 项国家项目子课题通过评价，在研行业标准 5 项、团体标准 2 项，完成实验室能力验证 8 项、失效分析 8 项。支撑重点工程 LNG 用低温钢筋研发，国内首创超低温拉伸检测技术平台承检中石化、中海油 LNG 低温钢筋检测 9337 吨，创收 327 万元。

【创新平台】 持续推进“轨道交通关键零部件安徽省技术创新中心”等 4 个轨交领域创新平台建设，完成“轨道交通用钢实验室”建设；“工业(车轮、H 型钢)产品质量控制和技术评价实验室”通过工信部复核评审。

【企业管理】 1. 疫情防控。认真贯彻执行中国宝武及政府工作部署，建立常态化防控机制。落实差旅、交流、会议等过程中的风险防范和往来人员防控，并有序组织疫苗接种。2. 安全管理。深入贯彻“违章就是犯罪”等安全理念，加强安全责任体系建设，强化安全标准化体系运行。深入开展专项整治行动，反松懈、强履职、查违章、除隐患、遏事故，实现全年各类事故为零目标。3. 环保管理。坚守底线思维，巩固深化现场环境风险绩效管控能力，加强环保治理和长江生态保护，全面提升环保管理水平，全年各类污染事故为零。4. 管理提升。优化组织机构，提高管理效率；组织开展“奋勇争先”中心内部评奖；建立体系推进机制，开展中心揭榜挂帅，促进技术创新和管理能力不断提升。5. 绩效评价。在绩效评价中引入“价值贡献”评价维度，并建立季度绩效分析会制度，充分体现激励导向作用。6. 队伍建设。多途径完成人事效率指标提升。通过内部招聘、结构优化，缓解人员短缺局面。组织新员工岗位培训，举办高级研修，重构“1+2+4”培养平台。根据部署完成全员岗位体系切换工作。

【党群工作】 深入学习贯彻党的十九届五中、六中全会和习近平总书记“七一”重要讲话精神，扎实开展党史学习教育。全面贯彻落实习近平总书记考察调研中国宝武马钢集团重要讲话精神。严格落实党委主体责任，深化“三基”建设，强化“两个责任”和党风廉政建设；开展党建与用户服务、与项目攻坚结合、跨基地共建等特色党建品牌创建，组织“坚定信念跟党走、服务市场显身手”等 10 项活动。深入实践“我为群众办实事”活动。策划特色专题，加大宣传力度。深入推进群团工作，庆祝建党百年、“创新十佳”“讲理想、比贡献”“宝武岗位建功”、青年“五小”等富有成效。汽车板所党支部获“中央企业先进基层党组织”，徐雁、胡学文、夏勐等分获宝武“银牛”“铜牛”、马钢“金牛”“银牛”、宝武“十大杰出青年”“十大优秀青年”等荣誉。

(金良军)

运输部(铁运公司)

【主要技术经济指标】 2021 年，生产物流吨钢运费 37.6 元；混铁车周转率为 2.78 次/天；劳动生产率 3.83 万吨/(人・年)。可控费用 1.29 亿元，总收入 3.18 亿元；全年实现降本增效 1105 万元，超计划 445 万元；安全生产实现零工亡、零重大行车事故、零重大设备事故、零重大火灾爆炸事故，一般行车事故得到有效控制，万吨事故率 0.0016，实现连续安全运行 9082 天。

【物流管理】 根据“北区填平补齐”各项目的施工节点，制定《填平补齐项目阶段性物流保供方案》，通过系统联动，组织 8 号码头接卸，较上年同期增加吞吐量 189 万吨，增幅达 52.2%，完成原料保供任务；加强水运煤炭物流保供，人头矶码头全年共卸煤炭 170 万吨。组织产销一体化信息化中物流运输系统信息化工作，并于 6 月 30 日成功上线，通过与各系统相交互信息源头采集模式，实现运输部对各业务单元集中动态管控。组织各相关单位启动“视频日课会”，进一步发挥厂内物流管理作用，提升外部资源与内部接卸的衔接水平。持续推进物流降本，严格跟踪汽运项目费用变化，分析优化方向，制定对策，汽运成本逐年降低；同时通过外部第三方运输创收，全年累计创收 948 万元，进一步降低铁路运输成本。

【运输保产】 根据马钢股份公司生产经营组织调整，在强化上海调度所马钢台信息掌握、传递与在途协调作用的同时，在马鞍山站设立路方调度协调员，依据厂内接卸和库存情况，充分发挥沿途运输条件，最大限度提高运行效率。通过优化运输方案和机车运力，开辟北区自产焦接卸外购集装箱焦炭通道，节约物流成本；推进四钢轧1580铁路装车线投用，提升北区卷钢铁路装车能力，满足新的运输需求。稳步推进混铁车周转率指标提升工作，特别是8月和12月单日综合周转率最高达3.53，均创马钢历史新高。全力做好炼铁北区A炉大修期间重点保产工作。按照马钢股份提出的"减量不减效"目标，不断总结优化运输方案，期间完成"南水北调"累计109.5万吨。配合做好各项基建技改、重点工程施工期间的运输组织工作。围绕雨山河箱涵改造、新二通道建设、南区厂区整治、北区填平补齐、南区新特钢等项目的施工，制定下发临时保产方案48次。同时，结合港原翻车机、新一焦库、南区带焙翻车机等新卸车设备的投用，适时做好运力的平衡工作，运用机车由30台调整为28台，较好满足保产需求。

【安全管理】 以贯彻《安全生产法》和二级安全标准化达标复审为抓手，完善运输专业管理范围内的各项安全管理制度，修订《全员安全生产责任制》《各工种安全操作规程》。按照宝武"标本兼治"安全整治工作要求，围绕管理制度修订、审查、评价和运用4个方面，推进协力安全管理制度的健全；落实道路安全专业管理职责。组织开展道路物流秩序整顿和道路交通安全专项整治，按照市相关会议精神，制订厂区道路交通安全隐患"大起底、大排查、大整治"三大行动方案，认真组织落实，有力的促进交通安全工作；践行"违章就是犯罪"的管理理念。组建安全督查组，开展安全专项工作落实和岗位员工规章制度执行情况督查，强化现场作业人员违章督查和考核。利用"安全月"和"119消防活动日"，组织消防安全知识培训、应急预案演练。全年一般行车事故6起，万吨事故率为0.0016，为历史最好水平。

【设备保障】 根据设备管理体系推进需求，对现有管理办法、细则进行分类、归并及修订，形成以《基础设施管理办法》为总纲，成本管理、检修工程、物资管理、专业管理等为枝干的设备管理树。制定内燃机车改造总体规划，对超过设计寿命的机车进行混动改造试验，开创冶金运输同领域先河。开展铁路信号设备远程运维试点工作，并在北区铁路区域先行实施。做好设备隐患整治工作，组织开展机车车辆、钢结构、厂房、特种设备、铁水线专项隐患排查整治工作。组织铁水二通道改建，完成重轨线改造，同时还做好道口、信号楼室内设备改用箱式柜工作，在保障设备稳定运行的同时满足了厂容整治需要。为保障A号炉大修期间铁水保供，完成更换砼枕道岔，满足TPC运行备用通道需要；完成10处接近自动报警道口改造。

【厂容整治】 制订并在内部实施"路长制"管理方案，将厂区主干道巡查进行区域责任化，提升道路、路灯管理质量。参与南区道路整治和北区道路品质提升规划，在南区厂容整治中提出1号门南移、还建连通三台路与湖北西路的马钢东路、南厂区交通"四横四纵"主网道路的设计思路，均被设计单位采纳。承担道路改扩建工作，完成新建道路2.3千米、大修道路1.2千米、"白加黑"路面施工15.68千米，南区主干道"白加黑"比例提升至80%以上，为"盆景"变"风景"按时保质完成奠定基础。牵头制定《北区封闭及厂内通勤车方案》，设定通勤摆渡车线路，优化职工通行方案。

【技术进步】 组织TPC加盖改造，温降较正常罐平均减少15℃以上；与中车戚墅堰机车厂合作开展新能源纯电动机车研制。全年申报专利8件，其中发明专利4件；申报技术秘密3件；完成两项马钢股份公司级科研项目；组织开展中国金属学会"第十三届中国钢铁年会"征文活动，征集论文4篇，3篇入选论文集；根据中钢协要求，对近几年的科技创新成果进行梳理，推荐成果5个，超额完成全年计划。《GKI-33e铁路信号全电子计算机联锁系统》获安徽省科学技术奖一等奖。

【环保工作】 制定下发《运输部(铁运公司)环保自查自纠工作方案》，列出厂区道路运输冒装抛洒管控、外部排水进入铁路边沟梳理整治、马南线铁路运输扬尘和噪声扰民常态化管控等12项重点工作。5月初，积极与马钢股份能环部、市交运局沟通，在规定时间内完成马南线铁路运行扰民交办件的核实和处理，通过中央第三生态环境保护督察组督察。参与制定清洁物流提升方案，通过"汽改铁"、北区高炉水渣改皮带运输、设置物流专用通道等方式，实现清洁物流增量约900万吨。首次试行内燃混动机车改造和DF7C、GKD1尾气后处理等。

【企业管理】 完成集团公车非协议划转和报废车辆的处置工作。理顺公车租赁管理流程，下发《公车租赁管理办法》。根据中国宝武公车改革专项审计的要求，对生产保障用车使用效率进行统计分析，并制定集团生产保障用车削减方案，削减比例达57%。认真落实马钢公司疫情防控工作部署，从严抓好工作布置、措施落实、过程督查、效果评价等各个环节，确保安全运输、职工队伍稳定。制定下发《运输部2021年精益运营行动实施方案》并按计划实施；参与马钢精益办组织的红牌督战工作，开展运输部精益运营现场督查工作。大力开展全面对标找差工作，先后与武钢、南钢、梅钢等同行对标交流。人事效率提升方面推进道口业务支撑项目，106名员工平稳过渡至共享用工；实施铁路线路维修、道口设备维护等业务“管用养修”一体化承揽。全年实现净减员210人，完成全年指标的125%。劳动生产率由上年度的3.16万吨/人提升至3.83万吨/人；选派18名员工分3批参加宝武跨区域培训，组织40名青工参加校企合作的新型学徒制培养，组织内燃机车司机技能大赛、等级复审，开展车站调度员和铁路信号工技师培训及考评；举办各类专题讲座6次。

【党群工作】　贯彻“第一议题”要求，研究制定党史学习教育工作方案和重点任务清单并逐项推进。学好《中国共产党简史》等4本指定教材，着重学习习近平总书记在庆祝建党100周年、党史学习教育动员大会上的重要讲话和关于碳达峰、碳中和等系列重要论述，学习党的十九届六中全会决议；贯彻习近平总书记考察调研马钢的重要讲话精神，开展“学展促”主题活动；贯彻落实习近平总书记全国国有企业党的建设工作会议重要讲话，按照“回头看”对标检视任务清单围绕五个方面，总结经验、改进提升。进一步增强“四个意识”，坚定“四个自信”，做到“两个维护”。推进“三会一课”、民主生活会、组织生活会规范化、制度化。举办支部书记、委员业务培训班，开展党支部提升行动，强化过程监督，促进支部工作提升。制定《基层党支部品牌创建拓展方案》，增强党建品牌知晓度、认可度、美誉度。推进“我为群众办实事”活动。通过各类座谈会征集意见65条，逐一落实。落实意识形态工作责任制，建立专题研究制度和定期报告制度。全面落实党委主体责任和纪委监督责任，持续推进党风建设和反腐败工作。深入开展安全“1000”作业区(班组)创建暨“安康杯”竞赛活动。开展征集中国宝武“金点子”活动。共收到31条建议，经过评审向马钢推荐3条“金点子”。组织参加全国《民法典》、全国钢铁行业网上职工安全生产知识竞赛、全省党内法规知识网上竞答活动及马钢职工“安全健康”网上练兵活动等。组织参加“永远跟党走”马钢职工主体歌会文艺汇演并取得铜奖。开展职工生日慰问、“送清凉”；组织开展两节“送温暖”活动，共发放慰问金12.5万元。

（阮　健）

·股份公司二级单位·

检测中心

【主要技术经济指标】　2021年，检测中心检验外购原燃辅料15035批；理化检验产值2.8亿元，较2020年增长18%；物资计量117254万吨，各类计量收入5982万元。

【智慧检测建设】　一是建成智能化集中制样中心，首创试样分拣派工系统、冶金原辅料粒度自动检测线等工艺流程，煤炭制样、含铁料线性自动线、备样智能存储等多项技术能力行业领先。二是水运原燃辅料智能化检测线正式投运，北区混匀矿、含铁矿智能自动线建设如期完成，混匀矿、进口矿的成分样实现全流程无人干预。水运物料检测“三点四线”的总体智能化布局初显。三是衡器改造和计量系统落地见效，首次安装移动式汽车衡，产销一体化计量配套项目全面完成，优化视频监控传输系统，实现公司重要计量点远程计量系统的全覆盖。四是北区渣铁检测自动线改造项目交付运营，钢渣检测周期由原来的18分钟优化为8分钟，铁水预处理检测时间由原来的8分钟优化至5分钟，有力保障四钢轧900万吨产能加速释放。五是在建重点检测项目扎实推进，2号E型筒仓物料自动检测线、北区焦炭自动检测线项目正式启动，新特钢检测项目拟定建设三个实验室，12月正式开工。

【生产检测】　原燃辅料检验方面，加强异常数据预警和检验时限、加急检验管理，进一步完善三级数据审核机制，启动预警40批，接受加急检验55批，平均检验时限缩短45%。加快进口矿、库供炼钢辅料检验节奏，进口矿检验周期从15.9小时降为14.1小时，库供炼钢辅料检验时限由5天缩短为2.6天，更好地支撑公司配矿生产和库容周转。推进新建自动检测线功能实现，智能制样粒度检测品种42个，处于行业领先水平。北区混匀矿检测线全程无人化自动作业，水运含铁料检测线从样品采集到信息传输，全程规避人为因素影响。加大水运原料和合金品种等重点品种的督查验证力度，跟踪检验过程61批次，抽查样品92批次；质控评价方式由定性评价转变为定量评价。加强C质量管理，开展实验室之间方法、结果比对，做好新煤种检验，增加转鼓检测新项目。推行全流程视频监控，有效追溯检验过程。理化检验方面，加强检测时限管理,铝样单样检验时间由4小时降为1.5小时,钢水成分在线检测创造月度平均用时224秒的最好成绩,冷轧板拉伸性能屈服强度A管理平均差值持续保持历史最好成绩。重型H型钢Z向拉伸试样单根检验时间由69分钟缩短为17分钟,该案例获公司优秀精益改善案例。根据公司品种结构调整需求,新增彩涂耐酸碱、钝化液点数等13个检测项目,并同步开展彩涂非常规实验室建设。建立碱液相关检测能力,完善锌铁合金镀层中铁含量的检测方法和薄板拉伸的检测方法,为汽车板认证消缺补漏。全年型钢和特钢综合判定工作保持平稳。检验攻关取得新突破,测定铬钢中锌元素含量,低倍组织缺陷检测研究,仪器分析取代湿法检测,自动电位滴定取代人工滴定测定碱洗液浓度等攻关应用于生产检测,满足公司产品检测需求。计量管理方面加强商贸秤强检,严格执行周期检定计划,完成检定117台次,均一次性通过强检,受检率达100%。做好厂区整治计量分流和优化工作,改善特钢区域计量及磅点物流状况;新建9个标准化"无人计量小屋";优化水尺计量三级复检流程,全程视频记录水尺计量,开展"水转汽"数据比对,强化对水尺计量数据的风险管控。建立产销一体化计量系统功能架构,配合提升鱼雷罐车周转率,规范铁水计量流程,保证铁水计量数据的及时准确。针对北区A号炉大修,做好南区铁水北调和北区焦炭南运远程计量工作。

【企业管理】 一是"厂管作业区"模式持续深化,检验管理、设备管理重心下沉到作业区,为作业区提供"短平快"的技术支持,参与作业区日常管理,统一开展检验数据系统审核和设备维保。推进检测区域整合和资源优化,承接公司煤气检验业务,实行耐火材料检测集中统一管理,分别对水运检验江边组和港原组、煤焦检验南区和北区业务进行整合,将南北能介检验实验室与综合检验合并,集中检测资源,提高人事效率和设备利用率。改变固有检验流程,作业区与生产厂直接对接,掌握检验需求,协调解决问题。二是体系建设深入推进,建立"厂管作业区"模式文件体系,新制定体系文件13份、修订原文件62份,在体系要求的框架内逐项落实,确保现行文件符合"厂管作业区"管理模式和产销一体化系统流程。检测中心接受体系认证、产品认证、二方审核等33次,开展自我评价2次。实验室认可体系保持有效运行,含4项技术能力的变更申请获中国合格评定国家认可委员会(CNAS)认定,组织新标准技术验证12项,参加11项能力验证活动,均获得"满意"结果。计量校准实验室也顺利通过中国合格评定国家认可委员会(CNAS)复评审,新增2名授权签字人。因应公司业务职能调整,新增4个最高计量标准。测量体系符合规范,1927台测量设备溯源计划全面落实,通过体系认证安徽分中心的年度监督审核,无不合格项。合规转移或处置低倍酸洗废水309吨、废乳化液0.05吨、含铬废液4.77吨,提升环境治理效能。三是设备管理高效运维,完善设备四级维保模式,建立作业区现场的A、B角互补制度,设备保障处于随时响应状态。完成各条自动线及大型仪器定修,自动线总开动率99%。四是本质安全水平持续提升,开展安全专项整治行动,查处整改安全隐患247条。开展消防应急演练,加强在建工程安全管控,推进安全信息化建设,全年职工轻伤及以上事故、千人负伤率为0,未发生消防事件,安全标准化作业区创建达标率100%。五是技术创新实现新突破,实施公司科研项目3个,在研中心技术攻关项目43个并结题7个,开展QC课题25项,39个岗位技术创新成果固化到检测实践中。申请专利18项,制定并发布实施2项冶金行业标准、6项企业标准。六是人力资源管理取得明显成效,全年在岗减员77人,新入职20人,净减员57人,人力资源结构得到进一步优化。平稳有序地组织管理变革切换人员及技术业务、操作维护岗位的高、中、低职级的岗位选聘,21名技术业务人员、101名操作维护人员获聘高职级岗位,形成新的高素质检测人才队伍。开展培训项目31项,安排新入职大学生轮岗培养、高端操维岗新员工导师带徒培训;组织三批次人员参加10个宝武跨区域专题培训、多名作业长参与公司见习交流及研修活动。

【党群工作】 夯实党委主体责任和纪委监督责任,坚决执行"三重一大"规定,全年召开党委会8次。按照业务整合、流程变化,聚焦廉洁风险防控四个机制,进一步完善廉洁风险防控体系,制定防范措施619条;发挥党风信息员"触角"的作用,收集党风建设信息51条。党史教育坚持规定动作和自选动作相结合,探索"厂管作业区"管理模式下党建工作与生产经营相结合的新路子。开展大调研活动,形成了4篇高质量调研报告。组织职工党员前往马鞍山革命烈士纪念馆、马钢智园等地接受红色教育。开展中国共产党成立100周年系列庆祝活动,举办建党100周年党史知识竞赛,在"永远跟党走"中国宝武马钢职工主题歌咏会上荣获银奖。开展党支部品牌创建活动,使党建工作深度融入生产检验。坚持和加强党建带团建,中心团委获"2020年度马鞍山市五四红旗团委"称号,2名青工获马钢“青年岗位能手”荣誉,过程单元团支部获“宝武青年文明号”、马鞍山市“青年文明号”集体。积极做好宣传引导工作,开展“奋勇保产开新局”主题活动,建立“马钢检测”微信公众号,传承弘扬“江南一枝花”精神,情景剧《“江南一枝花”最美的样子》获华东“四省一市”演讲类一等奖,“快乐工间操”活动视频被马鞍山市妇联微信公众号、中国宝武抖音号选用,传播了中心女工健康向上、昂扬奋进的精神面貌。承办马钢第十届职工技能竞赛物理性能检验工比赛工作,开展“千万吨产能保产检验”等7项竞赛活动,征集合理化建议186条。1项成果入选中国宝武“金点子”项目,1个项目参展全国第二十五届发明展览会。评选并命名4项中心级先进操作法。开展“我为群众办实事”活动,以项目化管理方式推进,20个“为群众办实事”项目已全部完成。维护职工权益,做好助学帮困、困难补助等帮扶活动,组织“两节”慰问和夏日“送清凉”活动。持续改善基层作业及休息环境,推进“四室”改善建设,对新制样中心的环境进行个性化美化,提高职工群众的体验感和获得感。

(杨　彬)

港务原料总厂

【主要技术经济指标】 水陆运进料1110.1万吨,生产混匀矿1506.2万吨,外供总量5138.8万吨,分别完成计划的100.9%、103.9%、102.8%。,混匀矿一级品率100%。烘干筛分块矿外供367万吨。除尘灰回收量23.9万吨。混匀矿一级品率100%。全年设备可开动率为99.61%,设备事故故障停机率为0.27‰。

【生产组织】 以高效、低耗、灵活、准时为目标,强化生产管控,为铁前提供满意服务。2号E型焦煤筒仓和料场智能化改造工程等项目复工后,项目建设与生产交叉点多面广,生产与作业环境更加错综复杂,总厂克服工程建设、疫情等因素对生产的多重影响,优化生产组织,利用智慧化改造后胶带机、大型移动机远程智能、集中控制的优势,确保精确操作和最优流程;积极配合工程建设,做好生产组织应对,针对北区、南区小料场逐步退出生产序列的状况,优化料场配置;2号E型焦煤筒仓投入运行后,优化新建翻车机作业程序;结合混匀造堆生产实际合理规划各料格堆积品种,实施动态平衡管理,提升混匀生产水平;外供保产稳定细致,最大限度地减少生产波动,实现“影响高炉烧结生产时间为零,混料错料堵料事故为零”的目标。

【设备管理】 坚持“运行有效、保障有力、系统优化、节能降耗”的方针,持续隐患整治,创建精益现场,推行设备综合效率评价体系,全面提升设备管理水平。设备系统成本费用实际发生17185.6万元,比计划值节约233.66万元,有效控制成本费用。完善设备标准化体系建设,梳理和修订设备管理作业文件。持续推进设备隐患整治工作,落实全面规范化生产维护体系,提升设备管理、运行管控、系统功能保障三大能力。大力推进马钢设备管理系统的学习和应用,申报120项外委施工项目,完成日常维修119个项目合同审批及工单写实与确认7440项。开展季节性和专项设备整治,全年计划检修12796项,现场维护3916项,故障及非计划检修153项。

【工程建设】 料场重大项目不断增量扩容。针对新增的“北区填平补齐”、2号E型焦煤筒仓、环保“三治”等工程项目,料场项目组克服疫情影响,做好工程规划调整。马钢原料场环保升级及智能化项目大部分项目已经完工,其他项目与各标段同步推进。项目部按照《工程质量控制管理办法》,建立健全质量控制体系,确保工程质量,加强施工协调与安全监管,督促施工单位对重大高危作业制定专项安全施工方案,组织分厂、监理、项目部全过程监护,同时协调处理好生产与工程建设的关系,跟踪项目施工作业节点,及时调整生产组织满足施工节点要求,确保工程按节点顺利推进。2号E型焦煤筒仓工程大部分设备设施已纳入正常生产序列,马钢原料场环保升级及智能化改造工程剩余标段工作按计划推进,后续将对新建设备进行工艺和智能化改造。

【安全管理】 深入贯彻习近平总书记关于安全生产重要论述,推进风险管控“六项机制”,以公司《马钢公司2021年安全生产工作计划》精神为指导,落实安全生产责任制,推进安全管理智慧化建设,深化安全教育培训,强化专业管理和各级人员安全责任意识,完善各类管理人员安全生产责任制和责任追究制,明确“党政同责”“一岗双责”。加大相关方单位安全管理与考核,累计安全考核相关单位21万元。开展“诊断式”隐患排查,查出不符合项和隐患288项,督促整改完成281项,未完成的项目纳入2022年整改工作,在全厂范围组织开展反三违、查隐患活动,全员排查隐患2440项,整改2440项。按照《马钢股份公司安全生产专项整治三年行动实施方案》中主要任务划分,对码头平台进行整治。持续深化安全教育培训工作，结合总厂“2.10”事故，认真组织全员学习、讨论与反思。推广总厂特色的“四不干”“四不要”“四受控”安全文化，营造自主管理和团队管理的安全文化氛围，培育员工共同认可的安全价值观和安全行为规范。提升全员意识和安全管理水平。

【环保工作】 全力整治突出环境问题，进一步提升现场环境绩效。根据《马钢集团(股份)公司2021年环保重点工作计划》要求，下发总厂《马钢港务原料总厂2021年环保重点工作计划》，制定《马钢港务原料总厂环保自查自纠工作方案》，按照计划节点及时完成整改，并对环保相关文件进行梳理修订。对总厂“三废”情况进行全面梳理，对工艺生产线、设备现场进行超低排评估调研，根据股份公司的“三治”任务交办单要求，梳理我厂“三治”项目，实行每周上报制度，按计划实施推进。狠抓环保项目落实进度，完成CC-4等24台除尘器提标改造工程，按照计划推进实施转运点物料无组织治理工程、港务雨污分流等工程。

【企业管理】 深入贯彻“绿色发展·智慧制造”理念，科学设置组织架构，积极推进“绿色发展·智慧制造”工作。总厂烘干区域、固废综合利用区域、原料混匀具备远程集控集中操作，中控室搬迁至炼铁集控中心，操控室100%集中。1号、4号高炉矿槽完成无人化操作项目，无人化指数由38.5%提升至44.19%。推进岗位层级管理，构建层级管理体系，完成各岗位序列的岗位层级切换。积极推进人力资源优化，激励员工创造岗位价值、实现自我价值，与企业共同成长。截至12月份，在岗人员净减员74人。完善制度体系。岗位操作规程、管理文件及体系文件完成修订发布。大力推进精益运营管理。打造原料分厂2B棚精益产线，发布“弯管九曲，淀清浊”等微改善等案例，以随手拍为抓手，与相关部门沟通联系共同处理多起安全隐患。结合公司培训指标，举办各类适应性培训班，全厂职工按要求开展线上、线下培训，员工综合素质进一步提升。

【技术进步】 2021年注册了QC小组20个，参加总人数143人，主要围绕人力资源优化后的生产形势及绿色智造主题开展课题，“降低高炉矿槽小车挂缆故障次数”“降低带式压滤机故障频次”QC小组活动课题获评为公司级重点课题，“降低1号BST故障停机次数”经过公司和市质协评选，入围马鞍山市首届质量创新大赛。技术攻关项目完成了“料场环保智能化改造2C建设期间的混匀矿保质保产技术攻关”结题验收工作，主持和参与推进实施公司级技术攻关课题4项，申报2022年攻关项目1项(“具有自动清料功能的柔性料斗研究”)。申报专利/技术秘密9项，通过7项(发明专利2项，实用新型专利5项)。“大宗散料处理与储配智能化关键技术研究及产业化应用”，获2021年中国钢铁工业协会、中国金属学会冶金科学技术奖二等奖。总厂第五代移动通信技术(5G)项目入选工信部发布的《“5G+工业互联网”十个典型应用场景和五个重点行业实践》钢铁行业案例，省内领导多次莅临参观指导，并给予高度肯定。

【疫情防控】 积极响应省、市、公司对新冠疫情防控的安排和部署，做好疫情防控工作。按要求对员工身体状况和流动情况进行严格跟踪并按要求上报，做好疫苗接种、会议人员限制、会议场所消毒和隔离等工作，为职工发放口罩和消毒酒精，购置喷雾设施用于岗位集控室、休息室、办公区域、留观室消毒。积极按照上级部署，建立防疫信息汇报群，采取日报制收集信息资料逐级汇报。严格管控施工现场外来人员，确保工程低风险稳定推进，项目组积极按照上级部署，督促进场人员按时接种新冠疫苗、提供核酸检测信息，所有施工人员须经项目组综合管理专业组防疫审核后方可进场，审核通过3480余人，清退不符合条件人员232人，疫苗接种率100%。

【党群工作】 开展学习贯彻党的十九届四中、五中、六中全会精神集中宣讲活动，持续加大党员的培训力度，确保党员教育全覆盖。深入学习贯彻习近平总书记考察调研中国宝武马钢集团重要讲话精神，广泛开展党史学习教育，广大党员在学习中进一步汲取精神力量、升华理想信念，坚持用党的创新理论武装头脑、指导实践、推动工作。深入实施“互联网+党建”工程。加强党支部全国党员信息管理系统建设，打造“智慧党建”，探索新时代党建工作信息化、智能化方式方法，并深度融合总厂中心工作。将意识形态工作列入党建年度工作要点，加强对意识形态阵地的管理，切实维护网络意识形态安全，健全了网上舆情监测预警、分析研判和应急处置机制，做好党的十九届六中全会期间的维稳工作。继续开展党员“一带一”“党建+(生产、安全、环保)”特色活动，确保党建工作与总厂的优质保供和改革建设同频共振。积极宣传形势任务和典型人物，弘扬正气。纪检工作着力拓宽监督渠道，畅通信息来源，在工程建设、环境整治、纠正四风等环节切实履行监督监察职能。工会组织全面落实马钢推进新时代产业工人队伍建设改革行动方案，积极开展群众性经济技术创新、合理化建议、技术比武、“三最”等活动。团的工作围绕总厂中心工作,动员和激发青年职工的担当和主人翁意识,引导青年积极投身新一轮建设取得新成绩。

(胡静波)

炼铁总厂

【机构设置】 2021 年,炼铁总厂机构设置为 3 个部室、1 个项目组、1 个中心、6 个分厂,即:综合管理室(党群工作部)、生产技术室(安全管理室)、设备管理室(能源环保室)、炼铁项目组、集控中心、高炉一分厂、高炉二分厂、烧结一分厂、烧结二分厂、球团分厂、运行分厂,在岗职工 1791 人。

【主要技术经济指标】 2021 年,生产合格生铁 1432.37 万吨、烧结矿 1844.36 万吨、球团矿 266.7 万吨;高炉利用系数 2.413 吨/(立方米·日),烧结机利用系数 1.338 吨/(平方米·小时);高炉燃料比 507.48 千克/吨,烧结固体燃耗 51.58 千克/吨;自发电 6.28 亿千瓦时;全年降低成本 23.62 亿元。

【生产组织】 面对环保刚性执行、铁水罐紧张、干湿焦转换、三万制氧机检修、A 号高炉和 B 号高炉炉役后期安全特护、A 号高炉大修、筒仓建设占用小料场导致烧结系统欠修、脱硫脱硝环保设施故障频繁等众多不利因素,紧紧围绕极致高效生产,建立健全“集中一贯制”管理模式,推进“四个一律”与“智慧制造”,牢牢把控生产组织、设备保驾、技术操作三驾马车,加快生产节奏,创新组产方式,持续破解生产操作难题,充分挖掘生产潜能,总厂生产经营在逆境中取得了新突破。日产铁水 4.2 万吨的天数由 1 月的 2 天上升到 9 月 A 炉大修前的 20 天,持续刷新铁水月产新纪录,连续 8 个月生产经营业绩站在公司第一阵营,六次夺取公司“奋勇争先奖”,尤其是 2 号高炉、4 号高炉日产铁水分别突破 7000 吨与 8800 吨大关,创历史最高纪录,两座高炉也分别荣获宝武系“进步最快高炉”与“高产冠军炉”称号。全年生产铁水 1432.37 万吨,超公司计划 47 万吨。

【设备保障】 坚持“运行有效、保障有力、系统优化、节能降耗”工作方针,以管控平台和智慧运维为抓手,强化设备状态管理,聚焦设备稳定运行,设备综合运行效率大幅提升。创新设备管理。充分发挥白班点检对设备隐患消缺与故障处理职能,构建 8 保 16 的新型设备保产组织架构,在线设备保障能力全面提升。全面切换设备管理系统(EQMS)上线运行。持续优化系统设备数据,建立设备体系能力评价标准,总厂设备综合管理体系能力持续增强。稳步提升设备智能化运维水平。南区 4 座高炉水温差数据成功迁移至智能化系统、B 号高炉安全自动化与电气控制(PLC)控制系统正式投运行、1 号和 2 号烧结机视频联动、重点设备监控进入智控等,总厂设备运行更加安全高效。常态化开展全面规范化生产维护(TnPM)活动。建立小组,逐步推进,现场指导,月度评价,设备管理日益规范化、标准化和精细化。2021 年“铁烧球”作业率分别达到 98.42%、97.22%、97.09%,均高于计划值。

【技改攻关】 牢牢把握建设大而强的新马钢机遇,加快推进“绿色发展·与智慧制造”。快速完成了 A 号炉大修,克服了工期紧、技术要求高、现场交叉施工难度大等众多困难,首次实施“炉体二分段推移快速大修”新工艺,大刀阔斧地改造落后生产线,引进先进工艺,经过 85 天的艰苦奋战,一次点火投产成功,6 天达产,创造公司大型高炉检修时间最短、开炉快速达产纪录。成功实施 B 号烧结机大修,脱胎换骨,焕然一新,生产更加安全稳定,为高炉高效生产提供强力保障。顺利完成智控中心二期工程,3 号高炉、A 号高炉、3 号烧结机、B 号烧结机成功切换进入集控中心,总厂智能化水平与生产运营效率持续提升。精心组织 1 号高炉热风炉大修一期改造项目,经过紧张施工,1 号高炉热风炉大修一期工程接近尾声,预计 2 月投入运行,高炉风温将大幅提升。高效推进“产品产能填平补齐”项目建设,年产 400 万吨球团带式焙烧机圆满建成投产,015 料场、北区小料场、南区落地堆场等重点项目陆续建成投入运行,总厂生产运行更加稳定高效。

【降本增效】 紧紧围绕公司下达的吨铁成本削减目标,深入开展对标找差。制定总厂成本控制计划,导入宝武滚动对标模式,明确部室、分厂、产线责任指标,纳入绩效考核,挂钩每名职工收入,有效激励了全员降本增效积极性。持续开展高炉增煤节焦攻关,面对燃料供给紧张、种类变化频繁、成分波动大及外购焦质量下滑等众多不利因素,科学制定消化方案,高炉燃料比与 2020 年相比下降了 7 千克/吨铁、煤比提升了 3 千克/吨铁。优化原料和炉料结构,合理搭配资源,原料降本近 1.4 亿元。依托宝武标财系统,坚持成本周预测、月分析,查找降本问题点,分析原因,制定措施,深入开展降本增效。全年降本增效再创新成绩，吨铁成本削减完成率达 113.9%。

【节能减排】 坚持绿色发展理念，打造绿色城市钢厂。深入推进“三治四化”，南区 3 台烧结机原料系统除尘、北区 2 台烧结机成品除尘及 2 号烧结机烟气脱硫脱硝超低排放等提标改造项目全部建成投入运行，总厂环境绩效大幅提升。强力推进噪声治理，针对南北区烧结脱硫脱硝噪声大，安装消音器、进行增压风机电机隔音、实施烟囱包裹降噪等，全方位实施噪声治理，改变周边环境，收到良好的经济、社会效益。强化固废危废处理，高炉、烧结、球团粉尘回收利用率 100%，瓦斯灰、钢渣、炼钢污泥回收利用 100%，危险废弃物安全处置率 100%，环境污染事故为零。组织自发电攻关，持续开展高炉煤气余压发电（TRT）与烧结余热发电操作调整与设备改善，克服 A 炉 B 机大修不利局面，全年发电量仍然超过 6.28 亿千瓦时。积极开展环境整治“回头看”，瞄准环境“短板”持续整治，总厂 25 大项突出环境问题整改一次性通过了省环保厅 A 组现场验收。

【企业管理】 深入推进精益运营，构建了炼铁总厂独具特色的精益运营推进模式，深入推进，每月评价、强制排名，坚持“样板打造、典型引路”，4 号高炉获公司“三星精益产线”，高配室可视化管理被公司编入可视化手册，多所员工休息室、更衣室达公司“最美四室”标准，创建经验被公司各单位复制推广。持续完善制度体系，修订、新增管理文件 36 个，专业管理责任到人，对所有工作进行策划、实施、检查、处理（PDCA）循环管理，总厂管理工作的针对性和实效性全面增强。优化管理职能、实施管理变革和流程再造，尝试高炉一分厂托管运行分厂南区人员，管理流程更加简化、高效。球团竖炉永久停产平稳有序，12 月 4 日球团 3 座竖炉安全、顺利、快速实现永久性停产，职工分流安置稳定有序。全面夯实安全管理，积极配合宝武“钢八条”专项检查，认真落实公司 30 项专项整治，全面开展现场安全隐患排查整治，总厂安全工作持续向好。持续提升人事效率，对标宝钢股份，强化效率和效益导向，推进员工岗位重构、政策离岗，总厂在岗人数由 2021 年 1 月 1913 人减少到 12 月的 1791 人。成功实施岗位层级转换，按照公司改革要求，建立了总厂管理、技术、技能三类岗位层级体系，有效激发总厂三支队伍积极向上的工作热情。创新人才队伍培养，以系列工程建设和生产经营管理为熔炉，给各级管理人员和技术业务人员定任务、压担子、担责任，以“做事”来“育人”，职工在“做事”中实现成长。厂容环境整治取得新提升，按照将马钢由“盆景变风景”的形象转变要求，抢抓公司“8·19”南区环境整治机遇，通过拆除、整理、整顿、建绿、涂装，总厂厂容环境日新月异。

【党群工作】 扎实推进党史学习教育，学党史，强党性，学用结合，把学习贯穿生产经营建设中，广大党员干部责任担当全面增强。坚持开展“精益·现场日”活动，总厂领导班子成员以身作则、率先垂范，查安全、查环境、查对标，帮助职工办实事、解难事。全面加强基层党组织建设，对 5 个党总支、6 个直属党支部进行了改选优化，建立健全党建目标管理体系，依据目标清单和责任清单，组织检查评价，发现问题及时整改，基层党组织战斗力、凝聚力持续增强。充分发挥团组织和青年生力军的作用，紧跟当代青年特点，以创建“五四红旗团支部”、开展“双五小”等活动为舞台，举办各类劳动竞赛，培养青年职工岗位成才。广泛开展群众性改善创新活动，借助公司“精益通”系统平台，评价“微改善”3162 项、“精益小组”攻关成果 301 项，精益改善绩效在公司遥遥领先。弘扬劳模精神、劳动精神、工匠精神，充分激发广大职工拼搏奉献的热情活力，1 名职工获得全国“五一”劳动奖、1 名职工获得市劳模荣誉称号、8 名职工获马钢优秀员工和最美马钢人。关心关爱职工，坚持为职工办实事、办好事，推进“三最”项目 49 项，对困难家庭进行帮困、为退休职工发放纪念品、坚持为每一位职工“过生日”，总厂向心力、凝聚力显著增强。

（石天顺）

长材事业部

【主要技术经济指标】 2021 年，长材事业部产钢 625.59 万吨、材 591.42 万吨，其中重型 H 型钢 43.45 万吨、大 H 型钢 92.95 万吨、小 H 型钢 64.09 万吨、中型材 50.12 万吨、大棒 103.92 万吨、线材 53.72 万吨、小棒 59.82 万吨、热轧卷 123.35 万吨。全年钢铁料消耗 1067.87 千克/吨，铁钢比 0.851。综合成材率：重型 H 型钢 85.47%、大 H 型钢 97.51%、小 H 型钢 96.98%、中型材 97.63%、大棒 100.83%、线材 98.78%、小棒 102.15%、热轧卷 97.34%。全年吨钢降本 159 元，相比 BOM 降本 10 亿元。全年销售收入 248 亿元，毛利润 16.4 亿元。

【整合融合】 4月9日,原一钢轧总厂与长材事业部整合成立新的长材事业部后,组织管理构架、生产经营决策、人员优化调整等方面快速整合融合。生产组织上,整合资源配置、优化组织管控,抓住铁水阶段性富裕时机,一区、二区系统联动,充分释放产能。下半年铁水资源不足时,一区、二区相互补位,全力保证连浇炉数,降低消耗。整合以来,各产线班产、日产记录频频刷新,炼钢、连铸、轧线分别刷新日产记录6次、14次和17次,全年5次荣获公司奋勇争先奖,实现了"1+1>2"的效果。

【新品研发】 全年开发新品种24个,新系列规格84个。超厚超宽翼缘重型H型钢、LNG储罐用低温钢筋和635兆帕级高强抗震钢筋等拳头产品的开发和批量供货取得实效。重型H型钢依托重点工程,相继开发供洛阳科技馆、夏威夷港口码头、上海宝冶项目、辽宁阜新高速公路用钢以及美标、欧标系列新品种7个,新系列规格67个,全年新品产量19.7万吨,重型H型钢特有产品占比提升15.31%。持续开展低温钢筋研发,针对现有工艺装备穿水冷却能力不足,影响稳定生产的瓶颈,通过改造冷却段,优化轧制工艺,直径12毫米低温钢筋合格率实现100%,成材率达90%以上。低温钢筋新开发5个规格,覆盖直径12—28毫米,全年产量10684吨,较上年明显提升。国内最高强度635兆帕级高强抗震钢筋开发又结新果,成功开发直径8—32毫米共计11个规格,并实现批量交付。

【对标找差】 对标行业先进,深入开展对标找差。通过低产量下转炉集中组产、降低出钢温度、提高返回渣回收、控制中包铸余、减少切废等措施,2021年下半年钢铁料消耗降幅明显,一区、二区分别达1060.72千克/吨、1070.04千克/吨,与2020年同期相比,下降2.47千克/吨和5.01千克/吨。各轧线通过优化排产、调整工艺路线、轧制过程攻关及提升操作技能等措施,除重型、小H型钢成材率低于上年以外,其余各轧线成材率均好于上年水平。持续做低铁钢比。克服热量不足,冶炼难度加大等困难,通过提高冶炼节奏、降低出钢温度、降低渣料消耗、开发低过程温度操控技术等措施,在消耗不增加的前提下,实现大幅做低铁钢比。一区由2020年0.864降至0.838,二区由2020年0.897降至0.863,最低月份分别达0.777和0.822。

【智慧制造】 智慧制造项目快速推进。作为公司智慧制造重点推进的长材智控中心项目,以"少人化""无人化""集控化""智慧化"为目标,组织精干力量,优化工期排程,加紧施工建设,克服现有产线建成年代跨度大、基础条件差等困难,在完善、优化一级、二级系统的基础上,于2021年12月20日建成投用,实现了"六个一键"(一键倒罐、一键脱硫、一键扒渣、一键炼钢、一键出钢、一键LF炉精炼),迅速提升马钢长材信息化智能化水平。

【品牌建设】 修订《品牌管理办法》,促进品牌管理重心由产品品牌向企业文化品牌转变,不断深化文化品牌工作与企业治理能力。分解落实工艺质量、节能、环保、安全、设备、人力资源等方面绩效关键指标,动态监视测量,每月分析总结提升。从品牌意识、岗位技能、产品质量提升、精益制造等方面开展职工品牌培训活动,开展了"江南一枝花精神"宣传,邀请当年"五虎闹天车"成员之一车文保和安徽省女先模宋林娇到厂里举行专题报告会。职工朱星尧参加安徽省品牌故事大赛获得二等奖,并被选送参加全国第九届品牌故事大赛获优秀奖。大力推进产品认证,重型H型钢欧标材首次通过CE现场审核、日本JIS现场审核,通过BV扩证审核;大小H型钢SS、SM、SN材通过日本JIS年度监督现场审核;重型H型钢、中型材S355J0、S275JR产品通过马来西亚扩证审核;热轧带肋钢筋HRB600产品通过生产许可证扩证审核。

【人力资源优化】 加强三支队伍建设,组织开展炼钢浇铸工、金属轧制工、机械设备点检员、金属材热处理工等工种技能竞赛,通过导师带徒等方式加强职工技能培训,深入推进全员绩效评价,完成岗位体系建设和岗位聘用工作。专业化整合稳妥到位。通过不在岗职工移交集中管理、非液态吊行车工、磨辊间等三次较大规模的专业化整合,平稳有序完成划拨554人,出色完成公司专业化整合任务。继续推进产线操检合一。炼钢点检替代设备检修公司四班维护20人,年降本84万元。机构合并平稳过渡。择机整合原一区、二区的生产技术室、设备管理室、综合管理室,原6个职能室缩减为3个,并相应缩减科级管理人员,着力打造精干、高效的管理部室。持续提升人事效率。在2020年14.9%优化率的基础上,2021年完成优化率14.84%,超公司优化精简目标32人。

【基础管理】 践行"违章就是犯罪"安全管理理念,加大安全隐患整改力度,限期完成一区炼钢渣跨非固定式龙门钩行车、炼钢转炉主控室、精炼操作室、二区钢包车等重大安全隐患整改,实现本质安全。开展煤气运行及作业、有限空间作业、上料皮带区域3D岗位等30项安全隐患排查整治。聚焦实操能力,常态化开展“2234”全员教育培训，有效提升职工的安全意识和安全实操技能。全年实现重伤以上人身伤害事故为零。

健全能源环保责任制，有效接轨宝武集团能源环保制度体系，逐级压实能源环保目标。加强在线监测设施运维、操作管理，提高设施运行稳定性，环保设施完好率、同步运行率均为100%。强化废气、废水排口常态化管控，严控烟粉尘无组织排放，公司监测烟气、废水排放达标率均为100%。开展清洁生产审核、超低排放及A类企业创建的资料汇编、现场勘查等前期工作。重型H型钢和中型材厂房屋面光伏发电量713万千瓦时，节约电费440万元。

“三治四化”治理成效明显。完成了一区转炉一次除尘提标改造，二区新建铁水倒罐除尘器、转炉一次除尘提标改造等项目，炼钢区域厂房无组织粉尘排放得到有效控制。积极推进超低排“创A”提升工作，重型H型钢、中型材、大棒、小棒、小线等5条轧线的产尘点除尘、抑尘系统成功立项。

设备系统发挥保障作用，保证设备的稳定运行。优化检修模型与计划管理，精心安排周修月修，确保计划检修有效性。全年设备故障时间总体降幅33%，其中一区转炉下降47%、重型H型钢下降82%、二区方坯铸机下降30%、小棒下降48%。

精益创建不断推进。大力推广“精益通”平台使用，全员开展“精益通”随手拍和微改善评比活动，鼓励职工自主发现问题、改善和解决问题。推动重点产线打造及优秀案例分享，连铸一分厂“当代‘三愚公’故事”、设备管理室“CSP入口环境提升”入选公司精益案例发布。

【党群工作】 认真贯彻“第一议题”要求，学习习近平总书记系列重要讲话精神，深入学习贯彻党的十九届六中全会精神。开展学习近平总书记“七一”讲话专题调研，班子成员撰写调研报告7篇，调研出来的问题一一得以落实。扎实推进党史学习教育，举办党史学习读书班8次，并抓好学习的转化工作，75个“我为群众办实事”项目全部实施完成。以庆祝建党100周年，先后开展党史知识竞赛、红色观影、征文等系列活动，组织了1073名党员参加红色基地教育。

深入贯彻落实“中央企业党建创新拓展年”和上级党委工作要求，不断推进党建工作创新突破。组建党建发展指导组，指导、督促、检查党建工作部署在基层落实落地，推动党建工作高质量开展。以“三亮一争”为抓手持续开展创建支部品牌，让党旗在一线高高飘扬，促进企业生产经营各项任务顺利完成和快速发展。探索党小组长作用强起来课题，在教培中心专门开展两期党小组长党务能力培训，让党小组长作用强起来。试行党小组、作业区“一体化”管理，党建和业务工作“双融双促”，加强党建与生产一线的联系。加强党员管理，及时规范做好党员发展和组织关系转接、党费收缴等工作，2021年党员组织关系及时转出233名、转入9名，按程序发展党员26名、转正党员21名。

加强工会组织建设，成功召开第二次会员代表大会，选举产生新一届工会委员会、经费审查委员会。丰富职工文化活动，组织职工参加“永远跟党走”歌唱比赛活动，荣获公司金奖。

为职工真心办实事。修缮92间职工“四室”，改造12处公厕，翻新北区、线棒职工食堂，升级棒材、型钢浴室，“四室两堂一所”得到大幅度改善，职工满意度进一步提升。

积极配合公司南区厂容整治，全员开展“4311”环境整治专项行动，完成各类整治9526项，整治面积9.33万平方米，事业部现场内外环境面貌明显改善。二区炼钢炉台和H型钢园区厂容整治高起点、高颜值，成为绿色马钢宣传片采景最多的花园生态绿色钢厂景区。公司主要领导带队组团，参观学习，广大职工纷至沓来，打卡点赞。

2021年，长材事业部荣获安徽省五一劳动奖状、安徽省劳动竞赛先进集体、马鞍山市道德模范“十佳”集体。

（张　荣　薛　敏）

四钢轧总厂

【主要技术经济指标】 2021年累计生产钢903万吨、热轧材933万吨，同比分别增加3.3%、9%，钢轧年化产能实现“双千万”的新突破。全年降本12.9亿元，吨钢降本143元，完成公司考核指标。

【高效生产】 强化钢区高效生产。以大型转炉绿色洁净钢高效冶炼技术为基础，借助炼钢集控智慧制造的优势，通过优化一键炼钢冶炼周期、优化生产排程、量化工序及工序间时序控制和生产节奏可视化，细化炉机匹配，推进钢区协同高效组产。炼钢5月份刷新月产纪录达86.17万吨；转炉日产炉数突破100炉，达到103炉。转炉平均日历日生产炉数由2020年的76.99炉,跃升至80.5炉,日均增产1080吨。强化轧区高效生产。借助热轧智慧制造项目中自动烧钢、自动出钢等系统功能,重点分析影响轧制节奏的因素,找短板想对策,定攻关目标,开展劳动竞赛,激励广大员工的积极性,进一步提升热轧带钢轧制节奏。通过提升自动出钢功能投用率、提升轧制节奏、优化轧线连锁、优化板坯上料节奏,以及支撑辊长周期服役技术攻关,提升钢卷卷重等措施的落地,两条热轧线产能大幅度提升。2250产线创下日产22300吨、月产54万吨、年产555万吨新纪录。1580产线创下日产16855吨、月产39.1万吨、年产378万吨新纪录。

【运营改善】 深入开展对标找差。通过与宝钢股份宝山、东山、青山基地,中南钢铁重庆钢铁等兄弟单位开展对标交流,通过指标对标,寻找指标差距,有针对性地制定指标改善行动计划。2021年总厂技术经济指标进步率68%,对标目标达成率56%。持续深化降本增效。一方面通过提升产能,摊薄生产成本,达到降本的目的;另一方面重点实施以降低铁钢比情况下的降低钢铁料消耗、降低合金消耗、降低能源消耗、提升热轧综合成材率、加大钢轧区域资源回收,以及降低包装、物流运输、耐材等费用,进一步降低生产成本。通过进一步强化强底吹工艺,降低炉渣氧化性,减少转炉吹损,同时稳定转炉冶炼,减少转炉喷溅率,降低转炉渣料消耗,加大渣钢和铸余大块的回收使用;优化硅钢切头尾工艺,开展中间包内腔优化,提高连铸钢水收得率等指标生产工艺优化改进来努力降低钢铁料消耗,通过降低消耗实现降本增效。铁钢比1—5月,实现了0.896的新突破;钢铁料消耗7月开始,随着铁钢比的回升,回归到1075千克/吨,最低1070.9千克/吨;2250成材率由97.37%提升到97.52%、1580成材率由97.47%提升到97.83%;2021年比2020年多降本4.3亿元;炼钢工序能耗-12.16千克标煤/吨,2250热轧工序能耗55.75千克标煤/吨,1580热轧工序能耗49.57千克标煤/吨,三大工序均完成年度能耗计划指标,3号转炉在全国节能降耗对标竞赛中喜获“冠军炉”称号。

【品种质量】 围绕工作“零失误”、产品“零缺陷”的目标,健全总厂质量责任追溯制度。通过分工序细化的质量控制点,进一步明确各岗位的质量职责。通过强化质量过程监控,落实质量预警和质量叫停制度,把好产品出厂关,确保产品实物质量。坚持以顾客需求为导向,对用户典型质量抱怨及异议进行系统梳理,定期组织召开用户端质量问题推进例会,强化用户走访机制。将客户需求及时准确地传递到岗位作业人员,及时制定改善措施及推进计划,加速解决问题的响应速度,努力营造“主动关注、自我控制、争超目标”的竞争氛围。强化技术攻关,推进品种质量提升。电池壳钢合格率由30%提高到42%以上;搪瓷钢实现6炉连浇;热轧超高强钢M950JJ板形质量取得显著突破、3毫米厚度极限规格成功批量生产。热轧硅钢、高牌号硅钢、取向硅钢全年分别生产83万吨、30万吨、15.6万吨,增幅分别为51.4%、56.1%、30.4%。

【设备管理】 全年在高产能情况下设备总体运行平稳。设备保障、检修管理等持续改进,年度完成6次炉役检修,其中3次计划工期只有10天,累计实际工期较计划工期节省48.5小时。设备管理取得新进步,热轧2250产线设备综合效率(OEE)均值80.49%与2020年基本持平;热轧1580产线设备综合效率(OEE)均值85.79%,比2020年上升10.15%。两条热轧线优化检修模型,通过提高例检效率和降低次数,全年设备开动时间提升350小时,提升产能约21.8万吨。

【智慧制造】 克服边生产、边调试、边建设的困难,打造智慧制造升级版。炼钢集控中心实现了转炉一键化操作、自动出钢、铁水预处理远程扒渣、一键脱硫、浇铸平台无人化、自动开浇等项目,炼钢集控中心无人化指数提高至52.8%。实现KR铁水预处理、精炼等多点分散的岗位操作集中化,操作室集中度指数提高至79.4%。热轧集控建立生产过程、设备状态故障实时诊断机制,做到问题事中控制,异常过程快速响应。借助轧线智能装备开发和运用,智能工厂平台(FSP)对数据的深度挖掘利用,热轧机旁无人化指数达到79%,粗轧、精轧、卷取自动化轧钢率分别达到97.9%、82.3%、91.6%。启动了钢铁工业大脑智能炼钢项目,建成了全国首家双线双智控生产运行模式。

【基础管理】 强化安全环保管理。树牢“违章就是犯罪”理念,积极推动安全“1000”活动,根据安全员工作专业特点,为其量身打造“有限空间作业、熔融金属、煤气”等安全管理特长发展方向,发挥各自在安全管理各专业领域“土”专家作用。总厂全年未发生重大人身伤害事故,安全绩效良好。稳步推进“三治”和超低排改造项目,努力推进环保管控硬件升级,炼钢除尘优化系统改造、厂房封闭等多项工程完工。加强转炉防喷溅联合攻关,严把原辅料质量,强化操作人员技能培训,喷溅率减少10%,全年无环保事件。进一步提高人事效率，从管理变革、智慧制造、优化岗位、辅助业务外包、专业化整合等多维度挖掘人力资源潜力，积极探索"管用养修"一体化总包，提升人员配置效率，人均产钢由2020年的6383吨提升至8111吨，提升27%，完成公司下达的人效指标。

【党群工作】 坚持党建引领。成功召开了四钢轧总厂第三次党员代表大会，研究和部署了新形势下进一步加强和改进党的工作，选举产生总厂新一届党委领导班子，为"十四五"发展新跨越提供坚实的政治、思想、组织保证。巩固提升"三基建设"水平，全面夯实基本组织，党支部由原来13个优化至7个，始终保持党的基层组织全覆盖。全面建强基本队伍，深入推进党员绩效评价工作，推动党建工作与生产经营深度融合。全年总厂党委委员、支部书记讲党课22场，听党课人数达615人次。把意识形态工作列入总厂党建年度工作要点，针对当前微信、QQ工作群多而杂的问题，对总厂140余个微信、QQ工作群进行登记造册管理，规范党员干部、职工网络行为，并开展无效微信、QQ工作群清理整治工作。党委领导班子带头开展跟班蹲点活动，深入基层作业区调研一线实际困难，了解员工队伍思想状况，帮助解决实际问题。加强正面宣传引导。聚焦观念融通、文化融合，加强宝武企业文化理念宣传，做好整合融合和改革发展中的思想政治工作和形势任务教育，凝聚全员奋进共识。全年总厂内网共刊登稿件613篇；微信公众号完成推送501条；外宣实际刊用565篇，其中《马钢日报》头版头条及重点深度报道5篇。大力推进平安工厂建设。加强法治宣传教育，不断提高包括临时务工人员在内的全员法律意识。坚持齐抓共管，加强矛盾纠纷排查化解，健全生产、设备、项目、协力单位群防群治的网格化综治管理体系。加强合金库等重点部位、检修等重点时段、"三单"使用等重点环节管理，全年总厂未发生一起治安案件，厂区内违法犯罪率为零，1900本物资"三单"使用无一差错，为总厂生产经营目标任务完成提供有力支撑。

（郭元友）

冷轧总厂

【主要技术经济指标】 2021年累计完成钢材产量517.51万吨。其中汽车板189.77万吨，家电板95.37万吨，建筑板64.66万吨；硅钢60.90万吨；1720酸轧生产硅钢轧硬卷7.83万吨，彩涂板26.88万吨；其他类板材72.1万吨。MGW300及以上高牌号硅钢共生产12.96万吨。全年降本1.46亿元。

2021年，1720酸轧等18条产线先后36次破月产纪录，1680酸洗等12条产线先后34次刷新日产纪录，7月轧制量、入库量突破双50万吨。冷轧总厂今年总交库量517.51万吨，刷新2017年465.36万吨的交库纪录。2021年共7次获得公司"奋勇争先"奖，其中3月、5月、7月、12月四次获得"大红旗"，8月、10月、11月三次获得"小红旗"。

【生产组织】 以全面深度融入宝武为契机，对标国内先进企业，梳理影响生产、质量的各项问题，制定保障措施。通过产量目标分解、绩效指标挂靠、劳动竞赛激励，全面激发操作、技术、管理人员生产积极性、主动性。通过分品种、分批次，"小步快进"持续推进镀锌、连退等连续机组目标速度的提高。针对汽车板、高端家电板等成材率低的产品成立以首席师为首的产品工程师技术团队，提升冷轧产品的核心竞争力。

【技术质量】 以改革为动力，以创新促发展。2021年，1720酸轧改造新增小辊径技术，实现780兆帕级别高强钢稳定性生产，MGW350高牌号硅钢厚度控制精度在±2微米，边降控制在3微米以内，产品规格突破1720酸轧设计大纲，进一步拓展1720酸轧产品。1号镀锌新增锌铝镁镀层产品，综判合格率90.26%，实现光伏订单批量供货，家电ZM100锌铝镁镀层产品通过格力客户样片认证，已策划开始批量供货。镀锌汽车外板综合成材率稳步提升，2021年均达到81%，近3个月成材率保持在85%以上。镀锌高强钢通过成分微调，镀锌工艺动态优化，生产过程全面监控等手段，2021年镀锌高强钢成材率达83.87%，保持持续提高趋势。冷轧汽车外板、高强钢综合成材率均呈现稳步上升趋势，12月冷轧外板成材率达到85.50%；冷轧高强钢成材率达到87.67%，尤其10月冷轧高强钢成材率达到90.1%，创历史新高。高效+高牌号硅钢产量比例稳步提高，从8月以后连续四个月占比超过50%，创历史最好水平，同时通过工艺优化，成功实现含硅量3.4%的宝钢高硅卷M60钢种批量稳定生产。

【品牌建设】 围绕公司和总厂的重点、难点、关键问题，积极开展技术创新、技术攻关、QC小组活动，从而提升产品质量，提高产品竞争力。2021年总厂承接公司级技术攻关项目8项，总厂级技术攻关项目18

项。总厂向公司报送31件专利申请,其中实用新型专利9件,发明专利22件。2021年总厂共申报31项QC课题,其中冷轧二分厂QC小组发布的《降低高强度冷轧板焊缝断带率》课题,荣获2021年安徽省质量管理小组二等质量技术成果。总厂技能大师王庆获得第25届全国发明展“发明创业奖项目奖”金奖。

【精益管理】 总厂以“效率、效益(成本)、品质、交货期、安全、士气、环境、智能化”八要素提升为核心,推进全流程精益运营。以“精益通”“微创新”为抓手,鼓励和引导全员参与,培养和提升员工立足岗位创新创效能力,全面激发员工的活力和热情,增强总厂内生动力,实现制造能力、环境质量、职工素养、精神面貌全面提升。全年,全员“精益通”提报14121条随手拍、1239条微改善及127个精益改善项目,积分位列公司第一名。以星级现场为标准,打造1720酸轧标杆现场、进行1680酸洗现场环境提升等专项工作,为产线的高效运行奠定了环境基础。

【设备管理】 按照“生产工艺主导、设备维保主动”的理念,强化工序服从意识,依托设备管理信息化平台,持续开展设备精益管理、设备运行管理劳动竞赛等工作。设备运行指标稳中有升,设备故障停机率2.2‰,完成公司指标2.5‰。以设备功能和精度满足生产质量需要为中心,以实际测量数据和量化指标为基础,以解决、改善和提高困扰生产质量的重难点设备功能精度问题为抓手,有序推进设备运行的精细化管理。依托设备管理系统(EQMS),深入对标宝钢,优化检修模型,推进高质高效检修。总厂顺利完成29次产线年修工作,并将技改项目与大中修相结合,不断提升设备性能和精度。通过标准化年修管理,安全、环保、消防、质量、工期得到有效控制,检修质量显著提高,年修后设备稳定运行。

创新备件采购管理模式,备件总包以因耗求需为基础,以互动双赢为原则,优化生产消耗件管理模式,有效降低生产成本。备件申报、费用管理可控,合理支撑生产运营。

【技术改造】 总厂持续推进技改项目建设,技术团队以提高产线性能、提高产品质量为目标,全力为总厂精益高效、智慧制造提供有力支撑。全年总厂技术改造共111项,其中公司重点项目8项。分别为南区新建重卷检查线工程项目、南区新建自动包装线项目、彩涂废水零排放处理系统改造、硅钢二期酸再生环保升级改造项目、北区雨污分流项目、3号、4号线余热回收项目、1720原料库无人行车智能库区项目、冷轧智控中心二期建设。其中,南区新建重卷检查线工程项目于9月28日进入正式热式阶段,11月8日正式投产。

冷轧智控中心基于“四个一律”的理念分两期推进实施,17条机组已于12月20日全部进驻冷轧智控中心。基于工业互联网平台的冷轧“ALL IN ONE”智慧工厂于9月26日被认定为2021年度安徽省智能工厂,冷轧“ALL IN ONE”智控创新应用也获批工信部2021年国家级工业互联网平台创新领航应用案例。

随着南区新建自动包装线项目、1720原料库无人行车智能库区项目的先后完成,冷轧总厂智控中心等一批智慧制造项目的投用,全面提升冷轧产品生产过程的智能化水平,在产品品种、产品质量、人员效率、生产成本等指标方面也有较大幅度的提升,实现了总厂“绿色发展·智慧制造”的转型升级。

【企业管理】 完善岗位绩效考核评价机制,严格按照考核评价标准对各单位进行考核、测评,对每月各单位绩效分、人均绩效奖等项目进行趋势分析。持续做好薪酬发放工作,检查监督各单位薪酬发放过程。

以体系审核为契机,全面对标宝武体系,完善标准化作业,提升总厂体系管理能力。2021年先后通过一汽解放汽车、沃尔沃汽车、泰国TISI、联合电子、本田技研科技等公司的二方审核,以及公司组织的制造过程、综合管理体系、两化融合、测量体系审核,并获得三菱电机(广州)压缩机有限公司2021年年度金牌供应商荣誉。

以党建为引领,总厂每季度召开管理大会点评季度工作,对6个机组金牛奖、12个机组银牛奖、18个机组铜牛奖进行表彰和奖励。通过开展总厂内部奋勇争先劳动竞赛,“设备零故障、生产零事故、质量零缺陷”“强管理、严考核、解难题、提效益”大讨论等专题管理类活动,极大地促进了全体职工踊跃参与“奋勇争先、提质增效”的积极性。

为强化岗位管理,凸显岗位价值,完善职业发展通道,激励员工提高个人能力,提升工作绩效和效率,实现企业和员工共同发展,2021年总厂完成了管理岗、技术业务岗和操作维护岗三个岗位序列的层级切换。通过“送出去”“引进来”和“自主培训”等形式,提高培训效果。全年完成厂内培训645项,参加培训一万余人次,总厂选送的“‘一线一岗’智慧制造人才培养”荣获2021年度宝武集团管理创新成果三等奖。5月总厂召开了2020年度作业长研修分会年会,对优秀管理实践案例及专题论文进行表彰,自主完成作业长三期团体培训。总厂完成公司“管用养修”之罩式炉行车、酸再生业务整体划拨，共拨转行车工 12 名，酸再生操作、点检、技术人员共 41 名，办理协解 72 人。目前总厂在册人数 1253 人，净减员 13%。

【能源环保】 总厂深入贯彻习近平总书记生态文明思想，落实中国宝武“两于一入”“三治四化”的环保理念开展生态环保工作。2021 年，总厂环境污染事故为零，环保污染物达标率、环保设施同步运行率等五个重点指标完成率均为 100%。总厂严格落实排口长制度，签订环保目标责任书；彻底整治长江大保护五项环境突出问题。不断实施环保项目升级改造，今年总厂共开展 5 个三治项目均已完成。彩涂水处理零排放改造是全国第一个在彩涂水处理采用超滤、三效蒸发工艺的处理系统，并申请了专利。

认真贯彻落实“碳达峰、碳中和”，大力推行低碳运行项目，罩退氢气回收、分布式光伏发电、退火炉余热回收、绿色照明等项目均运行可靠，实际年经济效益 1100 余万元，社会综合效益显著。2021 年，总厂荣获公司节能环保先进单位荣誉称号。

【安全管理】 2021 年，总厂对标承接宝武安全体系建设，夯实安全生产责任制。各级管理人员始终贯彻“人民至上，生命至上”的理念，树立“发展决不能以牺牲人的生命为代价”的红线意识，以安全生产责任制履职为抓手，以危险作业管控和隐患排查治理为根本，以作业区基础安全管理为重点，深入基层扎实开展各项安全管理工作。根据 2021 年安全生产工作计划，完善总厂安全管理“制度树”，建立作业区月度安全评价管理体系，制定总厂安全红线及岗位红线，持续开展有限空间、煤气安全、危险化学品、消防设备设施、检修技改及建设项目等专项整治行动，采取领导参与的方式强化作业区班组活动的有效性。通过一系列的举措，逐步完善总厂安全管理体系能力、强化现场作业管控及隐患治理能力，提高员工的安全技能和安全意识，确保职工生命安全和总厂经营建设稳定。

【党群工作】 总厂党委坚持把学习贯彻习近平新时代中国特色社会主义思想作为首要政治任务，加强“三基建设”，落实“三会一课”，深入开展主题党日、先进党员讲“微党课”活动。深入学习贯彻习近平总书记在党的十九大、十九届六中全会和庆祝中国共产党成立 100 周年大会上的重要讲话等精神，扎实开展党史学习教育系列活动。推进党员队伍“三高两化创一流”建设，加强与优秀兄弟单位交流学习、对标对表，全面提升党务人员履职能力，为充分发挥党组织作用奠定扎实基础。冷轧总厂宣传思想政治工作持续深化，舆论载体不断创新。

总厂党委承接中国宝武干部管理要求，全面落实管理岗位和人员层级管理，合理调整管理权限，完善选拔任用体系。始终把政治标准放在首位，注重发现培养年轻干部。同时，加大对管理人员的评价考核问责力度，实行年度绩效评价末位约谈、淘汰制度。

严格落实“三重一大”决策、党务公开等制度。强化“一岗双责”，着力抓好廉政教育活动。深入基层调研访谈解决问题，签订党风廉政目标责任书 6 份。深入开展领导人员经商办企业、技改投资项目等重大风险防控排查，全面落实全国国有企业党的建设工作会议精神贯彻落实“回头看”工作，及时整改存在问题，筑牢各级管理人员及工程项目负责人廉洁思想防线，确保各工程项目廉洁高效。此外，工会组织开展“红心向党”系列文体活动，丰富职工文化生活。组织各类技能大赛，提升员工技能素质。坚持完善厂务公开制度，全力做好职工生活保障工作。

（孙　琦）

特钢公司

【主要技术经济指标】 特钢公司全年产量、销量和利润实现同步增长。钢产量 114 万吨，比 2020 年增长 17.5%。炼钢月产最高达 10.95 万吨；电炉钢铁料消耗达 1081.5 千克/吨；线材产品成材率达 97.08%。全年销售收入 76.4 亿元，比 2020 年增长 34.7%；特钢销售利润 2.5 亿元，同比 2020 年增长 90.8%。

【销售业绩】 全年销售总量及利润总额再创新高。能源用钢销售比 2020 年增长 15.7%；汽车用钢销量同比增长 55.69%，轴承钢棒材销量同比翻六番；高端制造用钢比 2020 年增长 43.75%；强化与埃斯科特钢销售一体化联动，银亮棒和精线销售比 2020 年增长 60%以上。

【新品开发】 全年共开发 160 多个新钢种（累计 1600 多个），新增客户 41 家。通过持续拓展在轨道交通、能源、汽车和高端制造用钢四大领域的产品研发，锚链钢新产品首次进入国内最大锚链企业，轴承钢推广应用成效显著，成功通过国内数家高端轴承用户认证并供货。X80 大口径无缝管实现以连铸坯直接轧制替代焊管取得突破；连铸工艺重载机车齿轮钢、2100—

2300MPa 级汽车悬架簧用钢实现国内首发;悬架簧替代进口用 54SiCrV6 银亮材产品顺利通过奥迪 A6、Q5 车型样件检验及材料评价。

【技术攻关】 充分发挥宝武研发制造体系协同、产销研工作组和棒线材技术支撑项目作用,加大“卡脖子”难题攻关。高端轴承钢钛含量实现稳定控制在 15 浓度以下,连铸实现(18±2)摄氏度低过热度“恒温恒速”浇铸;大方坯-优棒质量攻关取得重要进展,优棒表面漏磁探伤合格率由 84.08%提升至 90.40%。全年累计开展各类技术攻关 58 项,岗位创新 138 项。获第二十五届全国发明展览会金奖一项、银奖两项;中国宝武重大科技成果二等奖一项;获安徽省专利优秀奖(马钢股份唯一获奖项目)一项。

【对标找差】 坚持以对标指标体系完善为核心,以分层实施为路径,以专项对标为突破,以改善项目为抓手,以过程管控有闭环,持续完善全面对标找差体系,全方位与南钢、韶钢、莱钢等特钢企业、自身历史最好水平开展对标找差活动。全年梳理 26 项重点对标指标,全年技术经济指标进步率达 80%,刷新率达 40%。

【生产组织】 各产线聚焦精益高效,聚力奋勇争先,精细组织、争分夺秒追求极致高效。钢区班产、日产、月产 6 次刷新纪录,钢产量打破 100 万吨、110 万吨大关。三条轧钢产线生产纪录累计 24 次创新高。电炉换挡提速冶炼周期最短达 32 分钟,各工序生产和检修排程科学合理,两台铸机生产切换无缝对接,形成“一炉对两机”高效组产模式。埃斯科特钢发挥产销联动机制,产线和单工序生产创历史最好纪录,年产量比 2020 年增长 72.5%。三次获得马钢“奋勇争先奖”。

【智慧制造】 智慧制造重点改造项目高速线材生产线智能化成品库区成功上线,实现无人天车吊装、自动发货等多功能自动作业以及线材精准跟踪,保障天车运行安全、稳定、高效,提高了区域精细化管理水平。通过高效图像识别技术、3D 岗位、工业智能机器人等先进技术在钢轧生产现场的应用,智慧制造水平得到一定提升。截至年底特钢公司无人化指数为 61.8%,集中化指数为 60%,远程化指数为 34.4%。

【安全和环保】 认真学习贯彻习近平总书记关于安全生产重要论述,大力宣贯新《安全生产法》,逐级压实安全生产责任;积极推广安全生产“1000”理念,通过持续开展安全专项整治活动,动员职工从身边、岗位、源头上查隐患、防风险,提升职工对安全风险的认知,筑牢安全生产防线。努力开展安全生产标准化一级企业创建工作,埃斯科特钢完成安全生产标准化二级企业创建工作,确保了企业安全运行做到科学化、规范化。

深入学习贯彻习近平生态文明思想以及关于“碳达峰、碳中和”重要讲话、批示精神,坚持“三治四化”“两于一入”。投入 3000 万元完成了环保项目的整改,实施“厂房屋面光伏发电”等项目。电炉烟气余热回收达 245 千克/吨,电炉工序能耗 16.56 千克标准煤/吨钢,成为宝武系标杆,达到国内领先水平。特钢公司获 2021 年马钢股份公司节能环保先进单位。

【精益工厂】 扎实推进“精益·现场日”活动,对厂区房所、楼宇外墙美化,烟囱彩绘涂妆,管廊除锈亮化、栽种绿植近千棵,特钢厂区樱花大道、绿树成行。聚焦产线,开展精益现场日等活动 175 次,制作简易方便的定置标识牌 1000 余个,增强现场可视化管理,对繁琐复杂的操作要点、安全规程等提炼“三字经”120 多条。全年职工参与微改善 7654 项,在公司名列前茅。评选星级微改善 842 项,推荐上报公司优秀微改善 67 项,其中 3 项获得公司级优秀案例并发布。持续打造精益产线不停步,优棒生产线从二星级升到三星级,并被评为公司最好星级精益现场样板产线之一。

【工程建设】 新特钢项目部克服新冠疫情、产能置换政策的重大变更、建设用地复杂及人员不足等内外部不利因素,倾力做好工程项目各项基础性工作。在产品设计、项目方案等环节,充分吸收国内外及集团内先进技术和经验,先后考察调研 30 多个企业和产线,组织内部和院校专家多轮交流论证,从国内最优的 5 家设计院的方案中优选、完善形成最佳设计方案,高效、高质量完成新特钢项目及老高线改造可行性研究报告和初步设计方案、项目备案等各项合规性审查工作,保障新特钢项目于 11 月 18 日顺利开工。

严格落实招标采购、施工管理等相关规定,统筹策划、精心制定施工网络并全力推进,确保项目建设的安全、质量和进度可控。全年累计完成合同招标 46 项,累计出图 90 余套,完成桩基施工 2000 余根,混凝土灌装 8000 余立方米,铁水倒罐站、转炉上料等深基坑全面开工建设。

【管理变革】 积极响应公司管理变革,坚持稳字当头,提前做好划转人员的思想稳定工作。36 名销售人员随业务整体划拨营销中心,5 名技术质量管理人员划转制造管理部,行车工及轧辊间 35 人划拨出特钢公司实现平稳交接。没有发生因变革而造成安全生产、舆情等事件。通过智慧制造、流程优化等手段深度挖掘人力资源潜力,100%完成公司人事效率提升目标。用变革的思维推进协力管理变革,成为公司首家探索行车协力管理实行"管用养修"模式的单位。

【党群综合】 坚持"共建共享"的理念,将生产经营效益的成果惠及全体职工,2021年人均收入实现持续增长。积极践行"我为职工办实事",投入80余万元对产线职工休息室、操作室、卫生间、浴室进行美化和亮化改造,让职工的工作环境干净、整洁、舒适。传承和弘扬新时代"江南一枝花"精神,促进制造水准、环境质量、职工素养、精神面貌、团结协作全面提升;大力弘扬劳模精神、劳动精神、工匠精神,组织76名职工参加马钢第十届职业技能大赛5个工种比赛,并承办电炉炼钢工比赛。面向一线选树劳模先进,全年荣获中国宝武"银牛奖"1人;马钢"金牛奖"1人、"银牛奖"2人;中国宝武"杰出青年"1人;1人获最美马钢人;4人获马钢优秀员工光荣称号。全年对47名困难职工发放补助款1.8万元,坚持把职工生命安全和身体健康放在第一位,疫情防控常抓不懈,组织全员有序完成新冠疫苗的接种。

(罗继胜)

炼焦总厂

【概述】 截至2021年底,炼焦总厂拥有在运行的专业设备包括大型现代化焦炉8座(其中5米、6米、7米和7.63米焦炉各两座),焦炉配套干熄焦8座,和两套储配一体化筒仓备配煤系统,年设计生产焦炭能力为530万吨,用于生产优质焦炭和焦炉煤气。

【组织机构】 2021年7月,因公司专业整合,炼焦总厂消防大队划转至公司保卫部。2021年10月,因马钢化工焦炉煤气净化业务回归马钢股份管理,炼焦总厂在原有机构基础上增设净化一分厂和净化二分厂。截至2021年底,设有综合管理室(党群工作部)、生产技术室(安全管理室)、设备管理室(能源环保室)3个管理机构,炼焦一分厂、炼焦二分厂、能源分厂、净化一分厂、净化二分厂5个分厂,炼焦项目组1个临时机构。

【人员情况】 截至2021年底,炼焦总厂在册职工604人,在岗602人(包括4名公司中层管理人员),其中总厂中层管理人员17人、技术业务岗58人(含2名公司首席工程师、2名外派人员)、作业长18人和操作维护岗505人(含2名公司技能大师)。

【主要技术经济指标】 2021年生产焦炭442.8万吨,完成率102.67%;发电4.9亿千瓦时;输送煤气量19.08亿立方米。生产轻苯5.6万吨,完成率106.58%;煤焦油18.65万吨,完成率102.24%;硫磺9391吨,完成率105.53%。全年降本5.05亿元,提升率125.57%。全年围绕"守正创新 实干担当奋力打造绿色智慧炼焦新局面"工作主题,完成以"焦炭保供"为主的各项目标任务。

【生产组织】 围绕焦炭保供中心工作,全年合理编制洗煤需求计划,积极组织来煤接卸,认真执行库存预警制度,组织南区煤场退出和北区底层煤清理处置,强化进煤、储煤、配煤管理,做好疫情防控期间和煤炭资源紧张情况下的煤炭保供和生产组织,为稳定焦炭质量提供原料支撑。结合实际生产情况,科学制定焦炭生产计划,加强南北区操作管理,持续开展煤焦质量全流程管控,开展焦炭质量技术攻关,提升并稳定焦炭质量,干熄焦等主要生产设施保持稳定顺行,全年三个系统焦炭质量合格率分别达到99.31%、99.73%、98.58%。

【设备保障】 紧抓"零故障"绩效管理,从设备日常基础管理出发,提升点检的有效性,做好设备的预防性维修;推进设备管理智能化、信息化,依托马钢设备管理系统(EQMS)和宝武采购供应链系统(PSCS)两大平台,实现各项检修及大中修项目全面上线运行,保证全厂生产维修及大中修材料供应及时,提升设备日修兑现率;积极推进重大设备检修项目,完成6号焦炉14—17号、46—49号燃烧室揭顶翻修,1号、5号干熄焦中修,北区净化脱硫塔检修等几十项大中修和改造项目,不断完善各系统性能,及时消缺重要设备隐患,为稳定生产保驾护航。

【安全管理】 全面落实"安全生产集中攻坚年"各项措施,强化制度执行力,推进安全生产标准化建设,夯实安全生产基础,扎实推进安全信息化管理工作;修订《炼焦总厂全员安全生产责任制》《炼焦总厂职业健康安全管理制度汇编》等管理制度,完善管理体系,依法合规开展安全管理工作;以全员安全为目标,建立"一人一档"培训档案,组织全体职工参与"安全管理知识"等网上专题学习,全厂在岗员工接受安全教育率100%,特种作业人员持证上岗率100%,提高全员安全素养;按"四统一"原则对相关方单位加强安全管理,建立刚性严肃的全过程监管机制;在10月马钢化工煤气净化业务划转至马钢股份期间,严格落实各项安全管理制度,做好过渡时期安全管控工作。

【节能环保】 以“两于一人”为目标,“三治四化”为抓手,大力推进“三治”重点措施及重点项目实施,加快推进厂容整治提升,新建、改造南区区域绿化17500平方米,环境面貌得到显著改善,绿色发展取得新突破。强化环保流程管控,对环保点位进行系统梳理,建立总厂范围内责任清单,完善总厂问责办法和绩效考核制度,坚持督查周报和月度考核通报机制;露天输送皮带通廊封闭、在线除尘提标改造工程、北区雨污分流等8项“三治”项目全部完成,8座焦炉全部建成投用烟气脱硫脱硝处理设施;国控平台在线检测点位30个,日均值受控。建设项目环评及验收合格率100%。共有环保设施44套,各项环保设施运行完好,符合大气排放标准。

【降本增效】 构建全员参与的对标降本管理体系,与宝武体系先进基地进行工序、产线对标找差,通过优化配煤结构、清理利用煤场底角煤、降低煤耗,优化炼焦耗热量、提高吨焦发电量、降低动力介质消耗、合理管控材料、检修等费用,全年20项对标指标进步率达80%。着力推进对标挖潜、系统经济运行工作的开展,将责任成本下达到职能部室,把考核成本落实到各分厂,每旬对成本进行跟踪、分析,每月对降本指标开展科学预测,保证降本目标的实现,全年降本5.05亿元,完成率125.57%。

【基建技改】 重点项目开花结果,产线升级迅速落地。南区新1号、2号焦炉建设接续克服疫情、汛情等不利影响,倒排工期、挂图作战、协调联动、强力推进,于2021年7月18日实现新1号焦炉及配套干熄焦、南区二期筒仓、煤气净化系统全线贯通,顺利装煤投产,创造了行业内7米焦炉建设工期的新纪录。新2号焦炉10月26日装煤投产,2021年11月25日两座焦炉实现全系统达产运行,仅用时29天,两座新焦炉达产时间均刷新了行业内7米焦炉达产时限记录。北区焦炉大修改造项目10号焦炉已完成砌筑,9号焦炉正在炉体砌筑,配套净化项目进入设备安装阶段,项目的稳步推进,为马钢发展增添“压舱石”“助推器”。

【技术创新】 2021年度申报7项马钢级科研及技术攻关项目。“干熄焦炉体新型材料研发与高效修复技术创新与实践”获得2021年度冶金科技奖三等奖,“炼焦工序安全高效除尘及其自动操作关键技术开发与集成”获得2021年度安徽省科学技术奖三等奖,“7.63米焦炉主要生产系统联锁无人化及运行智能化工序研发”获宝武科技成果转化利润分享奖,“焦炉机车无人化及智能化”获马钢技术创新成果二等奖。全年共获授权专利12项,其中发明专利3项。

【人力资源优化】 加强岗位体系建设,强化薪酬分配管理,完成管理、技术业务、操作维护三个层级切换,完善职业发展通道,激励员工提高个人能力,提升工作绩效和效率。统筹实施政策性离岗、专业化整合、员工价值创造等转型方式,全年人事效率提升18.95%。顺利承接管理两个净化分厂及相应的操作技术管理人员197人,确保员工队伍稳定,推动专业化整合工作稳步向前。南区新1号、2号焦炉本体业务采用“管用养修”模式,减少管理界面,充分体现协力供应商的专业化协作,解决原先协力模式责任链条长、管理效能低。

【精益管理】 聚焦公司精益运营管理工作要点、节点,建立精益运营管理工作周例会通报、月度综合评价机制,及时公布评价结果、兑现奖励;广泛宣传,组织培训,员工“精益通”平台注册率达96%,依托马钢精益通平台开展“献一计”活动,提报“献一计”1234条;完成111项公司精益办开展的红牌督办活动中提出的问题整改并摘牌;以“整理、整顿、清扫”及环境改善提升为重要举措,结合“马钢南区厂容整治‘8·19’实施方案”的总体部署,实现厂容环境的美化、靓化和标准的逐步提升,不断提升现场竞争力和精益管理水平。

【人才队伍建设】 全年荣获中国宝武“金牛奖”“铜牛奖”“智多星”各1人;“马钢十大杰出青年”“马钢十大青年先锋”、马钢“金牛奖”、马钢“银牛奖”各1人。完成推选申报C层级管理人员5人,推选聘任首席师2人,技能大师2人,推荐1名管理人员竞聘采购中心经理助理和6名优秀基层管理、青年技术人员到马钢各职能部门任职。

【党群工作】 深入学习宣贯习近平总书记“七一”重要讲话精神和伟大建党精神,认真贯彻党的十九届六中全会精神和习近平总书记考察调研马钢集团重要讲话精神,扎实开展党史学习教育活动,不断加强党员教育,组织300多名党员到爱国主义教育基地学习先烈事迹重温入党誓词;落实“一岗双责”,聚焦基层党建工作,认真完成职工“三最”项目的实施,认真落实“我为群众办实事”等工作;大力宣贯宝武和马钢企业文化理念,传承和弘扬新时代“江南一枝花”精神;疫情防控常抓不懈,做到生产防疫两手抓、两不误,并且按照“应接尽接”的原则推进疫苗接种工作;大力弘扬劳模精神、劳动精神、工匠精神,聚焦一线典型人物,开展各种劳动竞赛,积极发挥工匠基地和创新工作室技术优势和传帮带作用；充分发挥团员青年的生力军作用，促生产，促党建，续开展基层团组织建设和共青团智慧团建工作。

（王雯静）

资源分公司

【概况】 资源分公司隶属马鞍山钢铁股份有限公司，主要承担马钢股份公司钢渣加工、固危废处置及利用、高炉水渣销售、转底炉生产、自产废钢回收加工、马钢股份部分对外承揽合同签订等业务。2021 年 11 月 1 日起，冷轧总厂酸再生业务划入资源分公司。资源分公司现下设综合管理室、生产安全技术室、设备管理室、经营销售室和回收一分厂、回收二分厂。

【主要技术经济指标】 2021 年，资源分公司共回收处理钢渣、尘泥等固废 225 万吨，销售冶金固废产品 765 万吨（含高炉水渣），实现销售收入 17.3 亿元。全年设备开动率大于 95%；重大人身伤害事故、重大生产事故、重大火灾事故、爆炸事故、重大交通事故、重大设备事故为零。

【钢渣处理保产】 南区钢渣基地克服热闷坑地下渗水、超负荷生产、设备变形失修、热泼区域边生产边改造等一系安全风险和生产压力，通过精心组织，2021 年共处理南区各钢厂钢渣 78 万吨，其中热闷处理钢渣 65 万吨（最高日热闷 140 罐，超出设计能力 45 罐）。北区钢渣基地克服原选址、设计等先天缺陷，边改造边生产，特别是克服四钢轧大包破碎率低等突出困难，2021 年共处理脱硫渣、大中包铸余渣等钢渣 129 万吨，其中返四钢轧各类重废 19.1 万吨。

【转底炉生产】 在宝武环科冶金尘泥协同组指导下，会同炼铁总厂扎实抓好转底炉检修维护、隐患消缺、技术改造等工作，随马钢 A 号高炉大修同步实施年休，极大提升设备性能，改善作业环境，安全环保基本可控。2021 年 1—9 月，转底炉处于正常生产状态，共处理瓦斯泥及各类污泥 8.35 万吨，其中协同处置危废电炉灰 2530 吨，生产金属化球团 3.82 万吨、粗锌粉 931 吨；9 月起转底炉停产检修。

【固废回收保产】 按照股份公司要求和各生产厂保产需要，主动做好公司日常性生产保产回收和各项大中修、技术改造及临时性保产项目中的固废回收工作。2021 年回收股份公司工业垃圾、铁前干渣、瓦斯泥、污泥水、废旧耐火材料、大中修固废等各类物料 70 万吨。

【危废处置保产】 资源分公司共承担股份公司电炉灰、酸碱污泥、废脱硫剂、含铬污泥、滤饼、乳化液、小危废桶废油桶等 23 个危废品种的协调处置工作。一方面，配合能环部、制造部等部门，充分利用马钢烧结机、炉窑等装备，积极推进酸碱污泥、电炉灰等危废在公司内部消化处置，2021 年共实现内部处置 2.81 万吨；另一方面，依法合规抓好危废外委处置，2021 年与 7 家具备合法资质的企业签订了 20 份危废处置合同，共外委处置危废 2.53 万吨。

【固废产品销售】 在做好保产的前提下，贴近市场，通过拓展终端用户、签订长协、招标、议价等灵活多样的方式，加快固废产品销售出库，提升产品价格。通过宝华国际、欧冶电商等平台，推进大宗固废、含杂氧化铁皮、粗锌粉、含锌除尘灰、转底炉球团、氧化铁红等品种线上销售，增收创效。2021 年共销售固废产品 765 万吨，实现销售收入 17.3 亿元。

【铁水罐加废钢】 为促进股份公司降低铁钢比、提高钢产量，按照公司统一部署和要求，资源分公司在上年建成南北两个铁水罐加废钢作业点的基础上，2021 年充分释放产能，高效开展铁水罐加废钢业务。1—5 月，共完成铁水罐加废钢 4.65 万吨，特别是在新抓钢机投用后，加废钢效率大为提升，日装量屡创新高，吨钢加废钢量达 11 千克/吨。后因马钢主动限产，6 月起停止铁水罐加废钢业务。

【自循环废钢加工】 充分发挥由原二炼钢废旧厂房改造的自循环废钢一期加工基地作用，加大马钢各生产厂自产废钢回收力度，积极配合特钢公司推进自循环废钢加工业务。2021 年自循环废钢一期加工基地共入库各类废钢 12.36 万吨，加工后返钢厂各类重废 7.79 万吨。5 月下旬至 9 月，根据制造部指令，利用一期加工基地，完成运输部 227 节报废火车车皮解体任务，解决近几年马钢报废车皮无法处置的难题。此外，自循环废钢加工基地二期项目已完成初步可研，二期项目建成后将具备年 50 万吨废加工能力。

【工序承揽外委】 为协助股份公司保产，资源分公司承担股份公司各生产厂部分工序委托、加工承揽合同的签订及结算工作。2021 年，通过制定实施协力管理变革方案，与 7 家供应商签订工序委托合同 35 份，发生工序委托费用 9599 万元，比 2020 年降低 10%。合同履行规范高效，未发生一起纠纷。针对利民钢渣保产历史遗留问题，在集团和股份人力资源部的支持下,将原从事保产人数从783人压减至471人,并实施费用总包模式,人员降幅39.8%。

【安全生产】　深入学习贯彻习近平总书记关于安全生产的重要论述和新《安全生产法》,开展以“学法规、学制度、学标准、学业务”为主要内容的“四学”特色活动。完善管理体系,修订安全生产责任制,构建安全风险分级管控和隐患排查治理双重预防机制。扎实开展安全专项整治行动,加强协力管理,共落实28项重点措施;积极推进安全生产隐患大起底大排查大整改行动,完成“钢八条”“四有四必”、动力介质、特种设备等方面的隐患整改工作。加大本质化安全整治改造力度,共实施20多项安全技改项目。

【生态环保】　深入学习贯彻习近平生态文明思想和习近平总书记关于“双碳”工作指示批示精神,宣贯落实新《中华人民共和国固体废物污染环境防治法》等法律法规。完善环保工作责任制,严格落实固危废全流程管控制度,顺利通过第二轮中央环保督察、中国宝武环保巡视和省市各方专项督察检查。持续加大投入,推进环境专项整治,圆满完成央视长江大保护警示片问题、“三治”突出环境问题整改销号,建成南区污水处理系统、北区智能干雾项目、灯泡线小危废库,在马钢股份首家建成“环保管家”系统。环保工作得到国家生态环境部专家的高度评价。

【专业化整合】　遵照马钢集团和宝武环科协商一致的整合方案,在马钢集团投资管理部、经营财务部、运营改善部、能源环保部、人力资源部等各部门指导下,顺利完成资产梳理、业务梳理、物料梳理、外委合同切分等工作。配合马钢股份经营财务部和资产评估机构,9月完成资源分公司固定资产评估和马钢嘉华建材资产专项审计工作。按照马钢股份和宝武环科达成的协议,以“区域化管理、专业化运营”为原则,从11月1日起承接冷轧总厂酸再生业务。遵照马钢有关领导指示,对合肥公司酸再生生产线开展了调研。

【工程建设】　围绕马钢固废不出厂、本质安全、环境治理、“三治四化”、智慧制造、固废综合利用等,2021年实施技改工程35项,其中实施本质化安全技改项目15项、环保技改项目11项。为促进固废不出厂,固废综合利用产业园项目全面启动,PC铁质校正料、粗颗粒压球、固废处置(分拣)中心等产业园一期项目基本建成,产业园二期钢渣棒磨磁选项目通过可研评审并正式立项。为促进危库不出厂,高起点高标准建成危险废物贮存库及废铁质桶利用项目。为促进马钢大发展,马钢新特钢项目配套渣处理项目完成初步可研并通过宝武环科评审。此外,积极争取国补扶持项目,加快落实《马鞍山市大宗固体废弃物综合利用基地建设实施方案》。

【体系和品牌建设】　对质量、环境、职业健康安全、能源五大体系的管理和技术标准进行了全面梳理优化,新增和修订管理标准28项、技术标准6项。组织开展管理体系运行自我评价,举办管理体系基础及审核知识培训,完成股份公司内部审核。完成品牌专员岗位工作标准编制,制定年度品牌建设工作计划并切实落地,分公司固废处理、危废处置、循环水等业务品牌受到行业内高度评价。

【技术创新】　围绕固危废协同处置、技术工艺改进、智慧制造、绿色发展等,加大科技投入,积极开展科研开发和技术攻关项目。2021年自主开展科技攻关项目6项,与技术中心等协同开展科技创新项目2项;实现科技创新效益1617万元,完成全年目标的161.7%;推动实现马钢固废产品化率达到84.5%。积极参与行业标准编制,1项标准通过国家工信部发布备案,1项标准通过全国钢标准化技术委员会评审。按照“四个一律”要求,推进智慧制造,建成转底炉运行自动监测系统和北区钢渣处理综合利用智能集控中心。

【企业管理】　落实新一轮员工离岗政策,5名员工与企业协商一致解除劳动合同。系统优化人员配置,针对新增业务,通过内部挖潜,实现效率提升。规范协力管理,消灭插入式混岗、派遣劳务。抓好后备人才梯队建设,制定公司后备人才培养方案。深化员工民主管理和岗位创新创效,开展对标找差劳动竞赛、“我为企业献一计”等活动。搭建员工创新平台,成立“冬兵创新工作室”。构建和谐劳动关系,推进“我为群众办实事”,深化员工帮困救助,职工收入进一步提高,企业凝聚力不断增强。

【党建工作】　坚决贯彻全面从严治党要求,深入学习贯彻党的十九届五中、六中全会精神和习近平总书记考察调研中国宝武重要讲话精神,落实“中央企业党建巩固深化年”专项行动,毫不动摇坚持和加强党的领导,巩固深化党的建设,以高质量党建引领高质量发展。按照党中央决策部署,扎实开展党史学习教育,热烈而简朴地开展了庆祝建党一百周年“十个一”活动,深入学习贯彻习近平总书记“七一”重要讲话精神,教育引导广大党员学党史、悟思想、办实事、开新局,做到学史明理、学史增信、学史崇德、学史力行。

(周功烈)

·股份公司全资、控股子公司·

宝武集团马钢轨交材料科技有限公司

【概况】 2021年7月，马钢交材管理关系划归马钢股份公司。主要从事轨道交通用车轮、轮箍、车轴、轮对、轮件、环件等产品制造及轮对维修服务等业务。截至2021年底，公司共有在册职工1228人，在岗1167人。2021年，马钢交材产品出口23个国家、地区，成为国际轮轴产品重要供应商。

【主要经营指标】 2021年，马钢交材克服疫情影响，积极应对两头市场挤压的问题，实现营收25.71亿元，人均营收220.31万元，人均营收增长率26.17%；资产总额31.36亿元，资产增长率46%，人力资源优化率8.3%。

【全面对标找差】 2021年，马钢交材进一步明确对标找差目标和方向，支撑公司规划和商业计划书落实落地。各单位共设定162项对标指标，覆盖公司经营、资金管理、技术质量、生产效率及成本改善等各个方面。主动对标拓宽视野，与同行业甚至跨行业优秀企业对标。公司领导先后带领对标团队进行交流和学习，通过分享行业内优秀企业学习交流成果，促降本增效工作开展。通过在动态竞争环境中，系统策划，持续改进，从流程再造、工艺挖潜等多方面进行降本优化，制造成本差距明显缩小。

【健全体制机制】 2021年，马钢交材重建岗位体系，拓宽员工发展晋升通道。初步完成管、技、操三大序列岗位层级和职业发展通道的搭建，设计马钢交材岗位层级标准，明确各序列起点和相对位置关系。开展全员竞聘上岗，建立“赛马机制”。开展技术业务序列和操作维护序列全员竞聘上岗，实现职能优化、结构优化及人才的有序流动。建立以市场为导向的工资总额管理机制。制订马钢交材《工资总额管理办法》，设计各单位工资总额分配机制，突出激励导向。大力推进协力管理变革。落实完善协力管理用工机制，实现插入式协力“清零”目标。

【精益运营】 2021年，马钢交材以“超越自我、跑赢大盘、追求卓越、全球引领”为导向，聚焦马钢精益八大要素，组织策划与开展“精益高效、奋勇争先”活动。采取“错峰生产、集中停产”的组产策略，同时开展“奋勇争先”劳动竞赛，采取正向激励措施，促进产能挖潜和人事效率提升，各线各作业区劳动竞赛热情空前高涨，2021年4号、5号检测线分别在10月、12月两次突破，新纪录分别为8643.944吨和8810吨，主要工序打破月产记录共5次。

【对外经营】 2021年，马钢交材全球市场方面：首批德铁高速车轮已安全运行超过100万千米。首次获得美国A43机车轮AAR协会无限配额许可。乌克兰铁路公司禁令顺利解除，独联体市场供货得以恢复，获得最大外贸订单。韩国市场销量大幅增加，同比增加138%，获得马钢历史上最大单笔高速轮轴合同。哈萨克斯坦T材质25吨轴重车轮首次通过GOST认证，进一步丰富了未来独联体市场供货渠道。与瓦顿协同，共同开发了非洲车轴市场。弹性车轮销量同比增长11%。已经获得法国NANTES项目、西班牙CASABLANCA项目及加拿大IPONAM弹性车轮新产品订单。

2021年，在马钢交材国内市场方面，客车轮配装首列拉林线“复兴号”高原动车组实现首发。国内车轮销售量比2020年增长19%、销售收入同比增长19%。城轨车轮多线齐发，助力长三角轨道交通一体化，实现中国标准地铁列车四方120B型车车轮首发。高速车轮应用于中国首列出口奥地利双层动车组。80千米/时B型地铁弹性车轮”通过了技术专家评审，填补了地铁用弹性车轮技术空白，为地铁减振、降噪提供全新解决方案。

【技术创新】 2021年，马钢交材新品开发和精品化取得新成效。高铁车轮国产化运用取得实质性突破，即将在350千米/时“复兴号”高铁上进行扩大批量装用。中国标准地铁用车轮实现国内首发；国内首款B型地铁用弹性车轮通过装车试用评审，完成国内首款自主知识产权供欧洲货车车轮设计、制造及供货。科技创新稳步推进，设计降本工作成效显著，全年设计降本超过1000万元。通过省级企业技术中心认定。“冷速可调控车轮淬火系统自主设计及工艺创新”获2021年宝武技术创新重大成果奖二等奖；“开发供欧洲高制动性能货车轮对”获省重大合理化建设项目奖。

【绿色发展】 2021年，马钢交材聚焦“三治四化”，开展能源管理认证，以体系方法促进节能减排。积极配合长江大保护，持续推进雨污分流，央视长江大保护警示片94号点位整改按期完成。稳健开展“双碳”工作，以中国宝武关于“双碳”排放要求，制定《马钢交材碳达峰行动方案》。

【智慧制造】 2021年初，马钢交材智慧制造一期项目正式投运，初步实现了运维操作远程、产销一体、管控一体、业财一体。二期项目稳步推进，北方分公司工贸系统及业务、智维分公司业务、南区 MES 作业系统、工序成本建设项目、财务大数据挖掘平台项目、网络基础建设二期等项目有序推进。

【党群工作】 认真贯彻习近平新时代中国特色社会主义思想、党的十九大和十九届历次全会精神,坚决落实总书记视察马钢的讲话精神,深入贯彻全国国有企业党的建设工作会议精神贯彻落实"回头看"工作要求,扎实推进党史学习教育和"我为职工办实事"实践活动,深化"江南一枝花"精神学习教育,推动"江南一枝花"文化在马钢交材落地生根,促进企业文化建设与企业治理能力的互补相融,践行"大国重器"央企使命,主动改革创新,主动担当作为,认真落实各项工作部署,推动党建工作责任的具体化、量值化,凝心聚力、压实责任、融入经营,有力促进了党建各项工作的扎实开展,为实现向数字化、智慧服务化、新技术企业转型发展引航定向。

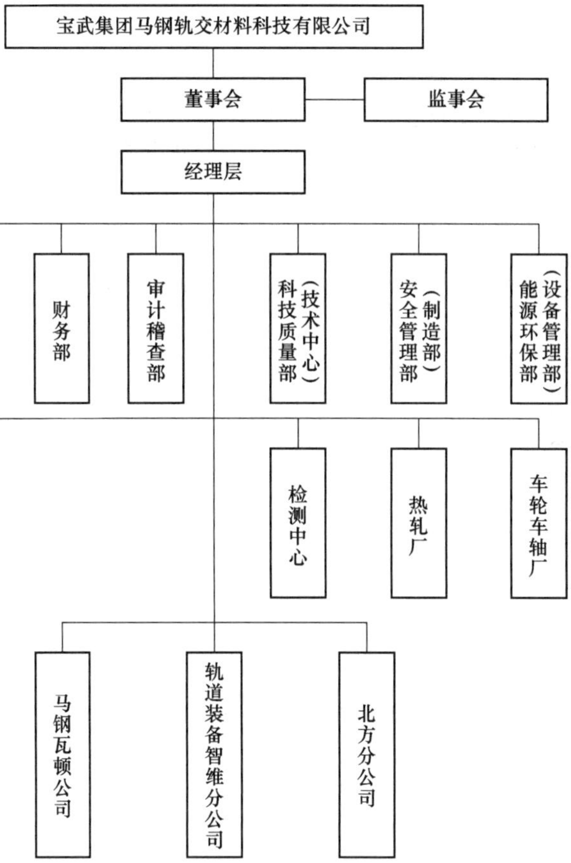

图3　马钢交材组织机构图

(马　昊)

马钢(合肥)钢铁有限责任公司

【主要经营指标】 2021年,马钢(合肥)钢铁有限责任公司合并报表累计收入71.72亿元,利润总额9713.72万元,利税11851.87万元,产值71.99亿元。成品材产量124.6万吨,比2020年增产4.3万吨、增幅3.57%,其中冷轧产量95.23万吨,镀锌产品28.69万吨。合肥公司累计收入4.32亿元,利润总额3199.26万元。合肥板材1—11月实现销售收入67.22亿元,比2020年增加21.55亿元,增幅47.18%;

利润8545.35万元,比2020年增长196.72%。供水公司1—9月累计收入2443.73万元,利润699.76万元。江北公司累计收入509.88万元,利润33.06万元。

【生产经营】　全年以绩效指标为导向,深入开展对标找差,以马钢股份冷轧总厂、宝山基地1730机组、湛江1550机组为标杆,制定了34项对标指标。全年28项指标达标、达标率82%;29项优于上年水平,进步率85%。全年综合成材率94.37%,废次降发生率2.79%,现货发生率3.65%,质量总损失4.79元/吨,外发产品质量异议起数0.58起/万吨,均完成目标值。其中冷轧产品综合成材率10月首次达到95%,进入宝武一档水平;废次降达到宝武集团内先进水平。受原料供应及限电影响,全年产量及合同完成率未完成计划目标,但高附加值产品增幅明显,铝硅产量9.53万吨,比2020年提高150%;其中家电薄料铝硅8.4万吨,比2020年增长163%。2021年分别于7月、9月、11月三次获马钢股份"奋勇争先"奖。全年产品总销量124.86万吨,其中涂层板销量9.43万吨,比2020年增长121.70%。合肥地区冷轧、镀锌订单共计25万吨,占总订单比例提升至20%。

【企业改革】　全面落实马钢集团三年改革行动实施方案,通过股权转让和吸收合并等方式,积极推进法人压减。9月率先完成供水公司全部股权转让宝武水务;12月中旬完成合肥公司吸收合并合肥板材工作,合肥板材完成注销手续;江北公司全部股权转让江南公司。公司富余土地收储工作于12月30日完成董事会和股东会决策程序年初即可完成土地移交。11月还完成组织机构整合工作,将原7个部门和分厂整合为4个室,取消分厂机构,作业区由14个精简为12个,实行厂管作业区模式。制定共享用工管理办法,结合智慧制造岗位优化等措施,如期完成人员优化指标任务。

【企业管理】　完成综合管理体系手册、质量方针目标等45个管理文件的修订、评审工作。组织开展环境、职业健康安全体系、两化融合管理体系、ISO/IATF质量管理体系等内审、管理评审和外审工作,不符合项和建议改进项全部完成整改;完成5家供应商二方审核工作。结合结构整合,及时修订完善制度体系,共梳理有效制度231件,其中体系文件189件。规范合同管理,全年共审查各类合同1279份,合同金额57100万元。对7家外委协力保产单位合同履行情况调查,并依法依规处理转包行为。严格执行禁入管理规定,对80名管理人员及采购销售和会计人员再次进行梳理排查,拟禁入单位12个,拟禁入人员1名。加强设备基础管理,设备故障时间和故障率、设备综合效率(OEE)、设备综合费用等各项指标全部完成,其中镀锌线连续5个月实现设备零故障。推进精益运营改善工作,开展精益6S、"两源"治理等活动,现场环境实现质的提升。共举办各类培训班36期,部门分厂自培60期,外培特种作业人员培训取证、复证103人次,岗位职工线上培训参训率达到92.5%,完成2018—2020年度符合晋升条件的382员工岗位工资调整。加强政策研究,获得绿色工厂、智慧制造技术改造奖补、稳岗补贴等政府奖励补贴资金共258万元。

【安全与环保】　加强安全管理,制定公司经营层和中层管理人员安全履职清单,落实安全生产隐患大起底、大排查、大整改"三大行动"专项整治工作,查处习惯性违章行为119起,排查各类安全隐患1416项,按期整改率98.51%。推进绿色低碳发展,制定公司碳达峰碳中和措施,完成了1号连退退火炉余热回收利用、压缩空气节能改造合同能源管理、酸再生尾气排放环保改造、中水回用合同环境服务等项目。与2020年比,吨钢耗天然气、吨钢耗蒸汽和吨钢耗新水均呈下降趋势,吨钢综合能耗低于目标值。固体废物均委托有资质单位100%合规合法处置,废水、废气排污量均满足限值要求,无超标现象。配合智慧制造项目,分期实施环境提升项目,对冷轧南路、冷轧中路沿线绿化升级改造,新建企业文化墙、宣传长廊、篮球场、人行步道等文体设施,增强职工获得感和幸福感。

【技术进步】　稳步推进"绿色发展·智慧制造"项目。全年智慧制造项目投资近6700万元,完成了拆捆机器人、取样机器人、电磁撇渣智能装置等10大项目,11月底智控中心项目建成投用,12月底镀锌成品库智能库区项目投入试运行。公司"四个一律"指数进一步提高,集中化指数达到66.7%,位列马钢股份第6名;无人化作业指数提升到74.7%,位列马钢股份第1名。信息化系统建设全面推进,产销一体化新系统6月30日成功上线,标财系统8月实现联动。通过技术创新,拓宽了酸轧机组HC420/780DP产品轧硬卷生产规格,并进行了1号连退薄规格产品试制。全年立项技术攻关课题30个,其中马钢股份公司级课题2个,大部分课题已经进入结题阶段。专利受理指标10件,实际申请31件,受理专利22件,授权专利14件。三项QC课题获得合肥市科学技术成果三等奖。科研项目"在线焊缝质量判定系统研究与技术开发"获马钢股份2021年科技成果二等奖(一等奖空缺)、全国第二十五届发明展银奖,项目团队荣获肥东县363产业创新团队,项目主创人余琮被选为肥东县拔尖人才。唐家亮获"第五届安徽省工业机器人技术应用技能大赛"总决赛二等奖,葛祥等3人获全国"工业大数据算法技术技能大赛"安徽省总决赛三等奖。

【荣誉】 2021年,公司被合肥市企业(企业家)联合会评为"2020合肥制造业企业30强""2020合肥企业50强",获安徽省科技厅、财政厅、税务局联合颁发"国家高新技术企业"证书,入选安徽省第八批节水型企业名单,被宝武集团公司党委评为"先进基层党组织"。

(王本静)

安徽长江钢铁股份有限公司

【概况】 安徽长江钢铁股份有限公司坐落于安徽省马鞍山市当涂县,位于芜湖、马鞍山两市之间,西濒长江,南与芜湖市接壤,是安徽省重要的建筑用钢材生产基地。2021年总资产118.22亿元,资产负债率44.39%,职工4093人。

【生产经营】 2021年共生产铁391万吨,钢456万吨,材452万吨,实现销售收入212.95亿元,利润总额18.26亿元,上缴税金9.2亿元。全面推进"奋勇争先、精益高效",高炉燃料比、转炉钢铁料消耗及冶炼时间、轧钢棒材成材率等关键指标频破纪录,连续五次荣获马钢"奋勇争先奖",其中2次大红旗,3次小红旗。在中国宝武"全工序对标提升效率创一流"劳动竞赛中,1号高炉、3号高炉分别荣获一、二季度2000级以下高产冠军炉;2号高炉荣获二季度综合优胜冠军炉、10月2000级以下低碳冠军炉;高速线材生产线7月荣获线材工序热装进步率冠军产线。

【安全管理】 进一步落实全员安全生产责任制,全面宣贯新《安全生产法》,开展全员应知应会安全生产知识和技能强化培训活动。修订发布16项安全管理制度。编制岗位红线卡,使员工知"红线",明"禁令"。加大安全生产投入,对安全设备设施、安全隐患整改资金开通"绿色通道",积极开展各类隐患排查和整改工作。制定并落实《长江钢铁公司安全生产专项整治三年行动实施方案》,常态化开展反习惯性违章,扎实开展各类事故应急演练40场次。加强消防应急救援体系建设。紧盯"三个现场",规范岗位作业行为,强化协力安全管控,本质安全水平大幅提升。

【节能环保】 进一步加快宝武"两于一入"原则,紧盯"双碳"目标,持续推进"三治四化",不断加大环保投入,高质量推进超低排放改造和环保创A工作,全年环境污染事故为零;建设项目环境影响评价、环保"三同时"执行率100%;主要污染物排放总量均较上年大幅下降;无组织排放次数较上年下降52.8%;环保在线监测小时超标次数下降79.66%。不断强化能源动态管控,持续提升能源利用效率,9月自发电比例达51.56%,突破历史纪录,全年自发电比例达44.53%。各项能源指标均满足国家要求,顺利完成省相关部门下达的能源总量及煤炭减量等目标任务。全面启动绿色景观提升项目,绿色钢厂指数进一步提升,1—12月评分75分,较上年增长13分。

【项目推进】 先后投入4.5亿元实施技术改造、节能环保、信息化智慧化项目建设,促进绿色智慧发展。钢渣处理改造项目、烧结机脱硫脱硝、220千伏电炉变电站、140吨电炉项目等重点建设项目先后投入生产运行。尤其智慧制造及整体信息化项目建设自5月12日启动以来,围绕"12·31"和"6·30"两个节点正加快推进。12月31日,智控大楼、信息化7个系统、铁前集控中心启用。长江钢铁智慧制造和信息化发展取得里程碑式进展。

【体系建设】 不断加强与马钢总部之间的衔接、联动、协调,对标总部"制度树"标准,全面修订管理制度,发布79项管理标准、1项工作标准、17项技术标准。围绕信息化智慧制造项目建设进行管理变革,体系建设和管控能力进一步提升。同时认真整改各项巡视、审计、督导等存在的问题,并举一反三,促进企业规范化管理。推动人效提升工作,共优化职工160人,人均吨钢达1114吨/人。建立质量预警机制,修订质量考核制度,全年产品合格率100%。参与四项国家、行业及团体标准的制修订,荣获"建筑钢材质量品牌示范基地""绿色低碳优秀品牌(2021年度)"称号。积极推进科技创新发展规划落实,加大技术研发投入比例,全年研发投入比率3.02%,累计申报专利及实用新型共63项,比2020年增长50%。

(韩 远)

埃斯科特钢有限公司

【主要技术经济指标】 埃斯科特钢公司全年产

销量和利润实现同步增长。全年产品销量6.46万吨，比2020年3.44万吨增加87.8%；营业收入3.64亿元，比2020年1.94亿元增加87.63%。利润总额362万元，超额完成股份公司下达200万利润总额的指标，比2020年-1458万元增加124.8%，实现埃斯科特钢自成立以来首次扭亏。

银亮棒材月度产量最高达1531.7吨，创阿斯科工业公司设备搬迁调试投产以来的最好生产水平，达到计划值的113.4%；银亮棒材平均成材率92.4%，达到计划值的100.4%；其中在12月线材罩式炉装炉次数达124炉（设计工艺炉次数115炉/月），创历史最高水平。全年线材产品合格率为99.76%，棒材产品合格率为99.99%，ICB棒材成材率为85.09%，线材产品成材率为98.57%；完成风电用银亮棒材客户送样3家，批量供货客户2家；接洽和拜访轴承钢精线（马钢原材料）客户5家，实现批量供货3家；全年共开发12家新客户。

【新品开发】 全年新开发新产品线材方面涉及8个客户14个钢种的117个新规格产品。轨道交通关键零部件用钢板块：51CrV4弹簧钢银亮材批量为山东智恒供货，使用于地铁隔振簧。能源核心装备用钢板块：供山东高强的42CrMo银亮材，经加工后成功打入风电螺栓市场；汽车零部件用钢板块；供内德史罗夫的10B21样件已交付；高端制造用特殊钢板块：马钢轴承钢成功给上海杰发、无锡查桥等轴承钢用户供货。

【技术攻关】 全年累计开展各类技术攻关3项。线材罩式炉工艺进行改进，优化球化工艺、多钢种配炉工等艺创新，将退火炉周期由原来平均40小时优化至36小时，炉次数达124炉（设计工艺炉次数115炉/月），提高了10%生产效率，月产总产量达到3760吨，创历史最高水平，实现加热罩不落地，连续使用、减少等待时间，使利用率达到最大化。现场产品实物质量水平有较大提升，产品合格率、成材率均得到提升。其中，线材产品合格率线材由99.47%提升至99.76%，棒材产品合格率99.99%。产品成材率方面，ICB棒材成材率85.09%完成指标要求；线材产品成材率由98.15%提升至98.57%，全年共计申报专利5项（发明专利2项）。

【对标找差】 紧紧围绕中国宝武“全面对标找差，创建世界一流”的管理主题，全方位开展与自身历史最好水平、标杆企业、行业领先企业对标找差活动，弥补短板和不足。主动对标邢钢新翔和南京宝日等行业标杆，从“高科技、高市占、高效率”三个维度全面组织对标16项，部分指标优于对标目标，其中销售增长率高于对标企业28.16%，经营目标达成率高于对标企业40.43%，指标进步明显，有力支撑公司经营目标扭亏为盈的实现。

【体系建设】 公司内部围绕体系文件的要求，按照年初的策划，完成内审、过程审核、产品审核工作。2022年顺利完成IATF16949体系监督审核，完成中航标、海亚特的二方审核并按照要求完成整改，完成雷逊、鲜一瑞科的自审和整改工作。全年累计接受重要审核6次，其中内部审核及专项审核3次，二方审核2次，三方审核1次，整改完成率100%。

【生产组织】 全年生产围绕增产增效，生产在与销售的衔接、销售与产线品种规格对接的基础上，采取建议销售优化接单组成提高大规格产品比例、提高来料加工与双经销订单量、提前备原料等多项举措，同时组织生产与技术人员两轮跟班生产发现并解决生产过程中瓶颈问题、设备点检人员24小时保产机制，并实施整体制定月度生产计划、及时修正周计划日计划减少因设备故障及原料到厂不及时等原因造成设备待料时间，优化组产模式，兼顾生产组织的计划性和灵活性；通过释放工序产能、强化生产拉练、操作技能练兵等措施，全年产量实现了历史性突破。其中，ICB线月均产量在430吨，L35/L50剥皮机从月产量678吨提升至1051吨，生产效率提升55%；罩式炉月最高入炉124炉，月产量最高达3760吨，拉拔机从2021年月产量3502吨提升至目前最高月生产4872吨（2021年5月），生产效率提升39%，酸洗月度生产量最高从4980吨提升至7573吨，生产效率提升52%。

【数字化车间】 通过MES系统、SAP、全自动生产设备和生产线的建设，全面提高企业管理水平；建立一个与企业各业务集成化的财务体系，建立完整的成本管理体系，发挥财务管理在企业中的重要作用；信息化建设项目加快公司对销售信息、库存信息、市场信息的掌控，提高企业快速响应市场的能力。企业资源计划、制造执行系统的实施和管理，实现企业产销一体，管控一体，财务一体的现代钢铁企业营销模式，提高企业竞争力。公司数字化工厂建成后人员同比减少15%，生产效率比2020年增加147%，产品质量合格率上升1.2%。

【专精特新】 公司生产的供汽车及轨道交通用的热绕弹簧用银亮棒材。卷到棒剥皮银亮材用于汽车悬架簧的钢种有54SiCrV6、54SiCr6、55SiCrV、60Si2CrVAT等，通过蒂森弹簧制簧后应用于奥迪

A6L、Q5L、A4L,通过索格菲弹簧制簧后应用于福特探路者等车型,通过中国弹簧厂制簧后,应用于疫情用负压救护车,以及中车集团供铁路转向架等产品。国内知名热绕弹簧厂用银亮棒材的市场占有率达到50%以上,卷到棒剥皮产品成材率达到70%以上,远高于同类企业,体现出"专"与"精"。2021年公司被评为马鞍山市"专精特新企业"。

【降本增效】 持续加强内部精细化管理,严格控制采购成本及现场消耗,落实降本增效行动。通过拓展供应商,严格落实询比价采购;通过评审和控制采购计划,从源头上降低采购成本;通过技术攻关,自主改造、修复进口备件和备件国产化,降低备件采购费用;通过对比成本目标严控物资的消耗,避免物资的浪费。其中,全年生产成本380元/吨,比目标值下降8元/吨。

【安全和环保】 积极宣贯"违章就是犯罪""隐患就是事故"的安全理念,重点围绕安全标准化二级企业创建和上级安全督导检查、评价等工作,依据公司《安全生产专项整治三年行动实施方案》的要求,开展各类专项整治工作。棒材区域厂房屋顶光伏发电项目建成并网使用,累计光伏发电量达88万千瓦时,占棒材区域生产用电总量的77.55%,真正实现绿色制造;对辊底炉、罩式炉及酸洗线排口按照排污许可证要求开展有组织气体检测4次,均达标排放,各项体系运行正常;含酸废水、磷化渣、乳化液均按环保要求处置。

【精益工厂】 全方位推动现场整改工作,做到不留盲区,不留"死角",同时以作业区为单位开TnPM活动,进一步规范设备的维护和管理。全年共计开展专项检查活动73次,参加特钢公司组织检查36次,整改问题项674项,考核相关责任人210人次;全员注册并使用"马钢精益通"软件,上报"随手拍""微改善"活动合计174项,为生产稳定有序、产品质量控制、环境整洁美观提供保证,受到客户好评,对外展示企业的形象。

【工程建设】 为确保建设项目高效高质量落地,新银亮线项目部统筹谋划,从本公司内抽调管理和技术骨干组建一支高效精干的项目团队;按照"绿色、智慧、精品、高效、低成本"建设总要求,围绕打造中国宝武优特钢精品基地总体目标全力推进项目有序开展,目前项目"三通一平"已完成,物资、土建、设备采购等正按时间节点稳步推进。

【管理变革】 将原2个加工分厂合并成1个加工分厂,全年减少员工4人,实现公司人事效率提升目标。为提升公司专业化队伍的管理水平,本着公开、公平、公正的原则,新聘各类主管人员4人。

【党群综合】 认真贯彻落实习近平总书记关于疫情防控的重要指示批示精神,切实保障广大员工健康安全,组织全员有序完成新冠疫苗的接种;下发《关于做好春节期间疫情防控工作的通知》等,督促职工严格执行相关要求,做到常态化疫情防控工作不松懈,同时制定《埃斯科特钢防疫一览表》加强对区域内协力人员的防疫管控工作。为全体员工免费购买商业保险;从2021年9月开始,提高职工公积金缴纳比例(由8%调高至12%);做好员工各类"福利品"发放、高温季节"送清凉"、职工生日慰问及生病员工探视及困难职工慰问等工作,全年发放员工福利共计86.76万元。不断改善职工的工作和生活条件,在生产和办公区域做好卫生间和员工休息室的提升美化。

(马 镪)

马鞍山马钢慈湖钢材加工配售有限公司

【概况】 2021年全年马鞍山马钢慈湖钢材加工配售有限公司销售各类钢材111.73万吨,比2020年下降4.46%;销售收入51.35亿元,比2020年上升32.14%;实现利润总额4519.03万元,比2020年上升162.8%;实现净资产收益率28.51%。

【市场开拓】 进一步优化品种、渠道、客户,增强对市场及竞争对手的研判能力,把握住市场阶段性行情带来的盈利机遇,快速响应提高产品销售毛利率及吨材盈利能力。以热轧产品营销为基础,进一步提高冷轧系列产品销售份额及直供比重,借助马钢优特长材平台化公司的发展定位,开疆拓土实现H型钢销售零突破。加强加工配套服务,通过全流程将服务延伸到终端,形成稳定的供应链。

【经营管理】 1. 按照公司统一部署,"工贸一体化"及"标财"系统按时上线;推进财务共享业务,财务人员及业务划入宝武共享中心马鞍山分中心。2. 按照公司统一部署,成立人效提升工作组开展工作,全年政策减员22人,完成人效提升目标。3. 规范各项业务流程,强化过程管控和督察,根据业务流程的变化,修订和完善《内部控制手册》《"三重一大"管理办法》《业务招待费管理办法》等。4. 根据集团统一部署要求,完成协力优化变革工作,将原有的5家协力供应商优化为3家。

【党群工作】 1. 成立了党史学习教育领导小组,编制印发《慈湖加工中心党支部关于开展党史学习教育的活动方案》,明确党史学习教育的重大意义、目标要求、学习重点等,安排了6个方面10项具体内容的推进措施。2. 扎实推进“我为群众办实事”实践活动,切实解决职工急难愁盼的问题,把好事办好办实。持续改善作业现场环境,在政策范围内,促使员工收入持续增长,促进员工福利持续改善。3. 开展以“亮身份、作承诺、当先锋、树形象”为主题的“党员责任区”“党员示范岗”创建活动,健全帮扶关爱机制,开展困难党员及普通员工慰问活动。

【荣誉】 获慈湖高新区2021年度“工业经济二十强企业”“纳税大户”称号;马钢营销中心2021年度“先进集体”“先进基层党支部”称号。

(余　路)

马钢(合肥)钢材加工有限公司

【概况】 2021年马钢(合肥)钢材加工有限公司钢材销售总量77.15万吨,销售收入47亿元,实现利润总额5825.53万元。

【市场开拓】 承接公司发展战略,立足于区域汽车、家电两大用钢行业,一方面努力开拓新渠道、新用户,另一方面充分挖潜现有客户。汽车板渠道:注重对长安S311保产备货工作的实施和新车型EVI工作的介入,加大对周边汽车板渠道的梳理。家电板渠道:稳步做好与美的、格力的合作深度,加强与惠而浦、海尔、TCL等家电巨头的联系;中小终端方面:继续加大对周边市场的开拓与走访工作,中小终端客户月度订货规模达1万吨以上。加快公司转型,在优特长材上下功夫,加大对安徽鸿路钢构、水泥设计院的开发力度,随着安徽鸿路钢构、水泥设计院的加盟,合肥公司优特长材也上升到了新高度。实现了2021年各项经营指标攀升的良好局面。

【经营管理】 1. 加强现场管理。以自身安全事故为警示,进一步完善安全生产管理文件,建立有效的监督管理机制,改善公司现场环境,提升公司综合竞争力;逐级签订年度安全生产责任书,使安全生产工作“事事有人管,层层有专责”。2. 结合公司风险控制管理办法和要求继续完善资金、物资风险防控体系。加强外部仓库监管,规范合同签订和发货的授权流程。3. 优化人力资源配置,完善员工培训体系。实行岗位层级管理;根据个人的工作绩效,兼顾公平原则,优劳优得,多劳多得。4. 着力于“降本增效”,充分合理利用资源,经过公司全体员工的齐心协力,保质保量的完成了公司下达的利润目标。

【荣誉】 获长安汽车“优秀供应商”;获2021年经开区“优秀企业”。

(张　霞)

马钢(合肥)材料科技有限公司

【概况】 2021年马钢(合肥)材料科技有限公司钢材销售总量19.28万吨,销售收入10.4亿元,实现利润总额3111.66万元。

【市场开拓】 2021年的是钢材行业市场跌宕起伏的一年,上半年的钢价大幅上涨,资源极其紧张,下半年经历相对平稳的几个月后,自10月起钢价开始大幅下跌,市场哀鸿遍野。客户方面,汽车厂受到芯片供应短缺及能耗双控影响,产量一降再降,作为钢材加工企业,受钢材跌价及汽车主机厂产量锐减的双重影响,公司年度各项经营指标的完成都面临着严峻的考验。经过全体员工共同努力,在安全生产、经营管理、市场拓展等方面取得一些成绩;完成集团公司下达的2021年各项考核指标。1. 合肥长安:2021年度全年供货413071片约20.7万台。2. 奇瑞汽车:2021年合肥公司再次独家承接奇瑞商用车捷途X70车型前后门拼焊件订单,2021年度全年累计供货21万片。

【经营管理】 1. 加强现场管理。以自身安全事故为警示,进一步完善安全生产管理文件,建立有效的监督管理机制,改善公司现场环境,提升公司综合竞争力;逐级签订年度安全生产责任书,使安全生产工作“事事有人管,层层有专责”。2. 结合公司风险控制管理办法和要求继续完善资金、物资风险防控体系。加强外部仓库监管,规范合同签订和发货的授权流程。3. 优化人力资源配置,完善员工培训体系。实行岗位层级管理;根据个人的工作绩效,兼顾公平原则,优劳优得,多劳多得。4. 着力于"降本增效",充分合理利用资源,经过公司全体员工的齐心协力,保质保量的完成了公司下达的利润目标。

【荣誉】 获合肥江淮汽车有限公司"质量信得过班组";获安徽鸿路钢构"感谢锦旗(服务一流,客户至上)"。

(张　霞)

马钢(芜湖)加工配售有限公司

【概况】 2021年底马钢(芜湖)加工配售有限公司在职员工116人,部门设置为制造部、技术品质部、营销部、财务部、综合部、安环部6个部门。2021年度销售各类钢材32.001万吨,比2020年下降7.70%;销售收入18.29亿元,比2020年上升23.23%;实现利润总额3912万元,比2020年上升854%;实现净资产收益率27.02%。

【市场开拓】 扩大销售区域,积极开发新用户。面对严峻的市场竞争和要求苛刻的直供用户,努力提升服务水平,扩大市场影响力,坚持以市场为导向,以客户为中心,以利润为基础,抓大不放小,采取"确保稳住大客户,努力转变小客户,发展零售转期货的客户,积极拓展新客户"的工作目标。以高度的工作准确性、及时性、规划性、执行力,为客户提供全方位增值服务,实现主业的经营内涵向商品供应链管理转型的战略调整,大大提高在周边市场的影响力,通过加大对战略直供用户促销及周到的服务,为马钢产品的市场开发拓展了空间。

成立长材销售组,积极探索优特长产品的市场,虽然受库存考核及马钢产品销售政策的变化、钢厂直面客户及线上交易的影响,公司依然积极开发优特长产品客户,为公司未来的转型奠定坚实的基础。

【经营管理】 1. 公司落料线投产年数较长,设备性能已不能满足客户需求,2021年已上报公司,对落料线加工质量提升进行项目改造,以期增强市场竞争力,满足客户需求。2. 为了加强公司物资管理,控制风险,降低公司内部制造成本,年初,在制造部下设"物资管理室",集中管理公司存货、备品备件、生产辅材及周转器具,通过一年来精细化管理,公司物资账实相符,仅材料公司备品备件库存资金由年初的300多万元,下降到年底的160万元以内,大大减少公司资金沉淀。3. 精简人员编制,鼓励一岗多能,提高人事效率,全年人力资源优化17人,人员优化率8.7%,大幅减少公司人力资源成本。4. 为了更好地服务汽车主机厂,合理配置主机厂保供库存,定期清理滞销库存,全年库存始终处于低位运行,既规避经营风险,又提高库存周转率,全年库存周转率较上年有大幅提升。通过种种变革,公司各项经营指标超预期完成。5. 强化风险管控,开展风险识别,2021年6月根据新系统变化对《内控手册》进行初步修订,确保内控体系运行有效。

【党群工作】 1. 党支部全年组织支部学习23次,系统学习党章、党史、习近平新时代中国特色社会主义思想学习问答、"七一"重要讲话、十九届六中全会精神等内容。2. 党支部结合经营实际,持续推动支部建设健康发展,将组织优势转化为企业竞争优势,着力于推进党建工作与生产经营深度融合。一年来,芜湖公司着力进行多项内部变革——重塑管理架构;优化影响公司效益的环节;梳理冲压业务;精简定编,优化人员,提高人事效率;梳理存货、备品备件库存,减少资金沉淀。在上述一系列变革中,党始终把握"把方向,管大局,促发展"的工作定位。3. 支部积极推动"我为群众办实事"工作,解决10项群众深度关切的问题。完成3个"党建+"项目,完成"党员先锋岗""党员责任区""党员突击队"等创建工作,完成"一支部一品牌"品牌创建申报工作。4. 召开支部书记办公会7次,支委会23次,支部大会10次,上党课10次,开展党风廉政教育2次,开展风险防控专题研讨1次,签订《廉洁从业协议》38份。

【荣誉】 获上汽大通公司颁发的"优秀供应商"荣誉。

(秦郑凡)

马钢(芜湖)材料技术有限公司

【概况】 2021年底马钢(芜湖)材料技术有限公司在职员工199人,部门设置为制造部、技术品质部、营销部、财务部、综合部、安环部6个部门。2021年度销售各类钢材54.92万吨,比2020年上升12%;销售收入32.56亿元,比2020年上升53%;实现利润总额

1295.42万元,比2020年上升513%;实现净资产收益率6.79%。

【市场开拓】 2021年度积极开发新用户5家,优化冲压业务,结合宝武对风险防控的要求,全年对冲压寄售业务进行清退,除少量奇瑞主机厂直供零件外,所有配套企业的寄售业务全部清退,寄售库存从年初的500万件降至年末的10万件左右,寄售库存资金占用由4000万元降至80万元,将寄售库存风险降至最低。同时,对两头在外的冲压业务全面清理。在承接新业务上,精简结算流程,改变结算模式,缩短回款周期,加快资金周转率,规避应收账款风险。成立长材销售组,积极探索优特长产品的市场,虽然受库存考核及马钢产品销售政策的变化、钢厂直面客户及线上交易的影响,公司依然积极开发优特长产品客户,为公司未来的转型奠定坚实的基础。

【经营管理】 1. 强化风险管控,提升管理效能。将现货、废次材全面推向欧冶供应链进行网上交易。物流运输由马钢集团物流公司进行总包管理,物流(运输、仓储)业务的日常操作与管理由制造部物资管理室进行管控。2. 按照公司统一部署,“工贸一体化”及“标财”系统按时上线;推进财务共享业务,财务人员及业务划入宝武共享中心马鞍山分中心。3. 持续强化营销管理室职能,对资源、价格、物流业务的监督审核;对销售合同(协议)规范性、合规性的监督审核;对营销部内部数据分析管理。并结合“工贸一体化”的流程进行不相容岗位权限分配。充分建立监督与日常监控机制。清理系统在网客户,两公司全面清理6个月以上未在公司发生业务的客户,精简清退此类客户,严格按宝武禁入的相关规定进行客户的日常管理工作。4. 精准定位客户经理职责,细化内销加工计划、合同执行人员职责,减少客户经理的内部事务,增强客户经理的服务意识,加强对营销人员的服务能力考核与提升。5. 调整与修订营销部内部激励政策,将公司考核目标(KPI)进行分解,重视营销团队建设,增强团队合作意识。结合工贸一体化系统,整理修订营销部管理制度,健全管理及操作规范。根据风险控制、16949体系要求,全面修订或新增管理制度,完善合同、资源、价格审批流程。弱化人为管理,深入强化制度管理。6. 打破冲压业务原有寄售模式,推行出库结算模式,冲压业务的应收账款由年初6000多万元下降到年底的2500万元左右,大大降低公司经营风险,提高资金使用效率。7. 精简人员编制,鼓励一岗多能,提高人事效率,全年人力资源优化80人,人员优化率28.6%,大幅减少公司人力资源成本。

【党群工作】 1. 党支部全年组织支部学习23次,系统学习党章、党史、习近平新时代中国特色社会主义思想学习问答、“七一”重要讲话、十九届六中全会精神等内容。2. 党支部结合经营实际,持续推动支部建设健康发展,将组织优势转化为企业竞争优势,着力推进党建工作与生产经营深度融合,一年来,芜湖公司着力进行了多项内部变革——重塑管理架构;优化影响公司效益的环节;梳理冲压业务;精简定编,优化人员,提高人事效率;梳理存货、备品备件库存,减少资金沉淀。在上述一系列变革中,党始终把握“把方向,管大局,促发展”的工作定位。3. 支部积极推动“我为群众办实事”工作,解决10项群众深度关切的问题。完成3个“党建+”项目,完成“党员先锋岗”“党员责任区”“党员突击队”等创建工作,完成“一支部一品牌”品牌创建申报工作。4. 召开支部书记办公会7次,支委会23次,支部大会10次,上党课10次,开展党风廉政教育2次,开展风险防控专题研讨1次,签订《廉洁从业协议》38份。

【荣誉】 获鸠江区政府颁发的“2021年度税收贡献突出企业”。

(秦郑凡)

马钢(金华)钢材加工有限公司

【概况】 马钢(金华)钢材加工有限公司下设市场营销部、生产安环部、综合管理部、计划财务部、品质管理部五大部门,2021年年底在职员工47人。2021年钢材销售总量24.88万吨,销售收入14.06亿元,实现利润总额5958万元。

【市场开拓】 1. 2021年钢铁市场经强势上涨后又快速回落,起伏波动不断。在这瞬息万变的市场动荡中,经历了极不平凡的一年。金华公司在营销中心领导的引领下坚持“贴近市场,敬畏市场,融入市场”的工作指导思想,紧跟公司经营方略,逐步实现终端保供有效输出,经营成果稳固增长。2. 提升镀锌产品在永康地区的占有率,锌铁合金销售量由2020年4537吨提升到2021年的19437吨,实现三倍增长;同时大力开发品种钢市场,将锌铝镁产品推广到防盗门行业,实现零的突破。3. 立足源头理顺整条供应链,坚持有效输出。利用铁路物流的高效快捷,降低物流成本,加快资金周转,增强市场抗风险能力。

【经营管理】 1. 2021 年,金华公司在营销中心领导的指导下,将 2012 年 8 月因货权异议滞留在上海兴晟库将近 10 年的 12066.473 吨货物通过欧冶电商平台全部竞价销售完毕,收回货款 7361 万元,完全实现历史包袱松绑。2. 盘活闲置资产,实现开源再增效。2021 年对闲置厂房和土地按公司要求和流程实现续租,三项开源措施为企业每年增效约 77 万元。既美化了环境,又增加了收益。3. 生产过程坚持简单事情重复做,重复的事情好好做,全流程坚持"不接受,不制造,不传递不合格品",金华公司作为加工型企业,在落实总公司各项经济指标时,抓牢核心重点提升加工效率,增加加工有效输出量。

【荣誉】 获老板电器 2021 年度年中"优秀供应商"称号。

(王卫霁)

马钢(扬州)钢材加工有限公司

【概况】 2021 年度马钢(扬州)钢材加工有限公司销售各类钢材 50.07 万吨,比 2020 年上升 49.06%;销售收入 28.26 亿元,比 2020 年上升 105.68%;实现利润总额 2499.82 万元,比 2020 年上升 38.19%;实现净资产收益率 7.62%。

【市场开拓】 进一步优化品种、渠道、客户,增强对市场及竞争对手的研判能力,把握住市场阶段性行情带来的盈利机遇,快速响应提高产品销售毛利率及吨材盈利能力。以冷轧产品营销为基础,进一步提高热轧、特钢系列产品销售份额及品种占比,借助公司现有平台,开疆拓土实现热轧、特钢销售份额及品种占比的突破。加强加工配套服务,通过全流程将服务延伸到终端,形成稳定的供应链。

【经营管理】 1. 按照公司统一部署,"工贸一体化"及"标财"系统按时上线。2. 按照公司统一部署优化人员配置,全年人员优化 8 人,完成公司人力资源优化全年指标。3. 根据 IATF16949 的质量体系要求,规范各项业务流程,强化过程管控和督察,使各项制度得到落实,实现管理的优化和制度风险的防控。4. 根据集团统一部署要求,完成协力优化变革工作,将原有的 5 家协力供应商优化为 3 家。5. 公司组织召开了终端、经销商、三方协议重点客户座谈会。

【党群工作】 1. 认真贯彻中国宝武、马钢集团各级党委各项文件精神和要求,开展民主评议党员工作、召开组织生活会、二届三次职代会。党支部隶属关系从扬州开发区转入马钢营销中心党委,公司 9 名党员关系全部转入马钢(扬州)公司党支部;组织开展支部换届选举工作,2021 年度完成 1 名预备党员转正,并接收 5 名员工入党申请。2. 扎实推进"我为群众办实事"实践活动,切实解决职工急难愁盼的问题,把好事办好办实。持续改善作业现场环境,在政策范围内,促使员工收入持续增长,促进员工福利持续改善。3. 开展以"亮身份、作承诺、当先锋、树形象"为主题的"党员责任区""党员示范岗"创建活动,健全帮扶关爱机制,开展困难党员及普通员工慰问活动。

【荣誉】 荣获扬州市开发区"工业企业 30 强"。荣获 2021 年度"扬州市职工劳动保护模范工会"。

(苏爱民)

马钢(广州)钢材加工有限公司

【概况】 2021 年,马钢(广州)钢材加工有限公司钢材销售总量 30.6 万吨,销售收入 17.93 亿元,实现利润总额 2046.8 万元。

【市场开拓】 承接公司战略,立足于区域汽车、家电两大钢行业,一方面努力开拓新渠道、新用户,另一方面充分挖潜现有客户。聚焦长材直供服务模式,提高建筑用钢工程直供比例,深入工程施工现场一线,梳理工程保供的各个环节,培养一批综合性销售人才。梳理国内外各类大型工程项目,对接设计院,摸清工程用料用量,优化物流保供方案,解决工程配套问题。拓展型钢销售客户群,对线下的销售模式进行补充,为 H 型钢市场占有率的提升做好铺垫。实现了 2021 年各项经营指标攀升的良好局面。

【经营管理】 1. 广州加工中心与宝钢南方公司进行深入融合、对标找差,学习管理方法并对内部管理文件进行转换。2. 加强生产现场安全管理,以安全事故为警示,进一步完善安全生产管理文件,判检员深入生产现场的安全监督工作,全员签订年度安全生产责任书,使安全生产工作"事事有人管,层层有专责"。

3. 结合公司风险控制、内部管理要求,继续完善资金、物资风险防控体系。4. 人力资源优化,完善员工培训体系,修订《经营绩效管理文件》通过制定合理的绩效考核激发员工的工作积极性。公司全体员工齐心协力,保质保量完成公司的目标。

(麦兆培)

马钢(重庆)材料技术有限公司

【概况】 2021 年马钢(重庆)材料技术有限公司实现钢材销售 32.93 万吨(其中汽车板 24.47 万吨)、加工 10.75 万吨(其中自有加工量 10.549 万吨、来料加工量 0.202 万吨),实现销售收入 19.88 亿元,净利润 2220 万元。目前公司机构设置有市场营销部、计划财务部、技术品质部、生产安环部,设备保障部和综合管理部。马钢派驻 6 人,中铁派驻 1 人,合同制员工 83 人、合计 90 人。

【市场开拓】 截至 12 月底,重庆公司已累计获得重庆长安 22 个上市车型、199 个批量供货零件(以坯料数量区分),各车型自制零件供货占比达到 67%。重庆长安稳定供货车型包含 C211、C211-MCA、S111、S101、S201、S201 - MCA、C301、S202、S203、CD569、B316、F202 等畅销乘用车,月需求量共计约 8 万台,稳定月供货量为 9500—10000 吨。全年上汽红岩实际生产驾驶室 48037 台套,产量比 2020 年销量下降 38%,导致供货量下降。

【经营管理】 1. 本年度无生产计划原因影响主机厂保供,全年生产计划完成情况良好,达到目标值 99%。认真落实公司安全工作部署,严格落实"一岗双责",以零事故为目标开展安全生产工作。2. 资金管理方面严控审批程序,合理有效调度订货资金,统筹管理和运作资金并对其进行有效的风险控制。3. 全年有五人离职,离职率为 6%。较 2020 年持平,员工队伍相对稳定。3 月开始,部分岗位采用劳务用工方式,目前用工人员为 5 人。4. 2020 年可以称为系统升级年,几大管理系统切换并上线,各相关部门通力配合,保证各项生产经营活动有序进行。5. 疫情防控及职业健康等工作有序开展,全员立足本职,兢兢业业,共同努力顺利的完成全年各项生产经营和管理工作。

(张茂潇)

马钢(武汉)材料技术有限公司

【概况】 2021 年 8 月,马钢(武汉)材料技术有限公司开始试运行。公司设董事会,监事会,董事会下设总经理及分管副总,下设四个部门,分别为市场营销部、计划财务部、生产安环部、综合管理部,年底在册职工 22 人。2021 年,武汉公司紧跟市场步伐,采取细化销售政策、调整产品结构、提高库存周转率、紧抓主营渠道、拓展外围市场、重修绩效考核方案,优化人力资源等,取得了可喜成绩。钢材销售总量 39.81 万吨,销售收入 21.73 亿元,利润总额 1019.83 万元,加工量 4341.878 吨。

【党务建设】 聚焦党史学习主题教育根本任务,紧密围绕公司由单纯的贸易型转型升级为工贸一体化企业的实际情况,对照党支部工作标准,以党建+项目、创建品牌支部、党员先锋岗、党员责任区等为重要抓手,积极践行党的组织路线,不断促进党建与生产经营深度融合。通过开展纠"四风""公务用车"自查自纠等专项活动,加大廉洁警示教育力度,进一步营造风清正气的工作环境。利用好党支部主阵地,积极弘扬"江南一枝花"精神,大力宣传"榜样"等先进典型,凝聚全体员工干事创业的正能量。

【市场开拓】 承接马钢沿江发展战略,依托长江水运优势,立足华中区域汽车、家电两大用钢行业。全力开拓型材、特钢市场,全年完成销售量 39.82 万吨,其中直供 30 万吨,东风系主机厂供货 5 万吨,新增销售品种 H 型钢,华中地区销售 3 万吨。新增终端客户 10 家,其中家电 4 家,汽车板 4 家,型材、特钢类 2 家。

【生产加工】 武汉公司 9 月正式投产,由最初的零星 200 吨到 12 月 3 条产线稳定的 2600 吨,到年底累计加工 4341.878 吨。自投产以来,始终把"安全高于一切,责任重于泰山"的理念当作生产工作的首要任务来抓,将安全工作纳入日常生产管理工作中,监督和排除生产车间的安全隐患,不断健全和落实安全生产责任制度,提高全员安全意识,全年安全事故为零,全年加工质量事故为零。

【经营管理】 根据公司战略定位及年度经营目标,全年继续以制度建设为根本,以商业计划书为考核导向,细化内部管理流程,持续提升员工综合业务素养和公司防控风险能力。1. 制定月度经营计划,分解任务指标,优化品种结构,健全考评机制。2. 定期组织员工参与学习培训,宣贯上级公司及本公司各项制度文件,增强风险管理,加强责任意识。3. 积极推进厂区厂务管理,包括门岗管理,厂区防火安全管理,道路标识张贴,员工业余生活丰富,逐步实现贸易公司管理向工厂企业管理的转变。4. 继续做好工程建设安全管理工作,加强安全作业意识,切实保障人员安全。5. 全员落实“四个到位”,即防控机制到位、员工排查到位、设施物资到位、内部管理到位。在疫情常态化的情况下克服困难,总体完成公司的年度经营目标,各项日常管理工作也做到安全有序推进。

【荣誉】 马钢(武汉)公司以优质的产品和精心的服务在众多供应商中脱颖而出,荣获东风股份 2021 年度“杰出供应商”荣誉称号。

(赵　彬)

南京马钢钢材销售有限公司

【经营情况】 2021 年,南京马钢钢材销售有限公司(以下简称“南京公司”)实现销售钢材 43.48 万吨,比 2020 年的 30.65 万吨增长 41.86%。利润方面,2021 年全年,南京公司实现利润总额 1806 万元,比 2020 年的 1445 万元增长 24.98%。

【市场开拓】 1. 突出重点品种,提升销售规模。南京公司与区域内三个“国字号”的贸易商签订年度协议,在马钢资源受限的情况下,长材销售实现逆势增长,达到 14.16 万吨。2. 侧重渠道积累,实现多点开花。由于总部板带资源的持续收紧,南京公司除继续坚持终端开发外,选择开发镀锌、汽车板、彩涂等品种。全年板带材共计实现销售 29.32 万吨,较之 2020 年的 19.06 万吨,增长 10.26 万吨。3. 吸纳优质客户,丰富渠道结构。南京公司已经逐步形成了“贸易+直供”的渠道结构,新接收的一汽解放全年提货超过了 1.8 万吨,青岛基地也已完成了三方协议的签署。南京公司立足江苏市场,全年开发格力、江苏钰龙、曼特尔、东方博远、鑫方盛、中楚、常发、华领等一批客户。在彩涂销售方面,逐步拓展销售渠道、开发北京曼特尔、东方博远、鑫方盛等客户,获得月度彩涂订单超过 2500 吨的好成绩,并且于 2021 年荣获南京格力公司颁发的“优秀供应商”的称号。

【经营管理】 提倡有序经营、管理创效。南京公司将内部管理及相关制度建设作为重点工作,进一步加强公司风险防控工作,制定修改了相关管理办法,严格要求公司员工执行;加强公司员工培训工作,以有计划、有深度、结合实际工作需要为导向进行培训工作,提高员工销售、技术、制度、流程及风控方面的水平和意识,营造了良好的学习氛围。

【党群工作】 南京公司以建党一百周年为契机,加强党员干部及基层员工对党史的学习,每月组织党员上党课,组织学习党的最新理论,大力宣扬社会正能量,提高党员素养,充分发挥党组织领导核心、政治核心和党员先锋模范作用。

(张　颖)

马鞍山钢铁无锡销售有限公司

【概况】 2021 年,马鞍山钢铁无锡销售有限公司钢材销售总量 39.1 万吨,销售收入 20.64 亿元,实现利润总额 2122 万元。

【市场开拓】 承接公司发展战略,立足于苏锡常区域,一方面努力调整销售产品结构,从以热轧为主转向热轧、酸洗、冷成型、冷轧、镀锌、硅钢、彩涂、工业线材、型材均衡发展;另一方面积极开拓终端客户和品种钢市场,大力提升直供比及品种钢占比;在热轧花纹卷、汽车钢、耐候钢、冷轧电池壳钢、耐候钢、搪瓷钢、锌铝镁、H 型钢等领域不断取得突破。

【经营管理】 1. 加快产品结构调整,强化考核机制,积极拓展市场空间,提升营销业绩。同时优化营销渠道,终端客户逐步取代经销商;品种钢销量提升,普材销量逐步减少。2. 改革员工收入分配,奖金向重点岗位倾斜,提高员工工作积极性。3. 不断完善内控手册及系统文件,强化风险管理。及时有效识别各类潜在风险,防患于未然,确保各项经营活动安全稳健,不断提高自身的经营管理水平和经营风险防范能力。4. 贯彻和落实公司安全管理工作,提高员工的安全意识,开展“安全月”等相关活动,营造到人人关注安全、重视安全的氛围。

【党群工作】 成立马鞍山钢铁无锡销售有限公司党支部,开展党史教育学习活动,每月组织党员上党课,组织学习党的最新理论,提高党员素养,发挥党员先锋带头作用,提升企业管理水平。

(王小芳)

马钢(杭州)钢材销售有限公司

【经营情况】 2021 年,马钢(杭州)钢材销售有限公司(以下简称“杭州公司”)共销售钢材 53.47 万吨,比 2020 年增加 13.6 万吨,增幅 34%;销售收入 29.46 亿元,比 2020 年增加 13.09 亿元,增幅 93%;利润总额 2656 万元,比 2020 年增加 1637 万元,增幅 161%。

【市场开拓】 2021 年以来,杭州公司加快了品种结构调整,并加强客户分级管理,优中选优,实现战略合作。通过“向存量要结构,向增量要效益”,在稳定战略客户的基础上,开发优质终端客户,提质增效,从而实现“跑赢大盘”。杭州公司响应马钢长材发展战略规划,凭借“借船出海,强强联合”的理念,依托浙江央企、国企,积极走访设计院、重大工程项目部、行业龙头及标杆企业,着重推广马钢特钢及 H 型钢产品。

【经营管理】 将系统学习优化和提高工作效率作为工作重点,狠抓管理落实风险管控。日常工作中查缺补漏,根据市场不断变化及实际工作需要不断完善改进公司基础业务管理制度文件。按标准化作业要求及管理办法,规范系统操作及岗位操作规程;结合实际情况,制订和完善相关操作规范、规程的风险控制要求;设立专(兼)职系统管理员,负责本系统日常运行、维护协调、自主管理的本账套系统数据新增、变更等工作的审核及维护;严格按照相关管理办法,对进、销、存各个节点设置 AB 角,实施责任到人。不定期对实物库存进行盘查,做到账物相符。资金上优化资源配置,严控应收账款周期;缩短库存周期,提高资金利用率。安全上定期对员工进行相关安全知识培训,提高员工人身安全保护意识。

【党群工作】 按照销售公司党委的统一部署,杭州公司党支部坚持规定工作不走样、自选动作有特色,结合自身实际和营销工作特点,坚持问题导向,推动党建工作和自身业务工作深度融合、相互促进,特别是党史学习教育走深走实,“学党史、悟思想、办实事、开新局”,引导党员和全体职工不断从百年党史中汲取“营养”,以高质量党建引领经营工作高质量发展,使二者在融合发展中相互促进,为推动公司高质量发展凝聚起磅礴的力量。

【荣誉】 获地通控股集团有限公司“优秀合作供应商”。获浙江铭博汽车部件有限公司“优秀合作供应商”。获景德镇美凯精冲科技有限公司“优秀合作供应商”。获浙江绿草地材料科技有限公司“优秀合作供应商”。

(张建华)

马鞍山马钢慈湖钢材加工配售有限公司常州分公司

【概况】 2021 年,钢材销售总量 23.5 万吨,销售收入 12.08 亿元,实现利润总额 1195.23 万元。

【市场开拓】 努力开拓新品种和大型终端客户,常州是潜力巨大的特钢、冷轧市场,协同特钢公司、冷轧部对特钢客户和冷轧客户进行探查走访并做好新品种的开发工作,截至 2021 年底,已开拓如江苏振江新能源装备有限公司、常州运河新瑞焊材有限公司等稳定终端客户。

【客户服务】 建立客户信息库,不断完善客户信息,增强客户黏性,对现有客户定期回访,及时解决客户问题,改变以前的“坐商”行为,“行”到客户身边;以钢材市场和大型终端客户为基点,进行地毯式客户走访,努力发展潜在客户,做到“不忘老朋友,结交新朋友”。

【经营管理】 1. 梳理现有管理文件,确保完成“写所需,做所写,记所做”要求,强化风险管理,强化员工风险意识,消除安全隐患。2. 重新拟定公司绩效管理考核方案,提出全员营销政策,侧重员工个人对品种钢以及终端客户的开发奖励。

(涂　超)

马钢(上海)钢材销售有限公司

【概况】 2021 年,马钢(上海)钢材销售有限公司钢材销售总量 72.67 万吨,销售收入 41.24 亿元,利润总额4671.6万元。

【市场开拓】　马钢(上海)钢材销售有限公司(以下简称“上海公司”)立足华东市场,主要面向家电、彩涂及汽车用户。2021年依托终端为王和现金为主的经营思路,拥抱变化敬畏市场稳健前行,积极拓展汽车、机电、建筑彩涂市场份额,围绕市场做管理,依托管理拓市场,力争实现“向存量要结构,向增量要效益”的目标,在维护既有客户群的基础上,开发新的客户群体,如特钢领域、建筑工程领域,提升销售份额,增强盈利水平。其中汽车板镀锌、酸洗等高强钢同比增长15%以上,汽车品种钢占比达到80%以上。1500兆帕热成形钢、HC420/780DPD、CP800高强酸洗等品种钢比例取得历史性突破。

【经营管理】　2021年,上海公司依托总部产销一体化系统,按宝武统一要求,根据新的工贸一体化系统、标准财务系统和客户自助服务平台等,基于风险防控原则对原有的工作流程和工作内容进行重新设计和划分,建立和完善各类制度,目前上海公司各项制度、管理办法共八大类,包含54份具体文件。包括《内控手册》、风控管理、财务管理、销售管理、综合管理、人力资源管理、采购管理等。特别是按照宝武新系统按照新的情况修编《内控手册》,完善内控制度。

同时,上海公司按照总部的要求,编制、补充、修改《销售管理办法》《月、周、日节点工作指导书》《费用管理办法》等,按照时间节点完成风险防控自查并形成报告,在过程中,上海公司不断发现问题,完善制度流程,提高风险防控能力。同时也不断加强员工的风险防控意识及人身安全意识,夯实公司发展前行的基础。

(李　哲)

马钢(长春)钢材销售有限公司

【概况】　根据马钢董〔2021〕5号决议文件精神,2021年,马钢(长春)钢材销售有限公司(以下简称“长春公司”)启动注销清算程序。截至2021年5月底,相关业务转至南京马钢钢材销售有限公司,当时长春公司共完成钢材销售总量1万吨。7月底,相关人员关系转至南京马钢钢材销售有限公司,当时共4名职工,总经理1名,委派员工2名及外聘员工1名。

【清算工作】　2021年6月9日召开的马鞍山钢铁股份有限公司第九届董事会第四十四次会议同意解散长春公司的相关议案;2021年6月24日成立清算组;2021年9月15日完成税务登记注销;2021年10月11日债权清收完毕;2021年10月26日完成全部注销清算工作。

【市场开拓】　长春公司紧紧围绕马钢总部的战略规划和定位要求调整自身的工作目标,在清算期间,做好疫情防控的同时,也确保一汽主机厂和相关配套厂的保供工作,并积极开展汽车板产品推介、认证工作。通过一汽解放汽车有限公司多种牌号的材料认证工作并签署了相关的供货技术协议,开启EPS大梁钢供货新局面。

【经营管理】　1. 制定详细的可操作性强的防疫方案并严格执行,全员无感染。2. 加强员工的风险意识,梳理经营风险点,按季度对风控重点进行排查并做好应对预案,全年无重大经营风险发生。3. 配合清算工作,同时积极与南京马钢钢材销售有限公司对接,各项工作交接顺利。4. 做好业务转换期间客户安抚工作,保障原有业务不丢失。

(王利民)

马钢集团财务有限公司

【经营概况】　2021年,马钢集团财务有限公司(以下简称“财务公司”)紧紧围绕“稳健运营、融合发展”的经营理念,灵活应对市场变化,充分利用各种投融资手段,持续拓宽信贷服务渠道,稳步推进整合融合、系统覆盖,取得较好的经营业绩和管理成效。全年实现营业收入6.70亿元,比2020年增加0.44亿元;实现利润总额3.91亿元,比2020年增加0.23亿元。财务公司继续保持优良监管评级(1B级)。

【供应链金融】　积极贯彻宝武集团财务有限责任公司(以下简称“总部”)“争做一流财务公司”理念,通过产融结合方式高质量融入生态圈,2021年累计为61家成员单位提供银票贴现服务合计金额145亿元,为26家上下游企业提供6389万元银票贴现服务;丰富生态圈业务品种为供应链客户提供5.6亿元商票保贴服务;为马钢轨交公司提供2.9亿元无追索权明保理业务,为10家供应链客户提供15.2亿元通宝融资;为7家马钢经销商提供预付款质押融资服务合计2.1亿元;为13家成员单位提供承兑服务合计13.45亿元;为满足成员单位融资需求,利用其现有设备开展首笔绿色融资租赁(售后回租)业务合计1100万元,解决企业融资难问题,支撑中国宝武及成员单位绿色、低碳发展战略。此外,还为服务范围内企业提供项目贷款支持合计3600万元。2021年开展供应链金融业务合计177亿元,完成年度计划206%;生态圈金融业务合计234亿元,完成年度计划133%。

【信贷业务】 注重客户一手商情获取,开展客户潜力分析,全覆盖域内客户调研,定制化提供客户服务,"知己知彼"精准开展客户营销,2021年累计信贷资金投放215亿元,信贷资产日均余额89.5亿元,同比提升4.4%。

【资金与投资业务】 通过市场预判精准抓住债券投资机会,波段操作政策性金融债和同业存单,增厚债券收益。2021年,政策性金融债实现收益率6.3%,同业存单日均持仓规模53.46亿元,比2020年增加103.42%,实现收入1.64亿元,实现账面收益率3.07%,比2020年同期上升0.27%。积极利用外部市场融资能力,增加货币市场正回购融资规模,同时向当地人行积极争取再贴现额度,2021年日均主动负债达到24.78亿元,比2020年同期增加125.27%,实现价差收益1139万元。

【资金集中】 2021年累计结算笔数523416笔,结算金额合计11612亿元,比2020年同期增长11%,超额完成年度计划16%;资金监控结算指令超28万笔,拦截1529笔异常支付指令,为客户资金安全及支付效率提供保障;配合中国宝武标准财务系统完成包括马钢股份在内的近百家客户标财直连服务工作;完成26户成员单位开户,83户外部银行账户入池,截至2021年底成员单位总数160户;马钢财务公司开户数329户,入池外部银行账户数655户,比2020年底增长8%,全集团服务覆盖率为89%。

【风险管理与内部控制】 紧紧把握合规经营、风险防控工作主题,全面推动"内控合规管理建设年"活动,突出重点风险领域、关键岗位及人员全面深入开展自查,深挖彻查内控合规存在的问题,对自查和监管检查发现的问题即查即纠、立查立改;完成内控合规手册更新维护,坚持开展现有内部制度规定"立改废"工作,2021年共修订完善25项内控管理制度,集中作废7项过时制度,对重要合同范本进行重检并交律师法审,及时、动态地将监管规定转化为内部规章制度,持续更新完善内部制度体系;按照监管要求,进一步加强合规检查、经营管理风险隐患专项排查,对发现的内控薄弱环节及时进行梳理和整改。公司在2020年度财务公司监管评级中获得1B级,继续保持行业前列。

【人力资源管理】 推行"以岗位、能力、业绩付薪"的按效激励理念和按劳分配原则,依据总部职级覆盖工作要求,制定实施职级覆盖薪酬方案,并就业绩完成情况、职级要求落实符合度等维度对员工进行年度绩效评价,不断提升全员工作效率。组织开展全员教育培训,针对性开展党建理论、金融业务专项培训,持续提升全员思想政治和技术业务水平,为公司整合融合、经营发展提供有力支撑。

【信息化建设】 以"固本强基、承前启后"为抓手,全面推进信息化项目工作。进一步提升信息系统产业链业务支撑力度,对信贷业务系统展开优化,快速实现贴现业务自动生成合同与自动预提,大幅提升人事效率与业务办理准度;全力配合马钢股份"6·30"标财系统上线工作配套建设,设计开发调拨明细接口与回单自动下载功能,灵活运用信息化技术,实现敏捷开发快速投产;积极探索"一总部多分支"系统覆盖新模式,稳步推进总部核心业务系统覆盖马钢财务公司项目,计划于2022年1月1日上线投产。

【企业文化建设】 深入开展中国宝武和总部企业文化理念宣传,秉持"深化产业金融服务,协同共建钢铁生态圈"的经营理念,积极推进"宝财之道"企业文化创建,精心打造"用户至上"的智慧金融服务模式、"清晰透明"的市场化激励约束机制,努力把公司金融产品、服务打造成知名品牌。关心关爱员工,特别是做好青年员工的职业生涯规划引导,促其成长成才。为职工群众办实事,及时解决工作生活难题,不断积聚干事创业合力。

【党建工作】 扎实开展党史学习教育,严格按照上级党委党史学习教育工作部署,抓紧抓实党史、国史等学习教育,开展建党100周年系列庆祝活动,组织全体党员深入学习贯彻党的十九届六中全会精神。开展班子成员、全体党员集中培训,召开党员大会开展党史专题党课学习、红色故事大家讲等。发放全体党员"四史"书籍,依托学习强国、宝武微学院等平台开展自学,及时分享心得体会。开展打卡红色纪念地健步行等庆祝活动,抓实"我为群众办实事"实践活动,受到职工群众一致好评;规范开展组织生活,严格执行中国宝武《党支部工作标准》和上级党委要求,依规开展"三会一课",选举增补1名支委,组织召开2020年度和党史学习教育专题组织生活会,积极配合上级巡视,抓好问题整改落实。首次开展党员登高计划,按进度做好实施评价。设置党建展示墙,开展党员先锋示范岗等宣传。规范党费收缴,办理组织关系转入、转出各2人,1名预备党员按期转正。严格按照中国宝武和总部党委、纪委工作要求,切实加强公司党支部领导班子党风廉政建设和反腐败工作,自觉接受组织和群众监督。组织开展全员廉洁教育,强化廉洁从业意识,积极营造风清气正的工作氛围。

(姜　勇)

安徽马钢和菱实业有限公司

【主要经营指标】 2021年,安徽马钢和菱实业有限公司营业收入5.38亿元,利润总额5512万元。

【生产经营】 按照“四个统一”的要求,从组织机构着手,商业计划书、精益运营、安全生产、设备管理、固定资产投资、人效提升、岗位体系、薪酬体系等主动融入股份,全面承接股份管理要求。全年预计实现营业收入5.38亿元,利润总额5512万元,分别比2020年增长35.57%和25.45%,全面完成商业计划书;完成板卷包装1706万吨,完成年度预算板卷包装数量的120.47%,较去年同期数量增加234万吨,创历史最高水平。针对车桥产线连续亏损的实际,经过科学论证,全面关停车桥产线,解决车桥业务多年亏损的问题。公司“以价值创造为纲,以奋斗者为本”,激发广大党员和职工争创一流业绩,助力股份公司高产高效。“6·30”产销一体化系统上线期间,克服新系统上线、人员紧张、工作量加大等困难,快速响应火速行动,日包装量和日行车发货量持续上攻四创历史新纪录,日最高双双突破21000吨。在做好日常行车生产任务的同时,先后有力支撑四钢轧1580系统20天的年修、2250系统12天的年修;冷轧2130酸轧、2130连退、长材CSP等多条产线年修期间行车配合工作。确立打造钢铁包装和行车运维专业化公司新的发展定位。重组和菱公司组织架构,顺利完成行车业务专业化整合工作,确保“安全稳定、生产稳定、职工队伍稳定”。

【安全管理】 坚持以安全标准化体系要求为指导,全面落实各级安全责任,开展安全大整治活动,层层分解指标并定期检查考核。以“反习惯性违章”、管理人员安全履责为重点,深入落实“违章就是犯罪”安全理念,积极开展“安全1000”文化建设,启动安全二级企业复审,排查各类隐患637项,整改率100%。全年未发生重伤、工亡人身伤害事故、火灾事故、生产安全事故。成立碳中和工作领导小组以及碳中和办公室,制定相关运行方式和近几年碳中和工作推进计划。在产品开发、生产、销售和废弃物处置过程中,减少对环境有害物资的使用,减少对环境的负面影响,积极推进清洁生产;不断改进生产工艺和装备,开展了包装材料低碳轻量化的实验,尽可能地降低资源及能源的消耗,努力实现资源、能源消耗最小化。

【科技创新】 聚焦“绿色发展·智慧制造”目标,大力开展“四新”科技创新工作,依靠科技进步,提高产品价值,让创新成为企业实现高质量发展的“加速器”。全年已申报专利5项,其中发明专利2项,并完成申请4项发明、4项实用新型专利的计划。现共有发明专利15项,实用新型43项,外观设计1项。实施的8项自研智能化课题项目,使包装、包材和捆带产线的产品质量和工效进一步提升。

为适应环保新要求,公司主动作为取消环境不友好型包装材料,开发引进新兴包装材料,及时制定新的皱纹纸复合防锈膜、纱管纸、立式托架等产品技术要求,强有力地支持采购和生产部门的替代工作,使产品更新及替代工作无缝切换顺利实施。在产品开发、生产、销售和废弃物处置过程中,减少对环境有害物资的使用,减少对环境的负面影响,积极推进清洁生产;不断改进生产工艺和装备,开展包装材料低碳轻量化的实验,尽可能地降低资源及能源的消耗,努力实现资源、能源消耗最小化。同时着力于提高包装现场辅助工序自动化水平。通过与设备厂家的联合开发,截至2021年,包装现场大部分有需求的作业点,已实现包装现场辅助工序的全面自动化,劳动生产率得到了较大的提升。

【行车业务专业化整合】 按照打造钢铁包装和行车运维专业化公司新的发展定位,从5月开始,和菱实业公司全面着手承接马钢股份公司行车业务专业化整合工作。此次整合,涉及冷轧总厂、四钢轧总厂、长材事业部、特钢公司4家生产单位468台行车、近400名正式职工的划转,时间紧、任务重、难度大。为积极稳妥、有序高效地做好整合承接工作,和菱实业公司紧扣马钢股份公司行车业务专业化整合推进方案各项具体工作要求,团结协作,攻坚克难,仅用3个多月的时间,顺利完成了人员划转、行车操作业务承揽等专业化整合工作,实现生产稳定、安全稳定、职工队伍稳定的整合工作要求。公司强化行车规范化管理,对承接行车操作规程等管理规定进行修订和换版。推行行车分级管理,通过10个维度的综合测评,对行车操作业务进行岗位价值评定。并立足适应新的形势和长远发展,根据管理业务范围和人员大幅增加的特点,按照组织机构扁平化、内部业务整合、人员配置精干要求,对和菱原有的组织架构进行重组,对职能重新进行划分。增设了设备管理室和3个行车分厂。通过整合,公司原有的4个管理部门总数维持不变,与马钢股份公司二级单位机构设置保持一致;公司原4个生产单元合并为2个,生产单元总数仅增加了1个。

【企业管理】 围绕商业计划书,落实经营管理工作全覆盖。根据组织架构调整、战略定位、战略举措及2021年的战略目标分解,和菱实业公司编制《和菱实业公司2021年度商业计划书》,并结合马钢股份下达的KPI指标,编制发布《2021年度和菱实业经营绩效管理方案》和《一体化部门经营目标责任书》,以流程管事,强化核心指标的管控,通过月度经营绩效管理评审会,对各项经营指标的完成情况进行监测考核,对未完成的指标,督促责任部门进行原因分析、采取整改措施、持续改进。召开2021年管理研讨会,围绕深化整合融合、着力两标一控精益运营、打造钢铁包装和行车运维专业化公司主题,发布了基于强化党建"三基"建设、人事效率提升、设备体系化管理、专业化运营、包装方式改进、精益管理等主题内容的14项管理报告,集思广益凝聚合力提升管理效能,助推商业计划书和全年战略规划目标任务的顺利完成。变革干部人事管理制度,按程序提拔任用管理人员5人,其中80后优秀年轻干部4人。以突出岗位价值为导向,构建岗位层级管理体系,完善员工职业发展通道。

【精神文明】 安徽马钢和菱实业有限公司(以下简称"实业公司")党委成立于2021年9月,下设4个党支部,党员111人。实业公司党委持续跟进学习宣贯习近平总书记重要讲话和指示批示精神,深入学习贯彻落实习近平总书记在庆祝中国共产党成立100周年大会上的重要讲话和考察调研马钢集团重要讲话精神及关于碳达峰碳中和重要批示精神,制定《关于进一步深入学习贯彻习近平总书记考察调研中国宝武马钢集团重要讲话精神的实施方案》《学习贯彻习近平总书记关于碳达峰碳中和重要批示精神的行动方案》,分别梳理任务清单20项和18项,明确责任,跟踪落实,将学习贯彻习近平总书记重要讲话精神贯穿于生产经营的各个环节及发展始终。党委理论学习中心组全年开展学习16次。组织签订《意识形态工作责任承诺书》和《意识形态阵地运营管理承诺书》,压牢压实责任,严格落实意识形态工作责任制,确保意识形态领域平稳可控。全面完成马钢集团党委第一巡察组巡察反馈的6个方面18项问题和意识形态专项检查4个问题的整改,制定完善制度11项。针对中国宝武巡视马钢集团反馈的4个方面涉及的20项问题、53个具体问题,逐项对照对比,制定防范措施,杜绝发生类似问题。同时加大组织宣传,唱响主旋律,占领主阵地。全年对内对外投稿68篇,126篇次被公司内外网、马钢新闻中心和省、部级刊物采用。公司党委扎实开展党史学习教育,围绕"五结合五推动"开展大学习、大宣贯及系列特色活动,推动党史学习教育不断走深走实。在加强理论学习的同时,不断巩固"三基建设",增强党支部政治功能。根据组织机构变革,及时调整基层党组织设置,9个党员空白班组全部见底清零。全年新发展党员3名,2名职工分获中国宝武银牛奖和铜牛奖。

统筹疫情防控和生产经营,重点加强外来人员信息排查和防疫工作管控,保证各项疫情防控措施刚性执行。积极鼓励和引导广大职工接种新冠疫苗,疫苗应接率达100%,确保了全体职工健康安全和公司生产经营建设大局的稳定。

坚持党建带工建、党建带团建,扎实推进职工"三最"实施项目计划,不断深化"我为职工群众办实事"活动。全年共完成马钢立项"三最"实事项目6项。

着力构建"普惠+精准"关爱职工体系。全年,两级工会组织及时上门探望慰问生病、家属去世40人次。认真组织开展职工年度健康体检161人次,为163名员工购买"在职职工重大疾病互助保障",为30名女职工购买"在职女职工特殊疾病互助保障"。切实做好厂区道路交通整治、网络安全知识、"反间谍安全防范工作规定"、防网络诈骗等方面的知识宣贯,认真做好社会治安综合治理目标管理责任书落实和维稳工作。2021年全年未发生重大治安事故和安全生产事故,确保了一方平安。

(张维忠)

马钢宏飞电力能源有限公司

【主要经营指标】 2021年,马钢宏飞电力能源有限公司实现营业收入8199.29万元,售电履约合同电量26亿千瓦时,外转供线路托管运营外供电量1.3亿千瓦时,电费回收100%,工序保障任务达标。

【业务拓展】 1. 直购电业务情况。2021年,营销部门先后拜访了上百家大型工业企业及省内经济开发区,2021年售电履约合同电量26亿千瓦时,经销电力客户数58户。2. 综合能源业务情况。积极推进马钢外转供蒸汽承接业务,委托专业机构开展马钢外转供蒸汽成本测算工作。推进市经开区蒸汽供应项目,会同马钢股份公司能环部分析蒸汽管道路径,探索市经开区集中供气可行性。推进苏润食品有限公司屠宰场蒸汽供应项目设计和施工准备。负责马钢18条股份公司产权外转供线路和14条用户产权线路承接运营安全稳定,与每一家用户签订供用电协议,下发安全风险告知书。成立马钢外转供线路运营项目部,完成场地租用,购置安全工器具。历时两个月完成18条外转供线路年检工作,编制年检报告。完成6家外转供线路用户电气设备年检业务。为售电大客户中钢天源四个园区开展一次电气设备巡视诊断服务,提出问题和解决方案,客户满意度进一步提高。

(滕佑来)

马钢(香港)有限公司

【主要经营指标】 2021年,马钢(香港)有限公司营业收入63.97亿港元,原燃料贸易融资总额20.51亿元人民币,钢材出口销售21.77万吨;利润总额4654万港元。

【生产经营】 1. 夯实国际化融资平台,提供专业化服务。在夯实国际化融资平台发挥平台优势方面,马钢香港公司利用国际化融资平台的优势,向股份公司提供专业化的高效服务。2021年香港公司进口铁矿石及焦煤22船共计373万吨,贸易融资总额20.51亿元人民币。在实现优惠的银行授信条件方面,香港公司的三家授信银行(法巴银行、荷兰合作银行和中银香港)的授信条件全部为安慰函方式,三家银行的授信总额获得增加。2. 钢材出口销售。在今年国家钢材出口退税政策两次调整下,契合马钢的出口定位,及时调整出口策略,产品出口结构日趋合理,重点聚焦高端重型H型钢出口。2021年,马钢(香港)公司(不含韩国事务所)共签订109份钢材销售合同,签约量占马钢出口总量29%,出口平均价比2020年上涨365美元/吨。

(李 瑞)

德国MG贸易发展有限公司

【主要经营指标】 2021年,德国MG贸易发展有限公司(以下简称"MG公司")实现营业收入176.41万欧元(不含出口钢材合同金额1121.89万美元)、营业利润13.49万欧元、净利润7.73万欧元,基本完成年度任务目标。

【钢材销售】 2021年以来,在公司大幅度降低出口资源的大背景下,MG公司坚持以特钢长材、H型钢、汽车板、硅钢、彩涂板市场开拓为目标,做好维护老终端客户工作,在营销中心的大力支持下,累计钢材销售签约量为11795吨,累计签约金额1121.89万美元;累计发货量为7093.08吨,累计发货金额约为689万美元。

【备品备件采购】 在外部经营环境发生重大不利变化的情况下,坚持"高效保供、大力降本"的原则,克服各种困难,2021年累计签订销售合同21个,合同金额134.14万欧元;累计发货及实现销售22批,实现销售金额154.32万欧元。

【其他】 新的委派人员配合公司外办以及律师的要求,按程序积极完成工作签证的申请工作,完成与原先派驻人员的工作交接,维持MG公司的稳定正常运行。2021年10月份发布MG公司第一部《内部控制手册》,为公司的规范管理打下坚实的基础。

(华 震)

马钢(澳大利亚)有限公司

【经营管理及主要经营指标】 2021年,马钢(澳大利亚)有限公司延续由马钢股份公司营销中心远程托管的模式。协议矿履约正常,全年实现总收入2493万澳元。

【其他】 根据马钢股份公司指示,在完成全部已审计未分配利润向母公司分红的手续后，马钢澳洲公司在2021年6月向马钢股份公司分红1200万澳元。2021年，澳洲公司董事会人员进行变更，分别是张永翔替换聂庆文担任澳洲公司董事长、丁彬斌替换胡夏雨任澳洲公司董事，公司董秘 Yuen Kwan Sandy Lai 辞职，董秘由公司外籍董事 Anthony Paul NOONAN 兼任。2021年11月，公司注册地址变更为澳大利亚珀斯。

（朱德娟）

马钢（美洲）有限公司

【主要经营指标】 2021年，马钢（美洲）有限公司营业收入628.36万美元，毛利润10.99万美元，净利润-10.08万美元。2021年，销售车轮276片；车轴792根；轮对48套。完成备件采购合同5笔，合同金额约31.94万美元。

【生产经营】 维护轮轴产品市场渠道。在新冠疫情长期得不到有效控制及国际海运费持续高涨的不利条件下，积极维护好轮轴产品客户关系，保障市场渠道的畅通。在进入公司压减程序后，做好在执行合同的跟踪和收汇工作，确保资金安全并做好向本部的各项移交准备工作。

配合本部做好海外市场寻源工作，梳理提交美洲地区市场分析报告，积极做好与墨西哥客户开展合资合作的调研工作。

积极开展备品备件业务。根据本部备品备件业务体系的变动情况，主动调整工作模式，重新开展注册等相关工作，继续理顺工作流程，做好有关保供工作。

2021年，美洲公司根据公司安排进入压减程序，努力做好各项工作的梳理收尾工作，积极配合本部做好关停的各项准备工作。

（张卫明）

马钢（中东）公司

【主要经营指标】 2021年，马钢（中东）公司秉承母公司工作主题，积极开拓中东和非洲市场，着力开发本地终端用户，生产经营业绩取得较大突破。全年累计实现钢材出口钢材2.65万吨，出口金额2421.06万美元，冷轧单品种占母公司出口比例超过70%。

【生产经营】 积极深入拓展市场：2021年度马钢（中东）公司紧抓市场机遇，加大产品出口力度，逆势取得较好的出口业绩。2021年，热轧9841吨，接近公司历史最佳水平；冷轧1.66万吨，有效为公司冷轧出口做出较好贡献。积极努力开拓新客户，成功开发本地规模最大的油桶生产终端，为公司品牌拓展产生很大的积极影响。有力支撑海外寻源：中东公司高度重视海外寻源工作，充分发挥信息和资源优势，在中东、非洲和东南亚地区寻找项目，成功向母公司推荐两项海外寻源项目，均被列为海外拓展重点项目，积极参与公司其他项目寻源运作，力求有力保障公司海外寻源工作。持续做好疫情防控：海外疫情持续无法有效控制，中东公司始终严格按照母公司和本地政府要求，做好疫情防控工作，确保全年海外人员“零感染”。积极做好其他工作：全面配合处理型钢夏威夷项目质量异议，加大气力全球寻找钢坯资源，探索拓展其他产品进口采购业务。

（王红兵）

集团公司其他子公司

马钢年鉴

马钢集团投资有限公司

【主要经营指标】 2021年，投资公司紧紧围绕业务主线，锐意进取，诸多工作均取得重大突破。在全面完成法人和参股公司压减目标且取得实效的同时，将金融产品投资结构全面优化，由固收类为主向权益类转变，收益相较原有投资结构提升了4个百分点左右。另外，推动完成华塑股份上市、宝信软件定向增发，实现资本大幅增值。2021年实现利润总额16.44亿元，创投资公司成立以来最佳水平；累计向马钢集团高额分红高达4.8亿元，为马钢集团收益做出积极贡献。

【资本运作】 2021年上半年，投资公司和私募基金公司合作设立网下打新基金，利用持有的物产中大股票市值进行打新获取增厚收益，加上2020年底利用持有的淮北矿业股票市值打新，2021年，投资公司参与网下打新获得收益约3800万元。

3月，为优化调整产品结构，提高整体投资收益率，实现金融产品由固收类配置为主向权益、固守均衡配置的转变，投资公司批准《直接或间接参与权益类市场项目》和《自有股票参与转融券项目》两份项目建议书，打开投资公司迈向权益类资本市场投资的通道。投资公司通过与券商的密切合作，先后成立5支权益类FOF基金，总投资金额2.1亿元，在成立仅半年左右的时间、经历下半年资本市场剧烈波动的情况下仍实现收益310余万元，起到良好开局作用。

2021年，投资公司的股权资产证券化也迎来大放异彩的一年。9月，宝信软件发行股份购买飞马智科资产暨新增股份上市，投资公司持有的飞马智科股权转换为持有宝信软件股票263万股。11月底，投资公司作为原始股东的华塑股份正式上市，投资公司持有该公司1.5亿原始股，资产实现大幅增值。

【股权管理】 马钢法人和参股公司压减。2021年，推进完成南山矿、长春销售公司、防锈纸公司、合肥板材、合肥供水等5户法人的压减，完成一重马鞍山公司、洗浴中心、国汽轻量化、华宝资产、上海罗泾矿石码头等5户参股公司的压减，超额完成中国宝武下达的“4+3”任务目标。为马钢瘦身健体、盘活资产、减少经营风险做出积极贡献。

马钢专业化整合。2021年，推进完成欣创公司股权转让、马建股权无偿划转、宝信软件发行股份购买飞马智科资产、入股宝武炭材、宝武物流资产增资马钢物流、宝华招标吸并马钢招标、欧冶保理吸并马钢保理等7个项目。推进完成马钢股份固废资源资产转让宝武环科、相关资产增资宝武氢能、相关资产增资宝武水务等3个项目的内部决策，以及推进宝武重工轧辊专业化整合、中联海运增资宝航、设计院股权无偿划转、宝钢财务吸并马钢财务等工作。

马钢合资公司议案办理。牵头审核马钢集团一级公司(含被托管单位)的股东会、董事会议案，组织办理16户企业共100余次股东会、董事会议案。

厂办大集体企业股权处置。完成利民花木公司、利民建安公司、利民商贸公司等3户厂办大集体企业股权转让工作，彻底解决马钢厂办大集体历史遗留“老大难”问题。

【风险管理】 风险管控能力大幅提高。拟订了《金融产品投资业务管理办法》等一系列风险防范的制度和办法，形成了月度例会制、投资会议机制、产品经理负责制等有效工作机制。

【培训与交流】 为提升员工专业素质，多次邀请合作的头部券商专家为员工进行资本市场相关金融知识的培训。另外，长期坚持与券商、信托公司、公募及私募基金管理人进行面对面沟通交流，参加各种策略报告会和峰会，紧跟市场最新前沿动态，拓宽思维和眼界。

(刘　轩)

马钢集团康泰置地发展有限公司

【主要经济安全指标】 2021年，全年共实现主营业务收入45624万元，利润总额2392万元，上缴各项税费2922万元；重大安全、伤亡、火灾事故为零。

【改革管理】 坚持新发展理念，修订《康泰公司战略规划(2021—2025)》，进一步明确企业定位、发展方向和发展目标。顺利召开党委换届党员大会，选举产生新一届党委。持续优化“三重一大”决策流程，治理体系和治理能力不断提升。通过4轮公开挂牌，成功转让泉涌锦池45%股权，确保年内法人压减和参股瘦身任务的顺利完成。完成7辆公车的公开拍卖，公车市场化改革稳步推进。修订《中层管理人员绩效考评办法》，完成4名管理人员任免考察相关工作。组织开展管理人员经营能力提升研修班,深化学习型企业建设,持续提升管理人员职业能力和素养。根据工作需要对公司工会基础组织设置进行调整,重新划分设置工会小组。

【市场拓展】 物业服务业务以内部市场为重心,兼顾外部市场,相继承接马钢智园办公区,矿业科技服务公司食堂项目,花山区物业全覆盖,马钢化工能源等8个项目,合同金额达470余万元。建安业务签订工程合同253份,合同金额近18000万元,在不断加大对外投标力度的同时,积极做好与中冶集团、矿业公司等单位的沟通合作。积极拓展电梯加装项目,实现多层住宅增设电梯业务110万元。积极探索产业延伸服务,与社区共建试点开展托育服务业务以及养老产业日间照料业务调研。积极争取拆迁项目,抓牢新特钢建设机遇,获得原一铁厂平房及铁路边平房拆迁两个项目。

【风险防范】 树牢安全生产"1000"理念,修订《康泰安全绩效抵押金管理办法》,开展安全风险隐患"大起底大排查大整改"活动及辖区30年以上房产安全排查工作,共整改各类安全隐患104处,将安全管理知识网上学习与安全消防演习相结合,着力提升本质安全水平。认真开展宝武巡视和不动产审计发现问题整改落实工作,重新对经营性用房部分托管经营性资产租赁价格进行核定,重新制定《中转楼管理办法》《公有住房管理办法》及实施细则等, 完成巡视反馈8项问题整改,实现审计反馈45项问题整改,整改率达89%;同时完成对两家子公司内部巡查及1项专项审计工作。持续开展2021年内控自评工作,梳理内控自评检查项目638条。加强资金监管,降低应收账款周转率,有序停止"两头在外"贸易。按季度开展爱国卫生和防疫专项检查,下发各类疫情防控提示10余次,组织全员开展核酸检测、疫苗接种。设立康泰公司"法律咨询日",为公司各项业务的开展提供法律咨询与保障。

【信息化建设】 持续加强信息化建设,全面对接中国宝武信息化管理要求,按照集团财务共享覆盖、集中核算要求,实现财务共享上线,采用中心与属地专业化分工。进一步扩大收费信息化覆盖面,对房产分公司引入电子收费系统,通过数据收集、软件开发,实现房产公司电子收费系统全覆盖。大力开展差旅小秘书App的推广及培训,实现了出差事项"事前申请,事后统结"的出差报销方式。全面推进e-HR人力资源系统,不断完善职工个人信息资料。完成物业管理微信公众号上线运营,企业管理的信息化、智能化水平再上新台阶。

【服务工作】 加强住宅小区服务品质,在钢城花园、山南、鹊桥推行无人值守车棚的改造,通过比价的方式实行车棚经营权出让;对钢城花园69部电梯和盛泰名邸16部电梯增设阻车器,有效解决电动车上楼充电带来的火灾隐患;与道闸供应商洽谈合作,在降低成本的基础上逐步更换所辖小区道闸。开展优质单身服务,在全国提倡"就地过年"的形势下,为单身职工们送去2000多个手工饺子,营造家的氛围;进一步丰富单身职工业余文化生活,开展户外素质拓展活动;创建公寓标准化管理,实现制度标准化流程上墙、公共区域物品定点摆放、服务评价反馈。及时做好空置房屋的招租工作,对空置和退租房屋进行分类统计,通过线上线下多种宣传方式进行招租,以竞价和谈判的方式选择优质承租户,实现国有资产保值增值。有序推进马钢棚户区改造,按照时间节点完成七里甸、孟塘、长江路、矿内、北塘路、寺门口6个棚改项目共67栋房屋,约58800平方米,690户住户的拆迁工作,同时完成南山矿棚改项目概念性方案设计和经济技术指标评估。

【党群工作】 深化党史学习,用好红色资源,利用周边地区爱国主义教育基地和红色电影等载体,多形式、分批次组织开展爱国主义教育活动,带领全体党员感受伟大建党精神。扎实开展"我为群众办实事项目",健全职工医疗保障制度,推进职工饮用水提升和"四室"优化提升,大力开展慰问帮扶工作,职工收入稳步提升,人均工资比2020年增长约15%。深化群众性文化活动建设,组织开展"江南一枝花"精神集中宣讲活动,组织集中观看庆祝中国共产党成立100周年大会,组织开展庆祝中国共产党成立100周年"快走友谊赛",不断丰富企业职工业余文化生活。精心选树劳动模范、业务标兵、优秀党员等先进典型,组织开展迎"七一"老党员集体过政治生日和新党员讲演红色故事活动,广泛宣传先进事迹和突出贡献,营造"以奋斗者为本"的良好干事创业风气。完善新闻宣传工作机制,紧跟上级部署和公司发展动向,大力宣传企业各单位的亮点和成绩,发表新闻宣传稿件145篇,其中马钢及以上媒体60篇。

(徐若非)

安徽马钢冶金工业技术服务有限责任公司

【主要经济指标】 以协力三年变革为契机,抢抓发展机遇,实施产业协同,推进“管用养修”一体化项目实施,确保了全年生产经营平稳有序,协力保产主营收入 50688.79 万元;实现内部利润 2843 万元。

【安全管理】 从强化安全基础管理入手,坚持“党政同责、一岗双责、失职追责”原则,加快安全管控。推进公司安全制度体系建设,建立安全履职清单,夯实安全管理基础;加大事故追究问责力度,切实增强安全底线意识和红线意识;深入开展安全专项整治行动,“违章就是犯罪”理念深入人心;加大安全考核力度,层层分解落实安全管理目标任务;建立协力劳务单位安全准入制度和相关评价体系,坚持每季度评价排名。公司通过抓相关规章制度的制定,抓各项安全制度的落实,抓基层劳务单位管理,认真落实安全生产主体责任,加强现场安全管控,违章指挥、违章作业的行为有所遏制。

【亮点工作】 5 月开始,开展马钢集团各部门、各主线厂为期近 3 个月的走访调研,重点围绕服务主线单位存在的问题及下一步推进“管用养修”一体化,为今后公司更好地实现与主线厂的产业协同奠定基础。4 季度,以承接运输部共享用工和长材事业部“管用养修”一体化项目为标志,公司协力变革迈出了实质性步伐。

在保证生产顺行的前提下,加快推进协力供应商队伍和劳务项目整合优化。通过强化和规范劳务总包基础管理,建立外协供应商评价标准,合理优化业务流程以及整合劳务项目等举措,有序推动劳务区域、外协供应商的整合融合。全年共清理“低、小、散”及不具备专业优势、安全风险高、管理能力差的外协劳务分包单位 22 家,初步形成按区域专业对接的管理模式。

【厂办大集体改革任务】 利民厂办大集体改革历时 21 个月,在马钢集团公司的正确领导下,认真落实国家政策,有序实施改革方案,先后全部消除利民公司所属 14 家集体所有制企业产权;职工全部妥善安置;上交马钢集团利民留守处 0.95 亿元改革提留资金,覆盖集体企业改革成本 2.68 亿元,剩余净资产变现 1.04 亿元上交马钢集团,获马钢集团争先创优红旗,年底如期完成改革任务。

【基础管理】 2021 年,与马钢集团管理体系全面对接,通过梳理部门职责,进一步厘清部门职能和工作界面,部门的协同效率明显提升。以马钢制度清单为基础,制定公司制度建设工作计划,建立完善冶金服务公司“制度树”,实现与马钢集团管理制度的初步对接。通过加快信息化系统在公司的落地,以信息化倒逼管理流程再造,公司人力资源 EHR 系统、标准财务系统、智慧工作办公系统先后上线运行,基本实现信息系统全覆盖。为适应改革的需要,提升市场竞争能力,成立市场开拓和设备管理两个临时工作小组,负责业务的归口管理;在全公司范围内开展全员技术业务岗岗位竞聘工作,为公司后续实施全员岗位定编工作积累经验。

【党建工作】 冶服公司党委通过中心组理论学习、“三会一课”、主题党日、现场教学等形式,深入开展党史学习教育,以庆祝中国共产党成立 100 周年为主线,把党的领导融入公司治理体系各环节,为推动公司改革、发展提供坚强的政治保障。6 月,公司党委举办为期四个月的党史学习教育暨管理人员、生产经营骨干研修班,以突出党史教育为重点,聚焦管理岗位能力提升,围绕习近平总书记“七一”重要讲话精神专题学习 4 次,专题研讨 2 次,班子成员撰写调研报告 3 篇,并进行宣讲。同时,把“我为群众办实事”实践活动作为党史学习教育中的重要内容,为职工办理了年金、职工补充医疗保险。职工的收入增幅明显,为公司在岗职工办理续保“职工团体健康险”,组织参保互助保障计划。

(汤　莉)

深圳市粤海马钢实业有限公司

【经营情况】 2021 年,深圳市粤海马钢实业有限公司处于停业存续状态,存续业务仅为 28 套房产的对外租赁,由粤鑫马公司代管。

【资产状况】 截至 2021 年 12 月 31 日,粤海马资产总额 1330.56 万元,负债总额 769.94 万元,净资产 560.62 万元。资产主要是南山区临海路半岛花园 28 套商品房,建筑面积共 2221.80 平方米,账面价值为 916.58 万元(在“存货”中核算,未提折旧)。此 28 套房产于 1992 年 9 月由马钢公司出资购置,因外地单位不能在深圳直接购房,因此以粤海马公司名义购置,房屋产权证上房产权利人为粤海马公司。

【诉讼情况】 股东双方主要争议是粤海马公司名下的 28 套房产。该房产于 1992 年 9 月由马钢公司出资购置,因外地单位不能在深圳直接购房,因此以粤海马公司名义购置,房屋产权证上房产权利人为粤海马公司。1993年6月,另一股东方南山粤海公司出具了其不占有该28套房产的任何股权和责任的书面证明,但南山粤海公司实际控制人深圳市深汇通公司(隶属深圳市南山区国资委下属资产管理公司)对该书面证明持有异议,不放弃对上述房产的25%的权利。

2021年2月下旬,深圳市中级人民法院正式受理此案,并于7月29日第一次开庭审理。深圳市中院于11月1日送达一审判决[(2021)粤03民初646号],驳回了马钢集团两项诉求:一是请求法院确认登记在粤海马钢集团公司名下的半岛花园28套房产的权益归马钢集团享有;二是请求法院确认南山粤海公司不享有28套房产的利润分配权、剩余财产分配权。

【解散清算情况】 2021年12月21日,经马钢(集团)控股有限公司第二届董事会第九次会议审议通过,马钢集团公司已正式启动清算工作,批准以下事项:一是解散粤海马公司、对粤海马公司开展清算工作;二是确定清算组成员,由双方共同派出7人组成清算组,其中马钢方5人,分别是法务部陈全、资产经营公司王福宁、经营财务部何效东、审计稽查部凌毅、粤海马公司傅新,南山粤海方2人,分别是许斯杰、林少燕,马钢方陈全担任清算组组长。

(高　亮)

集团公司关联企业

马鞍山力生生态集团有限公司

【主要经营指标】 2021年,马鞍山力生生态集团有限公司实现服务经营收入首次突破5亿元,全年收入50277万元,其中团餐主业收入27277万元,剔除政策性亏损因素,完成了年度服务经营目标,实现工亡、重伤、食物中毒等重大事故为零。

【主体服务】 全力做好马钢集团工作餐工作。在工作餐付费模式调整、主体食堂整体亏损的情况下,力生公司从大局出发,始终把为马钢提供优质放心的工作餐作为重点工作来抓,全面提升工作餐的制作水平和服务质量。完善工作餐营养结构,合理搭配菜肴品种;稳步推进选餐服务,全面推行线上快捷移动支付;规范工作餐原料验收检测程序,强化食品安全源头把关;加强餐具的消毒检测,改善食堂净化水装置。全力打造优美洁净的厂区环境。积极响应宝武马钢"两于一入"的要求,强化作业质量管控和标准提升,优化细化作业模式,全天候做好马钢厂容绿化及环境卫生的保障工作。积极配合集团公司做好防暑降温及消费帮扶工作。主动对接马钢安管部及各单位,按照要求及时优质做好防暑降温物品的采购发放工作;根据宝武《继续加大实施消费帮扶通知》的要求,积极配合集团公司采购脱贫地区农副产品。

【市场经营】 餐饮公司瞄准"百家食堂规模",依靠公司专业优势、集中采购平台等优势,充分把握政府购买服务机遇,加快推进公共餐饮拓展市场步伐,全年新拓展外部食堂7家,当前托管食堂达56座。园林建设公司以经营好马钢内部市场为核心,积极谋划、精心施工,中标马钢南区厂容整治项目重点工程——"两园三楼"景观绿化工程,同时承揽马钢设计院南区厂容整治EPC项目中所有景观建设任务,为马钢南区厂容整治做出贡献。暖通公司凭借多年在矿山系统的良好口碑和服务质量,积极开拓马钢矿业中央空调市场,先后中标了张庄矿生活服务楼、南山矿生产技术中心等中央空调项目。锦绣物业公司承接长江钢铁公司绿化环卫等后勤业务(包括人员的接管),实现物业服务方式的创新和对外业务拓展的新突破。马钢宾馆、市政酒店制定灵活的营销策略,针对婚宴、寿宴、谢师宴等市场,推出各种优惠促销活动以吸引客源。同时,黄山太白山庄主动与合肥万普拓展和当地知名旅行社建立良好合作关系,新开发旅居老年团业务,努力创收增效。

【品牌建设】 围绕打造区域领先的公共服务品牌,为企业高质量发展注入新动能。着力加强服务标准化建设,以"提质量 促品牌 增效益"竞赛、"六好食堂、餐厅"优质服务创建、标准化评选等活动为推动,强化服务标准落地,服务意识、食品安全、"6S"现场管理有了提升。积极参加国家、省市行业协会赛事活动并取得优异成绩。力生公司获"2020年度安徽团餐品牌TOP30"荣誉,马鞍山市市场监督管理局食堂获"2021年度客户满意的安徽好食堂"美誉;在2021年全国餐饮行业职业技能竞赛中,获中式面点特金奖、金奖,中式烹饪金奖。

【内部管理】 强化制度建设,围绕职能管理,梳理建立公司制度树,全年共制订、修订67项制度和标准,制度体系初步形成。全面推进机构优化和业务整合,机关部门及分子公司由原来的25个减少至16个,新增3个直属机构。严格干部选拔任用,合理推动岗位交流,全年交流干部超过95%,新提拔干部超过15%,队伍活力显著增强。加大厨师交流力度,通过举办系列厨师交流活动引导厨师充分挖掘自身潜力,进行菜肴面点研发创新,提高工作餐水平。通过实施区域整合、专业化整合、兼岗作业等举措,全方位的开展人力资源优化工作,全年共优化人员达130余人,提高劳动效率和效益。全面完成小绿化小环卫及浴室整合管理,实行区域化管理模式,执行力进一步增强,提升服务效率和效果。推进食堂完全成本核算,实现食堂日成本核算常态化,提高食堂经营效果。改进优化采供流程,通过共建基地,源头采购和批发市场采购相结合的方式,建立完善从田间地头到餐桌采购保障体系。启动并推进整体信息化建设,其中,财务系统一期、福利商城一期、人力资源系统、办公OA系统已经上线运行,二期项目正在建设之中。组建福利商城客户服务中心,以电子商务平台为依托,创新商业模式,构建新的供应链体系。

【廉洁从业】 强化廉洁从业工作,稳步推进纪检监察工作。力生公司组建新的纪委审计稽查部,完善组织机构建设,制定监督执纪问责管理制度,初步建立起新时期党风廉政建设责任制体系。开展了部分二级单位的离任审计,建立了常态化内部审计、党委巡察工作机制,发现问题,提醒整改,对基层规范运营管理形成较强威慑。

【和谐企业】　加强党建工作,围绕庆祝建党100周年组织开展“七一”表彰、党史教育、新党员宣誓、党史知识竞赛等系列活动,进一步营造氛围,弘扬正气,激发干劲。举办公司直管干部(后备干部)履职能力提升研修班,提高了直管干部履职能力和业务素养。坚持生命至上,细化疫情防控措施,主动开展员工定期核酸检测,认真落实疫苗接种,强化各服务环节疫情防控保障措施,确保服务安全稳定。工会工作贴紧重点难点,全年安排13万余元经费,购买防疫口罩、消毒液、消毒湿巾等防疫用品,支援疫情防控。员工工资进行调整,增资幅度达7.5%。宣传文化工作不断加强,完成《力生简报》的编印工作,开展“最美力生人”专题宣传等工作,全年通过公司网站、微信、马钢家园、马钢日报共发表新闻稿件70多篇,营造积极向上的企业氛围。

(孙志明)

马鞍山钢铁建设集团有限公司

【经济技术指标】　2021年,困扰马建多年的历史遗留及矛盾问题集中暴发,加之马钢对马建内部市场参与的要求,任务落实十分艰难、运营资金极度紧张、职工工资来源不足,在保生存保稳定的重压之下,全体职工顾全大局,按照市政府、马钢马建改革工作组的统一安排,抓紧落实在建项目收尾、推进已完项目结算清欠、深入开展宣传思想教育,艰难维持企业运营及大局稳定。全年完成总产值31.03亿元,其中施工产值6.16亿元(含建筑辅业)、矿贸产值24.87亿元,占年计划任务32亿元的96.97%。

【改革工作】　2021年5月,马鞍山市政府、马钢成立马建改革专项工作组,启动马建的深化改革工作。根据市政府、马钢马建改革工作组总体工作的部署,马建在努力维持基本运营的同时,积极配合完成审计评估、尽调、人力资源优化、调研等工作;结合马建股权改革的实际,有针对性地对如何进一步优化公司股权结构、整改股权问题进行方案的多次筛选和甄别,并提出了建设性的意见。

【市场开发】　受垫资瓶颈和马钢内部市场阶段性禁入等多重因素影响,马建可参与投标的项目越来越少,施工项目承接愈加艰难,任务不足严重影响了马建生存。经过艰难努力,全年仅签订施工合同66份、合同额1.42亿元,完成年计划的7.1%,承接的项目均为不足千万元的小项目,点多量小,人员消耗多,管理幅度大。

【施工项目】　加强收尾项目过程管控。2021年,公司面临基本无任务承接的困局,为确保改革工作顺利推进,马建着力于强化收尾项目,克服资金短缺、劳务矛盾突出的问题,最大限度地满足业主要求,确保015料场、带式焙烧、巢湖轻量化、长钢等项目按期完工。技术质量成果丰硕,京唐二期项目荣获“2020—2021年度国家优质工程奖”;三项工程获市优“翠螺杯”;泗县安置房工程荣获宿州市“质量管理标准化示范工程”。省重点研究与开发课题“建筑垃圾生产再生混凝土自保温墙材的关键技术及推广应用研究”结题并通过省科技厅验收;取得新授权实用新型专利7项;完成4篇企业级工法参加并通过鉴定,已申报冶金建筑行业工法4篇,申报安徽省省级工法3篇;两篇成果荣获省厅QC成果二等奖。

【经营资金】　狠抓结算清欠与融资。由于已完项目结算清欠推进困难、工程任务严重缺口导致资金来源不足、在建项目进度款滞后、银行融资大幅缩减等原因,马建陷入资金断链的艰难境地,为努力缓解资金困难,在马钢领导亲自协调推动下,马建千方百计抓紧结算清欠,力保施工运营和职工基本生活。一是全力推进结算清欠,明确资金结算清欠责任主体,全面梳理资金清欠计划、界定责任、严格考核,重点开展对江东控股、原工程技术集团、马钢欣创等单位的对接协调,抓紧回笼资金。二是严格执行“以收定支,统筹平衡”的资金平衡制度,规范内部银行管理,优先保障存款单位的资金使用,优先保障在建工程项目的资金需求,严控完工项目工程尾款资金支付。三是艰难挺过信用崩盘危机,由于无项目承接,公司资金流极度缩窄,相关合作银行全面缩减融资额度,无法转贷续贷,面对严峻局面,公司尽全力偿还贷款,阶段性避免了信用崩盘。

【精神文明建设】　一是认真开展党史学习教育活动。在严肃学风纪律上下功夫,公司召开了党史学习教育工作部署会,制定了党史学习教育工作方案和具体工作计划安排表,明确了学习工作安排,明确“任务书”,列出“时间表”,绘出“路线图”;扎实推动集中学习常态化,利用党委中心组理论学习、“三会一课”、支部书记例会、安徽先锋微讯和小马先锋公众号党史学习教育网上答题等形式,不断营造学习氛围;特色活动巩固学习成果,通过开展主题党日红色教育、支部书记学党史讲党课、专题组织生活会、专题读书班等活动,激发党史学习教育新活力。二是正面引导凝聚力量。通过公司门户网站等自媒体不断深化形势任务教育,提振信心,凝聚士气,围绕施工经营活动广泛开展合理化建议征集和劳动竞赛等活动,为职工岗位建功创效搭建平台。三是切实保障职工权益。加强和完善职代会规范化建设,畅通民主管理渠道,及时化解职工不稳定因素,将保障职工权益放在首位,在企业困难的情况下,努力落实“我为职工办实事”清单。确保职工大病保险正常实施、节日慰问品的正常发放;实施一年一次的职工年度健康体检制度,开展冬送温暖、夏送清凉活动,通过互助帮困基金、金秋助学、大病救济、大病保险等平台加大帮扶力度,帮助困难职工度过生活难关。全年公司共走访、慰问生病和家庭困难职工 110 人次,发放慰问金 4.57 万元;职工保险赔付 32 人,理赔金额 21.17 万元;实施大病救助 28 人,救助金额 9.66 万元。四是艰难维护稳定大局。两级党组织面对历史问题多发的局面,结合实际深入细致地开展职工思想政治工作,加强信访维稳,妥善化解各类矛盾纠纷,确保企业施工经营、改革创新的各项措施实施和生存大局稳定。

(王秀勤)

集团公司委托管理单位

马钢年鉴

欧冶链金再生资源有限公司（原马鞍山马钢废钢有限责任公司）

【概述】 欧冶链金再生资源有限公司是全球最大钢铁企业中国宝武钢铁集团有限公司的一级子公司，是中国宝武资源环境业务板块中的支柱企业。中国宝武以欧冶链金为金属再生资源产业运营平台，全面整合旗下钢铁生产基地废旧金属资源、汽车拆解、轮船拆解、废旧钢铁回收、加工、仓储、配送基地及废钢国际贸易业务。面向全球金属再生资源端和客户端，建立金属再生资源中心基地和卫星基地，按照“一总部、多基地”的战略布局稳步推进。欧冶链金规划5年内，国内市场占有率超30%，经营规模突破亿吨，营业收入超千亿，市值超千亿，成为既“赚钱”又“值钱”还“省钱”的公司，为实现创建世界一流示范企业做贡献。

2021年，欧冶链金经营规模达到2600万吨，市场占有率达到12%，营业收入880亿元，利润总额8亿元。销量、营业收入及利润总额比上年分别增长80%、145%及113%，实现经营业绩全面翻番，超额完成商业计划书年度目标。公司在册员工989人，在岗员工986人。

企业负责人简介：陈昭启，1973年12月生，彝族。中共党员，哲学博士，注册会计师。公司党委书记、董事长。

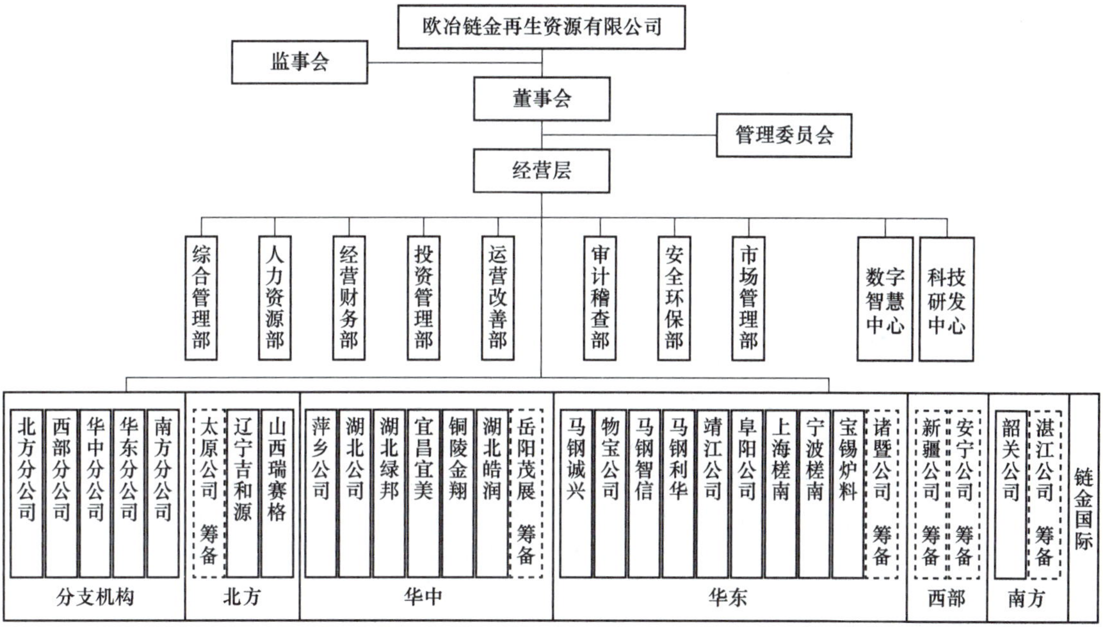

图4 欧冶链金再生资源有限公司组织机构图

【并购重组】 公司加快并购重组步伐，利用国有企业和民营企业的优势互补，提升市场竞争能力。2021年已完成增资物宝公司，合资设立湖北公司、蚌埠公司，并购重组山西瑞赛格、湖北绿邦、宜昌宜美、铜陵金翔和收购宝锡炉料股权9个长投项目。广东湛江、湖北孝感、湖南岳阳、山西太原、云南昆明、新疆库尔勒等项目稳步推进。

【企业管理】 构建综合管理体系，通过管理体系第三方认证。各类管理体系内/外部审核、内部控制审计、自评发现问题或缺陷的整改率100%，重大事项、重大合同的法律审核完成率100%。开展流程和制度的梳理，完成重点管理流程22项，主要管理过程92项，过程绩效指标83项。聘请专业机构协助建立自上而下的重大风险、重大项目和重大决策风险监控体系，厘清规范操作标准、证据链和风险点，确保经营模式符合国家法律法规和行业规范。

【对标找差】 围绕“三高两化”战略实施路径，建立公司本部和分子公司两个层面对标世界一流指标体系,完善绩效驱动型战略执行体系。将全面对标找差工作与组织绩效评价、商业计划书相结合,制定领导班子成员、集团总部管理者的“一人一表”,激励各级经营管理者不断进步。推进“一总部多基地”管理模式,提升职能管理及业务管理能力。

【智慧平台建设】 10月26日,欧冶链金智慧平台2.0版本正式发布。获得安徽省政府认可,拟将欧冶链金智慧平台作为全省废钢交易的第三方平台,在此基础上,建立线上线下废钢交易大市场。系统开发增值税即征即退、拆车拆船、国际业务和再生有色功能,覆盖所有分子公司,实现系统上线百分百;“链金送”App初见成效,注册司机突破1万名,送货超5万车,发挥送货司机“神经末梢”作用,完成业务前端数据采集,做到数据可利用、轨迹可看见,协力公司二方业务管控向资源端延伸。

【智慧制造】 按照集团“四个一律”的基本原则,重构经营管理和业务支撑信息系统,推进中心基地和卫星基地绿色智慧工厂升级。以成为废钢行业智慧制造高地目标,实施马钢诚兴江边基地、马钢智信皖北产业园基地智慧化改造,推进智能生产平台、智能仓储、智能盘库、设备健康保障、智能汽运等模块上线运行。欧冶链金智慧集控中心已建成投入使用。

【基地布局】 坚定不移实施“基地+平台”战略,形成“中心基地+卫星基地+合作基地”发展模式,确立基地战略三大主线:一是通过并购重组以及合资新设项目产生新的中心基地;二是对全国范围内已有稳定业务合作关系的卫星基地进行统一认定、规划布局及协调管理;三是提升中心基地经营管理水平,建立完整有效的管理体系。目前拥有237家各类基地,其中中心基地12家、卫星基地79家、合作基地146家,遍布全国22个省级行政区域,基本形成“一总部、多基地、网络化、辐射状”的基地框架布局。

【混合所有制改革】 成立混改领导小组,与华宝证券、国泰君安、安永等专业机构进行专项研讨,制定混改框架方案,通过集团初审。严格遵循国务院国资委和集团公司关于国企混改的相关要求,有序推进混改上市工作,2021年10月完成A轮融资,募集资金15.45亿元。新增欧冶云商、太钢投资、工银投资、铜陵有色、江东控股、鞍钢资本等9位股东。A轮融资引入的一些具备丰富混改经验、带来政策、资金、资本运作等资源支持的投资者,进一步优化公司治理,更好对接资本市场,提升品牌价值和估值水平。

【科技工作】 全年申请专利15件,其中发明专利8件。牵头或参与申报行业及团体标准9项,涵盖废钢基础、智能检判领、装备节能和碳减排4个领域。智能检判正式上线。实现远程对重废次料、杂质、拒收件的识别,将传统质检方式转变为远程智能检判为主、人工检判为辅的检验模式,走在行业前列;发布链金指数。发布以每日成交数据为基础,科学反映市场价格变动的链金指数,未来将为废钢采购、行情研判提供参考依据;智慧工厂初见成果。马钢诚兴智慧工厂各模块上线运行,智能汽运系统对场内物流进行全流程精准管控和智能调度,智能仓储模块实现全自动废钢出入库及盘库作业应用,智能安环模块有效提升本质安全水平,填补国内空白,具有极强示范效应和良好应用前景。

【公司治理】 全面优化提升治理体系,探索管控模式。围绕资产经营层和生产运营层管理定位,明确本部及分子公司定位和管控模式,制定标准化机构和职责分工;优化绩效评价体系。按照分子公司业务类型、特点和发展阶段,对其组织绩效考核进行细分,引导分子公司提升基地业务比重;实行任期制和契约化管理。落实国企改革三年行动任务,全面完成本部及分子公司经理层成员经营业绩责任书签订;全面深化对标找差。构建符合欧冶链金自身特点的全面对标找差体系,探索分子公司层面对标找差行动方向,建立分子公司对标找差大盘指标;构建大合规体系。选聘德勤公司,构建规范有效的“大合规”管理体系;开展风险隐患排查整改。针对“8·11”风险事件和链金国际成品铜贸易违规事件,梳理风险管理薄弱环节,制定整改措施;根据集团公司经营风险专题会议精神,制定6类重大经营风险应对措施和应急预案。

【党建工作】 坚持党的全面领导,全面加强党的建设,扎实开展党史学习教育活动,提升基层党建工作质量。全面贯彻落实“两个一以贯之”,完成本部及18家子公司“党建工作入章”要求。按照“应建必建”原则,全年新设7个党支部。高质量推进“党建+业务”融合共进,探索混合所有制子公司党组织覆盖、融合工作模式,以山西瑞赛格党支部为试点,探索混合所有制子公司党组织“双重”属地管理新模式。深入推进“我为群众办实事”活动,形成2批次19项重点项目清单,公司领导班子成员深入基层走访调研18人次,C层级及以上人员办实事53件。指导基层党支部落实党建工作责任制,认真开展国有企业党的建设工作会议精神宣贯,贯彻落实“回头看”工作,自查发现19项短板已完成整改14项。开展党务工作者实务培训,完成

308名党员年度集中政治轮训。坚持将党史学习教育、习近平总书记“七一”重要讲话精神学习、十九届六中全会精神学习与党支部日常教育相结合。全年发展党员9人,转正党员6人,压缩党员“空白班组”至3个,组织参观红色教育基地42次,慰问困难党员13人次。严把意识形态,全年组织党委中心组学习7次,学习内容45项,中心组成员带头写文章、讲党课、赴基层调研,不断提高学习广度和深度。认真开展意识形态安全排查整改,完成网站、官微、展厅及所有支部意识形态阵地承诺书签订,组织开展意识形态工作相关制度规定学习,加强意识形态阵地管理和舆情引导。巩固深化“不忘初心、牢记使命”主题教育成果,持续推进监督、执纪和问责落到实处。强化红线、底线意识,梳理多个敏感和重点岗位,签订廉洁承诺书,与公司相关管理部门完成基层党支部的专项督查和管理审计;开展关键环节的重点监督检查和员工自查。强化“四责协同”体系建设,压紧压实管党治党责任,突出政治监督,做实日常监督巡视巡察移交问题线索7件,日常监督发现问题线索2件,宝武集团交办问题线索4件。采用“第一种形态”处理29人次,采用“第二种形态”处理9人次,采用“第三种形态”处理1人次。

【员工发展】 完善福利保障体系,制订超额利润分享计划。提升外派人员福利待遇,优化升级员工商业保险保障,拟定《超额利润分享计划的实施方案》,促进企业经营效益和个人激励收益的同步提升,现已上报集团待审批。分层分类培训,开展校企合作。开展多样化、专业化培训,同宝武大学江南校区筹备金属再生资源班,定向培养欧冶链金各子公司所需的技能人才。

(张明伟)

·欧冶链金二级单位·

9个部门、2个中心:综合管理部、党委组织部、人力资源部、经营财务部、投资管理部、运营改善部、审计稽查部、安全环保部、市场管理部;数字智慧中心、科技研发中心。

5家分公司:北方分公司、西部分公司、华中分公司、华东分公司、南方分公司。

18家子公司:马钢诚兴、链金国际、马钢智信、链金物宝、马钢利华、吉和源公司、靖江公司、萍乡公司、阜阳公司、上海槎南、韶关公司、宜昌宜美、湖北公司、湖北绿邦、宝锡炉料、山西瑞赛格、铜陵金翔、蚌埠公司。

欧冶链金下属子公司(含托管单位)一览表

表1

公司名称	地址	注册资金/万元	主要经营范围	持股比例/%	在岗员工/人
马钢诚兴金属资源有限公司	马鞍山慈湖高新区水厂路与四联路交叉口	20000	废钢铁采购、加工、仓储、销售、贸易等业务	51	106
欧冶链金物宝再生资源有限公司	安徽省马鞍山市郑蒲港新区中飞大道277号产业孵化园7号楼4楼	10000	废旧金属回收、加工、仓储、销售,生铁、钢材仓储、销售,物流,国内贸易代理服务等	51	36
马钢智信资源科技有限公司	安徽省宿州市宿州马鞍山现代产业园区马钢机械产业园研发楼2楼	10000	废钢铁采购、加工、仓储、销售、贸易等业务	51	38
马钢利华金属资源有限公司	安徽省宣城经济技术开发区管委会宝城路299号	20000	废旧金属采购、回收,加工、仓储、销售,生铁采购、仓储、销售,物流服务,国内贸易代理服务	49	13

续表 1

公司名称	地址	注册资金/万元	主要经营范围	持股比例/%	在岗员工/人
上海欧冶链金国际贸易有限公司	中国(上海)自由贸易试验区富特北路8号晓富金融大厦3楼01单元	15331.94	经营再生钢铁料(废钢铁)、再生铜、再生黄铜、再生铝、再生不锈钢等金属再生资源,钢铁材料,有色金属材料,铁合金原料,以及钢坯、生铁、直接还原铁等钢铁原料	67.39	24
辽宁吉和源再生资源有限公司	辽宁省本溪市溪湖区东风街道办事处新兴村	12703.47	废旧金属收购、加工、销售,以及民用废品、废塑料、废纸收购、废旧物资仓储、车辆信息配载服务、生铁销售	51	44
欧冶链金(靖江)再生资源有限公司	靖江市经济技术开发区康桥路2号港城大厦	19500	船舶拆除、再生资源回收(除生产性废旧金属)、生产性废旧金属回收、再生资源加工、再生资源销售、金属材料销售等业务	51	41
欧冶链金(萍乡)再生资源有限公司	江西省萍乡市上栗县彭高镇	10000	再生资源销售、加工、仓储、生产性废旧金属回收、金属材料销售、国内贸易等业务	51	37
欧冶链金(阜阳)再生资源有限公司	安徽省阜阳市阜南县经济开发区运河东路名邦栖街S13栋	6000	再生资源、废旧金属的回收、加工和销售,报废机动车拆解与综合利用,金属材料销售,有色金属及制品等冶金炉料购销等业务	51	24
欧冶链金(韶关)再生资源有限公司	韶关市曲江区东韶大道22号-17栋(华南装备园)	10000	再生资源销售、加工、仓储、生产性废旧金属回收、金属材料销售、国内外贸易等业务	51	16
上海槎南再生资源有限公司	上海市嘉定区曹丰路319号7幢2—3层	10612.2449	废旧金属回收、加工、销售为一体的综合再生资源回收利用	51	33
宜昌宜美再生资源有限公司	宜昌高新区白洋工业园田家河大道	5000	废旧金属回收、加工、销售为一体的综合再生资源回收利用	66	36

续表 1

公司名称	地址	注册资金/万元	主要经营范围	持股比例/%	在岗员工/人
湖北绿邦再生资源有限公司	湖北省黄石市下陆去大广连接线 001 号长乐社区办公楼	14183.6735	建筑物拆除作业,船舶拆除,报废机动车回收,报废机动车拆解,货物进出口,技术进出口,进出口代理,道路货物运输;一般项目:再生资源加工,再生资源销售,装卸搬运,普通货物仓储服务	51	19
欧冶链金湖北再生资源有限公司	湖北省鄂州市鄂城区武昌大道 180 号工行三楼	20000	废旧金属回收、加工、销售为一体的综合再生资源回收利用	81.25	22
山西瑞赛格废弃资源综合利用有限公司	山西省长治市屯留区康庄工业园	20408.16	废旧金属回收、加工、销售为一体的综合再生资源回收利用	51	57
宝锡炉料加工有限公司	江苏省无锡市锡山区锡北镇工业园泾瑞路 3 号	10200	废旧金属回收、加工、销售为一体的综合再生资源回收利用	100	4
欧冶链金蚌埠再生资源有限公司	安徽省蚌埠市龙子湖区东海大道 2609 号新能大厦 20 楼	5000	废旧金属回收、加工、销售为一体的综合再生资源回收利用	51	1
铜陵有色金翔物资有限责任公司	安徽省铜陵市铜陵大桥经济开发区横港物流园内	10000	废旧物资回收,废旧金属加工,通用零部件制造、销售,金属材料、贵金属、矿产品、建筑材料、机电设备、化工产品(除危险品)、五金工具、建筑五金、文化办公用品销售,自营和代理各类商品及技术进出口业务(国家限定企业经营或禁止进出口的商品及技术除外)等	51	37

(张明伟)

安徽马钢矿业资源集团公司

【概况】 2021年,安徽马钢矿业资源集团公司(以下简称“马钢矿业”)以习近平新时代中国特色社会主义思想和党的十九大、十九届历次全会精神为指导,深入贯彻落实习近平总书记考察调研中国宝武重要讲话精神、重要指示精神,紧紧围绕中国宝武、宝武资源新的资源保障战略要求,抢抓市场机遇,强化精益运营,加快转型发展,全年生产矿产品产量3808万吨,实现营业收入107.38亿元,利润总额38.31亿元,取得马钢矿业历史最佳经营业绩,为完成三年任期目标奠定坚实基础。

【生产经营】 聚焦市场、立足现场,面对难得的市场机遇,积极消化姑山矿青山尾矿库停排、事故停产、全省能耗“双控”限电政策等不利因素影响,牢固树立市场经营理念,遵循最佳效益路线优化生产组织,推行柔性化组产模式和品种结构优化调整,保持生产稳定均衡高效。全年生产含铁产品780万吨、冶金熔剂455万吨、非矿资源2573万吨,比2020年分别增长4.6%、12.2%、20.6%,三大类产品产量均创历史最好水平。铁精矿品位整体平稳增长,球团精综合品位达到65.85%。其中南山精平均品位65.27%,创历史新高;罗河精稳定在67.3%以上。

编制成本削减三年规划,坚持“最优成本+高效率+可持续性”目标,强化成本全方位管控,制定54项具体的成本削减规划支撑项目,全年削减成本2.57亿元,两金周转效率比2020年提升19.5%。

创新营销模式,发挥宝武集团内部协同效应,实施精矿直销武钢资源并回购球团直供马钢股份的营销新模式。加大外部市场开发力度,全年铁精矿外销占比50.77%,比2020年上升22.3%,张庄精基本实现外销。推进外购矿加工工作,全年累计完成贸易矿采购31.79万吨,促进产能释放、效益提升。

【科技创新】 创新平台建设取得重要成果,成立科协组织。院士工作站、博士后科研工作站分别获得安徽省科技厅、人社厅审核批复。国家企业技术中心顺利通过国家发改委公示。建材科技公司通过安徽省高新技术企业认定。

创新能力显著增强。坚持科技创新自立自强,积极发挥企业在技术研发中的主体作用,全面深化科技创新与技术攻关,涌现了一批重要创新成果。全年获冶金科学技术进步奖三等奖1项、安徽省科技进步奖三等奖2项;获授权专利168项,其中发明专利5项。全年研发投入率达到3.56%。

【智慧制造】 发布《智慧制造行动方案(2021—2023年)》并加快落地,产线智慧化水平进一步提升。实施马钢矿业智慧决策中心功能优化调整;安全信息化系统、工程项目管理系统上线率进一步提升,PSCS采购供应链系统上线运行,成本信息化系统在南山矿试点运行;智慧销售系统建设稳步推进,并成功在南山矿、张庄矿、建材科技试运行。

【可持续发展】 编制发布《马钢矿业三年产能规划(2021—2023年)》,产业化发展思路更加明晰。罗河一期500万吨/年扩能工程、钟九铁矿、姑山露转井、青阳矿200万吨/年技改工程等产业化发展重点工程有序推进;核桃山场平项目克服环保、物流、作业区域环境复杂等不利因素影响按时竣工。高村三期技改建设工程环评审批等8个项目列入中国宝武与安徽省对接事项。完成张庄铁矿深部资源有偿处置、启动罗河铁矿深部资源处置工作,积极推进省内资源整合,完成南山地区资源整合方案、刘寺铁矿可行性研究等前期工作,并与马鞍山市、霍邱县政府对接推进。

【企业管理】 管控架构持续完善。围绕做实做强区域公司运营管理功能,调整优化总部及各单位组织架构,推行党群系统大部制,实行采购(仓储)、销售集中管理,“人、财、物、产、购、销、研”一体化运营管理体系基本构建。

强化制度建设。全面梳理现有制度和管理文件,发布实施189个管理办法,初步建立马钢矿业“制度树”框架。严格落实年度重点风险识别和季度风险报告制度,强化重大重要风险管控,定期开展年度重大风险跟踪巡查工作,风险管理体系不断完善。持续开展内控管理提升行动,规范授信管理流程,开展全层级经营管理风险隐患专项排查,有效防范化解各类风险。完善绩效驱动型战略执行体系,签订各单位三年任期经营与战略任务责任书、各单位经理层成员年度/任期经营业绩责任书。

【安全环保】 安全生产总体平稳。以安全生产专项整治三年行动为抓手,严格贯彻落实安全责任、管理、投入、培训和应急救援“五到位”要求,修订完善安全履职清单。持续推进安全风险管控和隐患排查治理双重预防机制建设，完善马钢矿业、分子公司、车间、工段、班组五级排查体系；开展火工品、地下矿山、尾矿库、炸药库、提升系统等专项检查，以及协力管理变革和检修施工安全专项行动。

落实“三治四化”工作要求，统筹推进生产经营发展和生态环境保护，矿区生态环境质量及区域面貌持续好转，全年无环境污染事故、环保行政处罚事件。南山区域积极融入马鞍山市向山地区生态修复与绿色转型发展规划，实施南山大道及周边道路拓宽提标和景观化改造，着力打造以凹山湖为核心的开放式地质公园；白象山铁矿 3A 级景区、罗河矿 4A 级花园式绿色生态矿山建设加快推进；桃冲老虎垅矿入选国家级绿色矿山，青阳矿获得安徽省绿色矿山称号。

能源环保绩效显著。全年万元产值综合能耗 0.2 吨标准煤/万元，比 2020 年下降 16.23%，70%的重点工序能耗稳中有降，其中罗河矿、张庄矿工序能耗达到国内先进水平。7 家单位通过 ISO 14001 环境管理体系和 ISO 50001 能源管理体系认证。积极践行“双碳”战略。落实中国宝武、宝武资源“双碳”工作要求，制定碳减排行动方案，明确目标、路线图、时间表、项目化清单、推进机制。广泛开展节能降碳宣传教育，大力倡导绿色低碳生产生活方式，积极营造全员减污降碳浓厚氛围。

【共建共享】　坚持发展依靠员工、发展为了员工、发展成果与员工共享。激发员工创造活力，常态化推进“献一计”活动，职工累计献计 6504 条。完善创新平台和运行机制。发布《马钢矿业职工创新工作室管理手册》，卜维平创新工作室荣获“宝武集团公司示范型创新工作室”“全国示范性劳模和工匠人才创新工作室”称号。全年职工岗位创新创造直接和间接经济效益超过 6000 万元；7 项职工专利荣获第二十五届全国发明展览会“发明创业项目奖”1 项金奖、2 项银奖、2 项铜奖的好成绩；10 个项目获中国宝武和宝武资源“优秀岗位创新成果奖”。强化人才队伍建设。推进岗位体系一体化、岗位价值市场化、岗位管理标准化和岗位聘用规范化，制定《马钢矿业岗位体系方案（试行）》。强化技术技能人才培养工程，组织开展员工技能等级鉴定工作，扎实推进“1+2+4”人才培养工程和导师带徒活动。优化人力资源，全年正式在岗员工优化 8.06%。关心关爱职工。以党史学习教育为契机，以“精准+普惠”为导向，积极开展“我为群众办实事”项目，用心用情用力解决基层职工最亟待解决的困难，实施完成 236 项“三最”实事项目。提升员工“三有”生活指数。完善马钢矿业荣誉激励体系，员工荣誉感、自豪感、归属感持续提高。丰富职工业余文化生活，成立拔河、书画、摄影等 9 个文体协会，积极开展形式多样、健康有益的文体活动，以“有钱、有闲、有趣”为核心的获得感、安全感、幸福感不断增强。

（戴　虹）

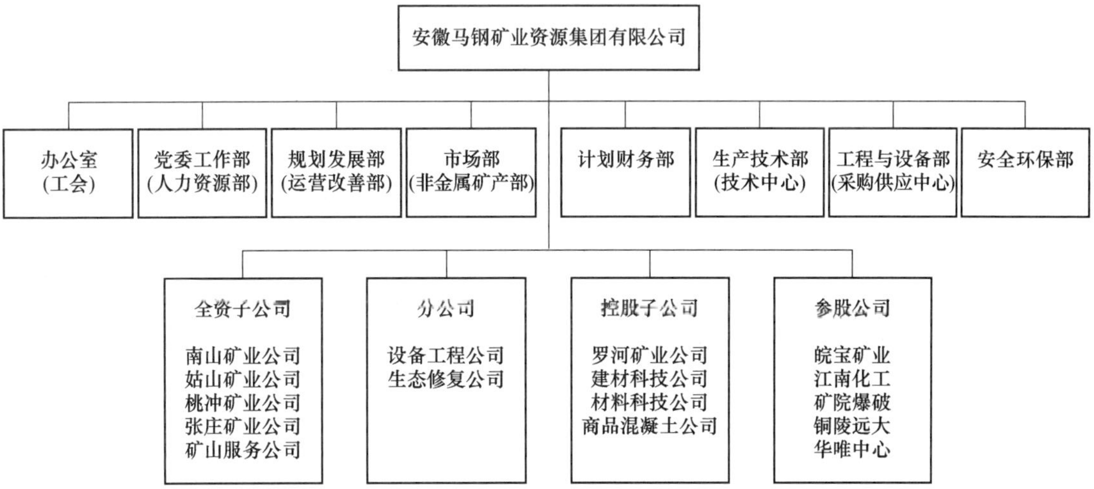

图 5　安徽马钢矿业资源集团有限公司组织机构图

·安徽马钢矿业资源集团公司子公司·

南山矿业公司

【主要技术经济指标】　2021年,南山矿业公司(以下简称南山矿)完成采剥总量3230万吨,其中入选铁矿石1475万吨,生产铁精矿292万吨,综合品位达到65.21%。2021年,南山矿实现营业收入38.98亿元,利润总额12.89亿元,经济增加值(EVA)8.82亿元,创南山矿历史上最好的经营业绩。

【生产经营】　一是矿产主业保障有力。采场通过优化生产空间布局,加强配矿,保障入选原矿品位,提升铲装效率,高效柔性组织生产,全年完成采剥总量3230万吨,超计划100万吨,综合供矿品位达到19.7%。铁路运输智能集控系统成功上线,电机车预警系统效果显现,实现运输效率全方位提升,全年完成运输量1513万吨,超计划138万吨。选矿开展工序协同联动,完成高压辊磨与细碎干抛改造,碎矿新老系统实现无缝对接,提升入磨矿石品位,保持精矿品位持续稳定。全年入选铁矿石1475万吨,生产铁精矿292万吨,综合品位达到65.21%,生产保障"运维一体化"管理体系不断完善,以智能远程集控方式,保障全矿供电、供水及输尾生产顺行,全年安全转供电总量4.84亿千瓦时,供水4300万立方米,输尾900万吨。二是抢抓市场机遇。市场营销抢抓高矿价运行机遇期,积极开拓外部市场,锁定战略客户,培育优质客户,铁精矿销售全年通过公开招标、市场化运作,全年实现市场化销售189.72万吨,销售收入25.28亿元,实现产销平衡。资源综合利用方面,在凹山排土场受政策影响未启动下,不断拓展综合利用新项目,提升综合利用质量,全年实现资源综合利用产品销售1425万吨,销售收入4.95亿元。三是持续强化设备物资保障。设备管理通过推进全矿设备TnPM管理规范化、标准化运行,全年13项综合效率指标全部达标,设备完好率96.5%,重大设备事故为零。物资保供坚持阳光采购,PSCS采购供应链共享系统成功上线,保障物资备件供应,全年上网采购率达到100%,采购成本进一步降低。四是成本管控不断优化。全年铁精矿制造成本465元/吨,比2020年的506元/吨,下降了8.1%。紧抓高效益的机遇期,致力解决历史遗留问题,夯实资产,资产结构得到进一步优化。

【安环环保】　安全生产坚守底线。进一步强化安全底线思维和环保红线意识,落实安全生产主体责任,以安全标准化为主线,发挥双重预防体系作用,夯实安全管理基础,全年安全生产态势平稳。以第20个全国"安全生产月"活动为契机,紧扣"落实安全责任,推动安全发展"主题,制作《南山矿业公司安全生产禁令》动漫宣传视频,开展新《安全生产法》宣贯活动。坚持"以人为本、安全第一、预防为主"的方针,开展生产单元安全互查互改活动、安全生产三年专项整治行动,累计查改隐患400余项。抓实抓细季节性安全工作,对采场、排土场、尾矿库等重点部位组织专项检查,落实防洪防汛应急处置措施。环保治理持续加强。逐级签订安全环保目标责任书,明确目标任务,层层压实各级安全责任。全面落实中央环保督察组环保问题整改,按照中国宝武"三治四化"要求,强化环境主体责任,加大环境提升、历史遗留问题整治力度,矿区生态环境质量及区域面貌持续向好。以生态修复为主线,主动实施一系列环境提升项目,开展了凹山坑东侧边坡及西南侧地块整治绿化工作,完成复绿约4万平方米。通过系统优化采选工艺,高标准地开展治废气、治废水、治固废专项行动,通过自动化改造,监测监控设施升级,公司四个生产水排放口达到高标准排放要求,主体产线实现"废气超低排、废水零排放、固废不出厂",将生产对环境的影响降至最低。着力解决高村铁矿同采石风景名胜区部分重叠问题,通过安徽省突出生态环境问题的省级验收工作。

【体系管理与改革】　管理变革激发新动能。按照宝武资源"总部-区域公司-矿山基地"新的管控模式,在马钢矿业的统一部署下,通过流程再造,全面落实安全环保、生产经营、质量管控、设备管理等管理要素的新定位,推进管理体系与管理能力的提升,设置并平稳实施了"6个部门+6个生产单元+2个中心+2家托管公司"的管理组织架构,实行党群系统"合署办公",管理职责进一步明晰,部门协同作用得到进一步发挥。推进管理制度体系建设。依据宝武资源制度树,全面梳理公司各项管理制度,对照修订并完善党建、运营体系及业务管理等5大类26项管理制度,编制完成南山矿制度树修编工作计划。加强人力资源优化管理。对标先进企业,全面梳理岗位作业情况,开展定岗定编工作。通过工序外包、流程再造、产线升级、业务回归等方式,持续优化岗位设置及用工总量,全年正式在岗员工优化率10.1%,协力人员优化率8%,超额完成马钢矿业下达的计划。完善风险防控体系。通过开展季度全面风险管理评价，落实公司内部风险防控机制，开展季度内控体系评价，严控公司运营的各类风险点，确保公司运营的安全高效，南山矿全年人员、机构稳定，内控体系完整、合规。开展差异化绩效考评。依据年度生产经营目标任务，细化分解考核指标，充分发挥绩效考评的激励和导向作用，激发员工干事创业热情。

【科技创新】 智慧项目持续推进。深化智能产线建设，以"绿色发展、智慧制造"为目标，以"少人化""集控化""一键化"为手段，持续推进和尚桥产线5G无人矿卡、巡检机器人、设备状态监测、智慧调度系统的应用及效率的发挥，致力在和尚桥产线上率先实现"四个一律"。创新能力不断增强。充分发挥技术团队作用，全面深化科技创新和技术攻关，组织开展"高管讲堂"、优秀科技论文征集评比等系列活动，全年完成16项研发项目结题验收，"南山矿铁路机车安全运行预警系统"等4项获得马钢矿业优秀研发项目奖项，"基于空间转换的精准采矿关键技术"等重要课题成功申报"宝武资源技术创新重大成果奖"。广泛开展岗位创新创效活动。以大师讲堂、青匠工程、单点课程等活动为载体，聚焦生产经营中的难点和堵点，持续开展技术攻关活动，全年完成创新成果146项，申报专利52项，获授权专利34项，荣获第二十届全国发明展览会"发明创业项目奖"金奖1项，银奖2项。聚焦公司生产经营、绿色低碳可持续发展等议题，开展"我为企业'对标找差创一流'献计月"活动，共征集计策2307条。卜维平创新工作室荣获"全国示范性劳模和工匠人才创新工作室""中国宝武公司示范性创新工作室"称号。

【可持续发展】 后备矿山方面。持续推进矿山可持续发展项目，大力推进高村铁矿三期技改项目，项目的水土保持已取得省水利厅批复，环评通过省生态环境厅评审，启动征迁及土地报批工作。开展小丁山、梅子山及东山地下开采方案论证工作，完成高村区域与和尚桥区域资源整合可行性研究，进一步明确公司可持续发展的资源导向。重点项目方面。以综合利用规模化、高值化、产业化为努力方向，凹山选矿厂尾砂综合利用项目按期投产并创出了良好的效益；和尚桥围岩综合利用扩能技术改造项目已开工建设；和尚桥选矿厂尾砂基材综合利用项目，已完成项目立项及节能评估、职业卫生评价、安全预评价等审批工作。借鉴与中国建材合作率先实现高村铁矿剥离岩土不落地、固废零排放的经验，依托北京科技大学、武汉建材院等高校院所的科研基础，充分论证矿山固废用于绿色建材、装配式建筑的可行性，在利用尾砂做路基路面材料领域取得重大进展，并入选2021年度安徽省交通运输科技成果推广目录。资源综合利用方面。市场管控模式日趋成熟，已经成为公司经营业绩中重要而且稳定的组成部分，凹选辊磨系统改造和尾矿回收利用项目顺利建成，凹山排土场、高村排土场综合利用等项目工作正稳步推进。2021年，南山矿荣获中矿协第七届冶金矿山"十佳厂矿"称号。

【党群工作】 南山矿党委坚持用习近平新时代中国特色社会主义思想武装头脑，深入学习贯彻党的十九大、十九届历次全会精神和习近平总书记考察调研中国宝武重要讲话精神。全年召开党委会53次，讨论议题119个，有效发挥党委"把方向、管大局、促落实"作用。落实"三基建设"要求，深化基层党组织标准化建设，完善党建工作责任制。深化党员队伍教育管理，全年发展党员38名，14名党员按期转正。深入开展宣传思想工作，积极推动中国宝武、宝武资源企业文化落地生根，认真谋划开展中国宝武首个"公司日"活动，"同一个宝武"认同感、归属感、自豪感显著提升。持续创新宣传工作思路，南山宣网全年共刊用稿件778篇，各级外媒发稿223篇，"美好南山"微信公众号推送新闻247条。组织开展党史学习教育大调研活动，针对生产经营、可持续发展等方面重点难点，形成高质量的调研报告。举办"学党史 讲初心 当先锋"的党史知识竞赛；开展"建功新时代，最美矿业人"先进人物评选、"钢铁荣耀·铸梦百年"等系列活动，完成南山大道入口文化广场建设，推进企业文化融合。加强党风廉政建设，强化风险预防控制，聚焦关键岗位、关键业务流程廉洁风险管控，完成改进易发风险问题82项。持续深化各级作风建设，强化"一把手"和领导班子监督机制，营造风清气正、干事创业的良好政治生态。落实全面从严治党主体责任，明确党风廉政建设"两个责任"，开展宝武资源党委巡察反馈意见自查自纠、公司第三轮党委巡查、公务用车专项督查等工作，围绕生产经营管理流程建立149个廉洁风险防控点，实施防控措施254项，廉政建设不断深化。群团组织作用显著。精心组织开展第二届职工健身运动会，实现"生产经营"与"体育赛场"的双促进，展现了南山职工的良好精神风貌。扎实推进"我为群众办实事"实践活动，完成南山区域环境整治、体育中心升级改造、班组休息室改善等9项公司级和16项车间级"三最"实事项目，同时发布第二批10个大项、30个小项的项目清单。制订并实施《青年职工租房补助管理办法》，有效解决外地青工住房困难。

（杨刚强）

姑山矿业公司

【主要技术经济指标】 2021年,姑山矿业公司生产成品矿157.05万吨,综合利用产品60.29万吨,营业收入18.16亿元,利润3.21亿元,上缴税费2.40亿元,经济增加值1.56亿元。

【生产经营】 根据全年生产任务指标分解情况,结合疫情防治工作要求,组织各相关方人员"就地过年",采、选连续生产,实现1季度成品矿41.12万吨的开门红。克服尾矿库政策性停排、"限电""限载"及"5·2""5·13"事故对公司造成的重大影响。下半年,开展劳动竞赛,保证高效生产。建立早调会及生产例会制度,及时部署调整生产,查找影响生产的各种问题,分析影响生产的不利因素,解决生产过程中各种难题,确保生产稳定顺行。通过技改增设非主流矿给矿系统,提高了给矿效率,实现自产矿、非主流矿独立或混合生产三种组产模式,提高选别系统生产负荷,全年加工非主流矿29.52万吨,成品矿26.21万吨。实施和睦山塌陷区生态治理系统建设,采用全尾胶结治理方式,有效解决历史遗留问题,缓解了尾矿排放的生产瓶颈。通过精益组产,最大限度减少尾矿库停排对生产组织的影响。白象山产线结合重点工作、重要岗位、关键工序,围绕产能释放、提质增效,找问题、定措施、抓落实,解决了运输均衡运矿、主井高效提矿、科学配矿组产、分级支护等难题,完成开拓工程量11769立方米,采准工程量154725立方米,成品矿102.19万吨,品位65.31%。和睦山产线克服尾矿库停排,利用现有场地进行矿石堆存,尽可能保证选厂高负荷运转;面临后和睦山回采结束,增大后观音山采矿量,全年生产原矿58.18万吨,成品矿23.94万吨。严把产品质量关,通过相关的技术改造,使得公司外发产品合格率较上年度提高12个百分点。

【安全环保】 新建、修订6项安全管理制度,建立公司领导和部门长安全履职清单,层层落实安全生产责任,分解安全生产目标,签订安全生产工作责任书,建立13223安全管理体系,实现了岗位、人员和责任的"三位一体",达到"层层负责、人人有责、各负其责"的效果。组织全员学习《安全生产法》,并邀请省应急管理厅专家对《安全生产法》进行解读;开展10个特种作业取证培训班,共300余人参加;停工停产期间,全员(含相关方)接受安全教育、考试,共2500多人。依据上级公司协力管理的"18项举措56个要素"要求,实行安全许可准入制度,加强协力外包单位的资质审查,严把准入关;加大对相关方的考核力度,全年共处罚80余万元,约谈外包单位5家,禁入外包单位员工11人。完善风险分级管控及隐患排查治理双重预防机制,开展危险源辨识与风险评价,共辨识危险源2447条,逐条制定风险防范措施和风险处置措施;开展各类检查52次,查出隐患498条,整改率100%;实行包保责任制,落实对主要危险源及重点场所的安全管控。全面落实企业生态环保主体责任,将环保工作纳入公司行政和党委工作计划,邀请矿山环保领域专家开展环保知识培训,坚决扛起生态文明建设的政治责任,全方位开展涉及采石名胜风景区问题的核查和整改工作,完成了对"绿盾2020"、省生态厅督导及第二轮中央生态环境督察问题的整改。各类工业固体废物均实现资源利用和合理处置,基本实现了"固废不出厂"。

【技术创新】 加强与科研院校合作,与北京科技大学合作"白象山铁矿细粒级尾矿充填料浆浓度及输送优化研究",寻找到最合适的充填料浆浓度与配比;与中南大学合作"重要水体下整装矿床绿色智能开采三年行动计划",确保开采安全,提高自动化、智能化水平,实现资源开发与环境保护协同发展;与昆明理工大学合作"白象山选厂磨矿介质优化研究",降低磨机球耗与电耗,提高易选级别颗粒含量等一大批产学研用项目落地。加快白象山机械化推进步伐,白象山井下投入水平孔台车、锚杆台车、4立方米铲运机、喷浆台车、撬毛台车、下向孔台车等设备46台套。减少作业人员46人,打造穿孔、爆破、铲运、支护全机械化示范采矿中段。和睦山选厂智能抓斗顺利投入生产,实现了中控室一键操作,解决了岗位结构性缺员,降低了劳动强度,改善了现场作业环境。12月底,利用旧厂房建成VR融平台沉浸式交互体验系统,为各类人员了解采选流程提供直观、生动的体验平台,具备了远程指挥、在线诊断、情景构建的功能。完成了5G技术在井下的建设,目前通信、定位等部分功能已启用,为后期信息系统搭建提供了平台。全年获得专利授权19件,其中发明2件,受理专利11件,其中发明专利7件;发表论文9篇;专题讲座4场次;研发项目、技术改进成果45项;完成了产学研百佳创新示范企业、产学研合作创新奖申报工作。

【企业管理】 按照宝武资源管控模式2.0版的要求,落实"区域公司+矿山生产单元"的管控模式,承接了宝武资源对矿山生产单元"通过流程再造,落实安全、环保、生产、质量、成本等现场管理”新的定位，完成了姑山矿管理框架调整工作；实施了汽车运输队与铁路运输车间机构和业务的整合；完成了人力资源定岗定编的方案制定。不断推进产线整合融合向纵深发展，打破了原有建制，形成了以工艺流程为基础的班组，协同作用大幅提升。建立以安全生产、成本管控、效率效益为核心，兼顾难度和贡献度的绩效评价模式，与薪酬激励相结合，调动了职工主动参加公司生产经营建设的积极性和创造性。开拓销售市场，改变销售模式。缓解了非主流矿、红矿等市场竞争力不强产品的出路，做到了全年产销平衡，同时，积累了经验，培育了市场，为今后的生产顺行创造有利条件。对网络基础设施进行了升级改造，实现了万兆到主干，千兆到桌面，为后期生产运维和经营管理的信息化夯实了基础；完成了 ERP 系统、MES 系统、BIMS 系统、PSCS 系统的建设和联机调试，现已全部上线运行，为公司高质量发展搭建平台。

【党群工作】 公司成立党史学习教育工作小组，统一部署党史学习教育工作，教育引导广大党员学党史、悟思想、办实事、开新局，先后完成 50 余件职工群众期盼事项。《秒懂发展党员流程》微课获得中国宝武微课大赛一等奖。下发《姑山矿业有限公司基层党组织“三基建设”考核办法》，不断加强组织建设、队伍建设，制度建设。全年减少党支部 1 个，党小组 7 个，消除无党员班组。大力开展廉洁从业教育和各级巡察、审计反馈问题整改工作，各级组织和管理人员带头转变观念，举一反三，积极整改，通过了宝武资源对姑山矿党委巡察整改“回头看”。持续深入开展劳动竞赛、技能竞赛、岗位创新创效等“六位一体”群众性经济技术创新活动。组织开展了安全、充填工、提升卷扬工、汽车驾驶员、电机车司机等 5 项技能竞赛，164 名职工参赛。选拔 3 名选手参加矿业绿色低碳知识竞赛，获第一名。积极做好三个生活区 2000 多户居民的疫情防控管理工作，确保疫情防控“零死角、零盲区、零疏漏”。强化矿区禁毒、消防、门禁及重点部位的管理，妥善处置各类矛盾纠纷，及时有效的完成各类应急救援任务，确保矿区及周边安全和谐稳定。

【荣誉】 2021 年，姑山矿荣获中国冶金矿山行业“十佳厂矿”称号；获得冶金矿山科学技术奖二等奖两项（高泥质全尾矿新型胶凝充填材料开发应用、金属矿山井下无组织粉尘防治技术研究）、三等奖一项（河流下大水矿山绿色高效采选工艺技术研究与应用）。宝武资源紫荆花银奖获得者 1 人，紫荆花奖获得者 1 人。

（陈　晨）

桃冲矿业公司

【主要技术经济指标】 2021 年，桃冲矿业公司生产产品总量 455 万吨，比 2020 年增加 12.2%，其中生产石灰石产品 270 万吨（含综合利用），生产白云石（含综合利用）185 万吨。实现营业收入 4.06 亿元，较 2020 年增加 29.71%，完成矿业资源集团下达的经营目标任务，实现利润 8860 万元，比 2020 年增加 112.47%。

【生产经营】 青阳白云石矿：克服原矿品位不稳定、火工品配额受限及政策性停产等诸多不利因素影响，在有限的生产时间内高效组织生产。破碎机台时处理量达到 480 吨/小时，比 2020 年增长 20%，单月产量超过 19 万吨，创建矿以来的历史新纪录。产品质量有效控制，质量异议比 2020 年降低 50%。全年累计生产、销售白云石（含综合利用）185 万吨，完成营收 1.64 亿元，实现利润 3000 万元。

冶金熔剂分公司：积极应对采场熔剂矿禀赋不良、作业空间狭窄、两级矿量不足等困难，致力计划科学和工艺优化，按照“全矿床开采、全资源利用”的无废矿山目标要求，强化精细生产组织，做到颗粒归仓，为生产经营目标任务的顺利完成奠定基础、创造条件；通过强化设备管理，推广全员点检制，“操检合一”取得实效，破碎机台时处理量达到 633 吨/小时，实现月度产量 33 万吨的新纪录，全年累计生产石灰石产品 270 万吨（含综合利用），完成营收 2.13 亿元、实现利润 5860 万元。运输车间积极协同配合老虎垅矿全年累计完成码头发运量 55.32 万吨，降低发运成本 120 余万元。

钙镁科技分公司：全体干部职工讲奉献、勇担当，持续强化设备大中修、工程项目技改现场管理，全面完成超低排技术改造目标，全年生产冶金石灰 105.69 万吨，完成计划的 103%，产品平均合格率稳定在 98% 以上，较好地完成安全生产与保供股份的任务。

市场营销内外市场并行发力：面对复杂多变的市场环境和日趋激烈的竞争市场，营销系统通过深入调研、动态分析、敏锐研判、产销协同和创新开拓市场，产品销售半径、销售领域和销售群体均取得显著增长和优化。通过进一步强化“靶向式”销售与“插单式”组产能力提升，确保产线生产和产品物流的高效连续性；通过对重点客户的需求超前洞见，及时启动新产品开发研究,着力发掘新的利润增长点,在产线全力配合下,经过近2个月的努力,创新性研发的“低硅云粉”新产品顺利进入市场,售价高于普通云粉20元/吨以上,增加利润300余万元;石灰石产品根据市场需求迭代更新,通过工艺优化,实现熔剂产品替代制碱产品,全年增利近400万元。深耕内外部市场初见成效,2021年与15家企业建立长期稳定的合作关系,除保供宝钢、梅钢、马钢等内部市场,集团外产品营销占比达69.07%,长江沿线城市、地区的“弯弓搭箭”战略布局已经初步形成。通过内外部市场并行发力和对客户“雪中送炭”的温暖、“雨中打伞”的贴心,有效支撑公司经营总盘,赢得客户充分认可,较好地消融了市场的“冰山”,顺利实现“淡季不淡、旺季更旺、优质优价”的公司营销战略要求,为完成公司全年经营目标任务提供强有力保障。

【重点工程】　聚焦重点项目建设,强化责任落实,严把关键环节,全面提升过程管理质量。坚持“急事快办、难事领办、要事督办”原则,项目建设采取“问题清单”责任制,靶向解决项目建设痛点、堵点和难点问题。青阳项目办工程技术人员驻点办公、挂图作战、跟踪问效,在举步维艰的逆境中滚石上山,一些长期制约项目建设的瓶颈问题得以攻克。先后完成87.8712亩征地手续的办理,11.9271公顷林地获得安徽省林业厅批复,围岩产线建设项目在省经济信息化厅完成项目备案,35千伏供电专线工程顺利竣工并入国家电网,围岩产品堆场大棚和中细碎厂房主体工程完工,工程整体进度完成60%,为2022年7月具备生产条件奠定基础;老虎垅矿周边资源整合完成繁昌区政府手续办理,正在上报芜湖市政府批准。

【安全环保】　坚持把安全生产摆在首要位置,通过深入学习贯彻习近平总书记关于安全生产重要指示精神,深刻反思各类典型事故,认真吸取教训、举一反三,在公司全体干部职工心中植牢“红线”意识和“底线”思维,实现“全年轻伤及以上人身伤害事故为零”的安全目标,连续两年晋级宝武资源安全管理优秀单位。通过健全完善公司各层级安全管理责任体系和岗位安全履职清单,全面压紧压实安全管理责任。以安全风险分级管控和隐患排查治理双重预防机制为抓手,大力开展安全宣传教育工作,全年共组织700余人次参加新《安全生产法》学习和考试,22人次取得专业技能证书;强化隐患排查,全年共开展综合、专项检查61次,查出隐患546项,隐患整改率达到100%;针对重点时段、重点区域和重点人群,常态化开展专项管控措施落实,确保“三重点”态势平稳;持续开展危险源辨识、安全风险评价和防范措施落实,确保危险源始终处于受控状态;持续巩固安全标准化示范班组创建成果,积极组织参加国家安全管理标准化示范班组评选,其中老虎垅矿维修班刘道田获优秀班组长称号、协力单位宝源矿建青阳矿项目部采矿班被评为全国安全标准化示范班组;加强协力队伍的专业化管理,完善相关方安全生产责任和管理体系,做到有责任、有制度、有检查、有考核,实现安全管理同质化,确保属地安全。

坚决贯彻绿色发展理念,按照“两于一入”要求,深入推进“三治四化”,实现源头治理、标本兼治,实施并完成青阳矿筛分楼除尘系统、生产水智能循环利用系统、产品智能发运系统等项目,老虎垅矿冲洗平台、智能抑尘系统自投入使用以来效果良好,得到上级公司和政府部门的充分肯定。坚持“生产工艺环保化、矿山环境生态化”的理念,大力开展采场终了台阶、生态复垦区、运输道路复绿等工作,全年复绿补绿面积达2万余平方米。强化工业、生活污水处理系统的升级改造和维护管理,确保污水零排放。2021年,老虎垅矿被列入国家级绿色矿山名录,青阳矿创建安徽省级绿色矿山完成公示,转型发展中的百年桃冲用绿色发展、智慧制造为高质量转型注入新动能。

【企业管理】　围绕中国宝武“全面对标找差、创建世界一流”管理主题,坚定不移实施“三高两化”发展路径,通过持续借鉴标杆企业的先进理念和成功经验,补短板、强弱项。在成本对标、质量对标、管理对标三个方面精准发力,有效扭转部分指标落后的被动局面。削减成本,通过淘汰高耗能设备、优化动能供应系统、积极争取直购电优惠政策等节约电费30余万元;自主完成青阳矿细碎转子改造,节约外委修理费60余万元;全年组织开展修旧利废40余项,修复设备、备件价值约50万元。提质增效,坚持“质量第一、效益优先”的发展理念,以全国质量月活动为契机,持续深入开展质量提升行动。通过开展质量管理标准学习宣贯、QC小组培训、用户回访、主题征文等活动,进一步提高公司全员质量意识和质量管理水平;青阳矿加强工艺流程质量管理,创新研发质量优的“低硅云粉”,老虎垅矿强化质量绩效考评长效机制,客户满意度持续提升,提质增效成效显著。控支降费,持续压实资金管控,强化现金流管理,提高资金使用效率。全年公务用车费用、业务招待费较年度目标值分别下降5.70%、

10.72%;通过实施全面预算管理,财务管理更趋规范,资金周转效率显著提升。

科学定岗定编管理,优化人力资源配置。以专业化管理、高效率运营为目标,进一步优化组织机构和人力资源,撤销规划发展部,实施大班组管理,全年职工人力资源优化率15.4%,协力人员人力资源优化率16.9%,超额完成年度指标;实现熔剂辅料人均产量1.4万吨/人、营收106万元/人和利润23.1万元/人,分别较2020年增加0.26吨/人,15.6万元/人和9万元/人,人事效率明显改善。全面深化薪酬制度改革,建立健全激励约束机制。秉承“共创企业效益,共享发展成果”的理念,首次将共保指标与产线指标有机结合,细化效益、效率和专项三大指标,部门评价指标与产线生产创效相挂钩,科学策划、滚动调整,绩效考核更趋公允,充分体现出“干与不干不一样”“干多干少不一样”“干好干坏不一样”的薪酬分配新机制,充分调动广大干部职工工作的积极性、主动性和创造性。

【精神文明建设】 1. 党建工作。全面贯彻落实新时代党的建设总要求,把深入学习宣传党的十九大和党的十九届历次全会精神特别是习近平总书记“七一”重要讲话精神作为重要的政治任务,努力在宝武大原料体系中实现更大作为,在加快建设熔剂基地上取得更大进展。聚焦“学党史、悟思想、办实事、开新局”主题主线,周密部署、系统推进党史学习教育各项任务,深入学习中国共产党百年奋斗史,回顾矿山发展史,弘扬百年桃冲精神,传承红色基因。桃冲矿经营层成员带头进基层讲党课,广泛宣传宣讲,团结广大党员和职工群众统一思想、坚定信心,以“严紧硬实”的作风,凝心聚力助推公司高质量转型发展。扎实推进“我为群众办实事”实践活动,聆听最基层最真实的声音,帮助职工群众解决“急难愁盼”问题。通过升级改造部分产线的休息室、盥洗室,大大改善职工的工作和休息环境;坚持开展金秋助学、精准帮扶等“四季送”品牌活动。强化作风建设,筑牢廉洁防线。与7个基层党支部签订《2021年党风廉政建设与反腐倡廉工作责任书》,将责任层层分解、逐级落实;充分发挥民主监督作用,聘请9名基层兼职纪检监督信息员,广泛获取纪检工作信息线索,推动党风政风持续改善;大力开展“向十种做派宣战、提升执行力”主题活动。2. 群团工作。坚持“发展为了职工,发展依靠职工,发展成果与职工共享”的科学发展观,引导广大职工立足岗位、艰苦奋斗,以勤劳的汗水浇灌出累累硕果,用群众的智慧缔造出公司发展的崭新风貌。积极融入中心工作,深入开展劳动竞赛。抓住熔剂产品市场阶段性回暖机遇,第一时间抢抓业务订单,各产线全力跟进,确保有效时间内高效满负荷组织生产,实现增产增效的目标。发挥科技人才优势,岗位创新创效成果丰硕,依托创新工作室,组织技能骨干开展难题攻关活动,评选出优秀“单点课”案例18件;引导全体职工结合岗位对标找差,立足岗位建言献策,全年共征集方案427条,实现人均献计率100%的目标,并对评选出的“金点子”“银点子”“好点子”项目进行实施;大力组织开展“大师讲堂”等活动,进一步传承和发扬工匠精神,全年发表专业学术论文4篇,申报专利21项。

(赵士童 吴 雷)

张庄矿业公司

【主要技术经济指标】 2021年,张庄矿业公司(以下简称张庄矿)采掘矿岩总量567万吨,生产成品矿181.87万吨、建材200.3万吨,实现营业收入22.14亿元,利润总额10.40亿元,各项税费5.25亿元,全面完成年度生产经营任务,创造张庄矿历史最佳经营业绩。

【生产经营】 生产组织科学高效,企业经营业绩再创新高。合理编制落实生产计划,围绕全年生产任务目标,合理编制月度、年度生产计划,对公司生产经营任务进行层层分解、统筹安排、精细组产,精矿产量持续攀升,采充平衡得到有效管控,实现达产创效。完善生产协调管理机制。充分发挥智能集控中心统一生产调度优势,完善生产运行管控制度,保障生产指令畅通高效。强化生产组织管控,通过精细化组产、各工序协同,系统运行稳定、高效。多措并举扩充充填空间。采取中、细砂联动生产、计划性块矿组产和尾矿浆持续外运等措施,保障采、选、充稳定、高效的良性循环。坚持常态化执行三重预防机制。严格落实设备管理主体责任,TnPM管理不断深入运用,设备三级点检及设备预防性维护持续强化,主体设备实现零事故,设备综合效率提升显著。

【安全环保】 安全环保严防严控,本质安全能力持续增强。持续推进“3D”项目筑牢本质安全。贯彻落实“机械化减人、自动化换人”总体部署,配备凿岩、锚杆、撬毛台车等大型自动化设备,开拓采准作业机械化。强化教育培训提升职工素质。狠抓基础安全教育培训,做到三项岗位人员持证上岗率100%;开展新安法、新规程、协力单位入厂告知等专题培训,加大协力供应商安全管理,确保协力单位安全施工作业。完善风险防控抓细隐患排查。建立风险分级管控体系,实现风险分级管控全覆盖。严防严控“三改二”过渡期安全管控,确保井下安全生产有序顺行。实现“安全无事故、环保无事件”。开展应急演练强化应急保障。建立健全应急管理体系,组织开展防洪防汛、顶板、中毒窒息、车辆伤害、消防等各类应急救援演练,提高职工安全防范意识技能。落实主体责任打造本质环保。按照“二于一入”的环保工作原则,坚持“三治四化”的环保工作方法,全力建设绿色生态矿山。一是完善程序审批。完成《优质建筑用石(砂)技改项目环境影响报告表》申报、《霍邱县张庄铁矿水资源论证报告》评审,做到程序依法合规。二是强化环保管控。定期开展污染源监测和环境质量监测,及时处置异常状况,公开相关监测信息。三是落实环保措施。大力推进雨污分流改善工程、清洁生产审核报批、危险废物规范管理等工作落地实施,大幅提升环保治理能力。

【技术创新】　科技创新成果显著,智慧制造水平不断提高。智慧制造稳步推进。智能集控中心,实现了出矿、运输、提升、选矿、充填等多工序的全流程智能集成管控,智能选矿全流程建设更加完善,尾矿处理产能提升和智能控制优化系统、MES系统建设、核心设备在线智能监测分析及点巡检技术研究等项目取得初步成效,无人化指数提升10%,集中化指数提升17%,“四个一律”指数明显提高。知识产权硕果累累。鼓励专业技术人员参与知识产权建设,组织科研项目成果转化,全年成功受理专利32项,其中发明专利21项、实用新型10项、外观设计1项;授权专利15项,其中实用新型14项,外观设计1项;全年撰写科技论文21篇。科研活动成效显著。球磨机钢球配比优化试验研究与应用,实现电耗、球耗降低5%以上,降本400万元/年;溜槽系统修配改,实现利用高差和补加水自然打散的方式代替圆筒打散机,节约能耗200万元/年;提精降杂磁选机的应用,实现工艺优化、能耗节约,确保生产系统经济高效,以实际行动响应中国宝武“双碳”战略。

【企业管理】　运营管控精准高效,企业治理能力稳步提升。持续强化治理体系。全面修订管理制度,汇编成册,积极推动体系建设,完成管理体系外审。加强过程控制,商业计划书及“五大计划”有效执行,实现运营有序、成本稳定。推进管理变革。作为宝武资源管理架构变革试点单位,顺应大局,积极求变,强化协同管控,完成组织架构变革,实现生产指挥扁平化、产线流程再造。积极推动管理改善。以21项管理改善项目、20项战略行动计划为抓手,采取项目制管理方式,严肃考核兑现,助力生产经营任务顺利完成。深入推进战略任务。张庄铁矿采矿权出让收益立项审批、缴纳工作,实现全矿床有偿化处置,为公司可持续发展奠定资源保障;建材深加工技改优化项目,提高了尾矿资源综合利用率、收益率,产品附加值大幅提升。积极争取国家政策。紧密把握政策导向,推进所得税、资源税减免等政策落地。实现财税优惠6348万元,直购电返还347万元,疫情补贴20余万元。同时获评“安徽省工程研究中心”“六安市知识产权优势企业”等荣誉称号,国家惠企政策支持进一步提振公司发展动力。紧抓市场利好机遇,精益组产,实现“产、销、价”同频共振。深度挖掘张庄精市场潜力,开拓、培育新老客户,张庄精基本实现外销。遵循市场规律,整合优化建材市场资源,制定动态调定价机制,有效解决建材滞销问题,保障生产系统稳定顺行。

【党群工作】　党建引领激发活力,新发展格局逐渐构筑。贯彻落实党的十九届六中全会精神和中央经济工作会议精神。以党史学习教育为契机,以中心组理论学习和“三会一课”“两微一端”为载体,以深化“四史”学习教育为推动,强化全员理论素养学习,巩固宗旨意识,提高政治站位。全年组织开展中心组学习20次,党史专题党课学习10次,有效促进党的理论入脑入心。发挥党建政治引领作用。召开年度党委会,研究部署党建工作,强化党建工作组织领导,推动全年党建工作顺利开展,发挥党委“把方向、管大局、促落实”的作用。党建标准化工作扎实推进。不断夯实“三基建设”。建立健全基本组织,完成4个基层党支部换届选举工作;严格党员发展管理,全年共发展党员10名,接收预备党员转正7名。注重党建品牌建设。扎实开展党员安全两无、党员安全责任区、党员示范岗、“一支部一品牌”创建活动,努力打造基层党建工作新品牌。舆论引导和文化建设有效开展。全方位、多层次的开展以“红色基因百年辉煌,资源报国铸梦起航”为主题的学习教育活动、以“铭记历史使命,弘扬革命精神"为主旨的"七个一"系列活动、以庆祝宝武首个公司日为载体的"放歌张庄,筑梦未来"歌唱大赛活动,弘扬爱国爱党爱矿主旋律。积极推进为职工办实事,给全体职工免费安装净水器,更换热水器,配齐空调,配备家庭消防急救箱等民生用品;新建儿童乐园、音乐喷泉广场、升级智能自选食堂等。在岗职工人均年收入较上年度增18%,职工获得感、幸福感、归属感显著增强。积极开展消防扶贫,履行国有企业社会责任,全年扶贫帮销农产品16.4万元、扶贫捐款17万元。

【荣誉】 2021年,张庄矿分别获中国矿业高质量发展 标准引领单位、安徽省AAA信用企业和R&D经费支出十佳企业;获评中国宝武2021年"铁精矿产量创佳绩"专项劳动竞赛优胜单位第二名,马钢矿业绿色低碳劳动竞赛第一名和宣传月优秀组织奖;1人获中国宝武"银牛奖",1人获宝武资源紫荆花金奖,1人获宝武资源紫荆花奖,1人获2021年宝武资源第一届青年先锋,1人获宝武资源2021年度"优秀岗位创新成果奖"二等奖等荣誉称号。

(曾德运)

矿山科技服务公司

【概况】 2021年,矿山科技服务公司(以下简称矿山服务公司)以习近平新时代中国特色社会主义思想和党的十九届历次全会精神为指导,紧扣"全面对标找差,奋力追赶大盘"的工作主题,认真贯彻落实马钢矿业各项工作部署,努力推进项目建设,积极应对风险挑战,坚持稳中求进,难中求成,抢抓市场机遇,全力增产创效,全年实现营业收入4.88亿元,利润总额1.27亿元。

【生产经营】 加强各工序联动管控、协同互动,积极应对10月以来"能耗双控"节能限电政策等不利因素,遵循最佳效益路线优化生产组织,实现生产组织运行有序,经营绩效稳定。全年综合利用产品完成205万吨,铁精粉完成21.61万吨,尾砂完成39.42万吨,硫精砂完成13.13万吨。强抓主体设备维检成本管控和产线工序节能降耗工作,为经营创效提供坚强的后勤保障。强化产品质量管理,严格原料、干选矿和成品矿的抽检化验工作,为指导生产及时提供数据支撑。完成全年成本消减任务目标。紧贴综合利用产品市场行情变化,灵活调整销售机制,规避市场风险,实现产品经营效益最大化。按质按量完成南山矿、姑山矿交付的工序承揽和加工制作任务。

【规范管理】 2021年,是矿山服务公司运行元年,整合融合、迅速接轨,任务艰巨。及时梳理、解决历史遗留问题,原6家集体企业按期注销。按照宝武资源统一的标财系统运行和管控,按时进入区域共享系统,实现财务管理的统一化、规范化和高端化。规范各类合同文本及主要内容及审批流程,有效防范经营风险。各类产品、服务的购买,逐步过渡到采购全部上平台(欧贝网、招标网),实现网上采购率达100%。制定和完善销售管理制度,从价格管控、战略客户管理、计量、质量异议处理、货/款管控全覆盖,将产品销售由部分品种招标过渡到全部产品招标。结合公司具体情况,大力开展协力队伍、协力人员的清理,由年初33家,到年底减至为20家。围绕提升职工综合素质,大力开展技能培训;分步优化身份转换职工的薪酬体系,逐步消除历史遗留;开展岗位定员定编的前期工作。

【安全环保】 持续推进安全标准化体系建设,落实层级安全管理责任。加强制度体系建设,对接宝武安全管理体系规范,制定安全履职清单、安全管控方案,修订完善安全管理制度20项。按照"一事一契"全面履行"属地管理"安全管控责任。全力推进双重预防机制建设,扎实开展安全生产专项整治、职业危害防治、危险化学品使用等专项行动。实现生产安全"零"事故的年度目标。

积极融入马鞍山市向山区域生态修复与绿色转型发展规划,制定并推进绿色节能低碳清单任务。开展整治超限载专项行动,减压产线"高耗能、高排放",用节能电机代替高能耗电机,切实提升节能减排实效。大力倡导绿色低碳生产生活方式。

坚持"抓环境就是抓发展、抓发展必须抓环境",从运输通道建设、拆危除旧、道路硬化亮化、建造景观带、打造文化墙等"塑形"入手,全面开展环境整治工作。实施"制定清单、限期销号、回头复检"环境问题排查整治闭环管理,主要环保指标持续改善,实现环境污染"零"事件的年度目标。

【共建共享】 坚持发展依靠员工、发展为了员工、发展成果与员工共享。认真开展劳动竞赛活动,上报马钢矿业"最佳案例"1个、"月度之星"11人次。组织开展中国宝武"我为企业'对标找差创一流'献一计"活动,为公司关键指标改善、增产增效积极建言献策。全体职工献计1204条,实现了人人参与,一人一计的目标任务,审核筛选6条报矿业公司参加“好点子”进行评审。广泛开展庆祝中国共产党成立100周年系列活动。

身份转换的职工,2021年收入在2020年基础上增长了14%,建立完善多层次医疗保障体系,减轻职工医疗负担,为职工办理企业补充医疗保险;为444名在职女职工购买2年期特殊疾病互助保障保险;为905名在职职工购买意外伤害互助保障险;为886名在职职工购买3年期重大疾病互助保障险(包括了25类重大疾病),为907名职工进行健康体检,并规范“五险”缴纳比例;本着“关注教育、关怀职工、关爱子女”的原则,为27名职工发放“子女成才奖”5.25万元;认真做好“精准+普惠”的落实工作,全年先后两次向职工普惠(粮油)31.62万元。

(朱凯华)

·安徽马钢矿业资源集团公司控股子公司·

罗河矿业有限责任公司

【主要技术经济指标】 2021年,全年入磨原矿318.89万吨,生产成品矿149.6万吨,超计划6.6万吨(其中铁精矿109.99万吨,硫精矿30.72万吨)。实现营业收入16.23亿元,利润总额9.01亿元,EVA值6.43亿元;扩能工程掘进12660米,工程量20.7万立方米,并创造单月独头掘进264.8米历史纪录。

【生产经营】 全年生产均衡稳定,量增质优。在生产管理上,严格落实《生产计划管理办法》《生产运行管理办法》,生产计划更趋稳健、生产组织更为科学、采选协同更加默契。打破常规,革新理念,在2021年春节期间进行连续生产;克服疫情、台风“烟花”及有序用电的影响,公司生产经营呈现出“平稳有序,屡创新高”的良好态势。在生产组织上,生产勘探超额完成全年任务,为一期300万吨/年生产、一期500万吨/年扩能采准及东区转中段矿量储备提供了可靠依据。全年完成生产勘探钻孔及充填孔累计17412米,完成钻孔编录16308米,扩能巷道编录2700米;扩能掘进带矿量17.9万吨。采矿方面,细化采准、穿孔、爆破、出矿、运输、提升等生产工序安排,科学组产。2021年,主井提升机综合效率87.53%,优于目标值9.53个百分点;破碎机综合效率48.23%,优于目标值5.23个百分点;铲运机综合效率59.50%,优于目标值16.5个百分点。选矿方面,重点加强磨矿分级控制,提高磨机台时能力,累计磨机台时能力较去年提高5.32吨/小时;扩能改造后,破碎筛分系统运行效率突破700吨/小时,较2020年提升21.97%。产品质量管理着重质量意识培养,提高过程控制标准,强化工序指标检查,确保产品质量稳定向好,全年铁精矿品位67.41%,较上年提高0.05个百分点,铜精矿品位19.45%,较上年提高0.1个百分点。

【安全生产】 牢固树立“以人为本、生命至上”“安全1000”和“违章就是犯罪”安全理念,着力构建规范化、制度化、体系化的安全生产管控模式,落实企业安全生产主体责任,提升全员安全管理责任意识;建立健全并组织落实安全风险分级管控和隐患排查治理双重预防工作机制;持续有效运行安全生产标准化,深化安全生产专项整治三年行动;强化协力单位安全管理,推动协力单位班组安全管理标准化建设,促进协力安全管理能力不断提升;加大安全科技投入,积极推进安全生产科技创新和“3D”智慧制造项目,全面提升本质化安全水平;紧盯检修施工等现场作业环节安全管控短板,筑牢安全风险防线,不断提升安全绩效水平,推动公司安全生产形势持续稳定向好发展。开展综合检查、月度检查、专项检查等各类检查50次,发现隐患1158起,全部按照“PDCA”管理要求整改到位。全年累计安全绩效考核37.35万元。

【绿色发展】 坚持把绿色作为矿山可持续发展的“底色”,以“双碳”行动主动作为。按照中国宝武“三治四化”方法及“二于一入”原则,持续巩固绿色矿山建设成果。矿区环境治理方面,可绿化区域绿化率达到100%。全年投资近400万元完成工业厂区绿化补植,新铺草坪23145平方米,新栽植灌木6294平方米,矿区内新铺沥青道路8470平方米。资源绿色开发方面,遵循“边开采、边治理、边恢复”的原则,全年井下充填115.89万立方米;按照《罗河矿矿山地质环境保护与土地复垦方案》要求,完成原临时尾矿库闭库升级改造及周边环境恢复治理。规范处置三废方面,采选生产废水、生活废水全部循环利用,实行废水零排放管理。单位产品耗新水量0.65吨/立方米,工业用水重复利用率96%,固体废物综合利用率73%(尾矿)。资源综合利用方面,全年回收硫精矿30.72万吨,回收铜精矿0.2万吨。节能减排举措方面,采、选矿综合能耗均优于先进值,选矿除尘升级改造项目取得阶段性成果,改造后的除尘设备满足环保特别排放限值要求(≤10毫克/立方米),全年大气粉尘排放量22.67万吨,比2020年同期下降38%。

【智慧制造】 采矿系统完成井下人员定位与人脸识别系统的优化整合;电机车无人驾驶升级为“一控多”;开展采矿三维管控平台建设,实现了井下回采、运输、提升、通风系统等内容三维可视化。选矿系统完成DCS控制系统扩容升级;实现浮选槽体、泵池液位及浮选磁选给矿浓度的自动控制;渣浆泵远程一键倒泵;浓密机、水泵房的无人值守等功能,生产过程可视化、无人化、智能化水平进一步提升。管理系统方面逐步在全矿范围内引入5G网络,提高网络整体效率;应用智慧照明,节能降耗效果显著;实施智能仓库,实现出入库、盘点、查询线上实时动态管理;配合马钢矿业持续推进MES建设,数据互联互通基本形成。外协方面完成14台先进机械化设备进场作业,在作业环境恶劣、安全风险高的工序,全面应用智能凿岩台车、掘进台车、装药台车等设备进行作业,提升本质安全水平,促进安全生产效率稳步提升。在扎实推进智慧制造项目的同时,编制《2021年科技研发计划》,制定研发项目44项,完成43项,年累计研发投入达8499万元。其中,“共伴生复杂难选高硫铁矿高效综合利用关键技术与应用”获中国钢铁协会冶金科学技术三等奖。

【精益运营】 在市场营销方面,盯紧市场,抢抓交易契机,全年销售铁精矿113.07万吨,硫精矿、铜精矿、块矿共计36.26万吨,资源综合利用产品52.45万吨,吨矿盈利名列宝武资源下属矿山前茅。着重强化体系建设,积极融入宝武大原料体系,推进集团内矿产品经营体系构建,完成各类矿产品销售合同上线资源GO等销售信息系统平台。在管理体系建设方面,深入贯彻落实宝武资源战略发展新定位、《宝武资源改革三年行动方案》任务清单及管控模式2.0版的要求,结合公司生产经营实际情况,重新调整公司管理组织架构并组织实施,对照新版体系标准,开展管理体系策划。运营管理架构由“七部一室两生产车间”优化为“六部两生产车间”;两生产车间取消工段级,管理层级由“公司-部室/车间-工段-班组”四级架构优化为“公司-部室/车间-班组”三级架构,班组由53个优化为36个;组织编制修订体系文件,修订公司综合管理手册、相关管理文件,进一步细化梳理公司三年行动实施方案清单,结合重点工作计划及战略行动任务,全面开展“流程再造、管理变革”,进一步完善运营管理架构,完善绩效评价体系。

【可持续发展】 一期500万吨/年扩能项目有序开展,全年完成辅助斜坡道掘进2444米,-540米、-600米及-620米水平等水平累计完成巷道掘支12660米;2号主井溜破系统完成2号主溜井扩刷,-676米破碎水平备件硐室掘支,-730米水平计量硐室扩刷等;2号主井井塔楼完成主体结构封顶;总砂泵站检修厂房、新环水泵房扩建、中细碎厂房扩建、主厂房扩建工程竣工;高压辊磨厂房、硫精矿过滤厂房主体工程竣工,全年共计完成项目投资2.64亿元。二期1000万吨/年建设项目已完成规模论证和可行性研究报告的招标,目前正在进行可行性研究报告编制工作。2×400万吨/年氧化球团项目完成《罗河氧化球团2×400万吨/年建设工程项目可行性研究报告》编制工作并报宝武资源。

【党建工作】 按照党中央、中国宝武、宝武资源及马钢矿业统一部署,公司党委巩固深化“不忘初心、牢记使命”主题教育成果,大力开展“学百年党史,创一流企业”系列活动,全员理想信念更为坚定,初心使命得到强化。坚持“学习教育”和“建党百年”相结合。组织开展“奋斗百年路,启航新征程”党史教育主题活动、庆祝建党100周年革命歌曲联唱活动、“永远跟党走 迈向新征程”观影活动、拍摄微视频《步履铿锵,初心不改》活动、“七一”表彰座谈会、举办党史知识竞赛及观看庆祝中国共产党成立100周年大会实况等各类活动。坚持“学”和“做”相结合。开展“党旗在基层一线高高飘扬”主题党日和“党员两无”活动,发挥“特别能吃苦、特别能战斗、特别能奉献”的党员示范引领作用。实事项目暖心聚力,结合实际制定《“我为群众办实事”实践活动工作方案》,集中解决职工群众“急难愁盼”问题。依托“我为群众办实事”活动的载体,广泛听取意见和建议、了解职工群众需求,提高职工的幸福感和获得感,共制定完成“我为群众办实事”项目7项。积极投身扶贫工作,帮助脱贫群众巩固脱贫成果,2021年向罗河镇困难居民捐赠20万元救助款,积极履行社会责任。

(张　辉　黄　艳)

建材科技公司

【生产经营】 统筹疫情防控和生产经营建设,在历经下半年高村采场控量供岩及高村试验场分料生产,原材料供应大大减少和国家"错峰限电"管控、设备性能无法充分发挥等极其困难的情况下,全体干部职工齐心协力,克服重重困难,及时与上下游协调沟通,共同策划调整采掘运输事宜,抢抓停机待料时间进行设备检修和升级改造,认真组织开展柔性生产和市场拓展,各项工作取得新突破。全年产销骨料457.32万吨,比2020年增长105.8万吨;营业收入30709.33万元,比2020年增加7167.26万元;利润总额13494.16万元,比2020年增加5974.10万元;经济增加值(EVA)10562.67万元,比2020年增加5358.97万元,净资产收益率达72.30%,比2020年增长9.4%,各项经营指标均创历史最好水平。

创新营销模式,积极应对疫情防控形势下的市场波动,针对公司保产销售的痛点、难点,深入开展市场调研,在原有"战略客户+保产客户"营销模式的基础上,创建"合作方+保产客户+中标客户"销售模式,拓展客户群,开辟新市场,扩大产品影响力,实现企业利润最大化和客户口碑最优化的新目标。

【科技创新】 坚持科技引领,深化科技创新和技术攻关,通过技术改造和新技术运用,实现降本降耗提质增效。完成中碎下料漏斗技术改造,从根本上解决中碎跑冒滴漏问题,改善产线作业环境;对皮带系统进行永磁直驱滚筒改造,大幅度提高系统效率,节能达到20%,成为矿山首个应用此技术的单位;突破瓜子片制砂技术瓶颈,开创极端天气下产品深加工能力;完成筛网改造,提升产品质量,质量异议较2020年下降60%;完成15项专利申报;获评安徽省高新技术企业,当年减少税金1400万元。

【智慧制造】 按照"四个一律"要求,积极推进"一卡通"扩容升级,智慧化水平进一步提升。实施智慧指挥中心功能优化改造;对重点撒料、积灰部位增加自动回收系统,抑制各落料点扬尘;完成多组织和标财系统上线,完成财务共享上线,实现无缝交接;完成PSCS系统前期编制和测试工作;产品销售工作开始在马钢矿业智慧销售系统试运行。

2021年公司被确定为马鞍山市重点货运源头企业。公司积极履行社会责任,开展运输车辆治超治限专项行动。在全市率先淘汰"前四后八",全面启用"六轴半挂",实行标载运输;在原有的"一卡通"基础上,增加投资200多万元,大力推进源头治超信息化建设,完成自动放料升级改造,实现与省、市治超信息平台对接,产品放散、标准装载、称重实现自动化,杜绝大货车超载超限和沿途抛洒,从根本上改变区域交通安全环境。12月7日下午,马鞍山市委副书记、市长袁方在公司实地督查源头治超措施落实情况时,对公司利用科技手段实施源头治超给予肯定。

【可持续发展】 按照"三步走"战略,积极推进扩能工程,增加2台套8000破碎机,产能达到1000万吨/年;完成除尘设备升级改造;认真落实《国企改革三年行动方案》,"混改试点"工作正在积极推进。

【体系能力建设】 按照托管要求,公司整合相关职能与南山矿合署办公,融入南山一体化发展,发挥协同效应,提升资源利用效率;按照宝武资源运营管理架构2.0调整和马钢矿业《关于开展管理架构调整试点工作的通知》要求,开展组织结构调整,职能部门由原来的7个简化为4个,优化率高达43%;梳理完善人力资源信息数据库,提高员工信息准确性;制定全员岗位说明书,明确了岗位职责和岗位目标。

按照"公司化运营"要求,进一步完善"四体系",修订和新增各类管理办法23部,建成包括《公司章程》在内的100部管理办法的综合管理体系,公司治理体系基本形成。

【生态环保】 落实"三治四化"工作要求,结合向山地区生态修复与绿色转型发展规划,统筹推进生产经营发展和生态环境保护,区域生态环境质量和面貌持续好转。完成高村铁矿九号点绿化项目;持续开展厂区周边美化绿化亮化工作,提升区域生态系统的稳定性,实现产业发展与自然环境和谐共生;"白加黑"硬化处理高村北部道路1600余米,提高区域道路交通安全系数,美化后的北部道路,被职工们形象地称为高村区域的"景观大道";全面推进厂区绿化亮化美化洁化升级,增建道路自动喷淋,运输车辆自动清洗等设施,智慧工厂、清洁工厂建设迈出新步伐,建材产线新晋马鞍山市"网红打卡点"。

【员工发展】 积极筹建"职工创新工作室",鼓励员工岗位创新创效;按照《马钢矿业岗位体系方案(试行)》推进岗位体系一体化、岗位价值市场化、岗位管理标准化和岗位聘用规范化;以党史学习教育为契机,积极开展"我为群众办实事",用心用情着力解决基层职工最亟待解决的困难,增建20间活动板房、4座停车棚、1个临时停车场和1个车辆冲洗台、1个电瓶车充电车棚,实施自来水改造,解决员工生活办公难题,方便职工群众;积极组织职工参与南山矿"健身运动会",开展"飞镖、套圈、掼蛋比赛、三人制篮球、跳绳、乒乓"等形式多样、健康有益的文体活动,提升员工"三有生活"指数。

【企业荣誉】 8月获国家发改委、工信部授牌"国家级大宗固体废弃物综合利用基地";9月获评"安徽省高新技术企业"。

(吴克贵)

嘉华商品混凝土公司

【主要经营指标】 2021年,嘉华商品混凝土公司全年实现产值3.53亿元,其中混凝土主业销售收入3.34亿元,其他营业收入1865.52万元;实现税前利润1358.31万元;上缴税费2025.19万元。全员劳动生产率达349.50万元。

【固废研发】 在开展南山矿精品砂在混凝土中的应用研究方面取得突破性进展,南山精品砂广泛应用于各标号混凝土生产中;同步完成"马钢冶金固废风淬渣在建材领域处置资源化技术研究"科研项目的完结工作。"铁矿尾砂在城市建设工程中应用技术研究""风碎渣研磨与应用"两个科研项目的研究进展顺利。

【智慧制造】 2021年,智慧制造系统专利申请和国家级两化融合的认证工作顺利通过验证。通过搭建智能ERP实现App下单、ERP审核、自助车辆调度等功能在生产中的运用,实现生产效率提高30%、运输效率提高20%,客户的满意度显著提升。同步将信息流与生产流贯通,增加供应商管理、采购合同、采购计划、磅单、采购结算、仓储、车辆、各类报表的管理,使之更加的便捷高效,"四个一律"初见成效。

【安全环保】 通过认真学习贯彻中央关于安全、环保的相关精神,深入落实中国宝武对"安全生产,绿色发展"的工作要求,从年初开始部署2021年安全生产和环保治理的年度计划,进一步强化责任落实,着力推进协力管理变革的三年行动方案,促进本企业安全生产顺畅运行,前三个季度全公司安全生产责任事故实现"零"的目标。在马鞍山分公司实现零排放的基础上,铜陵分公司"零排放水循环系统"如期建成且运行良好。

【风险管控】 2021年,先后下发《商品混凝土质量管理办法》《试验室管理制度》《混凝土质量问题处理管理办法》等管理文件,全面加强质量管理,实现从原材料进场检测、混凝土生产、运输、浇筑的全过程质量控制。两个主业分公司以年初下发的《2021年质量科技工作计划》为指导,广泛开展质量月征文、全面质量管理知识竞赛、QC小组活动,通过各项活动的开展,提升全员的质量意识、管理水平和产品质量的稳定性。

【对标挖潜】 为认真贯彻落实"全面对标找差,创建世界一流"的管理主题,马鞍山和铜陵两个混凝土主业生产分公司分别在成本、质量、服务等方面和同行业先进企业进行对标找差,在学习行业先进管理经验,弥补自己的不足方面做了大量的卓有成效的工作,为下一步开展紧跟行业内先进企业的成长和发展趋势,实现本企业高质量发展打下良好的基础。

【减员增效】 结合ERP管理系统的升级改造和混凝土运输、泵送工序的分包外委,两个主业分公司在产能不降反升的前提下,员工数量皆有不同程度的减少。对于因工序分包减员分流的人员根据其自身能力特点,进行优化配置,加强现场服务人员的队伍建设,在重点工程项目建设的现场服务协调上起到至关重要的作用,得到客户认可和一致好评。

【建章立制】 为强化资金、质量、安全、环保、廉洁等风险管理,公司结合宝钢资源国际党委巡察组对我单位的巡察问题反馈情况,先后制定印发《客户管理办法》《销售管理办法》《业务招待费管理细则》《商品混凝土质量管理办法》《合同管理办法》《固定资产管理办法》《商品混凝土公司全面风险管理制度》等38份管理文件。

【思政教育】 2021年,公司党总支结合"学党史,为群众办实事"系列活动,多次开展了"党总支书记讲党课"和公司主要领导下基层跟班蹲点活动,了解员工真实意愿,帮助员工解决实际问题。两级党组织和群团组织紧紧围绕公司的工作主题,广泛地开展形势任务教育,从正面对广大员工进行宣传和引导,并利用微信群等各种媒介传播正能量,凝聚人心,形成合力。

(童红武)

·安徽马钢矿业资源集团公司分公司·

设备工程科技分公司

【主要指标任务】 全年实现营业收入1.86亿元,内部替代外委利润1400万元,外部利润约200万元。

稳步推进姑山矿、南山矿检修资源整合,全年实现姑山、南山保产服务计划检修项目兑现率100%;承接青山尾矿库移管、白象山主通风机、高村铁矿排岩机、通廊皮带拆解,凹选矿厂捞砂系统技改、凹山生态公园设备搬迁等工程项目54项,替代外委约900万元。开拓张庄、罗河、桃冲、核桃山等市场,创收约2600万元。为适应市场需要,成功取得建筑机电安装工程专业承包三级资质。

【生产经营】 完成产线维保目标。全年实现姑山、南山保产服务计划检修项目兑现率100%;各车间强化管理,发挥检修资源整合优势,着力人事效率提升,产线工艺、设备指标不断优化,全年设备故障率逐步下降,年底实现产线"零故障"的良好成绩,有效保障白象山、和睦山、姑山铁矿、建材科技和高村半连续等重要产线的生产与安全绩效。全力开拓外部市场。成功承接桃冲矿锤式破碎机项修、桃冲线路10千伏拆除项目、张庄矿设备检修项目和核桃山场平设备维保项目。选派20余名检修人员远赴内蒙古宝德利矿业,连续奋战近一个月,顺利完成萤石矿选矿厂工艺维修恢复生产项目。替代外委取得新成效。公司通过"双协同"承接青山尾矿库移管、高村铁矿排岩机、通廊皮带拆解,凹选矿厂捞砂系统技改、生态公园设备搬迁等工程项目54项,替代外委费用约900万元。完成龙山红矿工艺设备恢复及改造项目、白象山大风机安装、姑山铁矿-142泵站移位工程、姑山矿粗破碎、中破碎设备拆除等项目,实现工程性收入800多万元,协同效益500多万元,为降低马钢矿业的经营成本做出积极贡献。

【企业管理】 充分盘活人力资源。围绕打造马钢矿业业务平台发展目标,根据宝武资源管控模式2.0和马钢矿业管控架构要求,完成组织机构优化和定编定岗相关工作,设立综合管理部(党群工作部)、生产技术部、安全能环部、市场营销部等管理部门。将4个作业区优化为3个运维车间,取消工段级,管理层级由"公司-部室、作业区-工段-班组"四级架构优化为"公司-部室/车间-班组"三级架构,班组由22个优化为13个。技术业务管理上移,采取派驻形式,实行技术业务扁平化管理,组织架构逐渐完善,治理能力逐步提高。平稳完成2021年姑山矿井下业务划转工作,划转143人。管理体系逐步完善。全面对接宝武资源、马钢矿业制度体系,按照分层分级管理原则,建立安全标准化管理、检修作业和相关方等管理制度。共建立修订制度、完善管理文件37项,为全面融入宝武体系、规范公司运作夯实了基础。为适应市场需要,公司成功取得建筑机电安装工程专业承包三级资质。

【安全环保】 全年安全生产形势总体平稳,未发生设备、环保等事故。认真落实企业主体责任,强化教育培训,完善安全管理体系,确保公司安全生产的顺利进行。修订完善《设备工程科技分公司安全管理体系规范》《全员安全生产责任制》等28项制度,修订安全履职清单,完善配套管理制度。落实安全履职活动。开展党员领导干部进党支部、进党小组、进班组"三进"活动,推进各级管理者安全履职,落实党政同责、一岗双责。狠抓隐患排查与治理工作。深化现场巡查、专项排查、综合检查机制,认真执行"日检查、周巡查、月督查"制度。组织开展安全生产危险源辨识与评价工作,危险源辨识范围涵盖所有的检修作业过程、活动、场所和周边环境,对危险源进行分级、分类管控。制作下发岗位危险告知书、四不伤害、重点岗位风险告知卡、危险源(点)汇总表、安全技术操作规程宣贯手册,提高员工安全防范意识,有效落实"双重预防"机制。修订完善综合预案、专项预案、现场处置方案三级预案体系。开展"触电应急预案演练""检修应急预案演练"和"高空坠落应急预案演练"等活动。防暑降温、防寒防冻等季节性安全工作做到早计划、早安排、早落实。

【现场管理】 依托"精益工厂创建"活动,深入开展精益现场管理工作。建立分层管理组织推进体系。成立公司创建工作领导小组,完善精益现场创建实施方案,搭建各车间、工区、班组组织架构。召开创建动员会,建立精益周例会制度,对重点任务进行剖析,保障项目的计划、执行、监督、改善,形成管理闭环。精益管理活动有声有色。开展精益现场管理知识全员考试,普及精益知识;举办精益工厂创建知识竞赛,推广精益管理思想及工具,激发员工参与精益创建的热情;开展"6S"管理"班组流动红旗"月度竞赛活动,形成争先氛围;为职工采购保温水杯,改善工作条件;推行精益检修,作业现场明显改善。精益管理意识有效提升。征集精益现场改善提案60余项,及时发现和梳理在精益创建工作中存在的问题,寻求科学解决办法,营造班组自主学习氛围,引导员工培育自主改善意识、提高自主改善能力,职工素质得到进一步提高。职工的行为习惯、思想意识逐步改变,精益理念、标准化管理逐步深入。

【党群工作】 党建引领融入中心工作。根据公司运营管理架构调整,将原6个党支部精简为3个,公司党总支及下属3个党支部分别按期完成换届选举工作,严格党员发展管理,全年共发展党员4名,接收预备党员转正3名。夯实“三基”建设,以有力的组织建设,激发释放党群联动新活力。认真开展党史学习教育活动,结合公司实际,开展“学习党史创一流,开拓进取作表率”主题教育实践活动,通过三大项13个举措确保公司党史学习教育走深走实。各级党组织紧扣安全生产,扎实开展党员安全两无活动,签订党员安全生产经营任务责任书,党员与职工结成安全互保对子、带头进行安全宣誓,以检修现场为中心,发动党员层层把好安全关,开展安全环境整治、党员带头查找隐患,发动党员围绕安全生产“献一计”,保证人均献计一条。争当“排头兵”,杜绝安全事故的发生。关心职工生活。强化宗旨意识,解民忧聚民心。解决职工诉求27项,开展“我为群众办实事”实践活动,围绕职工群众亟须解决问题为目标,为一线职工解决了加班餐、劳动用品、饮用水等问题,同时修缮班组,翻新党建室,改善职工休息环境。

【荣誉】 2021年,1人获中国宝武“优秀党务工作者”,1人获宝武资源紫金花银奖,1人获宝武资源“优秀党务工作者”,1人获宝武资源“优秀党员”。

(汪　冬)

生态修复科技分公司

【结构设置】 1. 按照宝钢资源“总部-区域公司-矿山基地”管控模式,结合公司现状,对原结构设置进行优化。设置综合管理部、计划财务部、工程技术部、生产经营部。2. 撤销计划财务部,其职能并入综合管理部,将工程技术部改名为设备工程部,生产经营部改名为生产技术部,新成立安全能环部。3. 强化“公司-部门-班组”三级架构管控模式,连续性工艺流程班组实行值班制。4. 强化协同管理,实现部门指挥生产扁平化,运营管控专业化。5. 技术业务管理上移,采取蹲点形式,集中-管控,实现技术业务扁平化管理。

【主要工作】 为了贯彻习近平总书记考察安徽时对标“杭嘉湖”、打造长三角“白菜心”的指示精神,并落实宝武“两于一入”“三治四化”的指导思想。1. 生态修复公司全力投入到向山地区生态修复与绿色转型发展的各项工作中去,公司派专人派驻政府治理专班,积极跟踪收集政府政策信息,并保持与政府良好的沟通机制。2. 开展凹山地质文化公园、南山地质博物馆、城门垌尾矿库复绿和尚桥尾砂综合利用项目、承担着凹山排土场酸水库酸水处理的工作,作为保障南山大生产的安全环保先锋队。3. 承接南山酸水处理及花山苗圃等专业化工序管理业务,为南山人事效率提升工作的人员安置做出积极贡献。

【愿景目标】 生态修复科技分公司将坚持贯彻宝武集团绿色发展理念,担当地区生态环境修复行业的首批践行者;努力打造一流的专业型生态修复科技公司,力争实现公司上市目标;为集团实现“矿业+资源综合利用+生态修复”、打造产业链生态圈打下坚实基础。

(张厚堂)

宝武重工(马鞍山基地)

【概况】 2021年6月1日,宝武重工对马鞍山基地相关单位实施专业化整合,成立区域化公司,名称为安徽马钢重型机械制造有限公司,由安徽马钢重型机械制造有限公司、安徽马钢表面技术股份有限公司、宝武重工有限公司钢结构工程分公司、安徽马钢东力传动设备有限公司、马鞍山基地管控中心以及安徽马钢输送设备制造有限公司的精铸分厂组成,同时托管马钢共昌联合轧辊有限公司。成立专业化公司,名称为安徽马钢输送设备制造有限公司,由安徽马钢输送设备制造有限公司保留下来的机加分厂、架体分厂、托辊分厂组成。2021年12月7日,宝武重工轧辊协同发展事业部正式成立,由上海科德、江南轧辊、宝山分公司和南京分公司组成,安徽马钢重型机械制造有限公司轧辊业务协同运营。

马鞍山基地两家公司以习近平新时代中国特色社会主义思想为指导,全面贯彻落实总书记关于中国宝武的重要讲话、重要批示精神,深入聚焦中国宝武“全面对标找差,创建世界一流”的管理主题,紧紧围绕高质量钢铁生态圈赋予的使命和任务,深入开展管理和技术创新,加快推进区域化、专业化公司品牌建设。落实宝武重工产业发展规划,推动装备制造产业结构调整和布局优化,提升资产运行效率,激发企业内生动力,追求极致专业化,培育优质品牌产品,加快融入钢铁生态圈,以“制造绿色、精品、智慧的产品和培育技术服务专业化能力”为发展定位,努力打造马鞍山装备(备件)制造业基地。

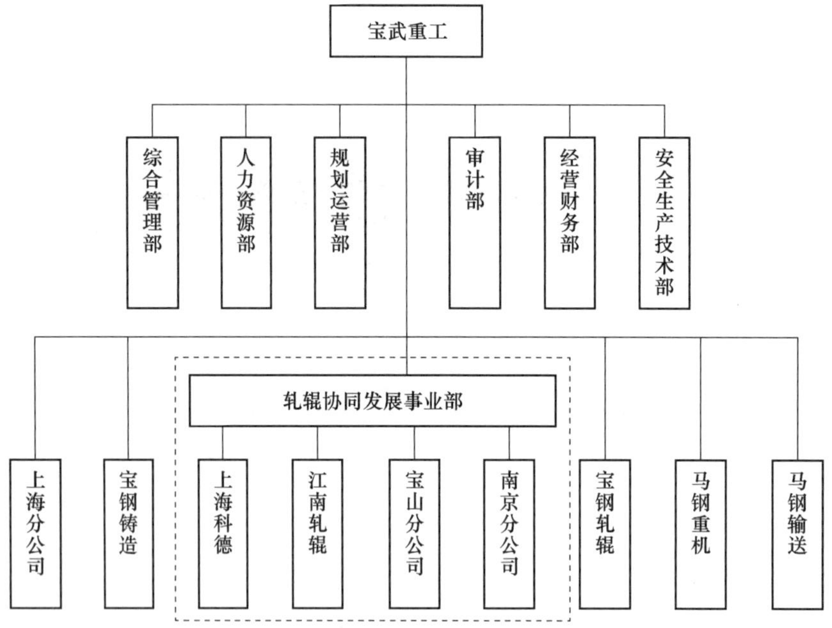

图6　宝武重工

(李升银)

·宝武重工(马鞍山基地)相关单位·

安徽马钢重型机械制造有限公司

【主要技术经济指标】 2021年,完成产品销售总量2.6091万吨;其中机械产品总产量2.8676万吨;实现销售收入20.1332亿元,比2020年增长26.1%;完成利润总额9109.33万元,比2020年增长121.8%;机械加工件产品综合合格率98.36%;铆焊件综合合格率98.66%;锻件综合合格率97.8%。

【生产经营】 2021年,马钢重机公司深入聚焦中国宝武"全面对标找差,创建世界一流"的管理主题,深入开展管理和技术创新,加快推进区域化公司品牌建设,以制造绿色、精品、智慧的产品和培育技术服务专业化能力为目标,充分发挥自身优势,确保经营绩效持续稳步提升,努力打造马鞍山装备(备件)制造业基地。创造历史最好的经营业绩,职工收入也实现稳步提升。

1. 依托马鞍山基地在"十四五"钢铁业规划中提出的"沿江沿海'弯弓搭箭'"战略布局中的区位优势,实现区域协同发展,加快将马鞍山基地的设备备件制造业务向中国宝武其他生产基地辐射,发挥规模效应。承接宝菱重工3套扇形段框架制作和锁紧缸活塞杆电镀任务,活塞杆电镀由宝菱提供坯料,马钢重机表面事业部进行试制,试制件已经宝菱重工检测验证,满足要求,后续视宝菱重工需求及时协同;4季度,中钢邢机向公司发来7件支撑辊的锻造协同制造计划,双方就支撑辊协同制造商务洽谈后正式签订,首件中钢邢机80吨支撑辊已在铸锻制造厂锻造成功,标志着锻件协同工作取得突破性进展。

2. 强化内部协同联动,打破单元管理壁垒,结合订单要求、生产计划及各基地生产设备情况,进行联动排产,营销与生产组织、各单元之间协同水平得到提升;不断完善生产过程预警机制,并按产品大小、需求量等特性划分生产区域,提高人员、场地、设备等资源利用率,确保各类订单按期交货。

3. 结合工艺、资源及任务保有量等实际情况,合理分析,编制更为合理和切合实际的生产作业计划;根据在手任务总量,结合内部资源平衡,对各种产品排定总体计划,及时补充跟进,在过程中不断协调,对重点产品,重点机床进行管控,制定有效措施提高机床开动率和生产作业效率,保证项目有效推进。此外,对重点备件实行独立排程、专人不间断跟踪节点,问题早预警、早解决。通过周生产滚动计划动态调整生产排程,使计划的可执行性提升。生产计划编排推行计划分级管控,减少外协量,提升内部自制比例和生产成本消化能力。

4. 形成统一的营销模式,平衡销售和全系统资源的统筹调配,解决了整合前的各自为战、发展不平衡和指标波动等问题。全面梳理企业产品,拟定46项冶金装备产品分类表,生成了基础、优势和战略产品清单,明确市场产品竞争策略。按产品特点配备产品经理和产品工程师,把产品的推广和承接责任落实到营销经理,初步建立产品营销工作机制。同时制定实施营销激励方案,指标到人,责任到人,进一步激发活力。

5. 积极响应市场需求,在马钢区域内诸多产线推进协议制总包模式。强化"首单"意识,坚定插红旗占市场的决心,主动开拓外部市场,实现"四山基地"的首单突破,如湛江钢厂裙罩项目已顺利交付;梅钢150吨钢包车项目、韶钢连铸辊、钢水包项目积极组织生产等。同时,成功与夏德公司签订南钢半门架刮板取料机的机械设备供货合同,承揽中冶华天出口阿曼型钢矫直机,承接中重院酸洗线设备合同。在首单项目的带动下,持续加强与业主方的沟通与交流,重点跟踪后续项目的实施,积极参与寻求承揽量的大幅增长。2021全年累计新增订单18.16亿元,较2020年增长21.7%。其中,宝武集团外新增订单7.87亿元,较2020年上升46%;马钢市场外新增订单8.46亿元,较2020年上升45%。

6. 经营管控,持续降本减耗,运行效益迈上新台阶。做好标财系统财务共享核算工作,进一步提升会计核算和财务信息化管理水平;积极推进降本增效工作;规范企业纳税行为,完成2020年度企业所得税汇算清缴及研发费费用税前扣除签证等相关工作。盘活存量资产方面:合理处置废旧物资,合理规划利用土地及厂房资源,利用大锻造区域从马钢集团无偿划拨到公司的土地资源,每月节约土地租赁费近10万元,实现土地盘活降本;将原抛丸厂房改造为重异辊组维修基地、原15吨电炉耐材砌筑厂房改造为重H锯片修磨维保基地等,实现厂房盘活;持续开展报废设备及废旧物资、闲置合金等处置工作,全年累计销售金额3845.74万元,达到资源再利用、区域再划分的目的,降低资金占用,释放场地资源。

物资采购管理严格按照宝武要求,全面实施阳光采购,全年采购上网率98.06%,完成98%的指定目标。在保证生产稳定的前提下,从源头把关,降低独家采购比率,全年独家采购率占比13.77%,超额完成25%的考核指标。与此同时,开展大宗钢材直采直供,直采价降低约380元/吨,年度降本达190万元;开展钢材贸易固定服务费年度供货服务招标采购,降低约272元/吨,年度降本达272万元。

【专业化整合】 实施专业整合,发挥协同效益,马钢重机作为"资源运营层"和宝武重工"一总部多基地"模式下区域化公司的试点,对宝武重工马鞍山区域内的原重机、表面、钢构、管控中心及相关单位实施专业化整合,不断创新管控模式,完善管控架构,逐步建立起精简高效的组织体制和贴近市场的灵活机制,持续夯实高效稳定的生产运营管理基础。逐步探索实现从专业整合走向深度融合,从单向赋能迈向共建共创,从对内聚焦进入外向拓展。制定并推动落实专业化整合首日计划、百日计划,按照"尊重历史、结合实际、体现绩效"的原则,统筹建立起员工绩效评价体系。经过半年的艰辛摸索和努力实践,按质按量完成专业化整合系列任务,在管理、技术、资源、区域四大方面的协同效应初步显现,管理效率得到明显提升。

【企业管理】 1. 牢牢把握"全面对标找差,创建世界一流"管理主题,对标22家装备制造类上市企业,以"三高两化"为实施路径,明确自身与业界最佳的差距,建立全员、全过程、全覆盖的马钢重机对标管理体系,更有效地推动公司向业界最好水平看齐靠齐;组织核心管理团队到宝菱重工考察学习,从土地利用效率、劳动生产效率、营销管理能力等多维度剖析企业的优劣势;同时将对标管理融入组织绩效评价。

2. 聚焦企业债务风险、法律风险、运营风险等,对接36项国资风险监测要求,抓好各类风险的监测预警、识别评估和研判处置,强化全面风险管理过程跟踪。构建并动态梳理《马钢重机制度树2021版》,其中沿用上级制度文件130项,自行编制完善180项,形成上下贯通、分层分类的管理制度体系;规范公司对外经济业务授权管理行为,编制《2021年马钢重机公司常年授权方案》,制发授权委托书;发布《内部控制自我评估标准》,组织公司内部控制自我评估工作,完成公司2021年度《内部控制评价报告》,确保公司体系完整、全面控制、执行有效。

【技术创新】 1. 整合技术研发资源,形成技术聚积合力,研发范围覆盖机械设计制造、电镀技术、喷涂技术、氢能设备技术、工业炉窑技术、智能制造、钢结构技术等领域。梳理原各单位年度科研项目,重新评审发布39项科研攻关项目,并实施分类管理原则。重点围绕钢铁主业的高效、长寿、稳定,以及大宗、常耗件,组织机械制造、再制造的科研开发。组织策划氢能技术、桥梁钢结构、表面处理等前瞻性、高关联、高性能、高工艺等技术研究,强化公司专业技术实力,促进内部技术协同,优化专业技术队伍建设渠道,支撑公司生产、经营和发展。

2. 聚焦专利来源,提升专利申报质量,共申请专利62件,其中发明专利16件;授权专利50件,其中发明专利6件。此外,受理PCT国际专利3件,开始尝试将专利布局范围扩大至海外。同时,为充分发挥专利资产的价值,有序管理知识产权事务,公司建立一系列知识产权运营制度,不断丰富完善知识产权运营体制。

3. 在重点科研项目和新产品研发上亮点频出。以"双碳"目标为契机启动的"电解水制氢设备制造技术研究"项目正在快速推进中,通过30立方米电解槽制造,为后期大功率电解槽研发奠定了基础;"连铸结晶器铜板新型涂层的研究及应用"项目已掌握结晶器宽面板HVOF涂层的制备理论和制备工艺,喷涂涂层最高通钢量已达25.7万吨,超过电镀涂层平均通钢量1倍;"混铁车伸缩式保温加盖机械人研发"项目成功在宝钢股份、马钢股份应用;"马钢交材智能化机械手研发"等项目也在稳步推进。

4. 以公司自主创新为基础,积极开展同北京科技大学、上海交通大学、安徽工业大学等国内知名院校的产学研合作,同时加强同中冶赛迪、七一八所等科研院所的合作,积极开发新产品、新工艺、新材料的应用,并针对领域内的关键技术进行合作研发,在新能源技术等多个专业领域培养创新型人才队伍,扩大成果的转化和应用,实现技术突破和产品成果化应用,推进冶金行业产业链延伸和产业转型升级。其中与安徽工业大学开展的产学研项目"芯'素'面'硬'耐热蚀长寿命冶金连铸辊整周期应用研发"获安徽省科技重大专项立项。

【安全环保】　牢固树立"安全第一、违章为零、隐患为零、事故为零"的安全"1000"和"违章就是犯罪"的管理理念,建立健全安全目标责任体系,持续完善安全风险分级管控和隐患排查治理双重预防体系,通过危险源辨识、安全互查互改及危化品专项治理等行动措施,安全主体责任进一步落实。建立完善安全管理制度体系建设,编制下发安全管理文件38份;事故综合应急预案1项;事故专项应急预案13项;岗位安全操作规程涉及59个工种。对相关方开展安全生产法与安全管理制度培训,汇编安全管理告知书下发至所有相关方。制订安全评价细则,对相关方开展安全评价。全面盘点公司协力用工现状,建立协作管理标准清单及供应商负面清单,加速推进供应商整合,培育战略协作供应商,本质化提升协力安全管理能力。

环保治理持续加强,绿色发展不断提升。围绕中国宝武"三治四化"要求,不断落实环境保护主体责任,加速绿色厂区建设。落实《宝武重工长江流域环境保护工作方案》,按照《中国宝武长江流域环境保护总体规划》的要求,公司结合《长江大保护警示片披露问题重点整改任务》的整改销号工作,于2021年1月通过省生态环境厅组织的现场核验。严格执行排污许可管理要求,健全环境监测方案,确保达标排放,杜绝环保处罚事件。表面技术事业部于9月完成排污许可证变更及延续审批通过并核发,同时完成精铸车间排污许可证整改要求,并取得排污许可证。

【党群工作】　1. 扎实开展党史学习教育活动。以党史学习教育和纪念建党100周年为主题,公司领导人员结合各自分管工作,深入基层开展党史学习教育大调研,撰写调研成果8篇;各党组织书记、党员领导人员去基层联系点或所在党支部讲党史学习教育专题党课27次。组织105名党员代表开展红色基地教育活动,组织315名党员开展"我心向党迎百年""七一"电影党课活动。

2. 巩固加强基层党组织建设。与宝钢轧辊签订党组织共建协议,健全技术、市场协同工作机制,形成规范化党建和企业管理协调共享机制,实现双方党建工作和生产经营质量共同提升。按照党建工作"四同步""四对接"的要求,于6月3日完成新马钢重机党组织设置,下设3家党总支、7家党支部,共10家直属党组织。

3. 开展"锐意进取、主动担当、团结协作"重工精神大讨论主题党日,组织策划开展"整合融合怎么看,高质量发展怎么干"主题大讨论活动。期间,先后组织人员到同行企业学习先进管理经验,邀请外派挂职锻炼干部来公司作学习感悟交流,策划开展党务工作者座谈会、马钢重机2021年度高级管理人员能力提升研修班,联合团委开展"青工畅议谋发展 解放思想我先行"主题团日等,以此进一步解放思想、拓展工作视野、培养全员创新能力。活动共收到意见建议15条,公司管理人员、自管干部个人心得体会 74 篇，团队成果 11 份，有效发挥了“参谋智囊”作用。

4. 加强党风廉政建设。制订《实行党风廉政建设责任制的规定》和《考核评价办法》，围绕“全面从严治党”等五个方面制定 17 项重点工作，落实经济责任审计 17 项反馈问题的整改，开展中国宝武党委巡视反馈意见 15 项对照整改，持续推进宝武重工党委巡察反馈 10 个主要问题整改。

5. 工会积极开展包括“全面对标找差、创建世界一流”劳动竞赛、“我为企业‘对标找差创一流’献一计”活动等在内的群众性创新创效活动，着力建设懂技术会创新、敢担当讲奉献的产业工人队伍，不断弘扬劳模精神、劳动精神、工匠精神，推动职工创新创效走深走实。加强职工劳动保护监督工作，强化职工维权服务，努力构建新时期和谐劳动关系，科学规范落实民主权利，多措并举实施精准帮扶，解决职工“急难愁盼”，配合党委积极开展“我为群众办实事”实践项目 12 项，持续提升员工“三有”生活水平。团委立足政治属性，通过凝聚青年加强政治理论学习，突出典型示范带动作用，组织开展“学党史 办实事 建新功”主题团日、“做奋斗者”岗位建功评比等系列实践活动，不断坚定青年职工理性信念。同时增进企业各级管理者与青年的沟通交流，积极拓宽青年成长渠道，为青年争取购房首付贷政策，组织青年参加大小联谊活动，为青年搭建展示自我才艺的平台，服务青年职工的实际需求。

（李升银）

安徽马钢输送设备制造有限公司

【指标完成情况】 销售收入 2.6 亿元，完成计划 104%，比 2020 年增长 10.8%，其中外部销售 6569 万元，完成计划 109%，比 2020 年增长 17.3%；利润总额 845.3 万元（剔除改革成本等考核因素），完成计划 140.9%，比 2020 年增加 499.3 万元，比 2020 年增长 144.3%；净资产收益率 ROE 4.52%，应收账款周转率 4.15 次，存货周转率 3.63 次。

【市场开拓】 马钢市场：完成炼铁总厂 A 号高炉大修工程带式及管状输送机、落地堆场环保升级改造工程带式输送机、带式焙烧机 EPC 工程；马钢港务原料总厂 2E 筒仓项目、马钢焦炉大修改造工程输送机等项目。宝武市场：借助宝武重工平台优势，在重工领导、部门大力支持下，在成套输送机项目及年度备品备件，先后突破宝钢梅山基地、重钢、八钢、宝钢德胜等，新增宝武生态圈客户 6 家，新增订单约 3000 万元；外部市场：借助重工平台优势，强化设计院及央企合作，先后承接中冶赛迪上海工程技术有限公司胶带机，沧州中铁装备制造材料有限公司炼钢厂钢渣加工线设备胶带机项目，中煤印尼项目等；在确保资金安全下，深化原有外部优质客户合作，先后承接煊马传动机械（上海）、无锡宝通智能物联科技有限公司高炉主皮带滚筒和托辊等项目备件。2021 年，外部市场累计销售约 6500 万元，外部市场占比达 25.6%。

【技术研发】 重点科研项目研发方面：马钢 A 高炉大修工程环保型空间转弯圆管输送机科研项目一次性带料试车成功；揭榜挂帅项目“全密封环保型导料槽设计开发”稳步实施；研发项目“履带式储带移置输送机”获宝武重工 2021 年岗位创新成果奖技术类三等奖；宝武重工“露天矿用成套输送设备”获中国宝武 2020 年社会责任优秀案例提名奖。

积极争取政府科技政策支持，通过 2021 年第一批高新技术企业复审认定；完成省级企业技术中心认定申报；获得安徽省第三批省级“专精特新”中小企业荣誉称号。同时完成专利申报 9 项（含 2 项发明），授权 7 项实用新型专利。2021 年，研发费用累计 845.6 万元，研发投入率 3.25%，完成目标的 108%。

【专业管理及基础管理】 围绕 2021 年“三高两化”指标体系，补短板、强弱项，寻求精细管理新突破，以管理为基础，以降本增效为目标，形成上下联动的全员对标局面。

围绕年度“两金”管理目标，全力降本控费。其中合理利用库存开展利旧和改代降本达 20 万元，产成品及原材料库开展利库降本达 201.98 万元；通过优化资本结构，减少带息负债，利用票据池提高资金周转率，全年减少资金成本 18 万元；围绕设计、采购、制造、财务及无效资产处置、低效资产盘活等一系列有力措施，经过公司广大干部职工共同努力，全年累计降本达 933 万元。通过月度资金平衡会，“量入为出，压实责任”、加强历史应收账款催收力度；加速产成品库存周转、加速应收账款周转，开通宝武通宝账户平台，全年经营性现金流净额达到 3001 万元，确保公司经营性现金流安全，为公司经营稳定、确保职工收入增加奠定基础。

精简机构、优化人力资源配置，同口径 2021 年末在岗正式工对比2020年末优化9.17%;推进协力管理变革做实做深,"插入式"协力用工全部消除,协力供应商压减至3家;开展组织机构优化,职能管理部门调整为4个,分厂实行"三块牌、一套班子";优化激励机制,完善生产单元组织绩效评价、营销及技术人员收入分配办法。

强化固定资产管理,2021年完成固定资产投资合同签订436.79万元,依规处置闲置报废设备13台,回收资金80.23万元;完成排污许可证申领,做到固危废合规处置,完成喷漆房及漆雾处理设备安装投运,漆雾处理排放达到预期效果;修订完善采购、设备、环保等管理制度;加强安全管理制度梳理修订,不断完善各项应急救援预案,强化安全培训;配合宝武标财系统、经营管控系统等信息化系统上线各项工作;完成2021年体系内审及管理评审,通过国金衡信公司"QEO"三标体系认证年度审核。争取政府政策扶持资金约70余万元。

【党建工作】　立足扎实开展党史学习教育,把深入学习贯彻习近平新时代中国特色社会主义思想贯穿于各项工作始终,有效发挥党建引领作用。坚持马钢输送党总支研究讨论前置程序,"三重一大"事项前置把关审议16项,审定27项;坚持党管干部原则,不断优化干部管理队伍,管理人员由12人压缩至7人,主动与党员干部开展谈心谈话15人次,不断强化党员干部的提醒教育;组织开展宝武重工精神全员大讨论、输送大讲堂、基层党组织共建、为职工洗衣服志愿者服务月活动、党员义务献血奉献爱心公益活动,深化党史学习教育成果;开展"党员示范岗""党员责任区"创建工作,构建党员责任辐射空间,以党员"登高"计划为载体,使党员"亮身份、亮承诺、亮业绩、当标杆",激发党员立足岗位争做贡献,充分发挥党员先锋模范作用;持续推进"我为群众办实事",实施完成两批共31件实事项目。

深入落实企业民主管理工作,推进厂务公开,围绕企业生产经营和发展目标,常态化开展"献一计"活动,共收到献计133条,采纳80条;深入组织"全面对标找差,创建世界一流"系列劳动竞赛;深化职工岗位创新活动,"履带式储带移置输送机"项目获宝武重工岗位创新成果三等奖;推动落实职工"三最"问题3项;关爱职工身心健康,组织全体职工健康体检、职业危害岗位人员职业健康体检;认真开展"元旦春节、中秋国庆、金秋助学、大病救助"等帮困送温暖活动。

(李贵卿)

马钢共昌联合轧辊有限公司

【主要经营指标】　2021年,马钢共昌联合轧辊有限公司完成支撑辊销售4661吨,来料加工841件,实现轧辊销售收入5653.50万元,实现利润22.38万元,产品质量稳定,安全生产情况良好。

【生产经营】　全年共生产制造、承揽来料加工共计13550.032吨,其中支撑辊5251.992吨;新开发马钢重型H型钢一系列产品,包括BD辊新开槽型制造和水平辊服务加工。进口设备实现自主维修改造,特别如美国铣床铣头拉刀系统改造等,全年节省成本约10万元。积极开展进口备件国产化工作,其中国产刀具占比98.15%,每年节约成本17万元;热处理备件国产化每年节约成本9万元。采购系统加强核心原材料渠道拓展,通过反复试用验证成功引入多家国内锻钢毛坯供应商,借助市场竞争机制有效降低采购价格,仅毛坯采购价格一项下降约3%。细化质量分析,工艺纪律巡检,开展SOP培训等系列措施,产品质量稳步提高,全年工艺一次合格率94%以上。加强内部技术改造,通过热处理煤气炉改造提高公司安全生产标准。

【市场开拓】　由于受严峻的全球疫情形势影响,海外市场及运输受到较大冲击,市场从内外兼顾转变到以内为主,以外为辅的模式,进一步巩固国内外原有核心客户的同时,把开发市场的目光主要放在国内各大钢铁企业。借助设备技术优势,与股东方协同配合,为马钢重型H型钢产线及江苏共昌提供磨辊间轧辊维保及轧辊协同服务,共计协同完成轧辊产品900多支、5000多吨。2021年共新增合同30余份,合同总额4000多万元。

【财务管理】　加强效益测算,为实现盈利,积极预测,从成本角度加以分析,从经营角度加以管控,严控非生产性支出。拓展银行融资渠道,通过建行开具承兑汇票1975.60万元,减少现金支出,加强资金安全管理,通过合理筹划全年利息收入89.45万元。变现能力在2021年度得以提升,销售现金比率达到68%。

(帕　然)

马钢集团物流有限公司

【概况】 2021年,马钢物流以打造物流产业,实现企业物流向物流企业转变为定位,保持战略定位不变,运营思路不变、坚定服务基地主业不变,营收和利润均创历史新高。实现营收22亿元,完成计划169%,比2020年的12.78亿元增加9.22亿元;利润1亿元,完成计划118%,比2020年的7850万元增加2150万元;外部收入4.87亿元,完成计划218%,集团外占比22%,比2020年的1.82亿元净增3亿元以上。与此同时,净资产收益率、经营活动现金流等重点质量指标均处于较好水平。

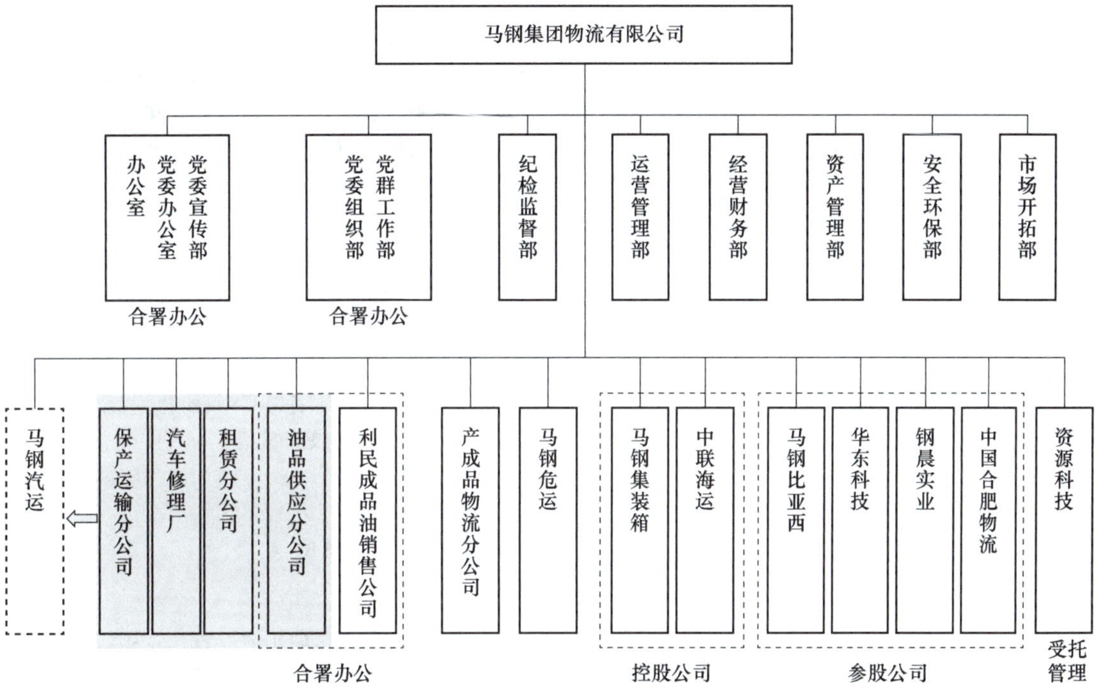

图7　马钢集团物流有限公司组织机构图

【企业管理】 在马钢股份产量屡创新高、外贸退税集中发运、成本上升运力难控、疫情汛情影响等场景下,提供有力支撑并获得较高评价,依托专业化总包、属地化协同,创新"三明治"式物流总包模式彰显优势;合肥板材基料运输屡创新高:月度15万吨创历史纪录,铁运占比达90%,年预计为合肥板材降本1000万元,体现了较强的综合运输协调能力。2021年以来,马钢轨交成功与俄罗斯、乌兹别克斯坦达成中国铁路外建外输的重大技术合作项目,但受新冠疫情的影响,国际运力极其紧张,4万片定制车轮发运受阻,马钢面临国际合同违约风险,马钢物流积极取得省、市政府支持,积极协调铁路部门,解决中欧班列一列难求问题,为基地主业提供强有力支撑。全面对接欧冶云商,完善并制定、修订马钢物流制度树清单,执行欧冶云商制度210项,马钢物流制度93项。开展年度全面风险识别评价工作,完成内控自查自纠、经营风险隐患排查工作。基本实现制度管人,流程管事,标准做事。

【产业项目】 马钢铁路物流港集装箱集疏运工程项目建成投用,为马钢物流拓展大宗材料的"散改集""公转铁"集装箱业务提供支撑,为积极申报中欧(亚)班列平台公司提供了前提条件;合肥派河物流园项目完成了可研,即将履行相关决策程序。该项目的建成将为马钢物流"仓、港、站、园"的发展战略打下坚实基础,为企业物流向物流企业转变迈上坚实一步;紧紧围绕马钢股份实施清洁运输、申报超低排A类环境绩效企业、3A景区、厂区物流车辆大整治的管理要求,抓机遇、育新机,成立集电车充电、换电、维保一体化的区域车辆运营中心;启动厂内车辆"车型相对统一,标识规范统一,维保集中统一,运营管理统一”四统一平台建设,为基地主业提供服务保障,增加服务黏性;根据马钢集团厂办大集体改革要求,在欧冶云商的支持下,实现收购利民商贸加油站项目,利于马钢物流更好的发挥三站三点油品供应管理及资源优势,拓展物流产业链、安置公车改革富余人员。

【市场开拓】 2021年,马钢物流通过结构性调整,协同引流和供应链业务持续增长,生态圈协同引流业务比2020年增长158%。与合肥晨光共同主导的协同引流业务取得了大幅增长,业务涵盖钢材、水泥、熟料、煤炭、矿石等品种,运输方式以水运、汽运为主,服务对象主要为南阳汉冶、六钢、国电、海螺、南钢等大中型企业。基于客户需求和物流服务基础的供应链业务继续稳步开展,品种涵盖矿石、煤炭、钢材、水渣。2021年全年营业收入中外部市场占比59%,比2020年上升18%,外部市场拓展成效明显。各类运输均出现不同程度的增幅,联合运输作为核心竞争力与业务拓展的主导方向,在经营业务中物流量占比64%、营收占比63%、经营毛利占比75%,2021年联合运输实现了三项指标权重第一。

【安全环保】 以落实管理者安全履职和全员安全责任为抓手,强化全员危险源辨识,持续深入开展全员隐患排查治理,实施安全生产专项整治三年行动,狠抓危险化学品、消防、道路运输、危险废物、协力等重点领域的风险管控,做好“三高”(高危时段、高危人群、高危作业)的安全管理,紧盯华东科技项目、集装箱项目等建设项目高危作业和协力管理。结合马钢集团开展厂区物流专项整治契机,在驾驶员中开展“查隐患、除陋习、养习惯、树形象”百日行动,有针对性的强化道路交通安全和协力安全,严查习惯性违章,践行“违章就是犯罪”理念,对发现问题督促举一反三、落实闭环整改,确保安全生产形势平稳。同时,以新安法宣贯培训为基础,开展安全月和吸取事故教训、职业健康教育、应急演练及VR体验等方式开展教育培训,不断增强全员安全意识。

以长江大保护为契机,编制马钢物流长江大保护2021—2025年规划,同时重新修订《马钢物流长江大保护行动实施方案》,确保方案既满足国家和上级部门的要求,同时符合马钢物流环境管控不断提升的要求。按照宝武和欧冶云商的统一部署,开展环保风险自查自纠活动,从运输环境质量、汽车修理业务、固危废管控、项目管理、办公活动等环境风险方面开展拉网式自查自纠工作,做好中央环保督察组督察安徽马鞍山期间的日常环境管控工作,落实市生态环境局巡查发现问题整改后的稳定运行,迎接市局、省厅的多次复核验收,均能稳定达标获得专家的认可。对马钢汽运修理厂区域报废机动车拆解作业发出《安全环保限期整改通知书》,并督促按期整改完成。

扎实推进“三治四化”各项工作,加强废气、污水和固、危废的治理,打好污染防治攻坚战,开展能耗源、环境因素辨识评价,新一轮固危废、环保合规性、排污许可管理自查自纠工作,确保环保管理受控。开展马钢物流环境日、节能周、低碳日活动,组织参加中国宝武及总部“长江保护法解读”“能环管理信息统计”“废水零排放”“危废管理法规”“碳达峰碳中和行动方案”等业务培训,不断提升全体员工的节能和环境保护意识。

【专业化重组】 为落实国企改革发展任务及完成集团压缩管理层级要求,马钢物流、马钢汽运开展专业化重组,通过管理整合与机构改革,减少管理层级,充分发挥人力资源与管理资源统筹调配优势,推动马钢物流高质量发展,马钢物流“集团化管控、板块化协同、专业化运营”架构更加完善。

(隗满意)

·物流公司二级单位·

安徽马钢汽车运输服务有限公司

【主要技术经济指标】 2021年,马钢汽运实现营收45156万元,利润总额8987万元,圆满完成各项经营绩效指标。

【生产经营】 在马钢股份强制降本5%、全面调整运价体系、总包价和台班价转变为吨价结算的情况下,通过调整运输项目和计划运量匹配年度预算等措施,努力扩大新增运输收入,确保年度预算通过马钢股份评审,应收收入无亏欠。

承接马钢炼铁总厂A号高炉和B号烧结机大修期间废钢(普通废钢、超限废钢)和废旧物资的运输回收任务。通过制订专项保供运输方案和安全操作规程,落实各项管控措施和要求,确保运输作业安全稳定顺行,彰显马钢汽运公司强大的运输组织能力和优良的服务品牌。自9月15日至10月30日,45天时间内,自卸车废钢运输2581车,拖平半挂车废钢运输342车,物资回收88车,累计创收近160万元。

配合四钢轧提升热装热送率,增配板坯红送车辆,增设保产班次,拓展板坯红送运输任务,共计运输热送板坯67.69万吨,为总厂热装热送率的迅速提升提供了坚实的保障。

积极推广环保车型的使用,持续推进吸排式罐车的应用,承接炼铁北区烧结除尘灰及欣创环保北区除尘灰的运输项目;协调股份公司相关部门和总厂,持续推进卷板框架车运输的应用。

【安全环保】 持续推进智慧安全建设,提高信息化管理水平。完成VR安全、消防培训项目的建设及验收,并组织开展VR应急及虚拟灭火使用和教育培训教学。持续推进安全管理体系建设,对接欧冶云商管理制度体系,修订安全环保制度20个,应急救援预案5个,安全操作规程54个,新增安全管理制度3个。并顺利通过安全标准化换版评审认证。根据年度安全环保工作计划、三年安全专项执行行动方案等各类专项计划,推进四分公司雨污分流、六分公司抱罐车维修现场油污处置及汽车修理厂危废库建设,落实宝武环保风险自查自纠相关问题整改。

【企业管理】 全面融入宝武管理体系,持续推进制度建设工作,完成现有综合、安全、能源环保管理体系与宝武体系对接,并顺利通过了综合管理体系第三方监督审核。精细化开展对标找差工作,季度发布公司和各单位层面对标找差分析报告,督促各分子公司完善对标找差体系,学习同行业先进经验和做法,改善自身各项指标。

【多元业务】 汽车修理业务方面,汽车修理厂在做好内部服务保障工作的同时,充分利用修理厂的各类资质条件和品牌影响力,推行市场化运作,扎实提升修理厂的市场竞争力。获国家专利局授权实用新型专利2项,并荣获"2017—2020年度马鞍山市先进集体"称号。

油品经营业务方面,油品经营分公司在稳住现有市场的基础上,主动对接钢晨物流园、飞马智科、上海宝冶等公司,新增燃油保供业务单位8家,全年创收约500万元。积极策划并开展汽油零售业务促销活动,累计新增储值卡用户578个,储值业务合计786万元。全年完成汽、柴油销售1.37万吨,实现营业收入1.02亿元,利润1340万元。

危险品运输业务方面,危运公司通过市场化竞争承接马鞍山矿山研究院姑山矿民爆器材运输项目;通过产业链业务协同承接马钢冶金服务公司的厂区柴油配送业务。在国家交通运输部、省交通运输厅、中国宝武及欧冶云商的安全督导检查中获得肯定和好评。

汽车租赁业务方面,租赁分公司积极走访马钢交材、马钢矿业资源公司、欣创环保科技有限公司等用车单位,探寻合作模式,开展裸车租赁业务,基本实现对宝武马鞍山区域单位业务的全覆盖,完成马钢集团外部创收350万元。

(印体明)

·物流公司合资公司·

比亚西钢筋焊网有限公司

【主要经营指标】 2021年全年实现销售收入3.68亿元,销量合计7.4万吨,实现净利润1328万元。

【市场营销】 2021年,马钢BRC持续推进"攻就地加工服务模式、攻重点大客户、攻钢筋焊网代理商、补应收账款短板"的"三攻一补"营销策略,全力开拓就地加工服务模式,2021年落实建成江西加工中心,同时,在全行业率先开启"代理商"模式,重点大客户得到稳步拓展。2021年下半年启用马钢筋桁架生产设备,市场开拓工作提前介入,附加值较高,较好地补充焊网产量不足的短板。

【生产组织】 克服市场需求量波动大、人员补充不及时、新员工流动性大的困难,合理组织生产,提高反应速度。2021年固定资产总投入1190万元(包括广西、江西两处加工中心),固定资产成新率提升至33.55%。坚持设备每周保养和检修工作,提高设备维护水平和故障处置能力。全年无重大设备事故和故障,为生产提供有力保障。

【技术创新】 对内理顺内部管理流程,清晰责任,设立质量控制标准;对外从技术质量角度打好公司质量牌,在多个项目树立公司的质量信誉。全年申报专利2项,其中发明专利2项;获得知识产权授权9项,其中国外发明专利1项,填补马钢BRC在该领域的空白,国内发明专利1项,软件著作权1项。新产品开发,马钢BRC钢筋混凝土用钢筋焊接网(L型)被省经信厅认定为"2021年度安徽工业精品",申报2项新产品,其中1项被省经信厅认定为2021年度第四批

"省级新产品"，2项产品申报"省高新技术产品"。同时，马钢BRC还被省市场监管局推荐为2021年度安徽省皖美品牌示范企业。

【采购管理】 把握采购时机，精准采购。在钢材市场剧烈波动时，能够精准实施采购，采购性价比合适的原材料，公差基准控制，为公司生产经营创造高价值。2021年和钢晨实业钢材分公司签订框架协议，马钢品牌和六安品牌的置换，大大降低原料采购成本。

【财务体系】 金融机构合作取得极大进步，都为纯信用授信模式。新增招行授信、原建行授信年限扩展为两年，新增鼎E信、招行云证等金融平台。配合销售，注册开通各类供应链票据平台，拓宽应收账款回笼通道。

【企业管理】 梳理职能、明确职责、修订流程，加大员工培训、提升员工能力，改革薪酬绩效制度，搭建人力资源管理体系，初步形成与企业管理相适应的团队；规范会议和计划体系，提高工作效率和执行力；加强员工关系管理构建和谐企业，通过合理的薪酬保障体系，合理的员工发展通道，配套的增值关爱福利和活动，提高员工的幸福感。全力做好新冠疫情防控工作，按照市、开发区及马钢相关防疫政策要求，全年做好疫情防控各项工作报告、防疫物资发放和防疫知识宣传工作，确保防疫工作落到实处。

（吴　娴）

马鞍山钢晨实业有限公司

【主要经营指标】 2021年，面对大宗物资价格剧烈震荡、外部经营环境急剧变化的不利形势，公司始终坚持"加快业务转型，加强基础管理，提升经营质量"的工作思路，快速响应市场变化，及时调整经营策略，创新经营模式，通过全体员工不懈努力，销售收入创历史新高。

【市场开拓与项目开发】 2021年，公司21个主要产品中有7个创年度历史新高。各单位积极开辟新市场、新渠道，增加新品种、新产品，取得显著效果。在项目研究方面，编制加氢站技改项目、增加压缩机项目可研报告，目前正在开展设计和流程审批；提交无锡吴越化工项目合作、试卷印刷、废钢基地项目调研报告；调研换电站项目、空分项目、太阳能光伏及生物质供能等项目。

【企业管理】 在人力资源管理方面，完善四条职业通道建设，优化岗职体系，完成员工职等职级评定，遴选部长（主管）级人才，开展高级人才的续聘和申报评定工作；完成薪酬套改工作，建立职称评聘制度；按照"1+1"模式对劳务公司进行优化，重新签订劳务派遣协议，荣获经开区"和谐劳动关系示范企业"称号。

在运营管理方面，制订公司风控管理制度；开展企业资源计划系统升级上云工作，重新梳理了组织机构以及业务流程。政策申报成功获批6个项目：物流园公司市级企业技术中心，数字化车间，专精特新，晨马公司规上企业入库，绿能公司，氢业公司高新技术企业入库。

在财务管理方面，适时利用票据贴现降低资金成本；推进业财融合，利用供应链金融等方式，为业务提供资金支持，实现创效438万元；每月对商业计划书执行情况及分子公司效益情况进行分析，为生产经营决策提供支持。

【精神文明建设】 坚持以习近平新时代中国特色社会主义思想为指导，深入学习贯彻党的十九大及十九届历次全会精神，扎实开展党建工作，坚持好中选优，2021年2名预备党员转正，2名发展党员转为预备党员，发展5名积极分子。深入推进企业民主管理，广泛征集合理化建议合计99条；切实关心关爱员工，安排员工年度体检、大病理赔及慰问等工作。

【钢材公司】 年销量超过73万吨，营业规模创历史纪录，巩固本地区行业龙头地位；丰富经营品种，开拓特钢、钢坯新业务，形成新的经济增长点；利用钢晨品牌优势促进了工程项目销售；及时调整经营策略，积极利用电商平台、分销、托盘、订单营销等组合形式，克服市场行情大幅波动影响，化解库存风险，创造良好效益。

【物流园公司】 仓储、保产、配送三项指标均创历史记录；继续打造仓储、钢贸两个平台，全年仓储吞吐量达469万吨，存货货主超过450家；配送业务依托钢晨品牌优势，完成现货直供73万吨，开展钢坯配送13万吨，新增合肥营业网点，维护区域大客户；积极响应国家环保、治超政策及马钢厂区整治规定，续标焦煤、烟煤及长江港口的内倒业务，拓展灰片运输业务。

【神马公司】 年销售量129万吨，营业规模创历史纪录；与六钢开展进口矿业务，创新供应链金融垫资业务模式；调整废钢业务结构，拓展了鞍钢股份等废钢业务，荣获"全国优质废钢加工配送企业"称号；增加煤炭、生铁、改制剂与建材石子等新业务，其中煤炭销售17万吨。

【报业公司】 快速响应外部环境变化，充分利用印厂整合时机，全年印量超过4000万对开张，完成预算目标；数码业务在营销合作、客户管理、激励机制等方面进行探索性尝试，完成技术积累。

【润滑油分公司】 受宝武重组政策影响，分公司积极调整策略，多次与中石化洽谈，签订了马钢润滑油服务委托合同；适时转变经营思路，积极利用厂内转运和现场服务优势，与危废处置厂家达成危废外委处置服务协议，与废油处置单位签订废油转移现场服务协议，基本稳定经营局势。

【绿能公司】 新开发客户36家，发展众多精加工企业、检测单位和科研院所用户，新增业务量基本填补造船市场萎缩缺口，并带动附加值高的特气、高纯气体销量上升；积极推动同行之间相互协作，避免恶性竞争，促进了气体价格理性回归。

【氢业公司】 以优化业务为抓手，保障大客户的产品供应，创造了单月气瓶销量新高；加大了钢瓶市场开发力度，拓展了电厂渠道；经过半年的建设，气瓶及移动式压力容器充装扫码信息系统已稳定运行，提高安全管理水平。

【铜陵远大公司】 积极协调政府及村民关系，加强安全生产管理，有效保障生产时间；根据项目开工及周边矿山价格波动状况，灵活运用销售策略，提高了经济效益，创造历史纪录；积极与政府有关部门沟通协调，争取通过三矿、四矿矿权合并方式解决历史遗留问题。

（王心宇）

集团公司其他委托管理单位

马钢国际经济贸易有限公司

【主要指标】 2021年,马钢国际经济贸易有限公司在完成各项财务指标要求同时取得显著经营成效。合并实现营业收入98亿元,比2020年增长69%,利润总额8000万元,比2020年增加100万元,净利润6000万元(未经审计),比2020年增加121万元,经济增加值(EVA)1925万元,比2020年增长1503%。

【经营成果】 2021年铁矿石市场由于供需矛盾突出,市场波动剧烈程度历史罕见。铁矿普氏62指数从2月初150美元单边上涨至7月近230美元水平,为近十年历史新高。随着国内钢厂限产政策的趋严,矿价在短短一个半月时间从高点跳水到90美元,遭遇2008年以来铁矿石市场最大跌幅。面对市场的暴涨暴跌,马钢国贸始终保持定力,精准研判市场,把握涨跌节奏,既不冒险追涨,也不惊恐杀跌。在市场高点及时止盈,锁价出售部分长协资源,在接近低点时落地长协资源等待市场超跌反弹,利润情况同比去年大幅增长。2021年由于马钢股份满负荷生产,进口铁矿石长协资源全部自用,贸易面临无米下锅的局面。马钢国贸破局思变,在进口服务贸易上下功夫,在稳住传统优质客户同时开发了中钢贸易,宁波华营等新客户群。利用全年高矿价的优势,进口服务贸易取得突破,进口报关吨位达到450万吨,全年贸易收入突破90亿元的历史高位。煤炭市场受疫情和进口政策影响,叠加国内煤矿安监趋严、主产地自然灾害、全球能源危机等因素大幅波动。焦炭业务稳定原有优质客户,积极寻求增量客户,在市场资源紧张情况下协调品种配置、制定安全的物流方案,确保下游钢厂的保产顺行。与淮北矿业大榭公司建立供货关系,在电力能源紧张的情况下,积极开发电煤贸易。合金业务与南京钢铁、常州中天建立长期稳定的供应关系,新增高低碳锰铁、钼铁、硅铁粒等品种,扩大业务种类,新开发鄂城钢铁、武钢襄阳重型装备等一批下游客户。油品业务把握国际油价和国内成品油价格持续上涨行情,坚持将经营提质增效、扩销增量作为经营工作抓手,积极推进水陆一体综合发展模式,同时加强与集团内客户协同,各项经营指标同比取得大幅增长。

【模式创新】 马钢矿业、武钢资源进口磨矿资源项目属于资源总部公司级重点工作——探索贸易模式创新的子项。一方面加强与马钢矿业、武钢资源在进口磨矿资源寻源上的合作,精心组织提供马来块、墨西哥块、伊朗粉等磁铁矿样品,供其分析化验;另一方面就成熟品种南非磁铁粉积极洽谈资源,全年累计为姑山矿服务进口南非磁铁粉约17万吨,为武钢资源服务进口南非磁铁粉约8万吨,初步建立稳定的磨矿资源供应渠道,圆满完成重点工作目标。下半年合金主产区由于全年能耗双控指标要求,电力供应紧张,硅锰合金市场资源紧缺,马钢国贸开发代理钢厂期货盘面点价采购业务模式,交货检验全部合格,为客户降本150余万元,得到全面认可和好评。油品业务在做好主营业务的同时,积极开拓LNG(液化天然气)及其他石油制品业务,六安张庄矿业气化站运营总包业务项目已安全稳定运营1年,年LNG用气量超270万立方米,得到客户认可并着手下一年度气化站运营签约。期现结合业务取得较好业绩,受金融衍生品资质备案影响,全年共开展套期保值业务3笔,其中硅锰合金2笔4000吨,铁矿1笔10000吨,期现结合全部实现盈利,累计盈利226万元。铁矿更是扭转前些年被动落地,套保不成功的情况,为来年铁矿套保业务注入了信心。

【子公司管理】 美泰澳门公司因澳门离岸法废止由离岸公司变更为一般公司,失去税收优势,年初作为资源总部2021年法人压减挑战目标纳入考核指标。2021年9月另一压减目标香港宝豫因故无法完成,美泰澳门公司压减任务完成与否决定了资源总部考核指标是否完成。马钢国贸抓紧制定美泰公司压减计划、选聘清算审计机构,编制压减工作方案,每月在资源总部压减会议上汇报进度。已完成业务清理、场地退租收回租房押金、澳门员工解聘及赔偿、报批开设资产变现专户的申请、完成澳门美泰税务注销,注销清算议案上报马钢集团审批通过。马钢长燃管理有序推进,指导督促完成风控、内控、经营业绩责任书、2021年企业信息、长投固投、商业计划书等各项材料填报。针对宝钢资源收购马钢国贸持有的马钢长燃股权征求意见函,分别向宝钢资源和集团投资公司致函回复意见、提出建议。完成欧冶保理公司章程修订后股东会决议的签署工作,工商变更登记的现场验证和验资声明书签章。参加江南质检公司管理关系变革的各次会议,并审查相关资料,对属于"三重一大"的事项,按制度履行决策程序。

【风险防控】 2021年黑色系市场波动幅度历史罕见,贸易风险剧增,马钢国贸凭借多年稳健经营经验和完善的风险管控制度做到全年无风险事件。业务上从供方、客户的选择开始就秉持风控优先、从严把控的态度,在合同过程中各环节紧密协作、配合,确保每位员工有风险意识,能提前判断风险点并能及时应对出现的问题。7月下旬开始进口铁矿石市场价格大幅回落,马钢国贸及早收缩业务,控制风险。一方面将在手资源尽早锁出,另一方面减少服务贸易新签约量,也避免自营落地业务,降低风险,守住到手利润。制度管理上从授权授信、内控、合同管理、全面风险管理和专项隐患排查等全方位保证经营安全高效。年初根据实际业务需求和交易管理审批层级调整授权额度,并在多组织系统中进行系统管控。组织对授信单位进行年度评价,并拟定本年度授信单位授信额度及期限。按资源总部要求,开展马钢国贸公司-内控评价工作情况排摸,形成《自查自纠工作报告》《问题整改推进工作计划》。开展2021年度客商评级工作,接受资源总部合同检查、按要求不定期进行合同管理自查。梳理风险点,按一般风险、重要风险、重大风险归纳风险因素,针对风险点进行月度监控,形成季度、年度风险管理报告。开展经营管理隐患专项排查,统计"两头在外"贸易业务情况。加强与银行合作,畅通融资渠道,取得外部银行无担保授信29.3亿元,比上年增加8.3亿元,资金运作灵活高效,业务拓展顺利,资金风险管控到位。

【内部管理】 财务操作系统2021年1月1日起正式由金蝶EAS系统切换到宝武标财系统,财务人员以高度的工作责任心做好标财系统的操作和维护工作,标财系统的顺畅高效运行是我们做好各项财务管理工作的基础。多组织经营系统在各部门、子公司日常业务操作中不断完善改进,9月赴资源总部参加多组织经营系统中套期保值模块的调试和培训,并成功上线。智慧工作平台全覆盖,完善文件流转、审批,员工出差请假,任务审批等流程。在EHR系统中完成了全员信息收集、校对和系统数据录入。管理制度全面对接资源总部,马钢国贸根据自身情况及管理需要,对照资源总部下发的制度树对现有制度进行梳理,制订马钢国贸《管理文件清单》和制度修编计划,初步搭建马钢国贸的制度树构架。按时完成资源总部的各项管理要求,为总部层面管理提供支撑,持续做好业务情况和财务管控指标的周监测、月预测及月度分析上报。在总部指导下做好年度财务决算及全面预算的编报工作,建立全年财务预算管控指标比对台账,通过每月应收账款账龄分析,每周存货、有息负债与现金净流量的监控有效完成资源总部"两金"管控要求。组织开展年中、年末存货和固定资产盘点工作,并上报盘点专题报告。积极配合宝武集团、资源总部做好经济责任审计、净资产收益率专项审计等内外部的审计工作。

【党建工作】 党支部积极开展"三会一课"的学习,加强党的政治建设,提高政治站位。组织全体党员学习习近平总书记的重要讲话精神,深入推动党史学习教育,开展党史学习主题党课,组织员工观看《百年宝武》《革命者》和庆祝中国共产党成立100周年大会直播,召开党史学习教育专题组织生活会。赴马钢特钢公司爱国主义教育基地开展党性教育,重温入党誓词,培养爱国情感、弘扬企业精神。先后与青岛港党支部举行"党建引领把方向 共建引领好远航"支部共建活动、与光大银行开展"奋斗百年路 共建新征程"徒步走活动、与中国银行举行党建共建签约。深入推进"三基建设",夯实党建工作责任制基础,加强党务人员培养,严格党员发展程序与标准,做到关键岗位、重要岗位上有党员,实现空白班组为零。2名员工先后参加入党积极分子、发展对象培训班。进一步加强党风廉政建设,筑牢防腐拒变思想堤坝。开展领导人员和管理者及其亲属、特定关系人经商办企业申报工作,并形成常态化工作机制。以"三会一课"、早调会、组织学习典型案例通报等多种形式发挥案例警示教育作用,邀请马钢集团纪委(巡察办)为全体党员解读中央八项规定及实施细则精神、学习警示案例、分享企业加强作风建设的经验和做法。

【工会工作】 工会工作坚持以人为本,全心全意为职工谋福祉。做好防疫工作,定期采购防疫物品,规范人员外出审批,防疫情况按日统计上报。参加对口扶贫工作,组织员工参加宝武对口扶贫自购、代购贫困地区物品1万元。开展"对标先进指标、我为企业献一计"活动。制订劳动竞赛实施方案,分项目开展劳动竞赛活动。完善民主管理,召开职工大会,组织领导人员网上民主评议。做好员工年度体检项目方案,工会组织开展送清凉活动,公司领导专程慰问一线员工。

(李 飞)

安徽马钢化工能源科技有限公司

【主要技术经济指标】 刚性落实马钢股份2021

年商业计划书,全年净化焦炉煤气3013万吉焦,焦油产量18.6万吨,轻苯产量5.61万吨,外销化产品29.4万吨。除焦油产品外,其他主要出厂产品合格率100%。本部2021年实现经营收入23.92亿元,利润总额2.73亿元,超计划完成利润考核、挑战目标。马钢OCI(奥瑟亚化工公司)全年加工焦油21.97万吨,经营收入7.95亿元,利润2688万元。

【生产经营】 安徽马钢化工能源科技有限公司(以下简称"化工能源")以向马钢股份提供优质保产服务为宗旨,加强生产精细管理,开展煤气净化产线风机"零放散"竞赛活动,煤气净化指标持续稳定提升。南区配套股份公司新焦炉的鼓风冷凝项目建成投产。南、北区克服焦炉减产及安全环保双重压力,两个煤气净化系统基本稳定。苯加氢全年运行平稳。营销方面,销售组集中管理三个基地(宝山、梅山、马钢)苯类原料采购、产品销售及本部焦油销售,做到与总部的协同、协调,在区域市场、苯类产品等领域提升公司影响力和话语权。

【安全工作】 学习碳业总部安全理念,落实驻厂安全员模式,建立全员岗位履职清单和安全绩效评价方案,安全管理体系略显成效。开展各类安全检查28次,查出709项隐患,已整改702项,完成率99.01%;安全考核101项,合计207200元。开展应急预案演练68次。承办马鞍山市危险化学品重大危险源事故应急预案演练工作。全年没有上报类安全事故。

【环保管控】 全年处理蒸氨废水159.16万吨,协同处理马钢OCI高浓酚水8442吨、股份公司煤气水封水6.98万吨,污染物排放总量均在排污许可范围内,各类危废合规处置率100%。完成新排污许可证纸质版申领、清洁生产审核备案,安徽省企业环境信用评价最终公示成绩为良好。落实"超低排""特别排放限值"、宝武集团"三治"、长江大保护等要求,实施多项环保技改项目,发生环保费用3951.72万元(不含税)。长江保护警示片问题已通过省厅验收。未发生A、B、C类环保事件,环保管控正常。

【工程项目建设】 1. 南区焦炉煤气净化项目新建鼓风冷凝系统于7月30日11时38分正式投用。2. 北区炼焦总厂焦炉大修改造项目煤气净化部分。现场"三通一平",所有桩基施工全部完成,逐步按施工进度计划推进。3. 智慧制造项目。南区硫磺液硫项目1月成功投运,减少协力10人;北区硫磺液硫改造在实施中;2021年建成的硫铵智慧化仓库由试运行转为正式运行,运行稳定。全靠人工劳动、手推肩扛作业模式成为历史。4. 山西福马项目。焦油单元已经完成95%;针状焦单元土建、关键设备安装均完成60%工作量。污水处理项目完成70%,公辅系统工程的主体工程基本完成。合规性手续:山西福马项目备案、职业病危害评价、安全预评价、职业设施设计审查、安全设施设计审查、能源评价、水土保持方案、取水许可审批、环境影响评价、工程项目54亩土地的不动产证、建设用地规划许可证和建设工程规划许可证已完成。全部建设手续只剩施工许可证未办妥。

【体系制度建设】 修订完善制度、标准248项,按照碳业总部"一总部多基地"集中管控要求,"统一语言、统一平台、统一标准、统一文化"往前迈进。制造体系,分步实现中控室全部集中操控;坚持每周生产运营分析报告、每月对标进展和成果报告制度。设备体系,建立设备管理流程"一张图表"标准化;明确公司与分厂的设备管理职责分工、一贯制设备管理业务的流程,提高了管理效率;坚持每周、每月设备运行状态、备品备件评审、检修资源配置、维修成本、单位能耗指标、年修订修模型、综合效率分析;实现工业品PSCS(资材备件采购系统)采购管理。

【改革管理】 根据宝武集团新材料产业发展中心下发的《关于同意调整马钢化工委托管理范围的通知》(联络单2021年第179号),按照宝武集团统一部署,贯彻"一企一业、一业一企"战略发展路径,推动专业化整合融合,把马钢化工煤气净化业务划归钢铁主业管理。9月29日,宝武碳业、马钢集团、马钢化工完成委托管理协议的签订。自2021年10月1日00:00起马钢化工煤气净化业务纳入马钢股份管理体系。

按照2022年4月最终资产划转、人员劳动合同关系换签计划,资产评估、净资产审计、项目结算和转固等工作稳步推进。本着精简高效的原则,持续优化公司机构设置,10月,整合5个管理部门为运行管理部、综合事务部两个临时特设机构,以进一步提高煤气净化业务划转过渡期间工作质量、效率。

【对标找差】 制定对标一流行动工作方案,对内以宝武碳业总部和梅山基地为对标对象、对外以曹妃甸为对标对象开展对标找差,煤气净化工序指标提高、作业长制推进、能源成本管理、设备检修管理、风机"零放散"、安全环保隐患整改效率、人事效率提升、技改项目等方面取得一些进展,设备故障次数同比降低67%,工序现场面貌有一定程度改善,基础管理有一定程度提升。

【降本增效】 持续开展降本增效,对商业计划书批复中的年度成本削减目标进行分解下达,煤精及苯加氢共计开展 11 项降本增效项目,公司已实现内部降本增效约 3943 万元,成效显著。

【队伍建设】 积极落实宝武碳业人事效率提升目标,全年实现减员 57 人,人事效率提升 17.06%,超额完成 2021 年 12%人事效率提升目标。

强化三支队伍建设。按照宝武碳业总部要求,初步完成定岗定编,6 月在宝武集团内部招聘 5 名成熟员工补充到生产一线岗位。依托宝武碳业总部,加强员工岗位交流培训,截至 10 月底,先后选派 1 名管理人员、3 名技术业务人员进行轮岗培训。倡导职工自主参加线上学习,举办和参加内外部面授培训班 21 个,提高员工理论知识、技能水平和整体队伍素质。培训山西福马、武汉工程职业技术学院实习人员 33 人。

【党建工作】 思想政治建设。学习习近平新时代中国特色社会主义思想,落实习近平总书记赴中国宝武马钢集团考察调研时的重要讲话精神,将党建融入中心工作。召开党委会 41 次,中心组理论学习 7 次,党建大讲堂举办 3 期。开展党史学习教育。结合实际开展"深度整合融合、加快改革创新、推动高质量发展思想解放大讨论"活动,激发干部职工立足岗位干事创业的热情和干劲。组织和干部队伍建设。夯实三基建设,指导完成 4 个党支部换届改选,4 名预备党员按期转正,接收 5 名同志为预备党员。坚持党管干部原则,对 4 名干部进行提拔使用、4 名干部进行岗位交流。党风廉政建设。运用四种形态,给予 1 人党内严重警告处分和行政记大过处分、1 人行政警告处分、2 名同志诫勉谈话、28 人次提醒谈话、32 人次约谈,集中学习违规违纪警示教育材料 4 次、观看警示教育片 2 次,发送廉洁提醒 30 余次,开展廉政党课 5 次,廉洁谈话 13 人次。正视问题和不足,完成宝武碳业党委巡察马钢化工发现问题整改。

(胡　柏)

·化工能源合资公司·

安徽马钢嘉华新型建材有限公司

【主要经营业绩指标】 2021 年,累计完成营业收入 13.09 亿元,超全年计划 13.7%;利润总额 1.25 亿元,超全年计划 8.3%;矿粉产量 420 万吨,超全年计划 2.4%;矿粉销量 420 万吨,超全年计划 2.4%。

【安全环保】 持续抓紧抓实抓细安全生产工作,全面推进安全生产专项整治三年行动,落实安全生产责任制,加强员工安全意识培训,坚持问题导向,扎实开展各类安全整改项目,从根本上消除事故隐患,落实 PDCA 安全管理模式,开展季度安全大检查、节日前检查、季节性检查及各类应急演练,严防事故发生。

【绿色发展】 践行"绿水青山就是金山银山"发展理念,扎实推进生态文明建设。根据宝武集团"三治四化"要求,以内部控制为抓手,从三级巡查制度、废气排放检测、环保改造项目推进、固废不出厂等方面,贯彻落实长江大保护发展方针,加大环保工作自查力度,加速环保项目整改效率,加强生态环境保护意识。同年被评为安徽省环保诚信单位、马鞍山市环境"监督执法正面清单企业"。

【产业能力】 应宝武环科应磨尽磨相关要求,确保主业全年水渣资源有效循环,马钢嘉华公司通过新增外委加工基地(巢湖亿利达),提高矿粉年产能 70 万吨,并实现年产能 410 万吨规模,确保 2021 年商业计划书产能目标的实现。同时根据环保要求,马钢嘉华及当涂马嘉新建水渣仓储大棚,提升全年水渣堆存循环效率,降低堆存成本。

【市场协同】 充分维护宁马市场、江浙沪市场稳定,并通过开拓直供客户、大力发展本地汽运市场、深耕合肥市场等措施,进一步缩小矿粉与水泥差价,提升 γ 值。截至 2021 年底,矿粉销售均价达到 342.6 元/吨,较 2020 年上涨 15.7%;同时通过当涂马嘉码头装卸外货,外采小高炉低价水渣等措施,进一步拓展两头在外业务渠道,全年码头装卸外货完成营收 282 万元,外采小高炉水渣实现营收 1665 万元,合计完成营业收入 1947 万元,完成全年计划 194.7%。

【产品质量】 进一步加强生产过程质量管理、及时调整各类生产工艺参数,提高 KPI 指标质量考核权重,增加外委加工点及合美业务外包质量管控方案、考核条款等措施,提升产品质量;结合煤改生物质燃料,在原煤价格大幅上涨的情况下充分降低生产成本,将一氧化碳排放浓度降低至 7.6 毫克/立方米,较上年降幅 82.4%。

【内部管理】 通过 2020 年底内控审计审查、2021 年马钢嘉华总经理离任审计、宝武环科董事长离任审计调研报告指导意见,充分规范业务流程,全年整改率 100%;进一步梳理完善管理制度,2021 年修订制度文件61份。为体现管理制度的承接,全面对接上级单位相关管理办法,修订完善马钢嘉华制度树。

【改革创新】 1. 设备技改。通过产线加装在线比表检测设备,将产品质量监控从原先2小时/次改变为实时检测,优化人力资源的同时提升中控参数调整的及时性,为内控指标提升奠定了基础。同时将立磨进料由斜槽进料改为螺旋输送,解决下料斜槽堵塞的同时将立磨定修时间缩减至每月4小时,较上年缩减73%。

2. 科技研发。在宝武环科水渣协同组领导支持下,积极与安徽工业大学、武汉科技大学、中国建材总院、国家技术情报研究所推进产学研项目,全力推动宝武环科"马钢钢渣用于水泥和混凝土的质量控制研究"项目顺利开展,预计全年完成23项研发项目,2021年已取得4项实用新型专利及质量、环境、健康安全管理体系认证证书。

3. 智慧制造。灰库、地磅上线一卡通智能发货系统,由智控中心统一操作,成功做到现场无人值守,进一步优化人力资源8名。

4. 绩效优化。通过制定年度商业计划,将相关绩效指标分解至各部门,形成KPI考核指标。大力开展劳动竞赛、专项奖励、献一计等方式,将工作内容进一步细化,提高工作质量的同时提升职工积极性,鼓励职工发现问题,解决问题。截至2021年底,职工献策数153条,采纳144条,实施144条,献计率172%,实施率94%。

【党群工作】 1. 扎实开展党史学习教育活动。围绕党史学习教育安排主题党日活动4次,开展党章专题学习交流2次,书记讲专题党课2次,党员先进典型代表讲专题党课1次,召开专题组织生活会1次,上报"讲百年初心 担强国使命"红色故事1篇,"大国顶梁柱 永远跟党走"红色记忆主题微课程1个,"传承红色基因,夯实红色堡垒"党组织生活案例1个。

2. 组织实施"我为群众办实事"系列活动。结合单位,从"突出宗旨使命,围绕贯彻新发展理念办实事""突出责任担当,围绕巩固拓展脱贫攻坚成果办实事""突出优势特色,围绕服务保障、民生需求办实事"和"突出为民惠民,围绕关系关爱职工群众办实事"四个方面积极谋划并完成15项可行的重点项目任务。

3. 积极推树典型,重视示范引领效果。成功推树宝武环科优秀共产党员1名、马鞍山公司优秀共产党员2名,2020—2021年度宝武环科"先进工作者"1名,上报先进人物事迹2篇。

(朱中辉)

安徽马钢粉末冶金有限公司

【主要经营指标】 2021年生产还原铁粉5万吨,销售还原铁粉4.767吨,营业收入3亿元,实现税前利润134万元(未经审计)。

【生产经营】 6万吨技改工程全线投产,还原铁粉产量由2020年的4.2万吨提升到5万吨,装备的能力得到逐步释放,对新装备的熟悉和认识有较大的提高;市场占有率逐步提升,市场话语权增大,随着产能的提升,市场占有率增大,马钢粉冶在市场的话语权也在加大,由跟随调价到主动调价,引领市场。

【智慧制造】 智慧制造、信息化建设取得进步。马钢粉冶以智慧制造提升公司的装备水平,解决3D岗位存在的问题,投资150万元建成小包装自动化生产线,既降低现场操作员工的劳动强度,又减少操作人数;投资298万元建设集控中心,将现场操作汇集于一地,既实现操作环境的提升,又强化工序间的协调统一;借助环科生产经营系统的上线,提升公司信息化管理水平,为今后实现综合管理的信息化奠定了坚实的基础。

【安全环保】 经过多轮各级的安全环保检查、督查,马钢粉冶的安全环保工作得到进一步加强,安全隐患得到根治,新的安全环保理念扎根于员工心中。能源计量方面投入一定资金建立能源计量管理体系,填补能源计量方面存在的短板,为全面了解和掌握能源消耗奠定了基础。投资100万元进行环境提升工程,进一步提升工作环境,美化厂区。

【党建工作】 在马鞍山公司党委的领导下,马钢粉冶党支部从基础工作入手,抓实"三会一课",每月下发党小组学习计划,检查督促党小组学习和活动情况,"三会一课"达到上级的要求。组织开展党史教育和建党100周年专题教育活动,提升党员的政治素质和政治敏锐力,强化意识形态教育,认清党和国家面临的内外部复杂的环境,坚定"四个自信"。开展民主评议党员13人,其中优秀党员3人、合格党员10人;围绕生产经营开展"为群众办实事"活动,收集整理群众关心的事情14件,按计划完成13件。

(刘建强)

安徽马钢设备检修有限公司

【概况】 马钢设备检修公司共设置机关职能部门7个、基层作业单元10个,托管运营马鞍山马钢电气修造有限公司(与马钢检修按照“一套班子、两块牌子”一体化管理,对内作为事业部层级进行管理,名为设备再制造事业部)。2021年末在册职工2173人。

【生产经营】 2021年,公司实现营业收入9.36亿元(含马钢电修),比2020年增加8560万元;实现利润总额1739万元(含马钢电修),较2020年增长2511万元;资产负债率49%;新增手持订单10.7亿元(其中外部市场7335万元);完成区域内热轧、冷轧、炼铁、炼焦等专业设备接入1.9万台;公司TRT远程智能运维青年突击队被授予“宝武青年先锋示范岗”称号。

【维检服务】 设备保障成效显著,共完成计划检修2400次、大中修95次,非计划检修83次,抢修350次;通过高效的生产组织,减少计划停机时间8048分钟,有力支撑主业产能突破;快速响应炼铁南区3号烧结机脱硫塔管道坍塌突发抢修,连续奋战170多个小时,安全高效完成各项抢修任务,保障炼铁系统稳定运行。大力推进设备接入,完成区域产线设备梳理,确定应接入设备5.73万台,完成接入1.9万台,有力推动智能运维覆盖。智能运维增益明显,深化TRT设备智能运维服务,提升状态保障,三季度TRT故障时间为零,实现发电1.21亿千瓦时,在全国限电背景下,有力保障主业生产对自发电的需求。

【市场拓展】 开展联合营销有力拓展外部市场,深化宝武智维内部单位“四个协同”,成功开拓鞍钢鲅鱼圈、南钢带钢、0号连铸机等外埠项目,协同订单8275万元;外部客户黏性不断增强,山西安泰、芜湖新兴铸管等社会业务逐年递升,并成功拓展韶钢光伏新能源项目,全年社会市场新增手持订单7335万元,实现销售收入6858万元。发挥阵地作用深度挖潜内部市场,通过实施“建-检-维”服务,获取炼铁总厂带焙维保和冷轧南区重卷线维保业务,通过专业化整合,拓展马钢铁运维检业务,区域市场覆盖超过90%。细分业务市场板块发展持续提升,全年新增维检业务订单7.35亿元;工程业务订单3.03亿元;再制造业务订单3565万元。

【人事改革】 系统提升人事效率,成立人事改革组织机构,制定实施员工协商解合政策,打通低效人员退出渠道,全年共办理协商解合40人,各类减员累计约100人。优化职能业务人员配置,根据业务需求和岗位配置实际,置换派遣劳务8名,调配业务人员7名。规范协作人员管理,强化实名制信息管控,严把审核关,动态维护更新,确保信息准确有效。

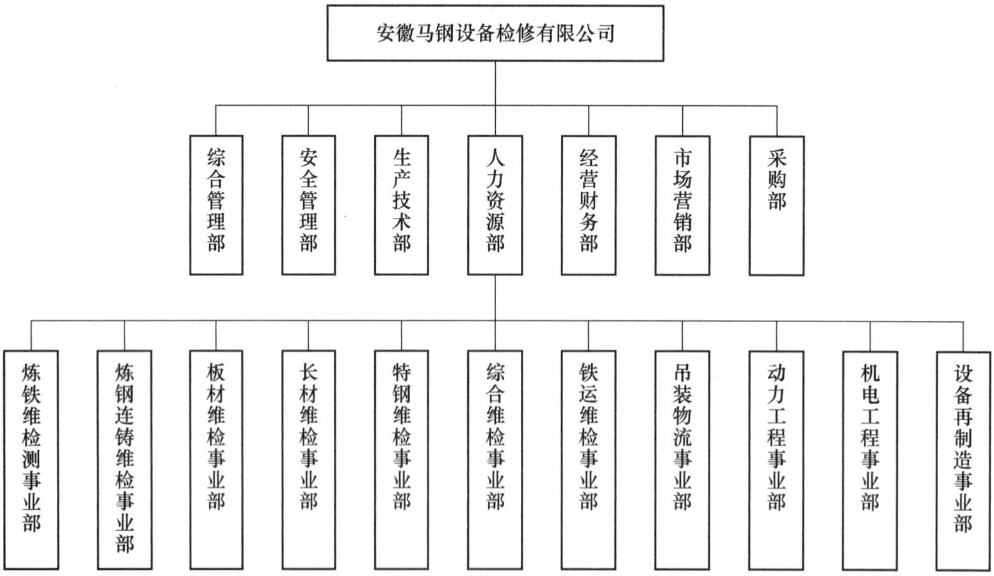

图8　安徽马钢设备检修有限公司

【队伍建设】 全面开展人才盘点，确定18名优势项目专家和116名技术技能骨干，纳入宝武智维人才库。强化人员培训，全年实施培训231项，共计22.5万学时；自主开展"管理者课堂"4期，提升管理及技术人员业务能力，组织开展第二批电气PLC和液压控制专项培训，提升技能人员专业水平。徐建辉、吴国斌、陶俊分别获2021年安徽省机械冶金系统焊工职业技能竞赛前三名；公司TRT远程智能运维青年突击队被授予"宝武青年先锋示范岗"称号；徐祥平获宝武"银牛奖"，卢传奇获宝武"铜牛奖"并入选宝武集团优秀青年百强榜，申红喜获中国宝武首届"道德模范"，李志超获中国宝武献一计"智多星"。

【企业治理】 建立马钢检修"制度树"，以强化风险管控、优化业务流程、严肃评价考核、提升运行效率为目标，全面开展体系优化工作，确定基本制度23项、重要办法155项、管理规范26项；规范供应商二方审核评价，按照"引进一批，培养一批，淘汰一批"原则，开展供应商二方审核，清除"低小散"供应商22家；完成三标管理体系换证，详细制定审核推进计划，有序开展体系内审、管理评审，并完成不符合项整改封闭，确保体系运行有效；加快资质增项，根据业务实际和市场开拓需求，开展资质增项工作，完成3项施工总承包资质和2项专业承包资质取证，公司市场准入能力进一步提升。

【精细管理】 试点推行"检修袋"管理，深化作业现场标准化管理，针对重点区域及项目，开展"检修袋"活动，进一步完善作业管控手段，规范作业现场安全、质量及进度管理；推进现场作业标准化，以B号烧结机大修项目为试点，推进现场标准化作业，形成较为成熟的作业指南，并推行应用；有力开展降本增效，瞄准生产和运营成本关键因素，结合公司年度预算执行实际，策划实施降本增效劳动竞赛，全年专业降本584万元，经营增效3184万元，精益运营成效逐步显现。

【技术创新】 全年研发投入2936万元，申报技术专利55项，转化形成"智慧罐"等核心技术产品；加大智能运维技术投入，加大以TRT为代表的智能运维产品技术投入，新增振动频谱分析设备，报警准确率由85.5%提升至100%，智能运维产品服务效果明显改善；推进技术文件标准化工作，对公司的技术文件和作业标准进行系统梳理、修订、评审，已完成修订作业标准9491项，为标准化作业提供有力支撑；范兴海提出的"矿山大型球磨机端盖和轴颈裂纹的在线焊接装置及方法"获第二十五届全国发明展银奖，"矿山大型球磨机端盖和轴颈裂纹的分析及在线焊接工艺的研究与应用"获2021年中国宝武优秀岗位创新成果二等奖。

【党建工作】 强化理论学习，常态化开展理论学习，重点抓好党史理论教育专题学习和习近平总书记"七一"重要讲话精神的深度学习和广度覆盖。夯实党建基础，强化三基建设，提升基层党组织组织力，严格党员发展，提升党员队伍素质，发展预备党员25名、转正18名；积极配合宝武智维巡察组开展巡察工作，确保各项工作顺利推进；创新活动载体，策划开展建党百年系列活动，深入推进"我为群众办实事"实践活动，扎实开展"我与群众面对面"行动，各项活动成果丰硕，广大干群获益良多。强化纪检监督，压实领导人员"一岗双责"，巩固推进党风廉政建设，确定13项重点工作，并责任到人，督促落实；开展党委综合巡察和专项巡察，形成工作底稿29份，发现具体问题点50余项，并落实整改。扎实推进工会群团工作。牵头成立宝武智维焊接协会，并举办首期研修活动，承办并参加安徽机械冶金行业职工技能竞赛，协同马钢工会共同举办"传承江南一枝花精神·共建共享共赢新时代"创新研修活动；完成集体合同换签工作，充分保障职工权益；召开团员大会，绘就团青工作蓝图；广泛开展"我为企业献一计"活动，征集献计2448条，人均1.1条，助推全员岗位创新；大力开展互助帮困，发放救助金35.94万元，着力解决职工"三最"诉求，有力助推和谐企业建设。

(张　峰)

马钢集团设计研究院

【主要经营指标】 全年累计实现营业收入15.10亿元，实现利润总额2100万元，全年共签订合同额21.7亿元。经济增加值全年目标完成率146%；净资产收益率为24.83%；"两金"增幅小于营业收入增幅。

【服务马钢区域】 2021年主要完成了马钢长材型钢产能调整、马钢南区公辅、北区填平补齐公辅、新特钢公辅、南区厂容整治、北区雨污分流、马钢研发中心建设等项目规划、可研或方案，并持续为"绿色发展·智慧制造"系列项目、马钢南区产能结构调整、新特钢等项目提供技术支持和服务，充分发挥设计院的总图协调职能，支撑马钢重点项目的规划与实施。年内承接一铁焦炭库搬迁、南区厂容整治、长材2号连铸机、北区雨污分流、港务原料场混匀与外供系统改造工程、新特钢公辅配套、北区干熄焦、合钢2021智慧化配套工程、张庄优质建材深加工技改等总承包项目。新承接了炼铁总厂B号烧结机大修工程、新建C号烧结机、冷轧1720酸轧线改造、北区填平补齐公辅、1—3号烧结机及带焙公辅和长江钢铁股份有限公司生产指挥中心迁建等工程设计,为马钢的产线产品升级和绿色智慧发展做出应有贡献。

【业务拓展】 在贴身服务马钢的同时,做好与宝钢工程事业本部、中钢设备、新钢院、宝钢建筑、宝钢节能等公司的业务、营销协同,营销队伍走入八钢、昆钢、鄂钢开展协同营销,积极对接鄂钢、韶钢等基地并提供调整升级方案,承接了鄂钢原料大棚二期、鄂钢热送二期、东华1450热轧、安宁市圆山片区新建市政道路等工程。依托矿山、电炉等优势产品和技术,获得宿州旗杆楼铁矿采选、惠州新圩绿色石场、沧州中铁炼铁厂钢渣加工线、天津荣程钢铁电炉升级改造等设计项目。

【项目管理】 港料总厂2号C型棚、长钢电炉、销售公司武汉新建工厂、南区雨污分流、南区厂容整治、南区干熄焦工程和一铁焦炭库搬迁等一批重点工程基本建成或热试成功。全年实际发图5957套,折合26763张A1,其中新图折合22927张A1。大力推行项目全成本预算,严格把控总承包项目及分包打包决算的进度及费用控制。安全工作常抓不懈,完善安全风险分级管控和隐患排查治理双重预防工作机制,对重大项目定期开展安全监督检查;积极改进相关方安全管理工作,提升本质安全度。

【技术创新】 聚焦矿山、铁前、电炉、长材、节能降耗、绿色低碳技术,持续开展工艺与装备技术创新与开发,融合智慧制造、机器人应用、3D项目、数字化技术,以核心技术助推宝武生态圈建设。重点开展铬铁矿高效智能预选工艺技术、露天矿低成本高效率免爆破开采技术、重型H型钢成套技术装备、电炉炼钢短流程钢厂综合技术运用、废钢领域(预热系统及加工基地建设等)技术和固废综合利用技术(钢渣的处理和再利用)等课题研究。年度共组织实施17项科研开发课题,完成结题8项。年内累计受理专利22件(其中发明专利10件),获得专利授权29件(其中发明专利10件)。获马鞍山市企业技术中心、安徽省企业技术中心、马鞍山知识产权示范企业和安徽省知识产权优势培育企业等荣誉称号。获得年度全国冶金行业优秀成果及安徽省优秀成果10项,参加全国、行业及安徽省BIM大赛并荣获6项大奖;获得安徽省优秀建筑业企业认定和一项高新技术产品。深入推进马钢厂区总图数字化设计空间管理平台开发,挖掘数字化总图在规划方案中的比选应用;完成马钢智慧设计云&雾端平台搭建工作。完成新MIS系统升级改造工作,对公司网络安全进行了优化升级改造。组建智慧制造小组,以工艺+自动化的模式推动数智化技术与制造过程的融合。

【基础管理】 制订设计院"十四五"战略发展规划,全面梳理企业战略定位、商业模式、改革发展思路。2021年取得环保施工三级资质。结合院"三标"管理体系,全面梳理现行有效管理制度,初步形成设计院制度树体系。完善"跑赢大盘+三高两化"对标指标体系,优化指标设置,以各类效率评价指数为牵引,建立常态化与行业一流公司的对标机制。根据中国宝武和宝钢工程的要求,先后开展经营管理隐患专项排查、内控管理自查自纠、采购管理自查等,接受宝钢工程党委巡查、内控有效性评估检查、财务审计等各类专项审计和巡视巡察等,并按要求积极完成整改工作。深度融入中国宝武和宝钢工程管理体系,主动适应"一体化运营"和"穿透式协同"的管理要求,标财系统已经正式上线。

【绩效管理】 初步构建岗位层级管理体系,突出专业技术通道发展,健全以创新能力、质量、实效、贡献为导向的人才评价机制;发布《员工绩效管理办法》,组织各层级岗位人员签订绩效考核目标责任书。按照领军人才、核心人才与后备人才的培养战略,建立技术岗位层级管理体系,并同步实施了技术人才与管理人才队伍建设,规范人才培养和员工激励制度。推进实施2021年人事效率对标找差工作,畅通各类人才的职业发展通道,先后发布了《马钢设计院职工奖惩管理办法》《建立马钢设计院荣誉激励项目计划体系的实施细则》等管理办法。探索员工中长期激励机制,制订并上报设计院岗位分红激励方案;修缮院办公大楼,创造良好的工作环境,不断增强员工获得感、安全感和幸福感。全年人事效率提升30%以上。

【党群工作】 坚持以习近平新时代中国特色社会主义思想为指导,全面学习贯彻党的十九大以及十九届历次全会精神,落实第一议题制度要求,重点学习习近平总书记重要讲话精神,学习关于本区域、本行业的重要指示批示精神。不断加强党的全面领导,发挥党委把方向、管大局、促落实作用,认真落实中国宝武党委一届五次全委会精神和两级党委决策部署要求,抓好上级和本级党委重点工作的落实，深入开展党史学习教育。强化党建工作责任制落实，巩固深化“三基建设”，持续推动党建标准化、规范化建设。全面从严治党向纵深推进，完善监督体系，持续纠治“四风”，一体推进“三不”体制机制，切实维护设计院风清气正的工作环境。丰富群团工作载体，深入开展献一计活动；积极开展各类劳动竞赛；落实人文关怀，开展“送清凉”活动，慰问困难职工；开展各类职工文体活动，组织户外徒步、篮球比赛、拔河比赛等活动，不断提升职工的凝聚力。

（甘富媛）

马鞍山博力建设监理有限责任公司

【主要指标】 2021年，新增手持订单2600万元，完成计划指标的100%。实现营业收入2212万元，同比增长262万元，增幅13.4%；实现利润总额341万元，同比增长63万元，增幅22.7%。经营活动现金流完成381万元，实现年度计划的130.67%；财务费用持续减少，实现年度计划的111.2%；EVA持续改进，实现年度计划的109.3%。公司无不良资产和不良债务。全年监理工程项目225项，未发生一起监理责任的质量安全事故，工程监理质量合格率100%，监理合同履约率100%，工程监理顾客满意度达95分以上。

【重点工作】 1. 全力开拓内外部市场，经营业绩再度攀升。一是抓手持订单不放松。2021年，随着《马钢招标管理办法》的全面实施，同时受马钢“4·19”安全事故的影响，马钢对我公司实行市场禁入，4月下旬起，公司手持订单急剧下滑，市场开拓工作遇到前所未有的困难与挑战。10月马钢市场恢复后，开展“营收、手持订单”攻坚活动，同时，加大外部市场开拓力度，取得较好业绩。全年实现手持订单2600万元，创历史最好水平。二是加强应收账款管理。公司新制订下发《应收账款管理办法》，新办法对应收账款的职责分工、日常管理、超账龄账款处理等做明确规定和要求，进一步规避和防范公司经营风险。2021年，公司资金到位率、资金周转率等指标创历年最好水平，应收账款指标在考核指标范围之内。三是工程结算工作及时。公司成立专门项目结算领导小组，按月列出结算工作计划，落实到责任部门和责任人，建立奖罚机制，做到奖罚有度，激发工作人员的积极性和主动性。对重点项目，采取人盯人战术进行跟踪，效果显著。2021年，共办理工程结算82项，结算金额936万元。四是监理项目索赔成效明显。在工程建设过程中，公司主动作为，加强联系，对增加监理工作量和超工期项目，按照合同约定，及时和业主单位沟通，收取相应的监理费。

2. 持续改进现场管理方式，提升现场管控力度。在现场管理方面：一是合理组建项目监理部，合理配置各类资源，特别是人员配置方面，坚持从提升人事效率出发，不断优化人员结构，提升人事效率；二是认真落实上级主管部门各项检查工作，2021年，公司开展季度质量安全检查、“安全月”及“质量月”活动，完成上级主管部门年度监理企业安全目标考核、监理企业信用考核评比及宝武集团督导等工作；三是坚持季度总监例会制，通过例会，宣贯上级主管部门管理要求及公司面临的形势任务、重大事项管理要求等，重点对项目检查发现问题进行通报，要求全面整改落实，实现闭环。在技术管理方面：一是收集最新相关规范标准（包括电子文档），常态化修订公司BL-GFBZH《相关法律法规标准规范目录汇编》（F版），为技术管理提供规范标准；二是对监理内业文件实行审批制，全面掌控在建重点项目技术质量管理工作状况；三是做好技术标编制工作并对外开展技术交流。本年度共编制技术标达19项，同时，为落实马钢与南钢业主方监理项目工作要求，公司共组织工程技术交流10余次。在安全生产方面：一是认真贯彻宝武集团、宝钢工程及属地上级主管部门管理要求，及时开展宣贯落实；二是持续落实公司项目监理部月度隐患排查治理和分级管控跟踪，同时，按照“一岗双责、党政同责”的要求落实单位领导“三亲自”要求；三是推进“清单式”安全管理，将安全工作写在纸上，记在心上。

3. 对接宝钢工程管理要求，基础管理全面提升。完成新一轮机构调整工作。为全面适应宝钢工程管控模式，本着合理、精简、高效的原则，撤销监理事业一部、监理事业二部，撤销后的原监理事业一部、监理事业二部下属的项目监理部监理业务归属公司项目管理部管理。全面加强财务管理工作。2021年初，公司财务软件由金蝶EAS切换成标准财务系统，完成了期初数的导入。坚持对共享中心报销的各项费用审核，及时调账。开展全面预算编制，认真编制商业计划书。同时，认真做好发票管理、成本核算、财务审计、企业所得税的汇算清缴、净资产的审计和评估工作、会计档案管理等日常管理工作,及时报送财务报表。全面开展对标找差。2021年,将人均营收、净资产收益率、资产负债率与宝钢咨询开展对标,将人均利润与公司历史指标对标。通过对标,人均营业收入略低于标杆单位(宝钢咨询),人均利润、净资产收益率、资产负债率实现自我超越。全力推进制度树建设。根据宝钢工程制度树建设工作要求,在全面梳理管理文件的基础上,形成本单位"立改废"修编计划,全年共完善或修订文件16份。加强人力资源管理工作。2021年,完成了1名应届大学生校园招聘工作。持续加强基础管理工作,提升技术人才资质,优化专业技术人才队伍的数量及质量。同时,大力开展员工培训工作,努力提高员工综合素质、业务技能。全年共组织分类分层培训约580人次,共参加脱产培训240人次,共计1091.5学时,网络培训310人次,共计3532学时。另外,公司新增国家注册监理工程师取证2人,监理工程师取证3人、监理员取证1人、安全取证上岗6人。新冠肺炎疫情防控有序有力。全面落实上级主管部门和属地管理要求,组织保障有力有效,物资采购发放及时,信息报送准确。实现了范围内人员零感染、措施全覆盖、信息上报零延误。

【企业党建】 1. 贯彻落实习近平总书记重要讲话、重要指示批示精神。一是把持续推进学习习近平新时代中国特色社会主义思想作为长期首要政治任务,每月召开1—2次支委会集中学习,定期召开党员大会等会议学习。二是始终把习近平总书记重要讲话、重要指示批示精神,作为公司重要活动、会议、培训等开篇环节或内容,强化政治站位和定向引航,形成落实"第一议题"制度自觉行动。

2. 扎实开展党史学习教育,推进党支部政治建设、思想建设。一是召开四期理论学习中心组学习暨党史学习教育专题读书班。二是组织公司领导班子成员及其他C层级以上的党员领导人员参加中网院"党史百年"网上专题班培训学习。组织全体党员参加宝武微学院学习,开展党史知识竞赛、清明祭英烈、参观爱国主义教育基地等活动。三是严格落实《宝钢工程党委关于中国共产党成立100周年庆祝活动方案》《我为群众办实事方案》的行动计划。团支部开展"学党史、知党情、跟党走"主题教育团课活动。四是组织召开党史学习教育专题组织生活会。

3. 扎实推进组织建设、制度建设。按照宝钢工程党委要求,2021年制定监理公司党支部落实宝钢工程党委关于党建13项重点工作任务分解表,2021年党建工作重点任务分解表。全年,党支部召开支委会12次以上,党员大会4次,党小组会24次,上党课4次。同时,还开展4次党员主题日活动,认真落实党员登高计划,继续开展"党旗飘扬、诚信监理"创建等活动。组织全体党员参加宝钢工程党委组织的集中轮训,全部考试合格。

4. 党支部扎实推进作风建设、纪律建设。制定2021年反腐败和党风廉政建设工作分解,2021年自行监督检查计划及重点任务清单(二项),明确具体工作责任领导、责任部门和完成时间要求。

5. 全面完成巡察整改工作。针对宝钢工程反馈的2021年5月19—25日对博力监理开展的常规巡察的反馈意见,公司按照举一反三、系统整改的要求,逐项研究、分析、讨论,针对性提出26条具体整改措施,全面整改结束。

【工会工作】 1. 充分发挥工会组织的桥梁纽带作用,将工会工作深度融入生产经营和改革发展。2. 发挥工会民主管理和民主监督作用。认真组织开好职工大会,坚持厂务公开,完善信访渠道,维护职工权益。3. 关爱职工健康。积极落实宝武集团党委为职工创造"有钱、有闲、有趣"美好工作生活的目标,申报并实施本单位职工"最关心、最直接、最现实"(简称"三最")项目,营造快乐工作、幸福生活的良好氛围。同时,还继续开展节日、生日慰问、大病探望、"金秋助学"等系列活动。4. 积极参加上级工会组织的各项活动。

【获奖情况】 公司获2020年度安徽省、马鞍山市"优秀监理企业"称号,获安徽省和马鞍山市"安全文明标准化工地"各1项,获2021年度马鞍山市"翠螺杯"优质工程荣誉称号1项,获省市"监理示范工程"称号1项。同时,3名同志获安徽省优秀总监理工程师称号,5名同志获马鞍山市优秀总监理工程师称号,2名同志获马鞍山市优秀监理工程师称号。

(檀言来)

统计资料

2021 年马钢集团统计资料

马钢股份主要装备(生产线)一览表

表 2

区　域	装备	规　格	数量	备注
马钢股份炼铁总厂	烧结机	300 平方米	2 台	
马钢股份炼铁总厂	烧结机	360 平方米	3 台	
马钢股份长江钢铁	烧结机	192 平方米	3 台	
马钢股份炼铁总厂	高炉	1000 立方米	1 座	
马钢股份炼铁总厂	高炉	2500 立方米	2 座	
马钢股份炼铁总厂	高炉	3200 立方米	1 座	
马钢股份炼铁总厂	高炉	4000 立方米	2 座	
马钢股份长江钢铁	高炉	1080 立方米	2 座	
马钢股份长江钢铁	高炉	1250 立方米	1 座	
马钢股份长材事业部	转炉	60 吨	4 座	
马钢股份长材事业部	转炉	120 吨	5 座	
马钢股份四钢轧总厂	转炉	300 吨	3 座	
马钢股份特钢公司	电炉	110 吨	1 座	
马钢股份长江钢铁	电炉	140 吨	1 座	
马钢股份长材事业部	连铸机	150 毫米方坯连铸机	2 套	
马钢股份长材事业部	连铸机	160 毫米方坯连铸机	1 套	
马钢股份特钢公司	连铸机	380 毫米方坯连铸机	1 套	
马钢股份长江钢铁	连铸机	165 毫米方坯连铸机	3 套	
马钢股份四钢轧总厂	连铸机	2 套 2150 毫米、 1 套 1600 毫米板坯连铸机	3 套	
马钢股份特钢公司	连铸机	直流 700 毫米圆坯连铸机	1 套	
马钢股份长材事业部	连铸机	2 流、3 流、4 流异型坯连铸机各 1 套	3 套	
马钢股份长材事业部	连铸连轧	1600 毫米薄板连铸连轧	2 套	

续表 2

区　　域	装备	规　　格	数量	备注
马钢股份长材事业部	H 型钢轧机	950—1200 毫米、980—1400 毫米、550—980 毫米各 1 套	3 套	
马钢股份长材事业部	中型型钢轧机	750—900 毫米	1 套	
马钢股份长材事业部	棒材轧机	500 毫米、600 毫米	1 套	
马钢股份长材事业部	小棒轧机	600 毫米、420 毫米	1 套	
马钢股份特钢公司	优棒轧机	850 毫米、750 毫米	1 套	
马钢股份长江钢铁	棒材轧机	550 毫米	1 套	
马钢股份长江钢铁	双棒材轧机	650 毫米、550 毫米	2 套	
马钢股份长材事业部	高速线材轧机	600 毫米、560 毫米、420 毫米	1 套	
马钢股份特钢公司	高速线材轧机	650 毫米、550 毫米、450 毫米	1 套	
马钢股份长江钢铁	高速线材轧机	570 毫米、450 毫米	1 套	
马钢股份长材事业部	薄板坯连铸连轧机组轧机	2000 毫米	1 套	
马钢股份四钢轧总厂	热轧机组	2250 毫米、1580 毫米各 1 套	2 套	
马钢股份冷轧总厂	冷轧机组	1720 毫米、2130 毫米、1430 毫米、1550 毫米各 1 套	4 套	
马钢股份冷轧总厂	硅钢机组	1420 毫米	3 套	
马钢股份特钢公司	开坯机组	1150 毫米	1 套	
马钢股份特钢公司	钢坯连轧机组	770 毫米、850 毫米	1 套	
马钢股份冷轧总厂	镀锌机组	1575 毫米 2 套,1650 毫米、2000 毫米各 1 套	4 套	
马钢股份合肥公司	镀锌机组	1430 毫米	1 套	吸收合并原合肥板材公司设备
马钢股份冷轧总厂	涂层加工机组	1250 毫米、1575 毫米各 1 套	2 套	
马钢股份炼焦总厂	焦炉	65 孔	2 座	
马钢股份炼焦总厂	焦炉	50 孔	4 座	
马钢股份炼焦总厂	焦炉	70 孔	2 座	
马钢股份能环部	汽轮发电机组	1 台 50000 千瓦时,3 台 60000 千瓦时,1 台 135000 千瓦时,1 台 153000 千瓦时,1 台 183000 千瓦时	7 台	

(夏其祥)

主要产品生产能力

表 3

指标名称	单位	年初生产能力	本年新增能力					本年减少能力	年末生产能力
			本年新增能力合计	新建增加	改造增加	并购新增	其他增加		
黑色金属矿采选									
铁矿石开采能力	万吨/年	1960.00	0.00	0.00	0.00	0.00	0.00	0.00	1960.00
铁矿石选矿处理原矿能力	万吨/年	2610.00	0.00	0.00	0.00	0.00	0.00	0.00	2610.00
人造块矿		0	0	0	0	0	0	0	0
烧结铁矿	万吨/年	2621.00	30.00	0.00	0.00	0.00	30.00	0.00	2651.00
球团铁矿	万吨/年	640.00	400.00	400.00	0.00	0.00	0.00	291.00	749.00
炼铁产品									
生铁	万吨/年	1783.00	0.00	0.00	0.00	0.00	0.00	8.00	1775.00
粗钢	万吨/年	2170.50	132.50	110.00	0.00	0.00	22.50	163.00	2140.00
转炉钢	万吨/年	2060.50	22.50	0.00	0.00	0.00	22.50	136.00	1947.00
电炉钢	万吨/年	110.00	110.00	110.00	0.00	0.00	0.00	27.00	193.00
连铸坯	万吨/年	2241.50	140.00	110.00	0.00	0.00	30.00	140.00	2241.50
方坯	万吨/年	761.00	140.00	110.00	0.00	0.00	30.00	140.00	761.00
板坯	万吨/年	1114.50	0.00	0.00	0.00	0.00	0.00	0.00	1114.50
圆坯	万吨/年	80.00	0.00	0.00	0.00	0.00	0.00	0.00	80.00
异型坯	万吨/年	286.00	0.00	0.00	0.00	0.00	0.00	0.00	286.00
钢材生产能力	万吨/年	2050.00	0.00	0.00	0.00	0.00	0.00	0.00	2050.00

续表 3

指标名称	单位	年初生产能力	本年新增能力					本年减少能力	年末生产能力
			本年新增能力合计	新建增加	改造增加	并购新增	其他增加		
热轧钢材	万吨/年	1490.00	0.00	0.00	0.00	0.00	0.00	0.00	1490.00
铁道用钢材	万吨/年	32.00	0.00	0.00	0.00	0.00	0.00	0.00	32.00
热轧大型型钢	万吨/年	327.00	0.00	0.00	0.00	0.00	0.00	0.00	327.00
其中:H 型钢	万吨/年	267.00	0.00	0.00	0.00	0.00	0.00	0.00	267.00
热轧棒材	万吨/年	78.00	0.00	0.00	0.00	0.00	0.00	0.00	78.00
热轧钢筋	万吨/年	611.00	0.00	0.00	0.00	0.00	0.00	0.00	611.00
线材(盘条)	万吨/年	121.00	0.00	0.00	0.00	0.00	0.00	0.00	121.00
其中:高速线材	万吨/年	121.00	0.00	0.00	0.00	0.00	0.00	0.00	121.00
热轧中厚宽钢带	万吨/年	321.00	0.00	0.00	0.00	0.00	0.00	0.00	321.00
冷轧(拔)钢材	万吨/年	370.00	0.00	0.00	0.00	0.00	0.00	0.00	370.00
冷轧薄宽钢带	万吨/年	308.00	0.00	0.00	0.00	0.00	0.00	0.00	308.00
冷轧电工钢板(带)	万吨/年	62.00	0.00	0.00	0.00	0.00	0.00	0.00	62.00
镀涂层板(带)	万吨/年	190.00	0.00	0.00	0.00	0.00	0.00	0.00	190.00
镀层板(带)	万吨/年	160.00	0.00	0.00	0.00	0.00	0.00	0.00	160.00
其中:镀锌板(带)	万吨/年	160.00	0.00	0.00	0.00	0.00	0.00	0.00	160.00
热镀锌板(带)	万吨/年	160.00	0.00	0.00	0.00	0.00	0.00	0.00	160.00
涂层板(带)	万吨/年	30.00	0.00	0.00	0.00	0.00	0.00	0.00	30.00
焦炭	万吨/年	510.00	110.00	0.00	110.00	0.00	0.00	90.00	530.00
机焦	万吨/年	510.00	110.00	0.00	110.00	0.00	0.00	90.00	530.00

(朱　宁)

固定资产投资完成情况

表 4 单位：万元

本年完成投资合计	按构成分				按投资方向分											增加产能	增加新产品	改进工艺	节约能源	提高产品质量	保护环境	其他	自筹资金
	建筑工程	安装工程	设备购置	其他费用	铁矿采选	烧结	球团	炼铁	炼钢			连铸	轧材	焦化	其他								
									炼钢合计	电炉	转炉												
336278	149775	8581	151604	26318	13833	4939	2978	28035	24806	15059	9747	45790	156281	9004	50612	20563	137723	45077	14907	35012	74179	8817	337370
722401	356690	6998	307510	51203	11163	51763	72575	121692	73718	21558	52160	16939	56179	150713	167669	11163	34700	244034	47097	64786	217947	102674	718190
132246	48100	1405	78310	4431	0	10065	3612	11244	46017	5112	40905	15965	18284	10332	16727	0	18354	27281	7693	28126	42828	7964	136000
11163	9707	773	26	657	11163	0	0	0	0	0	0	0	0	0	0	11163	0	0	0	0	0	0	0
3363	887	0	734	1742	0	0	0	0	0	0	0	0	0	0	3363	0	0	0	0	0	0	3363	0
29490	25468	0	3108	914	0	0	0	0	0	0	0	0	0	0	29490	0	0	0	0	0	29490	0	29500
891	640	0	165	86	0	0	0	0	0	0	0	0	0	0	891	0	0	0	0	0	891	0	900
48106	31836	0	15416	854	0	0	0	0	0	0	0	0	0	48106	0	0	0	0	0	0	48106	0	49000
33	0	0	0	33	0	0	0	33	0	0	0	0	0	0	0	0	0	33	0	0	0	0	50
342	304	0	0	38	0	342	0	0	0	0	0	0	0	0	0	0	0	0	0	0	342	0	350
1743	373	0	1319	51	0	1743	0	0	0	0	0	0	0	0	0	0	0	0	0	0	1743	0	1800
2953	897	0	1591	465	0	2953	0	0	0	0	0	0	0	0	0	0	0	0	0	0	2953	0	3000
1472	540	0	873	59	0	1472	0	0	0	0	0	0	0	0	0	0	0	0	0	0	1472	0	1500
68963	16125	0	49433	3405	0	0	68963	0	0	0	0	0	0	0	0	0	0	68963	0	0	0	0	70000

续表4

单位:万元

本年完成投资合计	按构成分				按投资方向分											增加产能	增加新产品	改进工艺	节约能源	提高产品质量	保护环境	其他	自筹资金
	建筑工程	安装工程	设备购置	其他费用	铁矿采选	烧结	球团	炼铁	炼钢			连铸	轧材	焦化	其他								
									炼钢合计	电炉	转炉												
14213	821	0	6786	6604	0	0	0	14213	0	0	0	0	0	0	0	0	0	10354	0	0	0	3859	14500
8025	7871	0	0	154	0	0	0	0	0	0	0	0	0	0	8025	0	0	0	0	0	8025	0	8100
10973	10833	0	0	140	0	0	0	0	0	0	0	0	0	0	10973	0	0	0	0	0	5600	5373	11000
4146	1802	0	2340	4	0	4146	0	0	0	0	0	0	0	0	0	0	0	0	0	0	4146	0	4200
63466	52641	0	10556	269	0	0	0	63466	0	0	0	0	0	0	0	0	0	49518	0	0	9735	4213	64000
19381	13081	0	4395	1905	0	0	0	19381	0	0	0	0	0	0	0	0	0	0	0	0	19381	0	19500
7392	4202	0	2934	256	0	0	0	7392	0	0	0	0	0	0	0	0	0	0	0	0	0	7392	7400
7	0	0	0	7	0	0	0	0	0	0	0	7	0	0	0	0	0	7	0	0	0	0	10
345	37	0	31	277	0	0	0	0	0	0	0	345	0	0	0	0	0	345	0	0	0	0	350
5445	308	0	965	4172	0	0	0	0	0	0	0	0	5445	0	0	0	0	5445	0	0	0	0	5500
2066	1484	0	580	2	0	0	0	0	0	0	0	0	2066	0	0	0	0	0	0	0	0	2066	2100
3058	67	0	1617	1374	0	0	0	0	0	0	0	0	3058	0	0	0	0	3058	0	0	0	0	3100
2453	617	0	1826	10	0	0	0	0	2453	0	2453	0	0	0	0	0	0	2453	0	0	0	0	2500
4608	116	0	3915	577	0	0	0	0	0	0	0	0	4608	0	0	0	0	0	0	4608	0	0	4700
4651	89	0	3991	571	0	0	0	0	0	0	0	0	4651	0	0	0	0	4651	0	0	0	0	4700

续表 4

单位：万元

本年完成投资合计	按构成分				按投资方向分											增加产能	增加新产品	改进工艺	节约能源	提高产品质量	保护环境	其他	自筹资金
	建筑工程	安装工程	设备购置	其他费用	铁矿采选	烧结	球团	炼铁	炼钢			连铸	轧材	焦化	其他								
									炼钢合计	电炉	转炉												
2413	109	0	1428	876	0	0	0	0	0	0	0	0	2413	0	0	0	0	2413	0	0	0	0	2500
4045	2933	0	1106	6	0	0	0	0	0	0	0	0	4045	0	0	0	0	0	0	4045	0	0	4100
55	33	0	22	0	0	0	0	0	0	0	0	0	55	0	0	0	55	0	0	0	0	0	100
622	52	0	0	570	0	0	0	0	0	0	0	622	0	0	0	0	622	0	0	0	0	0	700
461	21	0	440	0	0	0	0	0	0	0	0	0	461	0	0	0	461	0	0	0	0	0	500
3137	3137	0	0	0	0	0	0	0	3137	0	3137	0	0	0	0	0	0	0	0	0	0	3137	3200
8090	3495	0	3945	650	0	0	0	0	0	0	0	0	0	0	8090	0	0	0	8090	0	0	0	8100
2476	719	0	1689	68	0	0	0	0	0	0	0	0	0	2476	0	0	0	0	0	0	2476	0	2500
3811	310	0	3372	129	0	0	0	0	0	0	0	0	0	3811	0	0	0	0	0	0	3811	0	4000
879	26	0	798	55	0	0	0	0	0	0	0	0	0	879	0	0	0	0	0	0	879	0	900
55193	22353	0	31096	1749	0	0	0	0	0	0	0	0	0	55198	0	0	0	27599	11039	16560	0	0	55200
146	0	0	0	146	0	0	0	0	0	0	0	0	0	146	0	0	0	0	0	0	146	0	150
34	0	0	0	34	0	0	0	0	0	0	0	0	0	34	0	0	0	0	0	0	34	0	50
2553	2495	0	0	58	0	0	0	0	0	0	0	0	0	2553	0	0	0	0	0	0	2553	0	2600
27178	20787	0	6246	145	0	0	0	0	0	0	0	0	0	27178	0	0	0	16307	2718	8153	0	0	27500

续表 4

单位：万元

本年完成投资合计	按构成分				按投资方向分											增加产能	增加新产品	改进工艺	节约能源	提高产品质量	保护环境	其他	自筹资金
	建筑工程	安装工程	设备购置	其他费用	铁矿采选	烧结	球团	炼铁	炼钢			连铸	轧材	焦化	其他								
									炼钢合计	电炉	转炉												
205	121	0	84	0	0	0	0	0	0	0	0	0	205	0	0	0	0	205	0	0	0	0	250
4688	3315	0	1018	355	0	0	0	0	0	0	0	0	4688	0	0	0	0	4688	0	0	0	0	4700
5666	1430	0	3470	766	0	0	0	0	0	0	0	0	0	0	5666	0	0	0	5666	0	0	0	5700
8844	4210	0	4482	152	0	0	0	0	0	0	0	0	0	0	8844	0	0	0	8844	0	0	0	8900
5822	514	0	5086	222	0	0	0	5822	0	0	0	0	0	0	0	0	0	0	0	0	0	5822	5900
4495	4387	0	108	0	0	4495	0	0	0	0	0	0	0	0	0	0	0	0	0	0	2568	1927	4500
2940	2868	0	0	72	0	0	0	0	0	0	0	0	0	0	2940	0	0	0	0	0	0	2940	3000
1995	93	0	85	1817	0	0	0	0	0	0	0	0	0	0	1995	0	0	0	0	0	0	1995	2000
5178	61	0	2381	2736	0	0	0	0	0	0	0	0	5178	0	0	0	5178	0	0	0	0	0	5200
1213	597	0	70	546	0	0	0	0	0	0	0	0	0	0	1213	0	0	0	0	0	0	1213	1300
3142	1020	0	1837	285	0	0	0	0	0	0	0	0	0	0	3142	0	0	0	0	0	0	3142	3200
18330	17183	0	343	804	0	0	0	0	0	0	0	0	0	0	18330	0	0	0	0	0	0	18330	16500
1326	1326	0	0	0	0	0	0	0	0	0	0	0	0	0	1326	0	0	0	0	0	0	1326	1400
5118	2075	0	3043	0	0	5118	0	0	0	0	0	0	0	0	0	0	0	0	0	0	5118	0	5200
23610	0	0	17495	6115	0	0	0	0	0	0	0	0	0	0	23610	0	0	0	0	0	0	23610	24000

续表 4

单位:万元

本年完成投资合计	按构成分				按投资方向分											增加产能	增加新产品	改进工艺	节约能源	提高产品质量	保护环境	其他	自筹资金
	建筑工程	安装工程	设备购置	其他费用	铁矿采选	烧结	球团	炼铁	炼钢			连铸	轧材	焦化	其他								
									炼钢合计	电炉	转炉												
428	409	0	0	19	0	0	0	0	0	0	0	0	0	0	428	0	0	0	0	0	0	428	450
2618	896	0	1642	80	0	0	0	0	2618	0	2618	0	0	0	0	0	2618	0	0	0	0	0	2700
1312	1001	0	311	0	0	0	0	0	0	0	0	0	0	0	1312	0	0	0	0	0	0	1312	1350
4176	4176	0	0	0	0	0	0	0	0	0	0	0	0	0	4176	0	0	0	0	0	4176	0	4200
14725	11882	0	2717	126	0	14725	0	0	0	0	0	0	0	0	0	0	0	0	0	0	14725	0	14800
16446	8365	0	7804	277	0	0	0	0	16446	16446	0	0	0	0	0	0	7412	9034	0	0	0	0	16500
3047	2539	0	348	160	0	0	0	0	3047	0	3047	0	0	0	0	0	0	0	3047	0	0	0	3100
10658	0	4820	3912	1926	0	0	0	0	0	0	0	0	0	0	10658	0	0	10658	0	0	0	0	11000
6694	2873	0	2796	1025	0	6694	0	0	0	0	0	0	0	0	0	0	0	0	0	0	6694	0	6700
141	0	0	0	141	0	0	0	141	0	0	0	0	0	0	0	0	0	0	0	0	0	141	150
55	33	0	4	18	0	0	0	0	0	0	0	0	0	0	55	0	0	0	0	0	55	0	60
1045	0	0	1045	0	0	0	0	0	0	0	0	0	0	0	1045	0	0	0	0	0	0	1045	1100
18	0	0	0	18	0	0	0	0	0	0	0	0	0	0	18	0	0	0	0	0	0	18	20
0	0	0	0	0	0	0	0	0	0	0	0	0	0	0	0	0	0	0	0	0	0	0	0
3294	0	0	3294	0	0	0	0	0	0	0	0	0	0	0	3294	0	0	0	0	3294	0	0	3300
1022	0	0	1022	0	0	0	0	0	0	0	0	0	1022	0	0	0	0	1022	0	0	0	0	1050
2053	0	0	2058	0	0	0	0	0	0	0	0	0	0	0	2058	0	0	0	0	0	0	2058	2100

（朱　宁）

2021 年年底保有的地质储量及三级矿量

表 5

矿山或矿区名称	露天或坑下	矿石种类	储量									资源量												质量情况
						1. 证实储量			2. 可信储量						1. 探明资源量			2. 控制资源量			3. 推断资源量			
			矿量/万吨	金属量/万吨	品位/%	矿量/万吨	金属量/万吨	品位/%	矿量/万吨	金属量/万吨	品位/%	矿量/万吨	金属量/万吨	品位/%	矿量/万吨	金属量/万吨	品位/%	矿量/万吨	金属量/万吨	品位/%	矿量/万吨	金属量/万吨	品位/%	
铁矿合计			47299.62	17776.89	37.58	15546.79	5583.22748	35.91	31752.83	12193.66	38.4	116042.28	39474.75	34.02	24483.18	7989.72	32.63	53208.33	18978.11	35.67	38350.77	12506.92	32.61	
高村铁矿	露天	铁矿	2759.78	620.6	22.49	2190.19	491.7	22.45	569.59	128.9	22.63	22724.4	4724.36	20.79	8575.13	1882.24	21.95	6603.07	1335.14	20.22	7456.2	1506.98	19.97	V_2O_5:0.09%、P:0.14%、S:0.77%
和尚桥铁矿	露天	铁矿	967.13	248.41	25.69	437.71	120.5	27.53	529.42	127.91	24.16	5914.6	1484.58	25.1	306.93	87.57	28.53	1421.02	354.12	24.92	4186.65	1042.89	24.91	V_2O_5:0.071%、P:0.08%、S:2.46%
姑山铁矿	坑下	铁矿	1603.01	660.92	41.23				1603.01	660.92	41.23	8436.23	3471.75	41.15	420.58	198.72	47.25	3079.55	1294.64	42.04	4936.1	1978.39	40.08	V_2O_5:0.08%、P:0.54%、S:0.07%
和睦山铁矿	坑下	铁矿	153.35	60.96	39.75	27.28	10.8	39.59	126.07	50.16	39.79	1889.5	734.94	38.9	32.29	12.78	39.58	1280.79	509.63	39.79	576.42	212.53	36.87	V_2O_5:0.14%、P:0.34%、S:1.27%、Co:0.008%
白象山铁矿	坑下	铁矿	7357.61	2902.02	39.44	1014.81	401.05	39.52	6342.8	2500.97	39.43	14688.99	5800.87	39.49	1206.29	477.57	39.59	8691.1	3437.33	39.55	4791.6	1885.97	39.36	V_2O_5:0.224%、P:0.65%、S:0.54%、Co:0.0049%
钟九铁矿	坑下	铁矿	4620.37	1623.85	35.15	1289.33	443.66	34.41	3331.04	1180.19	35.43	6453.68	2263.74	35.08	1438.05	496.13	34.5	4194.15	1478.86	35.26	821.48	288.75	35.15	P:0.54%、S:1.07%

续表 5

矿山或矿区名称	露天或坑下	矿石种类	储量												资源量												质量情况
						1. 证实储量			2. 可信储量						1. 探明资源量			2. 控制资源量			3. 推断资源量			
			矿量/万吨	金属量/万吨	品位/%	矿量/万吨	金属量/万吨	品位/%	矿量/万吨	金属量/万吨	品位/%	矿量/万吨	金属量/万吨	品位/%	矿量/万吨	金属量/万吨	品位/%	矿量/万吨	金属量/万吨	品位/%	矿量/万吨	金属量/万吨	品位/%	
罗河铁矿	坑下	铁矿	22940.15	9397.99	40.97	6487.84	2784.16	42.91	16452.31	6613.83	40.2	35854.9	14406.23	40.18	7438.62	3189.86	42.88	18653.41	7498.67	40.2	9762.87	3717.7	38.08	V_2O_5:0.21%、P:1.15%、S:4.69%
张庄铁矿	坑下	铁矿	6834.06	2234.84	32.7	4084.74	1324.79	32.43	2749.32	910.05	33.1	19969.53	6540.66	32.75	5046.68	1636.64	32.43	9223.65	3043.8	33	5699.2	1860.22	32.64	P:0.11%、S:0.04%
长龙山铁矿	坑下	铁矿	64.16	27.3	42.55	14.89	6.57	44.12	49.27	20.73	42.07	110.45	47.62	43.11	18.61	8.21	44.12	61.59	25.92	42.08	30.25	13.49	44.6	S:0.32%

矿山或矿区名称	开拓矿量				采准矿量				备采矿量			
	矿量/万吨	金属量/万吨	品位/%	保有月数	矿量/万吨	金属量/万吨	品位/%	保有月数	矿量/万吨	金属量/万吨	品位/%	保有月数
铁矿合计	8593	2573.01	29.94	283.89	1213	420.38	34.66	48.52	957	281.37	29.4	28.67
高村铁矿	1378	281.8	20.45	23.62					199	40.97	20.59	3.41
和尚桥铁矿	1800	400.68	22.26	31.3					168	38.72	23.05	2.9
姑山铁矿												
和睦山铁矿	125	46.51	37.21	21	20	7.46	37.3	3.5	4	1.49	37.25	0.9
白象山铁矿	1500	575.25	38.35	90	273	104.72	38.36	16.38	125	47.91	38.33	7.5
钟九铁矿												
罗河铁矿	1688	609.37	36.1	67.52	410	148.01	36.1	16.4	181	62.99	34.8	7.24
张庄铁矿	2102	559.4	31.37	50.45	510	160.19	31.41	12.24	280	89.29	31.89	6.72
长龙山铁矿												

（朱 宁）

科技活动情况

表6

指标名称	单位	2021年实际	2020年同期
一、研发人员情况			
研发人员合计	人	1538	1471
其中:管理和服务人员	人	328	
其中:女性	人	157	151
其中:全职人员	人	287	308
其中:本科毕业及以上人员	人	1486	1217
其中:外聘人员	人		
二、研究开发费用情况			
研究开发费用合计	万元	363239	246221
1.人员人工费用	万元	23493	29079
2.直接投入费用	万元	271927	178789
3.折旧费用与长期待摊费用	万元	48153	13279
4.无形资产摊销费用	万元		
5.设计费用	万元		
6.装备调试费用与试验费用	万元	7496	
7.委托外部研究开发费用	万元	225	4277
(1)委托境内研究机构	万元	121	580
(2)委托境内高等学校	万元	104	1716
(3)委托境内企业	万元		1981
(4)委托境外机构	万元		
8.其他费用	万元	11945	20797
三、研究开发资产情况			
当年形成用于研究开发的固定资产	万元	7223	4478

续表 6

指标名称	单位	2021 年实际	2020 年同期
四、政府经费及相关政策落实情况			
加计扣除减免税金额	万元	49970	15000
高新技术企业减免税金额	万元		
五、企业办研究开发机构(境内)情况			
期末机构数	个	1	1
机构研究开发人员	人	287	308
其中:博士毕业	人	15	15
硕士毕业	人	143	137
机构研究开发费用	万元	245628	10114
期末仪器和设备原价	万元	19007	16710
六、研究开发产出及相关情况			
(一)专利情况			
当年专利申请数	件	431	420
其中:发明专利	件	301	265
期末有效发明专利数	件	861	723
其中:已被实施	件	516	433
专利所有权转让及许可数	件		
专利所有权转让及许可收入	万元		
(二)新产品情况			
新产品销售收入	万元	4520776	1126265
其中:出口	万元	67152	48326
(三)其他情况			
期末拥有注册商标	件	33	33
发表科技论文	篇	113	102

续表 6

指标名称	单位	2021 年实际	2020 年同期
形成国家或行业标准	项	14	9
七、其他相关情况			
(一)技术改造和技术获取情况			
技术改造经费支出	万元	711700	540902
购买境内技术经费支出	万元		
引进境外技术经费支出	万元		
引进境外技术的消化吸收经费支出	万元		
(二)企业办研究开发机构(境外)情况			
期末企业在境外设立的研究开发机构	个		

(朱　宁)

劳动工资统计

表 7

指　　标	单位	集团公司	
			其中:股份公司
在册年末职工人数	人	25238	22081
其中:在岗职工	人	24339	21932
在册职工年平均人数	人	26444	23762
其中:在岗职工	人	25533	23205
在册职工工资总额	万元	392708	356177
其中:在册年平均工资	元	148506	149893
在岗职工工资总额	万元	388373	353512
其中:在岗年平均工资	元	152106	152343
不在岗职工工资总额	万元	4335	2665
其中:不在岗年平均工资	元	47588	47838

(张晓莉)

专业技术职称构成情况

表 8

级别 专业	专业比例/%	总计/人	高级职称/人	中级职称/人	初级职称/人
工程	72. 32	2795	732	1005	1058
教育	2. 57	99	42	49	8
财会	3. 92	152	33	91	28
经济	6. 13	237	18	155	64
政工	12. 94	500	112	225	163
其他	2. 12	82	3	46	33
合计	100. 00	3865	940	1571	1354

（洪　瑾）

人物

马钢年鉴

2021年马钢先进人物

全国“五一”劳动奖章

徐　冰　马鞍山钢铁股份有限公司炼铁总厂首席技师

（臧延芳）

中央企业优秀党务工作者

唐　军　马鞍山钢铁股份有限公司冷轧总厂冷轧二分厂厂长

（储怡萌）

安徽省“五一”劳动奖章

单永刚　马鞍山钢铁股份有限公司四钢轧总厂首席技师

（臧延芳）

安徽省优秀共产党员

邓　勇　马鞍山钢铁股份有限公司四钢轧总厂副厂长、安全总监

（储怡萌）

首届安徽省工匠

袁军芳　马鞍山钢铁股份有限公司能源环保部技能大师

宝武优秀共产党员

赵伟隽　马钢集团马钢股份制造管理部生产管理室科员
王　强　马钢集团马钢股份能源环保部环保技术室主任
郭　威　马钢集团马钢股份采购中心石油化工部采购员
茆　勇　马钢集团马钢股份技术中心综合管理室主任
王　伟　马钢集团马钢股份运输部(铁运公司)一厂站分厂调车组长
喻能利　马钢集团马钢股份检测中心产成品单元党支部书记、主任
李　峻　马钢集团马钢股份港务原料总厂党群工作部(综合管理室)主任
黄　静　马钢集团马钢股份炼铁总厂高炉一分厂炉体作业区作业长
杨　勇　马钢集团马钢股份长材事业部炼钢一分厂炉长
雷　杰　马钢集团马钢股份长材事业部二区设备管理室(能源环保室)高级技术主管
叶东华　马钢集团马钢股份特钢公司电炉分厂精炼作业区甲班值班长
朱光明　马钢集团马钢股份炼焦总厂纪委副书记、党群工作部(综合管理室)主任
程旭晖(女)　马钢集团马钢股份仓配中心备件中心保管员
王锦平　马钢集团马钢股份安徽长江钢铁炼钢厂维修车间主任
康志杰　马钢集团马钢股份安徽马钢和菱实业有限公司安全生产部安全管理
李艳芬(女)　马钢集团冶金工业技术服务公司人力资源部部长

宝武优秀党务工作者

李　兴　马钢集团保卫部门禁三大队党支部书记
杨国祥　马钢集团马钢股份能源环保部能源中心党支部书记
赵广化　马钢集团马钢股份长材事业部党委副书记、纪委书记、工会主席
龙　彪　马钢集团马钢股份长材事业部一区党群工作部（综合管理室)副主任
宫　峰　马钢集团马钢股份冷轧总厂冷轧三分厂党支部书记、副厂长
潘万钢　马钢集团马钢股份特钢公司党群工作部(综合管一理部)副部长、机关党总支第一党支部书记
魏　东　马钢集团马钢股份合肥公司综合管理部党支部书记
黄克讲　马钢集团康泰公司房产分公司党支部书记

中国宝武“金牛奖”

刘迎庆　马钢集团马钢股份长材事业部中型材分厂设备点检作业长
钱虎林　马钢集团马钢股份炼焦总厂马钢炼焦技术首席师

中国宝武“银牛奖”

刘国平　制造管理部部长、党总支委员
徐　雁　技术中心物理检验技能大师
黄　静　炼铁总厂高炉一分厂炉体作业区作业长
兰　宇　四钢轧总厂热轧分厂党支部书记、分厂厂长
朱彰荣　冷轧总厂冷轧一分厂彩涂作业区作业长
韩施亮　特钢公司设备管理部炼钢点检作业区电气高级操作
余　琼　合肥公司设备管理室首席工程师
蒋发贵　长钢股份公司炼铁厂高炉炉长
刘继柱　和菱实业公司包装分厂作业长

中国宝武“铜牛奖”

余　晔　运营改善部信息化管理室高级经理
汪文革　能源环保部供电分厂电巡检作业区作业长
周伦竹　营销中心热轧部高级经理
崔海涛　办公室区域总部室主任
崔家冀　精益办精益管理室副经理
徐　昕　行政事务中心卫生健康室主任师
陈爱民　和菱实业公司行车二分厂一作业区作业长
舒宏富　技术中心炼钢工艺研究所主任研究员
解养国　长材事业部炼钢二分厂分厂副厂长
夏明炜　制造管理部生产计划区域师
王　舜　工会经济工作室主任管理师
杨凌珺　运营改善部区域管理师
苏吉华　能源环保部燃气分厂盲板防护作业区作业长
赵　华　能源环保部发电一分厂副厂长
陶　然　人力资源服务中心培训招聘室主任
彭新华　离退休中心花山王家山站站长
田朝林　教培中心学报编辑部主任
吴海江　保卫部交管巡逻大队二中队中队长
宋　亮　营销中心市场营销室经营计划主任管理师
薛　莲　采购中心燃料资源部原燃料采购业务代表
张　洪　运输部物流管理主任管理师
刘坤杨　康泰公司资产信息化建设及权证管理协理
吴劲松　冶金技术服务公司综合管理部部长
蒋　进　检测中心产成品单元成品二作业区力学主管
范云飞　港务原料总厂生产技术室质量体系主任工程师
周志伟　炼铁总厂烧结一分厂点检一作业区作业长
赵世丹　炼铁总厂高炉一分厂2号炉炉长
张　军　长材事业部线棒材分厂精整辅助操作高级操作
汪志远　长材事业部轧钢点检一分厂大H电气点检员高级操作
秦小林　四钢轧总厂设备管理室机械综合点检
尚成龙　四钢轧总厂热轧分厂轧机调整操作高级操作
孙　敏　冷轧总厂冷轧三分厂厂长
李小虎　特钢公司新特钢项目部主任师
杨　磊　炼焦总厂生产技术室(安全管理室)副主任
陈志遥　马钢交材车轮车轴厂车轮精加工
张　坤　合肥公司生产技术室主任工程师
吴　刚　长江钢铁股份有限公司动力车间副主任
丁仁发　长江钢铁股份有限公司北线乙班大班长
谢韶春　中国宝武运营共享马鞍山分中心销售核算组高级经理
董　梅　马钢交材营销中心外贸销售经理

中国宝武首届“道德模范”

王　军　冷轧总厂物流分厂安全员
吴　坤　特钢公司电炉分厂炼钢原料一般操作

马钢“金牛奖”

刘迎庆　长材事业部中型材分厂设备点检作业长
钱虎林　炼焦总厂马钢炼焦技术首席师
刘国平　制造管理部部长、党总支委员
徐　雁　技术中心物理检验技能大师
黄　静　炼铁总厂高炉一分厂炉体作业区作业长
兰　宇　四钢轧总厂热轧分厂党支部书记、分厂厂长
朱彰荣　冷轧总厂冷轧一分厂彩涂作业区作业长
韩施亮　特钢公司设备管理部炼钢点检作业区电气高级操作
余　琼　合肥公司设备管理室首席工程师
蒋发贵　长钢股份公司炼铁厂高炉炉长
刘继柱　和菱实业公司包装分厂作业长
余　晔　运营改善部信息化管理室高级经理
汪文革　能源环保部供电分厂电巡检作业区作业长
周伦竹　营销中心热轧部高级经理
于景辉　制造管理部质量保证室高级经理、党支部书记
胡学文　技术中心热轧产品研究所所长、首席研究员
郭　静　运输部生产技术(安全管理)室主任
张仕洋　长材事业部生产技术室炼钢工艺主任工程师
严开龙　冷轧总厂党委书记、厂长
邵　峰　炼焦总厂炼焦二分厂干熄焦中控高级操作
张盛华　马钢交材检测中心无损检测高级操作

马钢“银牛奖”

肖卫东　党委工作部宣传与舆情管理职能主任

王　露　经营财务部预算室高级经理
高光泽　规划与科技部科研管理室高级经理
何　佳　能源环保部能源技术室副主任
王仲明　安全生产管理部安全生产管理部部长
夏会明　设备管理部设备管理部副部长
杨尚福　教培中心专务员
吉太安　保卫部门禁二大队门禁中队长
罗　艳　重庆材料公司市场营销部市场营销
王卫东　采购中心燃料资源部高级经理
刘自民　技术中心综合利用研究所所长
刘　振　运输部设备管理室工电作业区作业长
耿　超　冶金技术服务公司市场开拓组业务员
万春华　检测中心检测项目组副主任
李忠良　港务原料总厂设备管理室电气区域工程师
谭志强　港务原料总厂项目组设备小组机械点检员
石天顺　炼铁总厂综合管理室(党群工作部)主任师
荀元虎　炼铁总厂烧结二分厂烧结作业区作业长
王卫国　炼铁总厂烧结一分厂1号2号烧结作业区高级操作
马　龙　长材事业部H型钢分厂副厂长
季劲松　长材事业部炼钢二分厂炼钢作业区3号炉炉长炼钢主操 高级操作
朱　勇　长材事业部连铸一分厂方坯作业区丁班值班长连铸高级操作
王宏军　长材事业部CSP热轧分厂轧钢作业区甲线值班长高级操作
李　军　长材事业部重型H型钢分厂轧机高级操作
郭传伍　四钢轧总厂连铸分厂3号连铸机高级操作
潘瑞发　四钢轧总厂能介分厂水处理作业区泵站高级操作
耿宏凯　四钢轧总厂炼钢分厂转炉OG主要主操
刘　伟　冷轧总厂生产技术室(安全管理室、质量检验站)主任
万传云　冷轧总厂冷轧二分厂2130连退作业区作业长
付军发　冷轧总厂设备管理室一冷二点检作业区作业长
王　尚　特钢公司新特钢项目部炼钢组组长
叶东华　特钢公司电炉分厂精炼高级操作
秦本权　炼焦总厂炼焦一分厂机械点检主操
François DEMILLY　马钢瓦顿公司技术、研发与质量总监
王文东　马钢交材热轧厂区域工程师
朱云峰　马钢交材设备管理部电气维护工
李　明　合肥公司生产技术室镀锌作业区丁班班长
卢德斌　长钢股份公司烧结厂烧结区域负责人
任元保　长钢股份公司轧钢厂轧钢一车间区域负责人
崔一备　和菱实业公司生产技术室生产管理员

“最美马钢人”

崔海涛　办公室区域总部室主任
崔家冀　精益办精益管理室副经理
徐　昕　行政事务中心卫生健康室主任师
陈爱民　和菱实业公司行车二分厂一作业区作业长
舒宏富　技术中心炼钢工艺研究所主任研究员
王　军　冷轧总厂物流分厂安全员
董　梅　马钢交材营销中心外贸销售经理
吴　坤　特钢公司电炉分厂炼钢原料一般操作
解养国　长材事业部炼钢二分厂分厂副厂长
夏明炜　制造管理部生产计划区域师

(陈　琴　赵　明)

2021 年马钢名录

马钢(集团)控股有限公司直管以上领导人员名录

公司领导

党委书记 丁 毅
党委副书记 刘国旺
何柏林
党委常委 丁 毅
刘国旺
毛展宏(2 月任职)
张文洋(2 月离任)
钱海帆(2 月退休)
唐琪明
任天宝(7 月任职)
何柏林
伏 明
章茂晗
纪委书记 何柏林
工会主席 张晓峰(3 月离任)
邓宋高(9 月任职)
董事长 丁 毅
董事 丁 毅
刘国旺
钱海帆(2 月退休)
唐琪明(4 月任职)
何柏林(4 月任职)
监事会主席 马道局
总经理 刘国旺
副总经理 钱海帆(常务,2 月退休)
唐琪明
副总会计师 张乾春
总经理助理 王文潇(11 月退休)
邓宋高

办公室(区域总部办公室、党委办公室、外事办公室、董事会秘书处、信访办公室、保密办公室、机关党委,组织机构优化,2 月与股份公司机构合署)

主 任 邓宋高(9 月离任)
副主任 杨子江(主持工作,12 月任职)
郝 军(1 月任职,5 月离任)
黄全福
严晓燕(女)
康 伟(11 月提任)
董事会秘书 邓宋高(9 月离任)
杨子江(12 月任职)
外事办主任 邓宋高(9 月离任)
外事办副主任 杨子江(主持工作,12 月任职)
机关党委书记 邓宋高(6 月任职)
机关党委副书记、工会主席
严晓燕(女,6 月任职)

党委工作部(党委组织部、党委宣传部、人力资源部、企业文化部、统战部、团委,组织机构优化,2 月与股份公司机构合署)

部 长 王东海
党委工作部副部长 许延平(1 月离任)
徐乃文(1 月任职,9 月离任)
金 翔(8 月提任)
机关党委书记 王东海(6 月离任)
团委书记 蓝仁雷(1 月任职)

纪委(组织机构优化,2 月与股份公司机构合署)

副书记 徐 军(12 月由和菱实业公司调任)
毛文明(4 月离任)
第一纪检组组长 张 纲(3 月任职)
第二纪检组组长 郑晓明(3 月任职,6 月到龄退出)
杨智勇(8 月由技术中心调任)
第三纪检组组长 徐小苗(3 月任职)

审计稽查部(组织机构优化,2 月与股份公司机构合署,9 月更名为审计部)

部　长　毛文明(4月离任)
副部长　徐小苗
方金荣(1月任职,5月离任)
秦学志(1月任职)
徐　权(5月由采购中心调任)

党委巡察工作办公室

主　任　毛文明(4月离任)
巡察员　顾明星(10月到龄退出)
郑晓明(6月到龄退出)
方金荣(5月任职)
张　纲(1月任职)
副巡察员　汪根祥(1月任职,12月到龄退出)
刘家彪(1月任职)
唐胜卫(6月任职)

工会(组织机构优化,2月与股份公司机构合署)

副主席　马桢亚(8月到龄退出)
胡晓梅(女,1月任职)
经济工作部部长　王卫东

运营改善部(组织机构优化,2月成立)

部　长　杨兴亮(1月由冷轧总厂调任)
副部长　詬盛中(1月任职,9月到龄退出)
改革推进组组长　吴耀光(4月由一钢轧总厂调任,11月到龄退出)

管理创新部(组织机构优化,2月更名为运营改善部)

部　长　张吾胜(1月到龄退出)
副部长　詬盛中(1月离任)

精益管理推进办公室(组织机构优化,2月成立)

主　任　吴芳敏(1月由投资公司调任)

规划与科技部(组织机构优化,2月成立)

部　长　张　峰(1月任职,7月离任)
副部长　吴　坚(主持工作,7月由长材事业部调任)
崔银会(1月任职)
碳中和办公室副主任　汪为民(4月由安全生产管理部调任)

科技管理部(组织机构优化,2月更名为规划与科技部)

经　理　张吾胜(1月到龄退出)
副经理　詬盛中(1月离任)

法律事务部(组织机构优化,2月与股份公司机构合署)

部　长　郭　斐(1月由股份公司调任,6月离任)
王文忠(1月离任)
副部长　何红云(女,1月由股份公司调任,7月主持工作)
陈　全(1月由股份公司调任)

能源环保部(组织机构优化,2月与股份公司机构合署)

党委书记　罗武龙(11月任职)
李　通(1月任职,11月离任)
党委副书记　罗武龙(1月任职,11月离任)
杨效东(1月任职,5月离任)
章连生(11月提任)
工会主席　杨效东(1月任职,5月离任)
章连生(11月提任)
部　长　罗武龙(1月任职)
张吾胜(1月到龄退出)
副部长　李　通(1月任职,11月离任)
曹曲泉(1月任职)
唐胜卫(1月任职,6月离任)
吴正球(1月任职)
张　健(1月任职)
翁海胜(1月任职)
王仲明(1月任职,4月离任)
黄　浩(9月提任)
王　强(11月提任)
总工程师　吴正球(1月任职)
安全总监　张　健(1月任职)

安全生产管理部(组织机构优化,2月成立)

部　长　王仲明(8月提任)
汪为民(1月任职,4月离任)
副部长　王仲明(主持工作,4月由能源环保部调任,8月离任)
洪　伟(1月任职)
杨必祥(1月由冷轧总厂调任)

安全管理部(能源环保部)(组织机构优化,2月更名为安全生产管理部)

部　长　张吾胜(1月到龄退出)

技术改造部(组织机构优化,2月成立)

部　长　程　鼎(1月任职,11月离任)
李　通(11月由能源环保部调任)
副部长　朱广宏(11月由宝武重工调任)
连　炜
杭　挺
范满仓(4月由一钢轧总厂调任)

投资管理部(组织机构优化,2月职能并入投资公司)

部　长　王文忠(1月离任)
副部长　周浩锋(1月离任)
戴修明(1月离任)

财务部(组织机构优化,2月更名为经营财务部)

部　长　张乾春(兼,1月离任)

行政事务中心(马钢公积金中心、档案馆)

主　任　张　艳(女,11月到龄退出)
副主任　陈伟革(9月离任)
查满林
余为超(6月任职,12月离任)
住房公积金中心主任　陈伟革(9月离任)
档案馆馆长　查满林

人力资源服务中心

主　任　何　军(11月提任)
副主任　何　军(主持工作,11月离任)

离退休职工服务中心

党委书记　刘希贤(6月任职)
徐旭东(5月到龄退出)
党委副书记　刘希贤(6月离任)
陈伟革(9月由行政事务中心调任)
工会主席　杨　骏(9月离任)
陈伟革(9月由行政事务中心调任)
主　任　刘希贤
副主任　于　颖(女,7月由仓配公司调任)
徐旭东(5月到龄退出)
杨国平(1月到龄退出)
杨　骏(9月离任)

马钢教育培训中心

党委书记　张永涛(1月到龄退出)
党委副书记　牛树刚(9月到龄退出)
陶青平(主持工作,1月由党委工作部调任)
王　谦(9月由马钢交材提任)
王　艳(女,9月离任)
纪委书记、工会主席　王　艳(女,9月离任)
主　任　王　谦(9月由马钢交材提任)
牛树刚(9月到龄退出)
副主任　陶青平(1月由党委工作部调任)
陈厚新(10月到龄退出)

马钢党校

校　长　刘国旺(兼,12月离任)
何柏林(兼,12月兼任)
常务副校长　张永涛(1月到龄退出)

安徽冶金科技职业学院

党委书记　张永涛(1月到龄退出)
党委副书记　陶青平(主持工作,1月由党委工作部调任)
王　谦(9月由马钢交材提任)
王　艳(女,9月离任)
纪委书记、工会主席　王　艳(女,9月离任)
院　长　王　谦(9月由马钢交材

	提任)
	牛树刚(9月到龄退出)
副院长	陶青平(1月由党委工作部调任)
	陈厚新(10月到龄退出)

马钢高级技师学院(马钢高级技校)

党委书记	张永涛(1月到龄退出)
党委副书记	陶青平(主持工作,1月由党委工作部调任)
	王　谦(9月由马钢交材提任)
	王　艳(女,9月离任)
纪委书记、工会主席	王　艳(女,9月离任)
院长(校长)	王　谦(9月由马钢交材提任)
	牛树刚(9月到龄退出)
副院长(副校长)	陶青平(1月由党委工作部调任)
	陈厚新(10月到龄退出)

新闻中心

副主任	赵建勋
	王七水
《马钢日报》社总编	赵建勋

保卫部(武装部)

党委书记	李　寅(1月到龄退出)
党委副书记	周　青(8月到龄退出)
	杨效东(主持工作,5月由能源环保部调任)
纪委书记	艾红兵(4月离任)
工会主席	李　寅(1月到龄退出)
	王　艳(女,9月由教培中心调任)
部长	周　青(8月到龄退出)
副部长	李　寅(1月到龄退出)
	杨效东(主持工作,8月任职)
	艾红兵(4月离任)
	宋　晔

马钢集团投资有限公司

董事长	魏　尧(兼,3月离任)
	丁　毅(兼,3月兼任)
总经理	钱海帆(兼,1月离任)
董事、总经理	王文忠(1月任职)
党支部书记、副总经理	吴芳敏(1月离任)
副总经理	周浩锋(1月任职)
	戴修明(1月任职)

马钢资产经营管理公司

总经理	王福宁(12月到龄退出)
副总经理	余方超(主持工作,12月由行政事务中心调任)
	李怀迁(9月由股份宏飞电力公司调任)

马钢集团康泰置地发展有限公司

董事长	张晓峰(兼)
党委副书记、纪委书记、工会主席	张福成(9月离任)
党委副书记、工会主席	杨　骏(9月由离退休中心调任)

马钢利民企业公司

党委书记、经理	温业云(4月到龄退出)
党委副书记、纪委书记、工会主席	尹绍慷

安徽马钢冶金工业技术服务有限责任公司

党委书记、执行董事、总经理	温业云(4月到龄退出)
	艾红兵(11月提任)
党委副书记、副总经理	艾红兵(主持工作,4月由保卫部调任,11月离任)
党委副书记、工会主席	尹绍慷
副总经理	盛　钢(5月由安全生产管理部提任)

财务公司(委托管理)

董事长	丁　毅(兼)
风险总监	汪冬妹(女,马钢委派人员)

马鞍山力生生态集团有限公司

党委书记、董事长	郭　斐(6月由法律事务部调任)
纪委书记	杨　辉(6月由特钢公司提任)

马鞍山钢铁建设集团有限公司

董事长	王德川(11月离任)
	(许体武)

马鞍山钢铁股份有限公司中层以上管理人员名录

公司领导

党委书记	丁　毅
党委副书记	刘国旺
	何柏林
	张文洋(2月离任)
党委委员	丁　毅
	刘国旺
	毛展宏(2月任职)
	钱海帆(2月退休)
	张晓峰(3月离任)
	唐琪明
	任天宝(7月任职)
	何柏林
	田　俊(2月退休)
	张文洋(2月离任)
	伏　明
	章茂晗
纪委书记	何柏林
工会主席	张晓峰(3月离任)
	邓宋高(9月任职)
董事长	丁　毅
董事	丁　毅
	钱海帆(2月退休)
	任天宝
	张文洋(2月离任)
监事会主席	张晓峰
总经理	张文洋(2月离任)
副总经理	毛展宏(2月任职)
	任天宝(7月任职)
	田　俊(2月退休)
	伏　明
	章茂晗
安全总监	伏　明(1月离任)
总经理助理	王光亚
	罗武龙(6月提任)
	杨兴亮(6月提任)

办公室(2月与集团公司机构合署)

主　任	邓宋高(9月离任)
副主任	杨子江(主持工作,12月任职)
	郝　军(5月离任)
	黄全福(1月任职)
	严晓燕(女,1月任职)
	康　伟(11月提任)

党委工作部(企业文化部、团委,2月与集团公司机构合署)

部　长	王东海
副部长	徐乃文
	陶青平(1月离任)
	金　翔(8月提任)
团委书记	蓝仁雷

纪委(2月与集团公司机构合署)

副书记	徐　军(12月由和菱实业公司调任)
	毛文明(4月离任)

审计稽查部(9月更名为审计部)

部　长	毛文明(4月离任)
副部长	徐小苗(1月任职)
	方金荣(5月离任)
	秦学志
	徐　权(5月由采购中心调任)
中层正职管理人员	张　纲
中层副职管理人员	汪根祥(12月到龄退出)
	刘家彪

党委巡察工作办公室(12月成立)

巡察员	方金荣(12月任职)
	张　纲(12月任职)
副巡察员	刘家彪(12月任职)
	唐胜卫(12月任职)

工会(2月与集团公司机构合署)

副主席	马桢亚(1月任职,8月到龄退出)
	胡晓梅(女)
经济工作部部长	王卫东(1月任职)

运营改善部(2月与集团公司机构合署)

部　长	杨兴亮(1月由冷轧总厂调任)
	朱伦才(1月到龄退出)

副部长　　話盛中(1月任职,9月到龄退出)

精益管理推进办公室(2月成立,与集团公司机构合署)

主　任　　吴芳敏(1月由集团投资公司调任)

人力资源部

部　长　　许　洲

副部长　　李传艳(9月离任)

许延平(1月任职,9月到龄退出)

经营财务部

部　长　　邢群力

副部长　　许继康

江　鹏

股份主任会计师　　许继康

规划与科技部(2月成立,与集团公司机构合署)

部　长　　张　峰(2月任职,7月离任)

副部长　　吴　坚(主持工作,7月由长材事业部调任)

崔银会(2月任职)

科技管理部(机构组织优化,2月更名为规划与科技部)

部　长　　张　峰(1月离任)

副部长　　崔银会(1月离任)

法律事务部(2月与集团公司机构合署)

部　长　　郭　斐(6月离任)

副部长　　何红云(女,7月主持工作)

陈　全

董秘室(监秘室)

主　任　　郭　斐(6月离任)

副主任　　何红云(女,7月主持工作)

陈　全

能源环保部(2月与集团公司机构合署)

党委书记　　罗武龙(11月任职)

李　通(11月离任)

党委副书记　　罗武龙(11月离任)

杨效东(5月离任)

章连生(11月提任)

工会主席　　杨效东(5月离任)

章连生(11月提任)

部长　　罗武龙

副部长　　李　通(11月离任)

曹曲泉

唐胜卫

吴正球

张　健

翁海胜

王仲明(4月离任)

李　辉(1月到龄退出)

黄　浩(9月提任)

王　强(11月提任)

总工程师　　吴正球

安全总监　　张　健

安全生产管理部(2月与集团公司机构合署)

部　长　　王仲明(8月提任)

汪为民(4月离任)

副部长　　王仲明(主持工作,4月由能源环保部调任,8月离任)

洪　伟

杨必祥(1月由股份冷轧总厂调任)

丁伯埙(1月离任)

高长松(1月到龄退出)

技术改造部(2月与集团公司机构合署)

部　长　　程　鼎(11月离任)

李　通(11月由能源环保部调任)

副部长　　朱广宏(11月由宝武重工调任)

连　炜

杭　挺

范满仓(4月由股份一钢轧总厂调任)

潘松林(1月到龄退出)

冶金质量监督站站长　　程　鼎(11月离任)

李　通(11月由能源环保部调任)

制造管理部

党总支书记　　丁　晖(5月由炼铁总厂调任)

何大顺(1月到龄退出)

部　长　　刘国平

副部长　丁　晖(5月由炼铁总厂调任)
何大顺(1月到龄退出)
杜铁峰(7月由采购中心调任)
周　全
陈　斌
黄　龙(1月到龄退出)
毛　鸣(5月提任)
徐宏伟(宝钢股份支撑项目挂职人员)

设备管理部

部　长　熊佑发

副部长　徐兆春
夏会明
成印明(5月由四钢轧总厂提任)

营销中心(11月成立党委)

党委书记　张永翔(11月任职)

党委副书记　赵　勇(11月任职)

纪委书记、工会主席　赵志强(11月任职)

总经理　章茂晗(兼,1月离任)
赵　勇(4月提任)

副总经理　赵　勇(主持工作,1月任职,4月离任)
张永翔(5月任职)
聂庆文(5月离任)
余周松
赵云龙(5月提任)
王民章(10月由特钢公司调任)

销售公司(11月撤销)

党委书记　章茂晗(兼,1月离任)
张永翔(4月提任,11月离任)

党委副书记　张永翔(主持工作,1月任职,4月离任)
赵　勇(4月任职,11月离任)

纪委书记、工会主席　张永翔(5月离任)
赵志强(5月提任,11月离任)

总经理　章茂晗(兼,1月离任)
赵　勇(4月提任,11月离任)

副总经理　赵　勇(主持工作,1月任职,4月离任)
聂庆文(5月离任)
余周松(11月离任)
赵云龙(5月提任,11月离任)
朱静展(宝钢股份支撑项目挂职人员)

香港公司

副总经理　张　勇(主持工作,9月提任)

美洲公司

总经理　张卫明

采购中心

党总支书记、工会主席　李　博(12月到龄退出)

经　理　胡夏雨(1月到龄退出)
徐葆春(9月提任)

副经理　李　博(12月到龄退出)
徐　权(5月离任)
杜铁峰(7月离任)
朱付林
徐葆春(9月离任)
陈　昱(9月提任)

技术中心、新产品开发中心

党委书记、主　任　张　建

党委副书记、纪委书记、工会主席
杨智勇(8月离任)

副主任　邱全山
张明如(1月到龄退出)
朱　涛
刘永刚
李帮平

总工程师　朱　涛

安全总监　李帮平

新产品开发中心主任　张　建

技术研究院(筹)院长　张　建

运输部

部　长　钱　曦

副部长　刘世刚
陆智刚

铁路运输公司

党委书记、经理　钱　曦
党委副书记、纪委书记、工会主席
程　宏(5月到龄退出)
副经理　刘世刚
陆智刚
总工程师　刘世刚
安全总监　陆智刚

仓储配送公司(1月宝武专业化整合)

党委书记、经理　孔　剑
党委副书记、纪委书记、工会主席
于　颖(女,7月离任)
副经理　李　明(3月由炼铁总厂调任)

检测中心

党委书记、主任　张林平(1月到龄退出)
陈　钰(4月提任)
党委副书记、工会主席　杨德佳(1月由和菱实业公司调任)
副主任　陈　钰(主持工作,1月由一钢轧总厂调任,4月离任)
茅建新(1月到龄退出)
方啸震
陈玉宝
安全总监　茅建新(1月到龄退出)

港务原料总厂

党委书记、厂长　殷光华
党委副书记、纪委书记、工会主席　朱　晨
副厂长　朱梦伟
程从山(8月提任)
总工程师、安全总监　朱梦伟

炼铁总厂

党委书记　丁　晖(5月离任)
郝　军(8月提任)
党委副书记　徐　军(1月离任)
郝　军(主持工作,5月由办公室调任,8月离任)
纪委书记、工会主席　徐　军(1月离任)
刘　畅(4月提任)
厂长　丁　晖(5月离任)
聂长果(8月提任)
副厂长　刘晓超
吴宏亮
陈生根
聂长果(主持工作,5月任职,8月离任)
李　明(3月离任)
总工程师　吴宏亮
安全总监　陈生根

长材事业部

党委书记、总经理　王光亚
党委副书记、纪委书记、工会主席　赵广化
副总经理　吴　坚(7月离任)
周庆升(4月任职)
张卫斌
邓南阳(5月提任)
吴立超(11月提任)
赵海山(11月提任)
总工程师、安全总监　吴　坚(7月离任)
张卫斌(9月任职)

第一钢轧总厂(4月与长材事业部整合)

党委书记、厂长、总工程师
吴耀光(4月离任)
党委副书记、纪委书记、工会主席
陈　钰(1月离任)
副厂长　陈　钰(1月离任)
周庆升(4月离任)
范满仓(4月离任)
安全总监　周庆升(4月离任)

第四钢轧总厂

党委书记、厂长　毛学庆
党委副书记　史德明(6月到龄退出)
姜　宁(7月任职)
纪委书记　姜　宁(7月离任)
工会主席　姜　宁
副厂长　胡玉畅
司小明
邓　勇
总工程师　司小明
安全总监　邓　勇

冷轧总厂

党委书记、厂长　杨兴亮(1月离任)
严开龙(4月提任)

党委副书记、纪委书记、工会主席　朱瑞琨(1月到龄退出)
副厂长　沈新玉(7月离任)
严开龙(主持工作,1月任职,4月离任)
杨必祥(1月离任)
卫　东(5月到龄退出)
张四方
姚　鑫(5月提任)
杜克飞(7月提任)
总工程师　沈新玉(7月离任)
姚　鑫(9月任职)
安全总监　杨必祥(1月离任)
张四方(9月任职)

特钢公司

党委书记、经理　曹天明
党委副书记、工会主席　孙铭章(1月到龄退出)
汤怡啸(8月由党委工作部提任)
纪委书记　孙铭章(1月到龄退出)
副经理　苏　炜
龚志翔
石　玮
钱晓斌
王民章(5月提任,10月离任)
施国优(7月宝钢股份技术支撑委派挂职)
总工程师　龚志翔
安全总监　石　玮
新特钢项目副经理　施国优(7月宝钢股份技术支撑委派挂职)

炼焦总厂

党委书记、厂长、总工程师　汪开保
党委副书记、工会主席　朱光明(7月提任)
副厂长　夏鹏飞
汪　强
安全总监　夏鹏飞

行政事务中心(12月成立)

副主任　查满林
余方超(12月离任)

人力资源服务中心(12月成立)

主　任　何　军

离退休职工服务中心(12月成立)

党委书记、主　任　刘希贤
党委副书记、工会主席　陈伟革
副主任　于　颖(女)

教育培训中心(12月成立)

主　任　王　谦
党委副书记　陶青平(主持工作)
王　谦
副主任　陶青平

新闻中心(12月成立)

副主任　赵建勋
王七水

保卫部(武装部)

部长　周　青(8月到龄退出)
党委书记　李　寅(1月到龄退出)
党委副书记　周　青(8月到龄退出)
杨效东(主持工作,5月由能源环保部调任)
工会主席　李　寅(1月到龄退出)
王　艳(女,9月由教培中心调任)
纪委书记　艾红兵(4月离任)
副部长　李　寅(1月到龄退出)
杨效东(主持工作,8月任职)
艾红兵(4月离任)
宋　晔

资产整合推进工作办公室(12月成立)

主　任　邢群力
副主任　王文忠
成　员　周浩锋
戴修明
何红云
余方超

协作管理变革推进工作小组(12月成立)

组长　许　洲
副组长　熊佑发
成员　邢群力
王仲明
钱　曦

黄　浩
查满林
艾红兵
尹绍慷
盛　钢
林　俊
杨　骏
王德川
郭　斐
杨　辉

马钢轨交材料科技有限公司

党委书记、董事长　任天宝(兼)
总裁、党委副书记　安　涛
高级副总裁　李　翔
　杨文武

马钢(合肥)钢铁有限责任公司

董事长、总经理、党委书记
　汪　洋(7月到龄退出)
党委副书记　王文宝(主持工作,7月任职)
　沈新玉(7月任职)
纪委书记、工会主席　王文宝
副总经理　沈新玉(主持工作,7月任职)
　闫　敏
　利小民
总工程师　闫　敏

安徽长江钢铁股份有限公司

党委书记　张　峰(7月由规划科技部调任)
　许　健(6月到龄退出)
纪委书记　乐志海(5月离任)
　聂庆文(5月由营销中心调任)
董事长　王光亚(兼,7月任职)
　许　健(6月到龄退出)
副董事长　张　峰(7月由规划科技部调任)
监事会主席　张　峰(7月离任)
　聂庆文(7月任职)
副总经理　马春风
财务总监　乐志海

安徽马钢和菱实业有限公司(9月成立党委)

党委书记　徐　军(9月任职)
党委副书记、工会主席　张福成(9月由康泰公司调任)
党总支书记、董事长、总经理
　王华新(1月退出)
　徐　军(4月提任)
党总支副书记　徐　军(主持工作,1月由炼铁总厂调任,4月离任)
副总经理　徐　军(主持工作,1月由炼铁总厂调任,4月离任)
　杨德佳(1月离任)
　刘　辉
　李传艳(9月由人力资源部调任)
安全总监　杨德佳(1月离任)

埃斯科特钢公司

董事长　曹天明
副总经理　王　强(主持工作)
　高　峰

马钢宏飞电力能源有限公司

董事长　陆　强(9月任职)
　李怀迁(9月离任)

滕州盛隆煤焦化公司

总经理　赵业明

(许体武)

2021年马钢逝世人物名录

逝世的县处级以上(含享受)离休干部名录

姓　名	出生年月	参加工作时间	离休时间	原单位及职务	享受待遇
许清和	1923年2月	1939年2月	1981年11月	马钢医院党委书记	地市级
王铁全	1923年2月	1945年7月	1983年11月	马钢公司纪委副书记	地市级
钟　英	1920年10月	1940年7月	1981年11月	马钢一轧钢副厂长	地市级
马贵荣	1931年9月	1948年11月	1991年11月	马钢接待处干部	县处级
丁洪明	1929年2月	1948年1月	1988年6月	马钢机关副处长	县处级
王　群	1931年10月	1948年11月	1991年3月	马钢轮箍厂干部	县处级
张永财	1927年9月	1949年1月	1987年12月	马钢焦化厂科长	县处级
杨立芬	1932年12月	1947年5月	1988年2月	马钢医院党支部副书记	县处级
伍秀才	1927年1月	1945年2月	1980年8月	马钢医院干部	县处级
王德义	1925年10月	1945年8月	1982年7月	马钢二轧厂干部	县处级
王桂清	1926年7月	1944年10月	1981年11月	马钢一铁厂党委副书记	县处级
王崇山	1928年8月	1947年1月	1988年10月	马钢矿山工程公司工会主席	县处级
李济众	1928年6月	1949年1月	1980年10月	马钢炉料公司支部书记	县处级
刘　斌	1928年5月	1948年8月	1983年3月	马钢材料处干部	县处级
丁建华	1929年5月	1946年5月	1989年8月	马钢江东公司科长	县处级
谢申海	1929年8月	1949年2月	1989年10月	马钢汽运处副科长	县处级

（申　艳）

附 录

马钢年鉴

2021年马钢获集体荣誉名录

马鞍山钢铁股份有限公司获国家科学技术进步奖二等奖1项(钢材热轧过程氧化行为控制技术开发及应用)

“马钢基于5G+MEC边缘计算平台的智慧钢铁高质量工业内网建设与应用项目”获第四届“绽放杯”5G应用征集大赛MEC边缘计算专题赛决赛一等奖,全国总决赛优秀奖

马钢(集团)控股有限公司获国务院国资委颁发的“标杆企业”称号

马钢(集团)控股有限公司获“山钢杯”全国钢铁行业职工网上安全生产知识竞赛团体一等奖

马钢集团获中国宝武“2021年度综合绩效奖金奖”和“2021年度战略进步奖银奖”两项殊荣

马钢(集团)控股有限公司　马鞍山钢铁股份有限公司获2021年度安徽省机械冶金系统钳工职业技能竞赛团体一等奖

马钢股份获安徽省科学技术奖一等奖1项(铁路信号全电子计算机联锁系统),**二等奖2项**(钢铁工业高能耗、超高强高韧热成形用钢),**三等奖4项**(变频电机用薄规格高品质硅钢关键技术研究及应用、基于绿色生态设计的大型烧结机立体调优提质技术研究与应用、炼焦工序安全高效除尘及其自动操作关键技术开发与集成、液压多缸同步控制新方法及其应用技术研究)

马钢股份获冶金科学技术奖(干熄焦炉体新型材料研发与高效修复技术创新与实践等3项成果)

安徽省五一劳动奖状、安徽省劳动竞赛先进集体

马鞍山钢铁股份有限公司长材事业部

安徽省工人先锋号

马钢股份特钢公司特钢公司高线生产准备作业区

安徽省劳模工匠创新工作室

马钢股份炼焦总厂李强劳模工匠创新工作室

中国宝武示范型职工创新工作室

马钢股份炼铁总厂徐冰创新工作室

中国宝武职工创新工作室

安徽马钢和菱实业有限公司陈爱民创新工作室
马钢股份四钢轧总厂单永刚创新工作室
马钢股份长材事业部圣立芜创新工作室

(胡善林　臧延芳　秦玲玲)

2021年马钢部分文件目录

字　号	文　件　标　题
马钢集〔2021〕1号	关于印发《马钢2021年安全生产工作计划》的通知
马钢集〔2021〕3号	关于修改《马钢(集团)控股有限公司章程》的请示
马钢集〔2021〕7号	关于表彰2020年马钢“金牛奖”“银牛奖”“最美马钢人”“优秀员工”的决定
马钢集〔2021〕11号	关于同意马钢集团公司本部公车处置的批复
马钢集〔2021〕12号	关于报送2020年度工程系列高级专业技术职务任职资格评审结果的报告
马钢集〔2021〕13号	关于授予首届“马钢工匠(工人发明家)”称号的决定
马钢集〔2021〕14号	关于组队参加“河钢杯”第十届全国钢铁行业职业技能竞赛的通知
马钢集〔2021〕17号	关于调整马钢集团注册资本并修改《马钢(集团)控股有限公司章程》的请示

马钢集〔2021〕18号	关于下发《马钢集团(股份)公司2021年环保重点工作计划》的通知
马钢集〔2021〕19号	关于下达《马钢集团(股份)公司环保自查自纠工作方案》的通知
马钢集〔2021〕20号	关于对冷轧总厂"10·27"火灾事故处理决定的通报
马钢集〔2021〕21号	关于马钢职工家属区"三供一业"物业分离移交资产需无偿划转及办理核销的请示
马钢集〔2021〕22号	关于马钢集团组织机构优化调整的决定
马钢集〔2021〕23号	关于印发《马钢集团公司安全专项整治行动方案》的通知
马钢集〔2021〕26号	2021年集团直属机构及子公司工资总额管理办法
马钢集〔2021〕27号	关于马钢不动产管理体制及资产经营公司机构调整的通知
马钢集〔2021〕28号	关于印发《马钢2021年推进精益运营行动实施方案》的通知
马钢集〔2021〕29号	关于下达马钢集团法人和参股公司压减工作计划的通知
马钢集〔2021〕30号	关于下发《马钢集团公司2021年教育培训工作计划》的通知
马钢集〔2021〕31号	关于下发员工与企业协商一致解除劳动合同离岗休息和自主创业等离岗政策的通知
马钢集〔2021〕32号	关于调整马钢扶贫　新冠肺炎疫情防控　厂容绿化　马钢年鉴　马钢志　住房制度改革　爱国卫生运动　企业补充医疗保险　职工人身商业保险　档案工作　人口和计划生育等工作议事协调机构组成成员的通知
马钢集〔2021〕33号	关于印发《马钢集团2021年全面风险管理和内部控制工作推进计划》的通知
马钢集〔2021〕35号	关于下发对标世界一流管理提升行动实施方案和工作清单的通知
马钢集〔2021〕36号	关于成立利民公司集体企业改革留守机构的通知
马钢集〔2021〕38号	关于2020年环保事件概况及问责意见情况的通报
马钢集〔2021〕39号	关于请求协调马钢与托管单位部分项目实施方式的请示
马钢集〔2021〕40号	马钢集团公司关于2020年度利润分配方案的请示
马钢集〔2021〕42号	关于报送马钢集团衍生品2020年度总结及2021年计划的报告
马钢集〔2021〕43号	关于表彰2020年度马钢管理创新成果奖的通报
马钢集〔2021〕44号	马钢集团关于请求对市级文物保护单位9号高炉进行异地迁移保护的请示
马钢集〔2021〕45号	关于对2019年9月19日以来工亡事故相关责任单位中层管理人员进行问责的决定
马钢集〔2021〕47号	关于马钢集团公司、马钢股份公司拟处置公车资产评估报告备案的请示
马钢集〔2021〕48号	关于马钢集团网银U盾等印鉴管控的自查报告
马钢集〔2021〕49号	关于规范薪酬管理、严肃薪酬纪律的通知
马钢集〔2021〕50号	关于印发《马钢贯彻落实马鞍山市全国文明城市创建提升年实施方案》的通知
马钢集〔2021〕51号	关于建立马钢集团碳中和工作体系的通知
马钢集〔2021〕52号	关于建立马钢集团智慧化与大数据建设工作推进体系的通知
马钢集〔2021〕53号	关于开展"精益高效争一流　指标提升创效益"专项劳动竞赛的通知
马钢集〔2021〕54号	关于组织开展2021年"对标找差　精益高效　奋勇争先　创建一流"系列劳动竞赛的通知
马钢集〔2021〕57号	关于宝武集团内部产能置换建设马钢新特钢项目的请示
马钢集〔2021〕59号	关于同意转让国汽轻量化技术研究院有限公司股权的批复
马钢集〔2021〕61号	关于下发《开展协力管理变革和检修施工安全专项行动实施严格标准化作业工作方案》的通知
马钢集〔2021〕62号	关于调整马钢消防大队机构的通知
马钢集〔2021〕63号	关于开展经营管理风险隐患专项排查工作的通知
马钢集〔2021〕64号	关于同意马钢冶金服务公司购买利民集体企业相关资产的批复
马钢集〔2021〕66号	关于印发《马钢"十四五"档案工作发展规划》的通知

马钢集〔2021〕67号	关于马钢冶金服务公司收购马钢利民集体企业部分资产项目资产评估报告备案的请示
马钢集〔2021〕68号	关于同意马钢（长春）钢材销售有限公司解散清算的批复
马钢集〔2021〕71号	关于申请马钢新特钢项目炼钢产能置换指标的请示
马钢集〔2021〕74号	关于马钢集团和马钢股份部分土地被马鞍山市花山区人民政府征收项目估价报告备案的请示
马钢集〔2021〕76号	关于印发《2021—2023年子公司年度及任期组织绩效评价方案》的通知
马钢集〔2021〕77号	关于下发《马钢集团协力管理变革三年行动方案》的通知
马钢集〔2021〕79号	关于马钢股份公司拟转让国汽（北京）汽车轻量化技术研究院有限公司股权项目评估报告备案的请示
马钢集〔2021〕80号	关于表彰2020年度马钢荣获安徽省科学技术奖、冶金科学技术奖、专利奖及全国企业创新方法大赛奖项目的通报
马钢集〔2021〕81号	马钢集团关于重大群体性诉讼纠纷相关情况的请示
马钢集〔2021〕82号	关于马鞍山钢铁股份有限公司拟收购法国ASCO Industries所持　埃斯科特钢有限公司股权的批复
马钢集〔2021〕83号	关于调整公司在职因病非因工死亡职工遗属抚恤金标准的通知
马钢集〔2021〕84号	马钢集团公司关于将厂区调整划入合规园区进行管理的请示
马钢集〔2021〕86号	关于马钢合肥供水公司股权重组方案的请示
马钢集〔2021〕87号	关于注入重组马钢集团剩余增资款的请示
马钢集〔2021〕88号	关于马钢股份公司2021年债券发行工作的请示
马钢集〔2021〕90号	关于发布中国宝武马钢集团（股份）公司领导人员安全管理履职清单的通知
马钢集〔2021〕91号	关于马钢股份公司通过马钢财务公司单独搭建现金平台的请示
马钢集〔2021〕92号	关于投资公司转让安徽马钢智能立体停车设备有限公司股权的批复
马钢集〔2021〕93号	马钢集团公司关于将厂区纳入合规园区统一管理的请示
马钢集〔2021〕94号	关于停止马钢卫生学校对外招生的通知
马钢集〔2021〕95号	关于马钢股份转让马钢嘉华股权与固废处置相关资产的请示
马钢集〔2021〕97号	关于同意马钢（合肥）钢铁有限责任公司吸收合并马钢（合肥）板材有限责任公司的批复
马钢集〔2021〕98号	关于同意转让马钢（合肥）工业供水有限责任公司股权的批复
马钢集〔2021〕100号	关于对“2·26”工亡事故相关责任单位部分中层管理人员提级问责的决定
马钢集〔2021〕101号	关于开展2021年马钢“岗位创新创效成果奖”评选暨“中国宝武优秀岗位创新成果奖”评选推荐工作的通知
马钢集〔2021〕102号	关于报请批复马钢产品产线规划新特钢项目可行性研究报告的请示
马钢集〔2021〕103号	关于开展马钢第十届职工技能竞赛的通知
马钢集〔2021〕104号	关于马钢集团直属机构下设机构优化调整的决定
马钢集〔2021〕105号	关于人力资源业务实施集中一贯管理的通知
马钢集〔2021〕106号	关于同意马钢股份转让马钢嘉华股权及固废处置相关资产的批复
马钢集〔2021〕107号	关于同意转让上海罗泾矿石码头有限公司股权的批复
马钢集〔2021〕108号	关于纪委（巡察办）、审计稽查部不再合署的通知
马钢集〔2021〕109号	关于同意马钢股份以水处理相关实物资产对宝武水务进行增资的批复
马钢集〔2021〕112号	关于印发《马钢集团2022年度商业计划书及年度预算编制纲要》的通知
马钢集〔2021〕113号	关于同意马鞍山钢铁股份有限公司增资入股宝武清洁能源有限公司的批复
马钢集〔2021〕115号	关于马钢（合肥）板材有限责任公司拟转让持有的马钢（合肥）工业供水有限责任公

	司股权项目资产评估结果申请备案的请示
马钢集〔2021〕116号	关于马钢化工煤气净化业务纳入马钢股份管理体系的通知
马钢集〔2021〕118号	关于马钢股份公司拟增资宝武水务科技有限公司涉及的相关实物资产评估结果申请备案的请示
马钢集〔2021〕119号	关于马钢股份拟转让安徽马钢嘉华股权和固废资源相关资产项目评估报告备案的请示
马钢集〔2021〕120号	关于马钢新特钢等项目涉及规划调整的请示
马钢集〔2021〕123号	关于对利民集体企业车辆处置事项的批复
马钢集〔2021〕124号	关于马钢股份增资入股宝武清能所涉及马钢气体股东全部权益价值评估结果申请备案的请示
马钢集〔2021〕125号	关于同意转让安徽省江北钢铁材料质量监督检验有限公司股权的批复
马钢集〔2021〕126号	关于2021年马钢“金牛奖”“银牛奖”评选暨中国宝武“金牛奖”“银牛奖”评选推荐工作的通知
马钢集〔2021〕127号	关于同意马钢冶金服务公司购买利民集体企业相关不动产资产的批复
马钢集〔2021〕129号	关于马钢(合肥)钢铁有限责任公司拟转让江北钢铁材料质量监督检验有限公司股权的请示
马钢集〔2021〕130号	关于马钢集团委托马钢股份行使部分职能管理的通知
马钢集〔2021〕131号	关于马钢(合肥)钢铁有限责任公司部分土地被收储项目评估结果申请备案的请示
马钢集〔2021〕132号	关于明确马钢集团总法律顾问相关事项的请示
马钢集〔2021〕133号	关于马钢冶金服务公司收购马钢利民集体企业相关不动产项目评估报告备案的请示
马钢集〔2021〕134号	关于成立马钢集团公司交通安全领导小组的通知
马钢集〔2021〕135号	关于马钢股份拟收购埃斯科特钢公司股权项目评估结果申请备案的请示
马钢集〔2021〕136号	关于变更马钢集团配合安徽省国资委帮扶项目的请示
马钢集〔2021〕137号	关于下发《马钢集团道路交通安全隐患“大起底、大排查、大整治”工作实施方案》的通知
马钢集〔2021〕138号	关于对2021年9月13日公司属地工亡事故相关责任单位中层管理人员进行问责的决定
马钢集〔2021〕139号	关于马钢股份拟处置第一钢轧总厂报废资产项目评估报告备案的请示
马钢集〔2021〕140号	关于马钢合肥公司拟转让江北质监公司股权项目评估结果申请备案的请示
马钢集〔2021〕144号	关于上报《原三台路应急开通的方案》的报告
马钢集〔2021〕145号	关于马钢冶金服务公司收购马钢利民建筑安装公司股权项目评估报告备案的请示
马钢集〔2021〕146号	关于马钢公积金分中心属地化管理推进情况报告
马钢集〔2021〕147号	关于成立马钢集团法治企业建设及合规管理领导小组的通知
马钢集〔2021〕148号	马钢集团关于修改《马钢(集团)控股有限公司章程》的请示
马钢集〔2021〕149号	关于公司园区门岗、通道重命名的通知
马钢集〔2021〕150号	关于时速350公里复兴号马钢、晋西高铁轮轴批量装车和应用跟踪方案建议的报告
马钢集〔2021〕151号	关于表彰2021年马钢“岗位创新创效成果奖”的决定
马钢集〔2021〕152号	关于表彰2021年马钢“金牛奖”“银牛奖”“最美马钢人”“优秀员工”的决定
马钢集〔2021〕153号	关于同意马鞍山钢铁股份有限公司转让北京中联钢电子商务有限公司股权的批复
马钢集〔2021〕154号	马钢集团关于马钢股份实施2021年A股限制性股票计划的请示
马钢集〔2021〕155号	关于印发《马钢集团落实董事会职权实施方案》的通知
集办发〔2021〕3号	关于做好当前疫情防控重点工作的通知
集办发〔2021〕4号	关于印发《马钢集团党委学习贯彻习近平总书记“七一”重要讲话精神深入开展党史

	学习教育大调研实施方案》的通知
集办发〔2019〕20 号	关于印发《马钢集团公司党委在“不忘初心、牢记使命”主题教育中开展“以案示警、以案为戒、以案促改”警示教育实施方案》的通知
集办发〔2019〕21 号	关于印发《马钢集团公司党委巡察人才库成员管理办法(试行)》的通知
集办发〔2019〕22 号	关于填报《省委第八巡视组对马钢集团党委巡视反馈问题整改责任清单》的通知
集办发〔2019〕23 号	马钢集团公司党委 2019 年上半年巡察情况通报
集办〔2021〕5 号	关于做好 2021 年防汛工作的通知
集办〔2021〕7 号	关于全面加强“七一”期间安全生产、应急值守工作的通知
集办〔2021〕8 号	关于继续大力实施消费帮扶的通知
集办〔2021〕9 号	关于印发《马钢公文处理工作考核标准》的通知
集办〔2021〕13 号	关于调整印发《马钢志(2001—2019)编纂大纲》的通知
集办〔2021〕14 号	关于从严从紧从细做好近期至明年一季度末期间常态化疫情防控工作的通知

（童　强）

2021年省级以上报纸有关马钢报道

报 摘

牢记总书记嘱托 马钢实现蝶变

今年8月19日是习近平总书记亲临中国宝武马钢考察调研一周年纪念日。

去年8月19日,习近平总书记走进了马钢特钢优棒生产线考察调研,了解企业复工复产和生产经营情况,勉励马钢"把握自己的优势,顺应当前企业现代化发展的潮流,在现代企业改革发展中,特别是在长三角一体化发展中,把握机遇,顺势而上,为长三角一体化发展做出自己的贡献"。

一年来,马钢坚定不移地把学习贯彻习近平总书记考察调研马钢的重要讲话精神作为首要政治任务,坚持党建引领,上下牢记嘱托,人人奋勇争先,凝聚了奋力打造"后劲十足大而强的新马钢"的磅礴力量,取得了一系列历史性突破,发生了脱胎换骨的变化,交出了一份精彩的"马钢答卷"。

特别是今年初以来,马钢日产、月产纪录频破,各类技术指标进步明显,高炉利用系数、综合铁钢比、鱼雷罐周转率、综合热装率、热送率等一批重点指标连创新高,创造了历史同期最佳经营绩效。马钢大型转炉洁净钢高效绿色冶炼关键技术成果获得2020年冶金科学技术奖特等奖;通过打造"1个智慧决策中心+系列智慧工厂"的"1+N"智慧钢厂,形成全流程智能制造的技术架构;运营管控中心等智慧制造一期项目全面建成投用。

深化整合融合一体化发展

马钢按照中国宝武"四个统一"(统一语言、统一标准、统一平台、统一文化)的要求,快速实现理念、定位、体系和模式4个转变,技术协同、采购协同、营销协同创效明显,打造出中国钢铁行业联合重组的"马钢样板"。今年6月30日,原计划3年建设完成的中国宝武专业化整合融合重点工程——马钢信息化建设项目仅用15个月就完成。中国宝武党委书记、董事长陈德荣特意发来贺信。在央企大平台上,马钢服务国家战略布局,承接中国宝武战略规划,聚焦专业化整合融合,依托现有产业优势和区位优势,统筹推进"1+8"产业布局,聚焦钢铁主业与轨道交通材料及装备、金属资源回收加工综合利用、冶金装备(备件)制造、设备远程运维、特种冶金材料、装配式建筑、矿产资源、信息技术等相关产业协同发展,加快产城融合,打造优势产业集群,为马鞍山市打造安徽的"杭嘉湖"、长三角的"白菜心"提供强劲动力。

坚持生态优先的发展战略

马钢按照中国宝武"两于一入"(高于标准、优于城区和融入城市)和"三治四化"(固废不出厂、废水零排放、废气超低排,洁化、绿化、美化、文化)要求,加快推进"三治"项目,以能源高效利用为关键,大力推进技术节能、结构节能、管理节能,助力中国宝武实现碳达峰、碳中和目标;建设以环保动态管控为核心的智慧平台,实现环境在线实时监测、过程监控一体化管理;以"四化"为衡量标准的生态"颜值"得以有效提升,坚持点线面、全方位、立体式一体规划、分步实施,马钢智园、幸福大道等成为城市靓丽的名片;全面启动实施马钢南区厂容环境整治项目,加快构建南区"三门、两园、两中心、一路"厂容厂貌新格局,实现"盆景"变"风景"。

全心全意为职工群众办好事

马钢坚持以职工利益为中心,以价值创造为纲,以奋斗者为本,不断满足职工对"三有"(有钱、有趣、有闲)美好生活的向往,大力弘扬劳模精神、劳动精神、工匠精神,大力宣传和表彰年度先进典型;设立"奋勇争先奖”,深入推进职工岗位创新创效,激发干部职工工作热情,营造出比学赶帮超的氛围。

今年初以来,马钢深入开展党史学习教育,围绕“学党史、悟思想、办实事、开新局”,在公司层面确定了增加职工收入、提高工作质量和服务水平、保障饮用水安全、提升安全本质化运行水平等10件大事,以及“三最”(人民群众最关心、最直接、最现实的问题)实事和职工普惠项目299项。

(章利军)

2021年9月2日《中国冶金报》

协同创效9.5亿元,不简单!
——“宝马”共建高质量钢铁生态圈小记

不久前,马钢一体化销售系统整体切换上线。这是“宝马”销售协同、管理契合、合作紧密、信息畅通而取得的最新成果。一年来,马钢营销中心按照中国宝武“统一语言、统一标准、统一平台、统一文化”的管理体系,全面引进产销一体化系统,共同支撑马钢股份公司及各分子公司的钢铁主产品和副产品销售物流及客服业务,实现协同创效9.5亿元。

取长补短　一拍即合

一直以来,马钢产线的轧制能力高于转炉的炼钢能力,这一特点制约了马钢产品创效。马钢与宝武深度融合之后,根据自身情况,不断对标找差、追求极致高效。去年3月,宝钢股份对马钢股份管理技术、支撑项目暨销售协同项目正式启动,马钢营销中心分别“围绕人员组织机构协同”

“营销系统供应链管理平台引进”实施区域协同保供,探索多基地销售、渠道平台共享、拓展产品市场等新模式。其中,“客户服务管理平台”一期、“工贸一体化系统”于去年底上线。推进流程再造有了信息化基础,但满足炼钢需求的坯料上哪儿采购呢?通过市场调研和分析,马钢发现去宝武旗下的太钢采购废钢是最佳选择。由于太钢炼钢能力远大于轧制能力,是双方明显的“你长我短,我长你短”,可以实现互补,于是协同创效一拍即合,较好地解决了一个急于供需、一个明显过剩的问题。

协同创效　拉开大幕

由于马钢没有坯料采购的经验,所以在流程摸索中磕磕碰碰,而有着丰富销售经验的太钢总是不厌其烦地给予指导和帮助,一段段耐心的电话、一条条悉心的回复,不仅仅是合作使然,更因为大家都是宝武大家庭的成员,有着共同的日标、肩负共同的使命。有了太钢的帮助,马钢的坯料采购逐渐步入正轨,极大地缓解了产线对外购板坯的需求压力,加速了马钢的极致高效生产。截至7月底,近5个月的合作,马钢从太钢采购钢坯近18万吨,协同创效正式拉开大幕。

协同创效　加速内循环

同样的协同故事在与鄂钢的合作中也悄然上演。宝武大家庭中的鄂钢得知马钢在太钢采购钢坯的消息后,于是主动联系马钢,希望向马钢销售其在检修期间产生的富余板坯。马钢迅速与宝钢商贸、宝钢北方公司、宝钢南方公司等宝武体系内单位开展互供合作,利用电话、微信、邮件等便捷方式,使一张张技术协议、商务合同变成了一条满载5000吨板坯的船只,运往马钢。这是一条来自宝武大家庭的友谊之船、一条满载着诚信、创新、协同、共享之船,宝武大家庭的同事彼此未曾谋面,却在工作中彼此支持与理解,因为共同的使命,通过协同创效加速集团内循环。借助宝钢股份平台,双方共同参与并成功中标中石化天津LNG项目2000吨低温钢筋、温州LNG项目400吨低温钢筋、中海油山东龙口LNG项目2960吨低温钢筋等重点工程,进一步打响了马钢长材品牌。

协同创效　合作共赢

在宝武大家庭里,钢厂之间遵守合同条款、按各自流程合规履约,资源合理配置、优势互补,钢厂之间彼此成就彼此赋能,相互协同实现共享,增强了彼此的市场竞争力,使1+1>2成为现实,协同创效、合作共赢。一年多来,马钢与宝钢进一步强化日常沟通交流机制,通过建立专用微信群、人员培训交流等方式,及时沟通项目实施信息效果,高效地解决了遇到的各种问题。期间,马钢赴宝钢交流168日次,宝钢支撑马钢231人次。

(章利军　朱实娜　潘燕群)

2021年8月17日《安徽工人日报》

马钢力争“十四五”末实现5个翻番

2月3日,中国宝武马钢召开马钢集团党委五届七次全委(扩大)会议,马钢集团公司党委书记、股份公司党委书记、董事长丁毅宣布未来5年马钢发展蓝图:到“十四五”末,力争实现5个翻番,包括粗钢规模4000万吨、营收2000亿元、人均产钢量2000吨、利润总额翻番、职工收入翻番。

一是坚持效益优先,着力提升核心要素效率。马钢将深入全面对标找差,持续提升产线效率,充分释放产线装备能力;坚持“现金为王”,提高资产周转效率;拓展融资渠道,统筹直接融资和间接融资,实现投资多元化、结构合理化、资金低成本。

二是突出规模效应,着力谋求市场话语权。到2025年,马钢力争实现优特钢产品国内市场占有率达到12%以上,H型钢产品市场占有率达到30%以上,板材产品竞争力进入国内第一梯队;优化产业布局、市场布局,大胆探索、快速推进联合重组,力争2021年取得实质性突破;加大生态化协同力度,积极参与中国宝武高质量钢铁生态圈共享平台建设,创新商业模式,进一步构建安全、稳定、高效、可持续和有竞争力的产业链供应链。

三是强化技术创新,着力厚植绿色、精品、智慧优势。马钢将积极主动落实碳达峰、碳中和要求,探索应用各项环保技术,力争2021年提前全面实现“三治”(废气超低排、废水零排放、固废不出厂)目标,2023年全面实现南区厂容环境整治规划目标,到“十四五”末,绿色城市钢厂指标得分达到90分;加快新技术、新材料、新产品研发与应用,攻克H型钢、优特钢等相关领域“卡脖子”难题;持续打造智慧制造示范基地,到“十四五”末,集中化指数达到75%,无人化指数达到55%,远程化指数达到20%,服务上线指数达到99.9%。

四是深化改革攻坚,着力激发价值创造活力。马钢将探索“一总部多基地”管控模式,强化专业化、平台化、生态化、产业化功能,提升公司运营管理能力;推进市场化经营机制创新,推进经营管理团队任期制和契约化管理,全面构建层级管理体系,完善市场化薪酬分配机制,建立完善按劳分配体系、重大攻关成果奖励政策和“责权利”对等的激励机制,加快实施股权激励等中长期激励机制。

(章利军)

2021年2月9日《中国冶金报》

报道目录

报刊名称	标　题	版　面	时　间	作　者
安徽工人报	马钢营收首破千亿元	头版	1月5日	章利军
中国冶金报	马钢产品登陆汽车之城记	四版	1月6日	章利军
中国冶金报	智慧梦想照亮群山	六版头条	1月6日	章利军
中国冶金报	从企业物流向物流企业转变	八版头条	1月6日	章利军
中国冶金报	欧冶链金马鞍山慈湖江边基地建成投产	头版	1月7日	章利军
中国冶金报	马钢年钢产量、营收分别首破2000万吨、1000亿元	头版二条	1月8日	章利军
中国冶金报	牢记总书记嘱托	头版头条	1月22日	章利军
中国冶金报	安徽欣创公司智慧环控中心平台上线	五版	1月26日	章利军
中国冶金报	解疑难杂症　育创新达人	三版头条	1月29日	章利军
中国冶金报	利润大增八成都秘诀	六版头条	2月2日	章利军
中国冶金报	马钢保卫部机动大队维护新年治安有对策	三版	2月2日	章利军
中国冶金报	马钢力争“十四五”末实现五个翻番	头版	2月9日	章利军
中国冶金报	精心培育好各类专业英才	头版	2月10日	章利军
中国冶金报	马钢矿业向更高目标冲击	六版头条	2月10日	章利军
中国冶金报	马钢物流逆势突围战这样打	八版头条	2月10日	章利军
中国冶金报	欧冶链金营收、废钢销量均同比大幅增长	八版头条	3月17日	章利军
中国冶金报	马钢一钢轧总厂CSP生产实现新突破	五版	3月18日	章利军
安徽工人报	当好厂办大集体改革先锋	二版头条	3月22日	章利军
中国冶金报	安徽欣创环保光荣上榜	八版	3月25日	章利军
中国冶金报	马钢高质量开展党史教育	头版	3月31日	章利军
中国冶金报	做精主业产品　做大资源利用	六版头条	3月31日	章利军
中国冶金报	马钢第一卷锌铝镁镀层产品下线	三版	4月21日	章利军
中国冶金报	马钢矿业首季铁矿产品产量同比增16%	五版	4月21日	章利军
中国冶金报	涂料注水，行骗　一朝案发，栽了	三版	4月27日	章利军
中国工业报	党的关怀照亮百年矿山	头版	4月29日	章利军
中国冶金报	党的关怀照亮百年矿山	五版头条	5月12日	章利军
中国冶金报	达到国家“金奖”标准的“献血达人”	四版	5月12日	章利军
中国冶金报	牵手八载深融入　合作共赢得商机	八版	5月12日	章利军
中国冶金报	想靠行窃一夜暴富，绝对不行	三版	6月1日	章利军
中国冶金报	中国宝武首批爱国主义教育基地(马钢站)揭牌	四版	6月2日	章利军
安徽工人报	首批爱国主义教育基地(马钢站)揭牌	二版	6月7日	章利军
现代物流报	江南一枝花　芬芳60载(一)	五版	6月7日	章利军
现代物流报	江南一枝花　芬芳60载(二)	五版	6月14日	章利军
安徽工人报	安全管理你我他　家庭单位一起抓	头版	6月10日	章利军
中国冶金报	设备好管家	三版	6月11日	章利军
中国工业报	突破技术瓶颈　马钢打造大国之重器	三版	6月16日	章利军
现代物流报	马钢技术中心上半年开发新产品实现双佳	五版	7月12日	章利军
安徽工人报	马钢矿业南山矿生产经营目标实现双提升	二版	7月12日	章利军
中国冶金报	午夜幽灵落网记	三版	7月13日	章利军
中国冶金报	马钢矿业南山矿铁精矿品位实现双提升	五版	7月14日	章利军
中国冶金报	江南一枝花　芬芳60载	二版头条	7月15日	章利军

中国冶金报	欧冶链金6月营收首破百亿元	八版	7月21日	章利军
安徽工人报	马钢上半年经营绩效创历史同期最好水平	头版二条	7月27日	章利军
中国冶金报	马钢矿业布料跑车装上了智慧大脑	四版	7月27日	章利军
现代物流报	马钢上半年经营绩效创历史同期最好水平	二版	7月28日	章利军
中国冶金报	马钢半年经营绩效创历史最佳	头版	7月29日	章利军
中国冶金报	马钢矿业将聚力提升经营管理水平	五版	8月4日	章利军
安徽工人报	协同创效9.5亿元,不简单!	头版头条	8月17日	章利军
中国冶金报	生产现场“不凑合”精益管理“重细节”	六版头条	8月25日	章利军
中国冶金报	协同创效9.5亿元,不简单!	四版头条	8月26日	章利军
中国冶金报	牢记总书记嘱托　马钢实现蝶变	头版头条	9月2日	章利军
安徽工人报	上海宝冶安徽冶金分公司在马钢创立	头版	9月7日	章利军
中国冶金报	为绿色低碳发展贡献智慧力量	头版	9月8日	章利军
中国冶金报	争做节能减排的贡献者	八版	9月15日	章利军
中国冶金报	地下支护绿色节能施工技术有待大力推广	二版头条	9月16日	章利军
中国冶金报	打造高质量钢铁生态圈	八版头条	9月23日	章利军
中国冶金报	念好“安全经”筑牢“防护网”	三版头条	9月28日	章利军
中国冶金报	由中钢矿院牵头完成的一项科技成果通过评价	五版头条	9月29日	章利军
中国冶金报	如何挖掘富矿	六版头条	9月29日	章利军
中国冶金报	文明践行与安全	三版	10月19日	章利军
中国冶金报	领导心系职工办实事　职工奋勇争先创佳绩	三版	10月26日	章利军
中国冶金报	马钢这个信息化项目缘何成为宝武新标杆	四版头条	10月26日	章利军
中国冶金报	这套高炉风口在线检测系统真神奇	二版	10月26日	章利军
中国冶金报	马钢矿业:在绿色低碳发展道路上阔步向前	四版头条	11月3日	章利军
中国冶金报	突破创新瓶颈　打造大国重器	三版头条	11月24日	章利军
中国冶金报	中钢矿院揭榜全面创新改革任务清单	头版二条	11月26日	章利军
中国冶金报	中钢矿院作为唯一中央驻皖单位成功揭榜	五版	12月1日	章利军
中国冶金报	加速自主研发　助力企业腾飞	五版	12月9日	章利军
中国冶金报	中国“钢筋铁骨”铺就中老铁路	头版	12月14日	章利军
中国冶金报	六次征战,大国重器横空出世	八版	12月26日	章利军
中国冶金报	盗卖马钢生产物资的团伙被一锅端了	三版	12月28日	章利军

(江　霞　章利军)

2021 年马钢编辑出版的部分书刊目录

《安徽冶金》总目录

·行业简讯·

·冶金科技·

·技术交流·

·学习园地·

·企业管理·

(张丽丽)

《冶金动力》总目录

·供用电·

·燃　气·

·制　氧·

·热 电·

·供排水·

·自动化·

·冶　金·

·环　保·

·综　合·

·简　讯·

(齐春梅)

《安徽冶金科技职业学院学报》总目录

冶金科学技术

·冶金与工艺·

高等职业(其他)教育

企业经济与管理

人文学术研究

(田朝林)

《马钢党校》总目录

教育培训工作研究

学习贯彻党的十九届六中全会精神

党史学习教育

党建思想工作

马钢管理研究

教学与科研

纵　横　谈

(田朝林)

马鞍山钢铁股份有限公司 2021 年年度报告(摘编)

一、公司简介

1. 公司信息

公司的中文名称	马鞍山钢铁股份有限公司
公司的中文简称	马钢股份
公司的外文名称	MAANSHAN IRON & STEEL COMPANY LIMITED
公司的外文名称缩写	MAS C. L.
公司的法定代表人	丁毅

2. 联系人和联系方式

职务	董事会秘书、联席公司秘书	联席公司秘书
姓名	何红云	赵凯珊
联系地址	中国安徽省马鞍山市九华西路 8 号	中国香港中环德辅道中 61 号华人银行大厦 12 楼 1204-06 室
电话	86-555-2888158/2875251	(852)2155 2649
传真	86-555-2887284	(852)2155 9568
电子信箱	mggfdms@ magang. com. cn	rebeccachiu@ chiuandco. com

3. 基本情况简介

公司注册地址	中国安徽省马鞍山市九华西路 8 号
公司注册地址的历史变更情况	1993 年 1 月至 2009 年 6 月,安徽省马鞍山市红旗中路 8 号; 2009 年 6 月至今,安徽省马鞍山市九华西路 8 号
公司办公地址	中国安徽省马鞍山市九华西路 8 号
公司办公地址的邮政编码	243003
公司网址	http://www. magang. com. cn(A 股);http://www. magang. com. hk(H 股)
电子信箱	mggf@ baowugroup. com

4. 信息披露及备置地点

公司选定的信息披露报纸名称	上海证券报
登载年度报告的中国证监会指定网站的网址	www. sse. com. cn;www. hkex. com. hk
公司年度报告备置地点	马鞍山钢铁股份有限公司董事会秘书室

5. 公司股票简况

公司股票简况			
股票种类	股票上市交易所	股票简称	股票代码
A 股	上海证券交易所	马钢股份	600808
H 股	香港联合交易所有限公司	马鞍山钢铁	00323

公司 A 股过户登记处及其地址:中国证券登记结算有限责任公司上海分公司,中国上海市浦东新区杨高南路 188 号。

公司 H 股过户登记处及其地址:香港证券登记有限公司,香港湾仔皇后大道东 183 号合和中心 17 楼1712-1716 室。

6. 其他有关资料

公司聘请的会计师事务所	名称	安永华明会计师事务所(特殊普通合伙)
	办公地址	中国北京市东城区东长安街 1 号东方广场安永大楼 16 层
	签字会计师姓名	钟丽、巩伟

二、发行及上市

1993 年 9 月 1 日,本公司正式成立,并被国家列为首批在境外上市的九家股份制规范化试点企业之一。公司 1993 年 10 月 20 日—10 月 26 日在境外发行了 H 股,同年 11 月 3 日在香港联交所挂牌上市;1993 年 11 月 6 日—12 月 25 日在境内发行了人民币普通股,次年 1 月 6 日、4 月 4 日及 9 月 6 日分三批在上海证券交易所挂牌上市。

三、会计数据和财务指标摘要

1. 主要会计数据

单位:千元　币种:人民币

	2020 年	2019 年	本年比上年增减/%	2018 年
总资产	91207743	80711142	13.01	86322044
营业收入	113851189	816141512	39.50	78262846
归属于上市公司股东的净利润	5332253	1982639	168.95	1128149
归属于上市公司股东的扣除非经常性损益的净利润	5413290	1485651	264.37	1635501
归属于上市公司股东的净资产	32752859	28386125	15.38	26933162
经营活动产生的现金流量净额	16774476	2770515		7865957
期末总股本	7700681	7700681	—	7700681

2. 主要财务指标

主要财务指标	2021 年	2020 年	本期比上年同期增减/%	2019 年
基本每股收益/元·股$^{-1}$	0.692	0.258	168.22	0.147
稀释每股收益/元·股$^{-1}$	0.692	0.258	168.22	0.147
扣除非经常性损益后的基本每股收益/元·股$^{-1}$	0.703	0.193	264.25	0.212
加权平均净资产收益率/%	17.44	7.17	增加 10.27 个百分点	4.09
扣除非经常性损益后的加权平均净资产收益率/%	17.71	5.37	增加 12.34 个百分点	5.94

3. 非经常性损益项目和金额

单位:千元　币种:人民币

非经常性损益项目	2021 年金额	2020 年金额	2019 年金额
非流动资产处置损益	-143400	417244	-77058
计入当期损益的政府补助,但与公司正常经营业务密切相关,符合国家政策规定、按照一定标准定额或定量持续享受的政府补助除外	139218	468082	579015
员工辞退补偿	-338969	-177756	-1163531
除同公司正常经营业务相关的有效套期保值业务外,持有交易性金融资产、交易性金融负债产生的公允价值变动损益,以及处置交易性金融资产、交易性金融负债和以公允价值计量且其变动计入其他综合收益的金融资产取得的投资收益	121325	27841	249161
处置子公司股权的投资收益	24143	—	—
处置子公司成本法转权益法投资收益	83780	—	—
处置联营公司取得的投资收益	—	19109	-16
除上述各项之外的其他营业外收入和支出	484	4141	3444
少数股东权益影响额	33449	-172097	-23911
所得税影响额	-1065	-89576	-74457
合计	-81037	496988	-507353

4. 采用公允价值计量的项目

单位:千元　币种:人民币

项目名称	期初余额	期末余额	当期变动	对当期利润的影响金额
交易性金融资产	2028957	5732467	3703510	154184
交易性金融负债	95969	31663	-64305	-47613
应收款项融资	7072160	4795906	-2276254	—
其他流动资产	—	2474819	2474819	—
其他权益工具投资	390798	641943	251145	14754
合计	9587884	13676799	4088915	121325

四、2021 年经营情况及 2022 年工作措施

2021 年,面对复杂严峻的国内外形势和诸多风险挑战,中国统筹疫情防控和经济社会发展,“十四五”实现良好开局,国内生产总值增长 8.1%。面对钢铁行业形势的急剧变化,公司坚持“两快、两不、三降、一增、一保”经营策略,精益高效、奋勇争先,生产组织重心下半年开始从打造极致产能效率,转向聚焦产品结构优化、经济运行和关键指标进步,生产经营绩效较好。

报告期,本集团生产生铁1823万吨,同比减少1.70%,主要系公司一座4000立方米高炉于2021年9月15日至12月9日期间大修所致;粗钢2097万吨,同比持平,其中电炉钢产量133万吨,占粗钢产量的6.3%;钢材2045万吨,同比增加3.04%,创本集团历史新高,主要系公司调坯轧材,提高轧线产能利用率所致。按中国企业会计准则计算,本集团实现营业收入为人民币1138.51亿元,归属于母公司股东的净利润人民币53.32亿元,同比分别增长39.50%和168.95%。基本每股收益为人民币0.692元,同比增加168.22%。报告期末,本集团总资产为人民币912.08亿元,同比增长13.01%;归属于上市公司股东的净资产为人民币327.53亿元,同比增加15.38%。

公司主要在以下六个方面实现新突破。

一是战略转型实现新突破。围绕战略定位和规划要求,聚焦主责主业,重点工程梯次展开、全面提速。规划落实以A号高炉大修为代表的北区填平补齐项目群、以新特钢工程为标志的南区产品产线规划项目群,新CCPP综合利用发电机组、2E筒仓、带式焙烧机、南区焦炉、A号高炉大修等项目建成投产,新特钢项目正式开工建设,型钢改造项目有序推进。

二是精益运营实现新突破。坚持"简单极致高效、低成本高质量",以"奋勇争先奖"激励机制为推动,通过优化内部资源动态平衡、调坯轧材等,产线效率显著提升,全年各产线打破日产纪录172次、月产纪录53次。两头市场经营增效显著,资源保供安全稳定,重点产品市场占有率稳步提升,全年销售独有、战略、领先产品377万吨,同比增长32%;出口钢材80万吨,同比增长38%;汽车板首次通过日系合资品牌全球认证,高铁车轮国产化应用取得实质性突破,350千米/时复兴号用D2车轮获国产化批量应用2列128片。设备公辅保障有力,17条产线精度管理功能进步率82%;深化系统能源经济运行,能源利用效率显著提升。

三是绿智赋能实现新突破。坚持绿色智慧就是核心竞争力,坚决贯彻"两山"理论和长江大保护战略,大力推进"两于一入""三治四化",积极推动构建南区厂容厂貌新格局,加快推进厂容整治和物流、车辆专项整治,三台西路实现封闭管理,通行车辆压减5764辆,智园、生态园、幸福大道等成为马钢靓丽的名片。马钢获安徽省碳达峰碳中和攻关奖。构建公司整合融合信息化系统并成功上线,持续打造智慧制造示范基地,冷轧总厂"ALL IN ONE"智慧工厂被评为安徽省"智能工厂"。

四是科技攻坚实现新突破。加大技术创新力度,实施9个公司级"揭榜挂帅"项目,启动建设马钢研发中心;研发投入率达3.96%,同比增长1.74个百分点,新产品开发创历史最好水平。1项成果荣获国家科学技术进步奖二等奖,12项成果获冶金、省科学技术进步奖;新增授权专利456件。加快技术人才队伍建设。2人入选宝武科学家,1人入选第八批安徽省学术和技术带头人;选聘首席师77人、技能大师16人。

五是改革管理实现新突破。专业化整合系统推进,工业品采购、水处理、智能运维、气体业务委托管理,行车、磨辊间、铁路线完成"管用养修"一体化业务整合。"一总部多基地"积极探索,对长江钢铁一体化管控取得实质性突破。人力资源管理不断优化,人均产钢量达到1213吨,管理岗比例从10.4%降至6.4%;快速推进协作管理变革三年行动,协作供应商压减了14%。体系能力显著提升,探索建立跨部门多专业协同小组工作模式,大力开展集中一贯制和横向协作,快速高效解决问题。建立完善"奋勇争先奖"激励机制,推行经营管理团队任期制和契约化管理,加快推进限制性股票激励,激发干事创业热情。积极应对严峻安全生产形势,坚持"三管三必须",强化"违章就是犯罪"安全管理理念,压实全员安全生产责任,开展专项整治,加大隐患排查治理,持续提升安全管理体系能力。

六是共建共享实现新突破。坚持将企业发展成果与各利益相关方共享,积极履行社会责任,实现与各方的和谐共赢。承接宝武先进企业文化,传承和弘扬新时代"江南一枝花"精神,促进制造水准、环境质量、职工素养、精神面貌、团结协作、产城融合全面提升,扩大了宝武文化在安徽区域的穿透力、影响力和辐射力。开展"精益高效争一流、指标提升创效益"等7类劳动竞赛235项,"精益·现场日"活动常态化推进,依托"马钢精益通"平台"献一计"超10万条,参加第二十五届全国发明展、中国宝武优秀岗位创新成果评选等大赛多次摘金夺银。积极推动为职工赋能,定期发布精益案例,稳步推进一线全员培训,实施作业长管理能力系统提升工程。在效益增长的情况下,在岗职工人均收入显著提高,获得感明显增强。

2021年主要目标为:

生产经营。努力实现“两增一控三提高”，即利润总额和净利润增速高于国民经济增速；控制好资产负债率；营业收入利润率、全员劳动生产率进一步提高，研发经费投入率进一步优化。生铁、粗钢和钢材产量分别为1853万吨、2097万吨和2090万吨，粗钢产量同比持平。

能源环保。全面完成超低排放改造，争创环保A级企业。

1. 突出红线意识，打造本质安全型企业

践行“违章就是犯罪”的安全管理理念，坚决杜绝习惯性违章，坚决查处不安全行为，坚决扭转安全生产的被动态势。压实全员安全生产责任制，强化安全生产过程管控与评价，推动安全体系能力进一步提升。完善协作实名制和黑名单管理，强化“管用养修”模式下的安全管理，持续深化安全标准化工地建设，确保重点领域安全可控。强化管理人员安全履职能力培训，建立职工安全违章积分制度，提升全员安全素养。加速3D岗位无人化和机器人替代，持续提升本质化安全水平。

2. 突出科技赋能，推动绿色低碳高质量发展

一是推进绿色化发展。深入落实“两于一入”“三治四化”，争取绿色发展持续领跑。加快超低排放改造，申报超低排放A级企业、创建3A级景区。深化能效对标，优化能源结构，大幅提高绿电发电量。

二是抓好精品化升级。申报国家级高新技术企业和安徽省政府质量奖。落实新产品盈利能力提升三年行动计划，重点做好帽型钢、450兆帕级铁道车辆用H型钢等产品的研发和市场开拓。持续攻关“卡脖子”技术难题，积极培育车轮“专精特新”单项冠军产品，实现高铁轮轴产品国产化大批量供货。加快研发中心建设大力推行“揭榜挂帅”。

三是促进数智化赋能。聚焦“三跨融合”，深化“四个一律”，确保智慧化指数排名不下降。精心实施工业大脑——智能炼钢项目，加快推进长材事业部和长江钢铁智控中心二期、特钢智控中心项目建设，实现重点产线、重点工序集中智慧化管控全覆盖。

3. 突出极致高效，持续提升精益制造能力

一是全面提升技术经济指标。完善对标指标体系，全面深化对标找差，主要技术经济指标进步率超过80%。

二是追求关键产线极致效率。完善铁前系统联动机制和预警保障体系，优化配煤配矿结构，持续推进高炉高水平下长周期稳定和经济运行。动态平衡钢后资源，在稳定均衡的基础上提升优势机组、关键产线运行效率，力争全年冷轧总厂产量突破600万吨，特钢公司产量突破120万吨，重型H型钢产量突破80万吨。

三是提高市场把控能力。加强市场研判，打造安全稳定高效可持续的供应链，大宗原燃料累计采购成本优于行业平均水平；深化产品结构调整，强化营销模式创新，充分发挥SBU推进组功能，以差异化的产品和服务为客户创造更大价值，提升区域和细分领域市场掌控力影响力，支撑销售价格跑赢大盘。

4. 突出转型升级，优化调整产品产业布局

一是加快重点项目落地。加强项目过程管控，严控固投规模，B高炉大修、焦炉异地大修、C号烧结机、型钢改造2号连铸机年内投产，新特钢项目一期工程力争基本建成。

二是优化“一总部多基地”管控模式。优化完善总部职能“集中+属地”一体化运营管控和多基地扁平化管理，推动各基地业务协同、管理协同、资源共享，实现整体利益最大化。

三是推动开疆拓土取得实质性成果。积极融入中国宝武“沿线沿廊”第二个“弯弓搭箭”空间布局，努力拓展公司战略发展空间。

5. 突出改革攻坚，增强高质量发展内生动力

一是健全分配和中长期激励机制。加快推进薪酬体系切换，探索实施差异化工资总额管控，持续完善市场化激励约束机制，深化经营管理团队任期制和契约化管理，推动限制性股票激励计划落地，探索实施新特钢模拟经营。

二是持续提高人事效率。坚持转岗不下岗原则，立足岗位优化，推进对标定员，在主流程单位推广厂管作业区模式，加快推进“操检维调”、大工种区域化作业和辅助业务“管用养修”一体化外包，强化绩效管理和共享用工，推动人均产钢提高13%以上。深化专业协作变革，推动协作人员同口径劳动效率提升率不低于8%。

三是着力提升资金管理水平。进一步强化“两金”管控,“两金”总额增长率不高于销售收入增长水平,“两金”周转率高于行业平均水平。全力增加经营现金流,盘活存量资产,优化调整融资结构,推动资产负债率下降。

四是提升风险防控能力。有效做好应急预案和过程管控,坚决守住不发生重大风险的底线,筑牢风险防控的“护城河”。

6. 突出以人为本,促进全方位共建共享

全面提升职工的能力和素质,深入开展全员培训,打造有理想讲奉献、会智控能检修、守规范善创新的高素质职工队伍。全面推进职工岗位创新和价值创造,完善职工岗位创新体系,进一步激发全体职工的工作激情和创造活力。全面提升职工“三有”生活水平,深入推进“三最”实事项目,为职工创造更好的生产生活条件。确实履行企业社会责任,坚定不移落实定点帮扶,助力乡村振兴。

五、研发投入

研发投入情况表

本期费用化研发投入/百万元	1813
本期资本化研发投入/百万元	—
研发投入合计/百万元	1813
研发投入总额占营业收入比例/%	2.22
公司研发人员的数量/人	2432
研发人员数量占公司总人数的比例/%	10.98
研发投入资本化的比重/%	—

六、投资项目进展

重大的非股权投资

项目名称	预算总投资额/百万元	报告期新增投资额/百万元	工程进度/%
品种质量类项目	18340	2759	25
节能环保项目	8781	1887	58
技改项目	4980	1533	52
其他工程	不适用	870	不适用
合计	—	7049	—

报告期末,主要在建工程项目的具体情况如下:

单位:百万元　币种:人民币

项目名称	预算总投资	工程进度
新特钢项目连铸轧钢工程	4207	土建施工
新特钢项目炼钢及精炼工程	2486	土建施工
炼铁总厂A号高炉大修工程	1390	已投产
马钢合肥公司环保搬迁项目——焦炉系统工程	1260	已投产
节能减排CCPP综合利用发电工程	1025	机组并网完成
炼铁总厂南区带式焙烧机工程	992	已投产
煤焦化公司新建筒仓项目	420	已投产

续表

项目名称	预算总投资	工程进度
马钢 220kV 输变电-CCPP 公辅电力配套工程	374	A7-A10 号铁塔组装完成
马钢南区新建 CCPP 公辅燃气、热力配套工程	291	已基本完工
马钢北区填平补齐项目公辅配套工程	290	铁前空压站已完成
马钢南区厂容整治项目	265	共享中心内部安装
新特钢项目场坪及零星拆除工程	213	正常开展三期拆除
合计	13213	—

七、重要事项

公司、股东、实际控制人、收购人、董事、监事、高级管理人员或其他关联方在报告期内或持续到报告期内的承诺事项

中国宝武于 2019 年向中国证监会申请豁免要约收购本公司股份(A 股)期间,作出以下三项承诺:

1. 为避免同业竞争事项,出具《关于避免同业竞争的承诺函》;

2. 为规范和减少中国宝武与本公司发生关联交易,出具《关于规范和减少关联交易的承诺函》;

3. 为持续保持本公司的独立性,出具《关于保证上市公司独立性的承诺函》。

该等承诺详见公司刊载于上交所网站的 2019 年及 2020 年年度报告或中国宝武关于《中国证监会行政许可项目审查一次反馈意见通知书》之反馈意见回复。报告期,中国宝武未违反该等承诺。

八、股份变动及股东情况

1. 股份变动情况

报告期内,公司股份总数及股本结构未发生变化。

2. 股东总数

截止报告期末普通股股东总数/户	170942
年度报告披露日前上一月末的普通股股东总数/户	172460

3. 截止报告期末前十名股东、前十名流通股东持股情况表

前十名股东持股情况							
股东名称	报告期内增减/股	期末持股数量/股	比例/%	持有有限售条件股份数量	质押、标记或冻结情况		股东性质
					股份状态	数量	
马钢(集团)控股有限公司	—	3506467456	45.535	—	无	—	国有法人
香港中央结算(代理人)有限公司	1237500	1718328550	22.314	—	未知	未知	未知
香港中央结算有限公司	35320432	177475432	2.305	—	未知	未知	未知
马钢集团投资有限公司	—	158282159	2.055	—	无	—	国有法人

续表

前十名股东持股情况							
股东名称	报告期内增减/股	期末持股数量/股	比例/%	持有有限售条件股份数量	质押、标记或冻结情况		股东性质
					股份状态	数量	
中央汇金资产管理有限责任公司	-2982700	139172300	1.807	—	未知	未知	国有法人
中国工商银行股份有限公司-海富通改革驱动灵活配置混合型证券投资基金	未知	49984400	0.649	—	未知	未知	未知
张武	-1800000	23000000	0.299	—	未知	未知	未知
北京国星物业管理有限责任公司	未知	20067507	0.261	—	未知	未知	未知
中国农业银行股份有限公司-中证500交易型开放式指数证券投资基金	未知	13393696	0.174	—	未知	未知	未知
中国建设银行股份有限公司-华商盛世成长混合型证券投资基金	未知	11231500	0.146	—	未知	未知	未知
上述股东关联关系或一致行动的说明	报告期末,马钢(集团)控股有限公司是马钢集团投资有限公司的控股股东,属一致行动人。除此之外,马钢(集团)控股有限公司与前述其他股东之间不存在关联关系,亦不属一致行动人,但本公司并不知晓前述其他股东之间是否存在关联关系及是否属一致行动人						

注:报告期末,香港中央结算(代理人)有限公司持有本公司H股1718328550股乃代表其多个客户所持有,其中包括代表宝钢香港投资有限公司持有本公司H股640600000股。于本报告发出之日,宝港投持有H股597500000股。

报告期内,马钢(集团)控股有限公司和马钢集团投资有限公司所持股份没有被质押、冻结或托管的情况,但本公司并不知晓其他持有本公司股份5%以上(含5%)的股东报告期内所持股份有无被质押、冻结或托管的情况。于2021年12月31日,尽本公司所知,根据《证券及期货条例》之规定,以下人士持有本公司股份及相关股份之权益或淡仓而记入本公司备存的登记册中:

股东名称	持有或被视作持有权益的身份	持有或被视作持有权益的股份数量/股	占公司已发行H股之大致百分比/%
宝钢香港投资有限公司	实益持有人	896387958(好仓)	51.73

于2021年12月31日,除公司副总经理毛展宏先生持有公司A股100股外,公司董事、监事及其他高级管

理人员均未在本公司或本公司相联法团(定义见《证券及期货条例》)的股份、相关股份及债券中拥有权益或淡仓。

除上述披露外,于 2021 年 12 月 31 日,本公司并未知悉任何根据《证券及期货条例》而备存的登记册所记录之权益或淡仓。

4. 公司与实际控制人之间的产权及控制关系的方框图

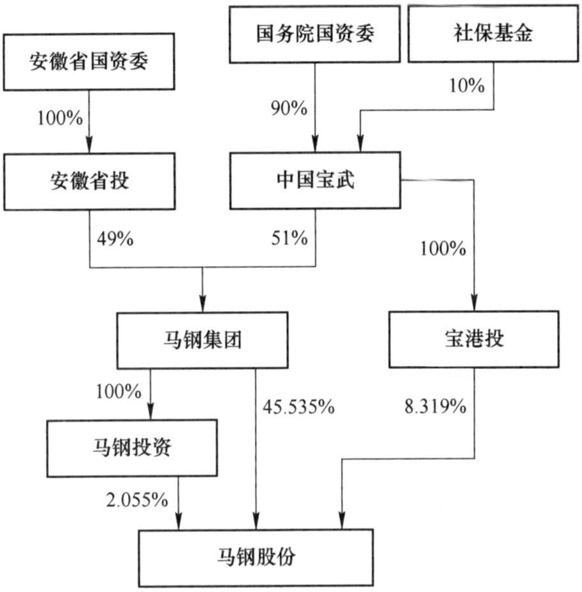

九、董事、监事、高级管理人员情况

现任及报告期内离任董事、监事和高级管理人员持股变动及报酬情况

姓名	职务(注)	性别	年龄	任期起始日期	任期终止日期	报告期内从公司获得的税前报酬总额/万元
丁 毅	董事长	男	58	2013-8-9	注	—
任天宝	董事	男	58	2011-8-31	注	123.24
	副总经理	男	58	2021-8-10	注	
张春霞	独立董事	女	59	2017-11-30	注	10
朱少芳	独立董事	女	58	2017-11-30	注	10
王先柱	独立董事	男	42	2017-11-30	注	10
张晓峰	监事会主席	男	60	2008-8-31	注	124.49
张乾春	监事	男	60	2017-11-30	注	—
耿景艳	监事	女	47	2020-6-29	注	26.79

续表

姓名	职务(注)	性别	年龄	任期起始日期	任期终止日期	报告期内从公司获得的税前报酬总额/万元
杨亚达	独立监事	女	66	2017-11-30	注	7.37
秦同洲	独立监事	男	52	2017-11-30	注	7.37
毛展宏	副总经理	男	52	2021-3-16	注	126.84
伏　明	副总经理	男	55	2017-10-11	注	149.44
章茂晗	副总经理	男	52	2020-12-18	注	135.04
何红云	董事会秘书	女	50	2018-4-19	注	59.16
张文洋	董事(离任)	男	54	2017-11-30	2021-3-16	17.74
	总经理(离任)	男	54	2020-12-18	2021-3-16	
钱海帆	董事(离任)	男	61	2011-8-31	2021-3-19	—
田　俊	副总经理(离任)	男	61	2017-2-14	2021-3-16	6.53
合计	—	—	—	—	—	814.01

注:公司第九届董事会于2020年11月30日届满,鉴于公司新一届董事会董事候选人及监事会监事候选人的提名工作尚未结束,为保持董事会、监事会工作的连续性及稳定性,公司董事会、监事会的换届选举工作适当延期。同时,公司第九届董事会各专门委员会及高级管理人员的任期亦将相应顺延。

十、内部控制

公司第九届董事会第五十八次会议于2022年3月23日审议通过《公司2021年度内部控制评价报告》,确认本公司2021年度内部控制有效。

安永华明会计师事务所(特殊普通合伙)对公司2021年度与财务报告相关的内部控制进行了审计,并出具标准意见的《内部控制审计报告》。

十一、A股及H股市场表现

2021年12月31日,本公司A股收盘价为人民币3.69元,市值人民币220.21亿元;H股收盘价为港币2.86元,市值港币49.56亿元。总市值折合人民币约260.58亿元。

(李　伟)

图书在版编目(CIP)数据

马钢年鉴．2022／《马钢年鉴》编辑委员会编．—北京：冶金工业出版社，2022.12

ISBN 978-7-5024-9331-8

Ⅰ．①马…　Ⅱ．①马…　Ⅲ．①马鞍山钢铁公司—2022—年鉴　Ⅳ．①F426.31-54

中国版本图书馆 CIP 数据核字(2022)第 222046 号

马钢年鉴 2022

出版发行	冶金工业出版社	**电　　话**	(010)64027926
地　　址	北京市东城区嵩祝院北巷 39 号	**邮　　编**	100009
网　　址	www.mip1953.com	**电子信箱**	service@mip1953.com

责任编辑　杜婷婷　美术编辑　彭子赫　版式设计　郑小利

责任校对　王永欣　责任印制　禹　蕊

北京捷迅佳彩印刷有限公司印刷

2022 年 12 月第 1 版，2022 年 12 月第 1 次印刷

787mm×1092mm　1/16；19.75 印张；8 彩页；663 千字；296 页

定价 198.00 元

投稿电话　(010)64027932　投稿信箱　tougao@cnmip.com.cn

营销中心电话　(010)64044283

冶金工业出版社天猫旗舰店　yjgycbs.tmall.com

(本书如有印装质量问题，本社营销中心负责退换)